Wagner
Vorsicht Rechtsanwalt

Vorsicht Rechtsanwalt

Ein Berufsstand
zwischen
Mammon und Moral

von Joachim Wagner

C.H.BECK

www.beck.de

ISBN 978 3 406 66683 4

Wilhelmstraße 9, 80801 München

Druck: CPI – Clausen & Bosse GmbH
Birkstraße 10, 25917 Leck

Satz: Fotosatz H. Buck
Zweikirchener Str. 7, 84036 Kumhausen

Umschlaggestaltung: Ralph Zimmermann, Bureau Parapluie

Bildnachweis: © Andrey Popov – depositphotos.com (Ausschnitt)

Gedruckt auf säurefreiem, alterungsbeständigem Papier
(hergestellt aus chlorfrei gebleichtem Zellstoff)

Inhaltsverzeichnis

Einleitung

In seinen Neujahrgrüßen 2007 überraschte Klaus E. Böhm, Vorsitzender des Düsseldorfer Anwaltvereins, seine Kollegen mit einem verblüffenden Zahlen- und Gedankenspiel: Wie schön wäre es, Anwalt in China zu sein! Dort gäbe es nämlich einen Mangel an Rechtsberatern. In Peking oder Schanghai wären deutsche Anwälte alle finanziellen Sorgen und lästigen Konkurrenten los. Damals kamen im Land der Mitte auf einen Advokaten im Durchschnitt 11 000 Einwohner, hierzulande 622.[1] Da China mangels Sprach- und Rechtskenntnisse wohl doch keine realistische Perspektive bot, schloss der Düsseldorfer Anwaltschef seine Neujahrswünsche mit der „traurigen" Prognose, dass nicht alle Berufsanfänger „ihr ganzes Leben" im Anwaltsberuf „ihr Auskommen" haben werden.[2]

Solche Unkenrufe haben unter Schlagworten wie „Anwaltsschwemme" und „Anwaltsproletariat" seit Jahrzehnten Tradition.[3] Bis vor einigen Jahren schien der deutsche Markt alle Steigerungsraten problemlos zu bewältigen. Aber es gibt bekanntlich immer eine Grenze, wo quantitatives Wachstum so viele Verwerfungen verursacht, dass ein Überangebot auf einem Markt in eine neue Qualität umschlägt. Die entscheidende Frage ist: Stehen wir an dieser Grenze oder liegt sie schon hinter uns, ohne dass wir es bemerkt haben?

Die nackten Zahlen scheinen eine klare Sprache zu sprechen: Wir haben den Rubikon lange überschritten. 1950 gab es 12 844 Anwälte, am 1. Januar 2013 waren 161 821 zugelassen. Diese Zahlen sind jedoch nur ein Indikator für die Berufswirklichkeit. Denn auch der Rechtsmarkt hat sich nach dem Zweiten Weltkrieg nachhaltig verändert: durch die Verrechtlichung aller Lebensbereiche, eine Fülle neuer komplexer Gesetze und die Liberalisierung des Berufsrechts. Deren Auswirkungen wurden durch Globalisierung, Europäisierung und Digitalisierung verstärkt. „Im zurückliegenden Jahrzehnt", bilanziert der Hammer Kammerpräsident Dieter Finzel 2010, „hat sich die Anwaltslandschaft mehr verändert als in den 120 Jahren zuvor".[4]

Angesichts dieser „kopernikanischen Wende" (Rudolf Nirk) rücken zwei Fragen ins Zentrum: Welche Spuren haben Strukturwandel und Überangebot an Anwälten hinterlassen? Und was bedeuten die Furchen für die Zukunft des Berufes? Sechs Problemzonen zeichnen sich ab:

- **Auflösung der Berufsbildes,**
- **Kommerzialisierung des Dienstes am Recht,**
- **verschärfter Konkurrenzkampf,**
- **schrumpfendes Berufsethos,**
- **Qualitätseinbußen und**
- **Ansehens- und Vertrauensverlust bei den Bürgern.**

Partner einer Großkanzlei und Strafverteidiger, Hartz IV- und Internetanwälte, Abmahn- und Scheidungsanwälte haben bis auf die Berufsbezeichnung, die Staatsexamina und die Zwangsmitgliedschaft in der Anwaltskammer kaum noch etwas gemein. Nach Kompetenz, Einkommen und Selbstverständnis arbeiten sie in getrennten Welten. Das Berufsbild ist deshalb diffus geworden.[5] Anwälte und Berufsrechtler warnen vor einer „Spaltung" (Graf von Westphalen) oder einem „Zerfall der Profession" (Hommerich/Kilian). Gäbe es kein „Berufsbild Rechtsanwalt" mehr, käme natürlich auch das gemeinsame Berufsverständnis abhanden. Um das ist es nach Ansicht des Münchener Kammerpräsidenten Hansjörg Staehle schon heute nicht gut bestellt. Nach seinem in der Berufsaufsicht gewonnenen Gefühl „befindet sich das durch gemeinsame Überzeugungen geprägte Standesbewusstsein in einem gewissen Verfallsprozess".[6]

Das bekommt der Deutsche Anwaltverein (DAV) seit Jahren schmerzlich zu spüren. Seine Attraktivität und Bindekraft für junge Anwältinnen und Anwälte hat deutlich nachgelassen. Waren 2000 noch gut die Hälfte aller Advokaten Mitglied des Verbandes, waren es 2010 nur noch 44 Prozent. Aus anderer Perspektive: Während die Zahl der Anwälte im gleichen Zeitraum um 47 Prozent zunahm, wuchs die Zahl der DAV-Mitglieder nur um 26 Prozent. In den siebziger Jahren verließ ein Teil der Strafverteidiger die Berufsorganisation und gründete in vielen Bundesländern Strafverteidigervereinigungen.[7] Und alarmieren muss den DAV-Vorstand, dass die Syndikus-Anwälte 2011 einen eigenen „Bundesverband für Unternehmensjuristen" gegründet haben. Von seinen mittlerweile 1 200 Mitgliedern ist ein relevanter Teil als Anwalt zugelassen.[8]

Als natürliche Folge steigender Anwaltszahlen und dem Überangebot auf dem Markt ist die Konkurrenz unter den Advokaten schärfer geworden – und zwar in allen Segmenten und auf allen Einkommensetagen. In einigen Gruppen wie den Anlegeranwälten, Verkehrsrechtsexperten und Strafverteidigern scheint sie brutal geworden zu sein. „Hauen und Stechen", nennt Ex-Justizministerin Brigitte Zypries das Kämpfen um Mandate bei Untersuchungshäftlingen. Für die einen geht es um die Sicherung eines luxuriösen Lebensstiles mit Villa und Porsche, die anderen verteidigen das Reihenhaus und den Sommerurlaub an der Ostsee, Dritte wollen nur von ihrem Beruf leben können. Der frühere Präsident des Deutschen Anwaltvereins Felix Busse schätzt, dass „20 bis 30 Prozent der Anwälte mit einem Einkommen im Bereich der Hartz IV-Sätze dahin kümmern", während in den oberen Etagen der Anwaltschaft zum Teil „sechs- bis siebenstellige Einkommen erzielt werden".[9]

Es ist heute Gemeingut, dass es einem Großteil der Berufsgruppe wirtschaftlich schlecht geht. Unbekannt ist dagegen, was diese Misere konkret bedeutet, welche Rechtsvertreter in welchem Alter mit welcher Qualifikation am stärksten betroffen sind, welche Berufskarrieren sich hinter Umfragen und Umsatzsteuerstatistiken verbergen. Und noch weniger ist bekannt, welche Folgen die Vermassung des Berufes, der Wettbewerb auf allen Ebenen und die wirtschaftliche Not vieler Advokaten für die Qualität des Rechtsrates und die Berufsethik haben. Diese Bereiche sind bisher kaum empirisch untersucht worden. Es gibt nur wenige mahnende Rufer in der Wüste. Die große Mehrheit beruhigt die Kollegen und sich mit dem Argument, dass es juristische Nullen und fragwürdige Winkeladvokaten immer schon gegeben habe. Es ist das weiche Ruhekissen, auf dem es sich die Robenträger und ihre Berufsverbände bequem gemacht haben, um nicht am Status quo zu rühren.

Der renommierte Anwalt Benno Heussen gehört zu den wenigen, der Schwächen und Mängel offen anspricht: „Wenn bei Fehlern von Anwälten genauso viel Blut spritzen würde wie bei Chirurgen während einer Operation, dann würden wir nicht im Schlamm von Problemen, sondern im Blut von Mandanten waten". Das klingt wenig tröstlich, ja sogar erschreckend. Die Qualität des Rechtsrates ist in der Anwaltschaft bisher ein Tabu-Thema. Nur wenige Rechtskundler geben öffentlich zu, dass es in den letzten zehn Jahren zu einem Kompetenzverlust gekommen ist. Einer ist Hans-Jürgen Hellwig: „Der Anstieg der Anwaltszahlen" – bisher ohne Fortbildungspflicht – „hat anerkanntermaßen zu einem Qualitätsrückgang in nicht mehr zu vernachlässigenden Teilen der Anwaltschaft geführt".[10] An den Spitzen der Berufsverbände dagegen vor allem Selbstbeweihräucherung. Der Präsident der Bundesrechtsanwaltskammer Axel C. Filges findet, dass die Anwaltschaft Tag für Tag „Rechtsdienstleistungen von hoher Qualität" erbringt.[11] Allerdings räumt auch er ein, dass die „quantitative Größe unserer Anwaltschaft – sagen wir es offen – auch Gefahren" birgt.[12] Ähnlich im Tenor der Präsident des Anwaltvereins Wolfgang Ewer: Er kann bisher nur die „Gefahr eines Qualitätsverlustes an den Rändern unseres Berufsstandes" erkennen.[13] Bedroht sieht er freilich all die „bedauernswerten Kollegen, die zwar im Besitz einer Anwaltszulassung sind, aber ihren Lebensunterhalt zu 80 Prozent mit Taxifahren oder anderen beruflichen Tätigkeiten bestreiten müssen, und die am 20. des Monats noch nicht wissen, wie sie die nächste Miete für ihre zugleich als Büro genutzte Bude bezahlen sollen". „Wird einem solchen Menschen" fährt Ewer fort, „das Angebot gemacht, gegen Zahlung von 1 000 Euro einen Brief in eine Justizvollzugsanstalt zu schmuggeln, so wird davon mitunter eine Versuchung ausgehen, dies zu tun, um den anderenfalls drohenden Verlust von Wohnung und beruflicher Existenz abzuwenden".[14]

Alle Rechtsberater wollen ihren Lebensunterhalt verdienen, den Lebensstandard halten oder verbessern. Wegen des Überangebots auf dem Markt können das aber anscheinend nicht alle schaffen, ohne berufsrechtliche und -ethischen Pflichten zu verletzen. Dieser wirtschaftliche Druck bedroht das sittliche Fundament des gesamten Berufsstandes. Nach dem ehemaligen Präsident des Deutschen Anwaltvereins Felix Busse hat sich das Bild eines „beginnenden Sittenverfalls" verselbständigt.[15] Der Große Senat des Bundesgerichtshofes wirft Strafverteidigern eine „Änderung des anwaltlichen Ethos" vor.[16] Gemeint haben die obersten Strafrichter damit natürlich einen Verfall des Ethos, was auszusprechen ihnen das Gebot richterlicher Zurückhaltung verbot. Und die Ex-Justizministerin Brigitte Zypries scheute sich nicht – noch im Amt –, den Anwälten beim Festakt „50 Jahre Bundesrechtsanwaltskammer" die Leviten zu lesen und die „Geldschneiderei" von Abmahnanwälten anzuprangern: „Viel zu oft wird hier nicht Recht geschaffen, sondern Anwälte produzieren mit horrenden Abmahnkosten neues Unrecht".[17] Der Hamburger Strafverteidiger

Wolf-Dieter Reinhard erklärt diese Auswüchse lapidar mit der Feststellung: „Unter den Anwälten gibt es genauso viele Schweine wie in anderen Berufen". Wäre diese Einschätzung richtig, sähe die Zukunft der Anwaltschaft düster aus. Denn als Interessenvertreter und Organ der Rechtspflege ist jeder Advokat einem bestimmten Wertekanon verpflichtet, zu dem Werte wie Unabhängigkeit, Verschwiegenheit und Wahrhaftigkeit gehören. Wenn der zerbröselt und Bürger und Mandanten ihren Rechtsvertretern nicht mehr vertrauen, wäre die Sonderstellung der Rechtshelfer in unserem Rechtsstaat gefährdet. Hans-Jürgen Hellwig: „Ein Anwalt ohne Ethos ist auf die Dauer ein Anwalt ohne Vertrauen".[18] Dass der Berufsgruppe hier eine Gefahr droht, scheinen Bundesrechtsanwaltskammer und Deutscher Anwaltverein erkannt zu haben. Im Jahre 2008 haben sie eine intensive Diskussion über die Frage begonnen, ob die Anwaltschaft neben dem Berufsrecht ein neues ethisches Fundament braucht.

Schlechter Rechtsrat und Werteverfall können Ursachen dafür sein, dass das Ansehen der Anwälte in den letzten Jahren erheblich gelitten hat. In der Berufsprestigeskala des Meinungsforschungsinstitutes Allensbach ist der Rechtsanwalt von Platz drei im Jahr 1991 auf Platz sieben im Jahr 2011 gerutscht.[19] Damit ist Zustimmungsrate in den letzten zwanzig Jahren um elf Prozentpunkte gesunken.

Den negativen Trend bestätigen Bürgerbefragungen zum öffentlichen Dienst des Forsa Institutes, die auch das Ansehen von Berufsgruppen abfragen.[20] Auf der Ansehensskala rangierten die Anwälte 2013 auf Platz 18 von 31 Berufen. Sie lagen damit im Mittelfeld hinter Lebensmittelkontrolleur, Unternehmer, Soldat, Dachdecker und Briefträger und knapp vor Studienrat und Journalist. In den letzten fünf Jahren hat das Ansehen der Anwälte um vier Prozentpunkte verloren: Während 2008 noch 60 Prozent der Bundesbürger den Anwälten ein gutes Ansehen zubilligten, waren es 2013 nur noch 56 Prozent.

Mehr Schatten als Licht auch bei einer Umfrage von infratest dimap nach der Glaubwürdigkeit von Anwälten im Jahr 2013. Nach ihr hielt immer noch eine Mehrheit der Deutschen – nämlich 57 Prozent – Advokaten für „sehr glaubwürdig" bzw. „glaubwürdig", aber im weiten Abstand hinter Richtern (82 Prozent) und Ärzten (78 Prozent). Der Glaubwürdigkeitsvorsprung vor Gewerkschaftern und Journalisten ist nach der Umfrage auf fünf bzw. sechs Prozentpunkte geschmolzen. In der Kategorie „sehr glaubwürdig" ist er ganz verschwunden. Hier liegen Anwälte und Gewerkschafter mit nur drei Prozent gleich auf, beide aber schon ein Prozentpunkt hinter den notorisch schlecht beleumdeten Journalisten (vier Prozent).

Auch der politische Rang der Anwaltschaft scheint in Gefahr. Als anlässlich des 60. Jahrestages des Grundgesetzes ein Staatsakt mit weit über tausend Gästen gefeiert wurde, waren die Präsidenten der Bundesrechtsanwaltskammer und des Deutschen Anwaltvereins nicht eingeladen. Ein Affront! Noch deutlicher spiegelt sich der politische Bedeutungsverlust der Anwaltschaft in der Zusammensetzung des Bundesverfassungsgerichts wider. Unter den 16 Verfassungsrichtern gibt es keinen einzigen mehr mit anwaltlicher Berufserfahrung. Bitter beklagen die Präsidenten der Bundesrechtsanwaltskammer und des Deutschen Anwaltvereins Axel C. Filges und Wolfgang Ewer gemeinsam, dass ihre „hochqualifizierten Kandidatinnen und Kandidaten" es bei den Wahlen neuer Verfassungsrichter 2010 und 2011 erneut nur „auf die Reservebank" geschafft haben.[21]

Nicht zu bestreiten ist hingegen, dass die Stimmen des Deutschen Anwaltvereins und der Bundesrechtsanwaltskammer bei der Gesetzgebung noch Gewicht haben, insbesondere bei allen Projekten, die den Berufsstand unmittelbar betreffen. Ihre parlamentarischen Abende sind hochkarätig besucht. Das Bundesjustizministerium entscheidet bei berufsrechtlichen Fragen fast nie gegen einen der beiden Berufsverbände. Und ihre Lobbyarbeit im Bundestag ist höchst erfolgreich. Ein Bespiel: Während der Beratungen zum Rechtsdienstleistungsgesetz (RDG) erreichten Anwaltslobbyisten, dass es den Rechtsschutzversicherungen untersagt blieb, im außergerichtlichen Bereich rechtlich zu beraten und zu vertreten.[22] Eine solche Schutzzone für Anwälte gibt es nicht überall in Europa, zum Beispiel nicht in den Niederlanden.

Setzen sich Ansehens- und Bedeutungsverlust der Anwaltschaft fort, gerät unser Rechtsstaat in eine Schieflage. Die freie Advokatur ist eine seiner tragenden Säulen. Ihre Tätigkeit dient, wie es so schön in der anwaltlichen Berufsordnung heißt, der „Verwirklichung des Rechtsstaates". Dabei haben Anwälte verfassungspolitisch die Aufgabe, Chancen- und Waffengleichheit für Bürger in der Rechtspflege herzustellen. Und in dieser Rolle ist ihre Bedeutung eher gewachsen als gesunken. Die Verrechtlichung aller Lebensbereiche hat den Radius juristischer Tätigkeiten, vor allem der Anwaltschaft, erweitert. Ob Arbeiternehmer oder Mieter, Erben oder Versicherer, Mittelständler oder Dax-Unternehmen, alle sind auf den Rat und, falls notwendig, auf die Vertretung ihrer rechtlichen Interessen angewiesen. Als sich Bundespräsident Christian Wulff in seiner Privatkredit- und Luxusferien-Affäre rettungslos verheddert hatte, sollte ein Medienanwalt ihm aus der Patsche helfen. Muss ein großes Unternehmen Konkurs anmelden, übernimmt meist ein Insolvenzanwalt die Regie. Will die Deutsche Börse mit der New Yorker Börse fusionieren, begleiten mehrere Großkanzleien den Millionendeal.

Über diese teils traditionellen, teils neuen Arbeitsgebiete ist der Einfluss von Rechtsanwälten inzwischen jedoch weit hinausgewachsen. In der Finanzkrise 2008 sind einige Großkanzleien zum ersten Mal zu unverzichtbaren Ratgebern für Regierungen und Gesetzgeber aufgestiegen. Bei der Rettung von Opel vor dem Konkurs haben Großkanzleien auf allen Seiten mitgewirkt – auch für die hessische Landesregierung und die Bundesregierung. In der durch die Pleite von Lehmann-Brothers ausgelösten Finanzkrise haben Großkanzleien die Bundesregierung bei der Gesetzesarbeit unterstützt. An der Werkbank von Freshfields sind wesentliche Teile des Finanzmarktstabilisierungsgesetzes und des Gesetzes zur Verstaatlichung der Hypo Real Estate entstanden. Und Linklaters hat einen kompletten Gesetzentwurf zur Ergänzung des Kreditwesensgesetzes ausgearbeitet, von dem Teile im endgültigen Gesetz übernommen wurden. Diese Kooperation zeigt, dass die Komplexität in einigen Rechtsgebieten ohne Hilfe von Großsozietäten für Bundesregierung wie Landesregierungen offenbar nicht mehr zu bewältigen ist.[23] Ein Novum ist auch der Auftrag der Staatsanwaltschaft Leipzig an die Großkanzlei Freshfields, sie bei Ermittlungen und Anklage gegen vier Ex-Vorstände der Sächsischen Landesbank wegen Untreue und Bilanzfälschung zu unterstützen.[24] Ihr 408-Seiten Gutachten, das die Justiz mindestens zwei Millionen Euro gekostet hat, nutzten die Ermittler als Quelle für die Anklage. Erstmals glaubte also eine Staatsanwaltschaft, bei der Erfüllung ihres gesetzlichen Auftrages nicht ohne Hilfe einer law firm auskommen zu können.

Vermutlich war der faktische Einfluss der Anwaltschaft auf Gesellschaft und Staat noch nie so groß wie heute. Pech nur, dass das bisher nur Wenige bemerkt und noch Weniger gewürdigt haben – im Gegensatz zu den USA, wo die zentrale Rolle der Anwaltschaft in der Gesellschaft erkannt ist: *„Es sind die Rechtsanwälte, die die Zivilisation für uns managen – unsere Regierungen, unsere Wirtschaft und unser privates Leben"*.[25]

Wo steht die Anwaltschaft zwischen Ansehens- und Vertrauensverlust auf der einen Seite und faktischem Einflussgewinn auf der anderen Seite? Die Anwaltschaft hat darauf bisher keine Antwort, wie die endlosen Selbstverständnisdebatten und der bisher ergebnislose Berufsethikdiskurs demonstrieren. „Die Anwaltschaft zeigt sich verunsicherter denn je", analysiert der Präsident des Berliner Anwaltvereins Ulrich Schellenberg.[26]

Die Anwaltschaft und ihre Berufsorganisationen Bundesrechtsanwaltskammer und Deutscher Anwaltverein haben es bisher versäumt, eine ehrliche und selbstkritische Standortbestimmung vorzunehmen – eine Voraussetzung für jede Identitätssuche. Durch den Mangel an Selbstreflexion und Selbstkritik entsteht die Gefahr, dass sich die schon bestehende Kluft zwischen Selbstbild und Fremdbildern der Anwaltsgilde weiter vertieft. Das erste wird durch die Rechtsvertreter selbst geprägt, durch ihre Arbeit und ihr öffentliches Auftreten, durch Publikationen, Kongresse und eben Berufsverbände. Dagegen stehen zwei Fremdbilder: das der Bürger und das der Justiz. Aus der Gegenüberstellung der drei unterschiedlichen Perspektiven sollen hier neue Erkenntnisfunken geschlagen werden.

Dieses Buch versucht einen Blick von außen – frei von allen Abhängigkeiten, Interessen und Ängsten, später als Nestbeschmutzer oder Übelkrähe beschimpft zu werden. Es will den Berufsalltag beschreiben und analysieren und dabei Fakten zu folgenden Fragen sammeln:

- **Gibt es in der Anwaltschaft noch ein einheitliches Berufsbild und ein gemeinsames Selbstverständnis?**
- **Hat der scharfe Konkurrenzkampf in der Anwaltschaft einen Verfall der Sitten ausgelöst?**
- **Hat die Qualität des Rechtsrates unter der Vermassung des Berufsstandes gelitten?**
- **Hat der Gewinn an Freiheit im Berufsrecht zu einem Verlust an Verantwortung geführt?**
- **Ist die Berufsgerichtsbarkeit in der Lage, die Qualität und Moral der Anwaltschaft zu sichern? Und:**
- **Kann der Bürger der Kompetenz und Integrität der Anwaltschaft noch trauen?**

Dieser Versuch, die Berufswirklichkeit zu erkunden, kommt ohne Verallgemeinerungen und subjektive Einschätzungen nicht aus. Er stützt sich dabei in erster Linie auf Erfahrungen und Eindrücke aus dem Berufsstand selbst, auf Einzelfälle, die nach Ansicht von Anwälten vermehrt auftreten und dadurch zu Symptomen für Veränderungen geworden sind. Das Buch erhebt dabei keinen wissenschaftlichen Anspruch. Es versucht nicht mehr, aber auch nicht weniger als eine Annäherung an die Berufswirklichkeit der Anwaltschaft.

Der letzte Ausweg für Juristen: die Zulassung als Rechtsanwalt

Wer Christian Z. in einem Hamburger City-Bistro beim Mittagsessen gegenübersitzt, spürt schnell, dass er mit seinem Schicksal hadert.[27] Als freier Mitarbeiter in einer Anwaltskanzlei mit einem Stundenlohn von 14 Euro brutto bleibt kein Geld für Partys, Reisen oder Essen mit der Freundin über Pizza-Niveau. Schlimmer noch: Er hat keine Idee, wie er aus dieser Sackgasse kommen soll.

Als er das erste Staatsexamen mit „ausreichend" bestanden hatte, war ihm klar, dass es mit der Justiz nichts werden würde. Aber, so seine Hoffnung, „in der Anwaltschaft komme ich irgendwie noch unter". Als er auch im zweiten Staatsexamen nur ein „ausreichend" erhielt, wusste er, dass alles „versaut war": „Der Konkurrenzdruck der Absolventen mit besseren Noten war gigantisch". 70 Bewerbungen hat er geschrieben, auch für eine Stelle als Sachbearbeiter bei Versicherungen. Alle vergeblich. Der letzte Ausweg: ein Gründungzuschuss für eine Ich-AG, um sich auf die Selbständigkeit vorzubereiten. Er ließ eine Website entwerfen und besuchte einen Polnisch-Kurs, weil er dort eine Marktlücke wähnte. Schließlich mietete er ein Zimmer in einer Kanzlei in der Mönckebergstraße, der prominenten Einkaufsmeile in der Hamburger Innenstadt. Unter Knebelbedingungen. Für die Bearbeitung von Fällen durfte er nur 30 Prozent der Gebühren kassieren, musste aber für das Zimmer 1 000 Euro Miete monatlich bezahlen. Nach neun Monaten stieg er wieder aus, hatte wenig gelernt und 6 000 Euro Schulden. Die neue Runde bei der Jobsuche „zog ihn wieder runter". Deprimierend die Nachricht, dass sich auf eine Halbtagsstelle in der Kommunalverwaltung von Buxtehude 200 Bewerber gemeldet hatten. Dann versuchte er sein Glück über eine Zeitarbeitsfirma bei einer Rechtsschutzversicherung. Als er bei der Hotline eine steuerrechtliche Frage nicht beantworten konnte, senkte der Arbeitgeber den Daumen. „Dass der Markt dermaßen überlaufen war, hätte ich nicht gedacht", resümiert er desillusioniert.

Seinen nächsten Job vermittelte ihm wieder eine Zeitarbeitsfirma. Als freier Mitarbeiter einer Kanzlei verbrachte er 80 Prozent seines Arbeitstages mit dem Inkasso von Forderungen. Als freier Mitarbeiter, der seine Sozialabgaben selbst entrichten musste, kam er auf ein Monatseinkommen zwischen 1 240 Euro und 1 330 Euro. Damit lag er knapp über Hartz IV-Niveau. Nach dem SGB II hat ein Arbeitnehmer nämlich Anspruch auf Aufstockung seines Gehalts, solange er unter 1 250 Euro brutto verdient. „Was ich da gemacht habe", bilanziert er, „dafür hätte ich nicht studieren müssen". Im Sommer 2011 wollte er seinen Job als Anwalt an den Nagel hängen. Dann plötzlich Licht im Tunnel. Beim Durchforsten von Jobbörsen im Internet stieß er auf die Anzeige einer Kanzlei in Nordniedersachsen, die einen jungen Anwalt suchte. Einzige Bedingung: Der Bewerber durfte nicht weiter als 100 km von der Sozietät entfernt wohnen. Wegen seines angekratzten Selbstwertgefühls traute er sich zunächst nicht anzurufen. Aber dann rang er sich durch – und es klappte. Jetzt arbeitet er als angestellter Anwalt mit einem Gehalt von 30000 Euro brutto im Jahr. Zum ersten Mal kann er von seinem Job leben. Dafür hat er ein Opfer gebracht: Er arbeitet an einem „Ort, wo keiner hin will".

Christian Z. hat gerade noch die Kurve gekratzt. Sechs Jahre hat er unter ausbeuterischen Bedingungen gearbeitet. Er gehörte zum ***Anwaltsprekariat***, das in den letzten zehn Jahren in Deutschland entstanden ist. Die Hauptursachen: die seit den fünfziger Jahren kontinuierlich steigende Zahl von Rechtsanwälten und der Strom von schlechten Juristen in die Anwaltschaft, weil sie auf dem Arbeitsmarkt keine Alternative haben.

Das Überangebot auf dem Anwaltsmarkt

Die Zahl der Anwälte ist in den letzten sechzig Jahren um mehr als das Elffache gestiegen. 1950 kamen auf einen Anwalt 4934 Bürger, 2013 waren es nur noch 499. Allerdings konkurrieren nicht alle zugelassenen Robenträger um Mandanten. Es wird geschätzt, dass etwa 50000 nur Titularanwälte oder Syndici ohne nennenswerte eigene Praxis sind. Danach wären nur rund 100000 Rechtsvertreter auf dem Anwaltsmarkt wirklich aktiv.[28]

Nach Berechnungen von Kilian und Dreske ist das Größenwachstum in den letzten 25 Jahren fast zur Hälfte – zwischen 44 und 48 Prozent – durch ein Phänomen zu erklären: Frauen haben den Anwaltsberuf erobert.[29] Während 1984 nur 12 Prozent des Berufsstandes weiblichen Geschlechts waren, betrug ihr Anteil Anfang 2013 bereits 33 Prozent. Da die Zahl der weiblichen Studienanfänger weiter steigt – beim ersten und zweiten Staatsexamen liegt die Quote mittlerweile bei über 50 Prozent – wird die Anwaltschaft mittelfristig „ein weiblich dominierter Beruf werden".[30]

Besonders prekär ist die Anwaltsdichte in den Stadtstaaten Berlin, Hamburg und Bremen sowie in den Bundesländern Hessen und Nordrhein-Westfalen.[31] In der Elbmetropole kommen auf einen Anwalt 194 Bürger, in der Hauptstadt 271 und in der Stadt an der Weser 338. Die Anwaltsdichte in Hessen (1 zu 319) und Nordrhein-Westfalen (1 zu 478) ist vor allem auf die Konzentration von Rechtsberatern in den Bank- und Wirtschaftsmetropolen Frankfurt und Düsseldorf zurückzuführen. Die Anwaltsdichte ist also nur ein Kriterium für anwaltliche Berufs- und Einkommenschancen. Mindestens ebenso so wichtig sind die Kanzleistandorte. In reichen Städten wie Hamburg, Düsseldorf oder Frankfurt geht es der Mehrzahl der Advokaten wesentlich besser als ihren Kollegen in der „arm, aber sexy"-Metropole Berlin. Die hat mit über 12000 Anwälten mehr Rechtsvertreter als die Schweiz. Der Präsident des Deutschen Anwaltvereins Wolfgang Ewer räumt offen ein, dass die Anwaltschaft ein „Massenproblem" hat.[32]

Muss-Anwälte: eine Gefahr für die Qualität des Rechtsrates

Während der Markt bis Ende der achtziger Jahre alle Zuwächse problemlos aufgenommen hat, gilt das für die letzten Jahrzehnte nicht mehr. Das Tor zum juristischen Studium stand immer offen – auch wenn einige Hochschulen in den siebziger Jahren Zulassungsbeschränkungen einführten. Die hatten aber wegen des niedrigen Numerus Clausus nie eine bremsende Wirkung. Daran hat sich bis heute wenig geändert. Zwar hatten bis Ende 2011 21 Hochschulen einen Numerus Clausus für Rechtswissenschaft eingeführt. Der war jedoch immer relativ niedrig. Er pendelte beim Notendurchschnitt zwischen 1,3 und 2,6. Diese Zugangsbarrieren konnten die meisten Abiturienten überspringen – mit Folgen für die Qualität der Anwaltschaft.[33] ***„Jura hat sich zu einem Auffangstudium für Geisteswissenschaftler entwickelt"***, klagt Ekkehart Schäfer, Vizepräsident der Bundesrechtsanwaltskammer.[34] Bereits 2004 hat der Deutsche Anwaltverein vor einer „Juristenausbildung" gewarnt, die zum „Auffangbecken für alle gemacht wird, die in einer anderen akademischen Ausbildung nicht unterkommen".[35]

Eine Folge: Die Abiturnoten von Jurastudenten haben sich in den letzten 15 Jahren erheblich verschlechtert.[36] Der Anteil der Abiturienten mit der Gesamtnote „sehr gut" hat sich von 16 Prozent 1996/97 auf 8 Prozent 2009/2010 halbiert. Bei der Gesamtnote „gut" fiel der Anteil von 53 Prozent auf 50 Prozent. Dagegen stieg der Anteil der Jurastudenten mit der Gesamtnote „befriedigend" im selben Zeitraum von 29 Prozent auf 39 Prozent.

Mit diesen Notendurchschnitten liegen die Studienanfänger in der Rechtswissenschaft im Vergleich zu anderen Fächern im Mittelfeld, deutlich vor den Wirtschaftsstudenten, aber nur knapp vor den Lehramtskandidaten. Gegenüber dem Notenniveau von Studienanfängern in den Geisteswissenschaften, Mathematik- und Naturwissenschaften, Ingenieurwissenschaften und natürlich Medizin fallen sie dagegen deutlich ab. Nimmt man die Abiturnoten als Maßstab, zieht es Studentinnen und Studenten von eher durchschnittlicher Intelligenz und Leistungsstärke zum Jurastudium. Polemisch überspitzt: ***Das Jurastudium ist ein Sammelbecken der Mittelmäßigen.***

Ins Bild passt, dass juristische Fakultäten vermehrt erhebliche Sprachdefizite bei Jurastudentinnen und Jurastudenten entdecken und als Gegenmaßnahme Sprachkurse anbieten – zum Beispiel an der Ruhruniversität Bochum und der Hochschule Wismar. Für die Hochschullehrerin Jantina Nord haben Deutsch-Probleme bei Jura-Studenten „erdrutschartig" zugenommen: „50 Prozent unserer Studienanfänger beherrschen den Konjunktiv nicht mehr sicher … „Misste" wird als Konjunktiv für „messen" gebraucht. Die Hälfte eines Jahrganges kann in dem Satz ‚Ich habe mit Herr Müller gesprochen' keinen Fehler erkennen".[37] Viele Studenten kennen nur noch den Nominativ. In Hamburg hat ein Hochschullehrer nach einer Seminararbeit festgestellt, dass 80 Prozent der Seminararbeiten „an schwerwiegenden Rechtschreibungs-, Grammatik- und Zeichensetzungsmängeln leiden. Bei der Zeichensetzung ist fast kein System mehr erkennbar, die Konjunktivnutzung ist praktisch nicht mehr bekannt".[38] Für Juristen sind solche Sprachdefizite ein schweres Handicap, weil Texte als Transportmittel für Recht unentbehrlich sind.

Diese Erkenntnisse sind von erheblicher Tragweite für das Verständnis der Noten im ersten und zweiten juristischen Staatsexamen und die sich daraus ergebenden Perspektiven für die Berufswahl. Da sich die Verteilung der Noten in den beiden Jura- Prüfungen nicht wesentlich unterscheidet, der Abschluss im zweiten Examen aber für die Berufschancen ausschlaggebend ist, soll er im Folgenden die Messlatte sein.

Anders als in anderen akademischen Berufen haben Examensnoten bei Rechtskundlern eine Schlüsselfunktion für den Berufseinstieg und die spätere Karriere. „Die meisten Juristen schleppen ihre Noten mit ins Grab. Auch nach jahrelanger Berufserfahrung werden sie noch danach gefragt“, weiß der Kölner Rechtsanwalt Christian Birnbaum, der sich auf Hochschulrecht und Prüfungsrecht spezialisiert hat.[39] Wer mit vollbefriedigend und besser abgeschnitten hat, gehört zu einer kleinen elitären Kaste mit entsprechendem Korpsgeist. Sie trägt die Note offen am Revers, während die Ausreichend-Absolventen sie am liebsten verschweigen. Selbst die Befriedigend-Benoteten reden nicht gern über ihre Zensuren. Sie verraten graues Mittelmaß.

Der Deutsche Anwaltverein schätzt, dass von den jährlich 10 000 Absolventen des Zweiten juristischen Staatsexamens etwa 10 Prozent in der Justiz und im öffentlichen Dienst und etwa 15 Prozent in der Wirtschaft unterkommen.[40] Die restlichen 75 bis 80 Prozent müssen Anwalt werden, wenn sie überhaupt einen juristischen Beruf ausüben wollen.[41]

Wegen des Überangebots an Juristen haben nur die Chancen, in Justiz, Verwaltung, Wirtschaft oder Großkanzleien einen Job zu bekommen, die mit sehr gut, gut oder vollbefriedigend abschneiden. Das waren in den Jahren 2000 bis 2010 zwischen 15 und Prozent 20 aller Absolventen eines Jahrganges. Selbst kleinere Kanzleien mit anspruchsvoller Klientel, sog. Boutiquen, setzten inzwischen zweimal das Prädikat „vollbefriedigend“ voraus, machen aber Ausnahmen. Erwünscht ist ferner eine Promotion. Um diese Juristen tobt ein harter Konkurrenzkampf.

Dagegen zerschellen für Absolventen mit der Note „ausreichend“ alle Karriereträume. „Mit ausreichend allein ist man auf dem Markt ein Nullum“, weiß der ehemalige Präsident des Deutschen Anwaltvereins Hartmut Kilger, „man kann damit keinen Blumentopf gewinnen“. Sie müssen einen nichtjuristischen Beruf wählen oder Anwalt werden. Im Jargon heißen sie ***Muss-Anwälte,*** Juristen, die keine andere Chance haben, als Advokat zu werden. Nach Beobachtungen des Deutschen Anwaltvereins wollen bzw. müssen jährlich „mehr als 8 000 Examensabsolventen Anwalt werden“.[42] Dabei hat der schon lange übersättigte Markt nach Einschätzung des Dachverbandes allenfalls einen jährlichen Bedarf von 3 000 bis 3 500 Neuzulassungen.[43] Die Crème der Jungjuristen geht in Großkanzleien und Boutiquen. Ein weiterer Teil wird von mittleren und kleinen Sozietäten eingestellt. Die Mehrzahl der anwaltlichen Berufsanfänger muss sich nach Beobachtungen des DAV selbständig machen – als freier Mitarbeiter, Mitglied einer Bürogemeinschaft oder Einzelanwalt.[44]

Juristische Staatexamina gelten als schwer. Hier rächt sich, dass so viele mittelmäßig Begabte sich für dieses Fach entscheiden. 2010 und 2011 haben 29 bzw.

gut 27 Prozent das zweite Staatsexamen nur mit der schlechtesten Note „ausreichend" bestanden.[45] In sieben bzw. sechs Bundesländern lag dieser der Anteil bei über 30 Prozent. Spitzenreiter bei den „ausreichend" – Absolventen waren in beiden Jahren Mecklenburg-Vorpommern mit Anteilen von 46 Prozent, Sachsen mit knapp 40 Prozent und das Saarland 2010 mit 40 Prozent. Was bedeutet dieser hohe Anteil Schlechtbenoteter für die rechtlichen Fähigkeiten der Anwaltschaft?

Der ehemalige Präsident des Deutschen Anwaltvereins Harmut Kilger befürchtet, dass bis zu ***„zwei Drittel aller Anwälte das zweite Staatsexamen mit ausreichend gemacht haben. Zu viele von ihnen sind für den Berufsstand ein Qualitätsproblem". In den Gremien werde das auch nicht bestritten, sondern nur zur Kenntnis genommen: „Das ist ein Tabu – weil man eine Ausbildungsreform scheut, die wirklich wirkt".***

Es gibt keine Statistik über die Examensnoten von Rechtsanwälten und daher auch keine verlässliche Methode, diese Schätzung zu überprüfen. Aber es gibt einen Weg, die Plausibilität der Schätzung nachzuvollziehen. Man kann nämlich hilfsweise die Zahl der jährlichen Neuzulassungen zur Anwaltschaft in Beziehung setzen zur Zahl der Ausreichend-Absolventen in der Zweiten Staatsprüfung. Geht man von der Prämisse aus, dass alle Juristen mit der schlechtesten Note mangels Alternative Anwalt werden, könnte der Anteil der Rechtsvertreter mit der Examensnote ‚ausreichend' in den Jahren zwischen 2000 und 2008 zwischen 59 und 75 Prozent liegen. Diese Hochrechnung hat jedoch eine Schwäche: Niemand weiß, wie viele Juristen mit schlechter Examensnote einen nichtjuristischen Beruf wählen. Dieser Anteil ist vermutlich wegen des engen Anwaltsmarktes in den letzten Jahren gewachsen. Denn in den Jahren 2010 und 2011 ist die Zahl der im zweiten Examen mit ausreichend Benoteten zum ersten Mal höher als die Zahl der Neuzulassungen. Die plausibelste Interpretation: Sie haben für sich wegen der schlechten Note als Rechtsberater keine Perspektive gesehen. Trotz dieser Unwägbarkeiten bleibt die Schätzung plausibel, dass bis zu zwei Drittel aller Anwälte nur über ein ausreichendes zweites Examen verfügen. ***Der Anwaltsberuf ist daher zweierlei: eine Attraktion für sehr gute und gute Juristen und ein Sammelbecken für schlechte Juristen. Dabei ist die Zahl der Anwälte mit relativ schlechten Abschlüssen in etwa doppelt so hoch wie die mit guten.***

Dieser Befund hat schwerwiegende Folgen für die Qualität der Rechtsberatung. Die hohe Zahl juristisch schlecht ausgewiesener Paragraphenkundler ist mit erheblich höheren Anforderungen an die Anwaltschaft konfrontiert. Die Ansprüche der Mandanten sind gewachsen, die Zahl der Gesetze ist gestiegen und die Fälle sind komplexer geworden. Während früher Anwälte als Generalisten nahezu alles gemacht haben, vom Verkehrsunfall bis zum verzwickten Erbstreit, ist das nach Auffassung von Ekkehart Schäfer, Vizepräsident der Bundesrechtsanwaltskammer, heute „undenkbar". Die meisten Mandanten, hat er in seiner Kanzlei beobachtet, wollen heute zu Fachanwälten wie es Kranke eher zum Facharzt als zum Hausarzt zieht. Rat bei einem sog. Feld-, Wald- und Wiesen-Anwalt zu suchen, ist zu einem Risiko geworden. Und das steigt noch, wenn ein Rechtsuchender an einen Ausreichend-Geprüften gerät. Der Vorsitzende einer Bankenkammer beim Landgericht Berlin und lange Prüfer bei juristischen Staatsexamen schätzt deren Fähigkeiten als gering ein: „Wer das Examen mit Hängen und Würgen schafft, da muss man Angst um die Mandanten haben". Das Risiko einer Schlechtberatung droht nach einer plakativen Schätzung des ehemaligen DAV-Präsidenten Hartmut Kilger bei der Hälfte aller Anwälte, die das Zweite Examen mit „ausreichend" gemacht haben. Die andere Hälfte macht nach seiner Einschätzung trotz schlechter Examensnoten „ausgezeichnete Arbeit". Wenn zwei Drittel aller Rechtsanwälte ihr zweites Staatsexamen mit einer schlechten Note bestehen, und die Hälfte von ihnen keine gute Arbeit leistet, besteht nach Kilgers Schätzung bei ***„rund einem Drittel der Anwälte das Risiko, qualitativ schlecht beraten zu werden.*** Zwar sagt die Examensnote nichts über die spätere Anwaltseignung; eine Tendenz gibt sie aber vor".

Harte Bandagen: der erhöhte Konkurrenzdruck

Wenn Strafverteidiger Norbert John den „Kammerton", das Mitteilungsblatt der Hamburger Anwaltskammer, liest, schaut er auch immer auf die Liste neu zugelassener Anwälte und seufzt: alles potentiell neue Konkurrenten. Verschärfend kommt für ihn hinzu, dass zwar die Zahl der Straftäter und der Straftaten relativ konstant geblieben, aber die Zahl der Untersuchungs- und Strafgefangenen sogar gesunken ist. John: „Die Konkurrenz hat stark zugenommen. Der Kuchen ist nicht größer geworden, die Stücke werden kleiner". ***Nach einer Schätzung des Präsidenten der Rechtanwaltskammer Köln Hubert van Bühren übertrifft die Zahl der zugelassenen Anwälte den „tatsächlichen Bedarf" an Rechtsrat und - vertretung „um mehr als die Hälfte".***[46]

Nach einer Umfrage des Instituts für Freie Berufe berichten zwei Drittel der Kanzleien, dass sie unter einem steigenden Konkurrenzdruck stehen.[47] Außerdem fürchten viele neue Angebote von Rechtsdienstleistern wie Versicherungen und Kfz-Werkstätten (77 Prozent) und neue Formen der Rechtsberatung im Internet und am Telefon, Rechtsberatungsbüros in Kaufhäusern und Banken (71 Prozent).[48] Viele wissen nicht, wie sie sich gegen Preisdumping und massive Werbung wehren sollen.

Der harte Wettbewerb ist die prägende Erfahrung der heutigen Anwaltsgeneration. Nach Ansicht von Otmar Kury, Präsident der Rechtsanwaltsammer Hamburg, hat er „alle Bereiche" erfasst. Für den Hamburger Junganwalt Michael N. „überlagert er alles. Man denkt ständig daran, dass in der Hansestadt 10 000 Anwälte kämpfen". Norbert John erlebt unter seinen Kollegen „schlimme Auswüchse" – mit niedrigen Honoraren und unseriösen Akquisemethoden.

Dass die „Sitten auch in den oberen Einkommensetagen rauher geworden" sind, führt der Berufsrechtsexperte der Humboldt-Universität Prof. Reinhard Singer auch darauf zurück, dass sich „angelsächsische law firms an die Spitze der großen Kanzleien gesetzt haben und dort den Ton angeben". Ihnen gehe es „primär ums Geldverdienen ohne Gemeinwohlbezug", der „ökonomische Aspekt" dominiere den „ethischen".

Der Wettbewerb wird in erster Linie über den Preis ausgetragen. „Gefällt der Stundensatz nicht, geht der Mandant woanders hin", ist die bittere Erfahrung einer Berliner Kanzleichefin: „An der Spree gibt es 30 bis 40 ähnliche Kanzleien, die sofort in das Mandat einsteigen. Die Mandanten lassen durchblicken oder sagen offen, dass sie auch mit anderen Kanzleien zusammenarbeiten. Das erhöht den Konkurrenzdruck". Sie hat auch schon erlebt, dass langjährige Mandanten sie drängen, „schon mal ohne Honorar tätig zu werden. Sie haben im Notariat sehr viel Geld mit mir verdient, und ich erwarte, dass der jetzige Prozess umsonst geführt wird". Natürlich haben Anwälte auch Tricks ersonnen, um sich gegen den Druck zu wehren: „Man verlangt nur 190 Euro pro Stunde, arbeitet dann aber langsamer", offenbart die Berliner Anwältin. Diese Abwehrstrategien können die zerstörerischen Folgen des Wettbewerbs auf das Preisniveau aber nur dämpfen. Der Markt ist weich. Die Preise fallen. Die Hamburger Familienrechtsanwältin Rita Brockmann-Wiese kennt Kollegen, die für Stundenhonorare von unter 30 Euro arbeiten. Nach Beobachtungen des Anwalts und Berufsrechtsexperten Michael Kleine-Cosack soll das Verbot der Gebührenunterschreitung nur „noch auf dem Papier stehen". Rügen tun das die Kammern aber nicht, weil sie davon nichts mitkriegen. Über niedrige Gebühren beschwert sich kein Mandant. Ja, einige Anwälte bieten sogar kostenlosen Rechtsrat an – zum Beispiel bei Untersuchungshäftlingen, Hartz IV-Empfängern oder Tsunami-Opfern. Mit dem Hintergedanken, dass daraus Mandate entstehen.

Besonders heftig werden die Ellbogen unter Strafverteidigern und Anlegeranwälten ausgefahren.[49] Ein dichtes Gedränge herrscht auch an den Trögen der Verkehrsrechtsanwälte. Hier versuchen Haftpflichtversicherungen, Kfz-Werkstätten und Anwälte sich gegenseitig die Butter vom Brot zu nehmen. Zwar ist das in den USA praktizierte „Ambulance chasing" – Anwälte folgen Krankenwagen bis in die Hospitäler, um von den Verletzten beauftragt zu werden – in Deutschland bisher unbekannt. Michael Bücken, Vorsitzender des Verkehrsrechtsausschusses des Deutschen Anwaltvereins, hat allerdings gehört, dass Anwälte von Werkstätten Hinweise bekommen haben, wo Verletzte im Krankenhaus liegen, und sie diese Informationen nutzen, um Aufträge an Land zu ziehen. „Ganz furchtbar" findet Bücken diese Form der Krankenhausakquise.

Für heißen Wettbewerb spricht auch, dass einige Verkehrsrechtsanwälte damit werben, Unfallschäden vorzufinanzieren. Zu diesem Zweck bezahlen sie zunächst aus ihrem eigenen Geldbeutel Werkstatt oder Gutachterrechnungen sowie andere Kosten der Unfallabwicklung, um an das Mandat zu kommen. Diese Praxis haben die Berufsrechtsreferenten der Kammern auf einer Konferenz 2011 mit „Besorgnis zur Kenntnis genommen", weil sie die „anwaltliche Unabhängigkeit" gefährdet.[50]

Für Verkehrsrechtsanwälte haben sich Gutachter, Abschleppdienste und Kfz-Werkstätten zu umworbenen Maklern entwickelt. 30 Euro Provision bekommen Abschleppfirmen für jeden vermittelten Auftrag. Im Zentrum der Klientenjagd stehen jedoch Autowerkstätten. Anwälte hinterlegen dort Visitenkarten und Vollmachten in der Erwartung, dass sie Unfallopfern empfohlen werden.[51]

Gekämpft wird um einen Milliardenmarkt. Das Volumen des Rechtsberatungsmarktes ist nach der Umsatzsteuerstatistik von 1994 bis 2008 ständig gestiegen: von 10,2 Milliarden Euro auf 17,7 Milliarden Euro. 2009 ist er, vermutlich als Folge der Banken- und Wirtschaftskrise, zum ersten Mal geschrumpft, wenn auch nur geringfügig: auf 17,5 Milliarden Euro.[52] Diese Wachstumsraten verlieren jedoch ihre Strahlkraft, wenn man sie mit den steigenden Zulassungszahlen für Anwälte vergleicht. Danach ist Honorarvolumen des Rechtsberatungsmarktes von 1996 bis 2009 um 59 Prozent gestiegen, die Zahl der Zulassungen dagegen um gut 76 Prozent.[53] Die betrübliche Folge: Der Durchschnittsumsatz eines jeden Anwalts ist in diesem Zeitraum von 131 600 Euro auf rund 128 000 Euro gesunken und erst danach wieder gewachsen. Die spannende Frage: Haben Anwälte auf allen Etagen der Einkommenspyramide verloren – mal mehr, mal weniger – oder haben sie auf einigen Stockwerken im Widerspruch zur negativen Gesamtentwicklung sogar gewonnen?

Zwischen Kohlenkeller und Belle Etage: die Einkommenspyramide der Anwaltschaft

Könnte Jutta B. die Zeit zurückstellen, würde sie nicht noch einmal Jura studieren, jedenfalls nicht ohne zusätzliche Ausbildung in Betriebs- oder Verwaltungswissenschaft: „Der reine Jurist ist nicht mehr gefragt“. So schwer hatte sich die Schweriner Anwältin mit befriedigenden Examina ihren Start ins Berufsleben nicht vorgestellt. Sie wäre gern zu Polizei gegangen, aber die ist für Juristen inzwischen so attraktiv, dass sie nur noch Bewerber mit zweimal vollbefriedigend einstellt. Deshalb musste sie sich nach dem zweiten Staatsexamen durch das Wurzelwerk des Arbeitsmarktes schlagen. Als Hartz IV-Aufstockerin arbeitete sie in einer Kanzlei vorübergehend Teilzeit, musste die Stelle aber wieder aufgeben, weil der Kanzleiboss keine Vollzeitstelle mehr finanzieren konnte. In einem Steuerberatungsbüro stellte sie fest, dass die Eigentümerin auf derselben Stelle eine zweite Juristin eingestellt hatte, um zu sehen, wer die Bessere war. Dann arbeitete sie ein Jahr im Jobcenter und führte ihre Kanzlei nur noch im Zweitberuf weiter, am Freitag und am Samstagvormittag. Sie weiß, dass es nicht „üblich ist, als Anwalt und Angestellte im öffentlichen Dienst zu arbeiten“. Aber die Anwaltskammer Mecklenburg-Vorpommern hat ihr das gestattet, weil sie die wirtschaftliche Not einiger Advokaten kennt, insbesondere bei Berufsanfängern. Die 1 800 Euro, die sie im Jobcenter monatlich erhielt, waren ihr bisheriges Spitzengehalt. Als die Stelleninhaberin nach dem Schwangerschaftsurlaub zurückkehrte, musste sie den Job wieder aufgeben. Seitdem „kämpft“ sie wieder um ihre wirtschaftliche Existenz.

Der berufliche Stolperstart von Jutta B. ist in Mecklenburg-Vorpommern kein Einzelfall. Rechtsanwälte zwischen Schwerin und Greifswald rangieren in der Verdienstskala ganz unten. Eine Auswertung des anwaltlichen Versorgungswerkes im Bundesland, die auf den Einkommensbescheinigungen seiner Mitglieder basiert, kommt zu dem Ergebnis, das 25 Prozent der selbständigen Anwälte 2008 nichts oder weniger als 1000 Euro brutto im Monat verdient haben,16 Prozent zwischen 1000 und 2000 Euro, 12 Prozent zwischen 2000 und 3000 Euro, 11 Prozent 3000 und nur 36 Prozent über 4000 Euro.[54] Was heißt das im Vergleich zu anderen Berufen? 25 Prozent der selbständigen Anwälte verdienen hier nicht mehr als Hartz IV-Empfänger. Die Rechtsvertreter auf der zweiten Einkommensstufe bekommen in etwa so viel wie Beschäftige in der Gastronomie (nach dem Statischen Landesamt 2010 im Durchschnitt 1557 Euro brutto).[55] Auf der dritten Stufe bewegen sich die Einkommen der selbständigen Advokaten zwischen den Bruttoeinkommen im Baugewerbe (im Schnitt 2051 Euro im Jahr 2010) und Beschäftigten im Bereich „Öffentliche Verwaltung, Verteidigung, Sozialversicherung" mit 2941 Euro brutto. Auf der vierten Stufe pendeln Anwälte im Gehaltspektrum von Erziehern und Lehrern mit 3882 Euro im Durchschnitt. Nur das obere Drittel der Rechtsvertreter mit monatlich über 4000 Euro liegt klar über dem Durchschnittseinkommen aller Vollzeitbeschäftigten in Mecklenburg-Vorpommern. Es ist die einzige Gruppe, für die sich die lange akademische Ausbildung auch finanziell auszahlt.

Steigende Umsätze und Gewinne, sinkende Kaufkraft

Die wirtschaftliche Lage der Anwaltschaft präzise zu erkunden, ist aufgrund fehlender Daten immer noch unmöglich. Aber es ist möglich, sich der Realität zu nähern – und das auf drei Wegen: durch Umfragen, die Einkommens- und Umsatzsteuerstatistik des Statistischen Bundesamtes und inoffizielle Zahlen einzelner Versorgungswerke.

Nach einer Erhebung des Instituts für Freie Berufe in Nürnberg waren die von Kanzleien erwirtschafteten Gewinne zwischen 1996 und 2008 gesunken. Eine positive Wende brachten erst die Jahre 2009 und vor allem 2010 nach der Finanzkrise.

Die Einkommensschere zwischen West und Ost bleibt deutlich. Einzelkanzleien legten im Westen beim Durchschnittsgewinn zwischen 1996 und 2010 um drei Prozent zu, im Osten erreichten sie dagegen nur 94 Prozent der damaligen Gewinne.[56] Im Westen erwirtschafteten 50 Prozent der Einzelanwälte 2010 mehr als 40000 Euro im Jahr, im Osten lag diese Grenze bei 35000 Euro.[57] Das heißt: In den alten Bundesländern verdiente die Hälfte der Einzelanwälte 2010 im Schnitt weniger als 3300 Euro im Monat, in den neuen Bundesländern nur 2900 Euro monatlich.

Bei den Partnern regionaler Sozietäten im Westen stiegen die Gewinne zwischen 1996 und 2010 um 15 Prozent, im Osten nur um neun Prozent.[58] Von ihnen erwirtschaftete in den alten Bundesländern die Hälfte 2010 weniger als 75000 Euro, in den neuen Bundesländern 52000 Euro.[59] Das heißt umgekehrt: Im Westen erzielte immerhin die Hälfte der Sozien ein durchschnittliches Monatseinkommen von mindestens 6200 Euro, im Osten von mehr als 4300 Euro. Bei den Partnern regionaler Kanzleien kamen die Partner im Osten auf nur 67 Prozent der Überschüsse ihrer westdeutschen Kollegen.

Ähnlich die Gewinnsteigerungen bei überregionalen Sozietäten in derselben Zeitspanne: im Westen 18 Prozent, im Osten acht Prozent.[60] Im Westen erzielten die Partner im Durchschnitt 158000 Euro, im Osten 94000 Euro.

Bei näherem Hinsehen verdunkelt sich die Botschaft dieser nur zum Teil positiven Zahlen in den Jahren 2009 und 2010. Alle Umsatzsteigerungen und Gewinne sind nämlich von Entwicklung der Verbraucherpreise aufgezehrt worden. Sie sind im selben Zeitraum um knapp 21 Prozent gestiegen. Das heißt: Real sind die Einkommen der Einzelanwälte und Partner in regionalen und überörtlichen Sozietäten in diesem Zeitraum im Durchschnitt stark gesunken.[61]

Bestürzend ist nach der Umfrage der Nürnberger Anwaltsforscher der Teil der selbständigen Anwälte, die im Jahr 2010 monatlich unter 1000 Euro netto verdienten: 11 Prozent. Von den als freie Mitarbeiter in Ostdeutschland tätigen Anwälten – Vollzeit oder Teilzeit – verdienten 26 Prozent 2010 weniger als durchschnittlich 15 Euro pro Stunde.[62] „Die schiere Not“ herrscht nach dem Präsidenten der Anwaltskammer Schleswig-Holstein Michael Purrucker bei dieser Anwaltsgruppe. Sie können kein Personal beschäftigen und ihnen drohen Räumungsklagen, weil sie ihre Miete nicht mehr bezahlen können: „Wegen der blanken täglichen Existenzangst erstarren sie und sind paralysiert“.[63]

Über die relativ beste Datenbasis zur wirtschaftlichen Lage der Anwälte verfügen ihre Versorgungswerke. Experten gehen davon aus, dass sie inzwischen Einkommensbescheide von zwei Dritteln des Berufsstandes kennen. Einzelheiten behandeln die Versorgungswerke jedoch wie Staatsgeheimnisse. Mit Hilfe von Geschäftsberichten einzelner Versorgungswerke lassen sich jedoch einige aufschlussreiche Trends abbilden.

Zum Beispiel Baden-Württemberg: Ein Vergleich der Gutverdiener – 2007 mit einem Monatseinkommen von mehr 5250 Euro – offenbart, dass die Anteile der Anwälte in dieser Einkommensklasse zwischen 1994 und 2007 mit 31 bzw. 33 Prozent relativ konstant geblieben sind. Da sich die Zahl der Anwälte in Baden-Württemberg in diesem Zeitraum mehr als verdoppelt hat, ist daraus zu schließen, dass leistungsstarke Anwälte weiterhin ihren Markt finden.

Dagegen ist der Anteil der Anwälte, die weniger als 5250 Euro monatlich verdienen, von 1994 bis 2007 von 49 Prozent auf 59 Prozent gestiegen. Im selben Zeitraum hatte sich die Zahl der Anwälte verdreifacht. Das heißt: Anwälte mit mittleren Einkommen haben Mühe, ihren Platz auf dem Markt zu halten.

Ähnlich die Einkommensentwicklung in Nordrhein-Westfalen – mit einem Unterschied: Hier konnten die Gutverdiener ihre Position zwischen 1994 und 2007 noch besser behaupten als im Ländle. Der Anteil der Anwälte, die mehr als 5250 Euro im Monat verdienen, stieg von rund 10 Prozent auf knapp 30 Prozent. Die große Masse der Anwälte – fast zwei Drittel – blieb allerdings unter dieser Einkommensgrenze.

Fasst man die Ergebnisse aller drei Erhebungsmethoden zusammen, kommt man zu dem Schluss, dass die ***Schere zwischen Anwälten mit gutem und weniger***

guten bzw. schlechten Einkommen immer weiter aufreißt. Trotz der erheblich gestiegenen Zahl von Rechtsanwendern hat die gut verdienende Anwaltschaft ihre Position nicht nur verteidigt, sondern ausgebaut. ***Im Westen kann ein Drittel als Gutverdiener gelten, im Osten dagegen nur ein Fünftel bis ein Viertel.*** Dagegen hat die Zahl der nicht so gut oder schlecht verdienenden Anwälte stark zugenommen. In den alten Bundesländern nähert sie sich der Zwei-Drittel-Grenze, in den neuen Bundesländern liegt sie weit darüber. ***Für die Masse der deutschen Anwälte ist die wirtschaftliche Situation inzwischen so prekär, dass sie täglich darum kämpfen muss, den Status quo zu erhalten.***

Dass der Abstand zwischen den verschiedenen Etagen der Einkommenspyramide wächst, hat neben dem Überangebot an Rechtsberatern noch eine zweite, häufig übersehene Ursache: Das vom Rechtsanwaltsvergütungsgesetz (RVG) zugrunde gelegte System der Quersubventionierung funktioniert nicht mehr.[64] Bei der Berechnung von Gebühren werden hohe Streitwerte besser vergütet als niedrigere – unabhängig vom Arbeitsaufwand. Um die Faktoren Streitwert und Arbeitsaufwand auszugleichen, geht der Gesetzgeber seit 130 Jahren von einer Mischkalkulation aus. Die vom Rechtsanwalt erzielten hohen Einnahmen bei hohen Streitwerten sollen nicht kostendendeckende Einnahmen bei niedrigen Streitwerten kompensieren. Diese Quersubventionierung klappte früher bei Kanzleien mit finanziell gemischter Klientel. Sie passt jedoch nicht mehr zur Realität des modernen Anwaltsmarktes. Die fetten Unternehmensmandate mit hohen Streitwerten wandern fast ausschließlich zu Boutiquen und Großkanzleien, die Fälle mit niedrigen Streitwerten gar nicht annehmen. Einzelanwälte und Kleinsozietäten müssen sich dagegen mit Autounfällen und Scheidungen über Wasser halten.

Berufsanfänger, Modernisierungsverlierer und Globalisierungsgewinner

Der Wandschmuck im Büro von Michael N. erinnert an Studentenzeiten: ein Lenin-Poster von Andy Warhol, ein Druck von Francis Bacon und eine Karikatur über Karl Marx mit dem Spruch „Tut mir leid. War halt so eine Idee von mir". Unweit des Hamburger Gerichtsviertels hat er sich in einer mittelgroßen Kanzlei ein Zimmer für 2 000 Euro monatlich gemietet – mit „Full Service", das heißt mit Telefonvermittlung, Internet, Schreibarbeiten, Empfang und Nutzung der Bibliothek. Nach fast sechs Jahren als Einzelanwalt kann er seit kurzem endlich von seinem Beruf leben. Durchschnittlich 3 500 Euro brutto verdient er monatlich.

Mit „ausreichend" in beiden Staatsexamina hatte auch er keine Alternative zum Anwaltsberuf. Bei der Internetfirma Freenet, seinem ersten Arbeitgeber, verdiente er für vier Tage in der Woche 1 000 Euro brutto im Monat. Die Stelle hatte er unter anderem angenommen, um keine „Lücke im Lebenslauf zu haben". Seine finanzielle Situation verbesserte sich zunächst auch nicht, als er anfing, Fälle in seinem Wohnzimmer zu bearbeiten und Mandanten im Café zu treffen.

33 Prozent aller Anwälte haben wie Michael N. mit einer „Wohnzimmerkanzlei" begonnen.[65]

Dann jobbte er, vermittelt durch eine Zeitarbeitsfirma, bei der Hamburg Mannheimer Rechtsschutzversicherung. Zwischen 16 und 20 Uhr saß er dort in einem Callcenter als Schadensregulierer für 15 Euro brutto die Stunde. Da er davon nicht leben konnte, verdingte er sich zusätzlich als Betreuungsanwalt für psychisch Kranke für 40 Euro brutto die Stunde und in einer international tätigen Hamburger Innenstadtkanzlei für juristische Fließbandarbeit.

Bei diesen drei Jobs glaubte Michael N. manchmal verrückt zu werden: „Vormittags in der Psychiatrie, mittags in einem noblen Konferenzraum in der Hamburger Innenstadt und abends in einem Versicherungskonzern". Zeitweise war er verzweifelt: „Im Monat verdiente ich so viel wie andere Anwälte an einem Tag". Finanziell ging es ihm wahrscheinlich nicht schlechter als Kollegen mit ähnlichen Examensnoten: Sie „arbeiten im Backoffice für Stundenlöhne, die sie auch im Frittenverkauf bekommen würden", fasst der Regensburger Juraprofessor Martin Löhnig seine Erfahrungen zusammen.[66]

Inzwischen ist Michael N. froh, dass er den Mut hatte, sich als Einzelanwalt niederzulassen: „Mir macht es Spaß, unternehmerisch tätig zu sein". Aber ihm ist auch klar, dass er weiter an allen „Fronten kämpfen muss: gegen Richter, gegen gegnerische Anwälte und gegen die eigenen Mandanten".

Michaels N. steiniger Weg in den Beruf ist kein Einzelfall, sondern typisch für Grünschnabel-Juristen mit mittleren oder schlechten Examensnoten, wie empirische Studien belegen.[67] Zunächst fällt auf, dass die Motivation, Anwalt zu werden, bei jenen mit schlechten Noten am geringsten ist. Während 64 Prozent mit einem Prädikatsexamen (vollbefriedigend) das Berufsziel Anwalt nach dem zweiten Staatsexamen vor Augen haben, wollen von den Juristen mit der Abschlussnote „befriedigend" 56 Prozent diesen Berufsweg einschlagen, von denen mit „ausreichend" Geprüften sogar nur 48 Prozent.[68] Bei rund der Hälfte der Absolventen mit schlechten Noten wird deutlich, dass der Anwaltsberuf für sie eine Notlösung ist und sie kein großes Interesse an diesem Beruf haben. Keine günstige Startposition für die eigene Karriere – und spätere Mandanten. Diese gedämpfte Lust am Anwaltsberuf schließt natürlich nicht aus, dass sie später entflammt.

Nach einer Umfrage des Instituts für Freie Berufe in Nürnberg 2010 machten selbständige Berufsanfänger im ersten Wirtschaftsjahr monatlich einen Gewinn von 400 Euro, im zweiten von 900 Euro und im dritten von 1 500 Euro. Damit haben sich die Einkommensverhältnisse von Berufseinsteigern im Vergleich zu 1999 erheblich verschlechtert: Die Gewinne sind in den ersten drei Geschäftsjahren zwischen 20 und 35 Prozent gesunken.[69] Im dritten Berufsjahr konnten sich 69 Prozent der Berufsanfänger noch keine Sekretärin leisten.[70] Brutal ehrlich ist der Geschäftsführer der Hamburger Rechtsanwaltskammer Hartmut Scharmer: „Wer sich mit einer Allgemeinkanzlei in Hamburg selbstständig macht, muss mit 1 000 Euro Umsatz im Monat auskommen".[71]

Ein wesentlich besseres Los ziehen Berufsanfänger, wenn sie in einer Kanzlei angestellt werden. Das schaffen nur Absolventen mit Prädikatsexamen und, bereits mit Mühe, mit der Note befriedigend. Ihre Einkommen haben sich 2010 im Vergleich zu 1999 um mehr als 25 Prozent erhöht. Sie verdienen im dritten Jahr immerhin schon durchschnittlich 4400 Euro monatlich.[72]

Die Umfrageergebnisse stimmen mit den Erfahrungen des Präsidenten der Hamburger Anwaltskammer Otmar Kury überein. Für ihn haben sich die Startchancen für Jungjuristen in den letzten zehn Jahren noch einmal „verschlechtert". Zwei bis drei Bewerbungen bekommt der renommierte Wirtschaftsstrafverteidiger in der Woche, die er höflich negativ bescheidet.

Eine zweite Problemgruppe sind Einzelanwälte über 50, die meistens als Generalisten arbeiten. Viele von ihnen sind nach dem Berliner Rechtsanwalt und Berufsrechtsexperten Niko Härting, „verloren im Prozess der Modernisierung": „Sie sind nicht nur inkompetent, sondern auch überfordert. Burn-out-Kandidaten. Sie vergessen mit der Zeit ihr Handwerkszeug. Über 50 leben sie fast nur noch von Erfahrung ohne aktualisierte Rechtskenntnisse". Einige haben keine E-Mail-Adresse, weil die digitalisierte Welt sie überfordert. Ekkehart Schäfer, Vizepräsident der Bundesrechtsanwaltskammer, hat beobachtet, dass Generalisten über 50 „die Felle davon schwimmen. Immer wieder können einige plötzlich ihre Beiträge für das anwaltliche Versorgungswerk nicht mehr zahlen". Der Frankfurter Strafverteidiger Oliver Wallasch vermisst bei seinen älteren Kollegen hauptsächlich die Fähigkeit „zu betriebswirtschaftlichem Denken".

Für diese Gruppe von Rechtskundlern haben einige Rechtsanwaltskammern inzwischen „Vertrauensanwälte" benannt. Sie haben den Auftrag, Anwälte in wirtschaftlicher Not zu beraten. Geraten sie in Vermögensverfall, verlieren sie nämlich ihre Anwaltszulassung, das endgültige berufliche Aus. Ein Hamburger Vertrauensanwalt erschrickt immer wieder, in welch aussichtslosen Lagen sich Kollegen nach vierzig Berufsjahren an ihn wenden: „Alkohol, zerstörte Ehen, charakterliche Defizite. Solche Kollegen können keinem Mandanten mehr helfen". Seinem Kollegen Klaus von Gierke haben sich Kollegen offenbart, die nach Jahrzehnten Berufspraxis plötzlich nur noch „drei Fälle pro Jahr" hatten. Die Ursachen lagen häufig im privaten Umfeld: „Krankheiten, problematische Investitionen oder Lebenspartner, die über ihre Verhältnisse lebten". Die Rückkehr in die Normalität ist für die meisten schwer. Die Erfolgschancen seiner Mission als Vertrauensanwalt sieht von Gierke eher nüchtern: 50:50. „Häufig ist es ein Teufelskreis: Wer mit gravierenden wirtschaftlichen Sorgen kämpft, hat Mühe, seine berufliche Basis zu stabilisieren oder gar auszubauen".

Auf einem anderen Planeten scheint Jan Endler zu arbeiten, Partner bei der englischen Kanzlei Linklaters. Sie operiert mit 5000 Mitarbeitern und 3000 Anwälten weltweit. Wer im Berliner Büro im siebten Stock eines Hochhauses am Potsdamer Platz auf ihn wartet, wird sofort von der exotischen Schönheit eines Blumenarrangements gefesselt: eine rotorange leuchtende Helikonie (Papageienblume), eine bordeauxfarbene Anthurie (Flamingoblume) und eine iranische Weide. Das Gesteck steht als Blickfang völlig allein da. Keine der in Arztpraxen herum flatternden Illustrierten oder alten SPIEGEL-Ausgaben stört seine Wirkung. Die Botschaft des floristischen Kleinkunstwerkes: Dem Fünf-Sterne-Begrüßungsset wird ein Fünf-Sterne-Rechtsrat folgen.

Jan Endler empfängt im Besprechungszimmer „Honkong". Die anderen Konferenzräume heißen „Moskau" und „London" und machen jedem unmissverständlich klar, wo man ist: in der Arbeitswelt eines Global Player. Endler, promovierter Jurist und Volkswirt, leitet ein Team mit sieben Anwälten im Bereich „öffentliches Wirtschaftsrecht". Er betreut juristische Großprojekte wie den Bau von Kraftwerken, Häfen, Autobahnen, Flughäfen, und er berät die Bundesregierung. Seitdem er und sein Freshfields-Kollege Benedikt Wolfers das Wirtschafts- und Finanzministerium bei der Gesetzesarbeit in der Finanzkrise beraten haben, gelten beide als Stars der Branche.

Trotz einer 50- bis 60-Stunden-Woche wirkt er nach 13 Jahren juristischer Hochseilarbeit immer noch entspannt und freundlich. Sein Rezept: „Spaß an der Arbeit" und „Freiräume schaffen, weil man sonst untergeht".

Endler ist überzeugt, dass die globalisierte Welt Großkanzleien wie Linklaters „braucht". Bei großen Transaktionen wie der Fusion der Frankfurter und New Yorker Börse, die letztlich an der EU-Kommission scheiterte, oder bei der Übernahme von Hochtief durch den spanischen Bauriesen AGS seien Großkanzleien neben Banken etwa bei der Risikobewertung unverzichtbar. 100 Anwälte sind bei solchen Projekten manchmal beteiligt. Besonders fasziniert Endler eine jüngere Entwicklung: dem Trend von der technisch-juristischen Umsetzung zur strategischen Beratung. Beispiele: Welche Lösungsansätze taugen am besten, um in Schwierigkeiten geratene, systemrelevante Banken zu restrukturieren ohne die Finanzmärkte zu beschädigen? Oder: Mit welche Modellen sind Übernahmeversuche am wirkungsvollsten zu torpedieren? In den letzten Jahren hat sich in den Großkanzleien nach Endlers Einschätzung ein enormes Fachwissen über Finanzmärkte angesammelt, was ihn zu dem selbstbewussten Schluss bringt: Bei der „Analyse von Milliardenprojekten von Regierungen und Großunternehmen brauchen wir uns hinter den renommierten Unternehmens- und Finanzberatern nicht mehr zu verstecken".

Wer Jan Endler verpflichten will, muss mit einem Stundensatz zwischen 500 und 600 Euro rechnen. Auf die Frage, ob sich die Bundesregierung einen solchen Stundenhonorar leisten könne, weicht er diplomatisch aus: Man werde „auskömmlich bezahlt". Bei Regierungsaufträgen ist das Honorar eher zweitrangig. Der mit ihnen erzielte Prestigegewinn wird sich bei den nächsten Aufträgen aus der freien Wirtschaft auszahlen.

Berufsanfänger, Modernisierungsverlierer und Globalisierungsgewinner sind drei Anwaltstypen, die bis auf die Ausbildung und die Zulassung als Anwalt nichts miteinander verbindet. Wahrscheinlich können sie sich nicht einmal mehr in die Arbeitswelten des jeweils anderen versetzen. Die rechtliche Unabhängigkeit ist bei Jungjuristen und über 50-jährigen gefährdet, weil sie wirtschaftlich abhängig sind und Mandate nur in Ausnahmefällen ablehnen können. Im Selbstverständnis, im Berufsalltag und im Einkommen gibt es zwischen ihnen keine Schnittmengen mehr. Einerseits. Andererseits sind sie doch typisch für die Anwaltsgilde. Sie sind Symbolfiguren eines vielfach gespaltenen Berufsstandes.

Dumping-Löhne, Leihanwälte und Hartz IV-Empfänger

Es war die Stellenanzeige einer Anwaltskanzlei in der Jobbörse der Bundesagentur für Arbeit, die der Rechtsanwaltskammer Hamm auffiel: Sie bot Anwälten eine auf zwei Jahre befristete Trainee-Stelle mit ein Gehalt an, das „ein wenig über dem Referendargehalt liegt". Die Standeswächter interpretierten dieses Angebot als ein Monatsgehalt von unter 1 000 Euro und erteilten der Kanzlei einen „belehrenden Hinweis". Die Begründung: Eine solche Vergütung sei für einen Anwalt nicht angemessen und daher sittenwidrig. Die Kammer wollte ein Zeichen setzen gegen die sich nach unten drehende Lohnspirale in der Anwaltschaft. Sie leitete gegen die Kanzlei, die die Stellenanzeige aufgegeben hatte, ein berufsrechtliches Verfahren ein. An ihrem Ende standen ein höchstrichterliches Stoppschild gegen Dumpinglöhne und ein Richtungspfeil für angemessene Gehälter. Der Anwaltsgerichtshof Nordrhein-Westfalen und der Bundesgerichtshof erklärten ein Einstiegsgehalt von unter 1 000 Euro für Anwälte für sittenwidrig.[73] Ein solches erreiche nicht einmal zwei Drittel des Durschnittlohnes, und ein Anwalt würde dann weniger als eine Rechtsanwaltsgehilfin bekommen. Offenbar sei es dem Stellanbieter darum gegangen, „unter dem Deckmantel eines vorgeblichen Trainee-Programmes Rechtsanwälte als billige Arbeitskräfte anzuwerben, die nach Ablauf der Beschäftigungszeit durch neue ersetzt werden sollen". Die Anwaltsrichter legten überdies zum ersten Mal einen Richtwert für Einstiegsgehälter von angestellten Rechtsvertretern fest: 2 300 Euro brutto.

Aufschlussreich ist, dass der Bundesgerichtshof durch Billiglöhne vor allem das „Ansehen der Anwaltschaft" gefährdet sieht und nicht etwa die Qualität der Rechtsberatung oder die Unabhängigkeit von Anwälten, die unter oder am Rande des Existenzminimums verdienen. Ein Indiz dafür, dass die Bundesrichter nicht die Gefahren erkannt haben, die von wirtschaftlich notleidenden Paragraphenkundlern für Mandanten und Rechtspflege ausgehen.

In der Praxis haben die Urteile über sittenwidrige bzw. unangemessene Anwaltsgehälter und löhne bisher wenig bewirkt – bis auf eine sehr muntere Diskussion, ob man nicht auch bei Anwälten Mindestlöhne einführen solle.[74] Zwischen den tatsächlich gezahlten Hungerlöhnen für Anwaltssklaven und den von der Rechtsprechung geforderten Gehältern und Löhnen liegen weiter Welten. Für Rechtsanwalt Paul-Werner Beckmann aus Herford liegen die Gründe auf der Hand: Gehälter von 2 300 Euro monatlich können von „vielen Kanzleien überhaupt nicht erwirtschaftet werden".[75] Und sie müssen es auch nicht. Bei dem Massenangebot von „ausreichend"-Absolventen und deren „eingeschränkter Fähigkeit zur praktischen Anwaltsarbeit" in den ersten Berufsjahren können viele Kanzleien Anfänger ohne besondere Spezialisierung oder Zusatzausbildung für 1 800 bis 2 000 Euro im ersten Jahr einstellen.

Ein Stundenhonorar von 15 Euro plus Mehrwertsteuer liegt nach den Erfahrungen des Geschäftsführers der Hamburger Anwaltskammer Hartmut Scharmer im „unteren Bereich, kommt aber vor". Solche Rechtsvertreter sind meist als freie Mitarbeiter bei Telefonhotlines und bei Inkassokanzleien beschäftigt.

Zwei solcher Billiglöhner hatten sich einmal über ihre Stundenlöhne bei der Kammer an der Elbe beschwert, dann aber einen Rückzieher gemacht, um ihre Marktchancen nicht zu verderben. Andere ziehen ihre Konsequenzen und geben den Berufswunsch Anwalt ganz auf: 2012 haben in der Hansestadt 37 junge Juristen unter 35 Jahren ihre Zulassung zurückgegeben – so viel wie nie zuvor.

„Der Markt gibt es her" ist die lapidare Erklärung für ausbeuterische Löhne im Kohlenkeller der Einkommenspyramide. In München sollen Jungjuristen ihre Dienste Kanzleien sogar für ein halbes Jahr unentgeltlich anbieten, um zu lernen und sich zu bewähren. In Berlin gibt es unseriöse Jobofferten, bei denen Berufseinsteiger auf die Hälfte ihrer Gebühren bei selbst akquirierten Mandaten verzichten sollen.[76] In Hamburg halten Junganwälte kostenlos Vorträge bei der Organisation „Beratung und Information für Frauen" (BiF), um an Aufträge zu kommen. In der Widerspruchsstelle im Jobcenter Friedrichshain-Kreuzberg sind inzwischen zwei Drittel der Sachbearbeiterstellen im gehobenen Dienst mit Volljuristen besetzt, teilweise sogar mit Prädikatsexamen oder befriedigend. Für diese Arbeit sind Volljuristen eigentlich überqualifiziert. Trotzdem hat das Jobcenter keine Probleme, sie zu rekrutieren. Vor allem Frauen mit Kindern oder Familie haben ihre Jobs in Kanzleien aufgegeben, um hier monatlich 1 800 Euro netto zu verdienen. Andere sind gekommen, weil ihre Kanzleichefs ihre Gehälter nicht mehr zahlen konnten: „Viel Arbeit, und das Geld kam noch nicht mal pünktlich", klagen sie. Auch das Jobcenter Berlin-Mitte stellt seit 2007 nur noch Volljuristen auf Sachbearbeiterstellen ein. Drei Vorteile bietet die rechtliche Fließbandarbeit in Jobcentern für Frauen, aber natürlich auch für Männer: Familienfreundlichkeit durch extrem flexible Arbeitszeiten, Arbeitsplatzsicherheit und pünktliche Bezahlung.

Diese angespannte Marktlage haben einige Zeitarbeitsfirmen erkannt und Leihanwälte in ihre Angebote aufgenommen, zum Beispiel die Hamburger Zeitarbeitsfirma Hanfried. Einige Jungjuristen haben bei ihnen angeklopft, weil sie sich in Kanzleien ausgebeutet fühlten – finanziell und arbeitsmäßig. In der Spitze hatte die Zeitarbeitsfirma bis zu zwanzig Anwälte vor allem Rechtsschutz- und Krankenversicherungen befristet überlassen. Dort haben sie in Callcentern gejobbt oder externe Anwälte vor Gericht vertreten. Die Stundenlöhne pendelten zwischen 12 und 14 Euro. Damit waren sie in der Regel günstiger gestellt als in Kanzleien, weil aufgrund des Zeitarbeitsvertrages alle geleisteten Stunden bezahlt und die Sozialabgaben von der Zeitarbeitsfirma entrichtet wurden. Nach Einschätzung des Geschäftsführers Timmfried Eifler sind rund 50 Prozent seiner Leihanwälte später von den Versicherungen übernommen worden. Es gab aber auch welche, das räumt er ein, die „nicht Fuß fassen" konnten, „weil es Probleme mit den Noten gab".

Angesicht des Überangebots von Juristen mit schlechten Noten verwundert nicht, dass ihre Arbeitslosigkeit nach einer Phase der Entspannung 2009 und 2010 wieder zugenommen hat. Als „verhalten" und „zurückhaltend" bezeichnen die Experten der Bundesagentur für Arbeit die Entwicklung auf dem Arbeitsmarkt für Juristen.[77] 2009 waren 5 800 Juristen arbeitslos gemeldet, eine Steigerung gegenüber dem Vorjahr um neun Prozent, 2010 waren es sogar 6 2000, eine

Zunahme nochmals um sechs Prozent. 2011 sank die Zahl dann wieder um acht Prozent: auf 5700 im Jahresdurchschnitt.[78]

Und noch ein anderer Trend sollte der Anwaltschaft Sorge bereiten. Die Bundesagentur für Arbeit hat beobachtet, dass die Kanzleien kaum noch sozialversicherungspflichtige Arbeitsplätze anbieten. Insbesondere bei kleineren und mittleren Kanzleien sei es üblich geworden, eine Mitarbeit nur noch auf Honorar- und Stundenbasis anzubieten.[79]

Vor hohen Marktzugangshürden stehen nach der Analyse der Bundesagentur für Arbeit „vor allem Berufsanfänger ohne oder mit geringer Berufserfahrung". Fast zwei Drittel aller arbeitslosen Juristen waren 2009 und 2010 jünger als 35 Jahre. Dabei handelt es sich nach Hommerich, Kilian und Dreske nicht um „Arbeitslosigkeit im klassischen Sinne", sondern um eine „Phase der Orientierung", in der die jungen Juristen entscheiden, ob sie eine Stelle in der Justiz, in der Wirtschaft oder in einer Kanzlei suchen, sich selbständig machen oder in einen nichtjuristischen Beruf ausweichen sollen.[80] Nach der geltenden Rechtslage haben nämlich Referendare nach dem Zweiten Staatsexamen einen Anspruch auf Arbeitslosengeld, den viele auch nutzen, wenn sie nicht sofort einen Arbeitsplatz finden. Bei jungen Juristen ist die Zeit ohne Arbeit daher häufig eine Übergangsarbeitslosigkeit. Bei ihnen wird sich erst später herausstellen, ob sie ihrer Aufgabe als Organ der Rechtspflege gewachsen sind oder für die Mandanten zu einem Risiko und für die Justiz zu einer Last werden.

Großkanzleipartner, Prominentenanwälte und Strafverteidiger

Der Strafverteidiger Gerhard Strate gehört zu den wenigen Anwälten, die auch als Innenarchitekten Ehrgeiz entwickeln. Seine Kanzlei besteht aus zwei riesigen, mit einem Fahrstuhl verbundenen Etagen. Großformatige New York-Ansichten eines amerikanischen Fotorealisten an Wänden und Raumteilern und eine Urteilssammlung des Supreme Courts, des obersten amerikanischen Gerichts, vermitteln den Eindruck, als habe er einen Greenwich Village Loft in Sichtweite des Hamburger Gerichtviertels nachempfunden. Die Privatbibliothek mit mehreren hundert Bänden sowie Kopien von Soldaten der Terrakotta-Armee eines chinesischen Kaisers senden eine klare Botschaft: Hier hat es jemand geschafft, das oft spießige Anwaltsmilieu zu überwinden. Darauf ist der polyglotte und US-affine Robenträger stolz. Die Liste seiner prominenten Mandanten ist lang: die Tennisspielerin Monika Seles, die Kindesmörderin Monika Weimar, den Hitler-Tagebuch-Beschaffer Gerd Heidemann, den Hamburger Kiez-Paten Ringo-Klemm, das RAF-Mitglied Henning Beer, den wegen einer möglichen Beteiligung am Attentat am 11. September 2001 angeklagten Fundamentalisten Mounir al Motassadeq und den zu Unrecht in die Psychiatrie abgeschobenen Gustl Mollath. Diese großzügig-moderne Kanzlei hat nur eine Schattenseite: Um sie zu finanzieren muss Strate monatlich 100000 Euro umsetzen, die er vor allem als Wirtschaftsstrafverteidiger verdient. Im dreieinhalb Jahre dauernden

Betrugsverfahren gegen den Verlagserben und New Economy-Star Alexander Falk soll er nach Angaben eines Prozessbeteiligten ein Pauschalhonorar von 60 000 Euro monatlich erhalten haben. Er selbst räumt – die Zahl in ein etwas milderes Licht rückend – Summen von 40 000 bis 60 000 Euro ein. Diese Beträge decken alle Kanzleikosten, im Falk-Verfahren obendrein zusätzliches Personal ab. Die sieben Verfassungsbeschwerden, die er im Falk-Verfahren einlegte, konnte er als Einzelkämpfer unmöglich allein erarbeiten. Insider schätzen, dass die Verteidigung im Falk-Verfahren um die zwei Millionen Euro gekostet hat.

Strate gehört zur ersten Garnitur der deutschen Strafverteidiger und nach einer Wirtschaftswoche-Umfrage zu den 25 besten Wirtschaftstrafverteidigern der Republik.[81] Letztere bilden die Crème de la Crème der Verteidigerzunft. Sie verdienen das große Geld und liquidieren Stundensätze zwischen 350 und 600 Euro. Revisionsspezialisten sollen sogar bis 1 000 Euro pro Stunde verlangen. Wegen der Ausdehnung der Strafbarkeitszone der Untreue für Geschäftsführer, Vorstände und Aufsichtsräte ist hier die Nachfrage nach Anwälten größer als das Angebot. Nur wenige können das hochkomplexe Zusammenspiel von Steuer-, Gesellschafts- und Aktienrecht einerseits und Strafrecht anderseits durchblicken und bewältigen. Die wirtschaftsstrafrechtlichen Spitzenkanzleien müssen daher immer wieder Mandate ablehnen, eine Marktlücke, die die Großkanzleien erspäht haben und besetzen wollen, weil hier viel Geld zu verdienen ist. Denn 2009 hat das Bundesverfassungsgericht 2009 eine Deckelung der Verteidigerhonorare abgelehnt.[82] Selbst das Fünffache des Gebührensatzes gilt für das Gericht nicht als unangemessen und damit zulässig.

Noch höhere Honorare liquidieren nur Großkanzleien. Markus Hartung, ehemals „Managing Partner“ bei Linklaters, weiß als Insider, wovon er redet. Nach ihm können Honorare für Partner zwischen 500 und über 1 000 Euro pro Stunde betragen. Den höchsten Stundensatz können freilich nur Seniorpartner verlangen – und das auch nur für die strategische Beratung von Vorständen und Aufsichtsräten. Die entsprechenden Einkommen pendeln zwischen 200 000 Euro und 1,8 Millionen Euro im Jahr.

Diese Summen sind nichts im Vergleich zu den Mega-Honoraren, die Rechtsanwälte als Insolvenzverwalter kassieren können. Nach einer Berechnung des Berliner Hochschullehrers Ulrich Keller könnte der Insolvenzverwalter Michael Frege für die Auflösung der deutschen Tochter der 2008 Pleite gegangenen US-Bank Lehman Brothers bis zu 833 Millionen Euro verdienen. Selbst die seriöse Süddeutsche Zeitung fragte sich im November 2012, als diese Zahl bekannt wurde: „Geht’s noch? Spinnen die jetzt?“.[83]

Der Millionenbetrag ist leicht zu erklären, aber schwer zu verstehen. Für die Abwicklung von insolventen Unternehmen und die Befriedigung der Gläubiger gibt es eine Regelvergütung, die von der Insolvenzmasse abhängt und die am Ende des Verfahrens ein Amtsrichter festlegt. Und die toppt bei Lehmann Brothers Deutschland alle anderen in Deutschland Pleite gegangenen Unternehmen: 18 Milliarden Euro.[84]

Natürlich wiegelt Hubertus Kolster, Freges Chef bei CMS Hasche Sigle, ab: „Wir hatten nie vor, 833 Millionen Euro zu verlangen. Unsere Forderung wird wahrscheinlich unter 500 Millionen liegen". Und dann rechnet er vor, dass in der Kanzlei seit vier Jahren 70 Anwälte und 30 Insolvenzspezialisten an der Sache arbeiten. Dabei seien bisher 720 000 Stunden angefallen. Für die Kanzlei summieren sich bei einem durchschnittlichen Stundenlohn von 300 Euro die Kosten auf 216 Millionen Euro. Diese Investition könnte sich für die geprellten Anleger sogar lohnen. Den 18 Milliarden Euro Forderungen der Gläubiger sollen als Ergebnis von Freges Arbeit rund 15 Milliarden Euro Insolvenzmasse gegenüberstehen.[85] Eine Quote von 83 Prozent befriedigter Forderungen wäre bei einer Insolvenz außergewöhnlich. Normal sind in Deutschland zehn Prozent – oder weniger. Trotzdem ist das hohe Honorar einigen Hedgefonds-Gläubigern ein Dorn im Auge. Sie klagen gegen Frege und seine Truppe, weil sie mehr Geld für sich retten wollen.

Auch andere Insolvenzverwalter scheffeln bei der Abwicklung von Konzernen Millionen und bekommen dabei häufig Ärger. Bei der Karstadt-Pleite erhielt der Rechtsanwalt Klaus Hubert Görg als Insolvenzverwalter 32 Millionen Euro. Gegen diese hohen Entgelte gingen einige Gläubiger sogar gerichtlich vor, freilich vergeblich. Der Schlecker-Verwalter Arndt Geiwitz könnte am Ende Verfahrens mit 15 Millionen Euro rechnen.

Die Politik hat auf diese Superhonorare bisher nicht reagiert – mit Ausnahme der Linkspartei. Sie fordert eine gesetzliche Höchstgrenze für die Honorare von Insolvenzverwaltern: „Es ist höchste Zeit dafür, die Honorare von Insolvenzverwaltern so zu deckeln, dass sie den Leistungen entsprechen", sagt der Fraktionschef und Anwalt Gregor Gysi.[86] Er denkt dabei vor allem an alle Kleinanleger, denen Lehman-Zertifikate aufgedrängt wurden, und die nun mit Minibeträgen abgespeist werden sollen oder leer ausgehen.

Die Spreizung der Anwaltseinkommen hat sich im letzten Jahrzehnt dramatisch erhöht. Das gilt insbesondere für die unteren und oberen Ränder des Spektrums. Bundesjustizministerin Sabine Leutheusser-Schnarrenberger: „Einerseits gibt es Anwälte mit einem Jahreseinkommen weit jenseits der Millionengrenze, anderseits leben Tausende, häufig jüngere Anwältinnen und Anwälte meistens zu Beginn ihres Berufslebens unterhalb der Sozialhilfegrenze oder können sich nur mit zusätzlichen Nebenjobs über Wasser halten".[87] Rechtsanwalt Gregor Gysi kennt ***„keinen anderen Beruf, in dem soziale Differenzen so groß sind wie in der Anwaltschaft".***

Qualitätsverlust und Werteverfall: Braucht die Anwaltschaft eine neue Berufsethik?

„Wenn Rechtsanwälte als Beschwerdeführer auftreten und ihre Beschwerden jegliche Berufsrechtskenntnisse vermissen lassen, dann fühlen wir uns als Meckerecke missbraucht".[88] Mit diesem Satz fasste die Beschwerdeabteilung III der

Rechtsanwaltskammer Berlin ihren Ärger über die miese Qualität von Eingaben von Anwälten gegen Kollegen zusammen. Offenbar hätten die Rechtskundler nicht mitbekommen, polterten die Berichterstatter weiter, dass die Zeiten vorbei seien, in denen ein „unverschämter Umgangston" oder eine unbeantwortete Anfrage das Standesrecht verletze. „Das Verhalten eines Rechtsanwaltes mag gegen selbstverständliche sittliche Pflichten verstoßen", solange es aber unter der Schwelle der Grundpflichten der Bundesrechtsanwaltsordnung (BRAO) bleibt, „muss es hingenommen werden, selbst wenn es dem Ansehen der Anwaltschaft abträglich ist". Ihre Unmutsexplosion schlossen die Berichterstatter mit einem Lehrsatz für Erstsemester: „Bevor Sie sich über einen Kollegen beschweren, subsumieren sie bitte sein Verhalten unter eine konkrete Norm des Berufsrechts, bevor sie eine Beschwerde abschicken".[89] Unter zwei Aspekten ist dieser Wut-Bericht bemerkenswert: Er rügt bei Anwälten mangelhafte Rechtskenntnisse und Sorgfalt beim Verfassen der Beschwerden und räumt sittlich anstößiges Verhalten ein, das unter der Schwelle einer Berufsrechtsverletzung liegt, aber trotzdem der Anwaltschaft schaden kann. Damit spricht er die beiden Kernprobleme des Berufsstandes an: Ist die Qualität der anwaltlichen Beratung noch gesichert? Und ist nach der Liberalisierung des Berufsrechts durch die Rechtsprechung des Bundesverfassungsgerichts ein ethisches Vakuum entstanden, das den Ruf der Anwaltschaft beeinträchtigt und dadurch das Vertrauen der Bürger in sie untergräbt?

Missstände und Fehlleistungen: die Schwarze-Schafe-Theorie

Wer die Präsidenten einiger Rechtsanwaltskammern nach Missständen oder Fehlentwicklungen im Beruf fragt, erhält einen bunten, freilich nicht sehr üppigen Strauß von Antworten. Dieter Finzel, Chef der Hammer Kammer, bedauert mit zustimmendem Nicken seiner Vorstandkollegen, die „Neuartigkeit der Werbung", etwa Kanzleiflugblätter in Pizzerien oder Reklame auf Fahrradständern. Sie, alle über 60 Jahre, trauern guten alten Zeiten nach, in denen Werbung verpönt, und sich Rechtsvertreter Zurückhaltung leisten konnten, weil die Mundpropaganda funktionierte. Seinem Schweriner Kollegen Axel Schöwe missfällt, dass die „Unehrlichkeit" unter seinen Kollegen zugenommen hat. Wenn Bescheide der Kammer angeblich nicht zugestellt worden seien, nähmen sich immer mehr den Lügenbaron von Münchhausen zum Vorbild: „Mein Briefkasten ist voll oder abgebrannt". Dem oberste Standeswächter der München Kammer Hansjörg Staehle ist aufgefallen, dass der „gegenseitige Respekt unter Anwälten offenbar abnimmt. Nicht selten wird darüber geklagt, dass erbetene Rückrufe ausbleiben, Empfangsbekenntnisse nicht zurückgeschickt, relevante Informationen zurückgehalten und versäumte Termine oder Fristen mit Notlügen erklärt werden".

Fast weiß ist dagegen die Weste des Berufsstandes für den Hamburger Präsidenten Otmar Kury: „Missstände und Fehlentwicklungen" sind nicht zu erkennen, allenfalls in „Einzelfällen" wie beim Hinterlassen von Vollmachten bei U-Häftlingen, damit die dann Anwälten Mandanten vermitteln. Am peinlichsten und hilflosesten reagiert die Berliner Kammerchefin Irene Schmid: Missstände und Fehlentwicklungen kann sie zunächst gar nicht entdecken – bis ihr, nach langem Zögern mit ratloser Miene, Zeitungsartikel über sog. Abo-Fallen einfallen, bei denen Abmahnanwälte mit Tricks Geld für Dienstleistungen im Internet ergaunern, die die Nutzer gar nicht in Anspruch nehmen wollten.

Auch bei der Frage nach der Moral in der Advokatengilde prallen die Meinungen hart aufeinander. Der Berufsrechtsexperte Niko Härting notiert einen „zunehmenden Sittenverfall". Der Berufsrechtskommentar und Anwalt Michael Kleine-Cosack behauptet, dass die Leistungen von Anwälten einem „an den Werten einer besonderen Ethik, Integrität, Ehrlichkeit und Kompetenz orientierten Idealbild nicht mehr entsprechen".[90] Der Freiburger Kammerchef Michael Krenzler räumt ein, dass „Fehlverhalten keine Randerscheinung, der Begriff Verwilderung der Sitten aber übertrieben ist".

Einer der Schönredner ist Felix Busse, auch er ehemaliger Präsident des Deutschen Anwaltvereins: „Bisher haben wir kein Bild des Jammers und des Sittenverfalls zu beklagen".[91] Auch der geschäftsführende Vorsitzende des Anwaltsgerichts Düsseldorf F. Manfred Koch vermag keine „Verrohung der Sitten" zu erkennen. Zwar werde „aggressiver geworben als früher, in aller Regel aber innerhalb der vom Bundesverfassungsgericht aufgezeigten weit gespannten Grenzen".[92]

Im Unterschied zu vielen Anwaltsfunktionären sehen Junganwältinnen und -anwälte beim Thema Berufsethik eher skeptisch in die Zukunft. Nach einer Umfrage des Instituts für Freie Berufe findet die Hälfte, dass die Sorge um den Verfall der guten Sitten berechtigt ist.[93] Nur 23 Prozent teilen diese Meinung überhaupt nicht.

Es gibt zwei gängige Muster im Berufsstand, Kritik an der Qualität des Rechtsrates oder den Vorwurf verfallender Moral zu entschärfen oder zu blocken: Das sind alles Einzelfälle, schwarze Schafe wie in jedem anderen Beruf. ***(Schwarze-Schafe-Theorie)*** Und: Vorwürfe etwa des Rechtsmissbrauchs oder Fehlverhaltens sind nicht belegt ***(Keine-Belege-Theorie).***

Der Münchener Kammerpräsident Hansjörg Staehle ist der Auffassung, dass Berufsrechtssünder ‚schwarze Schafe' sind. Diese Ansicht teilt Doris Geiersberger, Fachanwältin für Arbeitsrecht und Präsidentin des Anwaltsgerichtshofes Mecklenburg-Vorpommern. Für den Hammer Kammerpräsidenten Dieter Finzel sind Berufsrechtssünder erst dann ‚schwarze Schafe', wenn Anwälte „Mandanten bewusst schädigen oder das Ansehen der Anwaltschaft in der Öffentlichkeit gröblich verletzten". Nur vier Prozent der Mitglieder, schätzen Finzel und seine Sixty plus-Truppe, kämen mit dem Berufsrecht in Konflikt, „Ausreißer" halt. Der Vizepräsident der Bundesrechtsanwaltskammer Ekkehart Schäfer denkt an ‚schwarze Schafe', wenn Rechtsvertreter ihre Visitenkarten in Kfz-Werkstätten hinterlegen.

Der prominenteste Verfechter der Keine-Belege Theorie ist der ehemalige DAV-Präsident Felix Busse. Nach seiner Auffassung hat „niemand bisher belegt", dass ein „namhafter Teil der Anwaltschaft vom Pfad der Tugend abgekommen" ist und dass „wirtschaftliche Anfälligkeit" die „anwaltliche Unabhängigkeit" beeinträchtigt hat.[94] Spricht für Letzteres nicht schon die Lebenserfahrung? Offenbar kein Argument für ihn. Oder: Gibt es mehr Rechtsmissbrauch? „Ist nicht belegt", findet Silke Waterscheck vom Forum Junger Anwältinnen und Anwälte. Ja, hat denn jemand überhaupt versucht, Rechtsmissbrauch in verschiedenen Rechtsbereichen empirisch zu untersuchen?

Wie ein Paukenschlag wirkte 2012 die massive Kritik des obersten Kammervertreters in Schleswig-Holstein Michael Purrucker an der Qualität der Rechtsberatung: „Viele um ihre tägliche Existenz ringende Anwälte liefern in ihrer Arbeit eine beschämende Qualität ab. Wir wissen es, aber kein will es sagen".[95] Er war der Erste aus dem Kammer-Establishment, der Qualitätsprobleme in der Advokatur auf breiter Front öffentlich zugegeben hat. Das Echo auf diese Breitseite war nach seinem Eindruck überraschend positiv: neben „Prügel im wesentlichen Zustimmung". Nach einer Umfrage des Instituts für Freie Berufe denken 43 Prozent aller Anwälte, dass Leistung unter dem Konkurrenzdruck leidet.[96]

Tatsächlich ist die Einsicht, dass in der Zunft etwas schief läuft, in der Anwaltschaft und in den Berufsorganisationen verbreiteter als öffentliche Stellungnahmen vermuten lassen. Nur öffentlich reden darüber mag fast keiner, weil öffentliche Selbstkritik das Ansehen der Gilde beeinträchtigen würde. Es gibt mehrere Initiativen, die indirekt Eingeständnisse sind, dass es um Qualität und Integrität der Anwaltschaft keinesfalls so gut bestellt ist, wie der äußere Anschein erweckt.

Zum Beispiel hat die Bundesrechtsanwaltskammer 2012 einen neuen „Ausschuss für Qualitätssicherung" gegründet. Er soll die sich seit 2005 dahin schleppende Diskussion über „Qualitätssicherung durch überprüfbare Pflichtfortbildung" und die Debatte über eine Reform des Verfahrens zur Verleihung von Fachanwaltstiteln bündeln. Keine dieser Bemühungen hat allerdings bisher zu einem Ergebnis geführt.

Leitfaden oder permanenter Diskurs: die Ethik-Diskussion in der Sackgasse

Der bisher kräftigste Impuls für eine selbstkritische Bestandsaufnahme ging von einem Aufsatz des Kölner Berufsrechtsexperten Martin Henssler aus. Der Titel: „Die Anwaltschaft zwischen Berufsethos und Kommerz".[97] Damit hatte der Juraprofessor 2008 etwas vollbracht, von dem die meisten seiner Kollegen träumen: eine Diskussion über die ethischen Grundlagen eines ganzen Berufsstandes anzustoßen. Mit zwei Bedrohungsszenarien hatte er eine dunkle Zukunft an die Wand gemalt. Erstens: Durch die Kommerzialisierung der Advokatenzunft in den letzten zehn Jahren sei eine Grenze zwischen freiem Beruf und Gewerbe kaum noch erkennbar – was unter anderem zur Folge hätte, dass Anwälte künftig Gewerbesteuer zahlen müssten, was sie fürchten wie der Teufel das Weihwasser. Und zweitens: Die EU-Kommission wolle weiterhin alle freiberuflichen Besonderheiten abschaffen, die in ihren Augen den freien Wettbewerb auf dem Rechtsberatungsmarkt behindern. Die Kommission glaubt, dass die Anwaltskammern „allzu häufig ihre Selbstregulierungsbefugnis mehr zur Förderung der Interessen ihrer eigenen Mitglieder als zur Förderung derjenigen der Verbraucher“ nutzen. Angesichts dieser Gefahren gäbe es, folgerte Henssler, nur einen Weg, den Sonderstatus des freien Berufs für die Anwaltschaft zu retten: durch ein besonderes Berufsethos. Im gesamten angelsächsischen Rechtskreis habe sich die Wirtschaft einem „corporate governance“-Kodex unterworfen. Diese Regeln guter Unternehmensführung seien rechtlich nicht zwingend, aber auch nicht unverbindlich, neudeutsch „soft law“. Er riet der Anwaltschaft, diese Idee aufzugreifen und sich, um das Profil eines eigenständigen Berufsbildes zu schärfen, „professional governance“-Regeln zu geben. Die Zunft könne damit kompensieren, was sie versäumt habe, nachdem das Bundesverfassungsgericht die Standesrichtlinien für verfassungswidrig erklärt habe: Sie habe den Aspekt „ethischer Leitlinien aus den Augen verloren“, weil sie sich darauf beschränkt habe, das Berufsrecht neu zu ordnen. Es sei doch eine „reizvolle zusätzliche Funktion“ für die Berufsorganisationen, ethische Richtlinien zu entwickeln, darin eine „communis opinio“ im Berufsstand“ festzuschreiben und dadurch das Ansehen der Anwaltschaft „im positiven Sinnen zu steuern und zu bewahren“.[98]

Mit Feuereifer stürzten sich Bunderechtanwaltskammer (BRAK) und Deutscher Anwaltverein(DAV) auf diese Anregung. Das Präsidium der Bundesrechtsanwaltskammer ging zunächst von der Prämisse aus, dass nur ein schriftlicher Kodex den Zweck erfüllen kann, allen Advokaten die „besondere, über das Berufsrecht hinausgehende ethische Dimension ihres Berufes bewusst zu machen“.[99] Die höchsten Standeswächter gründeten eine Kommission. Auf deren Vorarbeiten beschloss das Präsidium im August 2010 ein „Diskussionspapier“ „zur Berufsethik“.[100] Klar war allerdings von vornherein, dass diese neuen Richtlinien unverbindlich sein sollten, weil sie anderenfalls in den Verdacht geraten würden, die 1987 vom Bundesverfassungsgericht für verfassungswidrig erklärten Standesrichtlinien durch die Hintertür wieder einzuführen.

Der Deutsche Anwaltverein diskutierte ab 2009 auf allen Anwaltstagen, ob die Anwaltschaft eine neue Berufsethik brauche und, falls ja, ob die durch permanenten Diskurs geboren werde oder durch einen Kodex zu fixieren sei. Im Dezember 2010, also vier Monate nach dem Präsidiumsbeschluss der Bundesrechtsanwaltskammer, beschloss der Deutsche Anwaltverein einstimmig, „schriftlich formulierte ethische Gebote“ abzulehnen. Er erkannte die Berufsethik zwar als Aufgabe an, kann sie aber nur als ständigen Dialog verstehen, der „Weg und Ziel“ zugleich ist.[101] Die Berufsrechtler des Anwaltvereins waren überzeugt, dass es für ethische Richtlinien im Berufsrecht keine „Rechtsgrundlage“ gibt. Sie wollten Kolleginnen und Kollegen nicht zumuten, Normen zuzustimmen, „die keine demokratische Legitimation in unserer Gesellschaft haben“.

Die Entscheidung des DAV gegen eine verschriftete Ethik war eine offene Provokation der Bundesrechtsanwaltskammer, die Monate zuvor mit dem Diskussionspapier einen anderen Kurs eingeschlagen hatte.

Der Konflikt zwischen den beiden Berufsorganisationen hat die Ethik-Debatte fast zwei Jahre überschattet und die Gegner schriftlicher Richtlinien in den Regionalkammern vermutlich bestärkt, Widerstand zu leisten. Dort wurden die Ethik-Thesen des Präsidiums höchst kontrovers diskutiert. Auf der 130. Hauptversammlung der Bundesrechtsanwaltskammer im Oktober 2011 verloren das Präsidium und die Ethik-Kommission krachend. Schriftliche Richtlinien wurden mit 19 gegen 6 Stimmen bei drei Enthaltungen abgelehnt. Beschlossen wurde lediglich, die Diskussion über anwaltliche Ethik fortzusetzen. Die Angst, dass es bei einem schriftlichen Leitfaden zu einer „von der Anwaltschaft unkontrollierten und unerwünschten Umsetzung von Ethik in Recht“ (Krenzler) kommt, hatte auf der ganzen Linie gesiegt.

Der Münchener Kammerpräsident Hansjörg Staehle ist, diplomatisch verbrämt, ein „bisschen enttäuscht“, dass die Pläne des Präsidiums für einen schriftlichen Leitfaden gescheitert sind. Seine Sorgen um die „Einheit der Anwaltschaft“ sind gewachsen und die Idee, einen neuen Ausschuss mit der Fortsetzung der Ethik-Debatte zu betrauen, erinnert ihn stark an den Spruch: „Wenn man nicht weiter weiß, gründet man einen Arbeitskreis“. In der Hamburger Kammer, immer an der Speerspitze des Widerstandes, ist man hingegen froh, dass „in die Diskussion Ruhe eingekehrt“ ist.[102] Deutlicher und ehrlicher zu formulieren wäre: beendet ist.

Kein Stein liegt mehr auf dem anderen: der Totalumbau der Anwaltschaft

Am 14. Juli 1987 hat das Bundesverfassungsgericht die anwaltlichen Standesrichtlinien wegen fehlender Gesetzesgrundlage für verfassungswidrig erklärt. Das war der Startschuss für eine Revolution im anwaltlichen Berufsrecht. Am Tag der französischen Revolution gefallen, wurde das Urteil – historisch kühn – ‚Bastille-Entscheidung‘ getauft. Um das Verdienst der Karlsruher Richter angemessen zu würdigen, bemühte der ehemalige Vizepräsident des Gerichts Winfried Hassemer sogar ein Bild aus der Bibel: Er verglich die durch das Urteil angestoßene Entwicklung in der Anwaltschaft „mit dem Auszug der Kinder Israel aus der ägyptischen Knechtschaft“: „Die Anwaltschaft ist heute eine rundum befreite Institution; wo früher Hindernisse waren, ist heute Ebene“.[103]

Modernisierung im Zeitalter der Globalisierung: Organisations- und Werbefreiheit

Weitere Modernisierungschritte durch das Bundesverfassungsgericht folgten: die Zulassung überörtlicher Kanzleien und das Recht der Anwälte vor allen drei Instanzen aufzutreten – mit Ausnahme des Bundesgerichtshofes für Zivilsachen. Diese Weichenstellungen bereiteten den Boden für zwei Fusionswellen: einer nationalen und internationalen. Alle hatten das Ziel, wettbewerbliche Schutzzonen in bestimmten Regionen und bei Gerichten zugunsten bundesweiter Konkurrenz zu öffnen – was den deutschen Anwaltsmarkt auch international attraktiver machte.[104]

Flankiert wurde diese Liberalisierung durch die Möglichkeit für Kanzleien, sich als Handelsgesellschaften zu organisieren, zunächst als GmbH, später als Aktiengesellschaft. Wachsender Beliebtheit bei Großkanzleien, Boutiquen und mittelständischen Kanzleien erfreut sich neuerdings die Rechtsform der englischen Limited Liability Partnership (LLP). Dazu wird in Großbritannien eine Briefkastenfirma gegründet. Das Ziel dieser „Flucht in die LLP“: Die Haftung für Berufsfehler soll auf das Vermögen der Gesellschaft beschränkt werden.[105]

Noch einschneidender veränderte das Anwaltsbild die weitgehende Aufhebung des Werbeverbots durch die Rechtsprechung des Bundesverfassungsgerichts. Kommerzielle Werbung war über Jahrzehnte für Anwälte ein Tabu. Damit brach das höchste deutsche Gericht. Als Ausdruck der Meinungs- und Berufsfreiheit ließ das Gericht Sponsoring, die Veröffentlichung von Ranglisten über Wirtschaftskanzleien im JUVE-Handbuch, die Publikation von Gegnerlisten im Internet und, als Höhepunkt, sogar die Versteigerung von Rechtsrat in einem Internetauktionshaus zu.[106] Verboten waren danach nur noch „irreführende und insbesondere aufdringliche Werbemethoden, mit denen ein rein geschäftsmäßiges, ausschließlich an Gewinn orientiertes Verhalten zum Ausdruck kommt“.[107] Und es blieb das Verbot der Werbung im Einzelfall.

Mit der Entscheidung, dass die Versteigerung von Beratungsleistungen im Internet verfassungsgemäß ist, hat das Gericht das traditionelle anwaltliche Berufsbild zertrümmert: Es billigte, dass ein Anwalt Rechtsrat wie Handelsware anbietet und der Höchstbietende den Zuschlag erhält. Entscheidend für die Richter war, dass der Gesetzgeber im Rechtsanwaltsvergütungsgesetz (RVG) „im Bereich der außergerichtlichen Beratung den Preiswettbewerb eröffnet“ hatte.[108] Damit könne der Rechtsrat im außergerichtlichen Bereich wie eine Ware gehandelt werden, mit der der Anwalt einen maximalen Gewinn erzielen darf. Nimmt man hinzu, dass das Bundesverfassungsgericht das Verhältnis Anwalt-Mandant an anderer Stelle als „Dienstleistung“ bezeichnet hat, ist die Feststellung gerechtfertigt, dass die Karlsruher Richter den Anwalt zumindest im außergerichtlichen Bereich als gewinnorientierten Dienstleiser begreifen.[109]

Die freie Advokatur zwischen Organ der Rechtspflege und Gewerbe

Die Bundesrechtsanwaltsordnung definiert den Rechtsanwalt als „unabhängiges Organ der Rechtspflege“, der einen „freien Beruf“ und kein „Gewerbe“ ausübt. „Seine Tätigkeit dient der Verwirklichung des Rechtstaates“, ergänzt die Berufsordnung. Völlig unklar ist freilich, welcher dieser Begriffe das heutige Berufsbild des Berufsstandes wie prägt – sechzig Jahre nach dem Inkrafttreten des Gesetzes.

Eine Ursache dafür ist, dass das Bundesverfassungsgericht die Akzente bei der Rollenbeschreibung des Anwalts im Rechtsstaat mehrere Male geändert hat. Es gab jedoch immer eine Konstante: die Doppelrolle der Advokaten. „Als unabhängiges Organ der Rechtspflege" seien Anwälte „im Dienste der Rechtspflege" und „als berufene Berater und Vertreter der Rechtssuchenden" tätig.[110]

In den achtziger Jahren des letzten Jahrhunderts rückte dann der Begriff der „freien Advokatur" in den Vordergrund.[111] Das Bundesverfassungsgericht entschied, dass nicht nur gewerbliche, sondern auch freie Berufe den Schutz des Grundrechts auf Berufsfreiheit und -ausübung (Art. 12 GG) genießen, und die „freie und unreglementierte Selbstbestimmung des einzelnen Anwalts" nur aus zwingenden Gründen des Gemeinwohls eingeschränkt werden darf.[112] Zu diesen Schranken gehören ***die Funktionsfähigkeit der Rechtspflege, der Schutz der Rechtssuchenden und die Zuverlässigkeit der Anwaltschaft.***

Während die Organstellung des Anwalts in der Rechtsprechung des Bundesverfassungsgerichts an Bedeutung verlor, gewann der Grundsatz der freien Advokatur an Bedeutung – als Plattform für ein freiheitliches, staatsfernes Berufsbild des Anwalts. Seine beiden tragenden Säulen: die Garantie der „Unabhängigkeit" von „staatlicher Kontrolle und Bevormundung" und die Ausübung eines „freien Berufes" in Abgrenzung zum Gewerbe.[113] Beide haben dieselbe historisch Wurzel: den frühen Liberalismus des 19. Jahrhunderts.[114] Begleitet wurde diese Entwicklung vor allem von dem Bemühen, „die Ehre und Würde des Standes sowie der Höherwertigkeit gegenüber den ‚egoistischen Gewerbetreibenden' " hervorzuheben. Ärzte und Anwälte, so die Argumentation, hätten höhere Pflichten gegenüber der Allgemeinheit zu erfüllen, nicht der Erwerbs-, sondern der Altruismusgedanke stehe im Vordergrund.[115] Von dem Selbstverständnis, „Dienstleistungen höherer Art" (Thomas Mann, Göttingen) zu verrichten, haben sich Gesetzgeber, Rechtsprechung und Teile der Anwaltschaft bis heute nicht befreit. Die Folge: Das Verhältnis des Berufsstandes zum Profit ist ungeklärt. Anwälte wissen nicht, ob sie in erster Linie dem Recht dienen sollen oder Geld verdienen dürfen.

Für den Gesetzgeber war das 1959 noch klar, als die Bundesrechtsanwaltsordnung in Kraft trat: Die „Eigenart des freien Berufes" liegt, wie es in der Begründung des Entwurfes hieß, „vornehmlich darin begründet, dass sich seine Angehörigen nicht vom Streben nach Gewinn leiten lassen dürfen. So werden die Handlungen und Unterlassungen eines Anwalts, der von der ethischen Aufgabe eines Berufes erfüllt ist, von dem Motiv geleitet sein, das Recht zu verwirklichen. Von diesem idealen Bestreben her gesehen übt der Rechtsanwalt einen freien Beruf aus".[116]

Das Bundesverfassungsgericht argumentierte über Jahrzehnte ähnlich. Zur Rechtfertigung des Werbeverbots im Einzelfall stellten die Karlsruher Richter wiederholt fest, dass es einer „rein geschäftsmäßigen Einstellung" des Anwalts entgegenwirken wolle und Anwälte nicht „aus Gewinnstreben zu Prozessen" raten sollen.[117] „Gewinnstreben darf in der Interpretation der Verfassungsrichterin Renate Jaeger „nicht die Oberhand gewinnen".[118]

Jüngere Urteile des Bundesverfassungsgerichts setzten neue Akzente.[119] Nach dem Urteil zum Erfolgshonorar 2006 gehört „kommerzielles Denken" zur „Konzeption" des anwaltlichen Berufsrechts.[120] „Das wirtschaftliche Interesse des Anwalts am Abschluss eines Mandats" vermag „für sich genommen noch keine Gefährdung der anwaltlichen Unabhängigkeit zu begründen". Als Angehörige eines freien Berufes tragen Rechtsanwälte regelmäßig unmittelbar oder – im Anstellungs- oder freien Mitarbeiterverhältnis – mittelbar das volle wirtschaftliche Risiko ihrer beruflichen Tätigkeit" . Damit unterscheidet das Bundesverfassungsgericht beim Gewinn nicht mehr zwischen freien Berufen und Gewerbetreibenden. Für Markus Hartung haben die Karlsruher Richter damit das „Unternehmertum" von Anwälten anerkannt, für Stürner und Bormann die „Freiheit und Eigenverantwortung des einzelnen Rechtsanwalts im Wettbewerb des Dienstleistungsmarktes".[121]

2008 stellt der Erste Senat realistisch fest, dass sich freie Berufe und Gewerbetreibende in einem Punkt nicht unterscheiden: Beide betätigen sich „selbständig und nachhaltig" „mit Gewinnerzielungsabsicht" (!!!) „am allgemeinen wirtschaftlichen Verkehr". Die signifikanten Unterschiede zwischen freien Berufen und Gewerbetreibenden lägen in Wirklichkeit in ganz anderen Bereichen. Besondere Merkmale für den „Typus des freien Berufes" seien „im Regelfall akademische oder eine vergleichbare besondere berufliche Qualifikation oder schöpferische Begabung", „persönliche, eigenverantwortliche und fachlich unabhängige Erbringung der Arbeit", „höchstpersönliches Vertrauensverhältnis zum Auftraggeber" und die „spezifisch staatliche, vielfach auch berufsautonome Reglementierung" beruflicher Pflichten und Honorarbedingungen".[122]

In den öffentlichen Debatten, insbesondere der Funktionärsriege der Anwaltschaft, scheint der ‚Kommerz' immer noch des Teufels. Für den Präsidenten des Deutschen Anwaltvereins Wolfgang Ewer stellten Anwälte „täglich unter Beweis", dass „Geldverdienen zwar notwendige Grundlage, aber nicht alleinige Grundlage unserer Berufsausübung ist".[123] Besonders viel Wert legten Standesvertreter auf die Feststellung, dass „Recht und Gerechtigkeit" keine „Ware" und Anwälte keine „Kaufleute" sind.[124] Dieses gebrochene Verhältnis von Teilen der Anwaltschaft zum Gewinn hat zwei Ursachen: die Furcht, im Zuge der Ökonomisierung des Rechts schleichend zum Gewerbetreiben zu mutieren und, immer noch, das Bewusstsein eine „Dienstleistung höheren Wertes" zu erbringen.[125] Vor allem Anwaltsfunktionäre können oder wollen nicht verinnerlichen, was der U.S. Supreme Court bereits 1977 herausfand: „The belief that lawyers are somehow above ‚trade' has become an anacronism".[126]

Der alte Anwaltsmarkt: Spezialisten verdrängen Generalisten

Wenn Rechtsanwältin Ulla Kärgell morgens ins Amtsgericht Berlin-Mitte kommt, weiß sie nie, was sie erwartet. Manchmal liegen im Anwaltszimmer

Zettel mit Telefonnummern oder dünne Akten von Kollegen mit der Bitte, für sie einen Termin wahrzunehmen, weil sie verhindert sind. Dafür erhält sie telefonisch oder schriftlich Anweisungen: Sie möge den Antrag aus der Klageschrift stellen, den Schriftsatz mit dem Datum X übergeben oder ausdrücklich keinen Vergleich schließen. An einigen Tagen erhält sie aber auch keinen Auftrag und sitzt dann drei Stunden umsonst im Anwaltszimmer, dass sie mit zwei anderen ‚Terminvertretern' teilt. Diese anwaltliche Rolle ist eine Berliner Besonderheit. In der Hauptstadt gibt es elf Amtsgerichte. Da sich Gerichtstermine hin und wieder überschneiden, beauftragen Anwälte Ulla Kärgell und ihre Kollegen, sie kurzfristig zu vertreten. Dabei kommt es mehr auf psychologisches Geschick als auf juristische Kenntnisse an: „Mandanten merken es häufig nicht, dass ich vom Fall gar keine Ahnung und nur einen Zettel in der Hand habe", erläutert Anwältin Kärgell ihren Job: „Manche sind zunächst irritiert, wenn ich an Stelle ihres Anwaltes vor Gericht auftrete. Wenn sie aber sehen, dass die Richter mich kennen, ist ihr Groll schnell verflogen". Und die Richter, das ist Comment, „ziehen uns nicht über den Tisch, weil wir ihnen helfen, Fälle abzuwickeln und sie bequem sind".

Ulla Kärgell und den anderen Terminvertretern ist bewusst, dass sie auf der anwaltlichen Ansehensskala auf der untersten Stufe stehen. Richter und Kollegen verspotten sie denn gern als „Treppentiger" oder „Anwaltsnutten".

Nach 27 Jahren als Anwältin hat sie zwar ein paar eigene Mandate, aber kein „florierendes Büro". Irgendwann hatte sie den Zeitpunkt verpasst, eine eigene berufliche Existenz aufzubauen – als Mutter von zwei kleinen Kindern und Frau eines Mannes, der seinen Vollzeitjob nicht aufgeben wollte. Es gab Zeiten, da konnte sie von Terminvertretungen gut leben. Aber das ist zehn Jahre her. Auch bei ihr hat die wirtschaftliche Misere des Berufsstandes voll durchgeschlagen: „Es geht allen schlechter, aber keiner redet darüber". In den neunziger Jahren konnte sie den Pauschalpreis pro Vertretung noch Jahr für Jahr erhöhen, seit 2000 liegt er unverändert bei 30 Euro. Außerdem ist die Zahl der Aufträge um die Hälfte bis zu zwei Drittel zurückgegangen. Viele Anwälte lassen ihr Büro heute mal für eine Stunde allein oder bitten, den Termin zu verlegen, um die 30 Euro für eine Vertretung zu sparen und die Termingebühr selbst einzustreichen.

Hin und wieder hasst sie ihren Job, wenn Mandanten stinken oder ihr eine Alkoholfahne ins Gesicht weht: „Im nächsten Leben werde ich Tischler oder Gärtnerin in Sanssouci", sagt sie sich dann.

Ulla Kärgell muss sich mit Vertretungen für Feld-Wald-und-Wiesenkanzleien durchschlagen, 50 Prozent ihrer Aufträge bekommt sie im Zusammenhang mit Verkehrsunfällen. Wahrscheinlich hat keine Gruppe unter den Anwälten unter dem wirtschaftlichen Niedergang der Anwaltschaft so zu leiden wie die Generalisten und die im Massengeschäft Tätigen, die Verkehrsrechts- und Familienrechtsanwälte. Ihnen ist es mangels Phantasie und Kompetenz nicht gelungen, auf die sinkenden Umsätze und Gewinne unternehmerisch zu reagieren.[127]

Als Mitte der neunziger Jahre die Expansion der Anwaltschaft nicht mehr durch eine stärkere Nachfrage auf dem Anwaltsmarkt aufgefangen werden konnte, reagierte die Anwaltschaft mit drei Gegenstrategien

- **der Spezialisierung und Differenzierung,**
- **der Verlagerung des Schwerpunktes von gerichtlicher Beratung und Vertretung zur außergerichtlichen Tätigkeit und**
- **der Gründung eines neuen Anwaltsmarktes mit neuen Geschäftsmodellen.**[128]

Wie andere akademische Berufe haben auch Anwälte auf die „Überfüllungskrise" mit Spezialisierung und Differenzierung geantwortet.[129] Um auf einem gesättigten Markt zu überleben und sich von der Masse der Konkurrenten abzuheben, begann der Boom der Fachanwaltschaften. Während Advokaten bis Mitte der neunziger Jahre nur Fachanwaltstitel in den Rechtsfeldern Steuerrecht, Arbeitsrecht, Sozialrecht und Verwaltungsrecht erwerben konnten, können sich heute Advokaten in zwanzig Rechtsgebieten zusätzlich qualifizieren. Bis zu Beginn des Jahres 2013 waren 46 723 Fachanwaltstitel verliehen.[130] Diese Zahl entspricht nicht der Zahl der Fachanwälte, weil ein Rechtsvertreter bis zu drei Titel erlangen darf. Nach Berechnungen der Bundesrechtsanwaltskammer haben rund 23 Prozent aller Robenträger mittlerweile mindestens einen Fachanwaltstitel. In einer solchen Qualifikation sehen nach einer Studie des Instituts für Freie Berufe 68 Prozent der Anwälte eine erfolgssichernde Maßnahme.[131] Das Bedürfnis nach Spezialisierung reicht jedoch weit über das Interesse an Fachanwaltschaften hinaus. Nach einer Umfrage des Soldan Instituts verstehen sich inzwischen 69 Prozent aller Rechtsvertreter als Spezialisten. 55 Prozent haben sich auf bestimmte Rechtsgebiete konzentriert, 14 Prozent auf bestimmte Zielgruppen.[132]

Ein Beispiel für eine Differenzierung innerhalb eines Rechtsfeldes, des Steuerrechts, ist die Münchener Kanzlei Küffner Maunz Langer und Zugmaier. Sie betreut ausschließlich Umsatzsteuerfälle.[133] Häufiger ist die Konzentration und Beschränkung von Kanzleien auf bestimmte Zielgruppen. Das kommt besonders häufig im Arbeits-, Versicherungs-, Sozial-, Verwaltungs- und Bankenrecht vor. Die Hamburger Arbeitsrechtsboutique Ruge Krömer, mit 21 Anwälten eine der drei größten Spezialkanzleien der Republik, vertritt zum Beispiel nur Arbeitgeber und auf der Arbeitnehmerseite nur Führungskräfte mit Streitwerten von mindestens 100 000 bis 200 000 Euro. Oliver Kröger arbeitet als Fachanwalt für Versicherungs-,Verkehrs- und Medizinrecht für die Kanzlei Bach Langheid Dallmayr, einer Kanzlei mit vier Standorten und gut hundert Anwälten. Sie vertritt nur Versicherungskonzerne und klagt nie gegen andere Versicherungen. „Durch Loyalität und Know How" ist es der Kanzlei nach Meinung von Oliver Kröger gelungen, eine „marktbeherrschende Stellung" zu erobern. Das Geschäftsmodell solcher Zielgruppen-Kanzleien nutzt die Interessengegensätze einer stark fragmentierten Gesellschaft. In ihr gelten Anwälte nur dann als glaubwürdig und durchsetzungsstark, wenn sie immer auf einer Seite stehen, im wahrsten Sinne des Wortes Partei sind, entweder etwa nur Banken oder nur Anleger vertreten.

Die großen Verlierer dieses Trends zur Spezialisierung und Differenzierung sind die Generalisten, die meist als Einzelanwälte arbeiten. Nach Schätzungen des Soldan Instituts ist die große Mehrheit der Rechtsberater als Nicht-Fachanwalt tätig, nämlich rund 123 000.[134] Gegenüber Fachanwälten haben Allgemeinanwälte in der Regel das Nachsehen.[135] Ihnen geht es im Durchschnitt wirtschaftlich am schlechtesten.[136] Sie leiden am stärksten unter der steigenden Zahl von Anwälten, der wachsenden Ertragsstärke der Fachanwälte und der nicht mehr funktionierenden Quersubventionierung. Hartungs düsteres Resümee: „Allgemeinanwälte befinden sich in einem kleiner werdenden Markt, der dazu noch eher ertragsschwaches Geschäft übrig lässt".[137] Obwohl das öffentliche Bild der Anwaltschaft von Großkanzleien und Starverteidigern geprägt wird, ist nach einer Umfrage des Soldan Instituts noch immer eine „schweigende Mehrheit" der Anwälte – 55 Prozent – als Einzelanwalt tätig.[138] Sie sind überdurchschnittlich als Generalisten aktiv – 31 Prozent – und erwerben auch seltener einen Fachanwaltstitel als Rechtsanwälte im Durchschnitt.[139]

In welchem Umfang Prozessanwälte zu außergerichtlichen Beratern geworden sind, lässt sich empirisch schwer fassen.[140] Wasilewski kommt zu dem Ergebnis, dass Anwälte im zivilrechtlichen Bereich außerhalb von Scheidungs-, Arbeitsrechts- und Mahnverfahren rund 70 Prozent ihrer Mandate außergerichtlich erledigen und dabei deutlich mehr Umsatz erzielen als Kanzleien mit einem hohen Anteil forensischer Tätigkeit.[141] Der DAV schätzt den Anteil außergerichtlicher Rechtsberatung auf 70 bis 75 Prozent.[142] Nimmt man die Entwicklung der Neuzugänge bei den Gerichten als Indiz für eine Schwerpunktverlagerung in Richtung außergerichtliche Beratung, ist die Entwicklung in den letzten 10 bis 15 Jahren dramatisch gewesen. Während die Zahl der Anwälte kontinuierlich gestiegen ist, sind die Neuzugänge in fast allen Gerichtszweigen zurückgegangen. Zwischen 1997 und 2010 sind sie bei den Amtsgerichten in Zivilsachen (ohne Familiengerichtssachen) um 28 Prozent, bei den Landgerichten in Zivilsachen (ohne Familiengerichtssachen) im selben Zeitraum um zwölf Prozent gefallen.[143] Die Zahl der Berufungen in Zivilsachen hat in derselben Zeitspanne sogar um erstaunliche 42 Prozent abgenommen. Eine ähnliche Entwicklung hat sich bei einzelnen Gerichtszweigen vollzogen. Bei den Verwaltungsgerichten gingen die Neuzugänge zwischen 2000 und 2010 um 32 Prozent zurück, bei den Arbeitsgerichten um 28 Prozent, bei den Finanzgerichten um 38 Prozent. Bei den Familiengerichten blieb die Zahl der neuen Sachen konstant. Lediglich bei den Sozialgerichten schwoll die Prozessflut. Sie stieg von 2000 bis 2010 um 39 Prozent. Die Ursache ist klar: die Lawine von Hartz IV-Klagen. Fazit: Da die Verdienstmöglichkeiten aus gerichtlicher Beratung und Vertretung zwischen 2000 und 2010 um über 25 Prozent abgenommen haben, konnte dieser Ausfall nur durch außergerichtliche Tätigkeiten kompensiert werden, oder er führte zu Einkommensminderungen.

Dieser Befund wird durch einen Blick aus einem anderen Winkel untermauert: 2008 waren vier Prozent weniger Richter an ordentlichen Gerichten und Fachgerichten tätig als 2000. Allein die Zahl der Staatsanwälte hat sich um zwei Prozent erhöht, ein winziger Anstieg im Vergleich zu den 42 Prozent, um die die Anwaltschaft in derselben Zeitspanne zugelegt hat.[144] Diese auseinanderstrebenden Personalentwicklungen in der Justiz und in der Anwaltschaft versinnbildlichen plastisch, welche Konkurrenz- und Wirtschaftsprobleme die Advokaten zu bewältigen haben.

Die große Mehrheit tut dies in traditionellen Rechtsgebieten und Rechtsformen, wendet sich weiter gegen Kündigungen, klagt Studienplätze ein oder kämpft um das Sorgerecht für Kinder nach der Scheidung. Ein anderer Teil hat jedoch neue Geschäftsmodelle entwickelt, um neue Rechtsberatungsbedürfnisse zu wecken, zu erfüllen oder dem Konkurrenzdruck auszuweichen. Dadurch ist ein ***neuer Markt*** entstanden. Zu ihnen gehören Großkanzleien und Boutiquen, Anleger- und Opferanwälte, Abmahn- und Inkassoanwälte, Hartz IV- und Internetanwälte, Unternehmensanwälte und Migrantenkanzleien.

Viele Probleme, die durch die Vermassung des Berufes, den Konkurrenzdruck und den Strukturwandel ausgelöst wurden, sind im alten und neuen Markt identisch – wie etwa die Qualität der Schriftsätze, der Umgang mit der Wahrheit oder dem Verschwiegenheitsgebot. Die werden im Kapitel „Der alte Anwaltsmarkt“ beschrieben und analysiert. Neue Geschäftsmodelle haben andere, bisher unbekannte Untiefen und Schieflagen produziert, die im Kapitel „Der neue Anwaltsmarkt“ dargestellt und untersucht werden.

Substanzlose Schriftsätze und unbekannte Urteile: Qualitätsmängel

Der Hamburger Fachanwalt für Versicherungs- und Verkehrsrecht Frank Eulitz sieht bei einigen Schriftsätzen „auf den ersten Blick, dass der andere Anwalt keine Ahnung hat“. Er hat sich auf Schadensersatzansprüche im Verkehrs- und Versicherungsrecht spezialisiert, ein Gebiet, das angeblich jeder kann: „Viele Kanzleien machen das, kommen dabei aber an fachliche Grenzen“.

Er empfängt nicht im dunkelblauen Nadelstreifen, sondern in einem orangen Sweater, eine Farbe, die er mit seinen Sneakers wieder aufnimmt. Ein modebewusster Advokat, der nach dem ersten Staatsexamen Monate als Zen-Mönch im Kloster lebte und sein Geld als Fahrradkurier verdiente. Als er merkte, dass er von „Luft und Meditation nicht leben kann“, machte er das zweite Staatsexamen und wurde Anwalt. Einer, der vom Selbstverständnis und von der Kleidung her nichts mehr mit dem traditionellen Anwaltsbild gemein hat, bis auf die feine Adresse seiner Kanzlei in den Colonnaden, einer gediegenen Einkaufsstraße in der Hamburger Innenstadt. Sein Geschäftsmodell überzeugt offenbar, auf Werbung kann er mittlerweile verzichten.

Wenn er an Berufungen arbeitet, stellt er häufig fest, dass insbesondere im Verkehrsrecht „Leute falsch beraten werden“ und seine Kollegen „Ansprüche nicht erkennen“. Sie arbeiten nur mit einem Standardkommentar fürs Bürgerliche Gesetzbuch (BGB) und nicht mit Fachkommentaren. Ein Beispiel: Bei Dauerschäden nach Verkehrsunfällen – einem verlorenen Bein etwa oder ständigen Kopfschmerzen – kann nach der Rechtsprechung des Bundesgerichtshofes ein Haushaltsführungsschaden geltend gemacht werden, wenn die Fähigkeit gemindert ist, einen Haushalt zu führen. Geschädigte haben danach einen Anspruch auf zehn Euro pro Stunde für eine Haushaltshilfe, unabhängig davon, ob sie tatsächlich beschäftigt wird oder nicht. Eulitz erlebt immer wieder, dass Kollegen diesen Anspruch nicht kennen: „Bei Berufsunfähigkeit und geminderter Fähigkeit zur Haushaltsfähigkeit macht es schon einen Unterschied, ob man 300 000 oder 450 000 Euro rausholt".

Ähnliche Erfahrungen hat Oliver Kröger, in Berlin Fachanwalt für Versicherungs-, Medizin- und Verkehrsrecht, gesammelt. „Die Qualität bei Anwälten, die Versicherungsnehmer vertreten, divergiert sehr stark. Wenn jemand meint, Verkehrs- und Versicherungsrecht nebenbei bearbeiten zu können, dann funktioniert das nicht". Aufgefallen sind ihm „unzureichende Kenntnisse über die aktuelle Rechtsprechung" und „mangelnde Sorgfalt bei Aufbereitung und Darstellung des Sachverhalts". Die Fakten werden als unstreitig dargestellt, obwohl sie streitig sind. Besonders ärgern ihn Floskeln wie „Die Beklagte haftet für die Folgen des Unfalles, was unstreitig sein dürfte", obwohl dies, wie sich aus der Korrespondenz ergibt, tatsächlich nicht der Fall ist, oder „Der Versicherer hat nur 50 Prozent gezahlt, der Anspruch ist dem Grunde (richtig: der Höhe) nach streitig".

Der Hamburger Fachanwalt für Versicherungsrecht Hans J. Harms hat fast täglich mit Beratungsfehlern seiner Kollegen zu tun. In 75 Prozent seiner Fälle vertritt er geschädigte Mandanten gegen ihre ehemaligen Rechtsanwälte. Er hat deshalb einen tiefen Einblick in das Leistungsvermögen der Anwaltschaft. Einige Fehler tauchen vermehrt auf: Bei Berufungen und Kündigungsschutzklagen werden Fristen versäumt; bei Leiharbeitsverhältnissen wird der falsche Arbeitgeber verklagt, Verjährungsfristen werden nicht unterbrochen oder verjährte Forderungen werden eingeklagt; bei Kündigungen im September oder Oktober wird die Auszahlung der Abfindung nicht auf das nächste Jahr verschoben, weil dann weniger Einkommen zu versteuern wäre; nach einem Sieg in erster Instanz unterlassen Anwälte bei einer Konkursgefahr des unterlegenen Schuldners eine Sicherheitsvollstreckung. Mit ihr kann der Gläubiger erreichen, dass der Schuldner bis zur Rechtskraft des Urteils in zweiter Instanz nicht mehr über sein Konto verfügen kann. Weiß der Anwalt nicht um diese Möglichkeit, kann es passieren, dass er zwar auch die zweite Instanz gewinnt, der Verlierer aber inzwischen pleite und von ihm kein Geld mehr zu holen ist. Außer Spesen nichts gewesen. Über die Ursachen solcher Schlechtberatung kann Harms nur spekulieren: fehlende Rechtskenntnisse, schlechte Organisation der Kanzlei, Augenblicksversagen. In einigen Fällen hat er allerdings den Eindruck, dass es den Kollegen nur darum geht, möglichst schnell Geld zu verdienen: „Da wird einfach etwas runtergeschrieben. Die Verfasser beschäftigen sich weder mit der Sach- noch mit der Rechtslage".

Auch dem Kammerpräsidenten von Schleswig-Holstein Michael Purrucker fällt es leicht, eindrucksvolle Beispiele für Schlechtberatung zu schildern – vor allem in seinem Spezialgebiert Erbrecht.

Ein Beispiel: Zwei Brüder und eine Schwester waren zu jeweils einem Drittel zu Erben eingesetzt. Durch Vorausvermächtnisse – Überlassung von Grundstücken – war der Anteil der Schwester bis auf einen Anspruch von 25 000 Euro wirtschaftlich praktisch ausgehöhlt. Die Schwester war, wie später das Oberlandesgericht Hamburg formulierte, gegenüber ihren Brüdern „wertmäßig benachteiligt, obwohl sie zur gleichen Erbquote eingesetzt war". Das empfand die

Schwester als ungerecht. Ihr hätte geholfen werden können. Ihr Unglück war nur, dass sie an einen Feld-, Wald- und Wiesen-Anwalt im negativen Sinne geriet. Er riet ihr, zunächst ihre Brüder auf Auskunft über die Höhe des Erbes zu verklagen, insbesondere den Wert der Immobilien. In einem zweiten Schritt sollte sie dann einen „Pflichtteilergänzungsanteil" gerichtlich geltend machen. Die Klägerin verlor in erster Instanz kläglich. Für das abweisende Urteil brauchte das Landgericht Hamburg nur eine 3/4 Seite. Der Anwalt hatte einen Fehler gemacht. Er kannte die einschlägige Rechtsprechung des Bundesgerichtshofes nicht, wonach Miterben wechselseitig keine Auskunftsansprüche haben. Ein Erbe kann aufgrund seines Erbscheins jederzeit leicht jede Auskunft bekommen, die er braucht.

Die Unfähigkeit ihres Anwaltes kostete die Schwester neben dem verlorenen Prozess auch noch viel Geld: rund 2200 Euro für Anwaltshonorare für beide Parteien und Gerichtskosten, weil sie den Prozess verloren hatte.

Verärgert wechselte sie nach der ersten Instanz den Anwalt, kam aber vom Regen in die Traufe. Das Oberlandesgericht Hamburg wies die Klage endgültig ab, weil die Berufung „offensichtlich keine Aussicht auf Erfolg hatte".

Die Schwester hat den Rechtsstreit in beiden Instanzen verloren, weil ihren Anwälten einige erbrechtliche Grundkenntnisse fehlten. Anscheinend kannten beide eine am 1. Januar 2010 in Kraft getretene neue Vorschrift der Erbrechtsreform nicht oder haben sie nicht richtig verstanden. Durch die Änderung des Erbrechts wurde nämlich möglich, was vorher unzulässig war: Ein Erbe kann seine Erbschaft ausschlagen und den Pflichtteil verlangen, wenn er meint, dass sein Erbteil durch Beschränkungen – wie hier durch Vorausvermächtnisse – fast wertlos geworden ist. In diesem Fall wäre das immerhin ein Sechstel des Gesamtvermögens gewesen, knapp das 10-fache dessen, was die Schwester durch die Annahme der Erbschaft im Ergebnis bekommen hat. Eine solche Ausschlagung muss allerdings spätestens sechs Wochen nach der Testamentseröffnung erklärt werden. Geschieht das nicht, gilt das Erbe als angenommen. Dass diese Frist bei Einlegung der Berufung wegen eines Beratungsfehlers des ersten Anwalts seit Monaten verstrichen war, hatte der Berufungsanwalt übersehen oder nicht gewusst. Die Zurückweisung der Berufung als „offensichtlich" unbegründet war daher eine völlig berechtigte Ohrfeige des Oberlandesgerichts.

Die lückenhaften Rechtskenntnisse beider Anwälte lösten mehrere Effekte aus: das Klima zwischen der Schwester und ihren Brüdern war durch die Prozesse eingetrübt; das Vermögen konnte im Rahmen der Erbauseinandersetzung nicht geteilt werden, so dass die Immobilien eine Zeit lang nicht ordnungsgemäß verwaltet waren; und die Schwester hatte durch stümperhafte Rechtsberatung und Prozessführung mehrere zehntausend Euro verloren.

Schadensersatzprozesse gegen beide Anwälte hätten gute Aussichten auf Erfolg. Durch richtige Beratung – Ausschlagung des Erbteils und Geltendmachung des Pflichtteils – wäre die Schwester heute wahrscheinlich im Besitz von 1/6 des hinterlassenen Vermögens, geschätzt gut 200000 Euro (anstelle der gut 25000 Euro, die sie erhalten hat). Und die Berufung hätte bei besserer Rechtskenntnis des zweiten Anwalts – die Frist für die Ausschlagung des Erbes war abgelaufen – nie eingelegt werden dürfen.

Für einen Nicht-Anwalt ist in beiden Fällen verblüffend, dass beide Anwälte ihre Klienten besser beraten hätten, wenn sie die Rechtsauffassungen des Gegenanwalts, nämlich Michael Purruckers, ernst genommen und sie zum Anlass genommen hätten, ihre eigenen Position vor den Prozessen zu überprüfen. Dann hätte ihnen auffallen müssen, dass sie aussichtlose Klagen erhoben hatten. Warum fahren sie ihre Mandate trotzdem vor die Wand? Weil ihre Klienten sie drängen? Weil sie starrsinnig sind? Weil sie Beratungsfehler nicht einräumen wollen? Oder weil sie mit chancenlosen Klagen Geld verdienen wollen, auch auf Kosten ihrer Mandanten? Mit anderen Worten: Weil ihnen der Mammon wichtiger ist als die Moral?

Der Hamburger Arbeitsrechtsspezialist Jan Ruge warnt vor allem „vor dem Anwalt an der Ecke. Dort sind Mandanten nicht gut aufgehoben, weil Routine und Fachkenntnis fehlen. Da gewinnt der den Prozess, der den besseren Anwalt hat, und nicht der, der Recht hat". Ein dunkles Bild von anwaltlichen Fähigkeiten zeichnet auch die Berliner Anwältin Beate Harms-Ziegler: „70 Prozent der anwaltlichen Beratungsleistungen sind Schlechtleistungen, 40 Prozent aus juristischen, 30 Prozent aus strategisch-taktischen Gründen". Der Stuttgarter Rechtsberater Frank Diem, Vorsitzender des Ausschusses für Qualitätssicherung der Bundesrechtsanwaltskammer, beklagt Qualitätseinbußen auf einem „Massenmarkt", wo Anwälte „Schriftsätze aus dem Ärmel schütteln müssen, um wirtschaftlich überleben zu können". Da gäbe es Kollegen, „die finanziell und rechtlich arm dastehen, sich keinen Bibliothek leisten können und auf dem Lande manchmal noch keinen Internetanschluss haben". Sorgen macht er sich über die „70plus-Anwälte", die „statt in Rente zu gehen weiter vor sich hin werkeln müssen, um ihren Lebensunterhalt zu verdienen".

Als es dem Deutschen Anwaltverein 2004 darum ging, Argumente für eine Reform der zweiten Phase der Juristenausbildung zu sammeln, warnte er ungeschminkt vor der Qualität des Rechtsrates bei Berufsanfängern: ***„Wer so unzulänglich vorbereitet seinen Anwaltsberuf beginnt, von dem kann zumindest in den ersten Berufsjahren nicht erwartet werden, dass er den Anforderungen genügt, die vom rechtssuchenden Publikum an die Professionalität der Anwaltschaft, an die hohe Qualität ihrer Rechtsberatungsleistung geknüpft werden und werden müssen".***[145] Da sich die Struktur der Referendarausbildung bisher hier nur wenig geändert hat, gilt dies vernichtende Urteil auch heute noch.

Eine häufig übersehene Ursache für Schlechtberatung ist, dass viele Rechtsvertreter ständig unter Zeitdruck arbeiten, der Zeit hinterher hecheln, weil Gerichtstermine anstehen oder Fristen zu wahren sind. Der Grund: Sie brauchen Mandate aus wirtschaftlichen Gründen oder haben Angst Klienten zu verlieren, wenn sie einen Auftrag ablehnen. Der Leitende Oberstaatsanwalt Manfred Schweitzer, beim Kammergericht verantwortlich für die Verfolgung von mittleren und schweren Berufsrechtsverstößen, sieht in der mangelnden Zeit eine der Hauptwurzeln für Schlechtleistungen: „Anwälte nehmen zu viele Mandate an, weil sie wirtschaftliche darauf angewiesen sind. Dann beherrschen sie die Sachen nicht mehr".

Die meisten selbstkritischen Anwälte verankern die Verantwortung für Schlechtberatung bei mangelnder Fortbildung.[146] Das triff sicher auch zu, schneidet aber nur ein kleiner Teil der Wahrheit heraus. Die Hauptursache ist, dass die Anwaltschaft zu einem Sammelbecken für schlechte Juristen geworden ist oder, wie Kleine-Cosack es formuliert, „dass massenhaft unqualifizierte Juristen mit Abschluss die Universitäten verlassen und Rechtsanwalt werden".[147]

Ins selbe Horn stößt der Vorstand der HUK Coburg Rechtsschutzversicherung Ulrich Eberhardt: „Die Vermassung hat zu einer Verwässerung der Qualität geführt". Viele Anwälte haben „kein organisiertes Büro" mehr, die Schriftsätze sind nicht mehr professionell, die Kommunikation ist mangelhaft und die Fähigkeit hat abgenommen, einen „Sachverhalt richtig zu schildern". Bei einigen sei die wirtschaftliche Lage so schlecht, dass der erste Gedanke bei einem neuen Mandanten ist: „Da kommt meine Miete rein". Sein Kollege von der D.A.S. Rechtsschutzversicherung Rainer Tögel klagt über inzwischen „gravierende Unterschiede in der Qualität der Rechtsberatung – größer als bei Klempnern".

Wie groß ist die Dimension des Qualitätsverlustes in der Anwaltschaft? Da die Güte von Rechtsrat und -vertretung nicht zu messen ist, und es auch keine empirischen Studien zu diesem Thema gibt, müssen Plausibilitätserwägungen helfen. Jene Anwälte und Wissenschaftler, die Qualitätsverluste einräumen, diagnostizieren sie an den „Rändern des Anwaltsmarktes" (Prof. Singer) oder bei „Feld-, Wald- und Wiesen-Anwälten" (Bundesrechtsanwaltskammer). Eine solche Ehrlichkeit schmerzt nicht, weil sie zugleich suggeriert, dass Rechtsuchende bei der großen Mehrheit der Rechtsvertreter gut aufgehoben sind. In Wirklichkeit bagatellisieren diese scheinbar selbstkritischen Stimmen die Verbreitung von Schlechtleistungen.

Angesichts der Verrechtlichung und inzwischen hohen Komplexität des Rechts scheint die Hypothese legitim, dass eine erste Trennlinie zwischen gutem und schlechtem Rechtsrat zwischen Generalisten und Spezialisten verläuft. Dadurch könnte der Eindruck entstehen, das Rechtssuchende bei Spezialisten immer gut aufgehoben sind. Das ist jedoch nicht der Fall .

Die Qualität von Fachanwälten hat bisher niemand ernsthaft in Zweifel gezogen – obwohl seit über zehn Jahren diskutiert wird, wie das Verfahren zur Verleihung des Fachanwaltstitels zu verbessern ist. Dadurch sind bisher zwei Fragen unbeantwortet geblieben. Erstens: Welches Qualitätsniveau kann ein Rechtssuchender beim Fachanwalt erwarten? Und zweitens: Wird diese Erwartung von allen erfüllt?

Der Begriff „Fachanwalt" erweckt den Eindruck, dass er über dieselben Qualitäten verfügt wie ein „Facharzt". Es gibt Anwälte, ja sogar Richter, die diese Parallele ziehen. Für Klaus Walter, Vorsitzender des Fachausschusses Familienrecht der Rechtsanwaltskammer Düsseldorf, bringt der Fachanwalt „ähnliche Qualitäten" mit wie der Facharzt. Noch deutlicher die 2011 ausgeschiedene Präsidentin des Landesarbeitsgerichts Berlin Karin Aust-Dodenhoff: „Der Fachanwalt ist der Facharzt für arbeitsrechtliche Fragen und er wird als solcher vom Markt nachgesucht".[148] Eigentlich sollten Rechtsanwälte wie Richter wissen, dass eine solche Parallele Rechtssuchende in die Irre führt. Der Hamburger Berufsrechtsexperte Harmut Scharmer hält die Ausbildung von Fachanwälten und Fachärzten für „nicht einmal im Ansatz vergleichbar". Alexander Siegmund von der Münchener Kammer sieht in dem „Vergleich mit dem Facharzt ein großes Missverständnis". Ein Facharzt muss fünf oder mehr Jahre in seinem Fachgebiet praktische Erfahrungen sammeln und am Ende eine harte mündliche Prüfung bestehen. Demgegenüber muss ein Fachanwalt nur einen Kurs von 120 Stunden absolvieren, drei Klausuren schaffen und nachweisen, dass er in drei Jahren eine nach Fachgebieten variierende Zahl von Fällen bearbeitet hat. Wie groß die Differenz zwischen Fachärzten und -anwälten ist, deutet ein Werbeslogan für ein neues Kursmodell des Lehrgangsanbieters von Fürstenberg an: „... in 9 Präsenztagen zum Fachanwalt. Das innovative Ausbildungsmodell".[149] Kern der neuen Offerte: Von Fürstenberg will ein online-gestütztes Fernstudium mit neun Tagen Präsenzunterricht kombinieren, um für Kursteilnehmer die Zeit ihrer Abwesenheit von der Kanzlei zu verkürzen. Er will für Rechtsvertreter im Schnellgang erledigen, wofür Ärzte Jahre benötigen.

Wer einen Blick in die Fachanwaltsordnung wirft, dem wird schnell klar, dass Fachanwälte keine Spezialisten sein müssen, um den Titel zu erwerben. Sie verlangt lediglich den Nachweis von „besonderen theoretischen Kenntnissen und besonderen praktischen Erfahrungen". Die sollen vorliegen, wenn sie „erheblich das Maß dessen überschreiten, das üblicherweise durch die berufliche Ausbildung und praktische Erfahrung im Beruf vermittelt wird". Kurz: Kenntnisse und Erfahrungen müssen „deutlich überdurchschnittlich" sein.[150] Um zu erläutern, was das in der Praxis bedeutet, unternimmt der Bundesgerichtshof erhebliche definitorische Klimmzüge, die aber mehr Unklarheit als Klarheit schaffen.[151] Mal ist die Rede von einem „vertieften Wissensstand", mal von einem „hohen Niveau", mit dem „Qualitätsvorstellungen der Öffentlichkeit" erfüllt werden. Auffällig ist, dass der Bundesgerichtshof nie von „Qualitätsnachweisen" oder sogar „Qualitätsgarantie" spricht. Das ist auch kein Wunder. ***Die Qualifikation zum Fachanwalt ist keine Qualitätsprüfung im klassischen Sinne. Weil das Niveau der Prüfung überwiegend in der Verantwortung der Fortbildungsinstitute liegt und die Kammern kein inhaltliches Prüfungsrecht haben, ist das Qualifikationsverfahren ungeeignet, hohe Qualitätsstandards zu sichern.***

Weder Öffentlichkeit noch Fachöffentlichkeit haben das bisher zur Kenntnis genommen. Davon profitiert das Ansehen der Fachanwälte. ***„Der Begriff Fachanwalt suggeriert eine Fachkompetenz, die mangels echter Qualitätskontrolle nicht gesichert ist",*** fasst Kai Greve die Unterschiede zwischen Schein und Sein in der Erfolgsgeschichte Fachanwalt zusammen. Einfacher ausgedrückt: Wo Fachanwalt draufsteht, ist noch lange keiner drin.

Deshalb stellen sich viele die Frage, ob der Fachanwalt überhaupt noch in erster Linie ein Qualitätssiegel oder doch mehr ein Marketinginstrument ist? Die Mehrheit antwortet diplomatisch: Marketinginstrument und Qualitätssiegel. Etwas kritischer ist Alexander Siegmund, bei der Münchner Kammer für Fachanwaltsfragen zuständig: „In erster Linie Marketinginstrument und weniger Qualitätssiegel". Marc Tully, Vorsitzender einer Hamburger Wirtschaftsstrafkammer, sieht es noch kritischer: „Was als Gütesiegel angelegt war, ist in der Praxis überwiegend zu einem Marketinginstrument geworden".

Wie gut oder schlecht beraten und vertreten Fachanwälte nun ***tatsächlich?*** Die Urteile lassen sich in drei Kategorien zusammenfassen: positiv, gemischt und skeptisch. Und es stellt sich heraus, dass Vertreter der verschiedenen Fachgebiete an der Small-Talk-Börse sehr unterschiedliches Ansehen genießen – meist nicht ohne Grund. Einen guten Ruf haben die Anwälte für Familien-, Arbeits- und Verkehrsrecht, einen eher zweifelhaften die für Strafrecht sowie Banken- und Kapitalanlagerecht.

Zur Gruppe mit einem positiven Bild gehört Michael Purrucker, Fachanwalt für Erbrecht: „Qualitätsprobleme bei Fachanwälten gibt es nicht oder sie sind nicht ausgeprägt". Für Klaus Wittmann, Vorsitzender des Fachausschusses Arbeitsrecht, ist die Bezeichnung ein „Qualitätssiegel: Ich habe keine Schwächen oder Lücken bei Fachanwaltskollegen festgestellt".

Die Gruppe mit einem gemischten Urteil operiert mit Begriffen wie „im Durchschnitt" oder „statistischen Wahrscheinlichkeit". Zum Beispiel der Hauptgeschäftsführer der Hamburger Rechtsanwaltskammer Harmut Scharmer: „Beim Fachanwalt mag die Gaußsche Normalverteilung von Rechtskenntnissen um einen gewissen Prozentsatz höher liegen als bei einem Generalisten". Das heißt für ihn aber auch: Neben jeweils zehn Prozent guten und schlechten Advokaten tummelt sich die große Mehrheit im fachanwaltlichen Mittelfeld. Scharmer wie sein Steuerrechtskollege Kai Greve räumen „Qualitätsprobleme" bei einer gewissen Zahl von Fachanwälten ein: „Es gibt Fachanwälte, da fragt man sich: Wo haben die ihren Titel her?" Der Familienrechtler Klaus Walter hat bei Fachanwälten „erhebliche Qualitätsunterschiede" ausgemacht. Und der Berliner Anwalt Niko Härting findet, dass bei Fachanwälten für Gesellschafts- und Familienrecht „nicht immer viel dahinter steckt".

Scharfe Kritik ziehen vor allem die Fachanwälte für Banken- und Kapitalanlagerecht auf sich. Der Spezialist für Anwaltshaftung Hans J. Harms entdeckt bei ihnen immer wieder „immense Fehler". Er wirft ihnen insbesondere „mutwillige Klagen" vor, „bei denen der Einsatz in keinem Verhältnis zum Ertrag steht". Klagen wegen des Kaufes von vermieteten Eigentumswohnungen oder Anteilen von geschlossenen Immobilienfonds sind nach seinen Erfahrungen häufig erfolglos – und trotzdem raten Advokaten Opfern immer wieder zu gerichtlichen Schritten. Eine andere, häufig wiederkehrende Fallkonstellation: Wenn ein Vermittler zahlungsunfähig ist, empfehlen Anwälte Mandanten gegen die finanzierende Bank zu klagen, obwohl ihnen Beweise gegen sie häufig fehlen.

Unter Richtern fällt das Urteil über Fachanwälte ähnlich unterschiedlich aus. Die Berliner Familienrichterin Sibylle Hien schätzt sie sehr: „Von ein paar Ausreißern abgesehen", deren Namen ich kenne, „habe ich es mit einem Haufen qualifizierter Anwälte mit hoher Spezialisierung zu tun". Für die Hamburger Arbeitsrichterin Karin Plate ist das Niveau der Anwälte seit Einführung des Fachanwalts für Arbeitsrecht gestiegen. Bei ihnen gäbe es „eine hohe Wahrscheinlichkeit, dass sie gute Rechtskenntnisse haben". Allerdings erlebt auch sie das ganze Spektrum von „sehr gut bis grottenschlecht", Schriftsätze, bei denen „Kenntnisse im Sozialrecht fehlen", die „nicht auf der Höhe der Rechtsprechung sind und bei denen man die Hände über dem Kopf zusammenschlägt". Und sie ärgert sich über Anträge, die offensichtlich nur den Zweck haben, den Streitwert zu erhöhen. Ihr Fazit: „Ein Fachanwaltstitel macht aus einem schlechten Juristen noch keinen guten".

Ähnliche Erfahrungen haben offenbar auch viele Strafrichter im Umgang mit Fachanwälten für Strafrecht gesammelt. Marc Tully erkennt nur „geringe Qualitätsunterschiede" von Strafverteidigern mit und ohne Titel. Wenn er sich „gefühlt von 90 Prozent der Strafverteidiger", die er erlebt hat, „nicht vertreten lassen möchte, sind es bei den Fachanwälten lediglich 80 Prozent". Für ihn ist der Fachanwaltstitel überwiegend nur „Lametta für Mittelklassenanwälte", der für Mandanten die Anwaltssuche erleichtert. Auch Nikolaus Berger, lange Jahre Vorsitzender einer Hamburger Wirtschaftsstrafkammer und heute Richter am Bundesgerichtshof, hat bisher keine „signifikanten Unterschiede" zwischen Verteidigern mit und ohne Titel ausgemacht, „auch bei Revisionsschriften nicht": „Eine schlechte Vertretung vor Gericht und in Schriftsätzen gibt es auch bei Fachanwälten häufig".

Bei Beratungsfehlern ist dem Haftungsspezialisten Hans J. Harms aufgefallen, dass sie vorwiegend von Einzelanwälten und in kleineren Kanzleien begangen werden. Die Gefahr einer Schlechtberatung besteht vor allem bei Einzelanwälten ohne Fachanwaltstitel – nach der Untersuchung von Hommerich und Kilian immerhin 68 Prozent – und bei Einzelanwälten, wenn sie Fälle außerhalb des Kernbereiches annehmen.[152] Nur jedes zehnte Haftungsverfahren, schätzt Harms, richtet sich gegen Fachanwälte.

Eine gute bis sehr gute Rechtsberatung ist hingegen bei 20 bis 30 Prozent der Rechtsvertreter zu erwarten. Sie arbeiten vorwiegend in Großkanzleien, mittelgroßen Wirtschaftskanzleien und Boutiquen oder als Einzelkämpfer im Strafrecht oder im IT-Recht. Wie beim Einkommen finden wir also auch bei der Qualität eine erhebliche Spreizung der Kompetenzen.

Die meisten Mandanten haben den Qualitätsverlust von Robenträgern in weiten Bereichen noch nicht wahrgenommen. Nach einer Umfrage des Soldan Instituts waren 2006 insgesamt 80 Prozent der Mandanten mit der Gesamtleistung des Anwalts zufrieden bis sehr zufrieden.[153] Das ist eine hohe Wertschätzung. Noch erstaunlicher ist, dass 71 Prozent der Rechtsuchenden sogar mit dem Ergebnis bei der Lösung des Rechtsproblems einverstanden waren. Dieser relative hohe Prozentsatz deutet darauf hin, dass es wenigstens einem Teil der Anwälte gelingt, ihren Klienten auch Niederlagen verständlich zu machen. Allerdings sollte man die Ergebnisse dieser Umfrage auch nicht zu hoch bewerten. Sie ist sieben Jahre alt und steht im Widerspruch zu anderen empirischen Studien.[154] Erhellender für die Einordnung der Umfrage sind aber zwei andere Aspekte. Erstens: Das anwaltliche Mandat ist eine Experten-Laien-Beziehung. Für sie ist das Wissensgefälle zwischen Rechtsvertretern und Kunden typisch. Bei Erwartungen an die Kompetenz und die Integrität ihrer Anwälte sind Mandanten fast ausschließlich auf Vertrauen angewiesen, weil ihnen die fachliche Fähigkeit zur Beurteilung von Rechtsrat und Konfliktlösung fehlt. Die Studie sagt also eher etwas über das ***Vertrauen*** in die anwaltliche Dienstleistung als über ihre ***Qualität*** aus. Und zweitens: Eine Qualitätskontrolle anwaltlicher

Leistungen findet nicht statt – es sei denn, der enttäuschte Rechtsuchende klagt gegen seinen Anwalt. Mandanten fehlt damit in der Regel eine konkrete Messlatte zur Qualitätsbeurteilung.

Ein Beispiel: Ein Mandant beschwert sich bei der Münchner Anwaltskammer über seinen Anwalt mit einer langen Liste von Fehlleistungen. Der hatte eine Schadensersatzklage gegen ein börsennotiertes Unternehmen mit der Begründung erhoben, dass eine Ad-Hoc-Meldung falsch bzw. fehlerhaft gewesen sei. Im Gerichtssaal habe der Vorsitzende Richter dann, heißt es in der Beschwerde an die Kammer, seinen Anwalt klar und unmissverständlich wissen lassen: „Da haben sie aber einen Bock geschossen". Er wies ihn darauf hin, dass es „bereits ein rechtskräftiges Urteil gäbe, dass die „Ad-hoc-Meldung als richtig anerkannt" habe und kein anderes Gericht davon abgewichen sei. „Ist die Kanzlei nicht verpflichtet, mir solche sehr wichtigen und Prozess entscheidenden Tatsachen mitzuteilen?", fragte der Mandant in der Beschwerde. Außerdem belehrte der Richter seinen Anwalt, dass ein von ihm herangezogenes Urteil des Bundesgerichtshofes zur Verjährungsfrist einen anderen Sachverhalt treffe. Damit nicht genug. Der Beschwerdeführer klagte darüber, dass er sich als Empfänger von Prozesskostenhilfe „sämtliche Informationen selbst besorgen musste": „Ich hatte in der gesamten Zeit von der Klageeinreichung bis zum Termin nicht einmal einen Termin, wo man hätte die Strategie oder die Vorgehensweise besprechen können. Ich lernte meinen Anwalt eine Minute vor dem Prozessbeginn kennen". Nachdem er vom Richter erfahren hatte, dass der Prozess „keinerlei Erfolgsaussichten" gehabt habe, ärgerte er sich über das verlorene Geld: die vom Anwalt geforderten Zuzahlung von 850 Euro zur Prozesskostenhilfe, die Kosten des gegnerischen Anwalts und die Gerichtsgebühren. Mit dem Satz „Ich möchte Sie bitten, diesen Fall zu prüfen" schloss die Eingabe.

Sie blieb ohne Erfolg, was der Mandant angesichts der eklatanten Fehlleistungen nicht verstehen wird. Der Grund: Kammern und anwaltliche Berufsgerichtsbarkeit sind für die Überprüfung der Qualität von Rechtsrat nicht zuständig. Die Präsidentin der Anwaltskammer Berlin Irene Schmid stellt fest, dass Kammern „aus rechtsstaatlichen Grundsätzen" keine Befugnis haben, zu prüfen, „Ob gut oder schlecht gearbeitet wird". Noch ehrlicher und brutaler drückt es das Mitglied des Berufsrechtsausschusses des Deutschen Anwaltvereins Niko Härting aus: „Falschberatung ist berufsrechtlich erlaubt. Es drohen keine Sanktionen, weil eine entsprechende Vorschrift fehlt. Niemandem kann zum Beispiel wegen Schlechtberatung die Zulassung weggenommen werden. Man kann jeden Mist bauen. Die Kammer ist nicht zuständig". Kein Laie wird „diese Rechtslage verstehen und sich fragen, wozu die Berufsgerichtsbarkeit denn überhaupt dient".[155]

Eine Qualitätskontrolle anwaltlicher Dienstleistungen findet faktisch nur im Rahmen der Anwaltshaftung statt. Aus Forderungen und Klagen von Mandanten gegen ihre haftpflichtversicherten Anwälte allgemeine Rückschlüsse auf die Güte anwaltlichen Handelns zu ziehen, ist freilich fragwürdig, weil das Dunkelfeld anwaltlicher Fehlleistungen zu groß ist und es zu viele Faktoren gibt, die darüber entscheiden, ob ein enttäuschter Mandant gegen seinen Anwalt vorgeht oder nicht. Den meisten fehlt die Kompetenz und die Konflikt- und Risikobereitschaft, gegen den eigenen Rechtsvertreter vorzugehen. Nur eine kleine Minderheit ist bereit, schlechtem Geld gutes hinterherzuwerfen.

Deshalb überrascht es auch nicht, dass die Zahl der Revisionen vor dem Anwaltshaftungssenat des Bundesgerichtshofes in den letzten zehn Jahren trotz rasant steigender Anwaltszahlen abgenommen hat. Prof. Godehard Kayser, Vorsitzender des zuständigen 9. Senats, erstaunt diese Entwicklung nicht, weil Revisionen „keinen Qualitätsspiegel" der Anwaltschaft darstellen. Und das aus zwei Gründen. Es gibt es nur „wenige zugelassene Revisionen, weil dieser Rechtsbereich durch eine engmaschige Rechtsprechung des 9. Zivilsenats in den letzten 20 Jahren weitgehend geklärt" ist. Dieser Umstand veranlasst wiederum die Haftpflichtversicherer, vermutet er, „klare Fälle eher zu regulieren als es auf einen langwierigen Prozess ankommen zu lassen".

Trotz der hohen Anforderungen, die die Rechtsprechung des Bundesgerichtshofes an das Leistungsvermögen von Anwälten stellt, sind die rechtlichen Hürden und wirtschaftlichen Risiken hoch, die ein Mandant überspringen bzw. in Kauf nehmen muss, wenn er gegen seinen Anwalt und dessen Versicherung vorgeht. Ihn trifft nämlich die volle Beweislast für die Schlechtberatung. Er muss darlegen, dass er mit an Sicherheit grenzender Wahrscheinlichkeit den Prozess gewonnen hätte, wenn der Anwalt sich pflichtgemäß verhalten hätte. Das ist nicht einfach und wird viele Unzufriedene von einer Schadensersatzforderung oder gar einem Prozess abhalten. So ist es denn auch kein Wunder, dass die meisten zu einer Haftung führenden Regresse sich auf leicht zu entdeckende und zu beweisende Anwaltsfehler stützen wie das Versäumen von Fristen oder die Einlegung falscher Rechtsmittel. Die Allianz-Berufshaftpflichtversicherung geht davon aus, dass zwischen einem Drittel bis etwa 40 Prozent aller Haftpflichtfälle von versäumten Fristen ausgelöst werden.[156] Diese Fehler beruhen zum Teil auf einem Organisationsversagen der Kanzlei, zum Teil aber auch auf rechtlichen Irrtümern, etwa bei der Berechnung von Verjährungsfristen.

Zahlen über die Entwicklung und das Volumen der Schadensfälle zu nennen, weigern sich fast alle Berufshaftpflichtversicherer: Berufsgeheimnis. Allenfalls über Trends wollen sie reden.

Die Allianz schätzt, dass die Zahl der gemeldeten Haftungsfälle seit den neunziger Jahren um ein Drittel, in den letzten zehn Jahren um 20 Prozent gestiegen ist. Diese Steigerungsraten bleiben jedoch weit hinter den Zuwächsen bei den Anwaltszulassungen zurück. Zwischen 1992 und 2001 ist die Zahl der Anwälte um 14 Prozent gewachsen, zwischen 2002 und 2011 um 34 Prozent. Stark zugenommen hat dagegen die Höhe der Schäden. Insbesondere Großkanzleien und mittelständische Sozietäten drehen an immer größeren Rädern, zum Beispiel bei Kapitalerhöhungen, auf Hauptversammlungen, due-dilligence -Prüfungen oder Bürgschaften beim Erwerb von Immobilien. Hier können kleine rechtliche Fehler große finanzielle Schäden auslösen. Einige Haftungskonstellationen springen Allianz-Juristen immer wieder ins Auge. Bertin Chab, leitender Justitiar, fallen vor allem „ältere Kollegen" auf, „die weitermachen müssen": „Einige haben noch nicht zur Kenntnis genommen, dass es 2002 eine Schuldrechtsreform gegeben hat. Sie machen einfach nach dem alten Recht weiter".

Einzelanwälte haben das Problem, dass kein Kollege da ist, der sie kontrolliert. Fehleranfällig sind nach Beobachtungen von Chab auch „hierarchisch geführte Kanzleien“, in denen angestellte Anwälte keinen Mut haben, Widerspruch anzumelden. Ein schwaches Selbstbewusstsein und fehlende Routine führen zu Fehlern. Heinz Schlee, Leiter der Allianz - Berufshaftpflichtabteilung, hat überraschend auch rechtliche Schwächen bei den „Superkanzleien“ ausgemacht. Einigen Top-Juristen dort empfiehlt er, den „Fachanwalt für BGB, Allgemeiner Teil“ zu machen. Als negative Folge hoher Spezialisierung und Teamarbeit seien bei ihnen Grundkenntnisse des Bürgerlichen Rechts abhandengekommen.

Nach der Statistik ist bei den Gothaer Versicherungen die Zahl der Haftpflichtfälle und sogar die Höhe der Schäden nicht angestiegen. Die Ursachen für Anwaltsfehler seien vielfältig. Neben dem Versäumen von Fristen es gibt einige besonders gefahrgeneigte Bereiche: Das Übersehen von Fallstricken bei Vertragsübernahmen, die Weiterführung von Mandaten oder der Einstieg in die rechtliche Beratung bei laufenden Bauvorhaben. Langfristig drohen Gefahren von allen Anwälten, die aus wirtschaftlichen Zwängen alle Fälle annehmen, die sie bekommen können. Den Experten bei den Gothaer Versicherungen fallen zunehmend Anwälte auf, die sich auf Rechtsgebiete wagen, die sie nicht kennen, zum Beispiel Anwälte, die sich ohne Kenntnisse im Steuerecht oder Arbeitsrecht tummeln oder Strafverteidiger, die sich an komplizierte Zivilrechtsfälle wagen. Die Empfehlung der Experten: „Schuster bleib bei Deinen Leisten“.

Das möchte der Vorsitzende des 9. Zivilsenats des Bundesgerichtshofes Kayser auch dem einen oder anderen Fachanwalt zurufen. Ihm sind in jüngster Zeit Fehler von Fachanwälten aufgefallen, wenn sie sich auf „unbekanntes Terrain“ vorwagen, bei einem Strafverteidiger, dessen Mandant ein Insolvenzproblem hatte, oder bei einem Fachanwalt für Steuerrecht, der sich überreden lässt, eine Unterhaltsfrage für einen Unternehmer zu bearbeiten. Offenbar besteht bei einigen Fachanwälten die Gefahr, dass sie zu Fachidioten werden.

Fazit: Erhebliche Qualitätsmängel tauchen in der Mitte der Anwaltschaft auf, vor allem bei Einzelanwälten, Berufsanfängern und Advokaten über 50 sowie bei Ausflügen in unbekannte Rechtsgebiete. Eine Qualitätskontrolle der Anwaltschaft durch die Anwaltshaftung findet nur in sehr geringem Umfang statt, und sie funktioniert nur bei einfachen, leicht nachzuweisenden Fehlern.

Münchhausens Erben: das lockere Verhältnis zur Wahrheit

„In 50 Prozent aller Zivilprozesse wird gelogen“. Als der Bremer Anwalt Martin Stucke seinen Diskussionsbeitrag mit diesem Satz begann, ging ein sichtbares Staunen durch die Reihen der Zuhörer bei einer Veranstaltung der Konrad-Adenauer-Stiftung. Anwälte, die lügen, das konnten sich die meisten nicht vorstellen. Und dann noch massenhaft, unfassbar. Was der Rechtsvertreter da öffentlich verlautbarte, ist unter Anwälten ein gut gehütetes Berufsgeheimnis. Unter Robenträgern wird geschwindelt und oft die Unwahrheit gesagt. Hier sind Dämme gebrochen.

Der Anwalt als „Organ der Rechtspflege" ist zur Wahrhaftigkeit verpflichtet. Für das Bundesverfassungsgericht ist „insbesondere die prozessuale Wahrheitspflicht (138 ZPO)" „als Grundlage einer allseits akzeptierten und Rechtsfrieden stiftenden gerichtlichen Entscheidung unverzichtbar".[157] Nach dem Diskussionspapier der Bundesrechtsanwaltskammer zur Berufsethik darf „nach gewissenhafter Prüfung nicht bewusst falsch vorgetragen werden. Es gilt das Verbot der Lüge. Die Rechtspflege und der Berufsstand würden schweren Schaden nehmen, wenn man auf das Wort von Rechtsanwältinnen und Rechtsanwälten nicht mehr vertrauen dürfte".[158] Die Wirklichkeit sieht jedoch anders aus. Sie ist manchmal weiß, häufig grau und nicht selten schwarz.

In Konflikte geraten die Anwälte insbesondere, wenn die Mandanten ihnen nicht die Wahrheit erzählen oder sie merken, dass ihre Sachverhaltsschilderungen zu negativen rechtlichen Folgen führen würden. Nach den berufsethischen Thesen der Bundesrechtsanwaltskammer hat bei solchen Konflikten die Pflicht des Anwalts zur Wahrhaftigkeit „Vorrang" vor der „Loyalität gegenüber dem Mandanten".[159] Dieser Vorrang soll aber nicht so weit gehen, dass Rechtsberater einen Sachverhalt zum Nachteil ihrer Mandanten richtig stellen oder Tatsachen zu Lasten ihrer Klienten vortragen müssen. Sie dürfen aber andererseits aber auch nicht alles „kritiklos vortragen", was ihnen Mandanten sagen oder von ihnen fordern, sondern müssen bei Zweifeln nachfragen. Noch freier im Umgang mit der Wahrheit sind nach den berufsethischen Vorstellungen des Präsidiums der Bundesrechtsanwaltskammer Strafverteidiger. Sie dürfen auch „zweifelhaft erscheinende Sachverhalte vortragen und diesbezüglich Beweisanträge stellen": „Die aus dem Verbot der Lüge resultierende Pflicht liegt im Strafverfahren erst bei dem Handeln gegen eigenes positives Wissen".[160]

Weil die Grenzen zwischen Wahrheit und Unwahrheit häufig schwer zu ziehen und nur wenige Anwälte so dumm sind, sich beim bewussten Verbreiten von Unwahrheiten ertappen zu lassen, gibt es wenige einschlägige Urteile, die Auskunft über die verkümmerte Wahrheitsliebe von Advokaten geben.[161] Aber hin und wieder werden anwaltliche Lügen gerichtsnotorisch. So hatte ein Berliner Anwalt in einem Antrag auf Wiederzulassung als Anwalt laufende Ermittlungsverfahren wegen erheblicher Vorwürfe verschwiegen, was bei seiner Beurteilung, ob er wieder würdig ist, den Anwaltsberuf auszuüben, negativ zu Buche schlug.[162] Ein anderer Paragraphenkundler fiel dadurch auf, dass er gegenüber der gegnerischen Partei wahrheitswidrig behauptet hatte, seine Sozietät sei in einem Rechtsstreit nicht mehr tätig, obwohl eine Sozietätskollegin den Fall weiter bearbeitete.[163]

Das sind Petitessen im Vergleich zu den Ausflüchten und Irreführungen zweier bayerischer Rechtsvertreter. Fälle, die an den famosen Baron von Münchhausen erinnern.

Da ist der Versuch eines zum Nachlasspfleger bestellten Anwalts, gegenüber dem Nachlassgericht Aufwendungen in Höhe von 1856 Euro für die Entrümpelung der Wohnung einer Verstorbenen geltend zu machen, die er gar nicht durchgeführt hatte.[164] Das Nachlassgericht überprüfte, womit er wohl nicht gerechnet hatte, den Betrag und fand dabei heraus, dass die Wohnung schon einen Monat vollständig geleert war, und der Anwalt am fraglichen Tag weder die Wohnung der Verstorbenen betreten noch einen Entrümpelungsauftrag gegeben hatte. Ein kläglich gescheiterter Betrugsversuch eines Rechtsvertreters, den das Amtsgericht mit einer Geldstrafe von 10 800 Euro bestrafte und das Anwaltsgericht mit einem Verweis und einer Geldbuße von 3 500 Euro ahndete. Ein juristisch gebildeter Klein-Ganove, der eine günstige Gelegenheit zum leichten Geldmachen nutzte, dabei aber eine „Kardinalpflicht" als Organ der Rechtspflege verletzte und das „Ansehen der Rechtsanwaltschaft" gefährdete, wie es im Urteil des Bayerischen Anwaltsgerichtshofes hieß.

Verhängnisvoll wirkte sich die Lüge eines Wahlverteidigers A zu Lasten eines in Untersuchungshaft sitzenden Mandanten E aus, der sich wegen eines Drogendelikts zu verantworten hatte.[165] Der Zufall wollte es, dass ein Hauptverhandlungstermin im Münchner Verfahren mit einem Termin in einem anderen Strafverfahren in Düsseldorf kollidierte. Da E als schwieriger Mandant galt, hatte A keinen Mut, dies seinem Mandanten zu offenbaren. Er bat daher seinen Kollegen B, seine Abwesenheit in dem Drogenverfahren der Wahrheit zuwider mit Krankheit zu entschuldigen. So geschah es. Da E aber eine Verteidigung durch B ablehnte, setzte die Große Strafkammer beim Landgericht das Verfahren aus – mit der Folge, dass E zunächst einmal vier Monate länger in U-Haft verbringen musste. Gegen die Anwälte A und B wurden Verweise und Geldbußen in Höhe von jeweils 2 500 Euro verhängt, weil sie durch ihr standeswidriges Verhalten die Wahrheitspflicht verletzt hätten, die „zum Kernbereich anwaltlichen Verhaltens" zählt. Terminkollisionen gehören zu den typischen Konfliktsituationen, die Rechtsberater immer mal wieder zum Schwindeln verführen.

Auch bei der Anwaltskammer Düsseldorf sind Flunkereien keine Einzelfälle. Nach den Jahresberichten 2010 und 2011 stehen Beschwerden über Verstöße gegen das Sachlichkeitsverbot „regelmäßig" im Fokus, darunter „zum Erstaunen mancher auch Verstöße gegen die Wahrheitspflicht".[166] Wurzeln für das Verstricken in Lügengespinste sind nach den Erfahrungen von Klaus Steffen aus 32 Jahren Richtertätigkeit am Anwaltsgericht Düsseldorf vor allem schlampige Kanzleiführung oder juristische Überforderung. Wer auf Nachfragen von Mandanten hartnäckig schweigt, hat sich häufig nicht um die Akte gekümmert. Weil der Druck durch weiteres Nachfragen ständig wächst, fangen einige Anwälte an Aktivitäten vorzutäuschen, die es gar nicht gibt, und reiten sich dadurch immer tiefer rein. Es folgen Berichte über Fortschritte in der Sache und Erfolgsmeldungen – alles frei erfunden, weil sich der Anwalt nicht mehr anders zu helfen weiß.

Auf Anwälte, die sich beim Lügen ertappen lassen, trifft die „Schwarze-Schafe-Theorie" ausnahmsweise zu: Es sind Einzelfälle, weil Advokaten dann unehrlich ***und*** dumm sind. Kleine-Cosack: „In die Falle der Wahrheitspflicht oder des Lügenverbots geraten nur die Toren".[167] Die Mehrheit der Rechtsberater lässt sich beim Schwindeln nicht erwischen. Was einige Anwälte und Richter trotzdem aus dem Alltag berichten, ist erschreckend.

Oliver Kröger, Fachanwalt für Verkehrsrecht in Berlin, findet, dass viele seiner Kollegen die „Wahrheitspflicht nicht mehr ernst nehmen": „Bei Unfällen werden oft Sachverhalte vorgetragen, die sich gegenseitig ausschließen. Das beruht manchmal auf unterschiedlichen Wahrnehmungen, manchmal auf Lügen der einen oder anderen Seite. Bei einem Fahrstreifenwechsel beschuldigen sich die Beteiligten gegenseitig, die Fahrbahn gewechselt zu haben". Da die meisten Unfallverursacher rechtsschutzversichert sind, verfahren sie nach dem Motto: Man kann es ja mal probieren. Manchmal mit Erfolg. Denn bei ungeklärten Unfällen wird nach der Rechtsprechung des Bundesgerichtshofes die Hälfte des Schadens ersetzt: „Es gibt Anwälte, die steuern die Aussagen ihrer Mandanten, um das Maximum herauszuholen", merkt Oliver Kröger bei der Bearbeitung von Akten und vor Gericht: „Das ist nicht nur unethisch, sondern auch versuchter Prozessbetrug". Weil sich die Anwälte bei ihren Mandanten absichern, bleiben sie als Interessenvertreter meist sanktionslos.

Der Potsdamer Rechtsanwalt Ulrich Jung-Lindemann liebt provozierende Formulierungen, zum Bespiel: „Das Zivilrecht ist amoralisch". Ein Grund dafür ist nach seiner Auffassung, dass Prozesse durch unwahre Aussagen der Parteien und deren Anwälte sowie Beweisregeln leicht mit falschen oder ungerechten Ergebnissen enden. Im Zivilrecht gründet das Gericht sein Urteil ausschließlich auf den Vortrag der Parteien und fragt entsprechend. Im Strafrecht muss das Gericht dagegen eigene Ermittlungen anstellen und entsprechend breit fragen. Sein Paradefall: Kurz vor Silvester war ein an der Decke hängender, schon etwas trockener Adventskranz von der Decke gefallen und hatte dadurch einen Brand mit einem Schaden von rund 100 000 Euro im Haus eines älteren adeligen Ehepaares verursacht. Jung-Lindemann hatte die Feuerversicherung zu vertreten, die von der Schadensersatzpflicht befreit ist, wenn die Versicherungsnehmer vorsätzlich oder grob fahrlässig handeln. Für Jung-Lindemann ging es also darum, den Brandverursachern grobe Fahrlässigkeit nachzuweisen.

Bei der ersten Aussage erzählte die blaublütige Dame der Polizei, dass ihr Mann beim Verlassen des Raumes die Kerzen hatte brennen lassen. Diese hätten die Aufhängung an Stoffbändern in Brand gesetzt, wodurch der Kranz seinen Halt verloren hätte und auf den Boden gestürzt sei. Als sie merkte (oder vom Anwalt möglicherweise instruiert wurde), dass diese Version bei der Schadensregulierung schädlich sein könnte, tauchte in den Schriftsätzen ihres Anwalts eine völlig neue Version der Brandursachen auf: Der Fernsehapparat sei implodiert und hätte dadurch den Kranz angesteckt. Das erschien Jung-Lindemann wenig plausibel und frei erfunden, trotzdem verlor er in erster Instanz. Den vom Gericht verlangten Beweis, dass der Fernseher nicht der Brandauslöser gewesen sei, konnte er nämlich nicht erbringen. Und auf die erste Aussage der Baronin vor der Polizei konnte er nicht zurückgreifen, weil die im Zivilprozess nicht berücksichtigt werden darf. Dort gilt nur, was im Rahmen des Zivilprozesses von den Prozessparteien vorgebracht wird.

Darauf legte Jung-Lindemann Berufung ein. Ein Brandsachverständiger hatte der Versicherung inzwischen bestätigt, dass der Brand des Adventkranzes nicht durch einen implodierten Fernseher verursacht worden sein konnte. Allerdings half auch der Experte nicht weiter. Der Berichterstatter des Senates ließ ihn wissen, dass er mit der Behauptung, das adelige Paar habe grob fahrlässig gehandelt, nicht durchdringen würde. Das Brennen eines Adventskranzes sei eine christliche Tradition, und dabei bestehe immer das Risiko eines Brandes. Daraufhin nahm er die Berufung zurück.

Knapp zwei Jahre später besuchte Jung-Lindemann ein brandenburgisches Dorf mit Schloss und Kirche. An den Wänden Inschriften und Bilder eben jener adeligen Familie, gegen die er den Prozess für die Versicherung geführt hatte. Als er die Postkartenverkäuferin auf die Familie ansprach, erzählte die ihm arglos, dass der feine alte Baron inzwischen verstorben sei, und dass er ihr noch kurz nach Silvester erzählt habe, dass er einen Brand verursacht hätte, durch den das ganze Anwesen hätte abfackeln können. Er sei aus dem Zimmer gegangen und hätte den Adventskranz brennen lassen.

Eine Wiederaufnahme wollte Jung-Lindemann nicht anstrengen, weil er trotz diesen frischen Informationen das Argument der christlichen Tradition hätte nicht aushebeln können, um eine grobe Fahrlässigkeit zu begründen. Aber eins weiß er seit dem Besuch im brandenburgischen Dorf: Auch Adelige haben anscheinend in besonderen Fällen „ein taktisches Verhältnis zur Wahrheit" – insbesondere, wenn, wie hier zu argwöhnen ist, ein Anwalt ihnen dazu rät.

Besonders übel stößt Jung-Lindemann auf, wenn gegnerische Anwälte, was „häufiger passiert", Zeugen vor der Verhandlung ins Büro bestellen, „um ihnen zu sagen, wohin die Reise zu gehen hat". Meistens kann er das nur vermuten, aber in zwei Fällen ist es ihm vor Gericht gelungen, solche Vorgespräche mit Zeugen aufzudecken: „Man emotionalisiert Zeugen und sagt ihnen ins Gesicht, dass sie lügen". Dann kommt die Frage, ob sie vorher mit dem Rechtsanwalt gesprochen hätten. Und ob der ihnen gesagt habe, was sie aussagen sollen. Das sei leider, so Jung-Lindemann, bisweilen „Praxis im Zivilrecht". Das bestätigt der Hamburger Anwalt Wolf-Dieter Reinhard: „Im Zivilrecht ist die Beeinflussung von Zeugen Gang und Gäbe".

Entsetzt ist auch der Hamburger Fachanwalt für Arbeitsrecht Jan Ruge über den gewissenlosen Umgang mit der Wahrheit bei vielen Kollegen. Eine besondere Problemzone sind für ihn Kündigungen. Ohne 100prozentige Gewissheit zu haben, ist er überzeugt, dass einige Kollegen ihren Mandanten raten, bei Zustellungen von Kündigungen den Zugang zu leugnen oder ihn zu verhindern: „Kollegen haben mir gegenüber eingeräumt, dass sie so beraten". Sie geben Tipps wie „Geht die Kündigung per Post mit Zustellungsurkunde zu, machst Du den Brief nicht auf. Klebt ein gelber Zettel am Briefkasten, schmeißt Du den weg. Bei Massenkündigungen wird bei 10 bis 25 Prozent der Zugang der Blauen Briefe vereitelt. Briefkästen werden entweder zugeklebt oder abmontiert".

Um Beweisprobleme beim Zugang zu vermeiden, rät Ruge Arbeitgebern bei Kündigungen inzwischen zu einem aufwendigen Verfahren, um skrupellose Rechtsvertreter leer laufen zu lassen: Alle Kündigungen werden persönlich übergeben – im Betrieb oder Zuhause. Die Schreiben werden in Gegenwart von zwei Zeugen ausgehändigt und ihr Empfang wird in einem Zustellungsprotokoll festgehalten.

Die Anwälte Jung-Lindemann und Eulitz haben den Eindruck, dass Anwälte am häufigsten lügen, wenn eigene Interessen auf dem Spiel stehen, etwa, wenn sie behaupten, Schriftsätze nicht erhalten oder, noch schlimmer, wenn sie Fristen versäumt haben und ihnen ein Haftungsprozess droht. Dann behaupten sie, dass die „Post verloren gegangen und damit nicht zugegangen" sei, so dass die versäumten Fristen angeblich nicht laufen konnten (Eulitz). Bei Wiedereinsetzungsanträgen wegen Fristversäumnissen erfinden die Kollegen „Geschichten, da kann man sich nur an den Kopf fassen", sagt Ulrich Jung-Lindemann: „Wenn der Anwalt für sich schreibt und nicht für den Mandanten, dann wird wohl am meisten gelogen".

Bei Fristversäumnissen müssen oft die unzuverlässige Post oder technische Fehler im Faxgerät des Empfängers als Buhmänner herhalten. Nach der Zivilprozessordnung kann ein Fristversäumnis nämlich unschädlich sein, wenn eine Partei ohne ihr Verschulden verhindert war, eine Berufungsfrist einzuhalten (Wiedereinsetzung in den vorigen Stand). In seiner Not behauptet der Anwalt dann mal eben, dass das Empfangsgerät beim Gericht einen Fehler gehabt hätte, den er nicht zu verantworten habe. Die Justiz ist mittlerweile darin geübt, mit solchen Schuldverlagerungen umzugehen. So formulierte der Bundesgerichtshof einmal spitz, dass ein „Fehler im Empfangsgerät des Oberlandesgerichts fernliege" und ebenso ein „technischer Fehler im Sendegerät" oder aber ein „Bedienungsfehler" in der Kanzlei „als Ursache für das Fehlen einer eingescannten Unterschrift im Computer-Fax in Betracht komme": Es sei nicht ***glaubhaft*** gemacht, dass ein „Bedienungsfehler des Prozessbevollmächtigten als Ursache für das Fehlen einer eingescannten Unterschrift ausscheide".[168] So enden denn etliche Versuche kläglich, mit einer kleinen Lüge eigenes Versagen zu kaschieren.

Auch auf der Richterbank sind inzwischen viele verstört über die Art und Weise, wie einige Rechtsvertreter im Überlebenskampf mit der Wahrheitspflicht umgehen. Unklar bleibt dabei freilich häufig, ob der falsche Sachverhalt auf Informationen des Mandanten beruht oder der Anwalt ihn erfunden hat. Ins Auge springen Verletzungen der Wahrheitspflicht, wenn dem Gericht zwei sich inhaltlich widersprechende eidesstattliche Erklärungen vorliegen: Eine muss unwahr sein.

Ein Richter am Amtsgericht Berlin-Mitte, der hauptsächlich Verkehrssachen entscheidet, findet, dass Kläger inzwischen „sinnlos erfinden bzw. bestreiten". Er hat es schon erlebt, dass das „Eigentum eines Geschädigten bestritten wurde, auch wenn der Schädiger weiß, dass der den Wagen seit Jahren fährt". Und auf der Seite der Versicherer bestreiten Advokaten „alles, bis auf die Tatsache, dass morgen die Sonne aufgeht".

Unangenehm aufgefallen ist dem Berliner Richter ein „Trend der letzten Jahre: Zeugenbeeinflussung", das „Präparieren von Zeugen im Widerspruch zur Wahrheitspflicht". Normal wäre folgende Zeugenaussage: „Der Fahrer hat in den Seiten- oder Innenspiegel geblickt, bevor er die Fahrbahn gewechselt hat". Jüngst hatte der Richter einen 10-jährigen Jungen erlebt, der als Zeuge sagte. „Mein Vater genügte seiner doppelten Rückschaupflicht". Damit gab er eine gängige Formulierung aus der Rechtsprechung des Bundesgerichtshofes wieder. Nach seinen Beobachtungen wird den Zeugen vermehrt gesagt, „worauf es ankommt. Richterfragen werden antizipiert und die Antworten trainiert".

Regina Schlosser, Richterin in einer Zivilkammer am Landgericht Berlin, hat kein Indiz dafür, dass „Anwälte mit ihren Mandanten falsche Aussagen einüben. Aber sie bemühen sich auch nicht, die Wahrheit ehrlich zu ergründen, was eigentlich zu ihrem Handwerk gehört". Sie lassen die Dinge laufen und rennen dann in der Hauptverhandlung ins Messer. Ein wiederkehrendes Muster: Ein Anlegeranwalt behauptet, dass sein Mandant gegenüber der Bank den Wunsch geäußert habe, 20 000 Euro ***sicher*** anzulegen. Das bestreitet die Bank und präsentiert eine Depotauszug mit breit gestreuten Anlagen, sicheren wie unsicheren, im Wert von 250 000 Euro. Damit stellt sich dann in der Hauptverhandlung ein völlig anderer Sachverhalt heraus, der zur Abweisung der Klage führte.

Regina Schlosser, die auch als Strafrichterin tätig war, ist zu 100 Prozent überzeugt, dass vor dem „Zivilgericht mehr gelogen wird als im Kriminalgericht Moabit": „Die Hemmschwelle ist hier niedriger, weil man hier für den eigenen Vorteil lügt. Wenn ein Zeuge im Strafprozess etwas falsch aussagt, muss er damit rechnen, dass jemand ins Gefängnis geht".

Während die meisten Kollegen abstumpfen und nichts unternehmen, wenn sie den Verdacht einer Falschaussage schöpfen, schickt Regina Schlösser die Akten in solchen Fällen zur Staatsanwaltschaft, damit die ermittelt: „Ich empöre mich. Eine Unsitte hier".

Der Potsdamer Anwalt Ulrich Jung-Lindemann stellt illusionslos fest, dass „Anwälte wie alle Menschen immer gelogen haben". Das ist vermutlich richtig, liegt aber, nicht ungefährlich, in der Nähe der Selbstrechtfertigung des Lügenbarons Münchhausen: „Gescheite Menschen lügen gern". Der ethische und gesetzliche Anspruch an die Anwaltschaft ist aber ein anderer und höherer: Die Wahrheitspflicht ist eine Kardinaltugend der Anwaltschaft, ein zentraler Baustein für Ansehen und Vertrauen sowie ihre Rolle als Organ der Rechtspflege. ***Der allgemeine Werteverfall der letzten zehn Jahre, die wirtschaftliche Not vieler Rechtsvertreter und der harte Konkurrenzkampf unter ihnen haben nach Erfahrungen aller Praktiker dazu geführt, dass sich das Verhältnis der Anwaltschaft zur Wahrheitspflicht gelockert hat, dass sie massenhaft verletzt wird. Das ethische Fundament des Berufsstandes bröckelt in diesem Bereich.*** Es ist deshalb anzuerkennen, dass das Diskussionspapier des Präsidiums der Bundesrechtsanwaltskammer zur Berufsethik der Wahrheitspflicht sechs Abätze widmet – ohne freilich die Defizite im Berufsalltag anzusprechen oder gar einzuräumen.

Privat ist alles erlaubt: durchlöcherte Verschwiegenheitspflicht

Verkehrte Welt: In der Regel klagen Mandanten, dass sie ihre Anwälte nicht erreichen, ein Münchner Verteidiger erlebte das Gegenteil: Er schaffte es nicht, zu seiner wegen Betruges angeklagten Mandantin vor der Hauptverhandlung Kontakt aufzunehmen.[169] Sie hatte ihm entlastende Unterlagen angekündigt, sie ihm aber nie übergeben. Kurz vor dem Termin rief er in seiner Not den im selben Haus wohnenden Vater seiner Mandantin an und erklärte ihm die Lage.

Auf Nachfrage erzählte er dem Vater am Telefon, dass gegen seine Tochter ein Strafverfahren wegen Betruges laufe, wovon der aber offensichtlich nichts wusste. Die zuständige Kammer rügte den Verteidiger wegen Verletzung der Verschwiegenheitspflicht. Dass sein Anruf beim Vater im Interesse der Mandantin erfolgte, zählte für die Kammer nicht.

Dass Kammern solche oder ähnliche Fällen zu entscheiden haben, ist eine rare Ausnahme. Obwohl die anwaltliche Kardinaltugend Verschwiegenheit beim Telefonieren mit dem Handy im Flugzeug und in der Bahn sowie im normalen Kontakt unter Berufskollegen täglich massenhaft verletzt wird, wird sie selten sanktioniert. In solchen Situationen ist Beteiligten und Betroffenen vielfach die Sensibilität für Verstöße gegen das Anwaltsgeheimnis abhandengekommen oder es ist ihnen zu aufwendig, Lautsprecher und Vielschwätzer bei der Kammer anzuschwärzen. Und wenn, scheitert ein Vorstoß daran, dass der Name des Übeltäters nicht bekannt ist oder ermittelt werden kann, weil die Geschichten oft ohne Namensnennung erzählt werden.

Der „verbale Exhibitionismus“ (Wieland Horn) in der Öffentlichkeit, den das Handy gebracht hat, ärgert die ehemalige Verfassungsrichterin und jetzige Leiterin der Schlichtungsstelle der Bundesrechtsanwaltskammer Renate Jaeger nachhaltig.[170] Viele haben offenbar noch nicht realisiert, dass das Telefonieren in der Bahn oder im Flugzeug jeden privaten Charakter verloren hat. Besonders stört sie, wenn Advokaten „in Großraumwagen und in den Lounges von Bahn und Fluggesellschaften unter Nennung von Namen Rechtsberatung betreiben“. Dadurch gefährden die Anwälte das „Vertrauen“ in ihren Beruf.

Das ist für Michael Streck, ehemaliger Präsident des Deutschen Anwaltvereins, auch bedroht, wenn sich Advokaten untereinander unterhalten.[171] Als er mit einem Kollegen zwei Stunden über eine mögliche Fortbildungsveranstaltung des Anwaltvereins zur Verschwiegenheit redete, hatte der ihm sechs seiner Mandate namentlich benannt – und das vor dem Hintergrund des Seminarthemas. Als Streck ihn am Ende darauf aufmerksam machte, räumte der seine Nachlässigkeit sofort ein. Anscheinend sei, mutmaßt Streck, bei Wirtschaftsanwälten die Sensibilität für das Anwaltsgeheimnis verkümmert, insbesondere wenn es in Zeitschriften wie JUVE bereits zum guten Ton gehöre zu offenbaren, welche Sozietät bei welcher Fusion und welchem Unternehmenskauf mitgewirkt habe. Anscheinend sinken dadurch auch die Hemmungen, über Mandate „privat“ zu reden. Michael Streck berichtet von einem jungen, im Ausland arbeitenden Kollegen, der ihm „privat“ voller Stolz berichtet habe, welche Unternehmen er betreue. Als ihn der alte Fahrensmann Streck auf die Verletzung der Verschwiegenheitspflicht aufmerksam machte, wehrte der fast aggressiv ab: „Dies hängt doch völlig davon ab, wo man berichtet“. Streck verstimmt: „Offenbar ist für ihn der Freundschafts- und Privatbereich eine Erlaubnis zum Plaudern“.[172] Auch dem Berliner Hochschullehrer und Berufsrechtsexperten Reinhard Singer ist aufgefallen, dass sich manche Anwälte untereinander ziemlich offen „ihrer Mandate rühmen“ oder dass, wie der Hamburger Kammerpräsident Otmar Kury es ausdrückt, sich die Verschwiegenheitspflicht „wie Sand im Meer“ auflöst.

Viele Kanzleien schmücken sich heutzutage in Broschüren und Internetportalen mit Mandanten, die sie vertreten haben – angeblich mit deren Zustimmung. Die Redaktion der Anwalts-Gala JUVE hat anscheinend keine Schwierigkeiten, ihren Informanten in den Sozietäten die Namen von den Unternehmen zu entlocken, die sie gerade betreuen oder welchen „Beauty Contest" sie jüngst gewonnen haben.[173] Offenbar ist die Werbung mit Mandaten zu einem unverzichtbaren Marketinginstrument geworden – bei denen Anwälte wie Mandanten anscheinend mitspielen. Niemand weiß jedoch, ob es zutrifft, dass, wie behauptet, die genannten Firmen der Veröffentlichung vorher zugestimmt haben. Dass sich vorzustellen fällt schwer. Für die Behauptung spricht jedoch, dass Konflikte über Namensnennungen in JUVE, Broschüren oder Internetauftritten bisher kaum publik geworden sind. Ein Verlust an Stil und Diskretion, den man heute weder bei Ärzten noch bei Bankern trifft.[174]

So lax Rechtsvertreter mit dem Verschwiegenheitsgebot umgehen, wenn es ihren Interessen entspricht, so hartnäckig verteidigen sie das Anwaltsgeheimnis, wenn Dritte wie Rechtsschutzversicherungen, Datenschutzbeauftragte oder das Bundesamt für Finanzdienstleistungsaufsicht (Bafin) Auskünfte von ihnen wollen.[175] Da entpuppen sie sich plötzlich wieder als Gralshüter des Anwaltsgeheimnisses. Ein Anwalt weigert sich gegenüber einer Rechtsschutzversicherung, die überzahlte Beträge zurückfordern will, Unterlagen eines Mandanten herauszugeben. Oder ein Advokat gibt der Bundesanstalt für Finanzdienstleistungsaufsicht einen Korb, als sie die Herausgabe sämtlicher Kontounterlagen eines Mandanten begehrt, der bei den Finanzkontrolleuren im Verdacht steht, erlaubnispflichtige Geldgeschäfte illegal zu betreiben. Die darauf folgenden Prozesse gewannen die Anwälte fast immer. Ein anerkennenswertes Engagement für die Verschwiegenheitspflicht, das freilich noch glaubwürdiger und überzeugender wirken würde, wenn die Advokaten es in anderen Zusammenhängen auch so strikt praktizieren würden. Aber sie reden hier mit gespaltener Zunge: Manchmal ist Schweigen noch Gold, manchmal Plappern.

Eine neue und ganz andere Gefahr droht der Verschwiegenheitspflicht durch die Auslagerung von Dienstleistungen in Anwaltskanzleien. Es geht um die Betreuung durch IT-Dienstleister, Telefondienste, Schreibservice, Buchhaltung, Aktenvernichtung, Verrechnungsstellen und dem Speichern digitaler Unterlagen und Informationen auf Servern externer Anbieter (Cloud Computing).[176] Bei diesem Outsourcing von Dienstleistungen sind verschiedene Rechtsfragen im Zusammenhang mit dem Schutz der Verschwiegenheitspflicht im Strafrecht, Datenschutzrecht und Berufsrecht ungeklärt. Bisher wird sich mit tatsächlichen wie mutmaßlichen Einwilligungen beholfen, um rechtliche Risiken auszuschließen oder zu minimieren.[177] Es besteht jedoch ein Konsens darüber, dass die anwaltliche Verschwiegenheitspflicht mit solchen Hilfskonstruktionen oder Schutzerklärungen von Dienstleistern nicht mehr hinreichend garantiert ist. Die Satzungsversammlung der Kammern und der Deutsche Anwaltverein haben Ausschüsse ins Leben gerufen, um diese Grauzonen zu beseitigen. Die ehemalige Justizministerin Sabine Leutheusser-Schnarrenberger hatte angekündigt, dass ihr Ministerium an neuen Vorschriften arbeite, die das Anwaltsgeheimnis bei der Auslagerung von Dienstleistungen national wie international mit neuen Schutzwällen sichern sollen.

Der „Strukturwandel der Öffentlichkeit" (Jürgen Habermas), die Auslagerung von anwaltlichen Dienstleistungen aus Kostengründen und die teilweise Digitalisierung der Kanzleiarbeit drohen die anwaltliche Verschwiegenheitspflicht auszuhöhlen. Beim Telefonieren mit dem Handy in der Öffentlichkeit, beim Plaudern unter Anwaltskollegen und im privaten Bereich ist in Teilen der Anwaltschaft das Bewusstsein abhandengekommen, dass die Verschwiegenheitspflicht absolut und nicht durch angeblich sozial übliches Verhalten zu rechtfertigen ist. Durch die Vermischung von Öffentlichem und Privatem in den Medien ist bei vielen Anwälten anscheinend die falsche Rechtsauffassung entstanden, dass das Reden über Mandanten unter Kollegen und Freunden keine Verletzung der Verschwiegenheitspflicht mehr ist.

Mehr Fiktion als Wirklichkeit: anwaltliche Unabhängigkeit

Die Loveparade-Katastrophe in Duisburg war nicht irgendein Unglück, bei dem unglücklicherweise ein paar Menschen starben. Was am 24. Juli 2010 in der Stadt passierte, war ein vorhersehbares Desaster. Rückblickend kann man sogar von Glück sprechen, dass es neben den 540 Verletzten nur 21 Tote gab. Hunderte hätten in der Falle – dem Tunnel, durch den Besucher alle mussten – sterben können. Das ist heute weitgehend Konsens. Nicht jedoch in den Tagen nach der Tragödie, die im Zeichen gegenseitiger Schuldzuweisungen standen.

Nachdem das Düsseldorfer Innenministerium und der Innenausschuss des Landtages den Duisburger Oberbürgermeister Adolf Sauerland (CDU) um eine Stellungnahme gebeten hatte, beauftragte die Stadt Duisburg Ute Jasper, Leiterin des Dezernats „Public Sector" der Düsseldorfer Großkanzlei Heuking Kühn Lüer und Wojtek mit einem Gutachten zur Verantwortung der Stadt. Keine zufällige Wahl. Ute Jasper war bei der Stadt durch die Betreuung mehrerer kommunaler Mandate bekannt, sie war, wie man so sagt, dort gut im Geschäft. Die Rechtsanwältin genoss als Expertin für Projekte der öffentlichen Hand einen guten Ruf, das „Handelsblatt" hatte sie kurz zuvor in die 100-Top-Frauen der deutschen Wirtschaft gewählt. Für den CDU-Oberbürgermeister Sauerland brachte sie noch einen anderen Vorteil: Sie gilt als CDU-affin.

Vier Wochen später lieferte Rechtsanwältin Jasper einen „Zwischenbericht" ab, der den Oberbürgermeister beglückte: Die Stadt Duisburg hatte „keine allgemeine oder übergeordnete Zuständigkeit für die Sicherheit der gesamten" Loveparade. Sie sei nur für Einzelbereiche wie Nutzungsänderungen für das Gelände oder die Sicherheit und Ordnung außerhalb des Veranstaltungsgeländes verantwortlich gewesen. Besonders erfreulich das Fazit des Gutachtens: Es liegen uns „zum derzeitigen Zeitpunkt" keine Erkenntnisse vor, „dass Mitarbeiter der Stadt Duisburg ihre gesetzlichen Pflichten verletzt hätten und auf diese Weise zum Unglück beigetragen oder es gar verursacht haben".[178] Neben dieser 100 prozentigen Entlastung der Stadtverwaltung noch eine sicher auch willkommene

Belastung anderer: Nach unserer Recherche haben sich „verschiedene Umstände ergeben, aus denen sich schließen lässt, dass Dritte gegen die Vorgaben der Stadt und Auflagen der Genehmigung der Stadt Duisburg verstoßen haben". Sauerland war über den Freispruch erster Klasse so erfreut, dass er zu einem Grund wurde, nicht zurückzutreten: „Dann musst Du auch die Kraft haben, das mit den Kollegen und Kolleginnen durchzufechten".[179] Das Pressecho auf das 350000 Euro Gutachten war dagegen verheerend: „Sauteurer Persilschein" und „Duisburgs wertloser Heuking-Bericht".[180] Der anwaltliche Freibrief war zu deutlich zugunsten der Stadt ausgefallen, um auch nur einen Funken Glaubwürdigkeit zu schlagen. Julius Reiter, Rechtsvertreter von 96 Loveparade-Opfern, fand, dass das „Gutachten nicht sein Papier wert ist, auf dem es steht".

Ähnliche Erfahrungen im positiven wie negativen Sinne sammelte das nordrhein-westfälische Innenministerium mit einer Expertise zur Verantwortung der Polizei bei der Katastrophe, erstellt von der Bonner Kanzlei Dolde Mayen und Partner. Auch das Ministerium erhielt, was es sich erhofft hatte: eine totale Entlastung der Polizei mit einer kleinen, das Gutachten stark entwertenden Einschränkung: Das Verhalten der Polizei vor Ort sei nicht Thema der rechtlichen Überlegungen gewesen.

Das Ergebnis des Gutachtens von Thomas Mayen im Kurzform: Die Verantwortung für die Sicherheit bei der Loveparade hätte bei der Stadt Duisburg und dem Veranstalter Loveparade gelegen. Die Polizei habe nur eine „subsidiäre Zuständigkeit" gehabt, nach dem Motto ‚Nach mir die Sintflut': „Das bloße Fehlen von Vollzugskräften der Ordnungsbehörde vor Ort begründet keine andere Zuständigkeit der Polizei". Im Übrigen könne die im Gutachten der Rechtsanwältin Jasper vertretene Auffassung „nicht nachvollzogen werden". Das Presseecho war knapp und ohne Gewicht: „Loveparade: Gutachten entlastet Polizei".[181]

Die beiden anwaltlichen Gutachten zur Entlastung der Stadtverwaltung und der Polizei entpuppten sich bald als teure Strohfeuer – als Persilscheine ohne rechtliche Durchschlagskraft. Alle späteren Gutachten kamen nämlich zu völlig anderen Ergebnissen als diese rechtlichen Schnellschüsse. Der von der Duisburger Staatsanwaltschaft beauftragte britische Panikforscher Keith Still erhob schwere Vorwürfe gegen Veranstalter, Polizei, Stadt und Rettungsdienste bei der Planung der Loveparade.[182] Alle hätten im Vorfeld erkennen müssen, dass die Zugangsrampe für den zu erwartenden Zuschauerstrom nicht ausreicht. Zudem hätten Polizei und Sicherheitskräfte während der Loveparade genug Zeit gehabt, auf den Besucher-Stau angemessen zu reagieren. Am 11. Juni 2011 gab die Staatsanwaltschaft Duisburg, die gegen 17 Beschuldigte ermittelt, bekannt, dass die Genehmigung der Stadtverwaltung für die Loveparade rechtswidrig gewesen sei. Und der 400 Seiten starke, im August 2012 bekannt gewordene Zwischenbericht der Staatsanwaltschaft Duisburg kam zu dem Ergebnis, dass Stadt, Veranstalter und Polizei versagt hätten.[183] Vom Bild einer Stadtverwaltung, die nach dem Gutachten der Rechtsanwältin Ute Jasper alles richtig gemacht hat, bleibt im Urteil der Ermittler nichts übrig. Die 420000 Euro Steuergelder, die die Stadt für Zwischen – und Abschlussbericht der Kanzlei Heuking, Kühn, Lüer und Wojtek zusammen bezahlt hat, waren zum Fenster hinausgeworfen. Als wertlos erweist sich heute auch das von Innenminister Ralf Jäger (SPD) in Auftrag gegebene 24000 Euro-Gutachten der Bonner Kanzlei Dolde Mayen und Partner. Auch wenn die Staatsanwaltschaft zwischenzeitlich nur den Leitenden Polizeidirektor Kuno Simon als Beschuldigten führte, zertrümmert ihre Zwischenbilanz das Bild einer fehlerlosen Polizei. Nach Ansicht der Ermittler war sie hoffnungslos überfordert.

Die für die Gutachten verantwortlichen Rechtsanwälte Jasper und Mayen waschen ihre Hände in Unschuld. Den Vorwurf, Gefälligkeitsgutachten verfasst haben, weisen beide mit Abscheu und Empörung zurück. Jasper: „Ich stehe zu dem Ergebnis. Es hält jeder Nachprüfung stand". Mayen: „Ich habe Ruf und Namen zu verlieren, ethisch wie wirtschaftlich". Allerdings verkneifen sie sich nicht, sich gegenseitig ans Schienbein zu treten, um die eigene Berufsehre zu retten. Mayen: Das Gutachten von Ute Jasper und Kollegen ist „nicht haltbar". Jasper: Wenn Mayen recht hätte, wäre die „Polizei nicht mehr für die Sicherheit von Fußballspielen verantwortlich".

Die Frage, ob Ergebnisse von Anwaltsgutachten vertretbar sind oder nicht, ist auch eine Frage der anwaltlichen Unabhängigkeit, ein Kernwert des Berufsstandes. Als „unabhängiger Berater und Vertreter" ist der Anwalt „weder Staatsdiener noch willfähriges Instrument seines Auftraggebers", beschreibt das Diskussionspapier des ***BRAK-Präsidiums*** zur Berufsethik seine Rolle.[184] Die doppelte Negation zeigt, dass es zwar leicht fällt zu sagen, was Robenträger nicht sind. Ihre Funktion zwischen Staat und Mandant positiv zu bestimmen, tut sich die Anwaltschaft hingegen schwer – auch, weil es keinen Konsens darüber gibt.[185] Der Berliner Rechtskundler Niko Härting zum Beispiel, der den Veranstalter der Loveparade vertritt, „hält die beiden Gutachten weder für besser noch für schlechter als tausend andere Gutachten in solchen Fällen". Ein Anwalt würde seinen „Job nicht gut machen, wenn er nicht alle Argumente zugunsten seiner Mandanten zusammentragen würde". Allerdings sieht auch er eine Schranke: „Ein Anwalt darf sich nicht vor den Karren seiner Mandanten spannen lassen. Die Rechtsposition muss vertretbar sein". Julius Reiter findet hingegen, dass insbesondere das Jasper-Gutachten „reine Interessenvertretung war". Die Loveparade war nie „genehmigungsfähig".

Zu dieser Auffassung gelangte Mitte Februar 2014 auch die Staatsanwaltschaft in Duisburg. Gegen zehn Verantwortliche – sechs Mitarbeiter des Bauamtes und vier des Veranstalters Lovapent – erhob sie Anklage wegen fahrlässiger Tötung.

Im harten Konkurrenzkampf auf allen Etagen der anwaltlichen Einkommenspyramide haben sich Gefälligkeitsgutachten zu einer berufsethischen Schwachstelle entwickelt. Ihre Verfasser werden verächtlich als „Mietjuristen", „Mietmäuler" oder, wie im Bundesverkehrsministerium, als „Söldner" bezeichnet. Insbesondere den Großkanzleien „geht es" nach Ansicht des Düsseldorfer Advokaten Julius Reiter „nur noch ums Geld. Es wird das vertreten, was der Mandant verlangt".

Die anwaltliche Unabhängigkeit wird von vier unterschiedlichen Abhängigkeiten bedroht: staatlichen, wirtschaftlichen, strukturellen und persönlichen.[186] Diese Kategorien sind nicht immer scharf zu trennen, überlagern sich teilweise oder kumulieren, zum Beispiel wenn langjährige Mandatsbeziehungen mit Parteifreundschaften zusammentreffen.

Die anwaltliche Unabhängigkeit soll zuvorderst Unabhängigkeit gegenüber dem Staat garantieren sowie appellieren, wirtschaftlichen und persönlichen Anfechtungen zu widerstehen und strukturellem Druck als angestellter Anwalt oder freier Mitarbeiter standzuhalten. Diese Kerntugend ist nur in Ausnahmefällen justitiabel.[187] Ihr Schutz ist daher in erster Linie eine berufsethische Aufgabe.

Es gibt eine breite Übereinstimmung darüber, dass die Hauptgefahr für die anwaltliche Unabhängigkeit nicht mehr vom Staat ausgeht.[188] Die vom Gesetzgeber und vom Bundesverfassungsgericht gezogenen Mauern scheinen mittlerweile recht stabil. Wesentlich bedrohlicher sind die Gefahren, die vom beruflichen Umfeld ausstrahlen – von den Mandaten, dem beinharten Wettbewerb, der wirtschaftlichen Not vieler Anwälte, den modernen Kanzlei- und Sozietätsstrukturen und einem neuen Berufsverständnis weiter Teile der Anwaltschaft als Dienstleister.

Mit dem Vordringen des anglo-amerikanischen Rechtsdenkens in Deutschland rückt auch hierzulande die einseitige Interessenvertretung der Mandanten durch den Anwalt in den Vordergrund und seine Rechtspflegefunktion in den Hintergrund. Gegenüber dem Mandanten verliert die anwaltliche Unabhängigkeit an Bedeutung und die Rolle als Dienstleister gewinnt an Gewicht. Diese Akzentverschiebung führt zu „einem höheren Grad der Abhängigkeit von Mandanten, Partnern, Vorgesetzten oder gar externen Kapitalgebern", wie Stürner und Bormann beobachtet haben.[189] Dieses neue Berufsverständnis orientiert sich vorwiegend an der Gewinnmaximierung und untergräbt durch Ökonomisierung die anwaltliche Unabhängigkeit.[190] In ihr übernimmt der Anwalt nicht selten die Rolle eines „hired gun".

Die Garantie der Unabhängigkeit ist heute im Berufsalltag mehr Fiktion als Wirklichkeit. Der Bundesverfassungsrichter Michael Gerhardt ist überzeugt, „dass Anwälte viel abhängiger sind als viele andere Berufe. Von Großkunden werden sie zu bestimmten Aufgaben gezwungen".[191] Noch ein Tick illusionsloser der Frankfurter Strafverteidiger Armin Golzem: „Anwälte sind abhängig wie alle anderen Menschen". Das gilt für Partner einer Großkanzlei wie für Einzelanwälte. Der Berliner Strafverteidiger Alexander Ignor: Bei den einen geht es um den „Erhalt des Lebensstandards", bei den anderen „um die Sicherung des Existenzminiums". Oder, in den Worten des Potsdamer Anwalts Ulrich Jung-Lindemann: „Man muss es sich leisten können, anständig zu sein".

Verfehlt wäre es jedoch, anwaltliche Abhängigkeit allein unter wirtschaftlichen Aspekten zu begreifen. Häufig kommen persönliche Freundschaften, politische Loyalitäten und gesellschaftliche Kontakte aus Sportvereinen, Stiftungen, Ehrenämtern, Parteien und gemeinnützigen Organisationen hinzu. Ein Musterbeispiel für einen solchen Abhängigkeitsmix ist die Rolle der gut beleumdeten Stuttgarter Großkanzlei Gleiss Lutz beim Kauf eines 45%-Anteils von EnBW vom französischen Energieunternehmen Electricite de France S.A. (EDF) für 4,7 Milliarden Euro. Weil dieser milliardenschwere Deal Thema eines Untersuchungsausschusses des baden-württembergischen Landtages war, erlauben dessen Erkenntnisse einen tiefen Einblick in Netzwerke, die hinter den Mauern von Anwalts- und Regierungsgeheimnis normalerweise verborgen bleiben. Besondere Augenöffner sind dabei die internen E-Mails der Kanzlei, die sie dem Untersuchungsausschuss freiwillig übergeben hat. Was sie offenbaren, ist das berufsethische Waterloo einer der renommiertesten deutschen Großkanzleien.

In nur acht Tagen – vom 28. November 2010 bis 6. Dezember 2010 – musste sie den Kauf der EnBW-Aktien privat-, banken- und öffentlich-rechtlich vorbereiten und abwickeln. Mit dem Deal wollte der damalige baden-württembergische Ministerpräsident Stefan Mappus (CDU), wie er gern sagte, „proaktiv" tätig werden. Er wollte den politischen Coup seines Lebens landen, nachdem die Umfragen für die CDU und ihn knapp vier Monate vor der Landtagswahl im März 2011 in den Keller gerutscht waren.

Nach mehreren Gesprächen zwischen der Stuttgarter Landesregierung und der EDF-Spitze waren zwei Dinge klar. Erstens: Die Landesregierung und der Landtag waren nicht damit einverstanden, dass ein ausländisches Unternehmen und damit auch nicht EDF die Mehrheit an EnBW übernimmt. Zweitens: Da der französische Energieversorger ohne Chancen auf eine Mehrheit beim Stromkonzern kein strategisches Interesse mehr an seinem Aktienpaket hatte, war der Vorstandvorsitzende Henri Prolio zu einem Verkauf an EnBW bereit. Ministerpräsident Stefan Mappus beauftragte Dirk Notheis, Boss der Investmentbank Morgan Stanley Deutschland, mit der finanziellen und die Kanzlei Gleiss Lutz mit der juristischen Beratung und Abwicklung des Milliardendeals. Für die Stuttgarter Kanzlei entwickelte sich das Mandat jedoch zu einem Horrorauftrag. Ihr grünes Licht für eine Geheimaktion des früheren Ministerpräsidenten unter Missachtung des Landtages verursachte nämlich ein Bündel von Kollateralschäden:

- **Am 6. Oktober 2011 erklärte der baden-württembergische Staatsgerichtshof die Notbewilligung für den Kauf des Aktienpaktes durch Finanzminister Willi Stächele (CDU) ohne Zustimmung des Parlaments für verfassungswidrig. „Eine schallende Ohrfeige für Gleiss Lutz", wie der Obmann der Grünen im Untersuchungsausschuss Hans-Ulrich Sckerl findet.**
- **Knapp eine Woche später trat Finanzminister Willi Stächele wegen des Urteils des Staatsgerichtshofes zurück, um die Würde des Amts wieder herzustellen. Zu keiner Sekunde habe er „Verfassungsrecht brechen oder Parlamentsrechte missachten" wollen: „Ich bin getäuscht und erniedrigt worden".[192]**
- **Im Dezember 2011 setzte der baden-württembergische Landtag auf Antrag von SPD und Grünen einen Untersuchungsausschuss ein. Er soll umfassend und sachlich die Vorgänge um den Kauf der EnWB-Aktien klären.**
- **Im Juni 2012 rügte ein Gutachten des Landesrechnungshofes Verletzungen der Landeshaushaltsordnung und der Landesverfassung,**

insbesondere den Aktienerwerb ohne Zustimmung des Parlaments und ohne Nachtragshaushalt.

- **Im Juli 2012 leitete die Stuttgarter Staatsanwaltschaft Ermittlungsverfahren gegen Stefan Mappus, Willi Stächele und den früheren Staatsminister Helmut Rau wegen Verdachts der Untreue und gegen den Bankmanager Dirk Notheis wegen Beihilfe ein. Der Münchener Juraprofessor Volker Rieble: „Die beteiligten Anwälte sind nicht im Verfolgungsvisier, freuen sich jedoch womöglich zu früh".[193]**
- **Zur gleichen Zeit trat Dirk Notheis als Vorstandsvorsitzender von Morgan Stanley Deutschland zurück.**
- **Die grün-rote Landesregierung hat EDF vor dem Internationalen Schiedsgericht in Paris auf Rückzahlung von 834 Millionen Euro verklagt, weil sie den Kaufpreis von 4,7 Milliarden Euro für überteuert hält. Außerdem lässt sie Schadensersatzansprüche gegen die Investmentbank Morgan Stanley und die Kanzlei Gleiss Lutz prüfen.**
- **Im März 2014 kündigte Bernd Schünemann, Anwalt von Stefan Mappus, an, die Rechtsberater von Gleiss-Lutz zu verklagen, weil sie den Ministerpräsidenten nicht auf die rechtlichen Risiken bei der Umgehung des Landtages hingewiesen hätten.**

Diese Kollateralschäden wären nicht eingetreten, wenn die Anwälte von Gleiss Lutz nicht ihre Unabhängigkeit gegenüber ihrem Mandanten – der Landesregierung – im Laufe der Beratung aufgebeben hätten und ihnen „das Mandat nicht wichtiger gewesen wäre als ihr Berufsethos", wie es der grüne Abgeordnete Han Ulrich Sckerl formuliert.

Bereits die Mandatierung von Gleiss Lutz verrät viel über die später sichtbar werdenden Machtverhältnisse im Dreieck Mappus-Notheis-Schockenhoff. Die Kanzlei wurde nämlich nicht vom Ministerpräsidenten ausgewählt, sondern vom Investmentbanker Dirk Notheis vorgeschlagen. Warum begründete er in einer Mail an Stefan Mappus: „Sollte verschwiegen sein und aus dem Ländle kommen. Mein Vorschlag ware Gleiss Lutz, Herr Dr. Schockenhoff. Vorteil: verschwiegen und gut. Nachteil: Bruder von Schocki (gemeint ist der CDU-Bundestagsabgeordnete Andreas Schockenhoff, der sich öffentlich zu seiner Alkoholabhängigkeit bekannt hat) und ggfalls durch Presse kritisierbar. Würde ihn trotzdem nehmen".[194] Am Ende der Mail heißt es formlos „G, Dirk". Stefan Mappus und Dirk Notheis sind seit 20 Jahren Freunde und Parteifreunde, kennen sich schon aus gemeinsamen Zeiten in der Jungen Union. Ein paar Tage später beauftragte Stefan Mappus formell Martin Schockenhoff mit dem Mandat und setzte damit eine lange Tradition fort. Denn Gleiss Lutz ist seit Jahrzehnten die „Haus- und Hof-Kanzlei von CDU-geführten Landesregierungen" (Andreas Stoch, SPD-Obmann im Untersuchungsausschuss). Seit 1996 verbindet sie unter anderem ein Rahmenvertrag, nach dem die Kanzlei die Landesregierung in allen Fragen rund um Landesunternehmen und Landestiftungen berät. Man blieb also unter sich: Freundschaft, CDU-nah, aus dem Ländle und eine langjährige, lukrative Mandatsbeziehung.

Hinzu kamen fette Honorare. Morgan Stanley kassierte für die Betreuung des Milliarden-Deals 16,3 Millionen Euro als Erfolgshonorar, Gleiss Lutz 2,6 Millionen Euro auf Stundenbasis ohne Erfolgskomponente. Wäre der Deal nicht zustande gekommen, hätte Morgen Stanley nichts bekommen und Gleiss Lutz wesentlich weniger, da ein großer Teil der Arbeit erst nach dem Deal anfiel. Von einem Kauf des Aktienpaktes haben also beide Berater kräftig profitiert. Es wäre ein Wunder, wenn in den Augen der beiden Hauptakteure Dirk Notheis und Martin Schockenhoff in kritischen Phasen nicht hin und wieder Euro-Zeichen aufgeblinkt hätten.

Diese Verlockungen machten es für Gleiss Lutz sicher auch leichter, einige Zumutungen zu akzeptieren. EDF-Chef Henri Proglio hatte darauf bestanden, dass der Deal mit größter Diskretion vorbreitet und abgewickelt wird. Unter dem Codenamen „Projekt Olympia" wurde eine Geheimoperation mit festen Kommunikationsregeln gestartet. Am 25. Oktober 2010 wurde Gleiss Lutz von Dirk Notheis schriftlich angewiesen, mit Ministerpräsident Stefan Mappus und der Staatskanzlei nie schriftlich zu kommunizieren.[195] Zentraler Ansprechpartner für die Kanzlei, mündlich wie schriftlich, sollte allein der Morgan Stanley-Boss sein. Im Untersuchungsausschuss räumt Martin Schockenhoff freimütig ein, dass „die gesamte Rechtsberatung des Ministerpräsidenten über Herrn Notheis lief".[196] Einen direkten Kontakt zu seinem Auftraggeber hatte Schockenhoff nur einmal, während einer Telefonkonferenz am 26. November 2010. „Wie es sein kann, dass Rechtsanwälte sich darauf eingelassen haben, über die Investmentbank mit dem Mandanten zu kommunizieren", fragt sich der Münchener Rechtsprofessor Volker Rieble, ein Anlass für ihn, „über die Anhängigkeiten großer Kanzleien von Investmentbanken nachzudenken".[197] Auch der Rechnungshof moniert, dass Mappus Informationen „vielfach über den Filter" der Investmentbank zugegangen" seien.[198] Wer die Protokolle, Vermerke und E-Mails über den Zickzack-Kurs der Rechtberatung liest, der findet, dass beide mit ihrer Analyse ins Schwarze treffen. Rieble: „Notheis und Mappus haben für das Land entschieden; und es sieht so aus, als habe Notheis auf dem Tandem vorne gesessen und gelenkt; Mappus durfte ein wenig strampeln; Stächele wurde nicht einmal auf dem Gepäckträger mitgenommen".[199] Es ist unfassbar, wie die Hauptakteure Mappus, Notheis und Schockenhoff mit einer Investition von 4,7 Milliarden Euro umgehen, nach dem Landesrechnungshof immerhin ein Sechstel des gesamten baden-württembergischen Haushalts.[200]

Zunächst gingen alle Akteure davon aus, dass der Aktienerwerb wegen der Budgethoheit des Parlaments nicht ohne Zustimmung des Landtages und einem Nachtragshaushalt über die Bühne gehen konnte – auch Ministerpräsident Mappus. Diese Auffassung vertrat er auch in einem Telefonat gegenüber dem EDF-Vorsitzenden Henri Porglio. Der machte jedoch deutlich, dass er nur einen „unconditional offer" akzeptieren würde.[201] Das heißt, dass er kein Angebot unter dem Vorbehalt der Zustimmung des Landtages annehmen würde. Mappus und seine Berater saßen rechtlich in der Bredouille. Aus der half auch eine erste juristische Einschätzung der Kanzlei Gleiss Lutz nicht, die auch an den Ministerpräsidenten ging: „Grundsätzlich brauchen wir die Zustimmung des großen Gremiums. Arg.: Haushaltsrelevanz. Ausnahme: Unvorhersehbare und unabwendbare Ausgaben, dann geht es auch ohne. Unsere Tendenz: Wenn der Kauf erfolgt, um konkreten, akut drohenden Einstieg eines strukturell gefährlichen Aktionärs zu verhindern, ginge es eventuell ohne das große Gremium. Hier aber eher kein solcher Ausnahmefall. Deshalb Zustimmungsvorbehalt wohl erforderlich".

Dieses Kurzgutachten ist die einzige schriftliche Stellungnahme der Kanzlei Gleiss Lutz bis zum Abschluss des Kaufvertrages. Es beschreibt – und da hat der seinerzeitige Ausschussvorsitzende Ulrich Müller (CDU) Recht – nur die „allgemeine Rechtslage".[202] Und noch etwas anderes erstaunte Müller: die Tatsache, dass sich die Kanzlei nicht bemüht hat, „den Tatbestand zu klären", eigentlich eine „Hausaufgabe für die Anwaltskanzlei".

Nachdem alle weiteren Versuche gescheitert waren, den Parlamentsvorbehalt wegzuverhandeln, stand Ex-Ministerpräsident Stefan Mappus am Abend des 29. November 2010 vor der Alternative: entweder einen „rechtlich gangbaren Weg" ohne Zustimmung des Parlaments oder „Abbruch der Verhandlungen".[203] Nachdem auch eine Expertise aus der Staatskanzlei keine Klarheit gebracht hatte, soll der Morgan Stanley-Banker Notheis den Gleiss Lutz-Mandatsführer Schockenoff informiert haben, dass „Mappus das Geschäft ohne Parlamentsvorbehalt abschließen" wolle, „wenn dies nur irgendwie begründet werden könne. Eine etwaige verfassungsrechtliche Unsicherheit werde Mappus eher in Kauf nehmen als das Risiko, dass EDF zwischen der Bekanntgabe des Geschäfts und dem Landtagsbeschluss an einen anderen verkaufe".[204] Diese Botschaft leitete Schockenhoff sofort per Mail an die öffentlich-rechtliche Abteilung seiner Kanzlei weiter – mit der mehr oder minder offenen Bitte, ihre Rechtsmeinung zu ändern: „Wenn Herr Mappus nur irgendwie begründen kann, dass er das Geschäft ohne Parlamentsvorbehalt abschließen kann, wird er dies tun, weil dies für ihn dann mit weitaus geringeren Risiken verbunden ist". Gemeint war damit die Gefahr, dass EDF zwischen der Bekanntgabe des Geschäfts und des Beschluss des Landtages an einen anderen zu einem höheren Preis verkauft. Die Mail schloss er mit der Bitte, die Expertise aus der Staatskanzlei ***„wohlwollend zu prüfen. Notfalls sollten wir eben dann doch den Weg für einen Ausnahmefall" – die Notbewilligung durch den Finanzminister – „freimachen".*** Clemens Weidemann und Thomas Krappel verstanden den Wink mit dem Zaunpfahl, obwohl er eigentlich eine Zumutung war, hatten sie ihn doch bisher vorsichtig abgelehnt. Am 30. November um 14:51 Uhr dann die erlösende Botschaft von Martin Schockenhoff an Dirk Notheis: „Unsere Verfassungsrechtler haben den telefonisch besprochenen Weg abgesegnet. Wir lösen das über Art. 81 LV, das heißt die Zustimmung des Finanzministers. Also kein Parlamentsvorbehalt". Die Mail leitete Notheis an den damaligen Ministerpräsidenten Mappus weiter.

Wie konnte es zu diesem plötzlichen Meinungsumschwung in der Kanzlei Gleiss Lutz kommen? Wie konnten Spitzenadvokaten auf die Idee kommen, mit einer Vorschrift, die eine schnelle staatliche Reaktion bei Seuchen und Naturkatastrophen ermöglichen soll, den Erwerb eines Aktienpaktes rechtfertigen? War der Kauf eines EnBW-Anteil ein Notfall der Demokratie? Überzeugende oder auch nur plausibel rechtliche Gründe für den Meinungswandel sind nicht erkennbar. Eine Gefahr, dass ein Dritter der Landesregierung das Aktienpaket wegschnappt, hatte es nie gegeben.[205] Dass Russen dazwischen grätschen könnten, war nie mehr als ein Schreckgespenst. Das wahre Motiv vermutet Andreas Stoch, SPD-Obmann im Untersuchungsausschuss, denn auch woanders: „Das Honorar und eine gute Beziehung zum Mandanten waren den Anwälte wichtiger als das Berufsethos und die eigene Überzeugung".

Für diese Interpretation spricht, dass die Bedenken gegen den Weg ohne Parlament in der Kanzlei weiter tief saßen, aber nicht nach außen kommuniziert wurden. Zynisch mutet an, was Clemens Weidemann an seine Kollegen Christian Cascante und Andreas Wölfle am 2. Dezember 2012 mailte: „Wir können wegen unseres derzeit noch lückenhaften Erkenntnisstandes nicht ***hinreichend*** sicher ausschließen, dass der Staatsgerichtshof in einem späteren Verfahren die Unabweisbarkeit verneint (wobei an derer Stelle wohl kein Schaden entsteht, weil das Geschäft längst gelaufen ist)".[206] Trotz dieser skeptischen Einschätzung zog Weidemann nicht die Reißleine. Das veranlasste den damaligen Vorsitzeden des Untersuchungsausschusses Müller zu den Kommentar: „Verfassung hin, Verfassung her, das Geschäft bleibt in Ordnung" – unverkennbar eine Abwandlung des APO-Spruches „Legal, illegal, scheißegal".[207]

Einen unangenehmen Job hatte Anwalt Martin Schockenhoff allerdings noch zu übernehmen: Als juristische Autorität einem kleinen Kreis von Betroffenen zu erklären, dass der Weg über die Notbewilligung des Finanzministers zulässig sei. Dabei soll er weder gegenüber Staatsminister Helmut Rau noch gegenüber den Vertretern des Zweckverbandes Oberschwäbische Elektrizitätswerke (OEW), der zu der Zeit 46,5 Prozent des Aktienkapitals an EnBW hielt, erkennen gegeben haben, dass die Kanzlei intern der Meinung war, dass der Weg am Parlament vorbei durchaus verfassungsrechtliche Risiken barg. Das erklärten sie wenigstens übereinstimmend vor dem Untersuchungsausschuss. Und auch bei der Unterrichtung von Finanzminister Willi Stächele am Vorabend der Kabinettsentscheidung am 6. Dezember 2010, dem Mann, von dem alles abhing, erwähnte der Mandatsführer angeblich die verfassungsrechtliche Risiken nicht. „Ohne jeden Zweifel", erinnert sich Stächele, habe ihm Schockenhoff versichert, seien die Voraussetzungen einer Notbewilligung gegeben. [208]Auch am nächsten Morgen bei der Information des Kabinetts soll kein Wort über die Risiken gefallen sein.

Nachdem die Entscheidung über die Ausnahmebewilligung am 30. November 2010 getroffen war, war Schockenhoff gegenüber seinen Auftraggebern Mappus und Notheis in den Augen von SPD-Obmann Andreas Stoch nur noch „ein Erfüllungsgehilfe. Mit einer gewissen Ehre hätte er so nicht auftreten dürfen. Er hat sich kaufen lassen".

Im Untersuchungsausschuss verteidigten Mandatsführer Schockenhoff und der Leiter der öffentlich-rechtlichen Abteilung Weidemann ihre Position offensiv, schon um keine Munition für etwaige Schadensersatzansprüchen zu liefern. Schockenhoff erklärte, dass die Entscheidung des Staatsgerichtshofes nach seiner Meinung nicht die ***„einzig begründbare"*** war. Das Votum der Kanzlei sei auch

„begründbar" gewesen.[209] Dass der Staatsgerichtshof später anders entschieden habe, mache die Einschätzung von Gleiss Lutz „nicht im Nachhinein" zu einer ***„falschen Beratung".***[210] Nach dieser Logik wäre selbst das Vertreten einer abwegigen Rechtsmeinung keine Falschberatung, wenn man sie nur mit irgendwelchen Gründen versieht.

Es spricht viel dafür, dass die Rechtsmeinung von Gleiss Lutz bei gewissenhafter Prüfung nicht vertretbar war. Jedenfalls hat sich bisher noch kein unabhängiger Jurist gefunden – also einer, der nicht von der Großkanzlei beauftragt war –, der ihre Meinung vor oder nach dem Urteil des Staatsgerichtshofes geteilt hätte.

Im Untersuchungsausschuss blieb umstritten, ob die Kanzlei Gleiss Lutz über die verfassungsrechtlichen Risiken aufgeklärt hat, und ob Ministerpräsident Mappus bereit war, verfassungsrechtliche Risiken in Kauf zu nehmen. Der Ministerpräsident im Ausschuss: „Hätte ich die Gefahr gesehen, dass die Transaktion gegen die Verfassung verstößt – sei es aus eigenem Empfinden oder durch Beratung Dritter –, wären die Verhandlungen sofort abgebrochen worden".[211] Ebenso Notheis: „Wenn wir keine eindeutige Aussage von dort (Gleiss Lutz) gehabt hätten, hätte der Ministerpräsident, aber auch ich ihm geraten die Verhandlungen abzubrechen". Es hat nicht nur nach „meiner, sondern auch der Erinnerung des gesamten Morgan-Stanley-Teams keine Hinweise" oder „Warnungen" gegeben.[212] Schockenhoff behauptet das Gegenteil: Wir haben „in angemessener Form und ausreichender Form auf die Risiken hingewiesen".[213] Notheis habe im entscheidenden Telefonat ausdrücklich gesagt, dass Mappus „eher bereit" sei, „verfassungsrechtliche Unsicherheiten in Kauf zu nehmen als das Risiko, dass an einen Dritten verkauft wird". Das sei die Geschäftsgrundlage ihres Vorschlages gewesen.

Wie konnte es passieren, dass eine deutsche Top-Kanzlei ihr Renommee so beschädigt und dadurch auch das Vertrauen in den ganzen Berufsstand erschüttert? Wahrscheinlich sind es drei Gründe: die Stellung des Auftraggebers als Ministerpräsident, die langjährige Mandatsbeziehung zum Land Baden-Württemberg und das Honorar in Höhe von 2,6 Millionen Euro. Weil der Mandant es wollte, hat die Kanzlei ihre Unabhängigkeit aufgegeben. Man wollte, wie es Schockenhoff ausdrückte, eine „Erwartungshaltung" erfüllen oder einer „Vorgabe" entsprechen, wie es sein Kollege Christian Cascante im Zusammenhang mit dem ebenfalls notwendigen Kabinettsvorbehalt formulierte, der ebenfalls umgangen wurde: „Vorgabe der Mandantin ist, wir sollen den Deal hinkriegen".[214] Als das auf dem Verhandlungswege nicht klappte, haben wir den Kabinettsvorbehalt durch „praktische Abwicklung" – sprich „zeitliche Stufung" – berücksichtigt, „nicht ausdrücklich als rechtlichen Vorbehalt". Einfacher ausgedrückt: Weil es zu risikoreich erschien, die Einwilligung des Kabinetts vor der Zustimmung des Finanzministers einzuholen, hat man es halt umgekehrt gemacht. Mit dem Bild eines freien und unabhängigen Rechtsanwalts ist ein solch wurstiger Umgang mit dem Recht nicht vereinbar. Es war eine Selbstversklavung gegenüber einem Mandanten. Das bittere Fazit des Münchener Zivilrechtlers Volker Rieble: „Die Anwälte haben ihren Mandanten, das Land Baden-Württemberg, im Stich gelassen".[215] Daraus leitet der SPD-Obmann im Untersuchungsausschuss Andreas

Stoch eine Warnung an alle Großkanzleien ab: Ihnen „sollte klar werden, dass Entscheidungen, die sie möglicherweise aus rein wirtschaftlichen Interessen heraus treffen, sich in Eigentore verwandeln können. Eine Kontrolle durch Politik, Öffentlichkeit und Medien kann immer erfolgen".

Die negativen Folgen von Abhängigkeitsnetzen in Großkanzleien bestätigen einige Aussteiger, die nach zwei oder drei Jahren bei Freshfields und Co in die Justiz, in Ministerien oder in die Verwaltung gewechselt sind. Zu dieser Gruppe gehören Nicole Geffers, Leiterin der Personalabteilung in der Hamburger Justizbehörde, Robert Kohly und Holger Brocke, beide Staatsanwälte beim Kriminalgericht Moabit.

Nicole Geffers war während ihrer Zeit bei Freshfields von der Macht der Mandanten überrascht: „Der Mandant sagt etwas und die Rechtsanwälte springen. Dabei wird häufig ein zeitlicher Druck aufgebaut, der nicht nachvollziehbar ist". Die Devise war, die Wünsche der Mandanten umzusetzen: „Der Mandant möchte ein Ergebnis in seinem Sinne". Dann war man aufgefordert „die Rechtslage in seinem Sinne auszulegen". Dieser Zwang zu „einseitiger Argumentation" verhinderte, dass man „unbefangen an einen Sachverhalt geht". Das hat sie in den zweieinhalb Jahren in der Großkanzlei zunehmend gestört.

Robert Kohly ist zu dem erstaunlichen Schluss gekommen, dass der „Mangel an Selbständigkeit in einer Großkanzlei ausgeprägter ist als bei der Staatsanwaltschaft. Hier redet mir niemand in meine Arbeit rein und meinen Arbeitstag kann ich mir, Gerichtsverhandlungen ausgenommen, völlig frei einteilen". Ähnlich fühlt sein Ermittlerkollege Holger Brocke: Bei der „Staatsanwaltschaft arbeite ich freier und selbstständiger" als bei meiner ehemaligen Kanzlei mit 60 Rechtsvertretern: „Ich habe die Arbeit in der Kanzlei in erster Linie gemacht, weil ich dafür bezahlt wurde. Dabei habe ich mich als eine Art Mietjurist gefühlt". Das Motto war: „Rechtsanwälte sollen Probleme der Mandanten wegschaffen. Der Mandant zahlt". Es kam vor, dass er Gutachten zu verfassen hatte, und als sie fertig waren, sein Boss nur den Kopf schüttelte: „Diese Ergebnis können wir so dem Mandanten nicht mitteilen". Er musste dann eine zweite Fassung anfertigen, die manchmal, das räumt er ein, auch besser war als seine erste.

Völlig unklar ist, wie häufig sich die Machtverhältnisse zwischen Advokaten und Auftraggebern in Großkanzleien so umkehren, dass die anwaltliche Unabhängigkeit aufgehoben wird. Jan Endler, Partner bei der englischen Kanzlei Linklaters, bestreitet Abhängigkeitsverhältnisse zu Mandanten in größerem Umfange: „Aufträge mit klarer juristischer Erwartung sind eher untypisch". Das Taktieren von Gleiss Lutz beim Kauf von EnBW-Anteilen sei einer „Sondersituation" geschuldet gewesen. Viel häufiger komme vor, dass Linklaters „durch die Auslegung unbestimmter Rechtsbegriffe und Risikoabwägungen Handlungsoptionen" aufzeige. Das klingt plausibel. Denn viele Firmen oder die öffentliche Hand haben als Auftraggeber ein größeres Interesse an einer sachegerechten als an einer das Recht verbiegenden Rechtsauskunft. Anderenfalls drohen sie Schiffbruch zu erleiden wie Ex-Ministerpräsident Mappus beim EnBW-Deal.

Auf der untersten Stufe der anwaltlichen Einkommenspyramide ist die Bedrohung der anwaltlichen Unabhängigkeit durch wirtschaftliche Zwänge real.

Nach der Umfrage des Nürnberger Instituts für Freie Berufe verdienten 2010 11 Prozent der selbständigen Anwälte monatlich weniger als 1000 Euro netto und lagen damit nur knapp über Hartz IV-Niveau. Graf von Westphalen: Bei Einkünften nah am Existenzminimum ist die „Korruptionsgrenze" erreicht: „Der Anwalt ist dann von wenigen Mandanten in einem geradezu existenziellen Maße abhängig, die seine Dienste noch in Anspruch nehmen".[216]

Unbehagen bereitet vielen selbständigen Robenträgern auch die große Zahl angestellter Anwälte und freier Mitarbeiter in Kanzleien. Der Berliner Strafverteidiger Stefan König hält es mit dem „Berufsbild vom unabhängigen Kämpfer" „nicht für ohne weiteres kompatibel, dass inzwischen mehr als die Hälfte der Anwälte angestellt oder im Zweitberuf tätig sind".[217] Michael Streck meint, dass der „Dauerangestellte nie Vollanwalt ist".[218] Teilen der Anwaltschaft fällt es erkennbar schwer, sich vom Idealbild des freien und unabhängigen Rechtskämpfers zu verbabschieden. Gesetzgeber, Rechtsprechung und Praxis haben dies längst getan. Danach schließen sich der unabhängige Rechtsanwalt und der Status des angestellten Anwalts nicht gegenseitig aus. Das Diskussionspapier des BRAK-Präsidiums zur Berufsethik weist den Weg zu einer modernen Interpretation des Postulats: Die Unabhängigkeit ist weiter garantiert, wenn sie extern – im Verhältnis zum Mandanten – „gewährleistet" ist, „während das interne Verhältnis zum Arbeitgeber strukturell und funktional differenziert zu betrachten ist".[219] Eine Schlüsselrolle spielt dabei, dass jeder Jurist im Rahmen der Vertragsfreiheit auf seine Unabhängigkeit im Binnenverhältnis verzichten kann – gegenüber dem Inhaber oder den Partner. Es ist der freiwillige Tausch der Front- gegen die Hinterzimmerarbeit.

Bei Anwälten als freien Mitarbeitern bestehen dieselben strukturellen Abhängigkeitsverhältnisse wie bei angestellten Rechtsvertretern, nur in verschärfter Form. Sie sind leichter freizusetzen. Und mit im Durchschnitt niedrigeren Einkommen sind ihre finanziellen und persönlichen Nöte noch drückender. Sie arbeiten in der Regel in Ausbeutungsverhältnissen: Alle steuerrechtlichen, arbeitsrechtlichen und sozialversicherungsrechtlichen Risiken und Lasten liegen beim freien Mitarbeiter. Von seiner Stellung profitiert allein sein Auftraggeber.[220]

Die Unabhängigkeit von Strafverteidigern steht unter besonderem Druck. Sie ist von zwei Seiten bedroht, von wirtschaftlichen Zwängen und den persönlichen Beziehungen zu einzelnen Mandanten oder Milieus. Ein nennenswerter Teil der Verteidiger muss von Pflichtverteidigungen leben, und die erlauben bestenfalls einen bescheidenen Lebensstil – wenn überhaupt. Diese Notlagen nutzen Beschuldigte gern aus, weiß der Berliner Strafverteidiger Stefan König: „Entweder Du nimmst den Brief mit aus dem Knast oder ich suche mir einen anderen Verteidiger. Häufig suchen sich Untersuchungshäftlinge schwache Verteidiger, die sie dann nach einem Kassiberschmuggel wieder entlassen". Nach Königs Erfahrungen lassen sich aber auch „erfahrene, häufig in Moabit anzutreffende und nach äußerem Anschein nicht ‚arme' Kollegen" zu solchen Grenzüberschreitungen hinreißen.

Ähnlichen Zwängen sind selbst erfolgreiche Verteidiger ausgesetzt, wenn ihre Auftraggeber dominante und schwierige Persönlichkeiten sind, wie der Hamburger Millionenerbe Alexander Falk. Er wurde am Ende wegen versuchten

Betruges zu vier Jahren Gefängnis verurteilt. Zeitweise hatte er ein ganzes Heer von Rechtsberatern engagiert. Neben zwei bis drei Prozessanwälten hatte er einen ***Betreuungsanwalt*** angeheuert, der seine Geschäfte inner- und außerhalb der Untersuchungshaftanstalt erledigen musste. Falk hatte in seiner Zelle ein kleines Büro eingerichtet und beschäftigte ihn wie einen Assistenten. Ein abhängig arbeitender Anwalt, der in seinem Auftrag einen Kassiber mit Fluchtplänen aus der Zelle schmuggelte und später aufflog.[221] Die Prozessanwälte agierten in wechselnden Zusammensetzungen, weil Falk schon mal den einen entließ, wenn er nicht spurte, und andere das Mandant aufkündigten, weil sie kein Geld mehr bekamen, seine Launen nicht mehr ertragen konnten oder seine Aufträge nicht mehr erfüllen wollten. Der Vorsitzende Richter im Falk-Verfahren und jetzige Bundesrichter Nikolaus Berger erinnert sich an einen Verteidiger, der ihm sagte: „Ich habe jetzt einen Auftrag von Falk, den Antrag X zu stellen". In den Augen seines Hamburger Richterkollegen Marc Tully hat Falk seine Anwälte nicht „wie Berater, sondern wie Angestellte behandelt". Das haben sich einige aus finanziellen wie PR-Gründen gefallen lassen.

Bei lukrativen Mandaten treibt manchmal auch vorauseilender Gehorsam Verteidiger an. Eine frühere Anwältin und heutige Staatsanwältin erhielt in einer angesehenen Berliner Kanzlei für Wirtschaftsstrafrecht einmal die Anweisung, „sich etwas aus den Fingern zu saugen, um das Fass wieder aufzumachen". Der Mandant, durch ein Betrugsverfahren eine kräftige und lange sprudelnde Geldquelle, hatte nach einem Verkehrsunfall einen Strafbefehl bekommen, der rechtskräftig geworden war, weil er längere Zeit nicht in den Briefkasten geschaut hatte. Einer der Partner forderte sie „wider besseres Wissen" auf, etwas aufzuschreiben, das sicherstellt, dass die Einspruchsfrist nicht abgelaufen war. Ihr Eindruck: „Der Mandant will das, dann macht man es eben. Man will ihm signalisieren, wir regeln alles und wir können es auch".

Neben ökonomischen Zwängen, tatsächlichen wie vermeintlichen, sind es bei Strafverteidigern außerdem persönliche Beziehungen zu Beschuldigten, die in der milderen Form zum Distanzverlust, in der schwereren Variante zu psychischen Abhängigkeiten führen.

Durch die existenzielle Not der Beschuldigten in der Untersuchungshaft, eine lange Betreuung während des Freiheitsentzuges und des Gerichtsverfahrens geht manchmal die gebotene professionelle Distanz zwischen Anwalt und Mandant verloren. Straftäter, ob Hochstapler, Schläger, Mörder, OK-Bosse, verfügen häufig über Charme, Phantasie und Charisma. Ihre Anwälte lassen sich einwickeln: Ein Berliner Linksverteidiger geht mit einem Räuber segeln, den er „sympathisch fand"; eine stadtbekannte Hamburger Kiez-Verteidigerin spielt mit Mandanten nachts Poker; Verteidiger lassen sich statt mit Euro mit Kokain und Bordellbesuchen belohnen. In Verhandlungspausen klopfen Verteidiger Angeklagten auf die Schulter, wie Kumpel auf dem Fußballplatz. In Hamburg hat ein Anwalt eine Dose Bier mit in die Untersuchungshaftanstalt gebracht, die er zusammen mit seinem Mandanten in der Besuchszelle geleert hat.[222]

Am stärksten ist die Abhängigkeit von Strafverteidigern, die bestimmte Kreise und Milieus vertreten. Darin sind sich Anwälte, Staatsanwälte und Richter einig. Zu ihnen gehören ‚Hausanwälte' von Rockergruppen wie den Hells Angels oder den Bandidos. Oberstaatsanwalt Ralph Knispel: „Sie feiern mit, vertreten die Banden in und außerhalb der Haftanstalten und transportieren Infos, Drogen und Kassiber". Im Prozess gegen die sog. Kopfgeldjäger-Bande hat er die Verteidiger als „Marionetten" wahrgenommen. Ein OK-Verfolger am Kriminalgericht Moabit: „In Prozessen mit Tätern mit Geld und Drohpotential tun sich Abgründe auf. Anwälte sollen umsetzen, was die Täter aushecken, von der Prozessmanipulation bis zur Zeugenbeeinflussung". Sein Kollege Frank Michael Heller hat ähnliche Machtverhältnisse zwischen kriminellen Flügeln arabischer Großfamilien und Verteidigern beobachtet: „Arabische Großfamilien betrachten Anwälte als ‚bezahlte Angestellte'": „Die machen, was wir wollen". Er erinnert sich an ein Gespräch mit einem Mitglied eines Clans: Es beschwerte sich bei der Staatsanwaltschaft über Informationsbeschränkungen in der U-Haft. Begründung: „Die sind ohnehin zwecklos, weil die Kommunikation über die Anwälte weiterläuft". Hellers Entgegnung: „Wir verlassen uns darauf, dass sich die Verteidiger rechtstreu verhalten". Darauf höhnisches Lachen seines Gegenüber: „Die Anwälte machen, was wir ihnen sagen". Das ist laut Einschätzung von Insidern kein Maulheldentum, sondern erschreckende Realität.

Die Verteidigung von Mitgliedern kurdischer, palästinensischer und libanesischer Großfamilien ist für einige Anwälte zur unverzichtbaren Einnahmequelle geworden. Essener Anwältin Christiane Theile schätzt, dass 60 bis 70 Prozent ihrer Mandanten aus dem libanesischen und türkischen Kulturkreis kommen. Bei ihrem Duisburger Kollegen Ralf Büscher waren es mal 90 Prozent, heute sind es noch 50 Prozent. Solche Familien greifen gern auf dieselben Anwälte zurück, wenn sie sich bewährt haben. Ein Berliner Clan prahlt mit einer Liste mit Handy-Nummern von zwölf Anwälten, die er jederzeit anrufen könne. Der Hamburger Strafverteidiger Norbert John weiß, warum seine Kollegen in solchen Milieus besonders gefährdet sind: „Fällt er in einem Verfahren in Ungnade, verbreitet sich das wie ein Lauffeuer. Die Mundpropaganda im Knast und in den Familien setzten viele Gerüchte in Umlauf. Wird über einen Anwalt erzählt, dass er mit der Polizei zusammen arbeitet, kann er schnell eine Menge Mandate verlieren". Das heißt: Der Anwalt verliert nicht wie im Normalfall nur ein Mandat, sondern das Vertrauen einer Großfamilie oder sogar das mehrerer Clans mit dem demselben ethnischen Hintergrund.

Im Kielwasser des Bewusstseinswandels vom Organ der Rechtspflege zum Dienstleister ist die anwaltliche Kerntugend Unabhängigkeit erheblich erodiert. Die Abhängigkeit von Auftraggebern ist in der Dienstleistungsgesellschaft gewachsen – mental und finanziell. Die Gutachten zur Loveparade, die Aufgabe der Unabhängigkeit durch Gleiss Lutz beim EnBW-Deal und die drei Aussteiger-Berichte zeigen, dass Großkanzleien den Service-Gedanken eines Dienstleisters verinnerlicht haben. ***Anwälte verwandeln sich in manchen Konsultationsprozessen von unabhängigen Beratern in abhängige Erfüllungsgehilfen.*** Die Grenze, wann eine Rechtsauffassung noch begründbar bzw. vertretbar ist, hat sich in den vergangenen zwei Jahrzehnten zugunsten der Mandanten verschoben. Das hat im Fall Gleiss Lutz dazu geführt, dass Anwälte einer Landesregierung letztlich zu einem Verfassungsbruch geraten haben, dass Kanzleien bei der Loveparade für die Stadt Duisburg und die Polizei Freibriefe ausgestellt haben und sich Strafverteidiger von angeklagten Unternehmensbossen und arabischen Großfamilien wie Angestellte behandeln lassen. In der Advokatur gibt es inzwischen zu viele Rechtvertreter, die sich als Mietjuristen und Rechtssöldner verdingen.

Teilnehmer nicht erreichbar: schlampige Kanzleiführung

Ein Schreiben aus dem Münchener Beschwerdekasten: Ein Mandant hatte einen Rechtsanwalt mit einer Räumungsklage beauftragt.[223] Eigentlich ein 08/15-Job. Als sich in dem Verfahren nichts tat, hakte der Mandant nach. Sein Rechtsberater redete sich damit raus, dass das Amtsgericht Dachau „überlastet, teilweise auch unfähig" sei. Eine Täuschung, wie er später durch eigene Recherchen bei Gericht herausfand. In Wirklichkeit hatte sein Anwalt den Stillstand zu verantworten. Er hatte die Gerichtskosten nicht weitergeleitet und eine Frist zur Stellungnahme versäumt. Ohne eigenes beharrliches Nachbohren beim Gericht wäre seine Klage, mutmaßt der Mandant, wohl beim bereits anberaumten Termin abgewiesen worden. Überdies sei ihm durch die Untätigkeit seines Rechtsanwalts „erheblicher finanzieller Schaden entstanden". Der Beschwerdeführer war Opfer einer hin und wieder vorkommenden doppelten Berufspflichtverletzung geworden: der Anwalt hatte den Fall nicht bearbeitet und war, um das zu vertuschen, für den Mandanten dann nicht erreichbar.

Diese Mischung aus Schlampigkeit, Informationsverweigerung, Bockigkeit und Unehrlichkeit ist sicher ein Extrem-, aber kein Einzelfall. Die Pflicht, den Beruf „gewissenhaft" (Bundesrechtsanwaltsordnung) auszuüben, wird in relevanten Teilen des Berufsstandes immer wieder verletzt. Beschwerden von Mandanten über Untätigkeit und schleppende Mandatsbearbeitung, unbeantwortete Nachfragen und fehlende Informationen über den Stand des Verfahrens, keine Rückgabe von Unterlagen und ordnungsgemäße Weiterleitung von Fremdgeldern, keine telefonische Erreichbarkeit und unbeantwortete Briefe beschäftigen Rechtsanwaltskammern und Anwaltsgerichte regelmäßig.[224] Nach einer Statistik der Münchener Kammer über schlüssige Beschwerden 2011 und 2012 war die Untätigkeit des Anwalts in beiden Jahren der häufigste Beschwerdegrund: 20 Prozent bzw. 22 Prozent der 408 bzw. 327 Beschwerden. In den beiden Jahren betrafen jeweils vier bis fünf Prozent der Eingaben die Nichtherausgabe von Unterlagen und nicht zurückgesandte Empfangsbekenntnisse. Alle diese Beschwerden haben einen gemeinsamen Nenner: Sie rügen die Unzuverlässigkeit der Robenträger. Addiert man sie, haben 2011 29 Prozent und 2012 30 Prozent der Beschwerden Verletzungen dieser Berufspflicht beanstandet. Noch höher schätzt der Präsident der Rechtsanwaltskammer Mecklenburg-Vorpommern Axel Schöwe die Häufigkeit der Beschwerden wegen Unzuverlässigkeit: zwischen 30 und 40 Prozent. Für ihn gehören verspätete Unterrichtung von Mandanten und nicht weitergeleitete Schreiben zu den typischen Fehlentwicklungen der jüngsten Vergangenheit. Auch die Rechtsanwaltskammer Berlin berichtet immer wieder von „berechtigten Beschwerden", dass Mandanten „nicht unverzüglich über alle wesentlichen Vorgänge informiert wurden", dass verspätet oder gar nicht abgerechnet oder Fremdgeld nicht weitergeleitet wurde.[225] Damit ist der anwaltliche Alltag weit entfernt vom Tugendkatalog, den das Bundesverfassungsgericht für den Anwaltsberuf aufgestellt hat: „unverzichtbare Werte" sind nach ihm „Integrität", „Kompetenz", „Gradlinigkeit" und „Zuverlässigkeit".[226]

Viele Mandanten verzweifeln, wenn sie realisieren, dass sich ihre Rechtsvertreter als unberechenbare Kantonisten entpuppen. Manchmal stehen nur Bagatellen auf dem Spiel, manchmal aber auch existenzielle Fragen wie Schadensersatz nach schweren Autounfällen oder die Existenz von Kleinunternehmen, denen die Pleite droht. Ein zweites Schreiben aus dem Münchener Kummerkasten:

Nach einem Unfall mit einem Totalschaden hatte der Fahrer einen Anwalt gebeten, seine Frau, seinen Sohn und sich zu vertreten.[227] Die Allianz hatte nach Ansicht des Fahrers den Schaden nur „unvollständig" reguliert, unter anderem kein Schmerzensgeld für Frau und Sohn bezahlt. Nach der Mandatierung hatte das Unfallopfer seinen Rechtsvertreter nur noch einmal telefonisch erreicht. In dem Gespräch hatte dieser angekündigt, mit der Allianz nicht „mehr in Güte" zu verhandeln, sondern sie zu verklagen. Die Klage, kündigte er an, würde er spätestens in zwei Wochen im Briefkasten finden. Ein leeres Versprechen, wie sich bald herausstellte. Danach war er für den Mandanten nicht mehr erreichbar. Das FAX-Gerät war abgestellt, Botschaften auf dem Anrufbeantworter blieben ohne Reaktion und Briefe ohne Antwort. Seine Beschwerde an die Anwaltskammer München klang wie ein Hilferuf: „Ich kann mir dieses Verhalten nicht erklären und bin besorgt. Nehmen Sie bitte Kontakt mit Herrn Rechtsanwalt auf und teilen Sie mir baldmöglichst mit, wie der Sachstand in meinem Verfahren ist und warum ich nichts mehr von ihm höre".

Wie kommt es, das relativ viele Advokaten Mandate übernehmen, sie dann aber nicht ordnungsgemäß bearbeiten? Erklärungsversuche für ein letztlich unverständliches Phänomen: Überschätzung der eigenen Arbeitskapazitäten, Mandate, die sich als schwieriger herausstellen als angenommen und wenig Profit versprechen, die verbreitete Scheu, Mandate abzulehnen und eine mangelnde Ehrlichkeit, Mandate zurückzugeben. Viele Anwälte melden in regelmäßigen Abständen Land unter, weil Fristen ablaufen oder neue Fälle geplante Arbeitsläufe durcheinander bringen. Daneben gibt es aber auch viele, die einfach schlecht organisiert sind oder in Punkto Zuverlässigkeit und Gradlinigkeit erhebliche Charakterschwächen aufweisen. Der Berliner Anwalt Benedikt Bräutigam, Partner einer angesehenen Wirtschaftsboutique, beschreibt die Untätigkeit bei Kollegen und sich selbst in bestimmten Fällen als „Anwaltskrankheit": „Zuerst ist man bei einem Fall Feuer und Flamme und merkt erst später, wie schwierig er ist. Jeder Anwalt hat Akten auf dem Tisch, mit denen er nicht klarkommt und zu denen ihm keine Lösung einfällt. Die Akte schiebt er dann von links nach rechts und wieder zurück. Dann kommt der Augenblick, wo man keine Lust mehr hat, oder das Problem nicht zu lösen ist". Auch sein Kollege Ulrich Jung-Lindemann kennt das Phänomen. Wenn er einen Fall nicht in den Griff bekommt, oder er einen Mandanten nicht mag (weil er ihn angelogen hat), gibt er den Fall innerhalb der Kanzlei ab.

Untätigkeit, weil ein Anwalt einen Fall juristisch nicht bewältigt, ist eine plausible Erklärung. Rätselhaft bleibt hingegen, warum einfache Berufspflichten nicht erfüllt werden, wie das Nichtbeantworten von Kammeranfragen.

Nach den Jahresberichten 2010 und 2011 hat die Düsseldorfer Rechtsanwaltskammer in den vorausgegangenen Jahren 89 bzw. 112 Beschwerden zu diesem Thema an die Generalsstaatsanwaltschaft abgegeben – „in der überwiegenden Zahl der Fälle allerdings nicht wegen ihrer besonderen Bedeutung bzw. Höhe der zu erwartenden Strafe, sondern schlicht deshalb", weil Anwälte auch nach mehrmaliger Aufforderung und Ausschöpfung aller der Kammer zur Verfügung stehenden Zwangsmittel (Androhung und Festsetzung von Zwangsgeld) den Bitten um Stellungnahmen „nicht nachgekommen" sind.[228]

Eine besonders harte Nuss hatte einmal die Rechtsanwaltskammer Mecklenburg-Vorpommern zu knacken. Ein Anwalt weigerte sich über ein halbes Dutzend Mal, Aufforderungen zur Stellungnahme nachzukommen. Am Ende summierten sich die Zwangsgelder auf 15 000 Euro, die er schließlich auch bezahlte. Wie dumm und dickköpfig muss ein Anwalt sein, um sich so querzulegen? Was bedeutet für diesen Anwalt der Begriff Rechtstreue? Warum begreift er erst nach Zahlung von 15 000 Euro, dass er den Konflikt mit der Anwaltskammer nie gewinnen konnte? Man kann nur hoffen, dass er seine Mandanten besser berät als sich selbst.

Das Berufsrecht verlangt von Anwälten im Arbeitsalltag eine „erhöhte Zuverlässigkeit": „Anwälte sollen seriöser sein als normale Gewerbetreibende", fordert der Hautgeschäftsführer der Hamburger Kammer Harmut Scharmer. Diesem Maßstab genügt ein Teil der Anwaltschaft nicht mehr. Im Gegenteil: Viele Gewerbetreibende agieren heute, um am Markt zu überleben, seriöser als der beschriebene Teil der Anwaltschaft – mit Ausnahme von Handwerkern.

„Verbale Inkontinenz": Abschied vom sprachlichen Anstand

Philipp Leydecker, Hamburger Fachanwalt für Arbeitsrecht, war von seinem Kollegen Hans Dieter Klumpe schon einiges gewohnt. In einem Rechtsstreit über eine fristlose Kündigung schoss der von Beginn an aus allen Rohren: Leydeckers Fristsetzung sei „ungehörig", er begehe „wiederholt" „eklatante Denkfehler", er reagiere „erneut völlig hilflos, seinen eigenen „eindeutigen und überzeugenden Argumenten … auch nur annähernd vernünftige Einlassungen entgegenzusetzen". Anfangs überging Leydecker diese Verbalattacken mit Nichtachtung. Als Klumpe ihm dann noch „bewusste Täuschung" vorwarf, reagierte er – freilich mit hanseatischer Zurückhaltung. Im nächsten Schriftsatz forderte Leydecker ihn auf, „seine Sprache" zu „mäßigen" und erinnerte ihn an das Sachlichkeitsgebot der Bundesrechtsanwaltsordnung.

Die rhetorischen Ausreißer von Anwalt Klumpe sind kein Einzelfall. In der Anwaltschaft besteht ein breiter Konsens darüber, dass viele Anwälte in den letzten Jahren mündlich wie schriftlich die Grenzen des sprachlichen Anstandes immer häufiger überschreiten – bis hin zur Beleidigung. Umständlich, aber in der Sache treffend der Münchener Kammerpräsident Hansjörg Staehle: „Die Grenzen des berufsrechtlichen Sachlichkeitsgebots haben sich in Richtung auf eine kaum noch regulierte Freiheit der Wortwahl verschoben".[229] Er beobachtet einen „vergröberten und verschärften Umgangston". Der Strafverteidiger Alexander Ignor spricht von einem „rüden Ton", Ulrich Jung-Lindemann von einer „unglaublichen Aggressivität in Schriftsätzen". Wenn sich Anwälte gegenseitg Ausdrücke wie „verbale Inkontinenz" oder „maligne Gonnorhoe" an den Kopf werfen, drängt sich für Hansjörg Staehle die Frage auf, ob es gut ist, wenn Anwälte sich aufführen wie Dieter Bohlen, wenn er bei „Deutschland sucht den Superstar" einen Kandidaten niedermacht. Auch eine berufsrechtlich nicht sanktionierte Ungezogenheit bleibt für ihn eine Ungezogenheit.[230] Chapeau: Ein Kammerpräsident, der einige seiner Kollegen in die Nähe von Dieter Bohlen rückt.

Eine Ursache für diese Fehlentwicklung sehen der Freiburger Kammerpräsident Michael Krenzler und sein Münchener Kollege Staehle in der Rechtsprechung des Bundesverfassungsgerichts. Für Staehle hat sie „Freiräume" geschaffen, die von „Kollegen bisweilen in unerfreulicher, berufsethisch fragwürdiger Weise ausgenutzt werden". Krenzler hält dem für das anwaltliche Berufsrecht zuständigen Verfassungsrichter Reinhard Gaier vor: „Sie dürfen sich nicht wundern, dass sie die Anwaltschaft bekommen haben, die sie selbst heraufgeschrieben haben".

In der Tat hat das höchste deutsche Gericht die Grenzen für die anwaltliche Meinungsfreiheit weit gesteckt, als es „Wort und Schrift" zu den wichtigsten „Berufswaffen" erklärte (was offenbar einige Rechtvertreter wörtlich nehmen).[231] Selbst „herabsetzende Äußerungen" sind für die Karlsruher Richter noch kein Anlass für berufsrechtliches Eingreifen, wenn nicht besondere Umstände hinzutreten: nach „Form und Inhalt strafbare Beleidigungen", „bewusste Unwahrheiten" oder „Herabsetzungen" „neben der Sache". Der Kernsatz: „Nach allgemeiner Auffassung" darf der Rechtsanwalt „im ‚Kampf ums Recht' auch starke, eindringliche Ausdrücke und sinnfällige Schlagworte benutzen, ferner Urteilsschelte üben oder ‚ad personam' argumentieren, um beispielsweise eine Voreingenommenheit eines Richters oder die Sachkunde eines Sachverständigen zu kritisieren".[232] Mitentscheidend für die Ausweitung der anwaltlichen Meinungsfreiheit war außerdem, dass es weder den Kammern noch der Rechtsprechung gelungen war, „nachvollziehbare Kriterien zur Abgrenzung von sachlichem und unsachlichem Verhalten zu entwickeln: „Trotz einer nun 100 Jahre währenden Auslegungstradition kann das Sachlichkeitsgebot" nicht auf einen „unstreitigen" „Kern beschränkt werden".[233] Das ist ohne Zweifel richtig und gilt noch heute.

Außerdem gehören viele Advokaten zu jener Spezies Mensch, die gern austeilen, aber ungern einstecken. Deshalb ist der verbale ‚Kampf ums Recht' ein Dauerthema bei Kammern, Anwaltsgerichten und Gerichten geblieben, wie ein Hilferuf der Beschwerdeabteilung I der Anwaltskammer Berlin zeigt. Er gestattet einen tiefen Einblick in die Innenwelt der Anwaltschaft: Wir möchten gern an Sie appellieren, „sich bei berufsrechtlichen Auseinandersetzungen, die rein persönlicher Art sind, untereinander zu einigen und nicht sofort den Vorstand anzurufen. Es gibt nichts Enervierenderes, als darüber zu diskutieren, ob eine bestimmte Formulierung ... einen Verstoß gegen das Sachlichkeitsgebot darstellt oder nicht. Wir möchten nicht zensieren und haben dazu auch keine besseren Erkenntnisse als sie alle. Andererseits ersetzen verletzende oder ehrenrührige Worte ohnehin kein Argument".[234]

Die verbalen Rundumschläge von Rechtsvertretern richten sich gegen alle: gegnerische Parteien, Behörden, Staatsanwälte und, bevorzugt, gegen Kollegen.

Den Anwälten Jung-Lindemann und Staehle ist dieselbe Veränderung aufgefallen: Früher sagte ein Anwalt der gegnerischen Partei, dass ihre Aussage „unrichtig" sei oder er erinnerte sie höflich „an die Wahrheitspflicht" , heute sagt man ihr ins Gesicht, dass „sie lügt".

Ein Stück aus dem Tollhaus leistete sich ein Nürnberger Anwalt. Dem Mann eines klagenden Ehepaars sagte er nach, dass „Lug und Trug" ein ihn prägendes „Charaktermal" zu sein scheint, seiner Frau, dass sie die Bürgin „dreist" angelogen habe.[235] Im berufsrechtlichen Verfahren verteidigte er sich damit, dass diese Anschuldigungen von der „Meinungsfreiheit eines Rechtsanwalts gedeckt" seien, weil der „deutliche Worte" gebrauchen dürfe. Anscheinend war dem Advokaten sein rechtliches Judiz abhanden können: Er konnte nicht mehr zwischen Beleidigung und klarer Sprache unterscheiden. Die Sanktion des Anwaltsgerichtshofes war lächerlich: ein Verweis und eine Geldbuße in Höhe von 500 Euro.

Auch untereinander schonen sich die Anwälte nicht. Im Gegenteil. Mit dem Satz „Sind sie noch bei Sinnen?", begann ein Brief eines Anwaltes an einen Kollegen, cin anderer kommentierte einen Schriftsatz eines Kollegen handschriftlich mit der Frage „Haben Sie eigentlich einen Knall?" und schickt ihn zurück.[236] Ein Dritter schmähte eine Kanzlei, bei der unklar war, ob es sich um eine Sozietät oder eine Kooperation handelt, als „Winkeladvokatur".[237] All drei Anwälte wurden gerügt. Ungerügt blieb dagegen ein Anwalt, der den Wortschwall eines Kollegen als „verbale Inkontinenz" geißelte. Dieser ungewöhnliche Ausfall zeugte immerhin von rethorischer Phantasie.[238]

Auch der langjährige Düsseldorfer Anwaltsrichter Klaus Steffen fand immer wieder Fälle auf seinem Tisch, in denen sich Anwälte nicht nur im Ton vergriffen hatten. Er ärgerte sich zum Beispiel über einen Rechtsvertreter, der einer Kollegin vorwarf, „fachlich und charakterlich unterbelichtet" zu sein und einen Kollegen, der seinem Gegner – ohne Anhaltspunkt in den Akten – unterstellte, „mit Taschenspielertricks das Gericht zu täuschen".

Auch Behörden wischen Anwälte gern mal eins aus – hin und wieder unter der Gürtellinie. So warf ein Rechtskundler in einer Sitzungspause eines Verwaltungsgerichtsprozesse einem Beamten vor, dass Leute wie er „Schuld daran seien, dass Kinder sterben und tot in Kühltruhen gefunden werden". In einem Streit über die Höhe von Gebühren beschuldigte ein Advokat einen Gerichtsvollzieher, „rechtsirrige" und „haltlose Ansichten" zu vertreten und die nächste Überprüfung einer Forderung doch bitte „denen zu überlassen, die über die gebotene Sachkunde verfügen. Da die Besoldungsgruppe 8 nicht einmal Abitur voraussetzt, könnten Ihre Äußerungen als Anmaßungen verstanden werden". [239]

Starker Tobak, der aber ohne Sanktion blieb. Der Niedersächsische Anwaltsgerichtshof unter Berufung auf das Bundesverfassungsgericht: „Wollte man eine berufsrechtliche Ahndung im Vorfeld der strafbaren Beleidigung zulassen, so wären die Abgrenzungsprobleme unbeherrschbar und es bestünde die Gefahr einer grundrechtswidrigen ‚Geschmackskontrolle'".[240] Das ist richtig – mit weitreichenden Folgen für die Kultur des professionellen Streits.

Bevorzugte Ziele von „verbalen Entgleisungen" und „niveaulosen Verbalattacken" sind nach Kleine-Cosack Staatsanwälte und Richter.[241] Da bezeichnet ein Anwalt die Anklage einer Staatsanwaltschaft als „Konstrukt" und „Ausdruck eines institutionalisierten Rassismus in der BRD".[242] Beliebt sind Vorwürfe mangelder Rechtskenntnisse und Rechtsbeugung. Beispiele: Die Richter „beugten durch materiell sachwidrigste Vorgehensweise das Recht zu Lasten der Antragstellerin".[243] Oder: „Für einen geistig gesunden, bei voller Vernunft befindlichen Prozessbeteiligten muss hier zwangsläufig der Eindruck von Komplizenschaft entstehen ... Die Argumentation ... des Vorsitzenden Richters ... erinnert mich an einen auf frischer Tat ertappten Dieb eines Silberlöffels, der diesen noch in der Hosentasche hat und trotzdem abstreitet. Peinlich, peinlich".[244]

Die erweiterte anwaltliche Meinungsfreiheit ist unumkehrbar und im Grundsatz segensreich. Sie hinterlässt der Anwaltschaft aber zwei drängende Fragen: Was sind die Ursachen für den Verfall der Sprachkultur? Und gibt es einen Weg, ihn aufzuhalten oder sogar umzukehren?

Über die Ursachen kann man nur spekulieren. Für die Journalistin und Rechtsanwältin Katja Wilke hat die ungezügelte verbale Aggressivität die Qualität einer „Berufskrankheit" angenommen.[245] Der Münchener Kammerpräsident Hansjörg Staehle verortet die Wurzeln der rhetorischen Schau- und Machtkämpfe in größeren gesellschaftlichen Veränderungen: „Der Ton in der Gesellschaft ist roher geworden, nicht zuletzt durch die Talkshows im Fernsehen. Es gibt Druck von den Mandanten, die fordern wie im Fernsehen auf die Pauke zu hauen. Und dann schaukeln sich Konflikte schnell hoch". Einen anderen Akzent bei der Analyse setzt Rechtsanwalt Ulrich Jung-Lindemann: „Anwälte streiten von Berufs wegen. Wer dauernd streitet, kann nicht immer sachlich bleiben. Anwälte sind konfliktfähig geworden ohne Konflikttraining". Wahrscheinlich spielen alle diese Faktoren eine Rolle, ergänzt um die Lust am verbalten Schlagabtausch, Hahnenkampf-Attitüden, Machtdemonstrationen, Claim-Abstecken und verbale Kompensation für schlechte juristische Argumente.

Der in Teilen der Anwaltschaft verantwortungslose Umgang mit Sprache war Kammerpräsidenten wie Michael Krenzler und Hansjörg Staehle ein Anlass für die Forderung, die „Kluft zwischen anwaltlichen Dürfen und Sollen" durch „ethische Leitlinien" zu schließen – „ohne Normqualität, aber mit Appellcharakter".[246] Es ist sicher kein Zufall, dass das Diskussionspapier des BRAK-Präsidiums zur Berufsethik das Sachlichkeitsgebot „im Lichte der Meinungs- und Berufsausübungsfreiheit" als „besonders anfälligen Grundwert" hervorhebt: „Herabsetzende persönliche Angriffe tragen nichts zur Rechtsfindung und nichts zur Förderung der Mandanteninteressen bei".[247]

Die bittere Erkenntnis ist: In keinem anderen Beruf ist die Sprache so verludert wie in der Anwaltschaft. Was sich eine große Zahl von Rechtsvertretern an Stil- und Geschmacklosigkeiten leistet, findet man weder in der Wirtschaft noch in der Verwaltung, weder in der Wissenschaft noch in Verbänden.

Überrumpelungsversuche: Umgehung des gegnerischen Anwaltes

Rechtsanwalt W ist ein hartnäckiger Schlawiner. In einem Räumungsrechtsstreit nach Kündigung einer Gewerbeimmobilie, in dem er den rausgeworfenen Mieter vertrat, wandte er sich nicht an den gegnerischen Anwalt, sondern direkt an dessen Mandanten, mal brieflich, mal schriftlich.[248] In einem ersten Brief bot er dem Vermieterehepaar „ein privates, persönliches Gespräch an, um eine familiengerechte Lösung zu finden, ohne dass irgendjemand benachteiligt wird". Natürlich berichtete das Ehepaar ihrem Anwalt A von diesem Kontaktversuch. Der forderte W auf, künftig allein mit ihm zu korrespondieren und sich auf juristische Ausführungen zu beschränken.

Nach der anwaltlichen Berufsordnung ist es Rechtsvertretern untersagt, Verbindung zu Mandanten der Gegenseite ohne Zustimmung ihres Anwaltes aufzunehmen. Diese Vorschrift will Parteien vor Überrumpelungen, der Abgabe rechtlich negativer Erklärungen und dadurch das bestehende Mandatsverhältnis schützen.[249] Obwohl der Sinn und Zweck dieser Bestimmung selbst Laien auf den ersten Blick einleuchtet, missachtete Anwalt W in diesem Rechtsstreit sie beharrlich. Während er beim Gericht wegen Arbeitsüberlastung um Fristverlängerung für Schriftsätze bat, startete er beim Ehepaar einen zweiten Gesprächsversuch, wiederum vergeblich. Anwalt A drohte seinem Kollegen, notfalls die Rechtsanwaltskammer einzuschalten, wenn er seine Mandanten weiter bedränge. Der ließ sich doch nicht schrecken und tauchte unangemeldet in der Wohnung des Ehepaares auf. Diesen Vorstoß rechtfertigte er damit, dass sein Vorschlag zu einem persönlichen Gespräch von dem Ehepaar in einem Telefonat positiv aufgenommen worden sei, was dies jedoch bestritt. Anwalt A war verärgert und beschwerte sich bei der Anwaltskammer München.

Mit großer Sorge beobachten einige Anwaltskammern – zum Beispiel in Mecklenburg-Vorpommern, Düsseldorf und Hamm –, dass die Geltungskraft des Umgehungsverbots in den letzten Jahren schwächer wird.[250] Die Beschwerden nehmen zu. Der Vorsitzende der Rechtsanwaltskammer Mecklenburg-Vorpommern Axel Schöwe kann das Phänomen „eigentlich nicht erklären". In der Rechtsanwaltskammer Düsseldorf sorgt „die immer wieder beklagte Umgehung des Gegenanwalts" „für ständigen Ärger" – wie es in den Jahresberichten 2010 und 2011 heißt.[251] Hierbei gehe es nicht nur um „schlechten Stil" im Umgang der Kollegen untereinander, „sondern auch und vor allem um die Gefahr einer Überrumpelung der Gegenpartei, die sich eigentlich durch ihren eigenen Anwalt gut vertreten und geschützt fühlt". Der Düsseldorfer Kammervorstand behandelt diese Verstöße daher auch nicht als ‚lässliche Sünden', sondern verhängt in der

Regel Rügen. In schweren Fällen werden solche Berufspflichtverletzungen sogar an die Generalstaatsanwaltschaft abgegeben. Das tut die Berliner Kammer sogar „in der Regel", weil sie die Verletzung des Umgehungsverbots als „schwerwiegende Pflichtverletzung" begreift.[252] Bei der Münchener Kammer wurden 2009 und 2010 jeweils 10 Prozent aller Beschwerden wegen eines Verstoßes gegen das Umgehungsverbot eingelegt. Die Schweriner Aufseher beobachten seit 2006 sogar einen Schwerpunkt bei Eingaben wegen Verstoßes gegen das Umgehungsverbot. „Das Umgehungsverbot löst sich im Bereich der Transaktionen auf, ohne dass die Leute gleich ausflippen", berichtet Ulf Renzenbrink aus seiner Hamburger Boutique für Gesellschafts- und Immobilienrecht.

Ein Fall aus einer oberen Etage der Anwaltspyramide: Hubert Nienhoff, Partner beim weltweit agierenden Architekturbüro Gerkan, Marg und Partner (gmp) erhielt am 3. November 2012 überraschend einen Anruf von Rechtsanwalt Klaus Eschenbruch. Er arbeitete für die Berliner Kanzlei Kapellmann & Partner. Die hatte im Auftrag der Flughafengesellschaft das Büro gmp als letzten verbliebenen Partner der Planungsgemeinschaft pg bbi im Mai 2012 wegen des Schönefeld-Desasters fristlos gekündigt und Schadensersatzansprüche in Höhe von mindestens 30 Millionen Euro angemeldet. Ziel des Anrufes: gmp in das Projekt Großflughafen zurückzuholen, eine Eskalation des Streits in der Öffentlichkeit zu vermeiden und angeblich weiteren Schaden vom Architektenbüro abzuwenden. Die Flughafengesellschaft wolle sich mit dem Versicherungsschutz von gmp in Höhe von 20 Millionen Euro zufriedengeben. Nienhoff könne über diese Offerte mit seinen Anwälten reden, aber natürlich nicht mit jenen, die für die Versicherung tätig seien. Ein dreister wie kurzsichtiger Übertölpelungsversuch, der scheiterte. Nienhoff rief sofort seinen Kölner Anwalt Markus Vogelheim an und berichtete über die direkte Kontaktaufnahme hinter dessen Rücken. Vogelheim beschwerte sich am nächsten Morgen verärgert bei Eschenbruch über seine berufsrechtswidrige Extratour. Sie vereinbarten einen ordentlichen Termin, der jedoch ausging wie das Hornberger Schießen.

Fliegt ein Verstoß gegen das Umgehungsverbot auf, versuchen sich die Ertappten mit allen möglichen Ausreden und Argumenten zu wehren: Sie hätten nicht gewusst, dass die Gegenpartei anwaltlich vertreten sei, oder die Gefahr habe bestanden, ohne schnelles Handeln Geld zu verlieren. Das ist erstaunlich, da dieses Verbot für Hartmut Scharmer, Geschäftsführer der Hamburger Rechtsanwaltskammer, zum „anwaltlichen Bewusstsein" gehört.

Ziel aller Versuche, den gegnerischen Anwalt zu hintergehen, ist, Interessen der eigenen Mandanten wahrzunehmen. Typisch ein Rechtsvertreter, der insgesamt vier Briefe an die gegnerische Partei direkt schickte, um Forderungen aus einer Unternehmensbeteiligung abzuwehren.[253] Ihren Rechtsvertreter überging er, weil er meinte, dass der nicht antwortet oder mauert. Dieses Motiv überzeugte den Anwaltsgerichtshof von Nordrhein-Westfalen nicht: „Er muss den … vorgesehenen Weg einhalten".[254] Das versäumte nach Ansicht des Bayerischen Anwaltsgerichtshofes auch ein Anwalt, der eine fristlose Kündigung von Räumen nur vertretungsberechtigten Vorstandmitgliedern zustellte, nicht aber zeitgleich der Anwältin des Vereins.[255]

Für die Mehrheit der Advokaten ist der direkte Kontakt zur gegnerischen Partei immer noch ein Tabu. In relevanten Teilen der Anwaltschaft haben die Hemmungen vor direkten Kontaktaufnahmen jedoch abgenommen – im Zuge schwindender Fairness und Kollegialität im Konkurrenzkampf. Die Ursachen scheinen vielfältig zu sein: Druck des eigenen Mandanten, die Taktik, die Gegenseite in Bedrängnis zu bringen, Unkenntnis, dass die Gegenseite anwaltlich vertreten ist, und schließlich Nachlässigkeit. Axel Schöwe, Präsident der Anwaltskammer Mecklenburg-Vorpommern, glaubt an all diese Ausreden und Ausflüchte nicht. Für ihn steht im Vordergrund der Wille der „Anwälte, ihr Ziel zu erreichen": „Wenn sie es nicht bei ihrem Kollegen schaffen, versuchen sie es halt bei ihren Mandanten. Es ist Spaß am Gewinnen".

Kein Kavaliersdelikt: verdrängte Interessenkonflikte

Der Wortlaut der Vorschrift in der Bundesrechtsanwaltsordnung scheint klar und sollte bei der Auslegung eigentlich keine Probleme bereiten: „Der Rechtsanwalt darf keine widerstreitenden Interessen vertreten". Dieser Schein trügt jedoch. Im anwaltlichen Berufsrecht gibt es kaum eine Vorschrift, die zusammen mit ihren Konkretisierungen in der Berufsordnung und im Strafgesetzbuch (Parteiverrat) die Anwälte in der Praxis so verunsichert und ihnen Sorgen bereitet.[256]

Im Regelfall lösen Rechtsvertreter ihre berufsrechtlichen Probleme mit Hilfe von Kommentaren und juristischen Datenbanken selbst. Auf diese Hilfsmittel vertrauen viele nicht, wenn sie bei der Übernahme von Mandaten Interessenkollisionen befürchten. Dann nutzen sie gern ihre Kammern als Rechtsauskunftstellen. Bei der Rechtsanwaltskammer Düsseldorf führen solche Erkundigungen jedes Jahr die ‚Hitliste' eingehender Anfragen an. Nach Schätzungen hat es dort 2011 knapp 170 Anfragen zu Interessenkonflikten und Beschwerden gegeben, also gut drei pro Woche. Bei der Hamburger Kammer geht man von wöchentlich zwei Anfragen aus. Was ist der Hintergrund dieser zahllosen Bitten um Aufklärung? Eine häufig unklare Rechtslage und die Tatsache, dass „nicht erkannte, nicht beachtete oder bewusst in Kauf genommene Interessenkollisionen" gravierende rechtliche Folgen nach sich ziehen können.[257] Bei Interessenkonflikten drohen im Berufsrecht Rügen oder Geldbußen und im Strafrecht Geldstrafen wegen Parteiverrat. Obendrein muss ein Anwalt, wenn ertappt, alle Mandate niederlegen. Und er darf, wenn er den Interessenwiderstreit mit verursacht hat, einen Teil der bereits angefallenen Gebühren nicht mehr kassieren. Um diese Kosten- und Strafbarkeitsrisiken zu minimieren, haben viele Advokaten das Bedürfnis, sich bei der Kammer abzusichern. Die können zwar keine rechtlichen Blankoschecks ausstellen. Aber wenn sich Kammerexperten bei ihrer Beurteilung der Rechtslage geirrt haben, was durchaus vorkommt, muss der Anwalt in einem Strafverfahren wegen Parteiverrats nicht mit einer Verurteilung rechnen, weil sein Handeln nicht vorwerfbar ist.

Das Verbot der Vertretung widerstreitender Interessen gehört neben der Unabhängigkeit und der Verschwiegenheitspflicht zu den anwaltlichen Kerntugenden. Nach der Rechtsprechung des Bundesgerichtshofes soll es das „Vertrauensverhältnis von Rechtsanwalt und Mandant", die „Unabhängigkeit des Rechtsanwalts" und die „im Interesse der Rechtspflege gebotene Gradlinigkeit der anwaltlichen Berufsausübung" sichern.[258] Die zahlreichen Kammeranfragen deuten darauf hin, dass die Gefahrenzone Interessenkollision fest im anwaltlichen Bewusstsein verankert ist. Jedoch anscheinend nicht bei allen. Eine starke Minderheit verletzt diese Kerntugend hin und wieder, was gegnerische Anwälte dann zum Anlass nehmen, sich bei den Kammern zu beschweren. Nach der Münchener Statistik über schlüssige Beschwerden wurden 2011 und 2012 jeweils 11 Prozent mit einer unzulässigen Interessenkollision begründet. Die Ursachen sind unklar.

Es gibt ein paar Fallkonstellationen, in denen die Fragen nach Interessenkollision regelmäßig auftauchen: bei einvernehmlichen Scheidungen die Vertretung beider Ehepartner durch einen Anwalt; bei der gleichzeitigen Vertretung eines Elternteils bei einer Scheidung und Unterhaltsansprüchen für minderjährige wie volljährige Kinder; bei der gemeinsamen Vertretung von Fahrer und verletztem Beifahrer nach einem Autounfall; bei der Beratung mehrerer Parteien bei einem Vertragsanschluss und mehrerer Miterben nach einem Todesfall.[259] Bei Lösung dieser Konflikte gilt der juristische Allgemeinplatz „jeder Fall ist anders" in besonderem Maße.

Die bisher einzige Umfrage zu diesem Thema kommt zu dem Ergebnis, dass Anwälte in den letzten drei Jahren im Durchschnitt fünf Mandate wegen einer Interessenkollision abgelehnt haben.[260] Bei 17 Prozent der Rechtsvertreter waren solche Konflikte gar nicht aufgetaucht, bei 27 Prozent zweimal, bei 32 Prozent drei bis fünfmal und bei 23 mehr als fünfmal. Aus diesen Zahlen folgert Matthias Kilian mit gebotener Vorsicht, dass die Ablehnung von Mandaten wegen Interessenkollisionen „in der beruflichen Praxis eine nicht zu vernachlässigende Rolle" spielen.[261] Advokaten in einem kleinstädtisch geprägten Umfeld sind deutlich häufiger gezwungen, Mandate abzulehnen oder niederzulegen als ihre Kollegen in Großstädten.

Nach der Umfrage sind Interessenkonflikte, etwas überraschend, kein „Großkanzleiproblem". Das mag an zwei Gründen liegen. International agierende Großkanzleien haben ein scharfes Konfliktmanagement aufgebaut, das sowohl rechtliche als auch wirtschaftliche Interessenkollisionen vermeiden soll. Zum anderen gelingt es Großkanzleien offenbar, potentielle Interessenkonflikte durch rechtliche wie organisatorische Maßnahmen zu entschärfen, etwa durch Einwilligung von Mandanten oder durch sog. Chinese Walls, das heißt, die Bearbeitung von konfliktträchtigen Mandaten in getrennten Teams und an verschiedenen Kanzleistandorten. Es gibt jedoch immer wieder Hinweise, die Zweifel wecken, ob Großkanzleien mit Interessenkonflikten wirklich so korrekt umgehen, wie sie vorgeben, zum Beispiel die Großkanzlei Freshfields als Gutachterin für den Vorstand wie den Aufsichtsrat der HSH Nordbank.[262] Die Autoren des berufsethischen Diskussionspapiers der Bundesrechtsanwaltskammer waren sich hier wohl auch nicht sicher. Jedenfalls haben sie hier versucht, klare Grenzen zu ziehen, die freilich durch zahlreiche Ausnahmen viele Schlupflöcher haben.

Das Papier erklärt die Vertretung gegenläufiger Interessen durch dieselbe Sozietät bei gerichtlichen Streitigkeiten für unzulässig, erstreckt dieses Verdikt aber nicht auf außergerichtliche Beratung und Vertretung, „wenn die erforderlichen Vorkehrungen gegen einen auch nur unbewussten oder zufälligen Wissenstransfer" zwischen den Bearbeitern und dem Büropersonal „getroffen worden sind und eine strikte Einhaltung gewährleistet ist".[263] Das ist nichts anderes als grünes Licht für die juristisch wie faktisch umstrittenen Chinese Walls in Großkanzleien. Die verbietet das Ethik-Papier zwar ausdrücklich bei widerstreitenden wirtschaftlichen Interessen, zum Beispiel bei Unternehmenskäufen oder in Bieterverfahren. Anwaltskanzleien sollen in solchen Fälle nicht mehrere Kaufinteressenten bzw. Bieter vertreten dürfen. Allerdings soll dieses Verbot nicht gelten, wenn die „Mandanten über die Mehrfachvertretung informiert worden sind und ihr zugestimmt haben".[264] Auch hier verbindet das Papier wieder ethische Strenge mit wirtschaftlichem Pragmatismus – und schreibt damit den Status quo fest.

Dass Großkanzleien jemals wegen Interessenkonflikten von Kammern gerügt oder gar mit einer Geldbuße sanktioniert worden sind, ist nicht bekannt. So holte sich zum Beispiel auch der Strafverteidiger Gerhard Strate eine Abfuhr bei der Frankfurter Kammer ein, nachdem er sich bei ihr über die Großkanzlei Clifford Chance beschwert hatte. Die Kanzlei hatte bei Kaufverhandlungen über ISION Internet AG zwei Bieter vertreten – für Strate ein klarer Interessenkonflikt.[265] Nicht für die Frankfurter Berufsaufsicht. Ein Interessenwiderstreit habe nicht vorgelegen, weil beide Bieter der Vertretung durch verschiedene Büros in Düsseldorf, Frankfurt und London von Clifford Chance bei einer Auktion zugestimmt hätten.[266] Die trotzdem von der Londoner Zentrale angeordneten Schutzvorkehrungen entsprachen üblicher Praxis: separate Telefon-, Fax- und E-Mail-Anschlüsse, unterschiedliche Codenamen für die Teams und besondere Verschwiegenheitsverplichtungen. Warum das Geheimschutztheater, wenn die Bieter angeblich der Vertretung durch eine Kanzlei zugestimmt haben? Gerade zu lächerlich wirkt die Tatsache, dass die beiden Verhandlungsteams zur Vermeidung von Interessenkonflikten während des Mandats zum Beispiel in London auf verschiedenen Etagen untergebracht waren. Das alles störte aber die Frankfurter Kammer nicht. Sie hält offenbar eine schützende Hand über die Standortinteressen der Großkanzleien.

Der gemeine Anwalt darf mit so viel Rücksicht nicht rechnen, wenn er Interessenkonflikte übersieht oder verdrängt. Während sich die Berliner Rechtsanwaltskammer häufig mit Rügen begnügt, verstehen Anwaltsgerichte in Nordrhein-Westfalen Verstöße gegen das Verbot der Vertretung widerstreitender Interessen nicht als „Kavaliersdelikt" (Offermann-Burckart).[267] Einige Belege: Das Anwaltsgericht Düsseldorf verurteilte einen Rechtsanwalt wegen der Vertretung beider Partner einer Lebensgemeinschaft (und weiterer Berufsrechtsverstöße) zu einer Geldbuße von 10 000 Euro.[268] Der Anwaltsgerichtshof NRW bestätigte eine Geldbuße von 2 500 Euro gegen einen Rechtsvertreter, der von seiner Mandantin den Auftrag hatte, die Interessen ihrer acht Kinder zusammenzuführen und dabei insbesondere die Belange ihrer einzigen Tochter zu wahren. Außerdem sollte er die Interessen der Mutter/Mandantin als Mehrheitsgesellschafterin verschiedener Firmen anwaltlich vertreten, was er nach ihrem Tod auch tat.

Dass das berufsethische Rückgrat beim Verbot der Wahrnehmung widerstreitender Interessen weich wird, ist bisher nicht zu beobachten. Erkennbar ist bestenfalls eine leichte Tendenz in Rechtsprechung und Schrifttum, mehr Rücksicht auf Mandanten zu nehmen.[269] Bei vielen fehlt anscheinend das Verständnis dafür, dass sie bei Scheidungen, Erbauseinandersetzungen oder Vertragsverhandlungen mehrere Anwälte engagieren sollen, obwohl sich die Beteiligten einig sind. Kammern und Berufsgerichte sind deshalb nach Susanne Offermann-Burckart künftig noch stärker als bisher aufgefordert, in jedem Einzelfall „einen sinnvollen Ausgleich“ „zwischen einem hohen Berufsethos und bestimmten Gesetzmäßigkeiten des Marktes“ zu finden.[270]

Rechtsrat als Ware: die unbewältigte Werbefreiheit

Es war eine etwas traurige Veranstaltung in der Hamburger Kanzlei eines Strafverteidigers im April 2011, eine Vernissage mit Fotos und Grafiken von zwei unbekannten lettischen Künstlern. Von ein paar Edelbüros wusste er, dass sie Kunstausstellungen nutzen, um sich alten, aber auch potentiell neuen Mandanten als weltläufige Advokaten zu präsentieren. Was bei Kanzleien mit einer Klientel aus Ärzten, Geschäftsführen und Alsterdamen klappen kann, funktioniert bei einer Mandantschaft aus Verkehrssündern, Drogenkurieren und Scheidungsopfern offenbar nicht. Unter den gut ein Dutzend Anwesenden, die mit Wein und Fingerfood durch die Räume streiften, waren nur zwei oder drei Klienten. Die anderen arbeiteten als Anwälte und Sekretärinnen in der fünfköpfigen Bürogemeinschaft oder füllten als Ehepartner, Freunde und Berufskollegen die Gästeschar auf. Die PR-Aktion endete als Mini-Betriebsfeier. Ein Beispiel dafür, wie schwer es Anwälten fällt, sich mit Marketingmaßnahmen auf dem Anwaltsmarkt zu profilieren. Werbung ist für die meisten Anwälte inzwischen unverzichtbar. Das Problem ist nur: Sie wissen nicht, welche Werbemaßnahmen mit einem vertretbaren finanziellen Aufwand wirken.

Vor zwanzig Jahren wäre eine Kunstausstellung in einer Kanzlei als Werbemaßnahme noch undenkbar gewesen. Wenn ein unkonventioneller Außenseiter Bilder einer lokalen Kunstgröße hätte aufhängen wollen, hätte er wahrscheinlich Ärger mit der Kammer bekommen: Verletzung des Werbeverbots. Von diesem ist dank der Rechtsprechung des Bundesverfassungsgerichts kaum noch etwas übrig geblieben. Für Anwälte ist heute jede Werbung zulässig, sofern sie berufsbezogen und sachlich ist sowie nicht auf konkrete Mandate abzielt (Verbot der Einzelfallwerbung).[271] Lediglich marktschreierische, übertriebene und irreführende Werbung bleibt untersagt. Das Werbeverbot ist durch ein eingeschränktes Werberecht ersetzt worden.[272] Seitdem dürfen Advokaten praktisch wie Gewerbetreibende werben. Und je mehr es von ihnen gibt, desto dringender sind Teile der Anwaltschaft auf Werbung angewiesen, um sich auf dem Rechtsdienstleistungsmarkt zu behaupten.

Beim Buhlen um Klienten kommt es zu seltsamen Blüten und Auswüchsen. Die Paragraphenkundler in Berlin fallen dabei besonders auf – durch Geschmacklosigkeit wie Phantasie. Im Stadtteil Charlottenburg steht ein neu angestrichener ehemaliger Leichenwagen auf der Straße. Auf dem Heckfenster die Frage „Erbfall, was tun? Darunter bietet die Kanzlei Geilke & Schütz Beratung und Vertretung in allen Erbangelegenheiten an. Ihr Kreuzberger Kollege Carsten Hoenig hat einen ausgemusterten Polizeimannschaftswagen gekauft und das Wort „Polizei" durch „Kanzlei" ersetzt.[273] Zunächst hatte er die „Wanne" (Kiezjargon) vor der Berliner Rechtsanwaltskammer abgestellt, um deren Reaktion zu testen. Als die stumm blieb, hat Hoenig seinen Auftritt als Rechtsanwalt um den „Kultstatus" der Wanne herum organisiert: „Das ist ein wirklich wirksames Werbemittel". Mit der wohl einmaligen Kombination Straf- und Motorradrecht hat Hoenig die Motorrad- und Rockerszene erobert. Wo in Berlin der Verkehr flutet oder sich Biker treffen, steht die Kanzlei-Wanne am Straßenrand.

Ein besonderes Werbeproblem haben Strafverteidiger, weil ihre Zielgruppe häufig bereits in U-Haft sitzt, wenn ihr Rat benötigt wird.[274] Um sie noch in Freiheit anzusprechen, nutzen sie Fahrradständer vor Polizeirevieren, Landeskriminalämtern und Polizeipräsidien als Werbeträger: „Bei Durchsuchungen und Verhaftungen hilft die Kanzlei X". An Häusern gegenüber der Justizvollzugsanstalt Köln-Ossendorf hängt ein Anwaltsplakat mit dem Spruch „Reden ist Silber, Schweigen ist Gold" mit einem Verweis auf eine Kanzlei. Vor der Ulmer Höh', wie das Gefängnis in Düsseldorf im Volksmund heißt, ließ die Kanzlei Rosenkranz Timm Mameghani Großplakate kleben. „Wenn Sie ihren Urlaub lieber woanders verbringen wollen, buchen Sie uns". Als Motiv diente ein besonders trostloser Knastflur. Es folgt ein Bild der Gefängnisinsel Fort Boyard: „Wenn Sie reif für die Insel sind, buchen Sie uns".[275] 800 Euro hat das Plakat mal gekostet und zwei Euro für jeden Tag, an dem es hing. Nicolai Mameghani ist stolz auf seinen Coup. „Wir waren damit die ersten bundesweit". Und um auf Nummer sicher zu gehen, hatte sie vorher bei der Düsseldorfer Kammer angefragt. Deren Antwort: „Keine Bedenken". Was den damaligen Kammerpräsidenten aber nicht hinderte, die Aktion öffentlich zu kritisieren.

Dieser Zwiespalt zwischen liberalisiertem Berufsrecht und traditionellem Selbstverständnis vom nicht oder nur sparsam werbenden Anwalt reicht tief. Die neue Werbefreiheit wird von Teilen der Advokatur nicht nur als Gewinn, sondern auch als Verlust empfunden. Die „Kleine Kulturrevolution" (Busse) ist in Teilen der Anwaltschaft noch immer unbewältigt.[276] Nicht nur in konservativen Bastionen wie Anwaltskammern und Anwaltsgerichtsbarkeit, sondern auch bei vielen liberalen und linken Rechtsvertretern.

Das Werberecht galt Jahrzehnte als Wasserscheide zwischen Freiberuflern und Gewerbetreibenden. Viele Rechtsvertreter treibt die Sorge um, dass diese Grenzlinie verschwinden könnte, wenn sich die Anwaltswerbung der von Gewerbetreibenden weiter nähert. Stürner/Bormann fürchten, dass die „Idee vom unabhängigen Organ der Rechtspflege auch durch aggressive Werbung in Frage gestellt wird".[277] Bandenwerbung auf Fußballplätzen und Trikots von Jugendmannschaften, auf Einkaufstüten und Flugblättern in Pizzerien führen nach Ansicht des Hammer Kammerpräsidenten Dieter Finzel „auf den Weg in die Gewerblichkeit" und zu einem „Ansehensverlust" für den gesamten Berufsstand. Der Berliner Verteidiger Detlef Kolloge und „leidenschaftlicher Anhänger des Werbeverbots" meint, dass sich durch die Werbefreiheit das „Berufsethos verändert hat. Wenn ich Reklame mache, verändert sich auch meine Arbeit". Gegen eine Homepage einer Anwaltskanzlei hat er nichts, wohl aber gegen das Schalten von Anzeigen oder das Verteilen von Flugblättern. Der frühere RAF-Verteidiger Armin Golzem findet ein Kanzlei-Logo oder einen Paragraphen auf dem Hemdkragen eines Kollegen, mit dem er verteidigt hat, „peinlich, eine echte Geschmacklosigkeit". Auch wenn er meint, seine Zunge zu verbrennen, will er es loswerden: „Vor Gericht fällt der Kollege nur durch Schweigen auf. Das einzig sprechende Element sind seine Kragenecken".

Dies sind keine Einzel- oder Außenseiterstimmen, wie eine Umfrage des Soldan Instituts zutage fördert. Nach ihr wollen 65 Prozent der Rechtsvertreter an einem berufsspezifischen Werberecht festhalten und nicht Gewerbetreibenden gleichgestellt werden.[278] Nur 31 Prozent würden es vorziehen, nach allgemeinem Wettbewerbsrecht ihre Dienste auf dem Markt anzubieten. Nicht überraschend sind Alter, Berufserfahrung sowie Art der Mandantschaft wichtige Faktoren bei der Meinungsbildung. Bei der älteren konservativen Anwaltschaft mit mehr als 20 Jahren Berufserfahrung lehnen 79 Prozent eine weitere Liberalsierung ab, bei jenen mit weniger als fünf Jahren Berufserfahrung sind es nur 60 Prozent. Dieses Meinungsbild zeigt, dass eine Mehrheit in der Anwaltschaft aus Überzeugung oder aus Sorge, die Stellung als Freiberufler oder als Organ der Rechtspflege zu verlieren, an den Resten eines berufsspezifischen Werberechts festhalten möchte.

Deshalb ist auch die These falsch, dass dem bei Werbung entkernten Berufsrecht keine Bedeutung mehr zukommt.[279] Zwar berichten Kammern, etwa in Berlin und Hamm, dass die Zahl der Beschwerden wegen Verstoßes gegen das Werbeverbot zurückgeht, weil „heute berufsrechtlich fast jede Art der Werbung erlaubt ist" und die Zahl jener Rechtskundler wächst, die außergewöhnliche Werbemaßnahmen mit Kammern abstimmen.[280] Ob diese Eindrücke mehr als Bauchgefühl sind, weiß niemand, da Kammern in den letzten Jahren keine Statistiken über Beschwerdegründe geführt haben. Tatsache ist dagegen, dass die Berufsrechtsreferenten der Kammern auf ihren jährlichen Konferenzen regelmäßig über die Zulässigkeit neuer Werbepraktiken sprechen. Und auch der Berufsrechtsexperte der Bundesrechtsanwaltsklammer Christian Dahns stellt fest, dass Entscheidungen zur anwaltlichen Werbung keinesfalls „Seltenheitswert bekommen haben".[281] Dieses Bild unterstützt eine neu geführte Statistik der Rechtsanwaltskammer München über schlüssige Beschwerden. Nach ihr ist die Zahl zwischen 2009 und 2010 von 32 auf 64 gestiegen, also um hundert Prozent. Zwei Beispiele: Ein Anwalt kritisiert den Rundbrief eines Kollegen an seine Mandantin, in dem er eine „kostenfreie Vorprüfung" ihrer Ansprüche und eine „kostenfreie Rechtsschutzanfrage" bei einer Rechtsschutzversicherung verspricht. In einem anderen Fall beschwert sich ein Rechtsvertreter über einen Kollegen, der eine „kostenlose telefonische Auskunft bis zu einer Dauer ca. einer Viertelstunde" im Rahmen eines „Steuerberater-Service" anbietet. Das Münchener Anwaltsgericht verzichtete hier auf eine Rüge, weil ein Anwalt bei einer außergerichtlichen Beratung in seiner Honorargestaltung frei ist. Als besonders streitanfällig erweisen sich qualifizierende Berufs- und Schwerpunktbezeichnungen, Lockangebote zur kostenlosen Rechtsberatung und Verletzungen des Verbots der Einzelfallwerbung.

Konflikte über die Zulässigkeit von Werbemaßnahmen werden in der Mehrzahl unter Anwälten ausgetragen. Die klassische Konstellation: Ein Anwalt denkt sich besondere Aktionen oder Angebote aus, um in den Markt zu kommen. Seine Wettbewerber fühlen sich unter Druck gesetzt und fürchten, wegen der neuen, meist aggressiven Werbemethoden Mandate zu verlieren. Kammern agieren dann als Schiedsrichter – vor dem Hintergrund eines teilweise unklaren und widersprüchlichen Werberechts und fehlender berufsrechtlicher Rechtskenntnisse der Streithähne.

In dieser Rolle sah sich zum Beispiel die Berliner Kammer bei Imanuel Schulz, als er 2006 als Einzelkämpfer eine Harzt IV-Kanzlei gründete. Kontakt zu Mandanten hatte er nicht, also ging er zu ihnen. Einen Hartz IV-Rechtsberatungsmarkt gab es damals noch nicht. Er entwarf ein Flugblatt, auf dem er kostenlosen Rechtsrat für Hartzer anbot, und verteilte es selbst an Wartende in und vor dem Jobcenter. Dass er als Anwalt die Flugblätter selbst ausgab, hat nach seinem Empfinden „den Menschen gefallen. Der erste Eindruck zählt". Nicht gefallen hat das Flugblattverteilen dagegen Rechtspflegern, Jobcentermitarbeitern und Kollegen, die ihn bei der Kammer anschwärzten. Als die ihn zum ersten Mal um eine Stellungnahme zu seinen Werbemethoden bat, war „sein ganzer Urlaub versaut". Die Vorwürfe: Rechtsrat dürfe nicht umsonst angeboten werden, das Verteilen von Flugblättern an Hartz IV-Empfänger sei unzulässige Einzelfallwerbung, und er produziere Rechtsfälle. Sein Gegenargument: „Ich gehe nur dahin, wo die Menschen mit ihren Problemen hingehen". Über anderthalb Jahre bekam er Briefe von der Kammer – immer durch neidische Wettbewerber angestoßen. Um sich weniger angreifbar zu machen, hat er seine Akquisemethoden dann modifiziert: Er beauftragte Studenten, die Flugblätter zu verteilen – und auch nicht mehr in, sondern vor den Jobcentern.

Im Ellbogen-Wettbewerb auf dem Anwaltsmarkt schärfen Rechtskundler ohne Fachanwaltstitel gern ihr Profil durch besondere Spezialisierungshinweise. Es gibt eine „wahre Inflation" solcher Angaben.[282] Dabei muss man vielen Rechtsberatern unterstellen, dass sie die Hürden für Fachanwaltstitel umgehen, trotzdem aber von seinen wirtschaftlichen Vorteilen profitieren wollen.[283] Der Phantasie sind da keine Grenzen gesetzt: Interessenschwerpunkt, Arbeitsschwerpunkt, Spezialist, Experte, Fachmann und Fachgebiet. Die Tür zu solchen Zusätzen hat die sog. Spezialisten-Entscheidung des Bundesverfassungsgerichts 2004 geöffnet.[284] Angestoßen wurde der Fall durch einen Anwalt, der seit 40 Jahren im Verkehrsrecht aktiv und in mehreren Verkehrsrechtsausschüssen des DAV in führender Funktion tätig war. Er wollte die Bezeichnung „ Spezialist für Verkehrsrecht" im Briefkopf führen, und zwar zu einer Zeit, als es den Fachanwalt für Verkehrsrecht noch nicht gab. Die Karlsruher Richter erlaubten ihm die Bezeichnung und ließen damit „eine Art aliud neben dem Fachanwalt"

(Offermann-Burckart) zu.[285] Die Münchener Kammer registrierte anschließend „vermehrt Konflikte vor allem zwischen Fachanwälten und selbst ernannten Spezialisten".[286] Und das gilt bis heute für die gesamte Republik. Denn das Urteil des Bundesverfassungsgerichts hat bei vielen Advokaten ohne Fachanwaltstitel die Hoffnung geweckt, mit anderen Kompetenzhinweisen im oberen Qualitätssegment des Anwaltsmarktes mitmischen zu dürfen.

Die Kammern sind mit dem Urteil des Bundesverfassungsgerichts nicht glücklich, weil es den Wert von Fachanwaltschaften relativiert, und es durch zahlreiche Unklarheiten viele Konflikte heraufbeschwört.[287] Einige Kammern schlüpfen daher gern durch eine Lücke des Urteils und erklären die Bezeichnung „Spezialist" in allen Rechtsgebieten für unzulässig, in denen man sich als Fachanwalt qualifizieren kann, zum Beispiel „Spezialist für Erbrecht".[288]

Aus den Auseinandersetzungen über Spezialisierungshinweise ist eine chaotische Rechtsprechung entstanden. Für unzulässig erklärten Landgerichte die Bezeichnungen „Experten Kanzlei-Scheidung", „Spezialist für Wirtschaftsrecht", „Ihre Expertenkanzlei", „Versicherungsspezialist" und „Erster Fachanwalt für Erbrecht".[289] Nach dem Landgericht Berlin soll es einen feinen Unterscheid zwischen „Expertenkanzlei" und „Spezialkanzlei" geben.[290] Zulässig soll nach Ansicht des Kammergerichts die Werbeaussage sein „Ihre Experten-Kanzlei Scheidung.com holt für Sie die Kastanien aus dem Feuer", wenn sie keine Verwechselungsgefahr begründet und nicht in die Irre führt.[291]

Im Interesse aller Rechtssuchenden wäre es sinnvoll, alle Spezialisierungshinweise auf Fachanwaltsgebiete wegen Verwechslungsgefahr zu verbieten. Es liegt im Interesse der Rechtspflege und damit des Gemeinwohls, dass sich Rechtsuchende bei der Wahl ihrer Anwälte allein am Begriff Fachanwalt orientieren, um sie dadurch vor dem Wirrwarr inhaltlich ungeklärter Selbsteinschätzungen zu schützen.[292] Mit zwanzig Fachanwaltsgebieten wird Rechtsuchenden mittlerweile in allen wesentlichen Rechtsgebieten Rechtsrat von besonderer Qualität angeboten. Insofern ist die Praxis einiger Kammern und der Mehrzahl der Gerichte lobenswert, den Gebrauch von besonderen Spezialisierungshinweisen in Fachanwaltsgebieten zu versagen.

Stolz sind alle Anwälte, die auf Werbung verzichten können, weil die Mandanten auf Empfehlung zu ihnen kommen. Können sie es nicht, sind sie verunsichert. Das hat mindestens drei Gründe: Im Selbstverständnis vieler Anwälte hat Werbung immer noch Hautgout. Weil Rechtsrat keine Ware ist, wollen sie sich auf dem Markt nicht wie Autoverkäufer oder Pizzabäcker prostituieren. Zweitens wissen sie nicht, mit welchen Werbemitteln sie ‚ihre' Mandanten erreichen können. Rechtskundler bieten keine standardisierten, sondern individuelle personenbezogene Leistungen an. Aber wie sind die werblich darzustellen? Und drittens gibt es kein Medium, dass eine Dauerpräsenz zu bezahlbaren Preisen ermöglicht.

An der Spitze der gebräuchlichsten Werbemittel stehen nach der Untersuchung des Soldan-Instituts Anzeigen auf den „Gelben Seiten" des Telefonbuches (fast 70 Prozent) und Internet-Auftritte (fast 64 Prozent).[293] Es folgen kostenpflichtige Anwaltssuche (41 Prozent), Anzeigen in Wochenblättern (35 Prozent),

Seminare/Vorträge (35 Prozent). Im Mittelfeld rangieren wissenschaftliche Publikationen (18 Prozent) und juristische Artikel in Tageszeitungen (15 Prozent). Werbung im öffentlichen Raum hat keinen hohen Stellenwert: Fensterwerbung/Kfz-Aufschrift (gut 10 Prozent), Flyer und Wurfzettel (gut 6 Prozent).

Die effektivsten Marketinginstrumente sind in den Augen der Rechtsvertreter Fachseminare, Seminare und Vorträge für Mandanten und potentielle Mandanten.[294] Hier können die Anwälte persönlich als Werbeträger auftreten. Solche Veranstaltungen werden aber nur von einer Minderheit von Kanzleien angeboten: zwischen 12 und 33 Prozent. Die Gründe hierfür liegen auf der Hand: Strafverteidiger halten keine Vorträge für Drogendealer, Harzt IV-Anwälte keine für Arbeitslose und Generalisten fehlt eine Zielgruppe, die sie mit einem Thema ansprechen kann. Fachseminare und Vorträge sind typische Marketinginstrumente für Kanzleien mit werblicher Klientel und taugen deshalb nur für ein kleines Marktsegment auf dem Anwaltsmarkt.

Beliebte und geschätzte Werbemittel sind für Großkanzleien und Boutiquen Pressemitteilungen und juristische Artikel in Tageszeitungen.[295] Heiß begehrt sind Gastbeiträge im Handelsblatt, in der Börsenzeitung und vor allem in der Frankfurter Allgemeinen Zeitung. Joachim Jahn, verantwortlicher Redakteur der Seite „Recht und Steuern" in der FAZ, ist ein umworbener Mann. Er erhält mehrere Pressemitteilungen pro Tag und manchmal eine ganze Handvoll von Angeboten für Gastbeiträge, die schon aus Platzgründen nicht alle gedruckt werden können. Manchmal wird er auch zum Mittagessen eingeladen, Geld ist ihm allerdings noch nie geboten worden. Jahn weiß, warum er bestürmt wird: „Ein Gastbeitrag kann einen Millionenauftrag auslösen". Dabei sind ihm PR-Agenturen, die ihn im Auftrag von Kanzleien bedrängen, wesentlich unangenehmer aufgefallen als Partner von Sozietäten, die ihn direkt ansprechen.[296]

In einigen Rechtsgebieten ist der Wettbewerb so erbittert, dass Rechtsvertreter keinen anderen Weg sehen, als potentielle Mandanten direkt anzusprechen. Damit verstoßen sie gegen das Verbot der Einzelfallwerbung. Das tun Strafverteidiger, Anlegeranwälte und Verkehrsrechtsanwälte massenhaft. Ihr Vorgehen wird in den jeweiligen Sonderkapiteln geschildert.[297]

Erfolgsgeschichte mit Fragezeichen: Fachanwälte

Ein Rechtsanwalt darf den Titel ‚Fachanwalt für Familienrecht' führen, auch wenn er nur mäßige Rechtskenntnisse in diesem Gebiet hat. Das ist die etwas zugespitzte Quintessenz eines Beschlusses des Bundesgerichthofes aus dem Jahr 2002. Er empört bis heute Rechtsanwaltskammern und täuscht Mandanten , die meinen, dass sie bei Fachanwälten so gut aufgehoben sind wie bei Fachärzten.

Der Fall: Die Bewerberin hatte von drei Klausuren eine „noch bestanden" und eine zweite „mit äußersten Bedenken noch bestanden". In ihren Arbeitsproben stieß der Fachausschuss der Rechtsanwaltskammer, der ihren Antrag prüfte, auf gravierende Mängel. Ein Merkblatt für scheidungswillige Mandanten zum Beispiel enthielt falsche Rechtsausführungen. Als sich in zusätzlich angeforderten Arbeitsproben kritikwürdige rechtliche Ansichten fanden, lud der Ausschuss sie zu einem Fachgespräch ein, um sich ein persönliches Bild von ihren Kenntnissen im Familienrecht zu machen. Der Ladung kam sie nicht nach. Sie war der Auffassung, dass sie alle notwendigen Voraussetzungen für die Verleihung des Titels erfüllt hatte. Und für diesen Standpunkt fand sie beim Bundesgerichtshof auch Unterstützung.[298] Seine Entscheidung offenbart das ganze Elend des geltenden Verfahrens zum Erwerb von Fachanwaltstiteln.

In Fortsetzung seiner Rechtsprechung wiederholte der Anwaltssenat des BGH, dass das „weitgehend formalisierte" Verleihungsverfahren einem Fachausschuss „keinen Raum für eine eigenständige Beurteilung der fachlichen Qualifikation eines Bewerbers lässt, wenn die formalen Voraussetzungen erfüllt sind". Dem Prüfungsausschuss stehe es nicht zu, „die in den bestandenen Lehrgangsklausuren nachgewiesenen besonderen theoretischen Kenntnisse und die vorgelegten Arbeitsproben zu überprüfen und in Zweifel zu ziehen".[299] Nach der Fachanwaltsordnung seien die Kammern nicht berechtigt, bestandene Klausuren „auf Mängel hin zu untersuchen" und die „Arbeitsproben" „auf ihre Qualität hin zu überprüfen".[300]

Es war klar, dass diese Laien kaum vermittelbare Rechtsprechung die Rechtsanwaltskammern in ihrem Selbstverständnis und Stolz treffen musste. Obwohl sie die Fachanwaltstitel verleihen, müssen sie sich im Qualifikationsverfahren mit einer Nebenrolle begnügen – als Prüfungsassistenten und als Zähler und Häkchenmacher bei Falllisten und Arbeitsproben. Susanne Offermann-Burckart, Vorsitzende des zuständigen Ausschusses beim Anwaltsparlament, mutet es „seltsam an", dass die „privatwirtschaftlichen Veranstalter von Fachanwaltslehrgängen Klausuren stellen und bewerten müssen" und die Kammern, die die Titel verleihen, „kein materielles Prüfungsrecht haben sollen".[301] Hartmut Scharmer, Hauptgeschäftsführer der Hamburger Kammer, kann nicht verstehen, dass Antragsteller „mit einer Vielzahl von auch gravierenden Fehlern in Klausuren und Arbeitsproben" Fachanawalt werden können. Bereits 2001 hatte das Anwaltsparlament beklagt, das „nach dem derzeitigen System" auch jener Fachanwalt werden kann, der „die Fälle falsch gelöst hat".[302]

Seit zwanzig Jahren kämpfen Bundesrechtsanwaltskammer und Anwaltsparlament für ein inhaltliches Prüfungsrecht und eine grundlegende Reform des Verfahrens. Bisher nur mit blutigen Nasen. Die verdanken sie drei mächtigen Gegnern: dem Bundesjustizministerium, dem Bundesgerichtshof und den Kollegen vom Deutschen Anwaltverein.

Der Bundesgerichtshof hat bislang alle Versuche der Kammern und des Anwaltsparlaments blockiert, durch bestimmte Einfallstore – Ausweitung von Fachgesprächen, Gewichtung von Fällen in Falllisten, Arbeitsproben – inhaltliche Prüfungselemente in das Verleihungsverfahren einzuführen.1996 schrieb der BGH in einem Urteil den bemerkenswerten Satz: „Im Vordergrund steht nicht eine individuell ausgerichtete Ermittlung des Wissens und der praktischen Fähigkeiten des einzelnen Bewerbers, wie sie für eine Staatsprüfung kennzeichnend ist".[303] Welchen Sinn können Prüfungen noch machen, bei denen nicht individuelles Wissen und individuelle praktische Fähigkeiten abgefragt werden?

Allerdings räumen auch die meisten Kritiker ein, dass die Hauptverantwortung für diesen Missstand nicht bei den Bundesrichtern, sondern beim Gesetzgeber liegt, der das Prüfungsverfahren für den Fachanwalt weitgehend formalisiert hat.

Der Deutsche Anwaltverein hat zwar 2006 auch einen Beschluß mit dem Ziel gefasst, die Voraussetzungen für den Erwerb eines Fachanwaltstitel zu verschärfen.Alle jüngeren,von den Kammern initiierten Refromanstregungen hat er jedoch torpediert,weil er die Zugangshürden zur Fachanwaltschaft, insbesondere für jüngere Kollegen, nicht erhöhen will.

Weil sich Bundesrechtsanwaltskammer, Anwaltsparlament und Anwaltverein seit Jahren streiten, ob eine Reform notwendig ist und wie sie auszusehen hätte, sieht das Bundesjustizministerium keinen Anlass, tätig zu werden: Die Zeit sei nicht reif.

Das stärkste Argument der Reformgegner: Die Einführung der Fachanwaltschaften ist trotz aller Prüfungsmängel eine Erfolgsgeschichte. Das Soldan Institut schätzt ihre Zahl mittlerweile auf rund 37 000.[304] Der Fachanwalt erleichtert für Rechtsuchende das Finden eines kompetenten Anwalts; er ist für Advokaten ein attraktives Marketinginstrument; und nach der Umfrage von Hommerich und Kilian konnten 44 Prozent der Fachanwälte ihre Umsätze nach Erwerb des Titels um durchschnittlich 43 Prozent steigern.[305] Freilich ist der Erwerb des Titels, was häufig unterschlagen wird, bei weitem keine Garantie für warmen Geldregen. 23 Prozent der Titelträger haben keine Umsatzsteigerung registriert und 34 Prozent können die Auswirkungen des Titels auf ihre Umsätze nicht einschätzen. Diese Bilanz ist also gemischter, als es die öffentliche Preisung vermuten lässt.

Wenn Fachanwälte nach einen Bonmot von Rechtsanwalt Martin Henssler „reicher, schöner, glücklicher" sind als Generalisten, dann müssen Reformwillige starke Batterien auffahren, um Treffer zu landen. Das haben sie bisher nicht geschafft. Ihre Position hat zwei Achillesfersen. Sie haben nicht dargetan, ob es bei Fachanwälten Kompetenzschwächen und -mängel in relevantem Umfang gibt, ja, sie haben es noch nicht einmal diskutiert.[306] Und sie haben über die eklatanten Systemschwächen des jetzigen Prüfungsverfahrens hinaus nicht belegt, dass Anwälte in nennenswerter Zahl mit Titeln nach Hause gegangen sind, die sie nicht verdient haben. In genau diese Wunde legt der Präsident des Deutschen Anwaltvereins Wolfgang Ewer seinen Finger: „Solange es keine empirisch belastbaren Erkenntnisse für systematische Mängel des gegenwärtigen Systems ... gibt, fehlt es an der erforderlichen verfassungsrechtlichen Rechtfertigung für die Änderung des Nachweissystems".[307] Das ist eine legitime Haltung, die zugleich den Charme besitzt, das sich hinter ihr alle verstecken können, die ohnehin nichts ändern wollen. Denn eine empirisch valide Untersuchung zu diesem Thema ist extrem kompliziert und aufwendig. Sie wird es vermutlich in absehbarer Zeit nicht geben.

Hinzu kommt, dass sich die Reformer nicht einig sind, welche Ziele sie überhaupt verfolgen wollen: nur mehr Gerechtigkeit für die Bewerber, eine Qualitätssicherung durch Beseitigung vorhandener Schwachstellen oder sogar, versteckt, eine Qualitätsverbesserung. Hintergrund dieser Vielstimmigkeit: Während einige aus Überzeugung die Latte höher legen wollen, möchten andere sie, zum Teil aus taktischen Gründen, auf derselben Markierung lassen. Letztere vermeiden Begriffe wie ‚Qualitätssicherung' und ‚Qualitätsverbesserung', um nicht all jenen in die Hände zu spielen, die hinter den Reformbestrebungen eine Closed-shop-Politik der Kammern vermuten, das heißt, durch möglichst strenge Prüfungen neue Mitbewerber zugunsten der beati possidentes (die glücklichen Besitzer) von den Pfründen fernzuhalten.[308] Einen solchen Missbrauch hat es in den neunziger Jahren vor allem im Arbeitsrecht gegeben. Zum anderen will man nicht all jenen Munition liefern, die, wie der Deutsche Anwaltverein, schon heute darüber klagen, dass bei neuen Interessenten die Schwierigkeiten wachsen, die bearbeiteten Fälle zu sammeln, die für eine Bewerbung notwendig sind – je nach Fachgebiet von 50 bis 160. Die schon aktiven Fachanwälte ziehen nämlich wie Staubsauger potentielle Mandanten an, die Bewerbern dann für ihre Fallsammlungen fehlen. Seit der Untersuchung von Hommerich und Kilian ist unstreitig, dass junge Anwältinnen und Anwälte hier vor wachsenden Qualifikationshürden stehen.[309]

Ob sie mit ursächlich sind für den starken Rückgang von Bewerbern für Fachanwaltstitel, ist schwer zu beurteilen. Den erleben zurzeit nämlich fast alle Kursanbieter. Das Deutsche Anwalt Institut registriert 24 bis 40 Prozent weniger Anmeldungen, der Marktführer Deutsche Anwalt Akademie eine Halbierung der Kurse, beim kommerziellen Anbieter von Fürstenberg gehen die Zahlen bei den Klassikern Arbeitsrecht, Familienrecht, Strafrecht und Mietrecht seit 2009 zurück. In der Analyse sind sich die Veranstalter einig: Die Konkurrenz unter den Anbietern ist schärfer und die Nachfrage geringer geworden, weil der Markt in einigen Rechtsgebieten gesättigt ist. Damit hat sich die Frage nach der Reformbedürftigkeit des Prüfungsverfahrens jedoch nicht erledigt. Die Fachanwaltschaft ist eine tragende Säule unseres Rechtsberatungssystems und wird es bleiben.

Das geltende Verfahren leidet unter fünf Schwachstellen: ***mangelnde Klarheit bei Qualitätsanforderungen, ungleiche Behandlung von Teilnehmern, Identität von Kursanbietern und Prüfern, das Fehlen einer Prüfungsordnung bei Klausuren und kein inhaltliches Prüfungsrecht der Kammern bei Klausuren, Arbeitsproben und Fachgesprächen.***[310]

Für die rund 17 auf dem Markt aktiven Lehrgangsanbieter gibt es keine inhaltlichen, sondern nur formale Vorgaben: mindestens 120 Stunden und drei bestandene Klausuren. Jeder Anbieter entscheidet, was er unter „deutlich überdurchschnittlichen" Kenntnissen oder einem „vertieften Wissenstand" versteht. Jedes Institut konzipiert seine eigenen Lehrpläne und Leistungsanforderungen – ohne Harmonisierung.[311] Niemand kann seriös sagen, ob und in welchem Umfang es Qualitätsunterschiede zwischen den Anbietern gibt, ob sich Standards in den letzten Jahren angeglichen oder auseinanderentwickelt haben.[312] Da die Konkurrenz hart ist, besteht die Gefahr, dass sich die Veranstalter im Niveau gegenseitig unterbieten und mit einem einfacheren Zugang zu Testaten über theoretische Kenntnisse werben.[313]

In der Praxis ist die Qualität der Klausuren ***der*** Dollpunkt – bei Aufgabenstellung, Vorbereitung, Aufsicht und Bewertung.[314] Die Geschäftsführerin des Deutschen Anwalt Instituts Katja Mihm kritisiert , dass es „weder einheitliche noch verbindliche Richtlinien für ihre Ausgestaltung" gibt, „zum Beispiel Mindestanforderungen für das Bestehen, Schwierigkeitsanforderungen für die Aufgaben, für die Identitätsfeststellung bei Klausuren oder zur Klausuraufsicht".[315]

Gang und Gäbe ist inzwischen bei einigen Anbietern, dass sie die Kursteilnehmer explizit oder implizit auf die Klausuren vorbreiten – was in der Rechtswissenschaft eigentlich tabu ist. Nach den Erfahrungen der Berliner Rechtsanwältin Silvia Groppler sind dies keinesfalls „Einzelfälle oder Ausrutscher".[316] Sie wisse von einem großen Anbieter, der den gesamten Prüfungsinhalt vorher bekannt gegeben habe. Ähnliches berichtet der Fachanwalt für Steuerecht Kai Greve: Ein Prüfling habe ihm erzählt, dass der Anbieter die Kandidaten zwei Tage gezielt auf die Problemstellungen vorbereitet habe.

Dass Kursanbieter vom Pfad der Tugend abweichen, geben die meisten auch zu – wenn auch nur indirekt. Peter Bopp, Geschäftsführer der ARBER-Seminare, lässt Klausuren über den „vermittelten Stoff aus der Fachanwaltsordnung schreiben". Konkreten Fragen nach Vorabinformationen weicht er aus. Auch bei den Fürstenberg-Kursen werden, wie ihr Geschäftsführer Alexander von Fürstenberg einräumt, Klausuren „vorbereitet". Bei einem Veranstalter wird von einem Dozenten berichtet, der mit einem Gummitier in seiner Sakkotasche quietschte, wenn er gerade eine klausurrelevante Frage behandelte. Offenbar sind einige Veranstalter auch bereit, auf Wünsche von Teilnehmern einzugehen. Einer berichtet, dass man dem Referenten eines Lehrganges von vornherein deutlich gemacht habe, dass man eine möglichst konkrete Vorbereitung auf die Klausur erwarte.[317] Dies sei dann auch versprochen worden. Eine solche direkte Vorbereitung auf Klausuren ist nicht akzeptabel. Weder im ersten noch im zweiten juristischen Staatsexamen wäre so etwas denkbar. Dort werden Klausuren wie geheime Verschlusssachen behandelt und erst im Prüfungsraum bekannt gegeben. Denn die Fähigkeit eines Juristen soll ja gerade darin bestehen, ***unbekannte Fälle*** mit seinem erworbenen Wissen und juristischen Denkvermögen zu lösen.

Weil es keine Prüfungsordnung gibt, ist auch unklar, wie stark die Aufsicht während der Klausuren sein soll, und welche Hilfsmittel benutzt werden dürfen. Stimmen die Berichte von Teilnehmern, werden diese Klausuren nicht in Köln oder München, sondern, wie Ex-Finanzminister Peer Steinbrück es nennen würde, in Quagadougou (Burkina Faso) geschrieben. Es wird berichtet, dass Aufsichtspersonen während der Klausuren den Raum längere Zeit verlassen haben.[318] Rechtsanwältin Silvia Groppler hat von einer Klausur gehört, bei der es überhaupt keine Kontrolle gegeben habe.[319] Neben einem Kommentar, der auch im zweiten Staatsexamen zugelassen ist, hätten Teilnehmer alle möglichen Hilfsmittel benutzt, bis zum Laptop mit Internetanschluss.[320] „Ernsthafte Versuche, Schummeln und Abschreiben zu verhindern", gibt es nach Kai Greve bei einzelnen Anbietern nicht, wie ihm Teilnehmer berichten.

Angesichts dieser Rahmenbedingungen verwundert es, dass Kursteilnehmer Klausuren auch mal nicht bestehen. Die meisten Veranstalter verfügen angeblich über keine konkreten Zahlen, sind aber immerhin bereit, die Durchfallquote zu schätzen. Im Deutschen Anwaltsinstitut (DAI) fallen nach Geschäftsführerin Katja Mihm durchschnittlich fünf Prozent bei Klausuren durch. In der

Deutschen Anwaltakademie (DAA) fallen die Quoten nach Geschäftsführer Philipp Wendt „sehr unterschiedlich aus: zwischen null und 30 Prozent". Bei den ARBER-Seminaren sollen es, je nach Rechtsgebiet, „bis zu zehn Prozent" sein, bei von Fürstenberg „im Steuer- und Insolvenzrecht bis 20 Prozent". Diese Zahlen erwecken den Eindruck, dass halbwegs streng zensiert wird. Ihre Aussagekraft ist jedoch begrenzt. Denn die Durchgefallenen können die Klausuren so oft wiederholen, wie sie wollen, beim selben Anbieter, aber auch bei anderen. Nach der Fachanwaltsordnung reicht es, wenn ein Bewerber einem Fachausschuss drei mit „bestanden" testierte Klausuren vorlegt – und damit geben sich die Fachausschüsse zufrieden. Das ist eine fahrlässige Verletzung ihrer Pflichten. Denn nach einem Urteil des Bundesgerichtshofes muss ein Fachanwaltskandidat von vier geschriebenen Klausuren mindestens 50 Prozent bestanden haben.[321] Das heißt: Wenn ein Prüfling von vier Klausuren nur zwei bestanden hat, ist er durchgefallen. Dieses BGH-Urteil aus dem Jahr 1994 hat freilich keine praktische Relevanz mehr – was die Prüfungsausschüsse selbst zu verantworten haben. Sie fragen nämlich nicht, wie viele Fehlversuche der Kandidat hinter sich hat, bevor er genügend Klausuren bestanden hat. Das ist ein Offenbarungseid. Es ist wohl einmalig im deutschen Prüfungswesen, dass das Nachschreiben von Klausuren nicht geregelt ist, dass ein Prüfling so viele Klausuren schreiben kann, bis er die erforderlichen Testate hat.

Zahlen darüber, wie viele Teilnehmer an Kursen und Klausuren am Ende nicht bestehen, hüten Veranstalter wie Betriebsgeheimnisse. Wahrscheinlich tendieren sie gegen Null. Auf die Frage, wie häufig Bewerber Klausuren nachschreiben, bekommt man keine Antwort. Bekannt ist jedoch, dass manche Bewerber bis zu drei Anläufe machen, bis sie durchkommen. Angesichts dieser Mechanismen ist es wahrscheinlich, dass es bei Fachanwaltskursen keine Durchfaller, sondern nur Abbrecher gibt. Ihre Zahl ist nicht zu schätzen, dürfte aber angesichts der komfortablen Prüfungsbedingungen äußerst gering sein.

Des Weiteren befremdet die Personenidentität zwischen Kursveranstaltern, die damit Geld verdienen wollen, und denen, die Klausuren entwerfen, beaufsichtigen und bewerten. Kleine-Cosack: „Jeder Kursveranstalter wird sich selbstverständlich darum bemühen, keine allzu hohen Anforderungen an das Bestehen einer Klausur zu stellen, um nicht einen weitere Teilnehmer abschreckenden Ruf zu erhalten". Nicht die Anwaltschaft, sondern die Fortbildungsinstitute legen also das Niveau der Fachanwälte fest.

Zum Nachweis besonderer praktischer Kenntnisse sind ***Falllisten*** bisher alternativlos. Ihre Qualität ist nach den Erfahrungen von Klaus Wittmann, Vorsitzender des Fachausschusses Arbeitsrecht der Rechtsanwaltskammer Düsseldorf, „sehr unterschiedlich", vor allem, weil viele Bewerber sie nur mit Hängen und Würgen zusammenkriegen. Konflikte über die Anerkennung der Listen stehen deshalb häufig auf der Tagesordnung der Ausschüsse – rechtliche wie tatsächliche. Es gibt inzwischen eine Unzahl von Gerichtsentscheidungen zu der Frage, wann überhaupt ein Fall vorliegt und wie er zu gewichten ist.[322] Umstritten ist etwa, ob eine einfache telefonische Beratung ausreicht, ob umfangreiche und komplexe Mandate, besonders wenn sie über mehrere Instanzen geführt werden, einfach oder mehrfach zu zählen sind, wie Massenverfahren zu bewerten sind, wenn zum Beispiel 50 Kündigungsschutzklagen bei Massenentlassungen eingereicht werden, oder wie ein Fall einzuordnen ist, den ein Bewerber mit einem Kollegen bearbeitet hat.[323] Außerdem eröffnet die Fachanwaltsordnung den Fachausschüssen die Möglichkeit, Fälle nach Schwierigkeitsgrad unterschiedlich zu gewichten, nach der Rechtsprechung von 0,25 bis 1,5.[324] Es gibt Indizien dafür, dass Kammern dieses Instrument nutzen, um durch die Hintertür wenigstens geringe Qualitätsansprüche zu verteidigen. Als Folge haben gerichtliche Streitigkeiten über dieses Thema zugenommen.[325]

Arbeitsproben sollen bei der Überprüfung helfen herauszufinden, ob die gemachten Angaben in den Falllisten stimmen, ob zum Beispiel ein angegebener Sachverhalt tatsächlich aus dem Steuerecht stammt, oder der Antragsteller den Fall selbst bearbeitet hat, und ob die in den Falllisten gemachten Angaben der Wahrheit entsprechen.

Nicht häufig, aber immer mal wieder stoßen Mitglieder von Fachausschüssen beim Lesen von Arbeitsproben auf Unregelmäßigkeiten und Mogeleien. Klaus Wittmann findet „hin und wieder Unterlagen und Schriftsätze, die nicht der Antragsteller, sondern Kollegen verfasst haben, oder der Bewerber kann die gewünschte Handakte gerade nicht beibringen, weil sie sich bei Gericht befindet". In diesen Fällen erhält der Antragsteller Gelegenheit, seine Angaben zu ergänzen bzw. nachzubessern. Ein anderer Trick: Der Bewerber hat aus einem Sachverhalt in der Fallliste drei gemacht und hofft, dass der Ausschuss das nicht merkt. Kein gutes Licht auf den Berufsstand wirft auch ein Leserbrief des Wiesbadener Rechtsanwalts und Wirtschaftsprüfers Thomas Friedrich Spemann im Anwaltsblatt 2012.[326] Er glaubt sich aufgrund seiner langjährigen Erfahrung als Strafverteidiger in Wirtschafts- und Steuerstrafsachen bestens für einen Titel geeignet, kommt als Einzelanwalt jedoch nicht auf die vorgeschriebenen Fallzahlen. „In beiden Fachanwaltschaften", fährt er dann fort, „habe ich Gestaltungsangebote abgelehnt". Eine vornehme Umschreibung für ein Nein zu einer Anstiftung zum Betrug. Von zwei Kollegen hatte er nämlich Offerten, ihm ihre Fälle zu überlassen. Das habe er aber, ganz alte Schule, abgelehnt, weil er in seinem Leben noch nie bei Prüfungen geschummelt habe.

Es gibt kein Indiz dafür, dass bei den Falllisten massenhaft betrogen wird. Aber das weitgehend formalisierte Prüfungsverfahren lädt anderseits geradezu zum Missbrauch ein. Denn die Chance ertappt zu werden, ist gering. Fachausschüsse fordern immer seltener Arbeitsproben. Nach Fachanwaltsuntersuchungen von Hommerich/Kilian hatten 2003 noch 25 Prozent der Antragsteller Arbeitsproben abgeliefert, 2010 waren es nur noch 21 Prozent.[327] Die Gründe für die rückläufige Tendenz: starke Belastung der Kammern durch die Zulassung neuer Fachanwaltschaften, die in den Anfangsphasen besonders viel Interessenten angelockt haben. Außerdem haben viele Ausschussmitglieder jede Motivation verloren, Arbeitsproben anzufordern, weil der Bundesgerichtshof ihnen ein inhaltliches Prüfungsrecht verwehrt hat.[328] Das heißt: Wenn Klaus Wittmann einen Rechtsfehler in den Unterlagen des Antragstellers entdeckt, darf er ihn nur zur Kenntnis nehmen, nicht aber negativ berücksichtigen. So war er äußerst frustriert, als er herausfand, dass ein Antragsteller in seiner rechtlichen Argumentation übersehen hatte, dass ein Tarifvertrag für allgemeinverbindlich erklärt war, er diesen groben Fehler aber nicht bewerten durfte. Hartmut Scharmer, der 20 Jahre im Fachausschuss Arbeitsrecht der Hamburger Kammer tätig war, hat in Arbeitsproben „immer wieder Bearbeitungsfehler festgestellt".

Dieselben negativen Erfahrungen hat Kai Greve als Vorsitzender des Fachausschusses für Steuerecht bei der Rechtsanwaltskammer Hamburg bei ***Fachgesprächen*** gesammelt. Sie sollten ursprünglich geführt werden, wenn nach den schriftlichen Unterlagen und Zeugnissen Zweifel an den besonderen Kenntnissen und Erfahrungen des Antragstellers bestanden. Greve hat dieses Instrument gern genutzt, weil er in einem „Fachgespräch am schnellsten und am besten die Qualität von Antragstellern erkennt. In 45 Minuten ist eine echte Qualitätsprüfung möglich". Bei ihnen sind zahlreiche Kandidaten wegen „erschreckender Lücken und deutlicher Schwächen" durchgefallen. Ein Bespiel: Ein Kandidat wurde nach der Höhe des Steuersatzes bei der Veräußerung einer Kapitalbeteiligung vor fünf Jahren gefragt. Er antwortete mit dem aktuellen Steuersatz von 25 Prozent und war damit in die Falle getappt: Er hatte den geltenden statt den zurzeit des Verkaufes geltenden Steuersatz von zehn Prozent angewandt. Greve: „Wissen und Bewusstsein sich ständig ändernder Gesetze ist elementar für einen Fachanwalt für Steuerecht". Der Kandidat hatte damals nicht bestanden, 2013 wäre er vermutlich durchgekommen, da nach der Rechtsprechung des Bundesgerichtshofes Fachgespräche nicht geführt werden dürfen, um bei Zweifeln an der Qualifikation Klarheit zu schaffen.[329] Auch Scharmer trauert dieser Option nach. Solange sie rechtlich möglich war, hatte er dort viele „AHA-Erlebnisse": „Einige haben mit Bravour bestanden, andere sind mit Pauken und Trompeten durchgefallen". In Hamburg haben die Fachausschüsse Arbeitsrecht und Steuerrecht früher regelmäßig Fachgespräche geführt, bis der rechtliche Spielraum für sie durch die Rechtsprechung des Bundesgerichtshofes zu eng wurde. Sie dürfen nur bei Lücken in den Bewerbungsunterlagen geführt werden, nicht bei Zweifeln an der Qualität der Bewerber. Fachgespräche als zusätzliche Entscheidungshilfe sind nach Ansicht der Bundesrichter unzulässig.

Die Mehrzahl der Kammern hat daraus die Konsequenz gezogen und führt kaum noch Fachgespräche.[330] Nach der Umfrage von Hommerich/Kilian wurden 2002 noch elf Prozent der Antragsteller zu einem Fachgespräch geladen, danach waren es nur sechs Prozent.[331] Das Fachgespräch ist also für den Qualitätsnachweis als Fachanwalt nahezu bedeutungslos geworden.

Trotz minimaler Prüfungsrechte verweigern Kammern am Ende der Verfahren einigen Bewerbern den Zutritt zur Lounge für Fachanwälte. Die Schweriner Kammer hat von 2009 bis 2011 durchschnittlich 5,6 Prozent der Kandidaten abgelehnt, die Münchener im selben Zeitraum 4,7 Prozent, die Hamburger 2010 und 2011 im Schnitt 3,1 Prozent. Ganz geschenkt wird der Titel also nicht – aber fast, wenn man diese Prozentsätze mit den Durchfallquoten bei echten Prüfungen vergleicht. Bei der ersten notariellen Fachprüfung schafften es 18,5 Prozent nicht, bei den Steuerberatern 41 Prozent und bei den Wirtschaftsprüfern 30 Prozent.[332] Diese Zahlenvergleiche bestätigen die These, dass die

Qualifikation für einen Fachanwalt nicht mit einer Prüfung im klassischen Sinne endet. Sie ist vielmehr nur ein Verfahren zur Feststellung besonderer theoretischer Fähigkeiten und praktischer Erfahrungen mit einer Prüfungskomponente.[333]

Es wäre deshalb ein Wunder, wenn das derzeitige Verleihungsverfahren ein akzeptables Qualitätsniveau garantiert. 2007 appellierte das Anwaltsparlament deshalb mit großer Mehrheit (88:5:5) an den Gesetzgeber, die Bundesrechtsanwaltsordnung so zu ändern, dass die Kammern „eine inhaltliche Prüfungskompetenz" erhalten. Das Bundesjustizministerium ließ das Anwaltsparlament jedoch kurz und kühl abblitzen. Die damalige Ministerin Brigitte Zypries hielt, wie es im Brief hieß, die „Zeit für einen Gesetzesänderung noch nicht gekommen", auch weil die Auffassungen über die Notwendigkeit einer Änderung der Fachanwaltsordnung „weit auseinander gehen".[334] Die Ministerin nutzte also die seit Jahren tobende Kontroverse zwischen den Rechtsanwaltskammern und dem Deutschen Anwaltverein, um untätig zu bleiben.

Im Juni 2010 beschloss das Anwaltsparlament erneut mit großer Mehrheit (73:35:1) Eckpunkte für ein neues Prüfungskonzept – wieder gegen den Widerstand des DAV. Es sollte den Erwerb des Titels nicht schwerer machen, sondern nur Gleichbehandlung und Qualität sichern. Die Leitlinien des Konzepts: die inhaltliche Prüfungskompetenz den Kammern übertragen; die Bewerber bundesweit gleich behandeln; das Fachgespräch zur vierten Prüfungssäule ausbauen; und die für junge Anwältinnen und Anwälte wachsenden Schwierigkeiten beim Fallsammeln durch Fachgespräche kompensieren.

Der Deutsche Anwaltverein verteidigte seine Ablehnung unter anderem mit der These, dass der Missbrauch bei Falllisten und Klausurkorrekturen Einzelfälle sind, die nicht das System infrage stellen.[335] Es ist umgekehrt. Diese Einzelfälle sind ein Symptom dafür, dass das System nicht funktioniert. Eigentlich braucht man keinen juristisch geschulten Kopf für die Einsicht, dass fehlerhaft bearbeitete Fälle ungeeignet sind, besondere praktische und theoretische Fähigkeiten nachzuweisen. Das sagt schon der gesunde Menschenverstand. Zum anderen gibt es verbreitete Fehlentwicklungen wie das Vorbereiten von Klausuren, die von Kursveranstaltern eingeräumt werden.

Auch dieses Reformkonzept der Satzungsversammlung fand im Bundesjustizministerium kein Gehör. Im Juli 2011 lehnte die ehemalige Ministerin Sabine Leutheusser-Schnarrenberger (FDP) es mit denselben Argumenten und fast demselben Wortlaut wie ihre Vorgängerin ab.[336]

Nach dieser ministeriellen Abfuhr war endgültig klar, dass es keine Änderungen des derzeitigen Qualifikationssystems geben wird, solange Kammer, Anwaltsparlament und Deutscher Anwaltverein den Fehdehandschuh nicht begraben. Im Juni 2012 beschlossen die drei daher, vertrauliche Gespräche aufzunehmen, um bei einem dritten Anlauf mit einem abgestimmten Konzept anzutreten. Die Friedenspfeife wird also geraucht. Der Handlungsbedarf ist unabweisbar. ***Denn das geltende Qualifikationsverfahren für Fachanwälte ist eines Rechtstaats unwürdig und nicht geeignet, die Kompetenz von Fachanwälten nachzuweisen. Die Schwachstellen:***

- **Die unterschiedlichen Anforderungen in Kursen und Klausuren kommerzieller Anbieter verstoßen gegen den Gleichheitssatz,**
- **Kommerzielle Anbieter legen das Niveau der Fortbildungslehrgänge und Klausuren für „Organe der Rechtspflege" fest,**
- **Kursanbieter müssen die Anforderungen tendenziell niedrig halten, um ihre Marktchancen zu wahren,**
- **Die einzige inhaltliche Kontrolle von Leistungsnachweisen liegt in den Händen privater Fortbildungsinstitute,**
- **Rechtsanwaltskammern, die die Titel verleihen, dürfen fehlerhafte Klausur- und Fallbearbeitungen nicht beanstanden,**
- **Am Ende der Lehrgänge und Klausuren gibt es fast keine durchgefallenen Kandidaten,**
- **Das weitgehend formalisierte Qualifikationsverfahren ist in hohem Maß täuschungs- und betrugsanfällig,**
- **Fachgespräche dürfen nur die Defizite ansprechen, die sich aus den Unterlagen ergeben, nicht hingegen die geforderten besonderen theoretischen Kenntnisse eines Rechtsgebietes testen.**

Neben dem mangelhaften Prüfungsverfahren leidet die Glaubwürdigkeit der Fachanwaltstitel an zwei weiteren Schwächen: der Unlust der Fachanwälte an der Fortbildung und der Missbrauch des Titels Fachanwalt.

Dem Ideal eines zuverlässigen und gewissenhaften Rechtsvertreters widerspricht, was die Rechtsanwaltskammer Düsseldorf bei der Fortbildungsbereitschaft der über 2000 Fachanwälte im Kammerbezirk miterlebt. Im Jahresbericht 2011 moniert sie, dass in jedem Jahr leider „zahlreiche Fachanwaltskollegen" ihre „Fortbildungspflicht zunächst vergessen oder vielleicht auch verdrängen und sich erst nach mehrmaligen Bitten oder sogar erst nach Androhung des Widerrufs der Erlaubnis entschließen, den erforderlichen Nachweis zu bringen".[337] Dieser Satz beschreibt eine eigentlich unvorstellbare und unbegreifliche Nachlässigkeit bzw. Lustlosigkeit von Fachanwälten an ihrer Fortbildung. In der Düsseldorfer Kammer sind zwei Vollzeitkräfte fast ausschließlich mit der Kontrolle der jährlichen Fortbildungspflicht von zehn Stunden beschäftigt. Sie organisieren jährlich zwei Mahnwellen, um Titelträger zum eigentlich Selbstverständlichen zu veranlassen: ihre besonderen Kenntnisse im Steuer- oder Arbeitsrecht laufend aufzufrischen. Manchmal gelingt das sogar nur mit Nachfristen. Was für ein Armutszeugnis für Fachanwälte, wenn die Kammer sie, wie es im Jahresbericht heißt, ‚überreden' muss, „die erforderliche Fortbildung zu betreiben und nachzuweisen". In ein bis zwei Fällen pro Jahr verfangen diese Überredungskünste nicht, und die Kammer muss die Titel widerrufen.

Auch die Rechtsanwaltskammer München hatte Jahre mit Fortbildungsverweigerern unter den 4000 Fachanwälten im Kammerbezirk zu kämpfen, meint aber, das Problem jetzt im Griff zu haben. Auch hier sind zwei Angestellte abgeordnet, um die Fortbildungsnachweise zu überprüfen, zwei Mahnwellen abzuwickeln, Mahngebühren einzuziehen und als ultima ratio bei maximal ein bis zwei Kollegen pro Jahr die Fachanwaltsbezeichnung zu entziehen. Alexander

Siegmann, der zuständige Geschäftsführer für Fachanwälte, kann sich richtig erregen, wenn er auf das verbale Fingerhakeln mit Säumigen zu sprechen kommt. Er ärgert sich über den „Starrsinn einzelner Kollegen“, die Aufsätze in Werbeblättern zum Nachweis der Erfüllung ihrer Fortbildungspflichten einsenden und sich dann „wie die Rumpelstilzchen aufführen“, wenn die Kammer diese nicht anerkennt. Andere Kollegen sehen keinen Bedarf an Fortbildung oder denken, durch erstklassige praktische Tätigkeit täglich nachzuweisen, dass sie keiner Fortbildung bedürfen. Die kleinen und großen schriftlichen Kämpfe, die Siegmund mit ihnen ausfechten muss, findet er „unwürdig“. Wie hoch der Problemturm zeitweise wuchs, zeigt die Statistik. 2007 musste die Kammer bei der ersten Welle 347 Rechtsberater mahnen, bei der zweiten Welle noch 47. 2008 gingen die Zahlen etwas runter: 210 bei der ersten Mahnung, 22 bei der zweiten. Da dies verwaltungsmäßig kaum zu bewältigen war, führte die Kammer Mahngebühren ein: 20 Euro für die erste Mahnung, 50 Euro für die zweite. Auch wenn natürlich darüber gestritten wurde, ob diese Mahngebühr berechtigt ist oder nicht, wirkte sie. 2010 musste die Kammer in der ersten Welle nur noch 29 Rechtsvertreter mahnen, in der zweiten elf.

Bei Mahnungen ging die Kammer nicht schematisch vor, sondern mit Augenmaß und berücksichtigte bei der Fortbildungspflicht Härtefälle wie Alter, Krankheit oder Schwangerschaft.

Doch damit nicht genug: In Einzelfällen beobachteten die Münchner wie die Düsseldorfer Kammer, dass sich Anwälte bei den ***Fortbildungskursen der Kammern*** wie faule Schüler oder Studenten durchmogeln wollen. Der eine geht nach der Eintragung in die Anwesenheitsliste nach einer Stunde, der andere kommt erheblich zu spät. Auch das ‚Schwänzen‘ nach der Mittagspause ist ein bei Fortbildungskursen beliebter Sport, wenn die Teilnehmer meinen, dass die Anwesenheitskontrolle durch den Veranstalter lax ist. Erkannte die Kammer die Kursteilnahme deshalb nicht an, kam es manchmal zu Konflikten. Was die Schummler in Düsseldorf nicht wussten, war, dass eine studentische Hilfskraft ihre Anwesenheit kontrollierte und über jede Abwesenheit eines Teilnehmers einen Vermerk schrieb. Wenn die Anwälte das erfuhren, strichen sie die Segel. Sanktioniert wurden die Schwänzer nur durch Nichtanerkennung der Fortbildungszeit. Düsseldorfer Hauptgeschäftsführerin Offermann-Burckart berichtet sogar von Fällen, in denen ein ‚Strohmann‘ an Stelle des Anwaltes zu einer Fortbildungsveranstaltung geschickt wurde. Selbst die Unterschrift des zur Fortbildung Verpflichteten wurde bei solchen Gelegenheiten schon ‚imitiert‘.[338] Solche Tricks erwartet man von Kleinganoven, aber nicht von Organen der Rechtspflege.

Einen völligen Verlust berufsethischer Maßstäbe, ja fast schon kriminelle Energie offenbart eine kleine Zahl von Advokaten in Berlin: Sie schmücken sich ohne Berechtigung mit Fachanwaltstiteln – in der preußischen Tradition des Hauptmann von Köpenick. Angestoßen durch Beschwerden hat die Spree-Kammer 2006 und 2007 Mitglieder entdeckt, die diesen Titel unberechtigt führten. 2007 stieß die Kammer bei einer Überprüfung des Branchenfernsprechbuches auf „etwa ein Dutzend Kollegen", die zusammen mit Kollegen, die den Titel tragen durften, in den Spalten für Fachanwälte warben.[339]

Von allen diesen Missständen und Fehlentwicklungen bei der Qualifikation und Fortbildung von Fachanwälten hat das rechtsuchende Publikum bisher nichts erfahren. Würden es davon wissen, würden es sich wundern, wenn nicht vom Glauben abfallen. Die Glaubwürdigkeit des gesamten Systems Fachanwalt steht auf dem Spiel.[340]

Taxisfahrer und Bio-Bauern: Anwälte im Zweitberuf

Sein Spitzname ist „Taxi-Öhler". Wer ihn in seiner Kanzlei besucht, weiß warum. Sie liegt im „Taxi-Centrum", in der vierten Etage eines Gewerbebaus im Hinterhof einer BMW-Niederlassung in Hamburg-Billstedt. Eine Etage darunter das Büro des „Landesverbandes Hamburger Taxiunternehmen". 50 Prozent seiner Klienten sind Taxifahrer. Er hat eine Marktnische entdeckt – und das nicht zufällig. Er war ein leidenschaftlicher Taxifahrer. Um sein Studium zu finanzieren, hat er nachts gearbeitet. Nach dem ersten Staatsexamen ist er zwei Jahre nur Taxi gefahren: „Ein faszinierender Job, war mir nicht sicher, ob ich überhaupt ein Referendariat machen wollte". Das tat er schließlich doch. Als er das zweite Staatsexamen bestand, war er ein erfolgreicher Taxiunternehmer mit zehn Taxen. Weil er sich nicht sicher war, wie schnell er als Anwalt Mandanten akquirieren konnte, wollte er neben der Anwaltstätigkeit seine Taxen zunächst weiter fahren lassen. Dies lehnte die Hamburger Rechtsanwaltskammer 1991 jedoch ab. Der Vorstand verkenne nicht, hieß es im Bescheid, dass „hier die Dinge im Umbruch sind", aber man wolle vor dem Hintergrund der bisherigen Rechtsprechung und Praxis nicht zulassen, dass ein Anwalt nebenher „ein eigenes Gewerbe betreibt".[341] Auch beim Hamburger Anwaltsgerichtshof scheiterte Öhler damals. Obwohl sich die „berufsethischen Anschauungen" gelockert hätten, wolle man an der Unvereinbarkeit anwaltlicher und gewerblicher Tätigkeit festhalten: „Die Vermengung anwaltlicher Berufsausübung mit kaufmännischer Tätigkeit würde zu einer Vielzahl von Konfliktsituationen gegenüber dem rechtsuchenden Publikum führen und das erforderliche Vertrauensverhältnis zwischen und Anwalt und Klient zu zerstören geeignet sein".[342] Schon damals hatte er kein Verständnis für die Standesvertreter und Ehrenrichter: „In welcher Zeit leben die eigentlich?" Er wollte weiter klagen, was sich aber bald als überflüssig herausstellte. Noch im selben Jahr entschied nämlich das Bundesverfassungsgericht, dass ein Anwalt einen Zweitberuf ausüben darf, sofern keine begründeten Zweifel an seiner Unabhängigkeit und seiner Kompetenz geweckt werden. Das Recht auf freie Berufswahl umfasse auch beim Anwalt das Recht, mehrere Berufe zu wählen und miteinander auszuüben. Damit war klargestellt, dass Anwälten die Ausübung eines Zweitberufes nur noch in Ausnahmefällen versagt werden darf.

Ausgangspunkt war für das Bundesverfassungsgericht schon vor 30 Jahren „die angespannte Wettbewerbssituation" auf dem Anwaltsmarkt, die sich „durch die wachsende Zahl von Berufsanfängern, die Niederlassungsfreiheit im Rahmen der Europäischen Gemeinschaft und die rechtsberatende Tätigkeit anderer Berufsgruppen (vor allem der Steuerberater und Wirtschaftsprüfer) zunehmend verschärft". In dieser Lage sei „die Ausübung eines zweiten Berufes für viele Berufsanfänger unentbehrlich, um den Lebensunterhalt zu sichern, bis ein ausreichender Mandantenstamm oder die erforderliche Bekanntheit erreicht ist".[343] Diese höchstrichterliche Analyse kann Öhler nur bestätigen: „Berufsanfänger machen ein Schild an die Tür und es kommt keiner. Ich habe alles dem Taxigewerbe zu verdanken. Sonst hätte ich heute nicht ein solches Büro". Ähnlich positive Erfahrungen beim Berufseinstieg hat ein Anwalt als Postbote gesammelt: Bei seiner ersten Tour hat er drei Mandate bekommen.[344]

Nach Angaben der Rechtsanwaltskammer München haben 30 Prozent der Rechtsanwälte in Deutschland einen Zweitberuf angemeldet.[345] In den Jahren 2009 bis 2011 haben im Kammerbezirk München zwischen 24 und 26 Prozent aller neu zugelassenen bzw. in den Kammerbezirk gewechselten Anwälte eine Nebentätigkeit angezeigt. Die Kammer Düsseldorf berichtet 2009 und 2010 von einer teilweise „signifikanten" Zunahme von Advokaten, die einem Zweitberuf nachgehen.[346] Bei Neuzulassungen betrug ihr Anteil 2011 fast 25 Prozent.[347] Am stärksten scheint die Flucht in den Zweitberuf in Berlin zu sein. Dort stieg die Zahl der Nebentätigkeitsanzeigen zwischen 2009 und 2011 von 322 auf 422.[348] Da 2011 an der Spree nur 864 Anwälte neu zugelassen wurden, nähert sich dort die Zahl der Zweitberufswünsche der 50 Prozent-Marke. Die Mehrzahl strebt dabei aber rechtliche Tätigkeiten im engeren Sinne an. Die Advokaten werden Syndikusanwälte und Justitiare bei Unternehmen, Dozenten und Professoren an Fachhochschulen, befristet Angestellte im öffentlichen Dienst, aber auch Manager bei einer Autobahn Tank & Rast Holding GmbH. Bei ihnen droht dem rechtsuchenden Publikum kein Kompetenzverlust durch den Zweitberuf.

In der berufspolitischen Diskussion wird bisher übersehen, dass es zwei völlig verschiedene Modelle anwaltlicher und nicht-anwaltlicher Parallelarbeit gibt. Einmal bleibt der Anwalt im Erstberuf Rechtsberater und ist im Zweitberuf, sagen wir, Kneipenwirt. Er lässt ausschenken. Das ist die klassische Version. Im zweiten Modell ist der Jurist Vollzeit oder zum überwiegenden Teil in einem nicht-anwaltlichen Beruf tätig und nur im Zweitberuf Advokat. Die Konfliktfelder stellen sich in beiden Konstellationen unterschiedlich dar – vor allem aus Sicht der Mandanten.

Die steigende Zahl von Anwälten mit Zweitberuf und von Juristen mit dem Zweitberuf Anwalt sind Ausdruck eines gesellschaftlichen Trends. Nach einer Statistik der Bundesagentur für Arbeit hat sich die Zahl der Nebenjobber von 2003 bis Ende 2012 mehr als verdoppelt: von 1,2 Millionen auf 2,6 Millionen.[349] Der Anteil sozialversicherungspflichtiger Arbeitnehmer mit Nebenjob ist von 4,3 auf 9,1 Prozent gestiegen. Das heißt: Unter Anwälten ist der Broterwerb im Zweitjob wesentlich verbreiteter als unter Angestellten anderer Berufe. Das liegt sicher einmal daran, dass es für Freiberufler wesentlich einfacher ist, Geld mit einem zweiten Job zu verdienen als für Angestellte. Zum anderen wurzelt die verstärkte Suche nach einer zweiten Einnahmequelle bei Rechtskundlern in der wirtschaftlichen Misere weiter Teile des Berufsstandes.

Bei Anwälten, die außerdem Notare, Steuerberater, Wirtschaftsprüfer sind, fällt es wegen der Nähe zwischen beiden Berufen und der relativ häufigen Kombination dieser Berufsfelder kaum auf.[350] Diese Zweitberufe sind auch nicht anzeigepflichtig. Im Übrigen hat sich eine vielfältige Judikatur zu der Frage entfaltet, welche Berufe mit denen eines Anwaltes vereinbar oder unvereinbar sind. Nach ihr darf ein Anwalt zum Beispiel nicht gleichzeitig als Angestellter einer Rechtsschutzversicherung, als Immobilien- und Versicherungsmakler oder als Vermögensberater einer Bank tätig sein. Erlaubt sind dagegen gewerbliche Jobs als Geschäftsführer von Handwerksammern, Industrie- und Handelskammern, Gemeinde- und Städtebund, Taxiunternehmer und zahlreiche Berufe, die mit dem klassischen Berufsbild eines Rechtsanwalts nichts mehr gemein haben.[351] In München arbeiten Anwälte bzw. Anwältinnen als Wirte, Bio-Bauern und Reisefachfrauen, in Mecklenburg-Vorpommern als Landwirte, Angestellte in Jobcentern und als Vermieter von Zweitwohnungen – nicht, weil sie Lust dazu haben, sondern um sich damit über Wasser zu halten. Seit das Bundesverfassungsgericht entschieden hat, dass „anwaltliche und erwerbswirtschaftliche Tätigkeiten" miteinander vereinbar sind und dass das „Ansehen der Anwaltschaft" durch wirtschaftliche Tätigkeit nicht bedroht wird, stehen Anwälten die Türen für Zweitberufe in der Wirtschaft offen.[352] Dagegen sind Dauertätigkeiten im öffentlichen Dienst, insbesondere hoheitlicher Art, in der Regel unzulässig, wie etwa Jobs als Leiter des Personal-, Haupt- und Bauamtes einer Gemeinde, als Fachhochschullehrer und Angestellte eines Rechtsamtes einer Stadt.

Aufgrund der liberalen Rechtsprechung lassen die Kammern in Hamburg und Berlin rund 95 Prozent der Nebentätigkeitsanzeigen passieren. Nur in Ausnahmefällen blockt die Berufsaufsicht diese, an der Elbe etwa den Wunsch eines Advokaten, neben der Kanzlei ein Bordell zu führen. Da hätte das Ansehen des Berufsstandes doch arg Schaden genommen. Da der um berufsrechtliche Sauberkeit bemühte Anwalt auf die weniger saubere Einnahmequelle offenbar nicht verzichten wollte, soll er einen Strohmann als Geschäftsführer des Bordells eingesetzt haben.

Der großzügige Umgang mit Nebentätigkeitsanzeigen hat jedoch einen hohen Preis: Er gefährdet die Qualität des Rechtsrates und das Vertrauen des Rechtsuchenden in die Kompetenz des Berufsstandes. Eine nicht zu schätzende Zahl von Anwälten übt den Nebenberuf als Hauptberuf aus und betreut Mandate nur am Rande. Wer im Erstberuf Geschäftsführer eines Städte- und Gemeindebundes ist, dem wird nicht mehr viel Zeit bleiben, Mandate zu betreuen. Das Bundesverfassungsgericht hatte diese Gefahr erkannt und gefordert, dass der Anwaltsberuf nicht „nur gelegentlich", sondern „im nennenswerten Umfang" ausgeübt werden müsse.[353] Um ein Mindestmaß an Unabhängigkeit und Professionalität zu sichern, solle es keine „Feierabend-Anwälte" geben. Die Berufsbezeichnung Anwalt dürfe nicht zu einem bloßen Titel verkommen. Bundesgerichtshof und Anwaltsgerichtshöfe haben in der Folge ein paar rechtliche wie tatsächliche Minimalstandards entwickelt, um diese Anforderungen zu konkretisieren.[354] Wenn ein Arbeitgeber die anwaltliche Nebentätigkeit eines Angestellten auf acht bzw. neun Stunden pro Monat beschränkt, soll das unvereinbar mit dem Anwaltsberuf sein. Das Urteil fällt anders aus, wenn der Arbeitgeber bis 20 Stunden anwaltlicher Nebentätigkeit monatlich genehmigt. Außerdem soll der in einem Zweitberuf tätige Anwalt nach der Rechtsprechung des Bundesgerichtshofes „jederzeit – auch während der Dienststunden bei seinem Arbeitgeber – in der Lage sein, Gerichtstermine wahrzunehmen, eilige Schriftsätze zu verfassen, Telefongespräche zu führen und alle sonstigen nicht aufschiebbaren Tätigkeiten zu erledigen".[355] Zwar seien Kollisionen zwischen anwaltlicher Tätigkeit und dem Zweitberuf nicht immer vermeidbar, aber es müsse immer sichergestellt sein, dass die anwaltliche Tätigkeit vorrangig ausgeübt werde.

Diese Zweitberufsjudikatur ist in hohem Maße willkürlich und – weit schlimmer – „Augenwischerei". Für Kleine-Cosack stehen diese „Anforderungen letztlich nur auf dem Papier". Außerdem moniert er, dass die Anforderungen an eine anwaltliche Mindesttätigkeit weder kontrollierbar sind noch überwacht werden.[356]

Niemand weiß bisher, ob und in welchem Umfange Anwälte in ihren Zweitberufen wirklich aktiv sind bzw. neben ihren nicht-anwaltlichen Erstberufen in ihrem Zweitberuf als Anwalt tätig sind. Unbekannt ist überdies, wer dabei nur Feierabendanwalt oder Titularanwalt ist. Die Kammern haben sich um diese Frage bisher nicht gekümmert. Eine Kontrolle, ob die rechtlichen Grenzen eingehalten werden, ist schwierig und aufwendig, ihr rechtlicher Handlungsrahmen ist eng und Aufseher haben auch kein großes Interesse daran, den Zweitberufswildwuchs zu beschneiden. Je mehr Mitglieder Beiträge zahlen, desto besser geht es den Kammern finanziell. Ähnlich die Interessenlage bei den anwaltlichen Versorgungswerken.

So richtig es von der Rechtsprechung war, die wirtschaftliche Basis von Anwälten, insbesondere von Berufsanfängern durch großzügige Duldung von Zweitberufen zu erweitern, so unverkennbar ist, dass sich bisher niemand ernsthaft dafür interessiert hat, welche Folgen der Trend zum Zweitberuf für die Qualität des Rechtsrates und die Rechtsuchenden hat. Natürlich ist denkbar, dass eine Teilzeit arbeitende Anwältin Arbeit von guter Qualität abliefern kann, wenn sie sich auf ein kleines Rechtsgebiet wie Familienrecht beschränkt. Andererseits ist die Gefahr unübersehbar, dass Anwälte, die nur noch im Zweitberuf beratend tätig sind, es nicht mehr schaffen, alle Gesetzes- und Rechtsprechungsänderungen zu verfolgen und sich fortzubilden. Für den ehemaligen Präsidenten des Deutschen Anwaltvereins Hartmut Kilger besteht die Gefahr, dass ein Anwalt nur „noch Anwalt heißt, aber keiner mehr ist". Verbraucher können heutzutage leicht an „Nichtskönner und Liebhaber geraten, die ihr Geld woanders verdienen". ***Der Berufsstand hat durch Anwälte, die ihren Job mit einer arbeitsaufwendigen Zweitarbeit kombinieren oder eine Nebentätigkeit in nicht-juristischen Berufsfeldern ausüben, ein massives, bisher kaum erkanntes Qualitätsproblem bekommen. Bei der jetzigen Rechtsprechung und Kammerpraxis ist die notwendige Balance zwischen der Freiheit der Berufswahl für den Anwalt und dem Schutz der Rechtsuchenden vor inkompetenten Rechtsver-***

tretern gefährdet. Hinzu kommt, dass die Reste des anwaltlichen Berufsbildes durch den ausgeprägten Trend zum Zweitberuf weiter zerbröseln.

Ein schwieriges Verhältnis: Rechtsanwälte und Rechtsschutzversicherungen

Hubert van Bühren, Präsident der Rechtsanwaltskammer Köln, ist ein kantiger Kerl. Er pflegt eine kraftvolle und bildreiche Sprache und liebt steile Thesen, zum Beispiel, dass der Bedarf an Rechtsberatung und -vertretung auch von der Hälfte der zugelassenen Anwälte zu befriedigen sei. Er ist mutig genug, seine Kollegen davor zu warnen, Rechtsschutzversicherungen durch aussichtslose Prozesse und überhöhte Rechnungen „als Selbstbedienungsläden misszuverstehen". Andererseits vergleicht er die telefonische Beratung der Rechtsschutzversicherungen über Kunden-Hotlines aber auch mit „Telefon-Sex": Sie sei schnell und billig, aber unpersönlich und unbefriedigend.[357] Solche Kampfthesen bringen Ulrich Eberhardt, Vorstand der HUK Coburg Rechtsschutzversicherung, in Rage: Für telefonische Erstberatung gäbe es, wie regelmäßigen Marktanalysen zeigen, ein konkretes Bedürfnis. Die Kunden hätten ein Interesse an erster Orientierung: „Wir müssen uns zu Lotsen im Rechtsschutzfall entwickeln", ist Eberhardts Parole für die Zukunft.[358] Im Übrigen fielen Telefon-Sex-Vergleiche und ähnlich unfaire Attacken auf die Versicherer auf die Anwaltschaft zurück. Damit wollten sie nur die Nöte kompensieren, die durch die drastisch gestiegene Zahl zugelassener Anwälte entstanden seien.[359]

Der Schlagabtausch zwischen van Bühren und Eberhardt offenbart, dass sich das ursprünglich gedeihliche Miteinander von Anwälten und Rechtsschutzversicherungen in den letzten zehn Jahren in ein schwieriges, manche sagen sogar zerrüttetes Verhältnis verwandelt hat.[360]

Diese Spannungen wurden 2004 durch das neue Rechtsanwaltsvergütungsgesetz (RVG) ausgelöst, durch das die anwaltlichen Gebühren um durchschnittlich 15 Prozent stiegen.[361] Die meisten der knapp 50 Rechtsschutzversicherer reagierten darauf mit Kostensenkungsprogrammen. Zwar gilt Deutschland mit 21,2 Millionen Versicherungsverträgen und Beitragseinnahmen in Höhe von 3,3 Milliarden Euro im Jahr 2012 immer noch als das „Mekka der Rechtsschutzversicherungen" (Matthias Kilian) in Europa. Aber unverkennbar ist, dass die Zuwachsraten in den letzten fünf Jahren gering sind und nur noch zwischen 0,1 Prozent und 3,1 Prozent pendeln. Der Markt stagniert oder wächst nur noch langsam. Gewinne und Umsätze können fast nur noch auf Kosten von Mitbewerbern steigen oder durch Reduzierung des Hauptkostenfaktors: die Anwaltshonorare.[362] Zwischen 1,7 und 2,3 Milliarden Euro sollen die Rechtsschutzversicherungen jährlich für ihre Honorare ausgeben.[363] Ein Vergleich mit der Einkommenssteuerstatistik der Anwaltschaft zeigt, dass mittlerweile zehn bis zwanzig Prozent des gesamten Honoraraufkommens der Anwälte aus Kassen der Rechtsschutzversicherungen stammen.[364] Das Soldan Institut schätzt, dass zwischen 25 bis 30 Prozent aller Mandate über Rechtsschutzversicherungen abgewickelt werden, insbesondere von kleinen und mittleren Kanzleien. Das Institut für Freie Berufe in Nürnberg kommt auf einen Anteil von 28 Prozent.[365] Diese Zahlen belegen, dass ein relativ großer Teil der Anwaltschaft von Rechtsschutzversicherungen wirtschaftlich abhängig ist. Umgekehrt sind die Versicherer zu hundert Prozent auf Advokaten angewiesen, weil das Geschäftsmodell Rechtsschutzversicherung ohne sie nicht funktioniert.[366]

Dieses Abhängigkeitsverhältnis war solange unproblematisch, wie beide Branchen parallel wuchsen: der Bedarf der Bürger an rechtlicher Beratung und ihre Finanzierung durch Rechtsschutzversicherungen sowie das Angebot der Anwälte, die einen Teil ihrer Honorare von Rechtsschutzversicherungen bekommen. Es entfaltet jedoch Sprengkraft, seitdem die Nachfrage auf dem Versicherungsmarkt nur noch wenig wächst bzw. stagniert und auf dem Anwaltsmarkt das Angebot die Nachfrage übersteigt. Es ist das Ringen ***zwischen einem nahezu gesättigten Versicherungsmarkt und einem überfüllten Anwaltsmarkt, der das Abhängigkeitsverhältnis in den letzten Jahren so explosiv gemacht hat.***

Um die Anwaltshonorare zu senken, die Qualität des Rechtsrates zu erhalten und die Zahl der Mandate zu verkleinern, haben die Rechtsschutzversicherungen ihre Rolle neu definiert: ***vom Kostenerstatter zum Leistungs- oder Servicemanager.*** Dafür haben sie drei Elemente kombiniert: den Aufbau von Netzen mit Vertrauensanwälten, mit denen sog. Rationalisierungsabkommen abgeschlossen werden, den Verzicht auf Selbstbeteiligungen bei der Wahl von Vertrauens- bzw. Partneranwälten und Kunden-Hotlines. Obwohl alle drei Elemente die Anwaltschaft verdrießen, ärgern sie die Rationalisierungsabkommen am stärksten – weil sie direkt ans Portemonnaie gehen.

Die Grundidee der Rationalisierungsabkommen ist ein Deal zwischen Versicherung und Anwalt: Vermittlung von Mandanten gegen das Zugeständnis der Anwälte, unterhalb der gesetzlichen Gebühren bzw. am unteren Rand von Rahmengebühren abzurechnen plus Vereinfachung bei der Abwicklung von Mandaten (pauschalierte Abrechnung in bestimmten Fällen, Verzicht auf Abstimmung bei Klagen, Rechtsmitteln und Vergleichen, standardisierter Informationsfluss). Wer ein solches Rationalisierungsabkommen unterschreibt, wird bei der jeweiligen Rechtsschutzversicherung Partner- oder Vertrauensanwalt.

Alle Versicherer haben deshalb inzwischen Anwaltsnetze gespannt. Die Roland Versicherung hat zum Beispiel einen Pool mit 700 Kanzleien mit 2 500 Partneranwälten aufgebaut. Auswahlkriterien sind Kanzleien mit drei bis zehn Mitgliedern, mehrjährige Erfahrung, unterschiedliche Fachanwaltschaften und Tätigkeitsschwerpunkte, Vereinbarung kurzfristiger Termine und gute Erreichbarkeit. HUK Coburg hat mit 1 200 Kanzleien und 4 300 Rechtsvertretern Verträge geschlossen. Sie spricht dieselbe Zielgruppe unter den Anwälten an wie Roland. Vorstand Ulrich Eberhardt: „Wir wollen Fachanwälte, wir wollen eine Mindestgröße der Kanzlei, damit zur … Not eine Vertretung möglich ist. Außerdem legen wir Wert auf eine gute technische Ausstattung, Datenschutz und Fortbildung“. Damit wollen die Rechtsschutzversicherungen eine gewisse Qualität der Rechtsberatung gewährleisten. Nach D.A.S.-Boss Rainer Tögel haben „Kunden den Wunsch, bei der Auswahl von einem besonders geeigneten

Anwalt unterstützt zu werden". Das bringt Vorteile für die Kunden wie für die Rechtsschutzversicherer. Wenn der Anwalt des Kunden gewinnt, zahlt in der Regel der Gegner die Kosten. Für Tögel eine win-win-Situation. Weniger diplomatisch formuliert: Hinter der Idee, den Kunden nur bestimmte Anwälte zu empfehlen, steckt die Erkenntnis, dass es viele schlechte Anwälte gibt und die Qualitätsunterschiede zwischen Pool-Anwälten und vielen Nicht Pool-Anwälten gewaltig sein können.

Finanzielle Anreize sollen die Versicherten bewegen, sich durch einen Partneranwalt vertreten zu lassen. Roland verzichtet zum Beispiel auf einen Abzug der Selbstbeteiligung in Höhe von 250 Euro bei der Gebührenabrechnung, wenn der Versicherte einen Partneranwalt beauftragt, bei der D.A.S. Rechtschutzversicherung und HUK Coburg bleiben die Kunden in der Schadensfreiheitsklasse, wenn der Versicherte sich an einen empfohlenen Anwalt wendet. Diese Selbstbehalte zwischen 150 und 300 Euro haben das Ziel, Versicherte bei Bagatellschäden von mutwilligen Klagen und Rechtsmitteln abzuhalten.

Einen doppelten Zweck verfolgen die Kunden-Hotlines: Sie sollen Versicherten Orientierungshilfe bei der Einschätzung ihres Rechtsproblems geben und bei der Auswahl des richtigen Anwalts helfen, der idealerweise ein Partner- oder Vertrauensanwalt ist. Die Branchenzeitschrift ‚Versicherungswirtschaft' feiert diese Hotlines als „Erfolgsmodell": Die „Schadenquote und auch die Kosten" werden durch sie „spürbar reduziert". Durch den Einstieg in das telefonische Beratungsgeschäft haben die Versicherungen die Schadensquote – die Zahl der anwaltlichen Beratungen – in den letzten Jahren um zwei bis drei Prozent gesenkt. Solche Effekte bestätigen viele Anwälte, die immer schon glaubten, dass telefonische Rechtsberatung ein Teufelswerk ist. „Hier werden", behauptet Hubert van Bühren, „70–80 Prozent aller Mandanten davon abgehalten, sich von einem Anwalt ihrer Wahl beraten und vertreten zu lassen". Woher weiß er das? Hat er mitgehört, Mäuschen gespielt? Tatsächlich gibt er wohl nur Vorurteile wieder. Die Stiftung Warentest kommt jedenfalls zu einem ganz anderen, wesentlich positiveren Urteil: Telefonhotlines „bieten dem Kunden eine schnelle kurze Rechtsinformation. Hotlines sind insofern von großem Vorteil für den Verbraucher".[367] Gerhard Horrion, Vorstandsvorsitzender der Roland Rechtsschutzversicherung, beobachtet ein „verändertes Verbraucherverhalten": Kunden erwarten heute einen schnellen telefonischen Rat nach dem Motto „One call does it all".

Gegen die Rationalisierungsabkommen fahren Anwälte klassischen Zuschnitts schweres Geschütz auf. Sie nennen sie „unmoralische Angebote" oder „Knebelverträge".[368] Für die Konferenz der Gebührenreferenten der Kammern sind diese Abkommen „gesetzeswidrig und unwirksam".[369] Der Kernvorwurf des Vizepräsidenten des Deutschen Anwaltvereins Herbert P. Schons lautet: Die Rationalisierungsabkommen „laufen auf eine Abschaffung der freien Anwaltswahl hinaus", wenn sie mit finanziellen Vorteilen gekoppelt sind.[370] Es entstünde die Gefahr, dass das Abhängigkeitsverhältnis des Anwalts gegenüber Versicherung zu einer Gefahr für den Mandanten werde. Vertragsanwälte müssten zwei Herren dienen: ihren Klienten und der Versicherung.[371]

Dieser Unmut in der Anwaltschaft hat die Rechtsanwaltskammer München mit dem Segen der Bundesrechtsanwaltskammer veranlasst, die Rechtsschutzversicherung HUK Coburg zu verklagen. Im Zentrum des Rechtsstreits steht die Frage, ob ein Schadensmanagement mit Hilfe eines besonderen Anwaltsnetzes und einer Selbstbeteiligung der Versicherten mit dem Recht auf freie Anwaltswahl vereinbar ist.[372] Im Dezember 2013 hat der Bundesgerichtshof den Streit zugunsten der Rechtsschutzversicherungen entschieden: Kooperationsabkommen mit finanziellen Anreizen schränken nach seiner Auffassung die freie Wahl des Anwaltes grundsätzlich nicht in unzulässiger Weise ein.[373]

Die neue Strategie der Rechtsschutzversicherungen hat zwei Keile in die Anwaltschaft getrieben: einmal zwischen den Mitgliedern der Anwaltsnetze und den Verweigerern, zum anderen zwischen Partneranwälten und Anwälten ohne Angebot.

In Teilen der Anwaltschaft ist verpönt, sich bei einer Rechtsschutzversicherung als Partneranwalt zu verdingen. Wer das öffentlich zugibt, muss mit Beschimpfungen rechnen. Als sich 2007 ein Anwalt auf einer Veranstaltung vor 50 Kollegen als einziger dazu bekannte, wurde er als „Judas" verunglimpft.[374] Das ist die offizielle Seite. Inoffiziell ist die Bereitschaft in der Anwaltschaft, bei einem Partnernetz einer Rechtsschutzversicherung mitzumachen, in den letzten Jahren stark gestiegen, wie Untersuchungen des Soldan Instituts ergeben haben. 2006 waren nur 26 Prozent aller Rechtsvertreter bereit, ein Rationalisierungsabkommen zu unterschreiben. 2009 haben 42 Prozent, die eine solche Offerte bekommen haben, sie angenommen.[375] Bei der Advocard Versicherung fragen jährlich rund 300 Anwälte an, ob sie am Partnernetz teilnehmen können, eine ähnliche Zahl klopft bei der Roland Versicherung an. Auf dem Tisch des Vorstandssprechers der D.A.S. Rechtsschutzversicherung Rainer Tögel landen jährlich rund 200 Bewerbungen. Ein Indiz dafür, wie stark sich die Anschauungen der Anwälte unter dem wirtschaftlichen Druck des Marktes geändert haben. Nach den Kölner Anwaltsforschern haben 15,6 Prozent aller Rechtsanwälte und 19,7 Prozent aller Rechtsanwälte, die rechtsschutzversicherte Mandate bearbeiten, ein Abrechnungsabkommen mit den Versicherung abgeschlossen.[376] Das Institut für Freie Berufe Nürnberg kommt auf einen Anteil von gut 22 Prozent.[377] Das ist also bisher nicht mehr als eine starke Minderheit.

Eine deutliche Mehrheit lehnt den Abschluss solcher Verträge weiterhin ab, in erster Linie, weil damit erhebliche finanzielle Einbußen verbunden sind. Das Soldan Institut errechnet Mindereinnahmen zwischen 20 und 40 Prozent, das Nürnberger Institut eine Spannbreite von 15 bis 30 Prozent.[378] Ein Beispiel: Für eine außergerichtliche Beratung ohne Vergleich bei einem Streitwert von 4000 Euro beläuft sich das normale Honorar auf 402 Euro, der Partneranwalt erhält 15 Prozent weniger, nämlich nur 344 Euro. Bei einer außergerichtlichen Beratung mit Vergleich beträgt die Differenz ebenfalls 15 Prozent. Rechnen tun sich diese Mindereinnahmen also nur, wenn Zahl und Streitwert der vermittelten Mandate die geringeren Einnahmen kompensieren. Dieser Vergleich fällt bei einigen Anwälten nach ein oder zwei Jahren negativ aus. Zum Beispiel beim Hamburger Matthias Öhler. Er hatte in einem drei Viertel Jahr nur wenige

Fälle erhalten. Sein Fazit: „Die vermittelten Fälle haben die Einbußen bei den Gebühren nicht kompensiert". Solche Abgänge können sich aber nur Kanzleien mit guten Mandantenstämmen leisten. Bei den anderen können die Versicherungen ihre Kosten zu Lasten der Anwälte drücken, weil der Markt es hergibt – mit fatalen Folgen für die wirtschaftliche Situation der Pool-Anwälte.

Am ärgsten leiden unter der neuen Strategie der Rechtsschutzversicherungen die Anwälte, die keine Angebote der Versicherer bekommen – zum Beispiel Berufsanfänger. Weil die Versicherer möglichst viele Mandate an Pool-Anwälte geben, spüren Advokaten ohne Angebote nach Michael Bücken, Vorsitzender des DAV-Verkehrsausschusses, einen „deutlich Rückgang der Mandate, der existenzbedrohend ist". Während die Rechtsschutzversicherungen dazu beitragen, einem Teil der Anwaltschaft sichere Einnahme zu verschaffen, vertiefen sie bei einem anderen Teil die Misere.

Diese negativen Auswirkungen sind nicht zu bestreiten, werden jedoch von der Anwaltschaft dramatisiert. Eine nüchterne Betrachtung offenbart, dass der weitaus größte Teil der Schadensfälle weiterhin ohne Einschaltung von Partner- bzw. Vertrauensanwälten abgewickelt wird. So werden zum Beispiel bei der Roland Versicherung knapp ***80 Prozent*** aller Schadensfälle von Rechtsvertretern betreut, ***die nicht in Partnernetzen organisiert sind.*** Bei der HUK Coburg sind es sogar ***95 Prozent***. Wesentlich weiter ist nur die D.A.S. Rechtsschutzversicherung, die bereits über ***50 Prozent*** aller Schadensfälle durch ihr Anwaltsnetz schleust.

Das Spannungsverhältnis zwischen Rechtsschutzversicherungen und Anwaltschaft entlädt sich vor allem im alltäglichen Kleinkrieg bei der Abwicklung der Schadensfälle – von der Deckungszusage bis zur Überweisung des Honorars.[379] Sand ins Getriebe zu streuen, klagen die Anwälte, sei mittlerweile die Regel und nicht mehr Ausnahme: Rechtsschutzversicherungen antworten nicht auf Anträge auf Deckungszusagen, Vorschüsse bleiben aus, Erfolgsaussichten von Klagen und Rechtsmittel werden in Frage gestellt, Kostenübernahmen abgelehnt und Vergütungen gekürzt.[380] Nach einer Umfrage der DAV-Arbeitsgemeinschaft Versicherungsrecht gaben 2013 knapp 78 der Rechtsberater an, dass das „zögerliche Regulierungsverhalten" der Versicherer „schlimmer" geworden sei. Vor allem bei Einsprüchen gegen Bußgeldbescheide gibt es nach Rechtsanwalt Hans Jürgen Gebhardt häufig „Streit mit Rechtsschutzversicherungen". Solche Einsprüche kosten natürlich Geld, erst recht, wenn sich Gerichtsverfahren anschließen.

Am meisten ärgern sich die Anwälte über die Versuche von Rechtschutzversicherungen, bei Abrechnungen die Gebühren zu kürzen. Nach einer Untersuchung des Nürnberger Instituts für Freie Berufe gaben 61,3 Prozent aller Anwälte an, dass Rechtsschutzversicherer seit 2004 ihre Gebühren ohne Absprache gekürzt hätten.[381] Es wird ohne Rücksprache weniger Geld überwiesen als der Advokat auf der Rechnung gefordert hat. Bei gut 31 Prozent der betroffenen Anwälte wurden die Gebühren durchschnittlich zwischen 0 und 10 Prozent gekürzt, bei gut 45 Prozent zwischen 10 und 25 Prozent. Allerdings wehrten sich die meisten Rechtsvertreter gegen diese Kürzungen. 46 Prozent lehnten jede Kürzung ab, die anderen schlossen Kompromisse und akzeptierten niedrigere Kürzungen als von den Versicherungen zunächst verlangt. Im Durchschnitt wurden die Gebühren nach einer Umfrage der Nürnberger Instituts für Freie Berufe um 19 Prozent pro Mandant gekürzt.[382]

Auf der anderen Seite ist den meisten Anwälten klar, dass es viele Mandate ohne Rechtsschutzversicherung gar nicht geben würde. Unklar ist dagegen, in welchem Umfang Anwälte bei der Beratung und Vertretung nicht nur das Interesse der Mandanten, sondern in erster Linie eigene finanzielle Vorteile im Blick haben. Das Thema wird im öffentlichen Disput totgeschwiegen. Die Anwälte reden natürlich nicht gern über ethisch fragwürdiges Verhalten. Und die Versicherer vermeiden derzeit alles, um das gestörte Verhältnis zur Anwaltschaft nicht weiter zu belasten.

Der Kölner Kammerpräsident Hubert W. van Bühren ist da eine rare Ausnahme. Er erinnert seine Kollegen in diesem Zusammenhang an eine landwirtschaftliche Binsenweisheit: „Eine Kuh, die einmal geschlachtet ist, kann man nicht mehr melken".[383] Das Sündenregister, das er ihnen vorhält, ist eindrucksvoll: „Unsinnige Anlegerklagen im vierstelligen Bereich, eine Vielzahl von Klagen aus Gewinnzusagen gegen Briefkastenfirmen in der Karibik", die nicht vollstreckt werden können; aussichtslose Einsprüche gegen Bußgeldbescheide; Anwälte, die sich weigern, „nach Kostenerstattung durch die Gegenseite Vorschüsse von Rechtsschutzversicherungen abzurechnen"; Rechtsvertreter, „die, einmal im Besitz einer Rechtsschutzpolice, Schadensfälle erfinden, selbst gerichtliche Verfahren werden auf dem Papier konstruiert". Unter dem Strich sind diese Auswüchse seiner Auffassung dann doch wieder nicht so schlimm, weil es sich nur um „Einzelfälle" handelt. Also kann die Anwaltschaft wieder zur Tagesordnung übergehen.[384]

In diesem Zusammenhang beruft sich die Anwaltschaft gern auf ältere empirische Studien, die alle zu dem Ergebnis kommen, dass Rechtsschutzversicherungen die Deutschen keinesfalls in ein Volk von „Streithanseln" und „Prozesshanseln" verwandelt haben. Das ist richtig. Es gibt bisher keine Belege dafür, dass Rechtsschutzversicherungen zu einer „starken Zunahme von Gerichtsverfahren" (Busse) beitragen oder für einen „steigenden Geschäftsanfall" (Kilian) verantwortlich sind.[385] Aber das war bei nüchterner Betrachtung immer schon eine unrealistische Erwartung. Die These, dass Rechtsschutzversicherungen Prozessfluten oder Prozesslawinen auslösen, war von Anfang an überzogen. Rechtsschutzversicherungen haben die Erfolgsaussichten von Klagen und Rechtsmitteln immer geprüft. Und bereits vor Jahren haben sie Instrumente wie Selbstbeteiligungen und Bonus-Malus-Systeme entwickelt, um Mandanten wie ihre juristischen Helfer von mutwilligen Klagen und Rechtsmitteln abzuschrecken. Außerdem ist das Verfolgen von Rechtsansprüchen in der Regel eine mühselige und zeitaufwendige Aufgabe, die keiner aus Jux und Tollerei betreibt, auch wenn sie nichts kostet. Prozessieren ist kein beliebter Freizeitsport, sieht man von einigen Querulanten ab.

Die vom Bundesjustizministerium in Auftrag gegebene Untersuchung von Jagodzinski, Raiser und Riehl bildet plausibel und wirklichkeitsnah den Einfluss von Rechtsschutzversicherungen auf die Rechtsverfolgung ab.[386]

Nach einer Anwaltsumfrage bejahen mehr als 50 Prozent von ihnen eine ***prozessvermehrende Wirkung*** von Rechtsschutzversicherungen in den Rechtsgebieten Arbeitsrecht, Verkehrsstrafrecht, Zivilrecht und Verkehrs- und Ordnungswidrigkeitenrecht.[387] Überdies hält die Mehrheit der Anwälte rechtsschutzversicherte Mandanten für ***hartnäckiger*** bei der Rechtsverfolgung als Nicht-Versicherte.

Diese Selbsteinschätzung der Anwälte bestätigen Aktenanalyse und Richterstudie: Bei Verkehrsordnungswidrigkeiten und Verkehrsstrafsachen legen anwaltlich vertretene Rechtsschutzversicherer „häufiger Einspruch ein, sie betreiben die Verfahren ein wenig hartnäckiger und sie sind im Einspruchsverfahren weniger erfolgreich als Nichtversicherte, bei geringen Geldbußen (bis zu 100 DM) sogar erheblich weniger".[388] Ihr Fazit: Im Verkehrsrecht prozessieren Rechtsschutzversicherte im Durchschnitt zwischen fünf und zehn Prozent häufiger als Nicht-Versicherte. Das ist keine ***keine Flut, aber auch keine „quantité négligeable".***[389] Zu ähnlichen Ergebnissen gelangen die Forscher für alle Rechtsgebiete.[390]

Die anwaltlichen Berufsverbände und das anwaltsfreundliche Schrifttum übergehen diese Zahlen in der berufspolitischen Diskussion und erklären das Phänomen der Gebührenschneiderei für nicht existent. Eine ungerechtfertigte Selbstentlastung. Eine höhere Prozessfreudigkeit von fünf bis zehn Prozent bedeutet bei rund 270 000 Schadensfällen der HUK Coburg im Jahr 2011, dass sie bei ihren Versicherten zwischen 13 500 bis 27 000 Verfahren mehr finanzieren musste. Der Vorstandsvorsitzende der Roland Rechtsschutzversicherung Gerhard Horrion schätzt den Anteil der missbräuchlichen und wirtschaftlich unsinnigen Verfahren auf fünf Prozent. Das wären 2012 bei 317 000 Schadensfällen seiner Versicherung immerhin 15 850. Das sind eindeutig mehr als die von den berühmten schwarzen Schafen verursachten Einzelfälle.

Die Rechtsschutzversicherungen beobachten drei Kategorien von Anwälten mit Arg: Rechtsvertreter, die kriminell abrechnen, rechtsmissbräuchliches Vorgehen und wirtschaftlich unsinniges Prozessieren.

Vor fünf Jahren, als das Verhältnis zur Anwaltschaft noch „harmonisch und unkompliziert war", hat der Vorstandsprecher der D.A.S. Rechtsschutzversicherung Rainer Tögel noch keine Strafanzeigen gegen Rechtsanwälte gestellt, selbst wenn er über den Verdacht eines strafbaren Verhaltens stolperte. Inzwischen habe sich aber so viel „Konfliktstoff" angesammelt, dass er hin und wieder solche Fälle der Staatsanwaltschaft übergibt. An die Rechtsanwaltskammern wendet er sich gar nicht erst, „weil sie in diesem Bereich vollständig versagen". Zwei Fallkonstellationen fallen ihm immer wieder auf: Veruntreuung von Geldern und die Abrechnung fingierter Sachverhalte. Bei ihnen gibt es zwar die Mandanten, aber die ihnen zugeschriebenen Fälle sind frei erfunden. Tögel betont, dass es ich hier wirklich um Ausnahmen handelt.

Zur Kategorie missbräuchlicher Rechtsverfolgung zählt Ulrich Eberhardt Fälle, in denen Anwälte gegen mit Film bzw. Fotos dokumentierte Verletzungen des Abstandgebots oder Rotlichtverstöße vorgeht. Hier müsste eigentlich jeder vernünftige Anwalt nach seiner Auffassung von einem Verfahren abraten, weil die Beweislage eindeutig ist. Die Rechtsvertreter tun es nicht, um „Gebühren hochzutreiben". Weil viele Rechtskundler hier inzwischen mit Textbausteinen arbeiten, ist es für sie leicht verdientes Geld. Besonders verdrießen Eberhardt Anwälte, die bei Ordnungswidrigkeiten „per se Einspruch einlegen, den dann aber im Verfahren zurückziehen, um die volle Termingebühr einzustreichen". Diese Beobachtung bestätigt die Untersuchung des Bundesjustizministeriums. Sie hat herausgefunden, dass Rechtsschutzversicherte fünf bis zehn Prozent mehr Einsprüche einlegen als Nicht-Versicherte und wiederum zehn Prozent mehr ihre Einsprüche in der Hauptverhandlung zurücknehmen als Nicht-Versicherte.[391] Auch hier also wieder kein Massenphänomen, aber doch eine nicht zu vernachlässigende Dimension von berufsethischem Fehlverhalten.

Auch Roland-Chef Horrion berichtet von einigen Klagen, die man eher in einem Anwaltskabarett als im Berufsalltag vermutet: Ein Rechtsvertreter sieht im Regen statt blauem Himmel einen Reisemangel und klagt Schadensersatz ein. Ein Kollege will einen Verkäufer zur Rücknahme eines Autos zwingen, weil der Käufer den Aschenbecher nicht leicht genug nutzen kann. Ein Dritter klagt Schmerzensgeld für einen angefahrenen Hund ein. Missmutig stimmen Horrion auch Klagen auf Studienplätze an mehreren Universitäten. Den Vogel hat dabei ein Anwalt abgeschossen, der seinen Mandanten bei 17 Universitäten eingeklagt und alle Klagen separat abgerechnet hat. Horrion hat den Eindruck gewonnen, dass es „notleidende Anwälte gibt", die Rechtsschutzversicherungen „als berufsständisches Versorgungswerk verstehen, nur schon für die Aktivphase des Berufslebens". Die Verantwortung verortet er bei der Politik, die „junge Leute gegen den Markt ausbilden lässt". Auch für den D.A.S.-Chef Tögel hat die „Vermassung des Anwaltberufes Spuren hinterlassen": „Es ist eine berufsethische Grauzone entstanden, in der die Gebührenoptimierung wichtiger ist als der Nutzen für den Kunden".

Ein Dorn im Auge sind Eberhardt und Tögel insbesondere Anlegeranwälte. Nach der Insolvenz der US-Bank Lehman Brothers hat die HUK Coburg über 1 000 Klagen auf den Tisch bekommen, ohne Zielrichtung, nur um Fristen zu wahren. Wegen der hohen Streitwerte sahen viele Rechtsvertreter hier eine Chance, sich eine goldene Nase zu verdienen. Eberhardt vermisste bei ihnen eine „Bereitschaft zum fair play": Es fehle bei Anleger-Klagen „gelegentlich" der Wille, „kostengünstig vorzugehen, obwohl die Anwälte standesrechtlich dazu verpflichtet sind": „Emotional empfinde ich das als Missbrauch". Tögel kennt Anlegeranwälte, die für 200 Kunden „aussichtlose Klagen" einreichen. Ihm sind aber auch Kanzleien positiv aufgefallen wie die Düsseldorfer Kanzlei Baum/Reiter. Statt sofort zu klagen sprechen die erst mal mit Banken oder Sparkassen und holen auf dem Vergleichswege meist viel mehr für ihre Mandanten raus. Die meisten Rechtsschutzversicherungen haben auf dieses aggressive, kostentreibende Vorgehen von Anlegeranwälten reagiert und die Deckung von Kapitalanlageklagen in ihren Policen ausgeschlossen. Diese Klausel hat der Bundesgerichtshof allerdings 2013 wegen mangelnder Transparenz für ungültig erklärt.[392]

Ein Ärgernis sind für D.A.S-Chef Tögel überdies Medizinrechtler, die aus Arzthaftungsprozessen eine „Goldgrube machen". Sie halten sich häufig im Dunstkreis von Selbsthilfegruppen auf und bestärken Kranke in ihrem Glauben falsch behandelt worden zu sein. „Wir kämpfen für sie", versprechen sie ihnen und prozessieren dann über Jahre. Tögel: „Fragwürdig sind Fälle, in denen offenkundig das Interesse an einem hohen Streitwert im Vordergrund steht und nicht der Seelenfrieden der Betroffenen, denen es vor allem um die Frage geht, ob überhaupt ein ärztlicher Fehler ursächlich ist".

Bei der Prüfung, ob Rechtsschutzversicherungen Klagen und Rechtsmitteln finanzieren sollen, befinden sich Rechtsschutzversicherungen in einem Dilemma. Die rechtlichen Erfolgschancen von Klagen und Rechtsmitteln sind manchmal schwer einzuschätzen. Wo beginnt die Schwelle des Missbrauchs? Bei zehn oder zwanzig Prozent Erfolgsaussicht? Wie sind die zu kalkulieren? Außerdem wollen sich die Rechtsversicherungen im Grundsatz kundenfreundlich verhalten. Deshalb prüfen die Advocard-Rechtschutzversicherung und D.A.S. die Erfolgsaussichten von Klagen überhaupt nicht, weil sie den Anwälten vertrauen bzw. sie sich rechtlich nicht durchsetzen können. HUK Coburg tut es, entscheidet aber im Zweifel aber immer für den Kunden. Eine härtere Linie fährt die Roland Rechtsschutz-Versicherung. Ihr Vorstandsvorsitzender Horrion schätzt, dass sie in vier Prozent aller Schadensfälle Deckungszusagen wegen rechtlich aussichtloser Klagen oder Rechtsmittel ablehnen. Das wären 2012 immerhin 13 000 Fälle gewesen.

Fazit: Es ist verständlich, dass Rechtsanwälte gegen das neue Service-Management der Rechtsschutzversicherungen Front machen, weil es tief in das tradierte Anwalt-Mandant-Verhältnis eingreift. Ein großer Teil der anwaltlichen Attacken ist jedoch unberechtigt. Sie projizieren unbewältigte wirtschaftliche, qualitative und berufsethische Probleme des eigenen Berufsstandes auf die Rechtsschutzversicherungen. Denen ist es im Widerspruch zum polternden Protest der Anwaltschaft bisher aber nur gelungen, „einen geringen Teil des Marktes zu lenken" (Monika Risch, Vorsitzende der Arbeitsgemeinschaft Versicherungsrecht im DAV).

Das System der Kunden-Hotlines dient dem Interesse der Verbraucher – als erste schnelle Rechtsauskunft und Wegweiser bei der Suche nach einem geeigneten Anwalt. Die Vermittlung zu einem Netzwerkanwalt bringt für den Rechtssuchenden mehr Vorteile als Nachteile. Das Raster, das die Versicherungen für die Auswahl ihrer Partneranwälte anlegen, bürgt in der Regel für eine gewisse Qualität des Rechtsrates. Pool-Anwälte sind, wie die Vorsitzende der Arbeitsgemeinschaft Versicherungsrecht im DAV Risch zu Recht hervorhebt, keine „Schmuddelanwälte". Im Gegenteil, diese Netzwerke verhindern, dass Unfall- oder Kündigungsopfer an Robenträger aus dem unteren Drittel der Qualitätsskala geraten.

Legitim ist außerdem das System der Selbstbeteiligung der Versicherungsnehmer, um missbräuchliche und wirtschaftlich unsinnige Klagen und Rechtsmittel zu verhindern. Der prozesstreibende Umgang mit rechtsschutzversicherten Mandaten ist trotz Selbstbeteiligung und kritischer Prüfung von Deckungszusagen bei einigen Versicherungen keine zu vernachlässigende Größe. Schmerzhaft für die Anwaltschaft ist, dass es den Versicherern mithilfe von Netzwerken gelingt, die Honorare ihrer Mitglieder erheblich zu drücken. Aber das ist den Versicherern nicht vorzuwerfen, weil sie nichts anderes tun, als ihre wirtschaftliche Macht auf dem überfüllten Anwaltsmarkt zu nutzen. Die Verantwortung dafür tragen alle, die den ungebremsten Zustrom auf den Anwaltsmarkt nicht gesteuert haben.

Der neue Anwaltsmarkt: Poker um Honorare

Wer im 9. Stock eines Hochhauses am Potsdamer Platz in Berlin den Fahrstuhl verlässt, um Rat in der Anwaltskanzlei Raue LLP zu suchen, wird überrascht. Moderne Kunst begrüßt ihn. An der Wand gegenüber ein „Davonrennender Mann" von Salome, ungefähr zwei Meter groß in grellen orange, gelb, blau, grünen und roten Streifen auf Holz gemalt, rechts über dem Kopf das Modell einer „Stadtlandschaft" des Star-Architekten Daniel Liebeskind. 600 Kunstwerke hängen in der Kanzlei, ihr „branding" wie Peter Raue sagt. Aber nicht nur. Die Kunstwerke sind auch Teil seiner Person als Anwalt der Schönen Künste. Um diese Rolle fürchtete er, als seine frühere Kanzlei Hogan & Hartson Raue 2010 mit der englischen Kanzlei Lovells fusionierte. Dadurch entstand ein Kanzlei-Riese mit weltweit rund 2 500 Anwälten und 40 Büros und einem kumulierten Umsatz im Jahr 2008 von 1,2 Milliarden US-Dollar. Für 40 Anwälte von Hogan & Hartson Raue eine Horrorvision. Sie wollten diese Verschmelzung nicht mitmachen und gründeten eine eigene Kanzlei.[393] Sie wollten am persönlichen Vertrauensverhältnis zum Mandanten festhalten und hatten kein Interesse, als kleine Räder in einer internationalen Anwaltsfabrik zu funktionieren. Sie wollten, so Raue, keine „Prozesse in China oder Warschau" führen und nicht auf einen drei Wochen dauernden weltweiten „Konfliktcheck warten, bevor ein neues Mandat angenommen werden darf".

Ein weiteres Ärgernis waren für Peter Raue die starren „unfassbaren hohen Stundensätze" in der US-Kanzlei, die man von keinem „Menschen – Künstler, Galeristen, Agenten – fordern kann". Solche Beträge können nur Unternehmen aufbringen.

Diese ‚juristischen Legebatterien' sind der Mehrheit der deutschen Anwälte bis heute ein Gräuel. Sie sind, so der Berliner Anwalt Niko Härting „dem traditionellen Anwaltsverständnis ein Dorn im Auge". Damit spricht er Florian von Alemann aus dem Herzen, der nach vier Jahren bei der amerikanische Kanzlei Wilmer Hale Richter in Berlin geworden ist: Großkanzleien haben „mit dem klassischen Berufsbild" eines Anwalts nichts zu tun. Das ist die eine Seite.[394]

Die andere ist, dass die Großkanzleien den deutschen Anwaltsstand in fast revolutionärer Weise aufgemischt haben und inzwischen Teile des Anwaltsmarktes prägen. Für den Präsidenten der Bundesrechtsanwaltskammer Axel C. Filges sind „internationale Sozietäten Trendsetter und Vorreiter" für Entwicklungen, „die sich so oder anders oder später so auch in anderen Segmenten der Anwaltschaft vollzogen" haben.[395] Ähnlich Michael Streck, ehemals Präsident des Deutschen Anwaltvereins: „Großsozietäten bestimmen inzwischen Medien und anwaltliches Bewusstsein".[396] Was die Großkanzleien machen, haben viele mittlere und kleinere Wirtschaftssozietäten kopiert. Dadurch haben sich ihre Kanzleikultur und das Berufsverständnis ihrer Rechtsvertreter verändert.

Die Großkanzleien gehören außerdem zu den Gewinnern auf dem Anwaltsmarkt. Während in fast allen anderen Segmenten die Erträge in den letzten Jahren real gesunken sind, sind sie bei den Anwaltsfabriken gestiegen. Im Jahr 2008, dem Rekordjahr, erwirtschafteten die 50 umsatzstärkten Kanzleien 3,6 Milliarden Euro, damals etwa 20 Prozent des Gesamthonoraraufkommens. Dafür verantwortlich waren nur rund 7300 Rechtskundler, also 4,9 Prozent der damals in Deutschland zugelassenen Anwälte. 2009/2010 ging der Umsatz wegen der Finanzkrise dann zwar auf knapp 3,5 Milliarden Euro zurück, hatte 2010/2011 aber wieder das Niveau vor der Krise erreicht.[397] Eine kleine Elite von Anwälten in Großsozietäten produziert also ein Fünftel des Honorareinkommens der gesamten Berufsgruppe.[398]

Auf dem Marktsegment Großkanzleien geben die angelsächsischen Großkanzleien den Ton an. Sie haben als erste auf die Globalisierung und die dadurch entstandene neue Nachfrage auf dem Rechtberatungsmarkt reagiert. Zusammen mit der Digitalsierung eröffneten sich hier völlig unbekannte Möglichkeiten juristischer Betreuung.

Als Reaktion auf gesetzliche, ökonomische und technologische Veränderungen sind in Deutschland aber auch andere Geschäftsmodelle neu entwickelt worden – vor allem durch das Entdecken von Marktnischen und die Spezialisierung auf bestimmte Rechtsgebiete. Dadurch ist neben dem alten ein neuer Anwaltsmarkt entstanden, mit Geschäftsfeldern, die es vor zwanzig Jahren nicht gab: Anlegeranwälte, Opferanwälte, Hartz IV-Anwälte, Inkasso- und Abmahnanwälte, Abo-Fallen-Anwälte und Rechtsrat am Telefon, im Internet und im Supermarkt. Durch diese neuen Geschäftsmodelle ist es einem Teil der Anwaltschaft gelungen, sich eine wirtschaftliche Existenz zu sichern – manchmal allerdings nur ***in berufsethischen Grauzonen oder durch berufsethischen Missbrauch von Rechten.***

Parallelwelt Großkanzlei: hohe Qualität für perverses Geld

Wer die Zeitschrift JUVE liest, dem wird ein normales englisches Wörterbuch nicht weiterhelfen. Dort wird er Begriffe lesen wie pitch, fat cat, rain maker oder chinese wall und sich fragen, was mit ihnen gemeint ist. Laien, ja selbst Juristen werden viele JUVE-Artikel nur mit Mühe oder gar nicht verstehen, weil die internationalen Großsozietäten und ihr deutsches Zentralorgan eine ***eigene Sprache*** entwickelt haben, die nur noch Insider verstehen. Durch die Dominanz der angelsächsischen Kanzleikultur ist ein stark von Anglizismen durchwirkter Jargon entstanden – natürlich auch, weil es für viele Organisationsprinzipien von New Yorker oder Londoner Büros keine entsprechenden deutschen Begriffe gibt. Das kann bereichern, wenn in den Wortschöpfungen britischer Humor oder Witz aufblitzt, wenn etwa ein Partner, der fette Gewinne einstreicht „fat cat" genannt wird, einer, der lukrative Mandate akquiriert „rain maker" heißt und ein Wettbewerb um ein Mandat eines DAX-Unternehmens durch die Bezeichnung „beauty contest" Assoziationen an Claudia Schiffer oder Heidi Klum weckt. Die Schattenseite ist jedoch eine schmerzhafte und zum Teil überflüssige Aufgabe und Verhunzung der deutschen Sprache. Da ist nicht mehr die Rede von Juristen in Rechtsabteilungen von Unternehmen und ihrem Wissen, sondern von „Inhouse-Juristen" mit „Inhouse-Know-How. Die Prozessabteilung heißt auf einmal „Litigation-Abteilung" und der Wettbewerb um die besten Juristen eines Jahrganges „War of Talents" oder Kampf um die „High Potentials". Am schlimmsten ist die Verschmelzung von Deutsch und Englisch in Worten wie „Pitcharbeit" (Vorbereitung auf einen Wettbewerb um ein Mandat).

Eine eigene Sprache ist das deutlichste Zeichen dafür, dass die Großkanzleien in der deutschen Anwaltschaft eine ***angelsächsisch dominierte Parallelwelt*** geschaffen haben, eine ***„eigene Lebenswirklichkeit"***, wie es Florian von Alemann empfunden hat. Sie wird geprägt durch hohe juristische Zugangshürden (beide Examina mindestens vollbefriedigend), intensive Schulung und Fortbildung, 24-Stunden und 7-Tage-Einsatzbereitschaft, qualitativ gute bis sehr gute Arbeit, hohe Spezialisierung, klare Hierarchien, strenge Leistungskontrollen und vorbestimmte Aufstiegsprozesse, hohe und höchste Gehälter, jederzeitige Kündbarkeit und Definition des Kanzleizieles allein durch Umsatz und Gewinn.

Was sich in diesem Marktsegment tut, spiegelt die Zeitschrift JUVE und das jährlich erscheinende JUVE Handbuch „Wirtschaftskanzleien" wider. Dabei geht es nicht nur um Klatsch, etwa welche Kanzlei mit welcher fusioniert und welcher Gesellschaftsrechtler von Hengeler Müller zu Freshfields wechselt, sondern auch um handfeste Wirtschaftsnachrichten, um Gerichtsurteile, Prozesse und berufspolitische Trends zwischen Düsseldorf und Neu Dehli. JUVE ist daher nicht nur die ***‚Gala'*** oder die ***‚Bunte'*** (Branchenspott), sondern auch das ***‚Handelsblatt'*** für das Marktsegment Großkanzleien, mittelständische Wirtschaftskanzleien und Anwaltsboutiquen. Die Zeitschrift JUVE und das Handbuch sind die Nuclei des Kosmos Großkanzlei. Sie haben ein Alleinstellungsmerkmal: Einmal im Jahr stellt sie Ranglisten für Rechtsgebiete und Regionen auf und zeichnet die Top-Platzierten aus. Zwei Seiten füllt die Liste der 32 Sieger und 75 Nominierten im Handbuch 2012/2013. Der Massenabwurf von Awards vermittelt allerdings den Eindruck, dass die Jury auch nach dem Motto verfährt, dass möglichst jede Sozietät mal die Chance bekommt, sich im JUVE-Glamour zu sonnen. Denn verbunden ist jede Auszeichnung mit der Einladung zu einer ‚Galaveranstaltung' in der Alten Oper in Frankfurt, auf dem die Awards verliehen werden. Hier feiert die Branche sich selbst – mit geborgtem Hollywoodglanz.

Noerr-Partner Thorsten Reinhard macht keinen Hehl daraus, dass das JUVE-Handbuch in der Branche „sehr ernst genommen" wird: als „Kompass" für die eigene Berufsperspektive, als „Orientierung" für Bewerber und als Informationsquelle für Syndici. PR-Frau Anna Engers kann sich noch gut an die Momente bei Latham & Watkins erinnern, in denen Gewinner und Ranglisten öffentlich werden: „Dann wurde es mucksmäuschenstill in den Büros, die Sekretärinnen mussten kopieren, und wenn man einen Kanzlei-Oskar ergattert hatte, wurde die PR-Maschine angeworfen und E-Mails mit den frischen Lorbeeren an die Mandanten gesandt". Die Ausgezeichneten lassen dann häufig neue Briefköpfe mit dem Award drucken oder Aufsteller für die Kanzlei bauen. Jeder

Mandat und Kollege soll wissen, dass man im JUVE-Ranking zur absoluten Spitze gehört. „Wenn man dabei war, war man stolz, sonst ein wenig beleidigt“, amüsiert sich ein früherer Freshfields-Anwalt.

Wer wie Jan Endler (Linklaters) und Bendedikt Wolfers (Freshfields) gemeinsam die Frontseite eines JUVE-Artikels unter dem Titel „Souffleure der Macht“ geziert hat, ist zum Halbgott im Großkanzlei-Olymp aufgestiegen.[399] Die „Financial Times“ wählte Wolfers aufgrund seiner Arbeit für die Bundesregierung in der Finanzkrise zum „Legal Innovator of the year“.

Großkanzleien sind mittelständische Unternehmen. Die umsatzstärkste Sozietät Freshfields kam laut JUVE-Handbuch 2012/13 auf einen Umsatz 324 Millionen Euro, die größte deutsche Hasche Sigle auf 226 Millionen Euro und die Nr. 10 – Allan & Overy – noch auf gut 113 Millionen Euro.[400] Die Top-50-Kanzleien erzielten 2011/2012 einen Gesamtumsatz von 3,78 Milliarden Euro.

Auf dem globalisierten Rechtsmarkt sind Großsozietäten unentbehrlich, nicht nur für Banken oder Dax-Unternehmen, sondern auch für Mittelständler, wenn sie zum Beispiel Töchter in Rumänien oder Indien gründen wollen. Und für Regierungen in Krisenzeiten, weil Ministerien das „enorme Wissen“ von Großkanzleien „über Finanzmärkte“ und „Erfahrungen in wirtschaftlichen Prozessen“ nach Einschätzung von Linklaters-Partner Endler brauchen – trotz hohen Sachverstandes in den eigenen Reihen. Diesen Beratungsbedarf können Einzelanwälte oder kleinere Kanzleien in der Regel nicht befriedigen. Die Großkanzleien füllen diese Marktlücke mit dem sog. Full Service-Angebot: die Lösung aller Rechtsfragen aus einer Hand, höchste Qualität und 24-Stunden-Einsatzbereitschaft unter Einschluss des Wochenendes.

Die Finanzkrise des Jahres 2008 ist vorüber – in ihren Auswirkungen für die Großkanzleien jedoch nicht. Die fetten Honorare aus der mergers & acquisitions-Abteilungen sind geschmolzen oder verschwunden. Es gibt weniger Transaktionen und ihr Gesamtwert ist deutlich geringer.[401] Das Standard-Geschäft haben zahlreiche Unternehmen von internationalen Top-Kanzleien zu deutschen Sozietäten mit regionaler Ausrichtung verlagert – befeuert von einem in der Krise gewachsenen Kostenbewusstsein in den Rechtsabteilungen von Unternehmen. Während 2010/2011 alle Top-10-Kanzleien Umsatzzuwächse verbuchten, gingen im Geschäftsjahr 2011/2012 laut JUVE-Handbuch bei 40 Prozent von ihnen die Umsätze zurück. Unter den Top-20-Kanzleien meldeten 30 Prozent ein Umsatzminus.

Selbst vor Pleiten sind Wirtschaftskanzleien nicht mehr gefeit. Nach Howrey im Jahr 2011 rutsche mit Dewey & LeBoeuf 2012 eine zweite angesehene US Kanzlei in die Insolvenz mit Folgen für ihre deutschen Büros.

Das Geschäftsmodell Großkanzlei wird auf dem Nach-Krisen-Markt von vielen Seiten herausgefordert:

- **sinkende Honorare,**
- **Druck der abrechenbaren Stunden,**
- **verstopfte Karrierewege,**
- **rechtswidrige Arbeitsstrukturen,**

- **harte Bandagen im Kampf um die Besten,**
- **Aussteiger der Generation Y,**
- **Abspaltung mittelständischer Kanzleien und Boutiquen**

Sinkende Honorare

„Für Großkanzleien war über Jahrzehnte jeden Tag Weihnachten, aber diese Party ist nun vorbei".[402] Dieser Spruch von Beat Hess, Vorstandsvorsitzender des Ölgiganten Shell, fasst in einem Satz zusammen, was sich nach der Lehman-Pleite auch für die Top-Sozietäten in Deutschland verändert hat. Alle Unternehmen haben ihren externen Rechtsberatungsetat auf den Prüfstand gestellt. Eine JUVE-Umfrage im Jahr 2012 spiegelt die veränderte Mandatsvergabe der Rechtsabteilungen wider: 50 Prozent aller Unternehmen haben sich von Kanzleien, mit denen sie bisher zusammengearbeitet hatten, getrennt; 50 Prozent haben kleinere Kanzleien und Boutiquen eingeschaltet; 48 Prozent haben Honorare nachverhandelt; und 36 Prozent haben ein eigenes internationales Netzwerk mit Rechtsberatern geknüpft.[403] Im Gegenzug haben sich 40 Prozent aller Rechtsabteilungen personell verstärkt, um Rechtsfragen häufiger intern zu lösen. Diese Zahlen signalisieren: Bei der Vergabe von Mandaten haben die Rechtsabteilungen und Justitiare das Heft des Handels übernommen.

Für Noerr-Partner Reinhard und Linklaters-Partner Endler ist klar, dass der Konkurrenzkampf der Großkanzleien in den letzten Jahren immer härter geworden ist. US-Kanzleien der zweiten Reihe drängen auf den deutschen Markt wie britische, die wegen des schwachen Heimatmarktes nach neuen Pfründen auf dem Kontinent suchen. Und die Großkanzleien werden über den Preis von unten angegriffen, von deutschen mittelständischen Kanzleien und Boutiquen. Bei Ausschreibungen spielt nach den Beobachtungen von Reinhard mittlerweile der Preis eine „entscheidende Rolle". Manchmal sind Kanzleien auch bereit, strategische Mandate zu nicht rentablen Konditionen anzunehmen, um das Renommee zu erhöhen und künftige Mandate zu hoffen.

Eine Zäsur in der Honorarpolitik markiert die Renaissance des Rechtsanwaltsvergütungsgesetzes (RVG) bei der Zusammenarbeit von Großkanzleien mit Banken im sog. kleinen Prozessgeschäft. 2011 nutzte die Deutsche Bank ihre Marktmacht, um bei der Vergabe ihres Prozessgeschäftes bis zu einem Streitwert von einer Millionen Euro etwas durchzusetzen, was vor Jahren als Zumutung empfunden worden wäre: die Abrechnung nach dem RVG und nicht nach Stunden. Alle 20 Großsozietäten, die sich beim beauty contest beworben hatten, waren bereit, diese Bedingung zu erfüllen. Überraschungssieger Noerr empfindet den Exklusivvertrag mit der Deutschen Bank nach Reinhard noch immer als „Gütesiegel", obwohl viele in der Branche zweifeln, ob sich das Mandat für Noerr rechnet.[404] Der Vertrag hat jedoch eine Schneise geöffnet: die Commerzbank und andere Banken folgten und rechnen das kleine Prozessgeschäft ebenfalls nicht mehr nach Stunden, sondern nach der Gebührenordnung des RVG ab.[405] Das lohnt sich für viele Großkanzleien nicht mehr.

In Deutschland schrecken die meisten Unternehmen vor einer Bindung an eine Kanzlei noch zurück. In einem Punkt sind sie sich freilich einig: Sie wollen keine hohen Rechnungen mehr für Junganwälte in den ersten beiden Berufsjahren zahlen und dadurch deren Ausbildung mitfinanzieren.[406] Und sie wollen nicht länger für die luxuriöse Infrastruktur vieler Großkanzleien aufkommen. So kann zum Beispiel Freshfields ein Stundenhonorar von 300 Euro für Associates nicht mehr durchsetzen. Von 225 Euro für Junior Associates im ersten Jahr bis zu 475 Euro für Senior Associates reicht die Spanne inzwischen. Hengeler Mueller behauptet dagegen, die 300 Euro-Latte auch bei Junganwälten bisher nicht zu reißen.

Sinkende Stundenhonorare versuchen einige Großkanzleien mit Tricks zu kompensieren. Ex-Lovells-Partner Benedikt Bräutigam ist aufgefallen, dass bei Stundenhonoraren von 270 Euro manchmal drei Associates im Einsatz sind, was das Mandat dann wieder wesentlich teurer macht. Im Jargon heißen diese Sozietäten „Volumenschieber". Dieses sog. Overstaffing ist einer der häufigsten Kritikpunkte in einer JUVE-Umfrage bei Rechtsabteilungen von Unternehmen. Lufthansa hat daraus die Konsequenz gezogen. Bei internen Besprechungen, an denen ein Partner und drei Associates teilnehmen, bezahlt die Fluggesellschaft nur noch das Honorar des Partners.[407] Einen bewusst anderen Weg wählt die Großkanzlei Henegler Mueller. Sie tritt mit möglichst kleinen Teams auf. „Das ist Tradition und steigert die Effizienz" fasst Partner Markus Meier die Philosophie der Kanzlei zusammen.

Verdruss bereitet bei den Justitiaren auch, dass Kanzleien häufig nicht die in Auftrag gegebene Arbeit berechnen. Rechtsanwalt Peter Raue wollte von einer amerikanischen Großkanzlei einmal wissen, wie lange Schutzfristen bei Filmen laufen, die vor 1959 gedreht wurden. Er bekam ein Dossier von 50 Seiten und eine Rechnung von Tausenden von Dollar, die er nicht bezahlt hat. Die Antwort hätte der Anwalt nämlich in einem kurzen Telefonat geben können: 20 Jahre. Auch die Berliner Anwältin Beate Harms-Ziegler stößt immer wieder auf viel zu lange „Voten und Gutachten" von Großkanzleien. Steine des Anstoßes sind hin und wieder auch kanzleiinterne Gespräche, die doppelt abgerechnet werden. Offiziell bestätigt keine Kanzlei diese Abrechnungspraktiken. Inoffiziell, unter vier Augen, stimmen fast alle Anwälte diesem Befund zu: „Insbesondere bei großen Transaktionen haben wir die Mandanten in der Vergangenheit richtig bluten lassen". Das klassische Kanzleimodell lebte von dem massenhaften Einsatz von Ameisen, den Junior Associates. Es war ihre Arbeit, die das Geld brachte.

Um das Diktat der Stundensätze zu brechen, bestehen Unternehmen zunehmend auf differenzierte Abrechnungsmodelle – mit Rabatten, festen Obergrenzen und/oder Pauschalhonoraren. Vielen Kanzleien wissen, dass sie bei der Abrechnung den Transparenzerwartungen der Kunden noch nicht entsprechen: „Transparenz kann ein schwieriges Thema" sein, weiß Linklaters Partner Endler. Trotzdem kommt es nach den Erfahrungen von Reinhard und Endler eher selten zu offenem Streit mit Kunden.

Druck der abrechenbaren Stunden

Trotz aller Kritik dominiert das Stundenhonorar noch immer die Abrechnungspraxis in Großkanzleien. Die Mehrheit der angelsächsischen Kanzleien gibt ihren Anwälten ein bestimmtes Quantum von „minimum billable hours" vor, deren Erfüllung pro Tag, Woche und Jahr per EDV minutiös überwacht wird. Die Vorgaben variieren von Sozietät zu Sozietät. Sie pendeln zwischen 1 300 und 2 000 pro Jahr. Auf den ersten Blick scheinen diese Zahlen nicht hoch. Über den tatsächlichen Arbeitsalltag sagen sie indes nicht viel. Zwei Faktoren sind zu ihrem Verständnis wichtig. Erstens: Um acht Stunden abrechnen zu können, brauchen Anwälte mit Pausen, Einlesen, Fortbildung, Mitwirkung bei der Rekrutierung im Schnitt 10 bis 11 Stunden. Zweitens: Die offiziellen und inoffiziellen Vorgaben gelten unabhängig davon, ob es jeden Tag abrechenbare Arbeit gibt. In den Krisen Jahren 2008 und 2009 hatten viele Freshfields-Anwälte nichts zu tun und konnten zweitweise nur eine abrechenbare Stunde am Tag aufschreiben. Viele bekamen Angst um ihren Job und ihre Karrierechancen. Auch bei Gleiss Lutz waren manche Anwälte verunsichert. „Einige haben dann nach Möglichkeiten gesucht, bei anderen Partnern mitzuarbeiten, um die persönliche Leistung zu verbessern", erinnert sich eine ehemalige Gleiss Lutz-Anwältin.

Bei Freshfields hat vor kurzem eine Associate im ersten Jahr mit rund 3 000 abrechenbaren Stunden einen neuen, unvorstellbaren Rekord aufgestellt. Dafür hat die Junganwältin ohne Wochenenden 18 Stunden pro Tag arbeiten müssen, wenn man davon ausgeht, dass sie für acht abrechenbare Stunden brutto zehn Stunden benötigt. Zu schaffen war das Pensum daher nur mit intensiver Wochenendarbeit und Verzicht auf Urlaub. Freshfields nimmt zu diesem wie anderen Einzelfällen nicht Stellung. Managing Partner Klaus-Stefan Hohenstatt räumt jedoch ein, dass es in einigen Abteilungen zu „chronischen Überlastungen" gekommen sei – trotz der Programme, die dies eigentlich verhindern sollen. „Gerade wenn sich Transaktionen oder Krisensituationen zuspitzen, können wir unsere Mandanten nicht im Stich lassen, auch wenn dann zeitweilig die Arbeitsbelastung stark ansteigt", erklärt Hohenstatt.

Für Florian von Alemann richten sich „Ansehen und Karrierechancen" in einer Großkanzlei nach der Zahl der abgerechneten Stunden. Einige Kanzleien haben zu diesem Zweck strenge Kontrollregime aufgebaut. Bei Wilmer Hale wird ein Junganwalt zum Gespräch gebeten, wenn er sein Stundenziel deutlich verfehlt. Als Referendarin bei Linklaters hatte eine Aussteigerin das „engste Korsett" erlebt: Wenn sie in ihrer Computermaske nicht lückenlos dokumentiert hatte, wie sie ihre Arbeitstage verbracht hatte – abrechenbare Stunden, Fortbildung oder Organisation des Arbeitsplatzes – wurde sie ermahnt, dies nachzuholen. Die Zentrale in London kontrolliert alles. Sie fühlte sich immer beobachtet: „Big brother is watching you". Bei Baker & McKenzie werden einmal im Jahr die Zahlen über Umsätze und billable hours auf Charts vor allen Mitarbeitern gezeigt, um den Binnenwettbewerb anzuheizen. Die einen schauen auf die Zahlen mit geschwellter Brust, weil sie sich auf dem Partner-Track wähnen, die anderen fühlen sich vorgeführt, weil sie wegen einer Schwangerschaft zum Beispiel das Soll nicht geschafft haben. Wer die Vorgabe übertrifft, bekommt einen Bonus.

Das Abrechnen von Stundenhonoraren funktioniert ohne einen ethischen Kompass nicht, nämlich nicht ohne Ehrlichkeit. „Zeitabrechnung setzt ein hohes Maß an ethischer Verantwortung voraus", hat Florina von Alemann erkannt: „Die Versuchung ist immer da, Rechnungen zu überhöhen". Das Interesse des Mandanten ist, dass die Sozietät gut und zügig arbeitet und keine unnötigen Stunden und Personal investiert. Das Interesse der Kanzlei ist das Gegenteil, nämlich möglichst viel Umsatz zumachen. „Es gibt eine Anreizstruktur" – analysiert Alemann –, „die im Widerspruch zum Mandanteninteresse steht". Der Berliner Rechtsanwalt Benedikt Bräutigam hat sich in seiner Zeit bei Lovells häufig in einer ethischen Zwickmühle gefunden: „Entweder ich erledige die Rechtsfrage schnell und investiere nicht genug Zeit, dann besteht eine Gefahr für die Qualität, oder ich mache es langsam, dann kann ich es nicht entsprechend abrechnen". Radikaler der Hamburger Strafverteidiger Gerhard Strate. Er nennt das Abrechnen nach Stunden eine „Einladung zum Betrug": „Sie gibt der Anwaltschaft eine strukturell betrügerische Komponente, unverhältnismäßigen Aufwand zu produzieren".

Verstopfte Karrierewege

Als Nicole Geffers 2001 bei einer Großkanzlei anheuerte, hieß die Parole: Jeder hat eine Partnerchance. Theoretisch war das richtig, praktisch schon damals eine Illusion. Schnell hatte sie erkannt, dass nur fünf bis zehn ihrer Kolleginnen und Kollegen Partner werden könnten. Deshalb wollte sie nur zwei oder drei Jahre bleiben und sich dann nach einer Alternative umsehen. An dieser Perspektive hat sich in Großsozietäten bis heute nur geändert, dass über die geringen Partnerchancen offener gesprochen wird. Kanzleien suchen zwar immer noch Bewerber, die den Partnerstab im Tornister tragen, und durch die Aussicht auf Partnerschaft angespornt werden. Aber die Junganwälte wissen auch, dass dieser Karriereweg für die meisten von ihnen verstopft ist. „Partnerchancen" stellt Linklaters-Partner Jan Endler nüchtern fest „haben nur noch wenige". Konsequent auch Manfred Finken von Freshfields: „Nach fünf oder sechs Jahren muss ein Freshfields Associate optimal vorbreitet sein, auch in die Industrie oder die Justiz zu wechseln oder sich selbständig zu machen. Den dauerangestellten Anwalt wird es bei uns als Regelprinzip nicht geben".[408] Deshalb verweisen sie auch offensiv darauf, dass ihre Junganwälte exzellente Chancen auf dem Arbeitsmarkt haben, in der Justiz, in Unternehmen oder anderen Sozietäten. Das ist richtig und erleichtert das Gewissen der Partnerriege. Diese Möglichkeiten können aber nicht verbrämen, dass die Personalpolitik der Großkanzleien in fataler Weise an die Selektion im Hochleistungssport erinnert. Nach sechs Jahren in der Bundesliga wird man aussortiert, weil die Leistung nicht mehr reicht. Der einzige, aber wesentliche Unterschied: Ein Anwalt befindet sich in der zweiten Hälfte der Dreißiger auf der Höhe seines Leistungsvermögens und wird trotzdem verabschiedet. Fast zynisch muten daher die Träume vom Nachwuchs an, die der ehemalige Linkslaters-Partner Markus Hartung so beschreibt. „Kanzleien suchen natürlich auch Partnernachwuchs, aber vordringlich die Bewerber, die durch eine Karriereaussicht hoch motiviert beginnen, nach einigen Jahren die Weisheit entwickeln, dass Partnerschaft doch schwieriger ist als gedacht, und dennoch hoch motiviert bleiben und die Kanzlei nicht zur Unzeit verlassen".[409]

Dieses Ideal zerschellt natürlich an der Wirklichkeit. Um Senior Associates ohne Partnerperspektive an Bord zu halten, haben etliche Großkanzleien Modelle entwickelt, um gute Mitarbeiter auf Dauer zu binden. Das Prinzip des Up or Out, ein Motor der Erfolgsgeschichte Großkanzlei, ist für Hartung in seiner strengen Form „nicht mehr zeitgemäß". Nur wenige Spitzenkanzleien praktizieren es noch in Reinkultur. Die Mehrheit hat mit dem ‚Counsel' und dem ‚Salary'- oder ‚Non-Equity-Partner' (angestellter Anwalt mit Erfolgsbeteiligung) Positionen geschaffen, die leistungsstarken Senior Associates eine langfristige Perspektive eröffnen. So haben etwa bei Clifford Chance 47 Rechtsvertreter den Status eines Counsel und bei HMS Hasche Sigle 44.[410] Andere Kanzleien bauen dagegen mehr auf das Modell des Non-Equity-Partners (Partner ohne Gewinnbeteiligung) wie Noerr mit 53 oder Baker & McKenzie mit 31 Rechtskundlern. [411]

Jeder Neuankömmling in einer Großkanzlei lernt nach den Erfahrungen von Hartung schnell, dass eine Partnerschaft keine „solidarische Lebenspartnerschaft bis zum Erreichen der Ruhestandsgrenze mehr ist, sondern, abhängig von der Performance und den strategischen Zielen der Kanzlei, auch vorher enden kann (und endet)".[412] Dies gilt vor allem seit der Finanzkrise, die fast alle Kanzleien zu Umstrukturierungen und Kostenreduzierungen gezwungen hat.

Außerdem haben viele Associates zügig eine zweite Lektion gelernt: Der Partnerstatus bringt zwar mehr Macht und Geld, aber keineswegs weniger Arbeit. Wer Noerr-Partner Reinhard oder Linklaters-Partner Endler trifft, begegnet zwar überraschend entspannten Zeitgenossen. Aber Reinhard räumt ein: „Je länger ich den Job mache, desto mehr arbeite ich". Auch Endler arbeitet als Partner nicht weniger. Wer das tut, lebt als Partner allerdings gefährlich. Ein Latham & Watkins-Partner, der an Sommerwochenenden bereits am Freitag früh zu seinem Segelboot in die Ägäis flog, hatte nach Ansicht seiner Partner ein falsches Berufsverständnis und bekam die rote Karte. Bei Freshfields musste ein Partner gehen, weil er die gewünschten Umsätze nicht brachte. Er war für die Kanzlei zu teuer geworden. Das passiert bei allen Großkanzleien, wenn auch in geringer Zahl.

Rechtswidrige Arbeitsstrukturen

Im Rückblick ist sich der Berliner Fachanwalt für Arbeitsrecht Ilja Selenkewitsch nicht sicher, ob sich das Versenden von 4500 Briefen an Associates in Großkanzleien im Juni 2011 gelohnt hat. Mit seinem Kanzleipartner hat er sich überworfen, weil die Aktion nicht mit ihm abgestimmt war. Und einen neuen Mandanten hat er mit den Massenbriefen auch nicht gewonnen. Auf der anderen Seite war er für ein paar Wochen eine juristische Berühmtheit. Alle bestätigten ihm, dass er mit seinem Brief „Überstundenabgeltung und Time Sheets" den Finger in eine Wunde gelegt hatte.

Anfang Juni 2011 legte Selenkewitsch in einem persönlich adressierten Rundschreiben angestellten Anwälten in 45 Großkanzleien nahe, ihre Arbeitgeber wegen Überstunden „im Wert von mehreren 100 000 Euro" zu verklagen.[413] Einfühlsam sprach der Brief die „Nöte" von Junganwälten in Großkanzleien an, die „nicht Partner sind". Er erinnerte sie daran, dass ihnen dieselben Rechte zustehen wie allen ‚regulären' Arbeitnehmern. Am Ende des Briefes bot Selenkewitsch seine Dienste bei „der bundesweiten Durchsetzung ihrer berechtigten Ansprüche" an.

Das Echo auf den Brief war in der Branche höchst unterschiedlich. Einige Großkanzlisten legten ihn amüsiert in der Rubrik „netter Versuch" ab, andere empörten sich. Über ein halbes Dutzend Großkanzleien sollen sich bei der Berliner Rechtsanwaltskammer über den Briefschreiber beschwert haben, unter ihnen so renommierte Adressen wie Hengeler Mueller, Taylor-Wessing und Flick/Glocke/Schaumburg. Keine der Eingaben überzeugte die Berliner Rechtsanwaltskammer. Sie lehnte eine Rüge gegen Selenkewitsch ab, weil es sich um keine Einzelfallwerbung gehandelt habe.

Verblüffend ehrlich die Reaktion der Branchenpostille JUVE. „Moralisch" mag das Kanzleimanagement für die „exorbitanten Einstiegsgehälter" zu recht „Mehrarbeit erwarten", kommentierte die leitende Redakteurin Astrid Jankowski, „aber der Verstoß gegen das Arbeitszeitgesetz ist offensichtlich, die Arbeitsverträge sind nicht in Ordnung".[414] Spitz bemerkte sie, dass keiner der angefragten Managing Partner sich offiziell äußern wollte. Kein Wunder. Denn ***das Geschäftsmodell Großkanzlei baut auf rechtswidrigen Arbeitsstrukturen auf.***

Das Arbeitszeitgesetz legt die Höchstarbeitszeit pro Woche auf 48 Stunden fest. Es gilt auch für Associates, weil sie keine ‚leitenden Angestellten' sind. Nach einer Umfrage unter Associates in Wirtschaftskanzleien hatten diese 2010 im Durchschnitt 56 Stunden pro Woche gearbeitet. Teilweise waren sogar Wochenarbeitszeiten von 80 Stunden an der Tagesordnung.[415] Eine ähnliche Umfrage 2012 kam zu vergleichbaren Ergebnissen.[416]

Aus der Sicht des Hamburger Arbeitsrechtlers Jan Ruge liegt die Beschäftigungspraxis „häufig deutlich außerhalb der arbeitszeitrechtlichen Grenzen": „Das Arbeitszeitgesetz ist das arbeitsrechtliche Gesetz, das am meisten missachtet wird, in Großkanzleien und in der Wirtschaft". Der Strafverteidiger Alexander Ignor empfindet solche Arbeitszeiten als „unethisch": „Manche Großkanzleien plündern Leute aus". Trotzdem gibt es niemanden, der an diesem rechtswidrigen Dauerzustand etwas ändern will. Die zuständigen Behörden, in der Regel die Gewerbeaufsichtsämter, kümmern sich praktisch kaum um Arbeitszeitverstöße in Großkanzleien. Für Ruge ist das „politisch gewollt". Und die Kanzleien spüren keinen Handlungsdruck, weil sie überzeugt sind, dass Associates in aller Regel nicht klagen werden: „Sie haben sich auf die langen Arbeitszeiten eingelassen und wären am Markt verbrannt".[417] Und Rechtsanwaltskammern wie der Deutsche Anwaltverein wollen sich nicht die Finger verbrennen, nach dem Beispiel der berühmten drei Affen: nichts hören, nichts sehen, nichts sagen. Durch ihr Wegschauen betreiben sie nach Ansicht von Selenkewitsch „Klientelpolitik für Großkanzleien": „Sie haben Angst davor, dass sich die Großkanzleien selbstständig organisieren".[418]

Es ist bizarr, dass ausgerechnet Anwälte ein Geschäftsmodell dauerhaft praktizieren, das im Widerspruch zu unserer Arbeitsrechtsordnung steht und von Berufsverbänden und der Politik auch noch geduldet wird.

Harte Bandagen im Kampf um die Besten

Es sind Großkanzleien, die außerhalb der Branche keiner kennt, die die Einstiegsgehälter für Junganwälte in astronomische Höhen treiben. 2011 kündigte die US-Kanzlei Milbank Tweed Hadley & McCloy an, das Jahresgehalt für Berufseinsteiger auf 125 000 Euro zu erhöhen.[419] Im zweiten Berufsjahr soll die Summe auf 140 000, im dritten auf 155 000 Euro klettern. Für Henning Harte-Bavendamm, Chef einer Hamburger „Boutique", ist das „pervers viel Geld". Kanzleien der zweiten und dritten Kategorie, die ihre mangelnde Bekanntheit und Attraktivität offenbar durch hohe Einstiegsgehälter kompensieren müssen, zogen nach, Kanzleien wie Wilkie Farr & Gallagher und Jones Day, die Nummer zwei und drei auf der Rangliste hoher Einstiegsgehälter. Sie locken mit 115 000 bzw. 110 000 Euro. Sie wollen die Leute „übers Geld holen", so die schlichte und treffende Diagnose von Noerr-Partner Reinhard. Ähnliche Summen bietet keine der umsatzstarken und renommierten Sozietäten an. Freilich haben sie ihre Gehälter für Berufseinsteiger im Kielwasser der Namenlosen ebenfalls erhöht, um den Abstand nicht zu groß werden zu lassen. Berufsanfänger mit Spitzennoten können inzwischen bei über 30 Kanzleien im ersten Berufsjahr mindestens 100 000 Euro verdienen.[420] Offenbar haben alle Clintons Satz in leicht veränderter Form verinnerlicht: „It's the money, stupid".

Neben 100 000 Euro Einstiegsgehalt warf die Kanzlei Mayer Brown einen ungewöhnlichen Köder aus: Sie bot Verträge mit 50 Tagen Urlaub an. Sie hat arge Personalprobleme und war auf der JUVE-Liste der Top-50-Kanzleien 2011/2012 im Vergleich zum Vorjahr um fünf Plätze zurückgefallen: auf Position 33. Die Überlegung war einfach: „Mit dem verlängerten Jahresurlaub wollten wir den Berufseinsteigern etwas anbieten, dass andere Kanzleien so nicht machen". Das Kalkül ging jedoch nicht auf. Von den zehn Associates, die seit der Ankündigung eingestellt wurden, wollte keiner den Extra-Urlaub. Einsteiger wollen sich am Anfang anscheinend in erster Linie bewähren und den Eindruck vermeiden, schon bei der Bewerbung nach einem langen Urlaub zu fragen. Mehr als ein Marketing-Coup ist von der Extra-Urlaub-Offerte nicht geblieben.

Absurd hohe Einstiegsgehälter und Ferienbonbons spiegeln wider, dass der „War of Talents" zwischen den Großkanzleien in den letzten Jahren noch härter geworden ist. Alle leiden unter extremen Rekrutierungsproblemen. Reinhard, bei Noerr auch für den Nachwuchs zuständig, sieht zwei Ursachen: den demographischen Faktor und die Einstellung der „Generation Y" zum Beruf. Das Modell Großkanzlei hat auf breiter Front an Attraktivität verloren. Der Pool der High Potentials, die eine Karriere in einer Anwaltsfabrik anstreben, schmilzt, weil vielen Angehörigen der Generation Y die work-life-balance wichtiger ist als ein hohes Gehalt.

Nach den Planungszahlen der von Azur befragten Unternehmen wollten 170 Wirtschaftskanzleien 2011 bis zu 1 850 Berufseinsteiger rekrutieren.[421] Nach einer Azur-Umfrage schafften es 2011 nur drei der zehn Großkanzleien mit den besten Karriereaussichten, ihre Pläne für Neueinstellungen zu 100 Prozent und mehr zu realisieren: Allan & Overy, Baker & McKenzie und CMS Hasche Sigle.[422] Den anderen gelang es im Durchschnitt nur zu 78 Prozent, ihre Personalpläne umzusetzen.

Nach Expertenschätzungen kommen jedes Jahr nur bis zu 1 200 Juristen auf den Markt, die die Voraussetzungen für Großkanzleien erfüllen: zwei Examina mit der Note ‚voll befriedigend' und möglichst noch Promotion und/oder LL.M.[423] Die Hälfte von ihnen, mutmaßen sie, sind offen für Großkanzleien. Das wären, wie Freshfields und Markus Hartung schätzen, jährlich 500–600 geeignete Kandidaten.[424] Damit kommen sie der Realität wohl nahe. 2011 haben die zehn Kanzleien mit den besten Karriereaussichten zusammen 601 Juristen neu eingestellt. Weicht man die Kriterien ein wenig auf, kommt man wie Noerr-Partner Reinhard auf einen Pool von 1 000 Kandidaten, deutlich zu wenig, um den Personalhunger der Top-50-Kanzleien zu stillen.

Die Generation Y – so genannt, weil sie der Generation X nachfolgt – ist den achtziger und neunziger Jahren des vorigen Jahrhunderts geboren.[425] Sie weiß die Macht der Demographie hinter sich, und sie ist die erste Generation, die mit dem Internet aufgewachsen ist, mit Facebook, Twitter und iPhone. Die Millenials, wie sie auch genannt werden, denken global und erwarten von Unternehmen spannende Projekte, gute Gehälter und schnelle Aufstiegschancen. Aber Arbeit und Karriere stehen nicht mehr im Mittelpunkt der Lebensentwürfe. „Dies ist die anspruchsvollste und selbstbewussteste Generation seit Langem", analysiert Anders Parment von der Stockholm University of Business, der ein Buch über die Ypsiloner geschrieben hat".[426] Sie wird die Arbeitskultur in den Unternehmen radikal umkrempeln. Ein Großkanzlei-Partner weiß: „Nur noch wenige sind bereit, 60 Stunden plus pro Woche zu arbeiten". Clifford-Partner Sebastian Maerker ergänzt: „Es wird heute nicht weniger gearbeitet als früher, aber die heutige Generation ist sich viel bewusster, dass ein Ausgleich wichtig ist".[427]

Die Folge: Seit Jahren nimmt nach Azur-Umfragen die Attraktivität von Großkanzleien auf dem Markt junger Juristen ab.[428] Bei der 2012-Umfrage von jungen Anwälten in Kanzleien, Rechtsabteilungen, Behörden, Verbänden und Beratungsunternehmen sind Jobs für sie bei der Lufthansa oder der EU-Kommission, bei der Deutschen Bank oder BMW begehrter.[429] Auf die Frage an Jurastudenten, Referendare und Assessoren, wo sie am liebsten ihre erste Stelle antreten würden, entschieden sich 20 Prozent für Lufthansa, 19 Prozent für das Auswärtige Amt und nur 12 bis 14 Prozent für renommierte Großkanzleien. Unter den zehn beliebtesten Arbeitgebern für angehende Juristen rangieren nur noch fünf Großsozietäten.

Die investieren viel Geld, Zeit und Phantasie, um die besten Jurastudenten und Referendare auszuwählen und für sich zu gewinnen. Viele Wirtschaftskanzleien kooperieren mittlerweile mit rechtswissenschaftlichen Fakultäten, vor allem mit der privaten Bucerius Law School in Hamburg – eine Art Kaderschmiede für Großkanzleien. Allen & Overy veranstaltet Workshops im Gesellschafts-, Arbeits- und Steuerrecht und lockt mit Praktika am Stammsitz London. Baker

& McKenzie bietet ausgewählten Studenten ein Career-Mentorship-Programm an, ihr besonderes Augenmerk gilt neuerdings Frauen.

Einige Großkanzleien fliegen nach New York, Oxford und Cambridge, um deutsche Studenten, die dort den Master of Law machen, zu charmieren. Anwälte von Noerr besuchen die „New York Job Fair“ zum „speed dating“: 20 Minuten Gespräche mit deutschen Studenten. Latham und Watkins suchen Nachwuchs unter deutschen LLM-Stundeten in Oxford und Cambridge.

Das erste Ziel aller Kanzleien ist, die Umworbenen nach dem ersten Staatsexamen zu einer Referendarstation bei sich zu überreden. Diese Phase bietet für beide Seiten erhebliche Vorteile. Die Kanzlei kann sich ein genaueres Bild von der juristischen und sozialen Kompetenz sowie der Arbeitseinstellung der Ausgeguckten machen. Und der Kandidat erlebt den Arbeitsalltag in einer Rechtsfabrik mit all seinen Verlockungen, aber auch Fährnissen.

Diese Rekrutierungsanstrengungen kosten viel Geld. Experten schätzen, dass Kanzleien für die Anwerbung eines Anwalts ein Jahresgehalt ausgeben, Kosten, die später von Mandanten bezahlt werden müssen.[430] Dadurch entsteht ein verschärfter Zielkonflikt zwischen steigenden Einstiegshältern und sinkenden Honoraren für Junior-Associates. Das Spannungsverhältnis ist erkannt, aber nicht gelöst. Denn die Chance, die Einstiegsgehälter in der Krise zu senken, wurde aus Angst vor schrumpfender Wettbewerbsfähigkeit vertan. Auf die Dauer wird die Rechnung mit hohen Einstiegsgehältern und geringeren Honoraren für Junganwälte jedoch nicht aufgehen – es sei denn, man senkt die Profitabilitätserwartungen. Eine schwer ablösbare Hypothek für die Zukunft der Großkanzleien.

Der Exodus der Generation Y

Wer Florian von Alemann im Sozialgericht Berlin besucht, fühlt sich unwillkürlich an Kafka erinnert: schmale Gänge, abgestoßene Wände, verwirrende Winkel im dritten Stock eines Anbaus. Zwischen einer pfeifenden Kaffeemaschine, Türmen mit Kästen Mineralwasser und Stapeln mit blassgrünen Aktendeckeln sitzt er etwas verloren hinter seinem Schreibtisch und ist, wie es scheint, mit sich im Reinen. Wenn er aus dem Fenster schaut, kann der promovierte Prädikatsjurist seinen ehemaligen Arbeitsplatz in der Friedrichstraße verorten, wo er vier Jahre für die amerikanische Großkanzlei Wilmer Hale gearbeitet hat. Sie gehört mit weltweit über 1 000 Anwälten zu den Top-10-Kanzleien in den USA. 2010 hat er dann „Geld gegen Zufriedenheit“ getauscht, raus aus „Glitzerwelt“ zurück in die „Realität“. Ein Schritt ohne Schmerz, obwohl er beim Wechsel vom Associate zum Sozialrichter fast auf die Hälfte seines Nettogehalts verzichtet hat.

Seine Karriere ist typisch für die Angehörige der Generation Y. Anwalt war für ihn „kein Wahlberuf“. Ursprünglich wollte er eine wissenschaftliche Laufbahn einschlagen, fand dann aber während Referendarzeit Gefallen an der Anwaltsarbeit. Mit seinen guten Examensnoten hatte er die Eintrittskarten für die Welt der Großkanzleien gelöst. Anfangs fand er seine Arbeit bei Wilmer Hale „spannend, anregend, fordernd und auf sehr hohem Niveau“. Er wirkte beim Kauf von Austrian Airlines durch Lufthansa und der Rettung von Karstadt-Quelle mit. Eines Tages stellte er sich die Frage, wie es weitergehen soll. Als Karriereziel blieb ihm die Partnerschaft. Das hätte ihm zwar „mehr Geld und mehr Arbeit" gebracht, ohne dass sich aber „der Job grundlegend verändert hätte". Das war ihm zu wenig „Abwechslung": „Immer nur beraten, keine Entscheidungen treffen, man bleibt immer nur im Hintergrund": „Auf die Dauer hat mich nicht interessiert, ob sich zwei Firmen zusammenschließen oder nicht". Und dann wollte er die Arbeitsbelastung nicht länger ertragen, weil er „seine Freizeit nicht mehr planen konnte" – während der Woche und auch am Wochenende nicht. Bei Mandanten ist ihm eine „Unsitte" aufgefallen, nämlich am Freitagnachmittag ihre Anwälte anzurufen, und sie um Stellungnahmen bis Montag zu bitten". „Die 24-Stunden-Verfügbarkeit setzte sich immer mehr durch", ärgert sich von Alemann.

Im selben Gebäude, nur im Keller, hat Markus Rau seinen Schreibtisch. Vorher hatte er im 21. Stock bei Freshfields Berlin am Potsdamer Platz gesessen. Als er den Kellertrakt mit seinem Zimmer betrat, bekam er, das gibt er ehrlich zu, „schon einen „kleinen Schock": „Bei den sanitären Einrichtungen schluckt man". Auf der anderen Seite genießt er die „entspannte Atmosphäre und den kollegialen Umgang im Gericht".

Auf einem kleinen Tisch hat Rau ein paar juristische Fachzeitschriften bereitgelegt – mit Artikeln, die er als Co-Autor mit dem Staranwalt Benedikt Wolfers verfasst hat. In der Finanzkrise hatte er als dessen rechte Hand an Gesetzentwürfen für die Bundesregierung mitgeschrieben, wie die umständlichen Titel der Aufsätze verraten, zum Beispiel „Der Kontrollerwerb der Hypo Real Estate im Lichte der verfassungsrechtlichen Eigentumsgarantie". Der wissenschaftlich ambitionierte Spitzenjurist Rau hatte zweifellos den Marshallstab im Tornister – und hat ihn weggeworfen. Warum? Was hat ihn bewogen, auf die Hälfte seines Nettogehaltes zu verzichten und im Keller des Berliner Sozialgerichts unter anderem Hartz IV-Fälle zu bearbeiten?

In der Großkanzlei fühlte er einmal seine Leistung nicht hinreichend gewürdigt: „Nach außen, bei Besprechungen, führte in der Regel Herr Wolfers das Wort. Das war auf Dauer unbefriedigend. Man hat wesentlichen Anteil an der juristischen Arbeit und das soll auch bemerkt werden". Außerdem ist das Rechtliche auf dem Weg zum Partner oder Counsel nur eine Seite der Tätigkeit: „Man muss Geld machen. Man muss nicht nur eine guter Jurist sein, sondern auch Kaufmann und Akquisiteur". Angesichts der exzessiven Arbeitszeiten empfand er die Arbeit in der Großkanzlei auf lange Sicht zu „einengend. Es blieb vieles auf der Strecke". Gewiss war es intellektuell befriedigend, in einer Großkanzlei „hochspannende Mandate" zu bearbeiten und „dicke Bretter zu bohren". Aber permanent bis in die Nächte hinein auf dem Niveau einer „Examenshausarbeit oder Doktorarbeit zu schreiben", fand er nicht verlockend. Und positiv stimmt ihn auch, dass er jetzt als Richter für „das Allgemeinwohl arbeitet".

Von Alemann und Rau haben ihre Berufsentscheidungen an einem Wertekanon ausgerichtet, der für die Generation Y charakteristisch ist. Zum Beispiel ihre Bereitschaft zu materiellem Verzicht für weniger Arbeit. Alle Junganwälte, die in den letzten Jahren aus einer Großkanzlei in die Justiz oder den diplomatischen Dienst gewechselt sind, haben dabei zwischen einem Drittel und der

Hälfte ihres Gehaltes aufgegeben. Nach der Azur-Umfrage 2012 sind 29 Prozent der Associates bereit, ihren aktuellen Job aufzugeben, wenn sie dafür bei einem anderen Arbeitgeber mehr Freizeit hätten.[431]

Die Wallstreet-Großkanzleien haben schon in den neunziger Jahren einen Exodus von Junganwälten erlebt.[432] Wer mit Personalreferenten von Justiz, Ministerien, Verbänden und Unternehmen spricht, gewinnt den Eindruck, dass die deutschen Großsozietäten seit einiger Zeit auch unter einem Exodus der Millenials leiden. Nicole Geffers, Leiterin der Personalabteilung bei der Hamburger Justizbehörde, schätzt, dass ein Viertel aller Bewerber und Eingestellten in der Hamburger Justiz „Erfahrungen in einer Großkanzlei haben". Seit 2006 beobachtet Dagmar Klusenwerth, für Personal zuständige Oberstaatsanwältin beim Kriminalgericht Moabit, das „immer mehr gut Leute kommen und bleiben", darunter auch etliche mit Großkanzleivergangenheit. Auch Ralf Kurpat, Richter am Landgericht Bonn, bestätigt diesen Trend: „Für die Absolventen ist heute nicht mehr nur die Karriere wichtig. Sie wollen auch Sicherheit – viele werden dann lieber Richter".[433]

Die Höhe der Abwanderungsquote der Generation Y in den ersten drei Jahren behandeln die meisten Großkanzleien als Geschäftsgeheimnis. Die offizielle Lesart: Personalfluktuation gehört zum „Geschäftsmodell Großkanzlei" und ist kein „Indikator für Misserfolg". Auf diese Feststellung legt Klaus-Stefan Hohenstatt, Managing Partner bei Freshfields, Wert. Durch das Up or Out-Prinzip bei der Partnerwahl rechnet der Marktführer damit, dass Anwälte spätestens nach sechs bis sieben Jahren die Kanzlei verlassen, wenn sie den Sprung in die Partnerriege nicht geschafft haben. Er geht zudem davon aus, dass rund die Hälfte aller Einsteiger Freshfields von vornherein nur als Zwischenstation auf ihrem Karrierepfad verstehen: wegen der gute Ausbildung und des Renommees. In London, wo die Entwicklung immer ein paar Jahre voraus ist, warb Freshfields vor einiger Zeit mit zwei Slogans: „A good place to be" und „and a good place to come from". Nicht jeder Abgang ist daher, so Hohenstatt, „ein Betriebsunfall". Aber es gibt natürlich den Absprung „zur Unzeit". Das sind für ihn alle Associates, die in den ersten drei Jahren die Kanzlei verlassen: „Da haben wir entweder die falsche Person eingestellt oder nicht genug für die Motivation getan". Hohenstatt räumt ein, dass bei Freshfields ein Viertel aller Associates in diesem Zeitraum der Kanzlei den Rücken kehrt. Dass darunter meist mehr Frauen als Männer sind, findet Hohenstatt angesichts der Ambitionen seiner Kanzlei „bitter".

Auf eine Anfrage bei den Top-10-Kanzleien nach der Höhe der Abwanderungsquote von Associates in den ersten drei Jahren verweigerten 60 Prozent eine Antwort. Das Thema muss unangenehm sein. Neben Freshfields haben sich noch drei Kanzleien für Transparenz entschieden. Noerr gelang es, die Abwanderungsquote von Associates in den ersten drei Jahren zwischen 2010 bis 2012 stabil zu halten: zwischen 31 und 35. Das sind knapp 19 Prozent aller Junganwälte. Bei CMS Hasche Sigle haben zwischen 2008 und 2012 durchschnittlich 61 Associates das Handtuch geworfen. Mit 73 Aussteigern 2012, der höchsten Zahl in den letzten fünf Jahren, ist ihr Anteil an allen Associates bei CMS mit dem bei Noerr vergleichbar: bei gut 18 Prozent. Bei Linklaters haben im Schnitt 40 Associates zwischen 2010 und 2013 die Sozietät verlassen, gut 20 Prozent jährlich.

Wenn zwischen fast einem Fünftel und einem Viertel aller Junganwälte innerhalb der ersten drei Jahre die Berufswahl Großkanzlei korrigiert, ist das ein Aderlass, der die Großsozietäten wegen der hohen finanziellen und personellen Fehlinvestitionen enorm wehtut. Interviews mit acht Aussteigern, die in den letzten Jahren von Großkanzleien in die Justiz oder den diplomatischen Dienst gewechselt sind, offenbaren die Fliehkräfte, die sie zu bändigen haben.

Keiner der Aussteiger hat die Großkanzlei als Arbeitshölle empfunden, aus der man möglichst schnell flüchten muss. Im Gegenteil. Alle loben die interne und externe Aus- und Fortbildung, und die meisten waren in den ersten Jahren von ihrem Aufgabenfeld angetan. Zwei Stimmen: Ein Ex-Freshfields-Anwalt hat „viel gelernt", es war „ hoch professionell". Der heutige Berliner Staatsanwalt Holger Brocke hat seine Zeit in einer Großkanzlei nicht „bereut": „Sehr viel gelernt, harte Zeit, häufig am Limit gearbeitet".

Entscheidend für den Karrierewechsel war bei keinem der Aussteiger das Arbeitsklima, auch wenn die Eindrücke und Erfahrungen hier widersprüchlich sind. Christina von Merveldt, heute Staatsanwältin in Berlin, fand die Atmosphäre ihrer Großkanzlei „freundlich und umgänglich", Florian von Alemann schätzte bei Wilmer Hale die „gute Stimmung": „keine Ellbogenmentalität". Als Erklärung tauchte immer dasselbe Argument auf: Weil die Partneraussichten gegen Null tendierten, haben viele den Kampf nach oben gar nicht angetreten. Christina von Merveldt: „Kein unangenehmer Konkurrenzdruck, weil vielen klar war, dass sie keine Partner werden". Verkehrte Welt: Schlechte Karriereaussichten verbessern das Arbeitsklima. Die Atmosphäre ändert sich nach Beobachtung der Aussteiger auffällig in der Zusammenarbeit mit jenen Kollegen, die nach oben wollen. Nicole Geffers stieß bei Freshfields auf eine „Ellbogenkultur" bei jenen, die das Partnerrennen begonnen hatten: „Wer wird Partner, wie positioniert man sich?" Ein Schlüsselerlebnis war für sie die Bemerkung eines Partners: „Sie sind zu nett. Sie müssen auch mal austeilen". Eine ehemalige Gleiss Lutz-Anwältin erlebte einen „großen Konkurrenzkampf unter manchen Anwälten", bei dem die Zahl der abrechenbaren Stunden eine Rolle spielte.

Der Hauptgrund für den Verzicht auf Geld und Prestige war bei allen Abbrechern die Arbeitsbelastung: die Zahl der täglichen Arbeitsstunden im Verbindung mit der Fron der ständigen Erreichbarkeit.

Für einen Freshfields-Aussteiger dauerte der Arbeitstag in der Regel von neun bis halb Zehn, in Hochphasen bis zwei oder drei Uhr morgens. In Ausnahmefällen musste er auch mal eine Nacht durcharbeiten. Nicht besser erging es seiner Frau bei Gleiss Lutz, die häufig bis Mitternacht schaffen musste. Staatsanwalt Robert Kohly hielt die Arbeitsbedingungen bei der Kanzlei Schröder Rechtsanwälte für „unzumutbar". Nach 1 ½ Jahren war seine Urlaubsbilanz niederschmetternd: nicht mehr als ein längeres Wochenende und einen freien Tag für die Beerdigung seiner Großmutter. Das wollte er nicht länger hinnehmen. Er forderte eine Garantie für einen freien Tag am Wochenende und 14 Tage Urlaub. Die bekam er nicht. Anlass für ihn, zu kündigen.

Das Wochenende war bei vielen Aussteigern frei. Man war sich aber nie sicher, weil da noch das Blackberry war. Man bekam ihn am ersten Tag. Erwartet wurde, dass man ständig erreichbar war – am Wochenende und sogar nachts. Anfangs nahm ein Freshfields-Aussteiger den Blackberry mit ans Bett, später hat er ihn im Flur gelagert. Die ersten Anrufe kamen manchmal schon um 6:30 Uhr. Besonders ärgerlich fanden manche Aussteiger den E-Mail Terror im Urlaub. Eine ehemalige Gleiss Lutz-Anwältin erinnert sich an einen China-Urlaub. In den ersten drei Tagen hatte sie täglich auf E-Mails geschaut, die ihr Chef mit einem Mandanten wechselte. Bei einigen hat sie sich von der chinesischen Mauer aus eingeschaltet. Ihr Fazit: „Urlaub kann man nur da machen, wo es keine Funkverbindung gibt".

Keine Großkanzlei muss sich wundern, wenn solche Versklavungen bei selbstbewussten, hoch qualifizierten und gewissenhaften Junganwälten über kurz oder lang die Frage aufkeimen lässt, ob sie sich dieser Erwartungsdiktatur weiter unterwerfen wollen. Für alle Aussteiger war die ***gestörte Work-Life-Balance*** das zentrale Motiv, sich für eine andere berufliche Laufbahn zu entscheiden. Für Holger Brocke war der „Arbeitsstress so groß geworden, dass das Privatleben zu kurz kam". Die Alarmglocken begannen zu läuten, als Freunden auffiel, dass er schlecht aussah und ihn offen darauf ansprachen. Für Stefan Schiffendecker war sein Job bei Gleiss Lutz nicht mit der Familie vereinbar. Wenn er nach Hause kam, waren seine Kinder schon im Bett. Einigen Aussteigern blieb keine Zeit mehr für Entspannung, Freizeit, Freunde oder politische Arbeit. Ein Ehepaar hatte es manchmal nicht geschafft, „Brot zu kaufen oder Kleidung in die Reinigung zu bringen". Nach einigen Jahren Großkanzlei lautete ihre Bilanz: „Das Leben hat sich nur noch um den Beruf gedreht".

Wenn von den acht Aussteigern 80 Prozent Männer sind, zeigt es, dass die Work-Life-Balance mittlerweile auch für sie ein Thema ist. Für Frauen ist sie existentiell. Anwältinnen sind für Großkanzleien inzwischen unverzichtbar geworden. Sie vor oder nach dem ersten Kind in den Kanzleien zu halten und einigen Partnerperspektiven zu eröffnen, gehört zu den ***ungelösten Strukturproblemen*** von Großsozietäten. In den Führungsetagen dominiert nach wie vor der Nadelstreifen.

Nach einer JUVE-Statistik betrug 2011 der Anteil der Frauen bei den Associates in den zehn größten Kanzleien immerhin schon 37 Prozent.[434] Nach ein paar Jahren stoßen viele dann an die berühmte gläserne Decke. Der Anteil der Non-Equity-Partner verharrt bei 20 Prozent, der der Vollpartner bei fast 10 Prozent.[435] Überraschend ist der Prozentsatz der weiblichen Equity Partner zwischen 2007 und 2011 bei fünf der zehn größten Kanzleien sogar gesunken ist. Bei den Partnerrunden 2011 wurden 86 Prozent Männer ernannt, 2012 87 Prozent.[436] Die Ursachen sind klar: In der männlichen Arbeitskultur kann bisher nur bestehen, wer die weibliche aufgibt und die Vereinbarkeit von Beruf und Familie verzichtet. Frauenquoten und Frauenförderprogramme sind in Großsozietäten bisher verpönt. Hier soll allein die Leistung zählen.[437] Deshalb entscheidet sich eine große Zahl von Anwältinnen in einem bestimmten Alter gegen Stress und Arbeitslast.

Ob Kristina Zych, Managing Associate bei Linklaters, Partnerin werden will, weiß sie noch nicht. Ihren Job bei Linklaters in der Abteilung „öffentliches Wirtschaftsrecht" hält sie für „spannend und abwechslungsreich, wenig Routine". Und ihr gefällt, was anderen Junganwälten missfällt: „Interessen von Mandanten wahrzunehmen". Aufregend sei für sie bei der Rettung der Landesbanken oder bei der staatlichen Übernahme der Hypo Real Estate „neue Gesetze" anzuwenden. Die Atmosphäre in der Kanzlei empfindet sie als „ausgesprochen kollegial" und „wenig kompetitiv". Aber auch ihr Arbeitstag ist lang, von 9:30 Uhr bis 20:30 und 22 Uhr. Bei den Wochenenden geht sie davon aus, dass sie frei sind, kann aber nie sicher sein. Die „Anspannung ist groß, weil man in einem engen Zeitraum zwischen mehreren Mandanten jonglieren muss. Von diesem System kann man sich nicht freimachen". Kristina Zych lebt seit vielen Jahren in einer festen Partnerschaft. Deshalb hat sie sich natürlich auch schon die Frage nach der Work-Life-Balance gestellt: „Soll der Beruf so viel Raum einnehmen?" Viele Frauen bei Linklaters gehen nach zwei, drei Jahren, häufig in Ministerien. Ist Linklaters mit einer Familie vereinbar? Vor der Antwort macht Kristina Zych eine lange Pause und atmet tief. „Theoretisch ja, ich weiß aber nicht, wie es sich anfühlt". Einen Hausmann, da ist sie sich sicher, will sie nicht. Gegen 21:30 Uhr verabschiedet sie sich, nicht um nach Hause zu gehen, sondern an ihren Schreibtisch. Bis morgen früh muss sie noch ein Votum schreiben, um das sie am Nachmittag gebeten wurde.

Christina von Merveldt hat sich schon entschieden – gegen die Großkanzlei. Für sie war immer klar, dass sie Kinder und eine Familie haben wollte. Als sie sich nach einer Teilzeitstelle auf Stundenbasis erkundigte, antwortete der zuständige Partner nur kurz „Teilzeit finden wir blöd". Sie beschloss, sich bei der Justiz zu bewerben. Heute hat sie drei Kinder und die Arbeit als Staatsanwältin macht ihr Spaß: „Ich bin froh über den Wechsel. Ich bin hier näher am Leben und habe mehr Kontakt zu Menschen".

Vielen Associates fiel der Absprung aus den Wirtschaftskanzleien auch leicht, weil sie dort ***mit innerer Distanz*** gearbeitet und kein Herzblut vergossen haben. Holger Brocke hat sich zeitweise als „Mietjurist" verstanden, für eine Arbeit, die ihm „keine ausreichende innere Befriedigung" verschafft hat. Obwohl eine ehemalige Gleiss Lutz-Anwältin jahrelang Immobilienrecht gemacht hat, hat sie das Rechtsgebiet „nie wirklich interessiert" und die „Immobiliendeals" hat sie im Gegensatz zu ihren Kollegen nie als persönliche Erfolge verbucht. Für einen Freshfields-Aussteiger war der Job manchmal nur „schwer mit seiner politischen Grundeinstellung zu vereinbaren". Wenn er für Mandanten aus der Finanzindustrie, Energiewirtschaft oder der Pharmaindustrie Gutachten schrieb, hat er sich häufig gefragt: „Will ich da mitmachen? Das Geschäftsgebaren einiger Mandanten stand im Widerspruch zu meiner politischen Auffassung".

Monika Rolf-Schoderer, Personalreferentin beim Oberlandesgericht Hamburg, hat in zig Gesprächen mit Bewerben aus Großkanzleien noch zwei andere Wechselmotive ausgemacht: „nicht mehr wirtschaftliche Interessen verfolgen und nicht mehr parteilich, sondern unabhängig arbeiten". Diese Analyse bestätigen die meisten Aussteiger. Sozialrichter Stefan Schifferdecker hat die „Ausrichtung seiner Arbeit bei Gleiss Lutz am Gewinn" gestört: „Mir war manchmal egal, welche Bank die Millionen bekommt". „Ob ein Unternehmen seinen Gewinn optimieren kann, liegt mir nicht am Herzen", bekennt der heutige Staatsanwalt Wolfgang Brocke. Markus Rau hat gestört, dass er immer die Rechtsmeinung zu vertreten hatte, die dem Mandanten nützt. Bei freier Entscheidungsmacht wäre er hin und wieder zu anderen Ergebnissen gekommen. Kurz: Er vermisste die ***Unabhängigkeit und Objektivität***, die er jetzt als Richter genießt.

Alle Großkanzleien haben erkannt, dass sie den Exodus abwandernder Millenials nur bremsen können, wenn sie die Balance zwischen beruflichem und privatem Leben neu justieren – für Frauen und Männer. Dafür haben alle Modelle zur Flexibilisierung der Arbeitszeit entwickelt: Teilzeit, Heimarbeit, flexible Arbeitszeiten, Sabbaticals und Kinderbetreuung. Sie wissen aber auch, dass sie bisher nur Trippelschritte gemacht haben. Jan Endler gibt zu, dass Linklaters mehr „Flexibilität" bei der Arbeitszeit und „frauengerechtere Arbeitsbedingungen" organisieren muss. „Die Balance zwischen Arbeit und Familie stimmt noch nicht. Aber wir arbeiten dran". Das ist in der Tat die Aufgabe: eine ***Veränderung der Kanzleikultur***.

Die von Großkanzleien praktizierten Modelle sind hilfreich. Noerr hat eine Teilzeitquote von gut acht Prozent, CMS Hasche Sigle eine von 30 Prozent. Bei Hasche Sigle sind von 203 Partnern inzwischen 30 Frauen, acht davon in Teilzeit.[438] Nach der Azur-Umfrage 2012 arbeiten 15 Prozent aller Salary-Partner in Teilzeit, bei den Equity-Partnern hingegen nur drei Prozent.[439] Wie weit diese Quoten gesteigert werden können, ist offen. Noerr-Partner Reinhard hält einen Anteil von 20 Prozent für realistisch, Freshfields-Partner Hohenstatt einen von 20 bis 25 Prozent. Das wird bruchlos nur gelingen, wenn die Teilzeitanwälte das Image einer geduldeten Minderheit verlieren und Teil der Arbeitskultur werden, wenn sie nicht, darauf legt Freshfields-Partner Hohenstatt Wert, die „weniger interessanten Mandate bekommen und nicht vom Karrierepfad gedrängt werden". Allerdings wird die Flexibilisierung auch an Grenzen stoßen: an den Wünschen der Mandanten. Daran erinnert Kanzleimanager Ulrich Jüngst (DAL Piper) alle Tagträumer: „Bei aller Sehnsucht nach einer ausgewogenen Work-Life-Balance" wissen alle Associates, dass „das Interessen des Mandanten vorgeht, dass Engagement gefragt ist und ein Arbeitstag auch mal 16 Stunden dauern kann".[440]

Bis vor drei, vier Jahren galten flexible Arbeitszeitmodelle bei vielen Associates und Partnern als Kosmetik. Die Zeit ist vorbei. Mittlerweile „erkennen" nach JUVE-Redakteurin Antje Neumann „immer mehr Kanzleien", dass es sogar ein „Wettbewerbsvorteil sein kann, sich für flexible Arbeitszeitmodelle zu öffnen – und zwar für männliche wie weibliche Bewerber". Außerdem spielen sie eine wachsende Rolle beim Kampf gegen die Abwanderung. Ein Musterbeispiel ist Lars Leupold aus dem Dresdner Noerr-Büro.

Er gehört zu einer besonderen Kategorie von Aussteigern: Sie sind nach Ausflügen in die Justiz bzw. Ministerialbürokratie reumütig in eine Großkanzlei zurückgekehrt. Drei solcher Aussteiger hat Noerr 2012 wieder aufgenommen. Bei Leupold hat den Ausschlag dafür eine Zusage gegeben, seinen Einsatz auf eine normale Arbeitszeit zu begrenzen.

Als seine Frau gerade in Mutterzeit mit der vier Monate alten Tochter zu Hause war, wurde er für drei Monate vom Dresdner ins Berliner Noerr-Büro abgeordnet. Die ohnehin schon lange Arbeitszeit verlängerte sich noch mal, dauerhaft bis 23 Uhr und darüber hinaus. Frau und Kind verschwanden fast vollständig aus seinem realen Leben, alles war „der Arbeit untergeordnet". Er wechselte zur Staatsanwaltschaft, wurde dort aber schnell enttäuscht. Die Richterperspektive eröffnet sich nicht, wie besprochen, nach vier bis sechs, sondern realistisch erst nach über zehn Jahren. Solange wollte er nicht bei der Staatsanwaltschaft bleiben, zumal er in seinem Dezernat Sozialleistungsbetrügereien als Massengeschäft teilweise anklagen sollte, obwohl er eine Einstellung der Verfahren für angemessener hielt. Da wähnte er sich „auf der falschen Seite". Nach mehreren Gesprächen fanden die Kanzlei und er eine neue Basis für eine Zusammenarbeit: Regelarbeitszeit bis 18:30 Uhr gegen einen substanziellen Gehaltsverzicht. Er kann nun mit seiner Tochter zu Abend essen und sie ins Bett bringen, verdient dafür jetzt weniger als ein Berufsanfänger in einer Großkanzlei. Bisher hat das Modell den Praxistest bestanden. Sein Leitmotiv: „Ich arbeite jetzt um zu leben, und lebe nicht mehr, um zu arbeiten". Sollte es nicht klappen, wird er wieder gehen. Seit er Vater ist, haben sich seine Prioritäten verschoben.

Abspaltung mittelständischer Kanzleien und Boutiquen

In der Chronik der Kanzlei Schilling, Zutt & Anschütz wirken die acht Jahre mit der US-Kanzlei Shearman & Sterling nur noch wie eine Episode. Unter der entlarvenden Überschrift „Amerikanisches Intermezzo und ‚Unabhängigkeitserklärung'" wird in drei dürren Sätzen berichtet, dass die Kanzlei 2000 mit der New Yorkern fusioniert und sich im Mai 2008 wieder von ihnen getrennt hat. Die neue Sozietät mit nun 55 Anwälten ist aus dem Mannheimer Büro von Shearman & Sterling hervorgegangen.

Das Wort Unabhängigkeitserklärung verrät, warum der Zusammenschluss scheiterte: Die erfolgreichen und selbstbewussten deutschen Anwälte hatte keine Lust mehr, sich dem US-Regime mit seinen Vorgaben, Abstimmungsregeln und Berichtspflichten anzupassen. Zu viele Checks von Interessenkonflikten und ein erdrückender bürokratischer Überbau. Für Stephan Harbarth, einen der Partner, bestand zu wenig Freiraum für „kleinere Mandate" und „unternehmerische Einzelinitiativen". Er möchte sich die Freiheit vorbehalten, auch Mandate anzunehmen, die sich „wirtschaftlich nicht lohnen, aber wegen der Rechtsfragen interessant sind": „Das ist in Großkanzleien tabu". Außerdem sind die nach seiner Erfahrung keinesfalls „überall Spitze". Er meint, durch die freie Wahl von Büros im Ausland manchmal bessere Arbeit abliefern zu können als die international aufgestellten Wettbewerber. Er ist überzeugt, dass der Markt einen Bedarf an „nationalen Einheiten von überschaubarer Größe" hat und sieht deshalb in der Trennung von Shearman & Sterling auch einen „gewissen Trend".

Aus ähnlichen Gründen verabschiedete sich der Kölner Anwalt Michael Oppenhoff mit 36 Kollegen von Linklaters, der Berliner Benedikt Bräutigam mit einigen Rechtsvertretern von Lovells und Peter Raue mit 40 Rechtskundigen von Hogan & Hartson, als die Sozietät mit Lovells fusionierte – alles Kanzleischeidungen zwischen 2007 und 2010. Abspaltungen dieser Größenordnung sind Ausnahmen und doch symptomatisch. Sie offenbaren ein Phänomen, das für ein paar Jahre überwunden schien: Spannungen zwischen der deutschen und amerikanischen Kanzleikultur. Für Ex-Allen & Overy Partner Henning Harte-Bavendamm „schwappt die Tide nach dem Siegeszug von Freshfields & Co seit acht Jahren zurück". Und das aus zwei Gründen. ***Die deutschen Anwälte hatten in den Großkanzleien zu wenig Standing für ihr Gewicht, und das Unbehagen an der angelsächsischen Kanzleikultur brach sich wieder Bahn.*** Diese Entwicklung mündete in die Abspaltung mittelständischer Kanzleien, aber viel häufiger und für den deutschen Anwaltsmarkt wichtiger in die Gründung von sog. Boutiquen. Das sind meist Zusammenschlüsse von zwei oder drei Anwälten aus Großkanzleien für spezielle Rechtsgebiete. Solche spin-offs liegen im Trend. Eine Erfolgsgeschichte, die 2005 Fahrt aufgenommen hat und über die das JUVE-Handbuch jährlich in einer eigenen Kategorie berichtet. Boutiquen sind Kinder vom Fleische der Großkanzleien und zugleich ihre gefährlichsten Konkurrenten.

Einer dieser Aussteiger ist Henning Harte-Bavendamm. Nach einer glanzvollen Laufbahn als Partner bei Lovells und Allen & Overy hat es ihm mit 58 Jahren „gereicht". Er wollte wieder als Anwalt „arbeiten, wie die Mandanten es lieben". Er hat mit zwei jungen Partnern eine Boutique für Urheberrecht, gewerblichen Rechtsschutz und Wettbewerbsrecht gegründet, die inzwischen auf sieben Anwälte angewachsen ist. Er fasst zusammen, was viele ältere wie jüngere deutsche Rechtsvertreter an der angelsächsischen Kanzleikultur stört: rein wirtschaftliches Denken, bürokratischer Überbau, exzessive Kontroll- und Berichtspflichten, zahllose wirtschaftliche und rechtliche Interessenkonflikte und der Verlust an eigenen Gestaltungsmöglichkeiten, Überbezahlung von Anwälten vom Einstieg bis zum Ausstieg und das wirtschaftlich unsinnige Herausdrängen von Partnern von Mitte fünfzig oder Anfang sechzig: „Zwischen 55 und 65 befindet man sich, soweit gesund, auf dem Höhepunkt seiner Akquisitions- und Schaffenskraft".

Andere wie Ulf Renzenbrink sind bei Freshfields aus Frust ausgestiegen, weil sie fürchteten, auch als junge Partner „nur die zweite Geige zu spielen". Associates wie sein Partner Christian Heise haben Freshfields Adieu gesagt, weil die Großkanzlei in ihren Lebensentwürfen ohnehin nur eine „Durchgangsstation" war. Eine vierte Gruppe von Junganwälten verlässt die Hochleistungskanzleien wegen der miserablen Work-Life-Balance. ***Intern haben Großkanzleien daher mit zwei Kulturkonflikten zu kämpfen: dem zwischen angelsächsischer und deutscher Kanzleikultur und dem zwischen einer eher immateriell eingestellten Generation Y und ihren eher materiell orientierten Vorgängergenerationen.***

Klein, aber fein: Anwaltsboutiquen

„Vom Aussehen, Habitus und Charakter könnte Henning Harte-Bavendamm einen Hamburger Bürgermeister abgeben", meint einer seiner Freunde. In der

Tat wirkt der hochgewachsene grauhaarige Jurist wie ein Modellhanseat. Von seinem Büro im 10. Stockwerk in der Kehrwiederspitze in der Hafencity blickt er direkt auf die Elbe, auf das sich ständig wechselnde Panorama zwischen den Landungsbrücken und dem König-der-Löwen-Musical-Zelt, genießt die Lichtspiele je nach Tages-, Wochen- und Jahreszeit. Die Einrichtung der Kanzlei ist auffällig unauffällig, zwischen einem alten Feldstecher und gefälliger moderner Kunst. Der Internet-Auftritt der Kanzlei ist nach Harte-Bavendamm „bewusst unterkühlt", was nach Rückmeldung von Mandanten „gut ankommt".

Harte-Bavendamms Boutique für den Schutz geistigen Eigentums ist ein Tupfer auf einem bunten und facettenreichen Boutiquenmarkt, der in den letzten zehn Jahren entstanden ist. Der Hauptgrund: ***die gestiegene Nachfrage nach speziellem und preiswertem Rechtsrat.*** Parallel zur Ausweitung der Fachanwaltschaften ist ein reiches Angebot von Kleinkanzleien mit bis zu 20 Anwälten gewachsen: Es gibt Boutiquen für Banken- und Kapitalanlagerecht, Immobilienrecht, Steuerrecht, Arbeitsrecht, Handels- und Gesellschaftsrecht, öffentliches Recht usw. Wer sich die Gewinner des „Kanzleigründerpreis" der Bundesrechtsanwaltskammer und der Soldan GmbH 2008 anschaut, lernt, dass die Spezialisierung mittlerweile weit über Rechtsgebiete hinausgeht. Subspezialisierungen sollen neue Marktnischen erschließen. Die Darmstädter Kanzlei SKZ etwa konzentriert sich auf Verwaltungs- und Immobilienrecht und wendet sich dabei ausschließlich an Städte, Gemeinden und kommunale Unternehmen. Die Kanzlei Dr. Damm & Partner in Neumünster spricht ausschließlich Online-Händler an. Die Kanzlei Fröhlich & Partner in der Nähe von Mainz hat sich auf Fälle um den Sport fokussiert.

Die großen und renommierten Boutiquen verstehen sich als direkte Konkurrenten der Großkanzleien, wenden sich dabei aber nicht nur an DAX-Unternehmen, sondern auch an den Mittelstand. Harte-Bavendamm vertritt Sony, aber auch den Hamburger Fußballclub St. Pauli in einem Streit mit einer Merchandise-Firma. Der Arbeitsrechtsanwalt Jan Ruge, Partner der Hamburger Boutique Ruge Krömer, berät die Postbank und die HUK Coburg, aber auch Studentenwerke, Sparkassen und die Hamburgische Wohnungsbaukreditanstalt. Mal versteckt, mal offen empfinden alle Boutique-Partner Freude, wenn sie im Kampf David gegen Goliath ihren Ex-Kanzleien eins auswischen können. Als JUVE Ulf Renzenbrinks Boutique 2008 für die Auszeichnung „Kanzlei des Jahres M&A" neben seinem alten Arbeitgeber Freshfields und anderen Großkanzleien als einzige Boutique nominiert hatte, war das für ihn der „Brüller". Das hat der Kanzlei „tierische Publizität" verschafft, jubelte der Mir-gehört-die Welt-Typ Renzenbrink.

Harte-Bavendamm ist überzeugt, dass die Boutique als Kanzleimodell in eine rosige Zukunft blickt – weil sie gegenüber Großkanzleien zahlreiche Wettbewerbsvorteile hat. Da ist zunächst der Kostenfaktor. Bei den Stundensätzen liegen Boutiquen „20 bis 30 Prozent" unter denen der Großsozietäten. Diesen Wettbewerbsvorteil streichen alle Gründer hervor. „Wir haben in unserem Tätigkeitsbereich das Know-how der führenden Großkanzleien, machen es aber unterm Strich viel billiger", verspricht die Homepage von Renzenbrinks

Boutique. Der Arbeitsrechtler Ruge kassiert 230 Euro pro Stunde, während seine Kollegen in Großkanzleien zwischen 250 und 500 Euro fordern.

Alle Boutique-Partner sind überdies sicher, dass sie einen Qualitätsvergleich nicht scheuen müssen. Harte-Bavendamm: „In einem Bereich wie Wettbewerbsrecht mit vielen Gerichtsauftritten verfügt kaum ein Team einer Großkanzlei über eine vergleichbare Expertise wie die führenden Boutiquen". Die Rechtsvertreter sind „handverlesen" und „spezialisierter". Nach der Einschätzung von Renzenbrink ist sein Team „jedenfalls besser als der Durchschnitt der Großkanzleien". Und Ruge meint, dass Mandanten bei guten Boutiquen „im Falle gerichtlicher Auseinandersetzungen besser aufgehoben" sind, „weil die Anwälte dort über eine größere Erfahrung vor Gericht verfügen".

Weiter heben alle Boutique-Anwälte den Wettbewerbsvorteil des „persönlichen Kontaktes" zum Mandanten hervor. Die ziehen es nach Harte-Bavendamm vor, wenn der „Chef selbst kocht, oder jedenfalls weiß, was in der Küche vor sich geht". Auch Jan Ruge meint davon zu profitieren, dass „anwaltliche Tätigkeit etwas sehr Persönliches" ist. Den „persönlichen Kontakt" schätzen viel Mandanten gegenüber der „austauschbaren Dienstleistung" der Großsozietäten.

Schließlich betonen alle drei, dass die Teams in Boutiquen aufgrund der flachen Hierarchien, der kurzen Wege und der intensiven Kommunikation schneller und effektiver arbeiten können.

Nach Recherchen von JUVE sollen die Großkanzleien 2010/2011 „nachweisbar" Marktanteile an mittelständische Kanzleien und Boutiquen verloren haben.[441] Diese These erscheint angesichts des Kostendrucks bei Mandanten und der Kompetenz der Boutiquen auf ihren Spezialgebieten plausibel.

Zielgruppe Langzeitarbeitslose: Massengeschäft mit Hartz IV-Klagen

Rechtsanwalt Raymond Schäfer hat es geschafft, zumindest aus einer Sicht. In seiner Kreuzberger Ladenkanzlei beschäftigt er inzwischen vier Angestellte, darunter einen Anwalt. Schwerpunk: Hartz IV-Klagen. 90 Prozent seiner Fälle – mittlerweile 1 000 – sind Widersprüche und Klagen für Leistungsempfänger. Damit verdient er heute mehr als in seiner Zeit als angestellter Anwalt in der Großkanzlei White & Case. Sein Gastspiel dort war kurz. Zwar lernte er viel, fand seine Kollegen aber „unerträglich": „Junge Anwälte, die anders dachten, auch politisch und die einen anderen Zugang zur Welt hatten". In seiner Hartz IV-Kanzlei hat er jetzt auch „viel Stress", „aber es macht Spaß. Ich stehe moralisch auf der richtigen Seite. Ich kann mich identifizieren".

Als er sich 2008 mit einem Kollegen selbständig machte, waren beide über ein Jahr selbst Hartz IV-Empfänger – wie viele Berufsanfänger in Berlin. Die ersten Klagen gegen Jobcenter haben sie in eigener Sache erhoben. In der Anfangszeit haben beide nichts verdient. „Was macht man, wenn man eine Kanzlei aufmacht und keine Mandanten hat und monatlich 900 Euro Miete zahlen muss?" Diese Frage stellten sie sich immer wieder. 2010 entschloss sich Schäfer nach einem Streit mit seinem Partner, eigene Wege zu gehen und machte mit einem 10000 Euro-Kredit die Ladenkanzlei auf.

Im Vorfeld des Bundesverfassungsgerichtsurteils zur Verfassungsmäßigkeit des Hartz IV-Regelsatzes gelang es ihm, erste Mandate zu gewinnen. Er fing an, Flyer vor dem Jobcenter Friedrichshain-Kreuzberg zu verteilen. Darin bot er – und das ist typisch für Hartz IV-Anwälte – „eine kostenlose Überprüfung ihrer Bescheide" an. Für einen Notdienst „rund um die Uhr" gab er auf dem Flyer sogar seine persönliche Handynummer preis. Eine feste Bürozeit existierte danach für ihn nicht mehr. „Die Leute riefen morgens zwischen acht und neun und auch nachts an. Ich habe es gemacht, weil ich jedes Mandat brauchte".

Das Angebot einer kostenlosen Erstberatung ist das wirksamste Lockmittel, um Hilfsbedürftige als Mandanten zu werben. Um trotzdem Geld zu verdienen, stellt er in der Regel einen Antrag auf Beratungshilfe. Wird der bewilligt, bringt ihm die Erstberatung dann in der Regel 40 Euro. Wird er zusätzlich tätig, schreibt er zum Beispiel einen Brief, kassiert er knapp 100 Euro. Wird der Antrag auf Beratungshilfe abgelehnt, verzichten Schäfer wie viele Kollegen auf ihre Honorare. Auch den bisherigen Eigenanteil von 10 Euro bei einer Beratung fordern die meisten Hartz IV-Anwälte nicht, weil ihre Klienten am Existenzminimum leben, und sie ihr Versprechen einer kostenlosen Hilfe nicht brechen wollen.

Trotzdem arbeitet Schäfer selten umsonst. Weil die meisten Anträge auf Beratungs- und Prozesskostenhilfe bei Hartz IV-Empfängern genehmigt werden, erhält er sein Honorar aus der Staatskasse. Mit dieser Finanzierungsoption ist 2005, mit dem Inkrafttreten der Agenda 2010, ein neues Geschäftsmodell entstanden: der Hartz IV-Anwalt. Das sind Robenträger, deren Haupteinnahmequelle die Vertretung von ALG II-Beziehern ist. Damit verdienen inzwischen Tausende von Anwälten ihr Einkommen, einige Massenkläger sogar einige Hunderttausend Euro pro Jahr. Sie gerieren sich, so eine hohe Mitarbeiterin der Bundesagentur für Arbeit, als ***„Rächer der Armen auf Kosten der Staatskasse"***. Für Jens Regg, Geschäftsführer Grundsicherung der Regionaldirektion Berlin-Brandenburg, ist hier eine richtige „Rechtsanwaltsindustrie" entstanden. Nach Ansicht eines Sachbearbeiters des Jobcenters Friedrichshain-Kreuzberg sind die ***„Hartz-IV-Gesetze und ihre Umsetzung Arbeitsbeschaffungsmaßnahmen für arbeitslose Anwälte":*** „Einige Anwälte verdienen sich damit eine goldene Nase".

Das Modell funktioniert nur über die Masse von Fällen, nur wenn Rechtsvertreter viele Widersprüche und Klagen erheben. Darin haben es einige zur Meisterschaft gebracht. Zur Hilfe kommen ihnen dabei die hohen Fehlerquoten bei Jobcenterbescheiden. Sie bieten Anwälten ein hohes Ausbeutungspotential. Die Arbeitsverwaltung hat die mit heißer Nadel gestrickten Hartz-Gesetze mit ihren vielen unbestimmten Rechtsbegriffen, offenen Rechtsfragen und komplizierten Berechnungsmethoden noch nicht im Griff.[442] Hinzu kommen, klagt das Vorstandsmitglied der Bundesagentur für Arbeit Heinrich Alt, die zahllosen Gesetzesänderungen. Seit der Einführung von Hartz IV ist das Gesetz mehr als 60mal modifiziert worden. „Jeder fünften Klage wird stattgegeben", hat eine Untersuchung der Bundesagentur für Arbeit ergeben, „weil sich vom Zeitpunkt des Bescheides bis zum Gerichtsverfahren die Gesetzeslage verändert hat".[443]

Auch wenn die Erfolgsquote der Kläger bundesweit zwischen 2008 und 2011 um fünf Prozentpunkte gesunken ist, bleibt für Hartz IV-Anwälte genug zu tun. 2011 betrug die Erfolgsquote immer noch 44 Prozent.[444]

Ein Dorn im Auge aller Jobcenter und Sozialrichter sind Hartz IV-Anwälte, die „die Schwächen der Behörden fabrikmäßig ausnutzen", wie der Berliner Sozialrichter Bernhard Kanert beobachtet hat. Geschäftsführer Regg hat „Rechtsanwälte ausgemacht, die sich darauf spezialisiert haben, wegen Cent-Beträgen Rechtsstreitigkeiten in Gang zu setzen". Der Streitwert steht in keinem Verhältnis zum prozessualen Aufwand. Hier liegt die Vermutung nahe, dass „der Rechtsanwalt aus rein ökonomischen Gründen tätig wird". Seine These: „Durch das Ausnutzen formaler Rechtspositionen tragen die Anwälte zur Flut der Hartz IV-Klagen bei". Diese Einschätzung teilen die Spitze der Bundesagentur wie die Basis. Zwei Sachbearbeiter der Rechts- und Widerspruchsstellen bei den Jobcentern Berlin-Mitte und Friedrichshain-Kreuzberg sind sich da einig: „Anwälte haben eine Mitverantwortung für die Flut von Widersprüchen und Klagen, weil sie formale Fehler ausnutzen, obwohl sie wissen, dass ihr Mandant nicht mehr Geld bekommt".

Das Sozialrecht gilt unter Anwälten wegen niedriger Gebühren eigentlich als unattraktiv. Diesen Nachteil können Hartz IV-Rechtsvertreter jedoch durch die Masse der Widersprüche und Klagen kompensieren. Das haben insbesondere arbeitslose oder schlecht verdienende Robenträger erkannt. Obwohl vor Sozialgerichten kein Anwaltszwang besteht, sind heute 60–70 Prozent aller Hilfsbedürftigen anwaltlich vertreten, in Berlin sogar über 70 Prozent. Und für ihre Honorare gibt die Bundesanstalt für Arbeit seit 2007 jährlich steigende zweistellige Millionenbeträge aus: 2007 16 Millionen Euro, 2008 25,5 Millionen, 2009 34,8 Millionen, 2010 44,8 Millionen, 2011 44,1 und 2012 39,6 Millionen. Dieses Honorarvolumen ernährt zahllose Advokaten und eine kleine Spitze macht es sogar wohlhabend. „Jede ARGE hat einen oder mehrere Anwälte, die vom diesem Geschäftsmodell gut leben können", weiß Heiko Siebel-Huffmann, Stellv. Direktor des Sozialgerichts Schleswig. Für einfache Fälle streicht ein Anwalt 400 Euro ein, für schwierige Fälle mit mündlicher Verhandlung bis zu 800 Euro. Siebel-Huffmann: „Wenn ein Anwalt das professionell macht, kann er auf einen Stundenlohn von 200 bis 250 Euro kommen". Nach einer Statistik der Bundesagentur für Arbeit kassierten in Berlin sechs Sozitäten im Jahr 2010 mehr als 100 000 Euro mit Hartz IV-Prozessen: zwischen 131 000 und 308 000 Euro. In allen Bundesländern gibt es Hartz IV-Kanzleien, die die 100 000 Euro-Grenze übersprangen. Wenn der Präsident des Deutschen Anwaltvereins Wolfgang Ewer meint, dass man „mit Hartz IV kein Geld verdienen kann", zeigt das nur, dass er von der Wirklichkeit in diesem Segment des Berufsstandes nicht viel weiß.[445]

Ein großes Stück des Berliner Honorarkuchens schneidet jährlich der Berliner Anwalt Imanuel Schulz ab. Er hat eine regionale Hartz IV-Großkanzlei mit fünf Standorten und zehn Anwälten aufgebaut, alle Büros in unmittelbarer Nähe von Jobcentern. Er hat sich, wie Grundsicherungschef Regg meint „wie eine Krake" im Berliner Hartz IV-Netz „ausgebreitet". Er ist mittlerweile Großverdiener. Ein Büro hat 2010 über 300 000 Euro aus der Staatskasse bekommen.

Auch Schulz hat unten angefangen und zunächst in seiner Wohnung praktiziert. Mit Arbeitslosengeld hat er die Zeit bis zu den ersten Einnahmen überbrückt. 2006 hat er dann eine „Ich-AG" gegründet und mit 2 000 Euro von seinen Eltern die erste Ladenkanzlei eröffnet. Wettbewerber hatte er damals noch nicht. Anwälte „wussten nicht, dass es dafür einen Markt gibt". Seine Geschäftspolitik richtet er ganz an der Not seiner Kunden aus: Seine Büros sind, wie Flyer und Aufsteller vor Jobcentern versprechen, in „Notfällen" jederzeit per SMS zu erreichen. Für einen Mandanten kämpft er notfalls auch „für einen Euro, wenn der es will und er Recht hat". Und „kein Mandant soll die Kanzlei ärmer verlassen als er rein gekommen ist". Wird eine Beratungshilfe nicht gewährt, droht der Mandant, auf seinen Kosten sitzen zu bleiben. Das will Imanuel Schulz nicht: „Der Ruf ist geschädigt, der Mandant ist sauer". Deshalb verzichtet seine Kanzlei in solchen Fällen auf das Honorar. Dadurch ist ihre Hemmschwelle für Widersprüche und Klagen niedrig – sehr zur Freude ihrer Rechtsvertreter.

Zielgruppe Langzeitarbeitslose

Was macht die Beratung und gerichtliche Vertretung von Leistungsbeziehern für Anwälte so attraktiv, insbesondere für Berufsanfänger?

In erster Linie ist es die hohe Fehlerquote der Jobcenter, die den Anwälten eine hohe Erfolgsquote beschert. Sie ist nach der Kostenfreiheit das zugkräftigste Werbeargument von Hartz IV-Anwälten, Zahlen, auf die kaum einer auf Homepages, Flyern, Anzeigen oder Aufstellern verzichtet. Verschwiegen wird dabei, dass etliche gewonnene Widersprüche und Klagen den Hilfsbedürftigen kein Geld bringen, weil das Jobcenter nur Formfehler begangen hat oder nur ein paar Cent oder Euro zusätzlich in den Geldbörsen Hilfsbedürftiger landen. Das kümmert die meisten Hartz IV-Anwälte jedoch nicht. Diese Systemschwächen beuten sie entweder ***systematisch und massenhaft*** oder von ***Fall zu Fall*** aus – oder beides.

An zweiter Stelle steht die Prozesskostenhilfe, die anwaltliches Vorgehen nach den Erfahrungen des Berliner Sozialrichters Stefan Schifferdecker, „in hohem Maße prägt". Gewinnt der Anwalt zahlt das Jobcenter, verliert er ganz oder teilweise, zahlt die Justizkasse. Es gibt kein Interesse an einer Risikoeinschätzung und -beratung vor der Klageerhebung. Die Zahlung der Honorare ist also weitgehend staatlich garantiert.

Ein dritter Motor für die Prozessflut ist der Amtsermittlungsgrundsatz bei Jobcentern und Sozialgerichten. Das heißt: Beide sind verpflichtet, den Sachverhalt von Amts wegen aufzuklären und umfassend juristisch zu würdigen. Widersprüche und Klagen können Rechtsvertreter deshalb mit wenig Aufwand und juristischem Gedankenschmalz einlegen bzw. erheben, ohne ihren Erfolg zu gefährden.

Zwar sollen Rechtsanwälte Rechtsmittel begründen, viele tun das aber nicht oder behaupten nur pauschal Rechtsfehler. Dadurch verlagern sie das Schwergewicht der Arbeit von sich auf Jobcenter und Sozialgerichte. Einem Sachbearbeiter in der Rechts- und Widerspruchsstelle beim Jobcenter Berlin-Mitte schwillt manchmal der Kamm, wenn er wieder einen Widerspruch ohne Begründung auf den Tisch bekommt: „Wir machen die Arbeit und der Anwalt kassiert dafür eine Gebühr zwischen 60 und 309 Euro".

Der Amtsermittlungsgrundsatz wurde eingeführt, damit Richter den rechtsunkundigen Bürgern im Kampf gegen den übermächtigen Staat helfen und den Mangel anwaltlichen Beistandes kompensieren. Diese Grundidee hat einen Teil ihres Sinns verloren, weil die Mehrheit der Hartz IV-Bezieher sich heute von Anwälten vertreten lässt. Und die verlassen sich nach den Beobachtungen von Barbara Nohr, Richterin am Sozialgericht Braunschweig, „seit zwei Jahren zunehmend auf den Amtsermittlungsgrundsatz". Damit wird das Instrument zum Schutz rechtsunkundiger Bürger von Anwälten seines ursprünglichen Zweckes beraubt und missbraucht.

Berliner Sozialrichter sind häufig entsetzt über die fehlende Substanz von Hartz IV-Klagen. Stefan Schifferdecker: „Manchmal ist der Vortrag so dünn, dass man nicht erkennt, warum ein Anwalt erforderlich ist". Sein Kollege Markus Rau hat schon anwaltliche Schriftsätze in der Akte gefunden, die lediglich aus einem „ einzigen handschriftlichen Satz" bestanden, „hingeschmiert auf der Kopie eines gerichtlichen Schreibens, also nicht einmal auf eigenem Briefpapier". Auch der stellvertretende Direktor des Sozialgerichts Schleswig Heiko Siebel-Huffmann ist mit einigen wenigen Anwälten „viel Kummer gewohnt": Bei einigen sei ein „Vortrag in der Hauptverhandlung notwendig, um ihnen darzulegen, wie Sozialrecht funktioniert". ***Bei 20 bis 30 Prozent der Anwälte, schätzen die Richter, sei die fachliche Kompetenz im Sozialrecht mangelhaft.*** Alle Richter begegnen aber auch Anwälten, die die Schwächen eines Erst- oder Widerspruchbescheides punktgenau herausgreifen, Fachanwälte für Sozialrecht oder Spezialisten, die mit Engagement und Kompetenz gute Arbeit leisten.

Wegen des geringen Kostenrisikos haben Anwälte keine Skrupel, in Hartz IV-Verfahren Cent und geringe Euro-Beträge einzuklagen und damit leicht Geld zu verdienen. Einige Sozialgerichte haben versucht, dem einen Riegel vorzuschieben und bei Bagatellbeträgen zwischen 25 und 50 Euro Anträge auf Prozesskostenhilfe abzulehnen. Kein normaler Bürger würde zum Beispiel bei einem Streit über 42 Euro Fahrtkosten einen Anwalt beauftragen, wenn schon die Verfahrensgebühr zwischen 40 und 460 Euro beträgt. Diese Rechtsprechung hat das Bundesverfassungsgericht im März 2011 für verfassungswidrig erklärt, weil sie den Grundsatz der Waffengleichheit zwischen Bemittelten und Unbemittelten verletze. Weil die Jobcenter von Juristen vertreten werden, müssen auch Hartz IV-Bezieher das Recht haben, in jedem Fall einen Anwalt zu beauftragen. Dieses Urteil hat alle Schleusen für das Einklagen von Bagatellbeträgen geöffnet – zur Freude der Anwaltschaft und zum Ärger der Jobcenter und der Sozialrichter.

Beim stellvertretenden Direktor des Sozialgerichts Schleswig Siebel-Huffmann landen jetzt Klagen auf den Tisch, in denen die Anwendung der Rundungsregelung bei Differenzen von 5 bis 50 Cent pro Monat überprüft werden soll. „Da würde niemand klagen, wenn er selbst bezahlen muss. Da hat sich die Rechtsprechung selbst ein Falle gestellt". Für Sozialrichter Stefan Schifferdecker spielt das Urteil des Bundesverfassungsgerichts den „Missbrauchsanwälten in die Hände und schätzt das Schutzbedürfnis der Kläger falsch ein". Die hohe

Zahl von Hartz IV-Klägern ohne Anwalt – beim Berliner Sozialgericht nach Schifferdeckers Schätzungen immerhin 30 bis 40 Prozent – „zeigt, dass sie nicht so hilflos sind, wie das Bundesverfassungsgericht meint. Der Amtsermittlungsgrundsatz bietet Schutz für unerfahrene Kläger, weil bei vielen das Vertrauen in Sozialrichter sehr hoch ist". Mit Sorge beobachtet er die hohe Zahl von Hartz IV-Klagen mit Bagatellstreitwerten, bei denen nicht die Existenzsicherung im Vordergrund steht. Vier Ursachen sieht er für diese Entwicklung. Erstens: „Das hohe Anspruchsdenken mancher Kläger: ‚Das ist mein Recht.'" Zweitens: „Die finanzielle Absicherung durch die Prozesskostenhilfe". Drittens: „Die Konkurrenz auf dem Anwaltsmarkt. Wenn ein Anwalt kein Bagatellbeträge einklagen will, droht der Mandatsverlust, weil der Hilfsbedürftige an der nächsten Ecke einen Kollegen findet, der es macht". Und viertens: „Es gibt bei manchen Anwälten keine berufsethische Grenze mehr, auch Bagatellbeträge von wenigen Cent einzuklagen statt dem Mandanten zur Beilegung des Streits zu raten".

Das Bundessozialgericht hat im Sommer 2012 versucht, die Schleusentore wieder ein wenig zu schließen – im Cent-Bereich. Der Thüringer Rechtsanwalt Scot Möbius hatte wegen eines Rundungsfehlers 20 Cent eingeklagt, die zu zahlen das Jobcenter Unstrut-Hainich-Kreis in Thüringen abgelehnt hatte. Die höchsten Sozialrichter lehnten die Klage als „unzulässig" ab, weil es einem „allgemeinen Rechtsschutzbedürfnis" fehle.[446] Hier werde gegen das ***Verbot des Missbrauchs prozessualer Rechte zu Lasten der Funktionsfähigkeit des staatlichen Rechtspflegapparates*** verstoßen. Bei einem Streitwert von 20 Cent ginge es dem Kläger „erkennbar nicht um einen eigenen wirtschaftlichen sinnvollen Vorteil", der zur „Existenzsicherung" notwendig sei.

Ob und inwieweit die Sozialgerichte dieses Urteil nutzen, um bei Bagatellbeträgen Harzt IV-Klagen abzulehnen oder Prozesskostenhilfe zu verweigern, ist eine offene Frage. Der Schleswiger Sozialrichter Heiko Siebel-Huffmann versteht Forderungen unter einer Grenze von 10 Euro als missbräuchlich, weil darunter kein vernünftiger Bürger mit Hilfe eines Anwalts klagen würde.

Eine Haupteinnahmequelle für manche Anwälte sind Untätigkeitsklagen. Das Überschreiten von Fristen für Bescheide nach Widersprüchen – drei Monate – und für Erwiderungen nach Klagen – sechs Monate – ist eine von Anwälten systematisch ausgebeutete Schwachstelle bei vielen Jobcentern. Angesichts wachsender Widerspruchs- und Klagehalden schaffen es einige Widerspruchs- und Rechtsstellen nicht, diese gesetzlichen Fristen einzuhalten. Und hier liegen vor allem professionelle Hartz IV-Anwälte mit ausgeklügelten Fristenkontrollen auf der Lauer. Meist schon einen Tag nach der abgelaufenen Frist erheben sie eine Untätigkeitsklage und kassieren dafür Gebühren zwischen 40 und 460 Euro. Viele Untätigkeitsklagen wären nach Ansicht von Richter Markus Rau „nicht notwendig, wenn Anwälte vorher nachfragen würden".

Langzeitarbeitslose sind eine besonders attraktive Zielgruppe für Hartz IV-Anwälte. Bei ihnen können sie ihr schärfstes Folterinstrument für Jobcenter einsetzen, sog. Überprüfungsklagen, eine Besonderheit bei Hartz IV-Verfahren. Im Verwaltungsrecht haben behördliche Bescheide nach Ablauf von Widerspruchs- oder Klagefristen Bestandskraft. Das heißt: Sie können nicht mehr mit Rechtsmitteln angefochten werden. Im Hartz IV-Bereich ist das anders. Hier konnten Leistungsempfänger bis vor kurzem beantragen, alle Bescheide einer Bedarfsgemeinschaft in den zurückliegenden vier Jahren überprüfen zu lassen. Ihre Anwälte mussten nur behaupten, durch tatsächliche wie rechtliche Veränderungen seien die Leistungsbescheide rechtswidrig geworden. Diese Frist hat der Gesetzgeber 2011 auf ein Jahr verkürzt. Das Hauptmotiv für die Verkürzung hat der Gesetzgeber in der Begründung nur am Rande erwähnt: ein Beitrag zur „Entlastung" der Jobcenter und der Sozialgerichte.[447] Die Vier-Jahre-Überprüfungsfrist, so ein Gesetzesmacher, hat nur „viel Arbeit gebracht und Anwälte bereichert".

Überprüfungsanträge bringen für Sachbearbeiter und Richter Höllenarbeit. Bei einigen Bedarfsgemeinschaften mussten sie dafür 30 bis 40 Bescheide rechtlich kontrollieren. Während Anwälte solche Anträge häufig nur mit pauschalen Behauptungen begründen, müssen Sachbearbeiter und Richter wegen der Pflicht zur Sachaufklärung bei jedem Bescheid tief in die Materie eindringen. „Da macht man sich keine Freunde mit", kommentiert der Sozialrichter Siebel-Huffman indigniert.

Ein weiterer beliebter Weg für Anwälte, Gebühren zu generieren, ist, bei einer vierköpfigen Bedarfsgemeinschaft und einem einheitlichen Lebenssachverhalt für alle vier Mitglieder Einzelklagen zu erheben, oder gegen einen Kostenaufhebungs- und Erstattungsbescheid von Sozialleistungen vier Widersprüche einzulegen. Für einen Sachbearbeiter bei Jobcenter Berlin-Mitte ist das ein klarer Fall von „Rechtsmissbrauch". Würden Gerichte da mitspielen, würden Anwälte vier volle Verfahrensgebühren erhalten. Richter Siebel-Huffmann schiebt diesem „Unsinn" „einen Riegel vor" und verbindet die Klagen, um Gebührenschneiderei zu verhindern. Statt vier Verfahrensgebühren erhält der Anwalt bei ihm jetzt nur noch eine ganze und drei 3/10 Gebühren. Allerdings laden einige Widerspruchstellen Rechtsvertreter auch zu solchem Missbrauch ein, wenn sie bei einem einheitlichen Sachverhalt vier Widerspruchsbescheide ausstellen, weil ihre Arbeit auch nach der Zahl der gefertigten Widersprüche bewertet wird.

Wenn auch nur ein Anwalt alle Rechtsmittel ausreizt, geraten Jobcenter schnell in die Defensive. Für das Jobcenter im niedersächsischen Gifhorn ein Dauerzustand. Geschäftsführer Wilfried Reihl erinnert sich noch gut an einen Montagmorgen, der für ihn eine symbolische Bedeutung hat: Rechtsanwalt Günter Wellnitz faxte 630 Widersprüche und blockierte dabei das Gerät über Stunden. Das Jobcenter Gifhorn hat den mit Abstand höchsten Bestand an Klagen im Verhältnis zur Zahl der Bedarfsgemeinschaften von allen Jobcentern in den alten Bundesländern. Dafür verantwortlich ist ein Anwalt, eben Wellnitz. „Abzocker" nennt Reihl ihn verächtlich, einer, der „das System voll nutzt". Von den durchschnittlich 3 600 Widersprüchen pro Jahr, die zwischen 2008 und 2012 gegen Bescheide des Jobcenters eingelegt wurden, stammen nach Reihls Schätzungen 60 bis 70 Prozent von ihm. Ähnlich hoch ist sein Anteil an den durchschnittlich 1 775 Klagen pro Jahr, die zwischen 2008 und 2012 erhoben wurden.

Für Reihl verfährt der Massenkläger Wellnitz nach dem „Schrotflinten-Prinzip": „Er feuert los und hofft, dass er einen Treffer landet". Seine Widersprüche bestehen aus Vordrucken, auf denen er bestimmte Positionen angekreuzt, in der Regel sieben Punkte – meistens ohne Bezug zum Einzelfall. In seinen Baukasten-Schriftsätzen wird häufig der Vorwurf erhoben, dass der Bescheid „unübersichtlich und schwer verständlich" und inhaltlich „nicht bestimmt" genug sei. Bei Überprüfungsanträgen erschöpft sich seine Begründung oft in einem Satz: „ALG II ist unter allen rechtlichen Gesichtspunkten aufgrund der Aktenlage … erneut zu prüfen". Mit welcher Grundeinstellung Wellnitz sein Geschäft betreibt, offenbart ein Satz aus einem Schriftsatz in einem Gebührenstreit: „ALG II-Leistungen und -Versagungen … berühren existenzsichernde Leistungen, auf die die Mandantschaft auch dann angewiesen ist, wenn sie nur 0,01 Euro betreffen". Mit anderen Worten: Selbst Klagen für einen Cent sind für ihn legitim.

2012 hat das Jobcenter Wellnitz über 72 000 Euro Honorar überwiesen. Viel schmerzhafter für das Jobcenter sind jedoch jene über 600 000 Euro, die es an eine externe Anwaltskanzlei zahlt, um das weitere Wachsen von Klagehalden zu bremsen. Einen Teil des Geldes musste das Jobcenter aus dem Topf für Eingliederungsförderung nehmen. Das unselige Vermächtnis eines Massenklägers.

Wellnitz wollte sich zu seiner Klagestrategie nicht äußern.

„Auslutschanwälte"

Eine andere Gruppe von Hartz IV-Anwälten nutzt kleine Formfehler von Jobcentern aus, ohne dass Mandanten dafür mehr Geld bekommen. Ein Sachbearbeiter beim Jobcenter Berlin-Mitte nennt sie „Auslutschanwälte".

Achillesfersen bei Jobcentern sind zum Beispiel Bestimmtheit und Vollständigkeit von Aufhebungs- und Kostenerstattungsbescheiden, mit denen sie zu viel gezahltes Geld zurückfordern. Die sind sehr konfliktbelastet, weil ALG II-Bezieher das verlangte Geld meist nicht mehr haben. Diese Bescheide sind häufig zu unbestimmt, weil es den Verfassern nicht gelingt, im Tenor alle Bescheide zu nennen, die aufgehoben werden sollen, und sie nicht zwischen Bundes- und kommunalen Leistungen trennen. Obwohl die Verfasser in der Begründung alles richtig gemacht haben, nutzen Anwälte den formalen Mangel im Tenor und legen Widerspruch ein. Dann erhält der Mandant einen zweiten Bescheid, ohne jedoch mehr Geld zu bekommen, dafür aber der Anwalt. Reine Gebührenschneiderei.

Berufsethisch zweifelhaft ist auch, wenn Anwälte bei Fristensachen überraschend nicht zu erreichen sind. „Unfassbar" findet ein Sachbearbeiter des Jobcenters Friedrichshain-Kreuzberg das Verhalten von zwei Neuköllner Anwälten, die in solchen Lagen ihr „Fax blockieren". Durch diesen unsauberen Trick bekommen sie die Chance, mit einer Untätigkeitsklage neue Gebühren zu produzieren, weil der dann zwangsläufig mit der Post geschickte Bescheid erst nach Fristablauf eintrifft.

Nach dem Eindruck einiger Sozialrichter kämpfen manche Anwälte für ihre Gebühren mehr als für ihre Mandanten. Das Sozialgericht Berlin hat für den Dauerclinch über Anwaltshonorare 2009 drei Kostenkammern eingerichtet. Die beiden offiziellen Gründe: Vereinheitlichung der Kostenrechtsprechung und

Entlastung von Kollegen von Kostenkonflikten, damit sie sich intensiver mit den Sach- und Rechtsfragen beschäftigen können. Es gibt aber noch ein drittes, inoffizielles Motiv: Rechtsmissbrauch bei Gebührenforderungen von Hartz IV-Anwälten aufzudecken.

Und da werden Kostenkammern immer wieder fündig. Nach einer neueren Rechtsprechung verstößt das Aufsplitten von einem Widerspruch in sieben Widersprüche wegen unterschiedlicher Zeiträume beim gleichen Lebenssachverhalt „gegen das standesrechtliche Gebot ... einer wirtschaftlichen und kostensparenden Prozessführung".[448] Statt der begehrten 238 Euro erhielt der Anwalt Immanuel Schulz nur 85 Euro. In einem anderen Verfahren mit einem vergleichbaren Sachverhalt kürzte eine Kammer die Gebührenrechnung von 3700 Euro auf 824,27 Euro zusammen – wegen ***„rechtsmissbräuchlicher Kostenkumulierung".***[449] Noch härtere Worte fand die 197. Kammer für einen Anwalt, der einen Bescheid zugunsten seiner Mandanten bekommen hatte, bei dem aber der Satz vergessen worden war: „Die Hinzuziehung eines Bevollmächtigten wird für notwendig erklärt".[450] Wegen dieses fehlenden Satzes, der nur Selbstverständliches formulierte, hielt der Anwalt den Bescheid für rechtswidrig und erhob sechs Monate später eine Untätigkeitsklage: „Es grenzt bereits an ***Rechtsmissbrauch,*** den Abhilfebescheid sechs Monate hinzunehmen und fast sechs Monate später Untätigkeitsklage beim Gericht einzureichen. Die Inanspruchnahme des Gerichts wäre absolut vermeidbar gewesen".[451] Dreist auch der Versuch eines Anwalts, eine Untätigkeitsklage zu erheben, obwohl dem Mandanten bereits mitgeteilt war, dass das Jobcenter den angegriffenen Bescheid aufheben würde. Die Kammer: „Die Klage war offensichtlich nutzlos und objektiv nur dazu angetan, dem Prozessgegner Kosten zu verursachen".[452]

Hartz IV-Klagewut in Ostdeutschland

Weitgehend unbekannt ist, dass die Klagebereitschaft ostdeutscher Hartz IV-Empfänger und ihrer Anwälte die ihrer westdeutschen Leidensgenossen und ihrer Rechtsbeistände weit übertrifft. Zwischen Rostock und Erfurt legen Hilfsbedürftige doppelt so häufig Widerspruch gegen Bescheide ein wie in Wuppertal oder Bremen. Und sie klagen fast dreimal so häufig gegen die Widersprüche.

Sucht man in der Statistik in der Bundesagentur für Arbeit nach Jobcentern, bei denen mehr als 20 Prozent aller Bedarfsgemeinschaften geklagt haben, dann liegen alle – mit Ausnahme von Gifhorn – in den neuen Bundesländern. An der Spitze der Rangliste liegt das Jobcenter Unstrut-Hainich-Kreis (Thüringen) mit 75 Prozent, gefolgt von den Jobcentern Gotha (Thüringen) mit gut 45 Prozent und Wartburgkreis (Thüringen) mit knapp 30 Prozent. Auf den nächsten Plätzen folgen Jobcenter in Brandenburg, Sachsen-Anhalt und Mecklenburg-Vorpommern.

Über die Ursachen dieser Klagewut rätseln Nürnberger Arbeitsmarktexperten bis heute. Nach einer internen Revision der Bundesanstalt für Arbeit kann eine schlechtere rechtliche Qualität der Bescheide im Osten die höhere Konfliktbereitschaft nicht erklären. In Sachsen etwa liegt die Fehlerquote bei Bescheiden niedriger als in Nordrhein-Westfalen. Trotzdem legten die Dresdner und ihre

Landsleute 3,5-mal so häufig Widerspruch ein und klagten 3,1-mal so häufig wie die Leistungsempfänger zwischen Rhein und Ruhr. Nicht weiter hilft bei der Analyse dieses Phänomens auch die im Durchschnitt höhere Arbeitslosigkeit in Ostdeutschland, weil die Zahl der Widersprüche und Klagen in der Statistik auf die Zahl der Bedarfsgemeinschaften bezogen ist.

Zwei Erklärungsversuche bieten sich an: die geringere Akzeptanz von Hartz IV im Osten und eine wesentlich aktivere Rolle der Anwälte auf dem Hartz IV-Markt.

Lutz Mania, Geschäftsführer Grundsicherung in der Regionaldirektion Thüringen-Sachsen-Anhalt, setzt in seiner Analyse bei der Umstellung der Arbeitslosenhilfe in Höhe von 53 bis 57 Prozent des letzten Gehaltes auf den Regelbedarf an. Im Osten wurde die „Einbuße" als „größerer Bruch" empfunden als im Westen. Der Aufschrei gegen die Agenda 2010 war im Osten lauter als im Westen. Die Montagsdemonstrationen, Plattformen des Protestes, finden in einigen Städten immer noch statt. Die „Erwartungen an den Staat" sind bei ehemaligen DDR-Bürgern „höher" als im Westen, ergänzt Stefan Rotte, stellvertretender Geschäftsführer des Jobcenters Landkreis Wittenberg. Ost-Bürger waren an einen Staat gewöhnt, der sich kümmerte, in dem es Arbeitslosigkeit offiziell nicht gab. Diese oppositionelle Grundeinstellung gegen Hartz IV wurde Jahre von der Linkspartei befeuert. Sie bestärkte ihre Mitglieder und Wähler in der Meinung, dass ihnen durch Hartz IV Unrecht geschehen sei. Wer nach der Wende den Job verloren hatte, so Mania, fühlte sich „ungerechter" behandelt als früher. In Regionen, in denen die Linkspartei noch eine Macht ist, hat das Hartz IV-System weiterhin ein massives Akzeptanzproblem. Und den Staat mit Widersprüchen und Klagen herauszufordern – dazu noch kostenfrei – ist neue eine Möglichkeit, die es in der DDR nicht gab.

Diese Grundstimmung wird von auf Hartz IV spezialisierten Anwälten aufgenommen und potenziert. Sie spielen nach Ansicht von Lutz Mania und Steffen Rotte, Geschäftsführer des Jobcenters Landkreis Wittenberg, eine ***„entscheidende Rolle***" beim Klageboom. Sie haben nicht nur eine ***Mitverantwortung*** wie im Westen. Im Osten gibt es, so Mania, eine besondere „juristische Landschaft". Zwischen Rostock und Erfurt herrschte in den neunziger Jahren eine hohe Juristenarbeitslosigkeit, und auch heute noch liegt das Einkommensniveau in Teilen der Anwaltschaft deutlich unter dem im Westen.

Etliche Hartz IV-Anwälte haben ihre Kanzleien in unmittelbarer Nähe von Jobcentern aufgemacht, sie verteilen Flyer direkt davor und mischen sie, vereinzelt, sogar dreist unter die Flugblätter und Borschüren der Jobcenter. Tenor der offensiven Werbung: Die Bescheide sind falsch, und wir helfen kostenfrei.

Die Statistik der Bundesagentur für Arbeit im November 2012 liefert erstaunliche Indizien für die These, dass ***einige Anwälte im Osten zu Motoren der Hartz-IV Klagemaschine geworden sind.*** In Thüringen, Brandenburg und Sachsen-Anhalt haben drei Provinzanwälte drei Jobcentermit Massenwidersprüchen und -klagen an den Rand der Handlungsfähigkeit gebracht.

Der deutsche Rekordhalter bei Hartz IV-Klagen

Da springen zunächst die Zahlen des thüringischen Jobcenters Unstrut-Hainich-Kreises ins Auge. Hier hatten im November 2012 statistisch gut 75 Prozent aller 6076 Bedarfsgemeinschaften mindestens eine Klage beim zuständigen Sozialgericht Nordhausen anhängig. Tatsächlich sind es jedoch wesentlich weniger Hartz IV-Bezieher. Der hohe Prozentsatz wird durch die Bedarfsgemeinschaften erhöht, in denen mehrere Mitglieder geklagt oder ein Mitglied mehrere Klagen erhoben hat. Ein Vergleich mit bundesweiten Zahlen lässt vermuten, dass hier trotzdem die klagefreudigsten Hartz VI-Empfänger der Republik wohnen. Im Bundesdurchschnitt haben nämlich nur 6,2 Prozent aller Bedarfsgemeinschaften geklagt.

Für Ingrid Richter, Geschäftsführerin des Jobcenters, haben vor allem zwei Rechtsanwälte diesen Klage-Tsunami entfacht: Scot Möbius und, in wesentlich geringerem Umfang, sein Sozius Andreas Maurer. 2010 hatte Möbius einen Rekord mit rund 6300 Widersprüchen und 5300 Klagen aufgestellt. Ende des Jahres drohte der Geschäftstrieb des Jobcenters zusammenzubrechen. Anfang 2011 war die Lage so kritisch, dass der Verwaltungsrat der Bundesanstalt für Arbeit das Geschäftsmodell des „exzessiven tätigen Rechtsanwalt Möbius" zum Thema machte. Dass er und sein Sozius für den Klageboom allein verantwortlich waren, bestätigt ein Blick auf die Klagequoten in den sozial und wirtschaftlich vergleichbaren Nachbarkreisen: Sie entsprechen dem Durchschnitt.

Rechtsanwalt Möbius hat das Kunststück fertig gebracht, als „Armen-Anwalt" (taz) Millionen zu verdienen. Nach Informationen für den Verwaltungsrat der Bundesagentur hat er 2009 aus der Nürnberger Kasse knapp 500000 Euro Honorar bekommen, 2010 rund 1,4 Millionen Euro, 2011 rund 570000 Euro und 2012 nur noch etwa 290000 Euro.

Möbius' Klagelawine war kein Zufall. Er kannte sich im Dickicht der Hartz IV-Gesetze gut aus. Bevor er sich 2007 als Anwalt niederließ, hatte er als Mitarbeiter der Arbeitsagenturen in Gotha und im Unstrut-Hainich-Kreis alle Schwächen des komplizierten Gesetzeswerkes aus der Nähe kennengelernt. Er ging nach zwei Jahren, weil man seine befristete Stelle nicht in eine unbefristete umwandeln wollte. Am Anfang hat er wie alle anderen Flyer verteilt, Vorträge bei Sozial- und Arbeitsloseninitiativen gehalten und als Lehrbeauftragter an der Fachhochschule Nordhausen unterrichtet. Der Schlüssel für den riesigen Mandantenkreis ist nach eigener Einschätzung jedoch die ‚Mund zu Mund-Propaganda' gewesen. Seine „Erfolgsquote" und seine „profunden Kenntnisse im Sozialrecht" hätten sich schnell herumgesprochen.

Der Sprechzettel für den Verwaltungsrat der Bundesagentur beschreibt Möbius' ‚Geschäftsprozesse' anerkennend als „sehr strukturiert und gut organisiert":

- **Widerspruch gegen fast alle nicht bestandskräftigen Bescheide (10–30 Widersprüche pro Bedarfsgemeinschaft)**
- **Antrag auf Überprüfung aller bisher erlassenen bestandskräftigen Bescheide über vier Jahre (10–30 Anträge mit pauschaler Begründung pro Bedarfsgemeinschaft)**

- **Widerspruch gegen alle Entscheidungen über die Überprüfungsanträge**
- **Klage gegen alle Ablehnungsbescheide (10–30 Klagen pro Bedarfsgemeinschaft)**
- **Untätigkeitsklage bei Überschreiten der 3-Monats-Frist**

Das ist das volle Programm. Er nutzt die Rechtsmittel des Sozialgesetzbuches wie ein Schleppnetz – häufig schematisch, ohne Bezug auf den Einzelfall.

Um sich gegen die Widerspruchs- und Klagewellen zu stemmen, hat das Jobcenter vorübergehend zehn zusätzliche Sachbearbeiter eingestellt und dafür drei Millionen Euro vom Leistungs- in den Verwaltungshaushalt umgeschichtet – ein herber Verlust für die Arbeitsförderung. Möbius ficht das nicht an. Ihm dürfe nicht „angelastet", werden, dass das Jobcenter „mehrere Tausend fehlerhafter rechtswidriger Bescheide erlassen" habe. Die „Widerspruchs- und Klagezahl" sei eine Reaktion auf die „hohe Fehlerquote" der Bescheide, ihre Widersprüchlichkeit, die „unsicheren Rechtslage", das „Eigenverschulden" der Behörde durch „schlechte Organisation" und Wunsch seines „großen Mandantenstammes" gewesen.

Für ihn war kein Betrag zu klein, um ihn nicht einzuklagen. Er hat Cent-Beträge aus Rundungsdifferenzen, Mahngebühren von 85 Cent und Cent-Beträge bei Warmwasserpauschalen für seine Mandanten gefordert. Eine Klage wegen 20 Cent, über die schließlich das Bundessozialgericht entschied, verteidigt er konsequent: „Wenn das nicht eingeklagt werden kann, ist die gesetzliche Regelung ein zahnloser Tiger".[453] Was er nicht sagt, ist, dass er auch mit Mini-Beträgen viel Geld verdient hat. 2009 hat er für einen Hartz IV-Empfänger 15 Überprüfungsanträge gestellt, Widersprüche eingelegt und Untätigkeitsklagen erhoben. Für seinen Mandanten hat er nach Berechnungen des Jobcenters 130,52 Euro rausgeschlagen, für sich selbst beachtliche 11 153,47 Euro.

Überprüfungsanträge hat er im Laufe der Jahre zu Hunderten gestellt – häufig ohne Anlass und Begründung, unterfüttert häufig nur mit der Behauptung, dass die Bescheide nicht stimmen.

Eine sprudelnde Einnahmequelle waren für Möbius auch Untätigkeitsklagen. Über Jahre war das Jobcenter seinem Dauerbombardement nicht gewachsen, weil es weder die 3-Monats-Frist bei Widersprüchen noch die 6-Monats-Frist bei Klagen einhalten konnte. War die Frist abgelaufen, kam am nächsten Tag die Untätigkeitsklage. Eine wichtige Rolle spielte beim Einhalten der Fristen die Erreichbarkeit von Möbius. Während er dem Jobcenter ständig faxte, gingen Faxe des Jobcenters nach einem bestimmten Zeitpunkt nicht mehr zu Möbius durch. Durch die Postlaufzeit von zwei Tagen wurde es dadurch für das Jobcenter zusätzlich schwerer, die Fristen einzuhalten. Den Vorwurf, sein Faxgerät blockiert zu haben, weist Möbius zurück und droht allen mit Klagen. Eine Erklärung für den gestörten Empfang hat Möbius nicht. Neuerdings hat er sogar seine Fax-Nummer vom Briefkopf genommen. Was für ein Berufsverstädnis.

Um fristegerecht zuzustellen, hat das Jobcenter in der Folgezeit viel Aufwand betrieben: nämlich einen Boten nebst Zeugen zur Kanzlei geschickt, um den

Widerspruchsbescheid in den Briefkasten zu werfen und dadurch das Überschreiten von Fristen zu vermeiden.

Ab Mitte 2011 wendete sich das Blatt zugunsten des Jobcenters – durch gesetzliche Änderungen wie die Verkürzung der Überprüfungsfrist, durch besser geschulte Mitarbeiter und die Einrichtung einer Auskunfts- und Beratungsstelle. Dem Jobcenter gelingt es seitdem im Wesentlichen, die Fristen einzuhalten, so dass die Gründe für Untätigkeitsklagen weggefallen sind. Die Zahl der unerledigten Widersprüche war im November 2012 auf 239 gesunken. „Möbius Geschäftsmodell ist in Teilen zusammengebrochen" triumphiert Geschäftsführerin Ingrid Richter nach jahrelanger Abwehrschlacht.

Noch eine zweite Institution hat unter Möbius' Kreuzzug gegen das Jobcenter gelitten: das Sozialgericht Nordhausen – obwohl die rechtliche Qualität der Jobcenterbescheide in Mühlhausen „nicht schlechter" war als die anderer Agenturen, wie der Direktor des Gerichts Jürgen Fuchs betont.

2009 reichte Möbius knapp 2 000 Klagen ein, 2010 mit seinem Sozius Maurer zusammen rund 5 300, 2011 noch mal rund 4 300. Ihr Anteil an Klagen an allen Eingängen des Gerichts betrug damit 44 Prozent, 69 Prozent und 64 Prozent. Ein wohl einmaliger Rekord in der Justizgeschichte: Ein Anwalt ist über drei Jahre hinweg für über die Hälfte der Arbeitslast eines Sozialgerichts verantwortlich. 2012 gingen die Klagen des Tandems dann erheblich zurück – auf 890. Direktor Fuchs findet das Verhalten von Möbius „ungewöhnlich und unüblich" und berichtet, dass andere Anwälte ähnlich denken. Sie halten sein Vorgehen für „nicht anständig". Er schätzt, dass im Laufe der letzten Jahre zehn Richter zusätzlich eingesetzt werden mussten, nur um Möbius' Klagen zu bearbeiten.

Vor allem die rückwirkende Überprüfung von Hartz IV-Bescheiden hat Direktor Fuchs „verdrossen", weil sie „viel Arbeit" macht. An einen Fall erinnert er sich gut mit unguten Gefühlen. Für eine Bedarfsgemeinschaft hatte Möbius Anträge zur Überprüfung von 20 Bescheiden gestellt. Den hatte das Jobcenter mit einem Bescheid beantwortet. Dagegen hat er dann 20 Widersprüche eingelegt und anschließend 20 Klagen erhoben. Dieses Vorgehen legt eigentlich nur einen Verdacht nahe: Er wollte statt einer 20 Gebühren einstreichen. Und geärgert hat die Thüringer Richter auch, dass seine Klagen häufig aus fertigen Bausteinen zur Berechnung vom Warmwasser zusammengesetzt waren, und er sich darauf verlassen hat, dass die Richter die Fehler finden. Deshalb hat das Gericht, wo immer es ging, an der Kostenschraube gedreht und ihm nur den niedrigsten Gebührensatz zugesprochen, für eine Untätigkeitsklage zum Schluss nur noch 30 bis 40 Euro.

Trotzdem sieht Direktor Fuchs Anfang 2013 Licht im Tunnel. Das Jobcenter habe aufgerüstet, die Erfolgsquote von Möbius sei über die Jahre von 80 über 60 auf jetzt 40 Prozent gesunken. Überdies habe sich die Zahl der bei Gericht eingegangen Klagen von 2011 auf 2012 halbiert: von 9 000 auf 4 500.

Jobcenter vor dem Kollaps

Die Nummer Zwei bei Massenklagen im Osten ist Rechtsanwalt Thomas Lange aus dem brandenburgischen Großräschen. 80 Prozent aller Widersprüche und

Klagen beim Jobcenter Oberspreewald-Lausitz gehen nach Schätzungen der Arbeitsvermittler auf Langes Konto, in den Jahren 2011 und 2012 zusammen ungefähr 9000. Jens Regg, Geschäftsführer Grundsicherung der Regionaldirektion Berlin-Brandenburg: „Lange klagt gegen jeden Widerspruchsbescheid, der ihm die Finger kommt".

Sein Geschäftsmodell ist eine Kopie von Möbius', in einigen Bereichen noch radikaler. Im „Wochenkurier" Senftenberg schaltet er Anzeigen, die den Eindruck erwecken, dass Hartz IV-Behörden unfähig sind und Gesetze falsch anwenden. Die Widersprüche legt er oft mit einem Stempel ein: „Ich lege Widerspruch ein" – ohne Begründung. Auf Klagen verwendet er nach den Beobachtungen von Hans-Jörg Milinski, stellvertretender Geschäftsführer des Jobcenters Oberspreewald-Lausitz, gleichfalls wenig Mühe: „Keine Begründungen, pauschale Behauptungen über falsche Warmwasserberechnungen oder die angebliche Verfassungswidrigkeit des Hartz IV-Regelsatzes. Er verlässt sich darauf, dass die Sachbearbeiter und das Gericht ermitteln".

Obwohl im Jobcenter bereits zehn Sachbearbeiter ausschließlich mit Langes Klage- und Widerspruchsproduktion beschäftigt sind, schafft das Jobcenter es häufig nicht, Fristen einzuhalten. Durch die Masse der Widersprüche provoziert Lange erfolgreich Untätigkeitsklagen, für die er vom Jobcenter auch noch Honorar bekommt. „Mich bezahlt das Jobcenter", sagt Lange.[454]

Durch seine Massenklagen hat Lange auch einen großen Teil der „Überlastung" des Sozialgerichts Cottbus ausgelöst. Gerichtssprecher Klaus Westerberg schätzt, dass 75 Prozent aller 2012 eingegangen Hartz IV-Klagen von ihm stammen. Das wären knapp über 5300 Klagen. 2012 hat das Sozialgericht 5,5 Stellen hinzubekommen – der größte Teil, um sich gegen Langes Klagelawine zu stemmen.

Auf eine Bitte um Stellungnahme hat Lange nicht geantwortet.

In ihrer Not haben sich die Jobcenter Unstrut-Hainich-Kreis und Oberspreewald-Lausitz bei den Rechtsanwaltskammern in Thüringen bzw. Brandenburg gegen die Massenkläger Möbius und Lange offiziell beschwert und ihnen Verstöße gegen das Berufsrecht vorgeworfen.

Das Thüringer Jobcenter stützte ihre Eingabe unter anderem auf eine Verletzung der Informationspflicht durch Möbius. Er habe Rechtsmittel ohne Kenntnis der Mandanten eingelegt und sie nicht von erlassenen Widerspruchsbescheiden unterrichtet. Außerdem habe er bei den systematisch erhobenen Untätigkeitsklagen rechtsmissbräuchlich gehandelt. Auf die im Juli 2010 eingereichte Beschwerde hatte die Kammer Thüringen bis Juli 2013 keine inhaltliche Antwort gegeben. Eine unfassbare Missachtung eines Beschwerdeführers.

Das Jobcenter Oberspreewald-Lausitz hatte sich im Juni 2010 bei der Brandenburger Kammer über Lange beschwert und ihm unsachliche Werbung in einer Zeitungsanzeige vorgeworfen. Auch hier lies die Kammer den Petenten über ein Jahr ohne Antwort. Im Juli 2011 legte dann der Landrat des Kreises nach und rügte wegen zweier anderer Anzeigen erneut eine Verletzung des Berufsrechts. Auf den neuerlichen Vorstoß hat die Kammer immerhin reagiert und ein berufsrechtliches Verfahren gegen Lange eingeleitet. Im Januar 2013 stellte sie es ein, weil Lange weder Unwahrheiten noch herabsetzende Äußerungen verbreitet habe und seine Attacken auf das Jobcenter von der Meinungsfreiheit gedeckt seien.

Der Umgang der Kammern in Brandenburg und Thüringen mit den Beschwerden der Jobcenter schadet dem Ansehen der Anwaltschaft erheblich – durch unerträglich lange Bearbeitungszeiten bzw. durch Nichtantworten.

Das verlorene Berufsverständnis

Möbius, Lange und Co sind unter Hartz IV-Anwälten schwarze Schafe. Gewiss. Deshalb kein Grund zur Beunruhigung? Im Gegenteil. „Wenn es überall Möbiusse gäbe, wäre das System am Ende", analysiert Direktor Fuchs und trifft damit den Kern. Soweit ist es noch nicht. Aber das Modell des industriell klagenden Hartz IV-Anwalts ist auf dem Vormarsch. Die Delmenhorster Kanzlei von Häfen Neunaber vertritt bundesweit 13 Jobcenter, neben den bereits erwähnten unter anderem die Agenturen in Freiburg, Bremen, Wesermarsch, Hildesheim, Witten und Landkreis Wittenberge. In allen diesen Bezirken hat Partner Jörg Neunaber eine „sichtbar erhöhte Klagebereitschaft von Hartz IV-Empfängern festgestellt, die auf eine Kanzlei zurückzuführen ist". Gemeinsames Kennzeichen dieser Sozietäten nach Neunaber: „Alle überschreiten die Grenze, indem sie wegen Formfehlern und Bagatellwerten klagen, für die kein vernünftiger Mensch Kostenrisiken eingehen würde". Weitere Nachahmer können sich jeden Tag finden. Beim Jobcenter Wolfsburg zum Beispiel hat ein Anwalt im Herbst 2011 das Geschäftsmodell der Hartz IV-Massenklage entdeckt. 2012 stammten bereits 75 Prozent aller Widersprüche und Klagen gegen das Jobcenter aus seiner Feder.

Es gibt viele Rechtsanwälte, die selbst Arbeitslosengeld beziehen oder wenig über dem Existenzminimum verdienen. Bei ihnen sind die Verlockungen im Hartz IV-Bereich groß, alle Rechtsmittel auszureizen – auf verschiedenen Stufen der Verantwortungslosigkeit gegenüber dem Rechtsstaat. Das tun nicht nur die Massenkläger, sondern in kleinem Umfang auch Anwälte wie Schäfer oder Schulz, wenn sie Ein-Euro-Beträge einklagen oder bei einem Bescheid für eine Bedarfsgemeinschaft Widersprüche für jedes Mitglied einlegen.

Unter Hartz IV-Anwälten gibt es kein einheitliches Berufsverständnis. Ein Teil engagiert sich kompetent für Hilfsbedürftige und setzt sich für deren Rechte ein. Eine zweite Gruppe arbeitet auf der Basis eines intakten Berufsverständnisses: Sie berät und klagt, wenn es konkrete Anhaltspunkte für Rechtsverstöße gibt. Mit diesem Berufsverständnis brechen alle Rechtsvertreter, die Rechtsmittel massenhaft ohne Prüfung des Einzelfalls einlegen. Dazu werden sie, je nach Sicht, durch einen großzügigen, teils überzogenen Rechtsschutz im Hartz IV-Bereich angelockt. Diese Gruppe produziert Tausende von Fällen vor allem wegen der Gebühren. Dabei helfen ihnen Beratungs- und Prozesskostenhilfe, weil sie Hilfsbedürftige von fast jedem Kostenrisiko befreien. „Solange Hartz-IV-Empfänger fast immer Prozesskostenhilfe bekommen, ist keine Eindämmung der Klagen in Sicht", prophezeit Sozialgerichtsdirektor Jürgen Fuchs: „Ein normaler Bürger würde für ein Euro kaum vor Gericht gehen".[455]

Vor diesem Hintergrund können Anwälte ungehindert auf der Klaviatur des lückenlosen Rechtsschutzes spielen – dank des Amtsermittlungsgrundsatzes auch noch ohne viel Aufwand. Wenn ein Advokat mit dem Stempel „Widerspruch“ oder dem Ausfüllen eines Vordruckes zwischen 57 und 309 Euro einstreichen kann, stimmt im Rechtsstaat etwas nicht. Wenn für das Einklagen von Cent-Beträgen Hunderte Euro Anwaltsgebühren fällig werden, stimmt im Rechtsstaat etwas nicht. Wenn ein Anwalt für eine Hartz IV-Klage ohne Begründung im Einzelfall ein paar Hundert Euro aus der Staatskasse erhält, stimmt im Rechtsstaat etwas nicht. Wenn ein Jobcenter zehn Sachbearbeiter und ein Sozialgericht zehn Richter zusätzlich einstellen muss, um die Klagelawinen eines einzigen Rechtsvertreters zu bewältigen, stimmt im Rechtsstaat etwas nicht. Ausdruck eines „starken Gerechtigkeitsgefühls“ oder Erfindungen von „gerechtigkeitskranken Deutschen“, wie man es im Ausland nennt?

Das Geschäftsmodell des fabrikmäßig operierenden Hartz IV-Anwaltes nutzt formaler Rechtspositionen und überschreitet nur in wenigen Fällen die Grenze zum Rechtsmissbrauch als Verwirkung von Rechten. Als die Bundesagentur für Arbeit Anfang 2011 nach juristischen Wegen suchte, um Rechtsanwalt Möbius das Handwerk zu legen, erwog sie auch, die Missbrauchsregeln aus dem Recht des Unlauteren Wettbewerbs auf das Sozialgesetzbuch zu übertragen. Am Ende beurteilte sie die „Chancen, dass sich die sozialgerichtliche Rechtsprechung einer solchen Rechtsprechung anschließt“, „skeptisch“. Im Kern geht es deshalb bei etlichen Hartz IV-Anwälten häufig nur ***um einen berufsethischen Missbrauch von Rechten*** – im Widerspruch zur Rolle des Anwalts als Organ der Rechtspflege.

Im Haifischbecken: Anlegeranwälte

Er war so verärgert, dass er nicht einmal die Eröffnung der Veranstaltung abwarten konnte, aufstand und laut mit einem aggressiven Unterton fragte. „Ich möchte gern wissen, woher Sie meine Daten haben, ob damit Schindluder getrieben wurde?“ Der Fragesteller hatte einen Medienfonds gezeichnet, er drohte, eine Menge Geld zu verlieren, und er wollte wissen, woher das „Aktionsbündnis aktiver Anlegerschutz“ von seiner Misere wusste, seine Adresse bekommen und ihn zur Informationsveranstaltung „Medienfonds mit Schuldübernahme“ eingeladen hatte . Nach einer kurzen hitzigen Debatte gelang es dem Vorstand des Anlegerschutzvereins, ihn zu beruhigen: Alles sei mit rechten Dingen zugegangen, und im Übrigen könne die Einladung ja nicht so schlimm gewesen sein, weil er jetzt da sei. Der gut 60-jährige setzte sich wieder, als wäre nichts gewesen.

November 2011. Ein mit Medienfondsopfern gut gefüllter Saal im Berliner Logenhaus. Das Aktionsbündnis, der Veranstalter, ist verbandelt mit der Berliner Rechtsanwaltskanzlei Schirp Schmidt-Morsbach Neusel, spezialisiert auf Anlegerschutzklagen. Wolfang Schirp, der Frontmann der Sozietät, hat das Aktionsbündnis mit gegründet und sein heutiger Partner Tibet Neusel ist sein Schatzmeister. Sogar einen gemeinsamen Briefkopf gibt es. Auf der Bühne wird jedoch der Eindruck erweckt, das Aktionsbündnis und die Kanzlei seien gleichberechtigte Partner. In Wirklichkeit hatte der Abend nur einen Zweck: Mitglieder für das Aktionsbündnis zu gewinnen, die dann die Kanzlei mandatieren. Mitglieder werden unter anderem damit geködert, dass sie im Falle einer Klage bei den Anwaltsgebühren einen Rabatt von 20 Prozent bekommen.

Während der Veranstaltung ging es fast ausschließlich um Klagen und gewonnene Verfahren gegen Medienfonds und Banken. Nach den Begleitinformationen bestehen für die Medienfondsopfer eigentlich nur Chancen und kaum Risiken – wenn man die Kanzlei beauftragt. Zeichnern der Medienfonds Hannover Leasing und KGAL lässt Schirp wissen, dass die Kanzlei „zuversichtlich" sei, letztlich „alle Klagen zu gewinnen", obwohl es zu dem Zeitpunkt noch kein einziges Urteil gab. Bei dem Hannover Leasing Fonds und dem Commerzbank-Fonds MHF Academy empfiehlt Schirp „Klageerhebung", sofern Verjährung droht.

Wer nach drei Stunden Bombardement mit wirtschaftlichen, steuer- und anlagerechtlichen Informationen den Saal im Logenhaus verlässt, hat viel gehört, aber vermutlich wenig verstanden. Das ist ein für die Kanzlei höchst willkommener Effekt bei Anlegeropfern, die gerade noch wissen, was eine Rendite vor oder nach Steuern ist. Helfen, das ist nach dem Abend klar, kann die Kanzlei Schirp und Co. Eine Zuhörerin unterschreibt einen Mitgliedsantrag sofort. Andere werden vermutlich folgen.

Rechtsanwalt Schirp gilt in der Branche als Windmacher mit einigen beachtlichen Erfolgen. Als er Tausende von Anlegerklagen gegen den Rundum Sorglos-Fonds der Bankgesellschaft Berlin erhob, fuhr er mit einem Kleinlaster vor das Landgericht Berlin und ließ sich dabei fotografieren. Nach über 100 Klagen gegen die Bankgesellschaft bis zum Bundesgerichtshof und Vergleichen über 97 Prozent der Anlagesumme mit einem Volumen von bis 1,8 Milliarden Euro rühmt sich Schirp des „größten Erfolges, der im Bereich des professionellen Anlegerschutzes jemals erzielt worden ist". Kleiner ging es offenbar nicht.

Schirp agiert auf einem Markt, der für kleine und mittlere Kanzleien der mit Abstand lukrativste ist. Nach einer Studie des Bundesministeriums für Ernährung, Landwirtschaft und Verbraucherschutz aus dem Jahr 2008 werden Vermögensschäden, die durch mangelhafte Finanzberatung entstehen, auf 20 bis 30 Milliarden Euro jährlich geschätzt.[456] Bei den in Not geratenen Medienfonds sollen Sparer zwischen 1997 und 2005 mehrere Milliarden in Filmproduktionen gesteckt haben.[457] In offene Immobilienfonds sollen Anleger 85 Milliarden investiert haben, von denen ein Viertel verloren sein soll.[458] Nach Schätzungen der Verbraucherzentrale Hamburg gibt es 40 000 bis 50 000 Lehman-Opfer, die Zertifikate im Wert zwischen 10 000 bis 50 000 Euro erworben haben.[459] Der Schaden würde sich danach auf rund 750 Millionen Euro belaufen. Knapp eine Milliarde Euro soll die Finanzholding Göttinger Gruppe bei 250 000 Anlegern zusammengetragen haben, Geld, das ebenfalls weitgehend versickert ist.[460]

Von diesen gebeutelten Anlegern klagt nur eine kleine Minderheit gegen Fonds, Finanzvermittler oder Banken. Aber die reicht, um viele Advokaten zu locken, hier nach Goldadern und Nuggets zu graben. Die hohen Streitwerte verheißen hohe Gebühren. Und die bekommt nach deutschem Gebührenrecht jeder Rechtsvertreter, egal, ob er gewinnt und verliert. Selbst schlampig zusammengeschusterte oder aussichtslose Klagen werden mit fetten Honoraren belohnt. Diese Konstellation zieht einmal fähige Rechtskundler an. Der Fachanwalt für

Bank- und Kapitalanlagerecht wurde 2008, also mitten in der Krise, eingeführt. Ihre Zahl ist zwischen 2008 und 2012 von 218 auf 642 emporgeschnellt, hat sich also in vier Jahren fast verdreifacht. Die hohen Streitwerte ködern aber auch Glücksritter, die auf diesem Markt ohne besondere Fachkenntnisse schnell Kasse machen wollen. Dadurch ist eine Klageindustrie mit einem beängstigenden Kompetenzgefälle aus dem Boden geschossen. Die Anlageopfer wissen meist nicht, dass ihnen hier, wegen der komplizierten Finanzprodukte, nur die besten Robenträger helfen können.

Sie sollten sich aber nicht nur durch juristische Qualität, sondern auch durch Seriosität auszeichnen. In keinem anderen anwaltlichen Geschäftsfeld gibt es eine vergleichbar lebhafte Debatte über Lauterkeit und Unlauterkeit an der Beratungs- und Klagefront. Hinter dem Stichwort Seriosität verbergen sich berufsethische Fragen nach kostenfreien Beratungsangeboten, ehrlicher Einschätzung von Prozesschancen und -risiken und ein verantwortungsvoller Umgang mit Klagen und Rechtsmitteln. Dabei ist die Spreu vom Weizen schwer zu trennen, weil es keine scharfen Kriterien gibt, wann ein Anwalts seriös ist oder nicht.

Vor diesem Hintergrund fallen die Urteile über eine große Zahl von Anlegeranwälten wenig schmeichelhaft aus. Jürgen Kurz, Sprecher der Deutschen Schutzvereinigung für Wertpapierbesitz (DSW), hält nur acht bis neun Kanzleien für hinreichend „spezialisiert und fachlich gut“. Ähnlich deprimierend die Einschätzung von Joachim Jahn, der als verantwortlicher Redakteur der Seite „Recht und Steuern“ in der Frankfurter Allgemeinen Zeitung über intime Kenntnisse in der Scene verfügt: Da sind nur eine „Handvoll bis Dutzend seriöser Anwälte unterwegs“. Die finden sich zum großen Teil wieder auf einer Liste von 20 Top-Anlegerschutzkanzleien, die die Wirtschaftswoche zusammengestellt hat[461]. Daneben gibt es nach Jahn aber auch „haufenweise Schaumschläger, die die Anleger noch mal abzocken“.

Die Urteile von Anlegeranwälten übereinander fallen teilweise noch harscher aus. Karine Guillaume beobachtet eine „katastrophale Entwicklung. Ich schäme mich dafür“. Wegen der hohen Streitwerte kommen „immer mehr unseriöse Anwälte auf den Markt, um Geld zu verdienen“. Rechtsanwalt Rudolf Baum hat „den Eindruck, dass die unseriösen Geschäftspraktiken massiv zunehmen. Das ist manchmal geradezu kriminell und droht, den gesamten Berufsstand in Misskredit zu bringen“.

Eine besondere Gefahr droht Anlegern, wenn sie Rechtsvertretern ohne bankenrechtliche Spezialkenntnisse in die Hände fallen. Bei den Massenklagen gegen die Telekom-Aktie waren nach Jürgen Kurz (DSW) „viele Anwälte unterwegs, die keine Ahnung hatten“: „Die Klagebegründungen waren teilweise erschreckend, während für die Telekom Großkanzleien mit erstklassigen Anwälten im Einsatz waren“. Sein Kollege Julius Reiter hält einige Klagen seiner Wettbewerber gegen die Bausparkasse Bardenia wegen der Finanzierung von Schrottimmobilien für „grottenschlecht“. Regina Schlosser, Richterin in einer Bankenkammer am Landgericht, hat vor Ablauf der absoluten zehnjährigen Verjährungsfrist Schriftsätze wie „Müllhaufen auf den Tisch bekommen“. Sie hatte den Eindruck, dass da viele Paragraphenkundler „ohne spezielle Kenntnis im

Bankenrecht" am Werk waren. Dabei sei es schon für Anlegeranwälte schwierig, „in diesem Gebiet schlüssige Klagen zu formulieren".

Neben mangelnden Rechtskenntnissen und schlampigen Schriftsätzen bildet die verlorene Seriosität etlicher Anlegeranwälte eine Gefahr für Rechtsuchende. „Wir müssen schwer aufpassen, dass wir in den Augen der Öffentlichkeit nicht das werden, was in den achtziger Jahren die Orientteppichhändler waren", warnt der Düsseldorfer Anwalt Jens Graf. Eine kurze Sündenliste:

Unseriös ist es, wenn sich ein Rechtsvertreter als Experte für Medienfonds ausgibt und zeitgleich erst die entsprechenden Prospekte von einem Kollegen anfordert.[462]

Unseriös ist das Wecken falscher Hoffnungen. Bei spektakulären Fällen rosige Aussichten zu wecken, die dann verpuffen, gehört für Thomas Baier von der Verbraucherschutzzentrale Nordrhein-Westfalen „zum Geschäftsmodell einiger Anwälte".[463] Er warnt: „Je marktschreierischer sie sind, umso vorsichtiger sollten Anleger mit Ihnen umgehen".

Unseriös ist nach Meinung von Anlegeranwalt André Ehlers, dass auf Kanzlei-Homepages „Urteile, die wegen spezieller Besonderheiten des Einzelfalles für einen Anleger gewonnen werden konnten, für allgemeingültig erklärt werden". Einzelfallentscheidungen sind selten „richtungsweisend", auch wenn ein solches Attribut gut klingt, um die Bedeutung der Entscheidung anzuheben.

Unseriös findet die Anlegeranwältin Karine Guilleaume, dass Kanzleien mit Urteilen werben, die Kollegen erstritten haben.

Unseriös ist nach Urteilen das Landgerichts Frankfurt und des Oberlandesgerichts Frankfurt, wenn sich ein Anwalt einen Schadensersatzanspruch von Mandanten wegen fehlerhafter Anlageberatung beim Kauf von Lehman-Zertifikaten gegen eine Bank abtreten lässt, um sie dann im eigenen Namen einzuklagen.[464]

Der normale Konkurrenzkampf unter Robenträgern hat sich unter Anlegeranwälten zum Kleinkrieg mit spitzen Ellbögen aufgeschaukelt. Anlegeranwalt Julius Reiter erlebt einen „massiven Konkurrenzkampf", Anwalt Udo Brinkmöller, der nur Berater vertritt, beobachtet auf Seiten der Anlegeranwälte einen „stark gestiegenen Konkurrenzdruck". Ihre Kollegin Karine Guillaume wähnt sich gar in einem „Haifischbecken".

Nachdem ein Medienfonds Pleite gegangen war, wurden Niko Härtings Mandanten von Anwaltsschreiben geradezu „bombardiert", im „Stil und Inhalt von mäßigem Niveau". Ein Mandant des Bremer Rechtskundlers Jan-Henning Ahrens hat bereits einen „ganzen Aktenordner" mit anwaltlichen Informationsschreiben gefüllt. Für den Präsidenten der Rechtsanwaltskammer Hansjörg Staehle sind die Rundbriefe an enttäuschte Anleger ein „trübes Kapitel". Regelmäßig erhält die Kammer Beschwerden von Anwälten über Kollegen, die ihre Mandanten anschreiben, ihre Dienste anbieten mit Blankovollmacht und Fragebogen zum Sachverhalt als Anlagen. Die Begründung: Das sei eine direkte Werbung im Einzelfall. Vor einigen Jahren haben die Kammern solche Fälle noch gerügt. Aber auch in diesem Punkt ist die Rechtsprechung liberaler und, leider, im Ergebnis auch widersprüchlicher geworden.[465] Und so gehört es mittlerweile zum Alltag, dass sich Anlegeranwälte allein oder zusammen mit Anlegerschutzvereinen mit Massenrundbriefen gegenseitig Mandaten abjagen. Eigentlich will Herbert Jakobs dieses Reingrätschen von Kollegen in bestehende Mandate „in keinster Weise tolerieren", weil es dem „Ansehen des Berufsstandes in erheblichem Maße schadet". Etwas unternommen hat er dann aber trotzdem nicht, weil ein Verfahren bei einer Rechtsanwaltskammer ohnehin eine „stumpfe Waffe" ist.

Namen und Adressen für Mandantenfang mit dem Schleppnetz erhalten die Anwälte aus mehreren Quellen: Sie kopieren die Namen aller Gesellschafter von gefährdeten oder insolventen Fonds aus dem Handelsregister und ergänzen sie mit Hilfe von Telefon- und Adressen-CD-Roms. Oder sie verklagen einen Fonds im Namen eines Mandanten, den sie bereits vertreten, auf Herausgabe der Gesellschafterliste – für Rechtsanwalt Niko Härting ein ***„Missbrauch von Einsichtsrechten"***. Oder sie kaufen die Namen und Adressen von Wirtschaftsdetektiven und Adressenhändlern. Oder sie erhalten die Informationen von Finanzvermittlern gegen das Versprechen, nicht gegen sie zu klagen.

Unter den Anlegeranwälten haben sich zwei Lager gebildet – grob die seriösen und die unseriösen –, die öffentlich übereinander herziehen und sich teilweise rücksichtslos bekriegen: mit Strafanzeigen und wettbewerbsrechtlichen Abmahnungen wegen zweifelhafter Akquisemethoden oder Abmahnungen/Unterlassungsklagen wegen kritischer Meinungsäußerungen über „Abzocker-Anwälte".

Ein Beispiel: Im September 2007 schickte der Deutsche Verbraucherschutzring (DVS), der eng mit der Jenaer Kanzlei Beyer kooperiert, allen Anlegern der insolventen Wohnungsbaugesellschaft Leipzig West AG einen Rundbrief: Die „Durchführung eines Schlichtungsverfahrens", hieß es dort, sei aussichtsreich und damit auch „die Möglichkeit zur zivilrechtlichen Wiedergutmachung". Aufgrund dieser „Aussicht" machte der DVS „ein besonderes Angebot": eine „einmalige Gebühr von 450 Euro für das „gesamte außergerichtliche Verfahren" und eine DVS-Pauschale von 250 Euro für ein Schlichtungsverfahren. Dieser Vorstoß rief die Verbraucherschutzzentrale Nordrhein-Westfalen auf den Plan. In einer Presseerklärung riet der Anlegeranwalt Hartmut Strube „Finger weg" von den Angeboten solch „dubioser Interessengemeinschaften". „Sie wollen den Kunden … nur Euros entlocken". Woher das Geld für eine Rückzahlung der Einlagen kommen soll, sei Strube „schleierhaft". Der Insolvenzverwalter habe bereits mehrfach festgestellt, dass nur noch „Reste des ursprünglichen Firmenvermögens vorhanden seien". Die Reaktion aus Jena kam flugs: eine Unterlassungsklage nebst einstweiliger Verfügung. Damit fiel Rechtsanwalt Phillip Wolfgang Beyer aber auf den Bauch, weil das Hamburger Landgericht keinen Verstoß gegen das Gesetz gegen den unlauteren Wettbewerb erkennen konnte.[466] Nicht besser erging es ihm zwei Jahre später, als er Strube mit einer Verleumndungsklage mundtot machen wollte und das LG Düsseldorf nicht mitspielte.[467]

Die wichtigsten Instrumente von Anlegeranwälten bei der Mandantenjagd sind Internetauftritte, Rundschreiben, Presseartikel, Informationsveranstaltungen, Kooperation mit Anlegerschutzvereinen und, in einem Sonderfall, sogar eine Drückerkolonne.

Neben vielen sachlichen und informativen Rundschreiben und Internetauftritten fallen andere durch reißerische Sprache und überzogenen Optimismus bzw. Angstmache auf. Die Formel vom „drohenden Totalverlust" nutzen viele Kanzleien routinemäßig, um Anlegern von Schiffs- und Medienfonds Angst und Schrecken einzujagen. Thiel & Collegen teilen einem potentiellen Mandaten mit, dass seine Geldanlage bei einem Filmfonds „eine spekulative Beteiligung mit hohem Verlustrisiko" sei und er, im Falle einer Beauftragung, mit „Ansprüchen" „durchdringen" werde, allein, weil der Vermittler nicht über die Provision aufgeklärt habe. Potenziert wird der Druck häufig durch Hinweise auf eine drohende Verjährung: „Nur noch fünf Monate", bis mögliche Schadensersatzansprüche gegen die Falk-Fonds „endgültig verjähren", warnt die „Interessengemeinschaft für Kapitalanleger und Versicherte". Unter bestimmten Voraussetzungen haben Sie „beste Aussichten, ihr Geld zurückzuerhalten".

Mindestens ein Dutzend Anlegerkanzleien arbeiten eng mit privaten Anlegerschutzvereinen zusammen. Letztere vermitteln den Eindruck, dass sie geschädigten Anlegern uneigennützig helfen wollen. Das ist jedoch häufig ein Trugbild. Etliche dieser Vereine werden offen oder versteckt im Auftrag von Kanzleien tätig, einige sind sogar von Anwälten gegründet worden. Vielen Anlegeranwälten sind sie ein Dorn im Auge, weil sie nicht offenlegen,wer tatsächlich hinter ihnen steht. Außerdem dürfen die Anlegerschutzvereine ohne berufsrechtliche Schranken werben. Damit wollen Anwälte, so Herbert Jacobs, das „Werbeverbot umgehen". Für Anlegeranwalt André Ehlers sind sie „Satelliten von Kanzleien", „gaukeln Unabhängigkeit vor, sind aber in Wirklichkeit Akquisemaschinen".

Ein Sonderfall unter den Anlegerschutzvereinen war die Dortmunder „Informa Interessengemeinschaft geschädigter Anleger". Nach einem Urteil des Landgerichts Ellwangen aus dem Dezember 2008 war sie kein neutraler Verbraucherschutzverein, sondern ein Kooperationspartner der Kanzlei Engler & Collegen mit der Aufgabe, Mandate an Land zu ziehen. Das sei eine unzulässige Anwaltswerbung gewesen.[468]

Informa agierte wie eine Drückerkolonne. Ihre Mitarbeiter traten nach Feststellungen des Landgerichts Ellwangen unaufgefordert an Anleger heran, bombardierten sie nicht nur mit Briefen und Anrufen, sondern klingelten manchmal sogar an der Haustür. Dieses Verhalten sei „erkennbar auf Verunsicherung" der stillen Gesellschafter einer Kapitalanlegergesellschaft „angelegt gewesen", und zwar in einer Intensität, dass sich der „unabweisbare Eindruck anwaltlichen Beratungsbedarfes aufdrängen musste". Dies sei, das habe die Beweisaufnahme ergeben, in Kooperation mit der Kanzlei Engler geschehen. Nach dem Urteil hat die Sozietät diese Zusammenarbeit beendet.

Für die Dortmunder Anwälte hat die Kooperation mit der Informa noch ein berufsrechtliches Nachspiel. Im Februar 2012 hat die Generalstaatsanwaltschaft Hamm ihnen vor dem Berufsgericht vorgeworfen, drei Jahre lang mit der Informa unsachlich geworben und dafür Provision bezahlt zu haben.[469] Nach der Anschuldigungsschrift soll die Kanzlei Engler für die Vermittlung von Mandaten 2006 knapp 420000 Euro Provision, 2007 rund 145000 Euro und 2008 rund 67000 Euro bezahlt haben. Die Kanzlei leugnet eine solche

Zusammenarbeit. Die Werbemaßnahmen seien ihr nicht bekannt und damit nicht zuzurechnen gewesen. Sie habe Informa als Wirtschaftsdetektei genutzt, die für sie betriebswirtschaftliche Analysen und Berechnungen durchgeführt habe, um Anlagekonzepte zu überprüfen. Die Hammer Staatsanwälte meinen, diese Behauptungen jedoch mit einem halben Dutzend Zeugen und Unterlagen widerlegen zu können. Aus den Anlagen zu den Rechnungen ergäbe sich zum Beispiel, dass die Provisionen mandatsbezogen bezahlt worden seien: bis zu einer Anlagesumme von 50 000 Euro 200 Euro, zwischen 50 000 und 100 000 Euro 245 Euro und über 100 000 Anlagewert 300 Euro. Den Rechnungen lasse sich sogar explizit entnehmen, dass das Geld für die Vermittlung von Mandaten gezahlt worden sei. In Rechnung gestellt seien „140 Vollmachten", „47 Vollmachten" oder „22 Vollmachten". Bei Entzug der Vollmacht erfolgten Abzüge. Sollte der Anwaltsgerichtshof die Beweiskette der Anschuldigungsschrift für überzeugend halten, wäre eine für eine Anwaltskanzlei bisher unvorstellbare Werbepraxis enttarnt: eine jahrelange Mandantenakquise in Zusammenarbeit mit einem Wirtschaftsunternehmen gegen Provision.

Wo immer Banken, Firmen oder Fonds Pleite gehen, bieten Anwaltskanzleien den Opfern auf ihren Websites auf dem Fuße ihre Dienste an, etwa nach Eröffnung des Insolvenzverfahrens des Kraftwerkbauers Solar Millenium im Dezember 2012. Das ist legitim und entspricht nicht nur dem Eigeninteresse, sonder auch dem der Anleger. Entscheidend ist, ob dies seriös oder unseriös geschieht, unter tatsächlichen wie rechtlichen Aspekten. Unseriös ist sicher, wenn die Kanzlei Stoll & Kollegen auf ihrer Homepage bei Anlegern von Solar Millenium mit widersprüchlichen und skandalisierenden Zeitungsberichten und „Gerüchten" Angst schürt: „Damit sind für die Anleger wohl mehrere 100 Mio. Euro weg" oder Welt online berichtet, dass „wohl 14 000 Aktionäre kein Geld mehr erhalten".[470] Nach dieser Hiobsbotschaft wird den Anlegern die Möglichkeit einer Schadensersatzklage eröffnet: „Damit können sie das gesamte Geld zurückerlangen". Ein leichtfertiges Versprechen. Es erfolgte zu einem Zeitpunkt, als es noch keine zuverlässigen Informationen über Hintergründe oder Haftungsadressaten bei Solar Millenium gab.

Das ist eine nicht untypische Situation für Anlegeranwälte. Häufig müssen sie in juristischem Neuland agieren, in dem niemand voraussagen kann, ob Klagen Erfolg haben werden oder nicht. Der stellt sich manchmal erst nach Jahren ein, wenn alle Instanzen bis zum Bundesgerichtshof oder sogar zum Bundesverfassungsgericht durchlaufen sind. Unbestreitbar ist, dass Anlegeranwälte in den letzten Jahren zahlreiche juristische Schlachten zugunsten der Anleger gewonnen und für sie Milliarden Euro gerettet haben. Der Anlegeranwältin Daniela Bergdoldt etwa hat einen Prozess gegen den gescheiterten Medienkonzern EM.TV nach elf Jahren für sich entschieden, weil die Aktionäre zu spät über die wirtschaftliche Lage informiert worden waren: „Wegbereitende Rechtsprechung ist nur beharrlichen Klägern und Anwälten zu verdanken", bilanziert sie.

Auf der Habenseite sind zu verbuchen: die Urteile des Bundesgerichtshofes zur Haftung bei atypischen stillen Beteiligungen (Göttinger Gruppe), die Offenbarungspflicht bei Vertriebsprovisionen beim Verkauf von Anlagen durch

Banken (Kick-Back-Rechtsprechung), die Verschärfung der Bankenhaftung in finanziellen Krisensituationen oder die Haftung des Entschädigungsfonds für Banken für die Opfer des Phoenix Kapitaldienstes. Bei einigen Fonds haben Anleger nach dem Eindruck von Norbert Vossler, Vorsitzender einer Bankenkammer beim Landgericht Berlin, sogar eine „Erfolgsquote von 100 Prozent".

Nicht so gern reden Anlegeranwälte verständlicherweise über die verlorenen Verfahren. Und deren Liste ist länger als die der gewonnenen. Das geben einige ehrlicher Vertreter der Zunft auch zu. „In allen Bereichen haben Anlegeranwälte und ihre Mandanten in großem Umfange verloren" räumen zum Beispiel zwei Anlegeranwälte aus Münster ein. Bei Klagen im grauen Kapitalmarkt sind nach Beobachtung von Hartmut Strube die „Erfolge rarer gesät als die Misserfolge". Die Ursachen sind vielfältig: eine zum Teil anlegerfeindliche Rechtsprechung des Bundesgerichtshofes, hohe Beweishürden, weil die Beweislast in der Regel beim Anleger liegt, vor allem aber ein verantwortungsloser Umgang mit Klagen und Rechtsmitteln durch Anlegeranwälte. Sie sind häufig juristisch aussichtslos oder wirtschaftlich sinnlos, weil bei den Beklagten kein Geld mehr zu holen ist.

Erfolglos waren nach Angaben des BVT Heizkraftwerke-Fonds alle Klagen der Münchener Kanzlei des Rechtsanwalts Thieler & Kollegen. Ihre Qualität muss nicht gerade berauschend gewesen sein. Eine Klage wies das Landgericht München mit den Worten ab: Sie erwecke „den Eindruck gewisser Beliebigkeit, der seine Ursache darin haben dürfte, dass die Klage ohne Einholung hinreichender Informationen erhoben worden sein dürfte".[471]

Eine Schlappe erlitten auch alle Kläger, die sich gegen die Verstaatlichung der Hypo Real Estate wandten. Im Januar 2011 wies das Landgericht München die Klagen von 38 Aktionären gegen die Zwangsabfindung zurück.[472] Wirtschaftlich stand die Klage von Anfang an auf tönernen Füßen, weil die Bank ohne Eingreifen des Fiskus in die Insolvenz gegangen wäre mit der wahrscheinlichen Folge, dass die Aktien dann komplett wertlos gewesen wären. Nach der Enteignung blieb den Aktionären wenigstens noch ein Abfindungskurs von 1,30 Euro. Von 38 Klägern haben 32 vornehmlich aus Kostengründen auf eine Berufung verzichtet. Dier anderen holten sich, wie zu erwarten war, beim Oberlandesgericht München eine blutige Nase.[473] Im September 2012 verkündeten die Richter, dass die Bundesregierung mit der Verstaatlichung weder gegen die Verfassung noch gegen das Aktienrecht verstoßen hätte. Eine Revision zum Bundesgerichtshof ließen sie nicht zu. Mit ein wenig mehr Verantwortungsgefühl hätten die Anwälte auf die Berufung verzichten müssen.

Mit einer klaren Niederlage für die rund 17000 klagenden Aktionäre und ihre Anwälte ist auch der Prozess um den dritten Börsengang der Telekom zu Ende gegangen. Über vier Jahre nach Beginn des Verfahrens entschied das Oberlandesgericht Frankfurt im Mai 2012, dass das Verkaufsprospekt für die Aktien korrekt gewesen sei. Ein Ende des knapp acht Jahre laufenden Prozesses ist damit freilich nicht in Sicht. Einer der Lautsprecher der Branche, Anlegeranwalt Andreas Tilp, hat Beschwerde beim Bundesgerichtshof eingelegt: „Das ist eine falsche Entscheidung. Es ist nur ein Phyrrus-Sieg für die Telekom und den Bund", verkündete er nach dem Flop bekannt vollmundig.[474]

Und auch bei der Insolvenz der Investmentbank Lehman Brothers haben nach Ansicht des Anwalts Udo Brinkmöller die „Anleger mehr verloren als gewonnen". Beim OLG Düsseldorf gibt es nach Hartmut Strube „kein positives Lehman-Urteil". Die Vergleichsquote mit der Targobank (früher Citybank) sei auf 15 Prozent gesunken, 85 Prozent habe die Bank gewonnen. Auch beim Landgericht Berlin ist die Erfolgsquote von Lehman-Opfern nach den Erfahrungen Vosslers inzwischen auf 20 Prozent gesunken.

Im ersten Jahr nach der Pleite hat die Mehrheit der Landgerichte Urteile zugunsten der Anleger gefällt. In diese Zeit fällt auch die Entscheidung der Hamburger Sparkasse, 1000 Lehman-Geschädigte teilweise zu entschädigen. Die Rechtsprechung war bis zum ersten Grundsatzurteil des Bundesgerichtshofes (BGH) im Fluss, weshalb Anwälten ihnen nach Ansicht von Richterin Vossler auch „kein Vorwurf zu machen ist, wenn sie für die Lehman-Geschädigten gekämpft" haben. Seit dem ersten Grundsatzurteil des Bundesgerichtshofes zu Lehman Brothers im September 2011 haben sich deren Prozesschancen jedoch erheblich verschlechtert.[475] Seitdem ist nämlich klar: Banken und Sparkassen müssen ihre Kunden nicht über verdeckte Provisionen informieren, weil sie die Zertifikate nicht vermittelt, sondern weiterverkauft haben. Ein konkretes Insolvenzrisiko der Investmentbank ist in den Verkaufsjahren 2006 und 2007 nicht erkennbar gewesen. Ob sich an dieser Rechtsprechung noch etwas Entscheidendes ändert, erscheint eher zweifelhaft. In allen folgenden Urteilen hat der Bundesgerichtshof nämlich seine Linie bestätigt.

Die Klagemaschine Anlegerschutz wurde über Jahre in erster Linie von Rechtsschutzversicherungen finanziert. Der Markt hing jahrelang zu einem großen Teil von ihnen ab. Anlegeranwalt Herbert Jakobs schätzt, dass vor fünf Jahren 80 Prozent seiner Klienten versichert waren, André Ehlers kommt auf eine Quote von 50 Prozent. Klagen gegen Fonds oder Finanzvermittler waren daher für Kläger und ihre Anwälte finanziell ohne Risiko. Wegen der hohen Streitwerte haben die Massenklagen die Versicherungen jährlich Millionen Euro gekostet. Ein besonders krasser Fall: die rund 9000 Klagen gegen 14 Verantwortliche der ersten und zweiten Reihe der sog. Göttinger Gruppe und drei Wirtschaftsprüfungsgesellschaften.

Das Geschäftsmodell der Securenta AG bot atypische stille Beteiligungen an einem Pensions-Spar-Plan zur Altersvorsorge an. Der geschlossene Fond, der über eine Milliarde Euro von rund 250 000 Anlegern einsammelte, war nach Ermittlungen der Braunschweiger Staatsanwaltschaft ab Ende 2005 zahlungsunfähig. Mitte 2007 musste der Fonds Insolvenz anmelden. Über 95 Prozent der Klagen gegen das Geschäftsmodell stammen von einer Kanzlei, Müller Boon Dersch in Jena.

Sie hat einen Klagefuror inszeniert, dessen Folgen für das Landgericht Göttingen jeden Besucher sofort anspringen. Auf einem Flur Akten soweit das Auge reicht. Um die in Lastwagen angefahrenen Ordner unterzubringen, wurden Flure abgesperrt und Arbeitsgemeinschafts- und Klausurenräume umgewidmet. Zwei Kilometer Aktenregale wurden zusätzlich aufgebaut. Drei der zehn Kammern des Gerichts, also 30 Prozent, beschäftigten sich 2013 ausschließlich mit den Klagen der Jenaer Anlegeranwälte. Ein Teil des Landgerichts, so der Göttinger Anwalt Karl Heinz Mügge, ist durch sie „lahm gelegt". Richter sind genervt und fühlen sich missbraucht.

Zwischen 2004 und 2013 gab es insgesamt fünf Klagewellen, die überwiegend oder ausschließlich von der Jenaer Kanzlei ausgelöst wurden.

Rechtlich und wirtschaftlich sinnvoll war nur die erste Klagewelle, die sich gegen die Göttinger Gruppe als Gesellschaft und ihre Vermittler richtete.[476] 2005 entschied der Bundesgerichtshof, dass alle Securenta-Anleger ihre Verträge sofort kündigen können und bei nachgewiesener Falschberatung alle eingezahlten Gelder als Schadensersatz zurückfordern können. Außerdem befand der Bundesgerichtshof 2007, dass die Vorstandsmitglieder wegen fehlerhafter Prospekte persönlich haftbar gemacht werden können.

Die zweite Welle von rund 2 500 Klagen richtete sich 2007/2008 im Wege der Durchgriffshaftung gegen die fünf Hauptverantwortlichen des Pleitefonds – Vorstands- und Aufsichtsratsmitglieder. Die Klagen machten Schäden zwischen 2 000 und 15 000 Euro geltend. Alle acht Pilotverfahren, die bisher überhaupt entschieden wurden, hat die Kanzlei verloren. Ansprüche aus Prospekthaftung seien, so die Richter, verjährt bzw. nicht bewiesen. Das Anlagesystem sei weder sittenwidrig noch erfülle es den Tatbestand der Untreue noch sei es ein strafbares Schneeballsystem. Alle Berufungen gegen Urteile, die Schadensersatzansprüche gegen die Hauptverantwortlichen abgelehnt hatten, scheiterten beim Oberlandesgericht Braunschweig gleichfalls. Ein Verfahren liegt jetzt beim Bundesgerichtshof, der über eine Nichtzulassungsbeschwerde entscheiden muss, weil das OLG Braunschweig eine Revision nicht zugelassen hatte.

Selbst wenn auch nur eine dieser Klagen erfolgreich gewesen wäre, würden die Kläger keinen Cent bekommen. Zwei Beklagte aus der obersten Führungsetage haben Offenbarungseide geleistet, drei erhalten für ihre Verfahren Prozesskostenhilfe, weil sie vermögenslos sind und ein Beklagter lässt ohne rechtliche Gegenwehr Versäumnisurteile gegen sich ergehen, weil seine Taschen leer sind, und es nicht mehr schlimmer kommen kann. Wegen dieser Mittellosigkeit haben einige Anlegerschutzkanzleien öffentlich von weiteren Klagen abgeraten.[477] Und einige Rechtsschutzversicherungen haben sich geweigert, diese wirtschaftlich aussichtlosen Prozesse zu finanzieren.[478]

Ende 2010/Anfang 2011 schwappe dann eine neue Welle mit knapp 2 000 Klagen ins Gericht, diesmal etwa 360 Seiten stark und fundierter begründet. Einige Beklagte waren danach mit bis zu 4 000 Klagen überzogen mit Schadensersatzforderungen in einer Gesamthöhe von rund 100 Millionen Euro. Auch die Berufungsschriften gewannen an Qualität, wie selbst Jörn Diercks einräumt, Anwalt von drei Beklagten. Der ausgebaute und vertiefte Argumentationsstrang – das Finanzierungssystem der Altersrente sei von vornherein nicht tragfähig gewesen und alle Beteiligten hätten das gewusst – überzeugte aber weder das Landgericht Göttingen noch das Oberlandesgericht Braunschweig. Sie wiesen weiterhin alle Klagen bzw. Berufungen ab.

Im April 2012 erstritt die Jenaer Kanzlei ihren ersten kleinen Teilerfolg. Nach einem Richterwechsel am Landgericht Göttingen beschloss eine Kammer einen Gutachter zu bestellen. Er soll zu der Frage Stellung nehmen, ob das Finanzierungssystem der Göttinger Gruppe von Anfang an nicht tragfähig und auf Betrug angelegt war.

Dieser Beweisbeschluss kann die Kanzlei ermutigt haben, im Sommer 2012 weitere 600 Verfahren gegen neun Mitglieder der zweiten Führungsebene wegen Beihilfe zum Kapitalanlagebetrug in Gang zu setzen – mit denselben Argumenten. Das war Klagewelle Nummer vier!

Da die Mitglieder der zweiten Führungsebene keine wohlhabenden Bürger sind, und der Schaden der von der Kanzlei vertretenen Kläger sich auf über 60 Millionen Euro beläuft, reichten sie im Frühjahr 2013, Klagewelle fünf, noch einmal 3600 Klagen ein – diesmal gegen drei wirtschaftlich potentere Wirtschaftsprüfungsgesellschaften. Begründung der mittlerweile 520 Seiten starken Klageschrift: Die Prüfer hätten zwischen 1992 und 2000 gewusst, dass das System der atypischen Beteiligung nicht tragfähig sei. Die Wirtschaftsprüfer hätten Prognosen und unrealistische Renditeversprechen mitgetragen und in den Abschlussbilanzen falsch testiert. Es sei bewusst manipuliert worden, und die Prüfer hätten davon gewusst. Nach Ansicht der Rechtsprechung sind Klagen gegen Wirtschaftsprüfungsgesellschaften bei Pleite-Fonds möglich, aber nur unter sehr engen Voraussetzungen.[479]

Was hat die Kanzlei Müller Boon Dersch ab 2007 mit ihren Klagefluten erreicht? 4500 verhandelte Klagen, Beweisbeschlüsse des Landgerichts Göttingen und des Oberlandesgerichts Braunschweig über die Bestellung von Gutachtern und keinen einzigen gewonnenen Prozess.[480] Dagegen stehen 32 verlorene Verfahren vor dem Landgericht und abgeschmetterte Berufungen vor dem Oberlandesgericht.[481] Was ist das Geheimnis dieser Prozessstrategie?

Ralf Böhm, das ‚Hirn" der Jenaer Kanzlei, verteidigt die Klagen mit dem Argument, dass die „Vermögenslosigkeit einzelner Verantwortlicher keinesfalls festgestellt worden sei".[482] Eine billige Ausflucht. Die Beklagten sind alle Ende fünfzig oder Anfang sechzig und ohne Chance, sich finanziell zu erholen. Und es gibt kein Indiz dafür, dass eine formelle Feststellung ihrer Vermögenslosigkeit zu anderen Ergebnissen führen könnte.

Eine zweite Verteidigungslinie für die Klagen gegen mittellose Beklagte ist, dass man erst ihre Verantwortung als Haupttäter feststellen müsse, um dann gegen die Wirtschaftsprüfer als ihre Gehilfen vorzugehen. Es seien lediglich Vorbereitungsprozesse. Das ist juristischer Unfug. Anwalt Karl-Heinz Mügge: „Es gibt keinen juristischen Grund, die ersten 4000 Klagen weiterzuverfolgen. Alle Tatsachen und Argumente könnte in dem Verfahren gegen Vertreter der Wirtschaftsprüfungsgesellschaften geltend gemacht werden". Trotzdem werden die Jenaer Rechtsvertreter die Klagen gegen die Hauptverantwortlichen nicht fallen lassen. Die Gebühren sind nämlich schon abgerechnet. Und die Kanzlei darf sie behalten und zwar abhängig davon, ob sie die Prozesse später gewinnt oder verliert. Und sollten Prozesse in erster Instanz verloren gehen, kann man mit Berufungen noch einmal dieselbe Summe verdienen. Rechtsanwalt Mügge ist überdies überzeugt, dass die Klagen gegen die Wirtschaftsprüfungsgesellschaft „aussichtlos" sind. Das Finanzierungsmodell ist „vielfach überprüft" und dabei nie für sittenwidrig gehalten worden – weder von der Staatsanwaltschaft Braunschweig noch von universitären Gutachtern.

Das Ziel dieser Jenaer-Klagestrategie ist nach überstimmender Meinung der Göttinger Anwälte Diercks und Mügge denn auch ein ganz anderes. Diercks: „Es ist ein Modell zum Generieren von Anwaltshonoraren. Die Anleger werden keinen Cent bekommen, auch nicht von den Wirtschaftsprüfern. Es ist ein Gefecht für die Galerie über 20 Jahre". Ähnlich sein Göttinger Kollege Mügge: „Die Klagestrategie zielt nur auf den Gewinn von Anwaltsgebühren ab. Für die Mandanten macht sie ökonomisch keinen Sinn". Umso mehr aber für die Kanzlei. Die Anwälte Mügge und Dierks haben einmal ausgerechnet, was die Kanzlei Müller Boon Dersch an Gebühren bereits verdient haben und noch verdienen könnte. Nach Mügges Berechnungen könnte sie bei 4000 Klagen und einer durchschnittlichen Gebühr pro Klage von 1500 Euro insgesamt sechs Millionen Euro Anwaltshonorar verdienen. Würde sie in allen Verfahren Berufung einlegen, beliefe sich der Gewinn gar auf 12 Millionen Euro. Kollege Diercks kommt „aufgrund eines doppelten Streitwertes – Schadensersatz und entgangener Gewinn – auf 15,3 Millionen Euro Gebühren".

Wie ist es möglich, mit Tausenden bisher erfolglosen Klagen viele Millionen Euro zu verdienen? ***Es gelingt durch eine rücksichtslose Ausbeutung von Rechtsschutzversicherungen und durch die Struktur des Vergütungssystems für Rechtsanwälte.***

Die Jenaer Anwälte klagen offenbar nur für Mandanten, die rechtsschutzversichert sind. Warum? Weil es ethisch völlig verantwortungslos wäre, den geprellten Klägern nach dem Verlust ihrer Einlagen zusätzlich ein hohes Prozess- und Kostenrisiko aufzubürden. Diese Skrupel hat die Jenaer Kanzlei anscheinend bei Rechtsschutzversicherungen nicht. Da nach unserem Vergütungssystem die Anwaltsgebühren bereits mit der Klageerhebung in voller Höhe entstehen – und zwar unabhängig von Qualität und Erfolgsaussichten – sind die Massenklagen gegen die Hauptverantwortlichen der Göttinger Gruppe und die Wirtschaftsprüfungsgesellschaften in den Augen von Anwalt Diercks ein „Gewinnspiel ohne Risiko". Sollte die Jenaer Kanzlei demnächst die ersten Prozesse ***rechtskräftig*** verlieren, müssen die Rechtsschutzversicherungen bei Rechtskraft noch einmal tief in die Kasse greifen. Für Gerichtskosten, für die Honorare der gegnerischen Anwälte und Gutachten würden nach seinen Schätzungen noch einmal 40 Millionen Euro anfallen.

Was die Jenaer Kanzlei Müller Boon Dersch mit den Massenklagen im Komplex Göttingern Gruppe veranstaltet, ist ein Höhepunkt berufsethischer Verantwortungslosigkeit. Sie erhebt über 4000 Schadensersatzklagen in einem Gesamtumfang von 100 Millionen Euro gegen fünf Beklagte, die mittellos sind. Ihre Klagestrategie verrät ein unter Advokaten verbreitetes Bewusstsein, dass man Rechtsschutzversicherungen Prozess- und Kostenrisiken gewissenlos aufbürden kann, die man selbst zahlenden Mandanten nie zumuten würde. Eine gespaltene Verantwortungsethik. Hinzu kommt, dass die Kanzlei Klagelawinen losgetreten hat, die die Justiz mit ihren bisherigen Instrumenten nicht bewältigen kann. Die bislang negative Prozessbilanz und die wenig überzeugenden Argumente zur Verteidigung der Prozessstrategie nähren den Verdacht, dass es der Kanzlei in erster Linie um das Kassieren von Honoraren und nicht um die Interessen der Mandanten geht.

Es ist daher auch kein Wunder, dass sich die Rechtsschutzversicherungen seit 2008 bemüht haben, den Rechtsschutz für Kapitalanlage- und Bankrecht aus den Versicherungsverträgen herauszunehmen.[483] Nach den Beobachtungen von Anwalt Udo Brinkmöller versuchen Prozessfinanzierer „in die Lücke zu springen, die die Rechtsschutzversicherungen hinterlassen". Weil die Anwälte kein Erfolgshonorar vereinbaren dürfen, arbeiten sie neuerdings mit Firmen zusammen, die sich gegen eine „Erfolgsbeteiligung" von 30 bis 50 Prozent Schadensersatzforderungen von Mandanten abtreten lassen und dafür die Kosten der Prozessführung übernehmen. Während diese Finanzierung nach Brinkmöller bereits auf „breiter Basis passiert", geben andere Anwälte wie Julius Reiter diesem Geschäftsmodell keine großen Chancen, weil die Kostenrisiken für die Prozessfinanzierer in der Regel zu hoch sind. Ein Beleg für Reiters These: Die „Interessengemeinschaft für Kapitalanleger und Versicherte" (IKV) bot Anlageopfern des Finanzdienstleisters AWD ein Paket mit drei Verträgen an: einen mit der Hamburger Kanzlei Thiel & Collegen, einen zweiten mit dem Victoria Emissionshaus in Itzehoe für „Recherchen, Informationssammlung Beratergespräche" gegen zehn Prozent Provision und einen mit dem Prozessfinanzierer Benner Holding GmbH. Der sollte die Kosten für den Prozess gegen Abtretung der Schadensersatzforderungen und eine Beteiligung von 35 Prozent im Falle eines gewonnen Prozesses übernehmen. So wenigstens das Modell. Es stand jedoch, wie sich bald herausstellte, rechtlich auf tönernen Füssen. Die Benner Holding steht nämlich kurz vor dem Kollaps, weil ihr Partner, die Kanzlei Thiel & Collegen, bisher nahezu alle Prozesse gegen AWD wegen erhöhter Provisionen bei der Vermittlung von Beteiligungen an Schiffs-, Immobilien- und Medienfonds verloren hat. Über 1500 Kläger drohen auf ihren Gerichts- und Anwaltskosten sitzenzubleiben, weil sie die Kanzlei rechtlich falsch beraten hat und der Prozessfinanzierer zahlungsunfähig geworden ist.

Wie ist es zu diesem Debakel gekommen? In der zweiten Jahreshälfte 2011 starteten die Kanzlei Thiel & Collegen und die IKV eine aggressive Werbekampagne mit Informationsveranstaltungen, Rundschreiben und Sendungen im NDR. Mit dem Hinweis auf eine drohende Verjährung Ende 2011 weckte ein Rundschreiben bei geschädigten Anlegern Hoffnungen. Unter bestimmten Voraussetzungen haben sie „beste Aussichten, Ihr Geld zurückzuerhalten": „Kostenübernahme bei Erfolgsbeteiligung ist möglich". Zum Beispiel wissen wir aus zuverlässigen Quellen, dass ihre Vermittler mehr als 15 % Provision erhalten haben, und diese sie bei dieser Höhe unaufgefordert über die Provision hätten aufklären müssen. Allein dieser Umstand reiche für eine Rückabwicklung ihrer Einlagen aus. Im NDR durfte Thiel verkünden, dass „ausgezeichnete Chancen" bestehen, die „Rückabwicklung gegenüber der AWD durchzusetzen".[484]

Der geringe Beweiswert der früheren AWD-Vermittler, die eidesstattliche Versicherungen abgegeben hatten, war eine der Hauptursachen dafür, dass sich die angeblich „ausgezeichneten Chancen" als heiße Luft entpuppten. Bisher haben Thiel & Collegen bundesweit zwei Prozesse gewonnen, dies auch bislang nur in erster Instanz. Mehrere hundert Klagen haben sie verloren und in zahllosen Verfahren sind die Klagen bzw. Berufungen zurückgenommen worden. Die abweisenden Urteile der Landgerichte stellen den Schriftsätzen der Hamburger Rechtsberater teilweise verheerende Zeugnisse aus. Die Aussagen der beiden ehemaligen AWD-Mitarbeiter über die Höhe der Provision hielten die Landgerichte in Dortmund, Köln und Flensburg für wertlos, weil sie an den in Frage stehenden Provisionsverhandlungen nicht teilgenommen hatten, ihre Behauptungen im Übrigen „nicht substantiiert“ und „widersprüchlich“ seien.[485] Die Landgerichte rügten, die Kanzlei habe die Rechtsprechung des Bundesgerichtshofes zur 15%-Provisionsgrenze und einer sich daraus ergebenden Aufklärungspflicht falsch verstanden bzw. ihre Voraussetzungen nicht ausreichend belegt. Die Landgerichte Dortmund und Köln warfen den Schriftsätzen vor, Angaben „ins Blaue hinein“ gemacht zu haben. Alle drei Landgerichte wiesen Thiel & Collegen nach, zum Teil verjährte Ansprüche geltend gemacht zu haben. Die schlechteste Note erhielt die Kanzlei vom Landgericht Flensburg: „Dem Vortrag der Kläger ist nicht einmal im Ansatz zu entnehmen, aufgrund welcher Tatsachen den Beklagten welche konkreten Handlungen vorgeworfen werden“.[486]

Spätestens im September 2012 erkannte die Hamburger Kanzlei, dass sie rechtlich in der Sackgasse gelandet war. Sie begann, Briefe an Mandanten zu schreiben, in denen sie zur Rücknahme der Klagen riet, weil das Landgericht Hannover nach „inzwischen gesicherter Rechtsprechung“ die Klage abweisen wird. Leider müssen wir Ihnen auch mitteilen – ließ Thiel einen Mandanten am 26. September 2012 wissen –, dass der Prozessfinanzierer die Erfüllung seiner „finanziellen Verpflichtungen“ „offensichtlich nicht mehr sicherstellen kann“. Das rechtliche Versagen seiner Kanzlei erklärte Thiel mit „nicht vorhersehbaren Erkenntnissen“. Dutzende ähnliche Briefe an Mandanten folgten im Sommer 2013. Burkhard Floeting, Direktor der Rechtsabteilung bei AWD, hat so etwas noch nicht erlebt: „Es ist ein einmaliger Vorgang, dass eine Kanzlei Mandanten massenhaft auffordert, Klagen zurückzunehmen“.

Die ganze Dimension des Scheiterns von Thiel & Collegen entlarvt eine Mail von Matthias Benner, dem Geschäftsführer des Prozessfinanzierers, an einen Mandanten, der vergeblich um Erstattung seiner Anwalts- und Gerichtsgebühren gebeten hatte. Am 20. November 2012 schrieb er: „Es tut mir schrecklich leid und ist mir auch unangenehm und peinlich. Wir verlieren gerade alle IMF-Klagen, dies sind circa 1000 Stück. Mir wurde suggeriert, dass die Fälle gewonnen werden und es Eidesstattliche Versicherungen (EV) gibt, die die Forderungen beweisen. Leider hat sich diese EV als nicht beweisbar dargestellt. Auf diese Kostenflut war ich von der Kanzlei Thiel & Collegen nicht vorbreitet worden. Ich versuche gerade, Liquidität zu besorgen … Aber 2–3 Mio. Kosten (aus 1000 Fällen) sind natürlich sehr bedrohlich. Eine Insolvenz der Benner Holding GmbH kann ich nicht ausschließen“. Zehn Tage später kündigte er in einer Mail an einen anderen verbitterten Mandanten an, „meine verauslagten Kosten von RA Thiel per Schadensersatz einzufordern“.

Die Empfänger dieser Mails sind zwei von Hunderten frustrierter Mandanten von Thiel & Collegen, die Ende 2012 und Anfang 2013 nach verlorenen

Prozessen Rechnungen über Gerichts- und Anwaltskosten über ein paar Tausend Euro erhielten, die sie bezahlen müssen. „Teure Rechnungen statt Schadensersatz“ titelte deshalb die Hannoversche Allgemeine einen Artikel über die Canossa-Briefe der Hamburger Rechtsvertreter.[487] Einige Kanzleien wie Baum & Reiter (Düsseldorf) und Jung & Schleicher (Berlin) bieten nun Ihre Dienste an, um die Kanzlei Thiel & Collegen auf Schadensersatz zu verklagen, um, wie Bettina Schleicher formuliert, Thiel vom „Jäger zum Gejagten zu machen“.

Aufgrund einer Strafanzeige ermittelt mittlerweile auch die Hamburger Staatsanwaltschaft gegen Thiel wegen versuchten Prozessbetruges. Auch bei der Rechtsanwaltskammer Hamburg sind Beschwerden gegen die Sozietät eingegangen.

Das Vorgehen von Thiel & Collegen, aber auch anderer Anlegerkanzleien ist für AWD-Justitiar Burkhard Floeting „schon lange nicht mehr nachvollziehbar: „Für diese Kanzleien stehen vielfach eigene wirtschaftliche und finanzielle Interessen im Vordergrund und nicht der Mandant, auf dessen Rücken sie ihre Interessen realisieren“.

Rechtsanwalt Thiel sieht seine Bilanz nicht ganz so düster. Er meint „einige Klagen“ auch „rechtskräftig“ gewonnen zu haben, ohne jedoch, trotz Bitte, Zahlen zu nennen. Außerdem will er 30 Vergleiche abgeschlossen haben, weil AWD damit „drohende Verurteilungen“ abgewendet habe. Der Finanzdienstleister bestreitet, bisher auch nur ein Verfahren rechtskräftig verloren zu haben. Rund ein halbes Dutzend Verfahren ruhen, um Entscheidungen der zweiten Instanz abzuwarten. Im Übrigen räumt AWD ein, in einigen Fällen „Kulanzleistungen“ gezahlt zu haben.

Die Rechtsanwaltskammern haben dem Treiben der Anlegeranwälte bisher tatenlos zugesehen. Gerhart Baum: „Die Anwaltskammern haben hier versagt“. Sein Sozius Julius Reiter: „Die Kammern greifen nicht durch“. Udo Brinkmöller: „Die Kammern halten sich zurück. Ich habe mich mal an sie gewandt, habe aber nie eine Reaktion bekommen“. Das ist der einhellige Tenor aller Anwälte, die sich hier zu Wort gemeldet haben.

Auf dem Marktplatz der Eitelkeiten: Opferanwälte

Kann Trauer zu einer Krankheit werden? Wenn ja, kann ein Hinterbliebener für sie Schmerzensgeld bekommen? Diese Fragen lassen Ulrich von Jeinsen nicht los. Er ist Opferanwalt und ärgert sich darüber, dass der Trauerschmerz von Angehörigen nach einer Katastrophe mit vielen Toten in der Rechtsprechung anderer Länder – in Österreich oder Schweden zum Beispiel – „Schmerzensgeldcharakter“ hat, in Deutschland hingegen nicht.[488] Hierzulande besteht ein Anspruch auf Schmerzensgeld nur, wenn Trauer den Charakter einer Krankheit annimmt. Und deshalb rät er – grenzwertig – Hinterbliebenen etwa, nach Flugzeugabstürzen zum Arzt zu gehen, um dort ihren psychischen Zustand überprüfen zu lassen, oder sich in eine psychotherapeutische Behandlung zu begeben. Das alles, wohlgemerkt, um Schmerzensgeldansprüche zu sichern. Bei der Reform des Schadensersatzrechtes ist die Bundesregierung diesen Weg nicht mitgegangen – „um Trauer nicht zu kommerzialisieren".

Sehr zum Verdruss von Opferanwalt von Jeinsen. Er ist ein Advokat der besonderen Art. Seine Spezialität ist die Vertretung von Angehörigen nach Flugzeugabstürzen und anderen Katastrophen, sofern die Opfer Deutsche sind. Nach dem Montrealer Abkommen über die Haftung von Fluggesellschaften nach Unfällen richtet sich die Höhe des Schmerzensgeldes nach den Regeln des Landes, in dem das Opfer lebte. Und die ergeben in Deutschland im internationalen Vergleich, wenn überhaupt, nur niedrige Summen.

Auf der Liste mit über 20 Flugunfällen, in denen von Jeinsen Passagiere oder Angehörige vertreten hat, stehen alle Desaster der letzten Jahre: der Absturz einer Air France-Maschine auf dem Weg von Paris nach Rio de Janiero, der Fehlstart der Concorde und der Absturz einer Birgen Air-Maschine vor der Dominikanischen Republik. Katstrophenanwalt ist von Jeinsen durch Zufall geworden. Als 1986 eine Maschine des Nürnberger Flugdienstes auf dem Weg von Hannover nach Düsseldorf abstürzte und ein Angehöriger in der Kanzlei in Hannover vorbeisprach, wurde entschieden, dass der „Jüngste" das Mandat übernimmt. Und das war damals er. Schnell hatte er Gefallen an dem rechtlich anspruchsvollen Feld und den hohen Streitwerten gefunden. Für die 15 Getöteten und 34 Verletzten beim Einsturz des Daches der Eissporthalle in Bad Reichenhall 2006 schlossen ein Kollege und er einen Vergleich über rund zwei Millionen Euro. Als einer der beiden Verhandlungsführer für die europäischen Opfer des Anschlages auf die Diskothek La Belle in Berlin erstritt er 2004 einen Vergleich mit der libyschen Gaddafi-Stiftung in Höhe von 35 Millionen US Dollar. Das sind aber nur die Zahlen. In Opferschutzverfahren muss man, so sein Credo, „Anwalt und Seelsorger" sein, als „Mensch mitleiden können".

Von Jeinsen ist aber keinesfalls nur Samariter und Berater. Wie viele Kollegen reizt ihn an der Rolle des Opferanwaltes noch etwas anderes: die Publizität, die die Vertretung von Geschädigten nach spektakulären Unfällen, Katastrophen oder Straftaten mit sich bringt. Es locken Zeitungsinterviews und Fernsehkameras – zu Werbezwecken, vor allem aber zur Befriedigung der Eitelkeit. Und dabei schaltet das tückische Rampensau-Gen manchmal auch jede anwaltliche Vernunft aus. Im Herbst 2006 vertrat von Jeinsen als Opferanwalt die 13-jährige Stephanie aus Dresden, die Anfang des Jahres von dem Sexualstraftäter Mario M. 36 Tage in dessen Wohnung gefangen gehalten und missbraucht worden war. Flankiert von ihren Eltern und einer Therapeutin trat er mit Stephanie in der ZDF-Talkshow Johannes B. Kerner auf, „präsentierte" „seine kleine Mandantin" im „medialen Wanderzirkus", wie ZEIT-Online bissig formulierte.[489] Vorher hatte der Professor für Kinderpsychiatrie Peter Riedesser die Kerner-Redaktion mit der sarkastischen Bemerkung von einem Auftritt Stephanies abgeraten. „Das neue Unterhaltsspiel heißt: Deutschland sucht das Supertrauma". Nach der Sendung schrieb das Jugendamt an die Eltern und warnte sie davor, dass ihre Tochter „mehr und mehr zum Objekt öffentlichen Interesses wird".

Was hatte sich der Opferanwalt von Jeinsen gedacht, als er diesem Fernsehauftritt zustimmte? Hatte er aus Ruhmsucht das Kindeswohl vergessen?

Den Begriff Opferanwalt gibt es im deutschen Recht nicht. Mit ihm werden umgangssprachlich Advokaten bezeichnet, die einen Schwerpunkt ihrer Arbeit auf die Interessenwahrnehmung von Opfern gelegt haben. Dabei sind zwei Geschäftsmodelle entstanden: Opferanwalt in Zivilverfahren für Schadensersatz- und Schmerzensgeldansprüche und Opferanwalt in Strafverfahren als Nebenklagevertreter. Bei vielen Katastrophen wie der Loveparade in Bochum oder dem Absturz eines Flugzeuges laufen beide Prozesse nach- oder nebeneinander oder verschränken sich im Strafprozess im sog. Adhäsionsverfahren. In ihm kann das Opfer einer Straftat zivilrechtliche Ansprüche im Strafverfahren geltend machen ohne in einem gesonderten Zivilprozess klagen zu müssen.

Als Opferanwalt aufzutreten, ist Ende der Neunziger und in den ersten Jahren nach der Jahrtausendwende in Mode gekommen. Damals stürzte sich das aus Holocaust-Entschädigungsprozessen bekannte Anwaltstandem Edward Fagan und Michael Witti wie Geier auf Opfer in aller Welt: auf Geschädigte des Cholesterinsenkers Lipobay, auf Angehörige eines in Kolumbien abgestürzten American Airlines-Flugzeuges und Verletzte der ausgebrannten Kitzsteinhorn-Gletscherbahn. Ihr juristischer Kniff: Die verantwortlichen Unternehmen in den USA zu verklagen, weil dort wesentlich höhere Schadensersatz- und Schmerzensgeldbeträge zu erzielen sind.[490] Den Ankündigungen folgten indes selten konkrete juristische Schritte. Unter der Überschrift „,Opferanwälte – eine neue Plage" schrieb Ronald Schmid, selbst Opferanwalt, 2002 eine Philippika gegen unseriöse Kollegen, die durch leichtfertige Versprechen von Millionen Euro falsche Hoffnungen wecken.[491] Ihn ärgerte, dass dieselben Kollegen Opfer eines Seilbahnunglückes, eines Flugzeugabsturzes, eines vermeintlichen Medikamentenskandals oder eines Terroranschlages vertreten wollten, obwohl es in „unserer komplexen Welt" keinen juristischen Allround-Fachmann mehr geben kann. Er denkt dabei an Kollegen den Michael Witti, der nach dem Amoklauf eines Schülers in Erfurt die Hersteller von Gewaltvideos verklagen wollte, weil erwiesen sei, dass sie das Gewaltpotential anheizen und Nachahmertaten auslösen können.[492] Negativ aufgefallen ist ihm auch Ex-Bundesminister Gerhart Baum, der nach den Attentat auf Djerba den tunesischen Staat verklagen wollte, weil der nicht genug für die Angehörigen der toten Touristen tue, und der mehr als zehn Jahre nach der Flugschaukatastrophe auf der US-Base Ramstein für 82 Überlebende Schadensersatz für seelische Schäden in den USA einklagen wollte.[493] Im Sinn hatte er dabei wohl auch den Berliner Anwalt Reiner Geulen, der nach dem Zugunglück in Eschede für 72 Mandanten die Deutsche Bahn AG in den USA verklagen wollte.[494] Bei vielen Opferanwälten hegt Schmid den Verdacht, dass es ihnen „nicht um die Sache geht, sondern darum, sich in Szene zu setzen". Als er Ende 2005 die vollmundigen Versprechen auf Millionen-Dollar-Entschädigungen in „sieben exemplarischen Fällen" untersuchte, kam er zu dem Ergebnis, dass alle Opferanwälte heiße Luft produziert hatten.[495] Weder in den USA noch in Deutschland waren die angekündigten rechtlichen Schritte erfolgreich, sieht man von kleineren Entschädigungen ab.

Seitdem Rechtsvertretern klar geworden ist, dass Schadensersatz- und Schmerzensgeldklagen in den USA ohne amerikanischen Anknüpfungspunkt keine Chancen haben, nehmen Opferanwälte den Mund nicht mehr so voll, sieht man von einigen Unbelehrbaren wie Michael Witti ab, der weiterhin Milliarden für misshandelte Heimkinder oder BSE-geschädigte Bauern forderte.[496] Fragwürdig ist es auch, Tsunami-Opfern Rechtsrat anzubieten.[497] Wer soll bei höherer Gewalt haften? Nach Unglücken oder Katastrophen bleibt es aber vernünftig, wenn Anwälte Klagen von Geschädigten bündeln, sei es nach der Havarie des Kreuzfahrtschiffes Costa Concordia oder für die Geschädigten des Kohlebergbaus in Nordrhein-Westfalen, deren Firmenzentralen und Privathäuser absacken oder durch Risse unbenutzbar werden.[498] Kompetenz in den jeweiligen Rechtsgebieten vorausgesetzt.

Anwälte, die sich für Opfer von Gewalttaten oder Katastrophen einsetzen, profitieren von einem tiefgreifenden Wertewandel: die Renaissance des Opfers in der Gesellschaft. Öffentliche Aufmerksamkeit, Interesse und Mitgefühl sind in den letzten zwanzig Jahren vom Täter zum Opfer gewandert. Die neue Wertschätzung schlägt sich zum Beispiel in höheren Schmerzensgeldern nieder. Für die 16-jährige Schülerin Janine, die überfallen, entführt und während ihrer viertägigen Gefangenenschaft immer wieder missbraucht worden war, erstritt ihr Anwalt Hendrik Prahl unlängst das höchste Schmerzensgeld, das ein deutsches Gericht je zuerkannt hat: 100 000 Euro.[499] Und die Wertschätzung kommt zum Ausdruck in einem halben Dutzend neuer Gesetze, die ein Ziel verbindet: die Stellung des Opfers im Strafprozess zu stärken. Verbrechensopfer sind vom Rand ins Zentrum des Strafverfahrens gerückt.

Dafür hat der Gesetzgeber zwei Weichen gestellt, eine finanzielle und eine rechtliche.

1998 hat er den ***Opferanwalt auf Staatskosten*** geschaffen. Er wurde beim Honorar einem bestellten Pflichtverteidiger gleichgestellt. Seit der Erhöhung seiner Gebühren durch das Rechtsanwaltsvergütungsgesetz 2004 wird auch der Opferanwalt einträglich honoriert. Nach der Untersuchung von Barton und Flotho ist die Beiordnung eines Opferanwalts auf Staatskosten zum Normalfall geworden.[500] Sie wurde in gut 74 Prozent aller Verfahren angeordnet, wo sie zulässig war. Prozesskostenhilfe wurde in 19 Prozent aller Fälle gewährt und nur in sechs Prozent aller Fälle leisteten sich die Nebenkläger einen Anwalt auf eigene Kosten. Verbrechensopfer tragen also für ihre Rechtsberater faktisch kein Kostenrisiko mehr.

Flankiert wurde das Erschließen neuer Geldquellen für Nebenklägervertreter durch eine Ausweitung seiner prozessualen Rechte: das Recht auf Akteneinsicht, Frage- und Erklärungsrechte, Anwesenheit bei polizeilichen und richterlichen Vernehmungen und das Recht zu plädieren. Diese neuen finanziellen und juristischen Optionen haben Massen von Anwälten angelockt, vor allem bei Verfahren vor dem Landgericht in erster Instanz. Dort ist der Anteil der Verfahren mit Nebenklägervertretern von 1982 bis 2011 um knapp 170 Prozent gestiegen: von 917 auf 2 456.[501] In erstinstanzlichen Verfahren vor dem Amtsgericht und dem Landgericht waren Opferanwälte 2011 in 12 036 Verfahren aktiv.[502]

Diese absoluten Zahlen und Prozentsätze zeigen, dass sich der Opferanwalt neben der Strafverteidigung als eigenständiges Berufsfeld im Strafverfahren etabliert hat. Für den Waiblinger Opferanwalt Jens Rabe ist ein „neues Marktsegment" entstanden, das vor allem nach der Erhöhung der Verteidigerhonorare „finanziell attraktiv" geworden ist. Früher haben es Verteidiger „vermieden", erzählt Rabe, „als Nebenklägeranwalt aufzutreten, weil sie mit den Opfern nicht zurechtkamen und die Gebühren zu niedrig waren". Diese Vorbehalte sind heute weitgehend verschwunden. Opferanwalt in Strafverfahren zu sein, ist in den letzten Jahren lukrativ und populär geworden: bei Berufsanfängern, am Existenzminimum lebenden Verteidigern und renommierten Vertretern der Zunft. Im Internet können sich Advokaten in eine bundesweite Liste eintragen, wenn sie sich als Opferanwältin oder Opferanwalt engagieren wollen.[503] Der Verein „Dunkelziffer" vermittelt Opferanwälte, die sich um missbrauchte Kinder kümmern wollen.[504] Und auf zahllosen Homepages bieten Kanzleien und Einzelanwälte ihre Dienste an, als „anwaltliche und menschliche Unterstützung des Opfers".[505] „Es gibt Kollegen", weiß Jens Rabe, „die leben davon".

Den typischen Nebenklageanwalt gibt es nicht. Barton und Flotho haben in ihrer empirischen Untersuchung vier „Idealtypen" gefunden: spezialisierte Opferanwälte, Allrounder mit Opferschutzaffinität, Anwälte, die gelegentlich Opfer vertreten, sowie Strafverteidiger in anderer Rolle.[506]

Bernhard Weiner gehört sicher zur ersten Kategorie. Er hat ein „klares Profil" und vertritt fast ausschließlich Opfer von Gewalt- und Sexualstraftaten. Seine Lebens- und Leidensgeschichte erklärt, warum er Geschädigte „mit Herzblut" berät. Als Polizist war er bei einem Einsatz schwer verletzt worden und taugte danach nicht mehr für den Frontdienst. Er spürte selbst, wie schnell Verbrechensopfer von der Gesellschaft vergessen werden. Für Geschädigte übernimmt er alle notwendigen rechtlichen Schritte, damit sie sich mit ihrem Schicksal auseinandersetzen und ihre persönlichen Anliegen regeln können. Mit großer Distanz beobachtet er Kollegen, für die das Vertreten von Verletzten oder Missbrauchten „kein Anliegen" ist und die Verhandlungstage im Gerichtssaal absitzen, ohne sich zu beteiligen, im Jargon ‚Nebenschläfer' genannt.

Der Waiblinger Anwalt Jens Rabe versteht sich als ***engagierter Strafverteidiger und überzeugter Opferanwalt.*** Sein Motiv, im neuen Berufsfeld zu arbeiten: „Es gibt mir viel, Opfer zu stabilisieren, damit sie nach der Tat und dem Prozess gefestigt ins Leben zurückkehren können". Verletzte zu vertreten hat für ihn „etwas Konstruktives", „im Gegensatz zum Verteidigen, dem häufig etwas Destruktives" anhafte. Nach einem Freispruch steht man zwar in den Augen des glücklichen Mandanten „gut da", aber gleichzeitig weiß er, dass der „eigentlich ein Arschloch ist".

Einige Strafverteidiger wie der Hamburger Klaus Hüser lehnen Mandate als Nebenklagevertreter aus grundsätzlichen Erwägungen ab. Für ihn sind Nebenklagevertreter eigentlich keine Strafverteidiger mehr, sondern Kollegen mit einem ***„neuen Berufsbild".*** Wegen der jüngst häufig kritisierten „Übermacht der Nebenkläger" sind sie aus seiner Sicht sogar zu einem „Problem für die Strafverteidigung" geworden. Der renommierte Bremer Strafverteidiger Erich Joester kommt richtig in Fahrt, wenn man ihn auf das Thema „Nebenklagevertreter" anspricht: „Wir machen uns lächerlich, wenn wir einen Tag für Freisprüche und möglichst milde Strafen plädieren und den nächsten Tag dabei helfen, jemanden in den Knast zu schicken und das möglichst lange. Wenn wir ständig die Seite wechseln, werden wir zu Mietmäulern". Sein Fazit: Wir „führen den Anwaltsjob ad absurdum".

Die große Mehrheit der Verteidiger teilt diese Rollenkritik nicht – aufgrund eines anderen Berufsverständnisses und weil es hier „einen neuen Kuchen zu verteilen gibt", wie es Klaus Hüser ausdrückt. Die Motive der Opferanwälte sind daher sehr unterschiedlich. Für frauenbewegte Nebenklagevertreterinnen kommt es vor allem darauf an, auf der richtigen Seite zu stehen. Sie engagieren sich aus feministischen Gründen, Geschlechtsgenossinnen als Verletzte von Sexualdelikten zu vertreten. In dieser Deliktsgruppe sind Nebenklagevertreterinnen in 60 Prozent aller Verfahren mit von der Partie.[507] Bernhard Weiner hat beobachtet, dass Berufsanfänger über ehrenamtliche Tätigkeit in Opferhilfeeinrichtungen versuchen, solche Mandate zu akquirieren. Andere brauchen die Opfermandate, um wirtschaftlich zu überleben, darunter nicht immer die Besten. „Die Nebenklagevertretung ist ein Sammelbecken für schlechte Verteidiger", findet der Bremer Verteidiger Erich Joester. Und da ist schließlich die Gruppe der ruhmsüchtigen Robenträger. „Eitel sind wir alle" gibt Jens Rabe zu, der dadurch auffiel, dass er 2012 und 2013 bei gleich drei Verfahren mit berühmten Opfern im Gerichtssaal saß: als Vertreter von Michael Buback im Prozess gegen die ehemalige RAF-Terroristin Verena Becker, als Beistand von Eltern im Verfahren gegen den Vater des Amokläufers von Winnenden und als Vertreter von Semiya Simsek, Tochter des ersten Mordopfers der NSU-Terrorgruppe. Seitdem er auf der Liste der Nebenklagevertreter im Münchener Großverfahren die Namen von etlichen klassischen und profilierten Strafverteidigerkollegen entdeckt hat, plagt ihn die „große Sorge", dass der Prozess gegen Beate Zschäpe zu einem „Marktplatz der Eitelkeiten" mutiert.

Hauptverhandlungen mit Nebenklagevertretern sind nach der Untersuchung von Barton und Flotho konfliktreicher als ohne. Opferanwälte beeinflussen den Ausgang von Strafverfahren unmittelbar. Die Freispruchquote ist in Verfahren ohne Nebenklage mit 10,3 Prozent doppelt so hoch wie jene mit Nebenklagen. Und die Strafen fallen in Verfahren mit Nebenklage härter aus.[508] Diese Unterschiede in der Strafpraxis sind nur durch die Minderheit aktiver und engagierter Nebenklagevertreter zu erklären. Denn die förmlichen Aktivitäten der Nebenklageanwälte fallen nach der Barton/Flotho-Untersuchung „nicht sonderlich hoch aus": Gut 27 Prozent der Nebenklagevertreter haben im Ermittlungsverfahren noch nicht einmal Akteneinsicht beantragt.[509] Nur bei den Plädoyers greifen die meisten aktiv ein: 84 Prozent.

Diese Passivität bestätigen alle klassischen Verteidiger. Klaus Hüser erinnert sich an ein Verfahren, in dem ein Nebenklagevertreter „sechs Monate keinen Ton gesagt" hat, während der „andere sehr engagiert war". Die Berliner Strafverteidigerin Ulrike Zecher hat einen Kollegen erlebt, der immer „nur mitgeschrieben", sich im Übrigen aber „total zurückgehalten hat". Von den 19 Nebenklagevertretern im Winnenden-Prozess waren nach Jens Rabe nur „vier bis fünf aktiv". Erich Joester wettert: „Das ist manchmal traurig, was sich da abspielt. Denen geht es nur um billig und schnell verdientes Geld, weil sie sich nicht vorbereiten müssen".

In der Strafrechtswissenschaft und unter Strafverteidigern mehren sich in den letzten Jahren die Stimmen, die den Ausbau des Opferschutzes in diesem Umfang für eine Fehlentwicklung halten. Barton spricht von einem „Fremdkörper" im ‚alten Strafprozess', der nicht „integriert", sondern „angehängt" wurde.[510] Wenn wie in Winnenden 19 Opferanwälte von 43 Hinterbliebenen und Verletzten einem einzelnen Angeklagten, dem Vater des Amokläufers, mit drei Anwälten gegenübersitzen, dann ist das in den Augen Bartons „fast eine Karikatur des modernen Strafprozesses".[511] In München beim NSU-Prozess stehen Beate Zschäpe und vier Mitangeklagten zehn Verteidiger zur Seite. Die Nebenkläger werden dagegen von einer Mannschaft aus 63 Opferanwälten vertreten. „Schon die rein physische Überzahl erzeugt eine ungute Situation" analysiert der Publizist und Opferanwalt Oliver Tolmein: „Das ist eine Niederlage des Strafrechts und für die Nebenkläger allenfalls ein Phyrrussieg". [512] Für Johann Schwenn treten Nebenklagevertreter „zunehmend als Anwälte des Rückschritts" auf.[513] Einige seien mitverantwortlich für die „faktische Beseitigung der Unschuldsvermutung durch den Opferschutz", eine „naheliegende Ursache für Fehlurteile".[514]

Der Opferanwalt ist ein neuer, durch die Opfergesetzgebung der letzten zwanzig Jahre geschaffener ***Anwaltstypus mit unklarem Berufsverständnis.***[515] Es gibt auf dem Anwaltsmarkt gewiss kompetente Spezialisten im Bereich des Opferschutzes. Der Berliner Staatsanwalt Frank Michael Heller hat schon viele aktive Nebenklagevertreter erlebt, vor allem Verteidigerinnen. Daneben hat sich aber eine Schar von Berufsanfängern, Gelegenheits-Opferanwälten und unterbeschäftigen Strafverteidigern gebildet, die ihre Arbeit eher schlecht als recht machen. Das Urteil der einzigen neueren empirischen Studie über Opferanwälte kommt zu einem vernichtenden Fazit: „Es gibt Tendenzen zu einer prekären Deprofessionalisierung anwaltlicher Tätigkeit, jedenfalls dort, wo weder spezifische juristische Dienstleistungen noch kompetente psychotherapeutische Dienstleistungen gemacht werden".[516] Die Verantwortung dafür tragen der Gesetzgeber und die Nebenklagevertreter. Ersterer hat die Opferrechte über Gebühr ausgeweitet, zum Beispiel jedem Hinterbliebenen in einer Opferfamilie das Recht auf einen eigenen Anwalt zugesprochen. Und er hat mit dem Opferanwalt auf Staatskosten dem überfüllten Verteidigermarkt ein Angebot gemacht, das zu Gebrauch wie Missbrauch einlädt. Das haben Tausende von Anwälten erkannt, die auf dem normalen Verteidigermarkt chancenlos sind. Und so ist der Opferanwalt auf Staatskosten neben dem notwendigen Opferschutz ***auch*** zu ***einem staatlichen Subventionsprogramm für arbeitslose und schlecht verdienende Verteidiger geworden.***

Ohne Schwellenangst: Rechtsberatung im Internet und am Telefon

25. Februar 2013,12:10 Uhr: Auf der Startseite von 123recht.net melden sich 54 Anwälte online. Das heißt: Sie sind auskunftsbereit. Unter dem Motto „Rechtsrat vom Anwalt: schnell, sicher, günstig“ bietet die Plattform „Erste Hilfe“ bei Rechtsfragen – und zwar rund um die Uhr. Nutzer können zwischen vier Kommunikationswegen wählen: „Anwalt beauftragen“ für die Lösung von Fällen, wo der „Ratsuchende auch Dokumente einscannen und zur Begutachtung senden kann. „Telefonberatung“ für die schnelle kurze Auskunft, „frag-einen-Anwalt.de“ für Antworten auf einfache Rechtsfragen und schließlich die E-Mail-Beratung.

Gefragt sind gerade Auskünfte über „sexuelle Belästigung via Facebook“, „Eintragung ins Grundbuch bei Eigentümergemeinschaften“ und „Kündigung von Wohnraum für vorübergehende Zwecke“. Wer die Fotos der teilnehmenden Rechtskundler auf dem Schirm sieht, findet kein Gesicht über vierzig. Alle Kinder des Internets. Für sie ist der Umgang mit dem Computer so selbstverständlich wie der ihrer Eltern mit dem Telefon.

Den Anstoß zur Plattform gab bei Michael Friedmann und drei Freunden die Erkenntnis, dass in der klassischen Kanzlei nicht alle Rechtsuchenden zu ihrem Recht kommen: „Die Hemmschwelle ist zu hoch, der Rechtsrat zu teuer und zu kompliziert“. Das Internet war nach ihrer Auffassung geeignet, diese „Hemmschwellen abzubauen“: „Wir haben einen neuen Markt mit einer neuen Zielgruppe erschlossen“. Heute blüht die 2000 gegründete QNC-GmbH mit inzwischen 20 Mitarbeitern.

Das Geschäftsmodell Internet-Rechtsberatung stieß bei den etablierten Robenträgern zunächst auf „riesigen Widerstand“, erinnert sich Friedmann. Es gab zig Eingaben von Anwälten bei Kammern, die im Internetrechtsrat einen Verstoß gegen das Rechtsberatungsgesetz sahen. Außerdem wollten etliche Rechtsvertreter nicht glauben, dass überhaupt eine Beratung stattfand. 2004 verfeinerten die Start up-Gründer daher ihr Modell und gründeten ein zweite Plattform „frag-einen-Anwalt.de. Die Geschäftsidee war volle Transparenz der Rechtsberatung und ihrer Kosten. Auf dieser Plattform wurden Auskünfte und Preise der Beratung ins Netz gestellt, so dass sie für alle zugänglich waren. Friedmann: „Einer bezahlt und Hunderte profitieren. Das hatte es vorher noch nie gegeben“.

Die Bezahlung erinnert ein wenig an Versteigerungen. Nicht der Anwalt legt den Preis fest, sondern der Nutzer bietet einen Betrag an. Die zugeschalteten Anwälte können dann entscheiden, ob sie dafür arbeiten wollen oder, gegebenenfalls, mit den Rechtsuchenden verhandeln. Es gibt allerdings Mindesteinsätze: 25 Euro für die Beantwortung von Fragen und 50 Euro für die Bearbeitung von Fällen. Diese uneingeschränkte Offenheit schlug bei der Anwaltschaft „wie ein Bombe ein“, freute sich Friedmann. Da die Macher jedoch sorgfältig darauf geachtet hatten, keine „rechtlichen Angriffsflächen“ zu bieten, verpufften alle Attacken.

Anfang 2013 waren bundesweit 1000 Anwälte für beide Plattformen tätig.125000 Rechtsberatungen sind über sie bisher abgewickelt worden. Mit zwei

Millionen Besuchern pro Monat ist es nach Michael Friedmann das „meist besuchte Rechtsinformationsangebot für Ratsuchende" in der Republik.

Am Anfang des 21. Jahrhunderts entsprach es einem gewissen Zeitgeist, Rechtsrat aus der Mahagoni-Sozietät zu holen und bürgernah anzubieten. Die Tür dafür öffnete 2002 der Bundesgerichtshof, als er mit der „Deutschen Anwaltshotline" erstmals eine telefonische Rechtsberatung mit Mehrwertrufnummern erlaubte. 2003 begann die juraxx Rechtsberatungsgesellschaft ihr bundesweites Netz mit Ladenlokalen in Innenstädten aufzubauen, um dort eine rechtliche Erstberatung zu Discountpreisen von 20 Euro anzubieten. Vier Jahre später riss das Netz mit bereits 34 Filialen, und die Billigkette musste Insolvenz anmelden.[517] Wahrscheinlich hat die Rechtsberatung in Einkaufspassagen oder Kaufhäusern zwischen Schuhen und Schiesser-Feinripp, also in aller Öffentlichkeit, eine Menge Kunden abgeschreckt. Hinzu kam, dass die Kosten für Läden in teuren Innenstadtlagen und die Eigenpräsentation der Anwälte mit Discountpreisen nicht zu finanzieren waren. Denselben Rechtsrat bieten Internetanwälte wesentlich günstiger an. Als Berufsanfänger können sie zunächst in ihrer Wohnung praktizieren und, was viele tun, für Treffen mit Mandanten ein Besprechungszimmer in einer Kanzlei mieten. Angesichts so vieler Vorteile verwundert es nicht, dass Anfang 2013 bereits ein halbes Dutzend Anbieter von Telefon- und Internet-Rechtsrat auf dem Markt aktiv waren.

Die Mitarbeit an Plattformen wie 123recht.net oder frag-einen-anwalt.de ist für Berufsanfänger ein idealer Einstieg. Felix S. in Hannover wollte sich unbedingt selbständig machen, wusste aber nicht, wie er Mandaten gewinnen konnte. Ein Kollege und er erkannten schnell, dass eine Beratung im Internet als Marketinginstrument für diesen Zweck mehr taugt als Zeitungsanzeigen oder Gelbe Seiten im Telefonbuch. Nach dem zweiten Examen besorgten sich beide sofort eine Anwaltszulassung und einen Account bei 123recht.net. Der kostet eine Jahresgebühr von 240 Euro. Außerdem müssen Anwälte bei jeder Beratung 35 Prozent ihrer Gebühr an die QNC-GmbH abführen. Im Gegenzug übernimmt sie dafür das Rechnungswesen, zieht die Forderungen ein und garantiert das Honorar.

Für Felix S. und seinen Kollegen war die Plattform frag-einen-anwalt.de in den ersten Berufsjahren eine „wichtige Einnahmequelle". Wirtschaftlich attraktiv wird das Internet mittel- und langfristig freilich erst, wenn sie alle elektronischen Möglichkeiten ausschöpfen und nach der Erstberatung Mandate gewinnen. Aufgrund von Gesprächen schätzt Friedmann, dass sich aus 50 Prozent aller Internetauskünfte echte Mandate ergeben.

Um erfolgreich zu sein, müssen die Anwälte beim Wettrennen um die User reaktionsschnell sein, gute Antworten schreiben und, als Marketinginstrument, Ratgeberartikel ohne Honorar schreiben, die sie dann ins Netz stellen. Zu Themen wie „Handwerker ‚schwarz' bezahlt – wer haftet bei Mängeln?" oder „Am Arbeitsplatz eingeschlafen – kein Kündigungsgrund".

Für Felix S. waren seine flinken Finger ein Schlüssel zum Erfolg. Wenn ein Nutzer eine Frage stellt, bekommen er und andere Anwälte im selben Rechtsgebiet eine Mail – und damit das Recht, den Auftrag anzunehmen. Dabei entscheiden manchmal Sekunden, denn seine Konkurrenten schlafen nicht. „Das ist wie im Haifischbecken, wenn man eine Kuh reinschmeißt", sagt er.[518] Nur der Schnellste kommt durch. Nach 30 Antworten pro Monat wird ein Anwalt bei frag-einen-anwalt.de gesperrt, damit für die anderen auch noch Stücke vom Fleisch bleiben.

Neben dem Siegeszug des Internets ist die Rechtsberatung per Telefon etwas in den Hintergrund geraten. Immerhin hat der Marktführer Deutsche Anwaltshotline im November 2012 sein zehnjähriges Bestehen gefeiert – und das mit dem Rekord von 250 000 Anrufen im Jubiläumsjahr. Neben den Vorteilen der Rechtsberatung per Internet – keine Terminvereinbarung beim Anwalt, Anonymität und geringe Kosten (1,99 Euro pro Minute) – ist die Schnelligkeit der absolute Trumpf der telefonischen Rechtsberatung. Bei vielen Bürgern entsteht das Bedürfnis nach Rechtsrat spontan. Bei der Hotline wissen die Berater, wann das Telefon bei den Anwälten besonders häufig klingelt. Am Sonntagnachmittag zum Beispiel, wenn die Kinder zum Spielen aus dem Haus sind, erkundigen sich Frauen gern nach ihren Unterhaltsansprüchen. Und freitags in der Mittagspause sind die Arbeitsrechtler nach Kündigungen am Morgen gefragt. Rechtsanwältin Tanja Leopold, fast zehn Jahre bei der Hotline, hat den Eindruck gewonnen, dass Anrufer häufig Fragen stellen, für die sie „sonst nicht zum Anwalt gehen würden".

Um die Erreichbarkeit eines fachkundigen Anwalts zwischen 7 Uhr morgens und 1 Uhr nachts jederzeit sicherzustellen, hat die Hotline ein ausgeklügeltes System aufgebaut: keine Warteschleifen und ein Schichtsystem mit Bereitschaftsdiensten für Rechtsvertreter. Zu diesem Zweck hat die Hotline ein Netz mit 80 bis 90 Vertragsanwälten aufgebaut, die eine Woche im Voraus anzeigen müssen, in welchen Zeitfenstern sie Dienst tun wollen. Sogar den Wunsch nach Anwälten in bestimmten Rechtsgebieten kann das System erfüllen. Über das Internet kann ein Anrufer, den etwa ein Problem im Erbrecht drückt, vor dem Anruf einen Anwalt suchen, der hier besondere Kenntnisse hat. Den Weg zu ihm weist eine Direktdurchwahl-Nummer im Internet.

Für Tanja Leopold ist der Rechtsrat am Telefon nur eine Nebentätigkeit. Mit ihr generiert sie neben der Kanzlei bestenfalls 10 Prozent ihres Umsatzes. Denn von dem am Telefon verdienten Minutenhonorar kommt bei ihr nur ein Drittel an, also kleine Euro-Beträge. Den Rest kassieren die Telekom und die Hotline. Trotzdem will sie erst mal weitermachen, an Wochenenden und in bestimmten Zeitfenstern, in denen ihr Kalender leer ist. Telefonischer Rechtsrat ist nämlich, und das findet sie wunderbar, auch vom Sofa aus zu geben.

Die Achillesferse der Rechtsberatung im Internet und am Telefon ist ihre Qualität. 2008 hat Finanztest den Service von acht Anbietern überprüft und sie einen Musterfall lösen lassen, den zuvor der Bundesgerichtshof entschieden hatte. Während die Online-Rechtsberatung technisch reibungslos klappte, war die rechtliche Qualität der Auskünfte nicht ausreichend. Bei einer Stichprobe gaben drei von acht Anwälten einen falschen Rat.[519] Da einer gar nicht antwortete, ist das eine Fehlerquote von fast 50 Prozent. Das ist eindeutig zu viel.

Bei den Online- und Telefon-Anbietern gibt es zwei Modelle, die Qualität zu sichern. Bei der Deutschen Anwaltshotline und dem Anwalt-Onlineservice dürfen nur Anwälte mit zweijähriger Berufserfahrung einsteigen, bei frag-einen-Anwalt.de können auch Berufsanfänger mitmachen. Dort soll die „Qualitätskontrolle", so Michael Friedmann, durch „Transparenz" erfolgen, weil die Antworten ja für jedermann zugänglich sind. Advokaten dürfen zudem nur auf bestimmten Rechtsgebieten aktiv sein, die Nutzer bewerten die Auskünfte mit „zufrieden oder „unzufrieden" und es gibt ein internes System, in dem sich Anwälte gegenseitig auf Fehler aufmerksam machen sollen. Das ist sicher gut gemeint, aber kaum ausreichend. Wer sich die Rechtsgebiete anschaut, auf denen Anwälte bei frag-einen Anwalt.de tätig sind, merkt schnell, dass dort nur wenige Fachanwälte ihre Dienste anbieten. Die meisten preisen ihre Arbeit wie Feld-Wald-und-Wiesen-Anwälte an. Felix S. zum Beispiel. Er meint, im Strafrecht, Erbrecht, Verkehrsrecht, Mietrecht und Verwaltungsrecht kompetent Auskunft geben zu können. Wenn er sich da mal nicht überschätzt.

Das Anwaltsestablishment begegnet der Online-Rechtsberatung bis heute mit Skepsis. Cord Brügmann, Geschäftsführer beim Deutschen Anwaltverein, ist überzeugt, dass „alle Versuche, anwaltliche Beratung online durchzuführen", „zum Scheitern verurteilt" sind.[520] Benno Heussen, einer der angesehensten Anwälte der Republik, hat hingegen ein ganz anderes Bild von den Machern von 123recht.net und frag-einen-anwalt.de. Mit dem Aufbau einer Rechtsberatung im Internet hätten sie „einen bedeutenden Beitrag zur Rechtskultur in Deutschland" geleistet, nämlich zur „Beseitigung der Schwellenangst".[521] Es ist müßig, über diese Meinungspole noch zu streiten. Denn die ***Rechtsberatung im Internet und am Telefon hat längst einen festen Platz auf dem anwaltlichen Dienstleistungsmarkt – freilich mit einem erheblichen Qualitätsproblem.***

Der massenhafte Missbrauch von Rechten

Die Botschaft einer Untersuchung der Bundeszentrale für Verbraucherschutz war eindeutig: 99 Prozent der Beschwerden über unseriöse Inkassopraktiken waren berechtigt. In 84 Prozent der Fälle war die Hauptforderung unberechtigt. Bei 15 Prozent der Eingaben halfen auch Nachfragen nicht weiter.[522] Vielfach sorgten Phantasiegebühren – auch bei berechtigten Forderungen – für zusätzliche Kostensteigerungen. Dadurch erhöhte sich die Summe der Hauptforderungen von zusammen 490 000 Euro auf Gesamtforderungen von 750 000 Euro.

Diese und andere Untersuchungen lieferten neue Munition für die Bundesregierung, 2013 ein Gesetz gegen unseriöse Geschäftspraktiken beim Forderungsinkasso, bei der Telefonwerbung sowie bei wettbewerbs- und urheberrechtlichen Abmahnungen zu erlassen.[523] Nach der Begründung des Gesetzentwurfes sind Telefonwerbung, Inkasso und Abmahnungen häufig „inhaltlich verbunden", da „überhöhte Aufwendungsersatzansprüche aus oftmals missbräuchlichen Abmahnungen mit unseriösen Inkassomethoden verknüpft" werden.[524]

Auf dem Milliardenmarkt Forderungseinzug für kleine und große Firmen spielen Anwälte neben Inkassounternehmen nur eine untergeordnete Rolle, auf dem Abmahnungsmarkt bei Wettbewerbsverstößen und Urheberechtsverletzungen prägen „anwaltliche Geschäftsmodelle" dagegen den Markt mit.

Inkassounternehmen erfüllen in unserer Wirtschaftsordnung eine legitime und wichtige Aufgabe. Sie unterstützen Gläubiger beim Eintreiben von Forderungen gegen Millionen säumige Schuldner. Wenn Anwälte in das Inkassogeschäft einsteigen, trifft sie eine besondere rechtliche Pflicht bei der Prüfung und dem Umgang mit den Forderungen selbst von seriösen Unternehmen. Die erfüllen sie nicht immer.

Wo gehobelt wird, fallen Späne: Inkassoanwälte

Einer, der sich über mangelnde Aufmerksamkeit in Chat-Foren nicht beklagen kann, ist der Gütersloher Anwalt Andreas Schneider. Eine Auswahl: „Mieser Typ", „Der geht über Leichen", „Er verklagt Tote". Andreas Schneider ist Inkasso-Anwalt und treibt Forderungen für seriöse Unternehmen wie Vodafone, Tefonica Deutschland oder die 1&1 Internet AG ein – allerdings im Auftrag von Inkassounternehmen. Beim Masseninkasso Schneiders traf es hin und wieder die Falschen. Darüber beschwerten sich Betroffene nicht nur in Chat-Foren, sondern auch bei der Rechtsanwaltskammer Hamm. Einige behaupten, dass die angemahnten Forderungen nicht bestünden, anderen waren die Inkassogebühren zu hoch. Schneider forderte für seine Bemühungen nämlich nicht nur eine Inkasso-, sondern obendrein noch eine Anwaltsgebühr. Auf eine Hauptforderung von 65 Euro schlug er in einem Fall noch einmal 88,50 Euro (Mahnauslagen 16 Euro, Inkassogebühr 42 Euro, anwaltliche Geschäftsgebühr plus Auslagenpauschale 27 Euro) drauf. Das widerspricht dem Gerechtigkeitsgefühl.

Deshalb wollte die Hammer Kammer ein Zeichen gegen Masseninkasso durch Rechtsanwälte setzen: Sie erteilte dem Kollegen eine rechtliche Belehrung, die vom Anwaltsgerichtshof Nordrhein-Westfalen bestätigt wurde.[525] Er habe, so die Richter, beim Masseninkasso gegen die Pflicht verstoßen, seinen Beruf „gewissenhaft" auszuüben. Dass Schneider nicht bestehende Forderungen geltend gemacht habe, sei für sich genommen nicht berufswidrig. Berufsrechtswidrig sei jedoch die „Form der Forderungseinziehung". Einmal, weil er als Honorar Inkassokosten und Anwaltsgebühr verlangt habe. Schwerer wiege aber noch, dass er die einzelnen Forderungen nicht geprüft und nicht festgestellt habe, ob seine Doppelrolle als Inkassounternehmer und Anwalt erforderlich und zweckmäßig gewesen sei. Den Einzelfall prüfen konnte er nämlich angesichts der Masse der Verfahren nicht. In der mündlichen Verhandlung hatte Schneider eingeräumt, dass er allein im Jahr 2009 900 000 Inkassoverfahren abgewickelt habe. Von ihnen waren 200 000 in das gerichtliche Mahnverfahren gegangen, 4 000 mussten gerichtlich geklärt werden. Nach Ansicht von Christina Buchmüller, Referentin bei der Bundeszentrale für Verbraucherschutz, ist für Inkasso-Anwälte typisch, „dass sie in aller Regel nicht prüfen, ob eine Forderung berechtigt ist oder nicht".

Rechtsanwalt Schneider hatte zunächst angekündigt, gegen das Urteil des Anwaltsgerichtshofes Berufung einzulegen, hat es aber dann rechtskräftig werden lassen.

Nicht besser erging es einem Inkassoanwalt, der mit Erfolgshonoraren auf dem lukrativen Markt Fuß fassen wollte. In E-Mails an Mandanten hatte er einen Mix aus 35 Euro Grundgebühr und einer Erfolgsgebühr von drei bis fünf Prozent der einzuziehenden Forderungen angeboten. Der bayerische Anwaltsgerichtshof war der Ansicht, dass dieses Geschäftsmodell das Verbot eines Erfolgshonorars verletzt und verhängte eine Geldbuße von 2000 Euro. Der Bundesgerichtshof folgte ihm im Ergebnis, aber mit einer anderen Begründung.[526] Bei verlorenen Inkassoverfahren hätte er nämlich nur eine Grundgebühr von 35 Euro erhalten und dadurch das Verbot der Gebührenunterschreitung in bestimmten Fällen missachtet. Die Sorge der Bundesrichter: Mit anwaltlichen ‚Billigangeboten' könnte das „Risiko eines Verfalls der Qualität" von Dienstleistungen einhergehen.

Dieser Qualitätsverlust ist bei Inkasso- und Abmahnanwälten längst eingetreten. Ihre Geschäftsmodelle sind finanziell nur so lange attraktiv, wie das Inkasso von Ansprüchen mit Abmahnungen massenhaft und fabrikmäßig betrieben wird. Und das funktioniert nur, wenn das Geschäft ohne Prüfung des Einzelfalls nach dem Motto ‚Wo gehobelt wird, fallen Späne' abgewickelt wird. Für Inkasso-Anwälte steht, davon ist die Verbraucherschützerin Christina Buchmüller überzeugt, „das Gewerbe im Vordergrund, vom Berufsethos ist meist nichts zu spüren".

Beihilfe zum Betrug: Abo-Fallenanwälte

Am 4. Mai 2007 bekam Justizministerin Brigitte Zypries eine Rechnung von einem Unternehmen, dessen Namen sie noch nie gehört hatte, über eine Leistung, die sie nie in Anspruch genommen hatte. Sie sollte für die Teilnahme an Lifeprognose.com der Firma Internet Service AG 59 Euro bezahlen. Wenige Wochen später erreichten die Ministerin weitere Zahlungsaufforderungen von einer Sudoku-Welt.com und einer Firma Domain Renewal. Letztere kündigte der Ministerin an, dass ihr Domain-Name in 90 Tagen verfallen würde, wenn sie nicht eine Erneuerungsgebühr zahle. Im Justizministerium war sofort klar, dass diese Rechnungen fingiert waren und ausgerechnet die Justizministerin in eine Abo-Falle geraten war. Fast ein Jahr hörte die Ministerin nichts mehr von den Internetfirmen. Im Juni 2008 erhielt sie dann überraschend eine „anwaltliche Mahnung" der Münchnerin Rechtsanwältin Katja Günther mit dem Vorwurf, Frau Zypries habe, weil sie die Rechnung nicht bezahlt habe, eine „falsche Adresse angegeben", ein erstes „Indiz für eine betrügerische Absicht". In der Antwort belehrte ein Beamter die Inkasso-Anwältin darüber, dass die von ihr gewählte Anschrift die „Adresse des Bundesministeriums der Justiz" sei, und die Ministerin sie bei der Staatsanwaltschaft München I angezeigt und sich bei der Rechtsanwaltskammer München beschwert habe. Pech nur, dass diese Informationen die Abo-Firmen offenbar nicht erreicht haben oder dort verschlampt wurden. Denn im November 2008 mahnte Rechtsanwältin Katja Günther die Ministerin abermals, diesmal im Auftrag einer „Ahnungsforschung Ltd".

Rechtsanwältin Katja Günther galt jahrelang als Deutschlands trickreichste Abzock-Anwältin. Gegen sie sind 3 500 Beschwerden bei der Rechtsanwaltskammer München und rund 1 000 Strafanzeigen bei der Staatsanwaltschaft München I eingegangen. Über Jahre erfolglos.

Alle Abo-Fallen funktionierten nach demselben System: Internetfirmen, häufig mit Sitz im Ausland, bieten bestimmte Inhalte wie Gedichtsammlungen, Horoskope, Spiele, Ahnenforschung oder Hausaufgabenhilfe an. Nach außen erwecken sie den Eindruck, dass ihre Nutzung kostenlos ist, tatsächlich aber wird durch das Klicken auf bestimmte Felder – zum Beispiel Mitgliedschaft – versteckt eine Kostenpflicht ausgelöst. Nach einer Umfrage des infas Meinungsforschungsinstituts im August 2011 meinten 5,4 Millionen Bürger, schon einmal in eine Abo-Falle getappt zu sein.[527] Zur Drohkulisse bei diesem Millionenbetrug gehören Anwälte. Nach dem Geschäftsmodell haben sie den Auftrag, nach der ersten oder zweiten Mahnung durch den Internetbetreiber die Angst der Getäuschten zu erhöhen. Und das hat häufig geklappt. Nach den Ermittlungen der Hamburger Staatsanwaltschaft haben bei einer Abzocker-Gruppe in der Hansestadt fünf Prozent aller Rechnungsempfänger sofort bezahlt und weitere 15 Prozent nach der dritten Mahnung.

Abo-Fallenbetreiber und ihre Anwälte haben lange in einer rechtlichen Grauzone operiert. Rechtsanwaltskammern und Strafverfolger haben ihrem Treiben zunächst ohnmächtig zugeschaut. Serienweise haben sie Ermittlungsverfahren wegen Betruges oder Nötigung eingestellt bzw. Beschwerden zurückgewiesen. Entlarvend der erste, erfolglose Versuch der Staatsanwaltschaft München I gegen Rechtsanwältin Katja Günther vorzugehen. 2010 hatten die Ermittler die Akten wegen mangelnden Tatverdachts geschlossen.[528] Eine für einen Betrug notwendige Täuschungsabsicht sei dem Betreiber der Abo-Falle nicht nachzuweisen, weil alle notwendigen Informationen für die Nutzung auf der Website vorhanden waren. Deshalb habe sich auch Katja Günther nicht wegen Beihilfe zum Betrug strafbar gemacht. Die Ermittlungen offenbaren jedoch Erstaunliches über das berufliche Selbstverständnis der Anwältin und den fehlenden Biss der Münchner Staatsanwälte.

Unstreitig ist, dass Katja Günther das Inkasso für den Hauptbetreiber der Abo-Falle Michael B. abgewickelt hat. Sie hatte für seine Firmen die Rechtslage für das Masseninkasso geprüft und die Texte für die Mahnschreiben entworfen. Sie will dann täglich 1 000 Mahnschreiben, von einem externen Dienstleister erstellt, „überflogen" haben – das Projekt, die Schlüssigkeit der Daten, oder „ob es den Anschein habe, als ob die Namen einfach aus dem Telefonbuch abgeschrieben worden seien".[529] Woher kam ihr dieser besondere Verdacht, und wie kann man Namen aus dem Telefonbuch erkennen? Die Ermittler bohrten nicht nach, obwohl sie, wie es in ihrer Einstellungsverfügung hieß, den Eindruck hatten, „dass die Beschuldigte nicht in jedem Mahnfall sorgfältig vorgegangen" sei, „da anders Mahnungen … an das ‚Arschloch Uhde' oder Frau Bundesministerin Zypries ... nicht zustande gekommen wären".[530] Wie auch, wenn Anwältin Katja Günther bei 1000 Mahnschreiben pro Tag, acht Stunden netto Arbeitszeit unterstellt, gerade mal 48 Sekunden Zeit gehabt hat, ein Mahnschreiben zu prüfen.

Die rechtliche Hilflosigkeit von Kammern und Staatsanwaltschaft gegenüber der Abzocker-Mafia und ihren Rechtsvertretern beendete das Amtsgericht Karlsruhe 2009 in einem Schadensersatzprozess. Es sprach einem Abo-Fallen-Opfer erstmals das Recht zu, seine Anwaltskosten als Schadensersatz von Katja Günther zurückzuverlangen: „Bei der Geltendmachung solcher Forderungen für Mandanten handelt es sich um Beihilfe zu einem versuchten Betrug".[531] Dieses Urteil war das Signal für andere Zivil- und Strafgerichte, Abo-Fallen-Betreiber wegen gewerbsmäßigen Betruges zu verfolgen und ihre anwaltlichen Büchsenspanner wegen Beihilfe sowie Schadensersatzansprüche zuzusprechen.[532]

Der Durchbruch gelang dem Hamburger Landgericht im März 2012 mit der Verurteilung einer siebenköpfigen Abzockerbande zu Gefängnisstrafen zwischen einem Jahr mit Bewährung bzw. Geldstrafen und drei Jahren und neun Monaten ohne Bewährung. Nach dem inzwischen rechtskräftigen Urteil der Großen Strafkammer hatte die Bande gut 60000 User um 4,5 Millionen Euro geprellt.[533]

Sven S., der Anwalt des Quartetts, kam mit zwölf Monaten davon, weil er in der mafiösen Struktur nur ein kleines Licht war. Er hatte sich verführen lassen, weil er aufgrund seiner wirtschaftlichen Misere leicht verführbar war.

Als Jurist hatte er sich bei Gott und der Welt beworben – wegen der schlechten Examensnoten ohne Erfolg. Als arbeitsloser Anwalt schlug er sich mit Gelegenheitsjobs durch, dem Zählen von LKWs im Verkehr und als männlicher Stripper. „Der schöne Sven" hieß er in der Szene. Nach den Ermittlungen hatten die Drahtzieher der Abo-Falle ihn am sog. Ballermann auf Mallorca kennengelernt. Und die kamen schnell auf die Idee, dass „man ihn fürs Inkasso nutzen können: Der habe „keine Kanzlei, kein Geld", wie einer der Verurteilten in seinem Geständnis erklärte. „Wir machen alles für Dich", versicherten sie ihm, „Du machst nur die Unterschrift". Die Bande war nur an seinem Namen und seiner Berufsbezeichnung interessiert. Sie hat ihm dann eine „Kanzlei hingestellt, Büroräume gemietet und Angestellte angeheuert". Seine Firma nannte er bezeichnender Weise „Zahl doch einfach GmbH". „Er war völlig abhängig von der Gruppe", war der Eindruck der Ermittler. „Um die Rechtmäßigkeit der Forderungen", räumte er im Verfahren ein, habe er sich „nie gekümmert": „Nur einen groben Blick habe ich drauf geworfen. Da habe ich meinen Auftraggebern vertraut". Ein bis zweimal pro Woche besuchte er nach den Feststellungen des Urteils seine Kanzlei für ein bis zwei Stunden. Diese laxe Grundeinstellung wurde ihm zum Verhängnis.

Während des Verfahrens verteidigten sich die Angeklagten unter anderem mit Stellungnahmen und Gutachten von Strafverteidigern zur Strafbarkeit ihrer Abzocke. Sie hätten auf ein siebenseitiges Gutachten einer Kanzlei zu strafrechtlichen Risiken vertraut, das ihren Internetauftritt als unbedenklich eingestuft habe. Ein Chatprotokoll zwischen Gangmitgliedern gibt wider, welch traurige

Rolle Strafverteidiger bei Aufbau und Begleitung der Kostenfalle spielten. Zitate des Kopfs der Bande: „Es ist ja eine Frage des dringenden Tatverdachts. Mein Strafverteidiger sagt, den könnte man auch mit einem fundierten Gutachten ausschließen … Mein Plan wäre erst mal … ein ausführliches Gutachten rund um das Geschäftsmodell usw. durch einen anerkannten Strafverteidiger".[534] Die Große Strafkammer bewertete die Stellungnahme als „Feigenblattgutachten". Es ist mehr als das: Der Rat, durch ein Rechtsgutachten den Boden für die Annahme eines unvermeidbaren Verbotsirrtums zu bereiten und dadurch die Schuld auszuschließen, grenzt an Strafvereitelung durch einen Strafverteidiger. Als die Bande 2009 erstmals strafrechtlich in Bedrängnis geriet, konsultierte sie erneut einen Strafverteidiger. Der äußerte sich nach dem Urteil wie folgt: „Wenn die verurteilen wollen, dann machen die das. Aber der BGH kann das eigentlich nicht mitmachen".[535] Das ist eine in hohem Maße unseriöse Beratung. Zwar stellte er der Bande keinen Blankoscheck mit der Auffassung aus, dass ihr Tun straflos sei. Aber er riet auch nicht von einer Fortsetzung des Massenbetruges ab. Kein Wunder, dass die Kostenfallen-Gang nach dieser Auskunft weitermachte. Jeder Strafverteidiger mit einem Funken von Verantwortungsgefühl hätte zum Abbruch der Abzocke raten müssen, weil ihm klar sein musste, dass sein Votum dazu führte, dass Tausende naiver Internetnutzer über den Tisch gezogen werden sollten.

Im Juni 2012 folgte das Landgericht Frankfurt und verurteilte die Nr. 1 der deutschen Abo-Fallen-Szene Michael B. wegen gewerbsmäßigem Betrug in einem besonders schweren Fall zu zwei Jahren mit Bewährung. Eine unverständlich milde Strafe.

Seit seiner Verurteilung droht auch seiner Anwältin Katja Günther Ungemach. Im Juli 2013 hat die Münchener Staatsanwaltschaft sie wegen Mittäterschaft zum gewerbsmäßigen Betrug angeklagt. Auch sie hatte kaum Berufserfahrung, als sie in das schmutzige Geschäft einstieg. Die Anklage wirft ihr vor, zwischen Anfang 2008 und März 2009 für Michael B.'s Firmennetz das Inkasso erledigt und dabei über 800 000 Euro auf Kosten von 26 180 Geschädigten kassiert zu haben. Besonders empört die Ermittler, dass sie auch weiter abmahnte, als die Wellen öffentlicher Empörung bereits hoch schlugen. Noch dreister erscheint angesichts ihrer Vergangenheit, dass sie seit 2013 auf ihrer Homepage ihre Dienste als „Fachanwältin für Strafrecht" anbietet. Vielleicht nicht mehr lange.

„Zur Champions League der Abzock-Anwälte" zählt der Verteidiger Udo Vetter außerdem den Osnabrücker Rechtsberater Olaf Tank. Bei der Staatsanwaltschaft Osnabrück lagen 3 860 Strafanzeigen gegen ihn vor. Nachdem es ihm dort offenbar zu heiß geworden war, hat er im Dezember 2010 seinen Job als Inkasso-Anwalt aufgegeben und eine neue Kanzlei in München aufgemacht. Doch auch dort wird ihn seine Vergangenheit vermutlich noch einholen. Die Staatsanwaltschaften Darmstadt und Landshut haben ihn wegen gewerbsmäßigen Betruges und Beihilfe angeklagt. Die Staatsanwaltschaft Landshut hat außerdem einen Arrest in Höhe von 2 Millionen Euro angeordnet, um die Geprellten im Falle einer Verurteilung zu entschädigen. Die Darmstädter Ermittler beschuldigen ihn, von September 2008 bis Februar 2010 auf mehreren Internetplattformen betrogen und beim Betrug geholfen zu haben.[536]

Was machte Olaf Tank zum „meistgehassten Inkassoanwalt" (Olaf Tank über sich selbst) der Republik? Die Antwort ist in einem autobiographischen Roman zu finden, den seine Frau Manuela Thoma-Adofo über ihn geschrieben hat.[537] Tanks Geschichte ist einerseits typisch für die Hürden und die Gefahren beim Start in den Anwaltsberuf. Sie ist anderseits untypisch, weil nur sehr wenige Junganwälte beim Sprung über die Anfangsklippen auf der Anklagebank landen.

Tank wuchs – der Vater war Bauamtsleiter in Osnabrück – in einem behüteten bürgerlichen Hause auf. Nachdem er bei der Prüfung zum ersten Examen einmal durchgefallen war, schaffte er sie im zweiten Anlauf, freilich ohne Prädikat. Das zweite Staatsexamen bestand er glatt. Er wäre gern Staatsanwalt geworden, dafür waren seine Noten aber zu schlecht. Also wurde er Anwalt, ein typischer Muss-Anwalt ohne berufliche Alternativen und andere berufliche Interessen.

Seine Kanzlei richtete er sich zunächst im elterlichen Haus ein, im ehemaligen Schlafzimmer seiner Großmutter. Weil das Zimmer mit einem weißen Teppich ausgelegt war und der nicht schmutzig werden durfte, musste er die ersten Mandantengespräche auf Geheiß seiner Mutter im elterlichen Wohnzimmer führen. Im ersten Berufsjahr war er auf die finanzielle Unterstützung seiner Eltern angewiesen. Mit der Konkurrenz von zeitweise vier Anwälten in einer 6000-Seelen-Gemeinde sprangen nur ein paar dürftige Honorare heraus. Weil „es schlechter nicht werden konnte", schloss er sich einer Bürogemeinschaft in Osnabrück an.[538] Er wollte sich im Baurecht und im Forderungseinzug spezialisieren. Höchst willkommen war ihm daher ein von einem anwaltlichen Freund M. vermittelter Auftrag zum Masseninkasso. Den nahm er an, ohne den Auftraggeber je kennengelernt zu haben. Eigentlich unfassbar! Zwar schöpfte er sofort Verdacht, dass da etwas nicht stimmte, weil die Nutzer auf angeblichen Probeseiten Abos abschlossen. Er kümmerte sich aber nicht um die rechtliche Zulässigkeit. Für ihn galt: „Endlich Arbeit, endlich Geld".[539] Sein Job war der Entwurf von Mahnungen, deren Versand sowie die Bearbeitung von Post und Anrufen. Bald kam eine Einladung von der Anwaltskammer Oldenburg zu einem informellen Gespräch über das Mandat. Er fühlte sich an ein „Prüfungsgespräch" erinnert, das aber nicht ins Detail ging, weil er Fragen nach Einzelheiten wegen der Verschwiegenheitspflicht nicht beantworten durfte und wollte. Er verließ die Kammer nicht mit Gewissensbissen, sondern „schmerzfrei" – einer seiner Lieblingsausdrücke. „Auch das anwaltliche Berufsbild", fasste seine Frau seine Interpretation des Besuches zusammen, „wurde mir noch einmal auf väterliche Weise vor Augen gehalten. Ich hatte das Gefühl, dass man sich, als ich den Raum verlies, gegenseitig in die Hände klatschte und sich stolz auf die Schultern klopfte, weil man den irregeleiteten Kollegen nach dieser Kopfwäsche wieder auf die richtige Spur gebracht habe".[540] Das Gespräch blieb jedoch ohne jede Wirkung, er fühlte sich „im Recht". Berufsethische Skrupel plagten ihn nicht. Vier Monate später brach das Geschäftsmodell nach Proteststürmen von Geschädigten am Telefon und im Internet, ätzenden Kommentaren in der Presse,

Serverabschaltungen, Hausdurchsuchungen und Kontokündigungen zusammen. Obwohl Tank auch nach eigener Einschätzung das „Arschloch der Nation" und sein Name „verbrannt" war, nahm er durch Vermittlung seines Freundes M. erneut ein Mandat zum Masseninkasso aus der Internet-Halbwelt an – in noch größerem Stil.[541] Zeitweise bearbeiteten bis zu 50 Mitarbeiter Millionen von Abmahnungen. Weder erste Klagen gegen seine Hintermänner noch Kündigungen von Bankkonten stoppten ihn. Das Geld investierte er in Frauen und vor allem in Luxuskarossen, in einen Porsche Carrera S., einen Mercedes CSL und einen SL 600 usw. Auf einem Gefährt montierte er ein Nummernschild mit einem Satz von eher fragwürdigem Humor: „Verbrechen lohnt sich doch". „Die Sucht hatte begonnen. Dem Größenwahn waren Tür und Tor geöffnet", analysierte er selbstkritisch im Buch seiner Frau, jedoch folgenlos.[542] Sein Tun rechtfertigte er immer mit dem Argument, dass das „Geschäftsmodell" zwar als „rechtlich strittig" galt, aber „nach wie vor geduldet" wurde und „nicht verboten war".[543] Das war bis Anfang 2010 eine zutreffende Wiedergabe der Rechtslage. Die Anwaltskammer und der Anwaltsgericht in Oldenburg haben damals alle Verfahren gegen Tank eingestellt. Dem Anwaltsverein Osnabrück blieb deshalb auch nichts anderes übrig, als an Tanks Berufsehre zu appellieren. „Was er macht, ist dem Ansehen des Berufsstandes nicht förderlich", sagt der Vorsitzende des Vereins Rolf Müller.[544] Solche Mahnungen stießen bei Tank auf taube Ohren, weil der „Scheiß Job" „einen Haufen Kohle" „bringt", neben Sicherheit auch Spaß. Dieser Spaß hörte erst auf, als das Amtsgericht Marburg den Abo-Fallenbetreiber und ihn selbst für Anwaltskosten der Gegenseite persönlich haftbar machte.[545] Das war der Anfang vom Ende des Abzocker-Anwalts Tank, nachdem andere Gerichte dieser Rechtsauffassung folgten.

Bei einer etwas anderen Internetabzocke war der Münchener Anwalt Bernhard S. mit von der Partie. Ersonnen hat es einmal mehr Michael B. Mit zwei weiteren Helfern sollen sie 2004 und 2005 gewerbsmäßig Abmahnungen verschickt haben, um damit Vertragsstrafen zu provozieren. Sie haben sich an Firmen, Kommunen und Parteien gewandt, die in ihren Internetauftritten anboten, e-cards zu versenden. Der Trick des Geschäftsmodells: B. und seine Komplizen behaupteten gegenüber diesen Adressaten, dass sie unerwünscht e-cards per E-Mail erhalten hatten. Tatsächlich hatte der Abzocker-Ring die Werbemails selbst hergestellt und sich selbst zugesandt. Das war für die Internetbetrüger der Aufhänger, die Firmen, Kommunen und Parteien abzumahnen und zur Abgabe einer wettbewerbsrechtlichen Unterlassungserklärung aufzufordern. Für jeden Wiederholungsfall war eine Vertragsstrafe von 5 000 Euro angedroht. Was in einigen Fällen auch gelang, zum Beispiel bei der örtlichen CDU, die 15 000 Euro zahlte. Die Aufgabe von Rechtsanwalt Bernhard S. war, seinen Namen und seinen Briefkopf zur Verfügung zu stellen. In den Abmahnungen macht er zugleich Anwaltsgebühren in Höhe von 532,90 Euro geltend. Im März 2012 wurde der Kopf der Bande Michael B. wegen gewerbsmäßigen Betruges zu einem Jahr und sechs Monaten mit Bewährung verurteilt, sein anwaltlicher Helfer zu 15 Monaten mit Bewährung. Das Urteil ist inzwischen rechtskräftig.

Im Laufe der Ermittlungen hat Rechtsanwalt Bernhard S. gestanden, ab Februar 2005 gewusst zu haben, dass er sich strafbar macht. Als Michael B. ihn 2004 fragte, ob er in die Internetabzocke einsteigen wolle, war ihm das Angebot höchst willkommen, da er finanziell klamm war. Er glaubte zunächst, in einer rechtlichen Nische zu operieren. Das Entdeckungsrisiko schien ihm gering und die Pflichten als Organ der Rechtspflege waren ihm egal. Die Zusatzeinkommen aus den Abmahnungen waren verlockend und machten nach einer gewissen Zeit wesentliche Teile seines Umsatzes aus. Und es war leicht verdientes Geld. Die Abmahnungen nebst Vollmachten und Unterlassungserklärungen formulierte Michael B. vor, so dass er nur noch unterschreiben musste. Die Anwaltsgebühren und Vertragsstrafen wurden zwischen B., S. und der Sekretärin im Schlüssel 45:45:10 aufgeteilt. In der Urteilsbegründung warf ihm das Gericht vor, dass er seine Stellung als Organ der Rechtspflege mit krimineller Energie missbraucht habe. In seinem Plädoyer vor der Urteilsverkündung hatte Bernhard S. um eine geringe Strafe gebeten, weil er fürchtete, bei einer Strafe von mehr als einem Jahr seine Zulassung als Anwalt zu verlieren. Dass sie höher ausgefallen ist, liegt auch daran, dass er bereits strafrechtlich vorbelastet war. 2007 hatte das Landgericht Mühlhausen ihn wegen gewerbsmäßiger Vervielfältigung und Verbreitung urheberrechtlich geschützter Werke zu zehn Monaten plus 10 000 Euro Geldstrafe verurteilt.

Bei einer kleinen Gruppe von Advokaten ist das Berufsethos offenbar so verkümmert, dass sie keine Scheu haben, mit der Internet-Halbwelt gemeinsame Sache zu machen. Beim Abo-Fallen-Inkasso haben sie Abmahnungen zunächst in einem juristischen Niemandsland missbraucht. ***Erst durch eine Rechtsprechungsänderung verwandelte sich der unethische Missbrauch von Abmahnungen in einen zivilrechtlich unzulässigen und später dann in einen strafbaren Missbrauch.***

Angesichts des millionenfachen Betrugs durch Kostenfallen hat der Gesetzgeber zum Schutz der Verbraucher ab August 2012 die sog. Buttonlösung eingeführt. Künftig muss jeder Betreiber einer Online-Plattform im Internet eine Schaltfläche mit den Worten „zahlungspflichtig bestellen" bereithalten. Der Button soll nach den Gesetzesgründen ausdrücklich vor dem ***„massiven und einschüchternden Druck von Rechtsanwälten*** und Inkassounternehmen" schützen. Das ist bitter für den Berufsstand, aber wahr: Ohne das Drohpotential einer Handvoll von Anwälten hätten die Abzock-Maschinen nicht laufen können.[546]

Abenteuerliche Streitwerte beim Online-Handel: Abmahnanwälte I

Es gab einmal einen Anwalt, der setzte bei der Abmahnung eines Autozubehörhändlers den abenteuerlichen Streitwert von 100 000 Euro ein. Der Vorwurf an den Händler: Er habe über die Internetplattform ebay Basslautsprecher angeboten und dabei wettbewerbswidrig gehandelt, insbesondere durch eine fehlerhafte Widerrufsbelehrung und teilweise gesetzwidrige Allgemeine Geschäftsbedingungen (AGB).[547] Die Höhe des Streitwertes verleitete die 2. Zivilkammer des

Landgerichts Bückeburg dazu, jede richterliche Zurückhaltung aufzugeben: Dieser Streitwert sei nicht nur „aberwitzig falsch, sondern geradezu dreist". Er grenze „an einen strafbaren Betrug und eine ebenso strafbare Gebührenüberhebung" und sei „einzig und allein" durch die „Erzielung möglichst hoher Gebühren" zu erklären. Die Kammer setzte den Streitwert auf 6000 Euro fest und wies die Unterlassungsklage wegen Rechtsmissbrauchs als unzulässig zurück. Ins Urteil schrieb sie dem Anwalt noch ein paar unangenehme Wahrheiten: Wer „500 Fälle pro Monat" bearbeite, könne das nur, wenn er „massenweise wettbewerbsrechtliche Abmahnungen" verschicke. Dies seien „typische Anzeichen" für „Serien- und Massenabmahnungen", „die allein oder überwiegend auf die Eintreibung von möglichst hohen außergerichtlichen oder gerichtlichen Rechtsanwaltsgebühren gerichtet" seien. Diese Klage sei Teil einer Entwicklung, die aus „Sicht der Kammer mehr als bedenklich und nicht hinnehmbar" sei.

In den Jahren 2006 bis 2008 gehörten Abmahnungen im Online-Handel zum Alltag. Nach einer Umfrage von Trusted Shops, einem Unternehmen, das Gütesiegel für Online-Händler verleiht, hatten die ihm angeschlossenen Shopbetreiber 2007 durchschnittlich 2,1 Abmahnungen bekommen.[548] Und dafür machten sie in erster Linie Rechtsanwälte verantwortlich. Ein typischer Kommentar eines Abmahnungsopfers: „Das Prinzip der Abmahnung ist eigentlich gut, jedoch dienen sie derzeit dazu, die Hartz IV-Juristen zu ernähren, die entweder sonst nichts zu tun haben oder sonst nichts können".[549] In jenen Jahren hat Hildegard Reppelmund, Referatsleiterin für Wettbewerbs- und Arbeitsrecht beim DIHK, täglich zum Teil mehrere Beschwerden von DIHK-Mitgliedern bekommen, die abgemahnt worden waren. Nach der 2007-Umfrage von Trusted Shops hält die Hälfte der Befragten die Abmahnungen „für unberechtigt".[550] Neben der unklaren Rechtslage wird vor allem bemängelt, dass die „Anwaltsgebühren viel zu hoch" seien, auch „Bagatellen" abgemahnt werden und Abmahnmissbrauch „vielfach ungestraft" bleibe. Außerdem machte die Umfrage deutlich, dass die Massenabmahnungen erhebliche wirtschaftliche Schäden verursacht haben.[551] Die Hälfte der Betroffenen meldete Schäden von über 1500 Euro. In Einzelfällen waren mehrere Zehntausend Euro zusammengekommen. 40 Prozent der Unternehmer haben sich in ihrer Existenz bedroht gefühlt. Selbst die, die sich im Recht wähnten, haben sich „wegen des unkalkulierbaren Prozessrisikos" häufig nicht verteidigt.

Axel Gronen, mit seiner Website „Wortfilter.de" eine Speerspitze im Kampf gegen Massenabmahnungen, schätzt, dass in der Hochzeit der Massenabmahnungen rund 50 Prozent das Ziel hatten, „faire Wettbewerbsbedingungen zu schaffen, 49 Prozent der Bereicherung der Abmahnfirmen und ihrer Anwälte diente und ein Prozent den Zweck hatte, Konkurrenten kaputt zu machen". Nach Ansicht von Carsten Föhlisch, Justitiar bei Trusted Shops, ist die erste Abmahnwelle 2000 „durch Anwälte initiiert worden". Am Wochenende haben sie auf den Immobilienseiten der Zeitungen nach Anzeigen gesucht, bei denen die Angabe „Grundpreis pro Quadratmeter" fehlte. Föhlisch: „Anwälte sind auf die Idee gekommen, eine unklare Rechtslage auszunutzen und daraus ein Geschäftsmodell zu machen". Einige Jahre später kam eine Software auf den Markt, mit der man systematisch nach Wettbewerbsverstößen von Online-Händlern auf ihren Websites suchen und sie dann abmahnen konnte. Dieses Instrument ist technische Basis für die Abmahnindustrie. Mit Hilfe der Software wurden im Laufe der Jahre 300 Abmahngründe entdeckt und dann auch genutzt, an der Spitze fehlerhafte Widerrufsbelehrungen, Markenrechtsverletzungen und unvollständige Preisangaben.[552] ***Die Haupt- bzw. Mitverantwortung für das Abmahnunwesen trugen von Anfang an Rechtsanwälte – als Motoren oder Handlanger von Firmen.***

Nach der Umfrage von Trusted Shops 2007 stammten 39 Prozent der Abmahnungen von drei Marktteilnehmern: die Media-Saturn Holding, dem Verein „Ehrlich währt am längsten" und der BUG Computer AG und ihrer Tochter e-tail GmbH. Für alle Hintermänner und Helfer endeten die Massenabmahnungen am Ende als Eigentore: Verlust des Mandats wegen Rufschädigung des Unternehmens, im Gefängnis oder in der Insolvenz. Die juristische Auseinandersetzung mit diesen drei Massenabmahnern hat aber dazu beigetragen, dass Gerichte zwischen 2007 und 2010 eine ***eindrucksvolle Rechtsprechung gegen Rechtsmissbrauch bei Massenabmahnungen entwickelt haben. Indizien für einen solchen Missbrauch waren danach:***

- **systematisches und massenhaftes Vorgehen,**
- **Klagen aus Textbausteinen,**
- **kollusives Zusammenwirken von Firmen und Anwälten,**
- **überhöhte Streitwerte,**
- **fliegende Gerichtsstände,**
- **Schadensersatzforderungen,**
- **Vertragsstrafen,**
- **hohe Bereitschaft zu Vergleichen und Klagerücknahmen und**
- **Missverhältnis von wirtschaftlicher Tätigkeit und Abmahnaktivitäten**

Massenabmahnungen setzen eine enge Zusammenarbeit zwischen Unternehmen und Advokaten voraus. Einzelheiten über sie herauszufinden und sie obendrein noch zu beweisen, gelingt indes nur selten. Zum Beispiel über die Frage, von wem die Initiativen für unseriöse Geschäfte ausgegangen sind, und wie die Gewinne zwischen den Beteiligten geteilt werden.

Der Kölner Rechtsanwalt Rolf Becker vermutet, dass der Anstoß in der „Regel von kleinen Unternehmen" kam. Gerichte kamen dagegen häufig zu dem Ergebnis, dass der Anwalt Spiritus rector vieler Aktionen war. Oder, wie das Landgericht Bonn es ausdrückte: Die Abmahnungen waren das „Kerngeschäft des Rechtsanwaltes F".[553] So ging zum Beispiel das Amtsgericht Bergisch Gladbach davon aus, dass ein Anwalt seine „angebliche Mandantin" „zur Gewinnerzielung" „instrumentalisiert" hat.[554]

Ausgenutzt haben Advokaten unter anderem die unterschiedliche Rechtsprechung zur Höhe von Streitwerten bei Abmahnungen. Hier war zunächst alles im Angebot: von 15 000 Euro beim OLG Stuttgart bis zu 900 Euro beim OLG Düsseldorf.[555] Als Gerichte merkten, dass hohe Streitwerte für Anwälte einen zusätzlichen Anreiz boten, in die Abmahnbranche einzusteigen, begannen sie, die Streitwerte bei Standardverstößen zu kürzen. Zum Beispiel das OLG Münster von 25 000 Euro auf 8 000 Euro. Die Oberlandesgerichte Hamburg, Frankfurt und Berlin legten den Streitwert übereinstimmend bei 5 000 Euro fest.[556] Am radikalsten ging jedoch das OLG Düsseldorf vor. Einer seiner Richter, der Rechtsprofessor Thomas Hoeren, hatte in einem Blog öffentlich die Frage gestellt, ob man nicht „über den Streitwert den Spaß an den Abmahnungen etwas bremsen" solle.[557] Das OLG Düsseldorf setzte den Streitwert häufig auf 900 Euro runter, so dass den Anwälten bei außergerichtlichen Mahnungen nur noch ein Honorar von rund 120 Euro blieb.[558]

Bei Abmahnanwälten beliebt war ferner der Missbrauch des ‚fliegenden Gerichtsstandes' zum „Gerichts-Einkaufsbummel", wie es im Jargon heißt. Ein Wettbewerbsverstoß im Netz ermöglicht praktisch eine freie Auswahl des Gerichtsstandes. Es ist bis zu einem gewissen Grade legitim, wenn ein Anwalt eine für ihn günstige Rechtsprechung einer Landgerichtskammer oder eines OLG-Senats oder hohe Streitwerte ausnutzen will. Rechtsmissbräuchlich wird die Wahl eines Gerichtsstandes aber dann, wenn er nicht von „ökonomischen" oder „sachgerechten" Gesichtspunkten geprägt ist, „sondern offensichtlich vom dem Bestreben, die Rechtsverteidigung durch erhöhten Aufwand und erhöhte Kosten für den Beklagten zu erschweren".[559] Ein Beispiel des Landgerichts Hamburg: Ein Abmahnopfer aus Sittensen in der Lüneburger Heide wird nicht, was nahe liegen würde, in Hamburg, sondern in Berlin verklagt.[560] Abgemahnte aus Hamburg, Bautzen und Pirmasens wurden vor dem Landgericht Köln verklagt und andere Opfer aus Bonn und Düsseldorf vor dem Landgericht Hamburg.[561] In dieser Praxis sahen am Ende alle Gerichte eine missbräuchliche Wahl des Gerichtstandes, weil die Verklagten dadurch „mit zusätzlichen Kosten für die Rechtsverteidigung", vor allem mit Reisekosten belastet werden. Das könnte sie einschüchtern und sie verleiten, Forderungen zu erfüllen, statt sie an einem weit entfernten Gerichtsstand durchzukämpfen.

Die Abmahnwellen in den Jahren 2006 bis 2010 speisten sich aus zwei Quellen: einem harten Kern von einem Dutzend Advokaten, die mit dem Geschäftsmodell zeitweise ihren Lebensunterhalt verdienten, und einer größeren Gruppe, die diese Abmahnungen im Nebenjob betrieben. Hildegard Reppelmund, Wettbewerbsrechtsexpertin beim DIHK, Martin Rätze, Jurist bei Trusted Shops, und Rudolf Koch, Vizepräsident des Immobilienverbandes Deutschland und Abmahnexperte schätzen übereinstimmend, dass damals „zwischen 80 und 150 unseriöse Anwälte" unterwegs waren.

Prinzip Abschreckung beim Urheberrechtsschutz: Abmahnanwälte II

Im Januar 2012 stellte die Regensburger Kanzlei Urmann + Kollegen bei einer Online-Auktion eine Rekordsumme ins Angebot: offene Forderungen in Höhe von 90 Millionen Euro aus Abmahnungen wegen illegaler Nutzung von P2P-Tauschbörsen.[562] Der Betrag ergab sich aus rund 70 000 Abmahnungen mit

Kostenrechnungen von 1 286,80 Euro. Der Laie rätselt: In welcher Branche wird so viel Geld umgesetzt und abgemahnt? Und was ist faul an Forderungen, die der Inhaber loswerden will? Rechtsanwalt Christian Solmecke kann das Rätsel lösen. Die Kanzlei Urmann + Kollegen vertritt Rechteinhaber aus der „Adult-Entertainment-Branche", vulgo Pornoproduktion. Diese hat, deshalb die hohe Zahl von Abmahnungen, unter Raubkopierern besonders zu leiden. Kanzleipartner Dieter Urmann kennt in der Industrie Umsatzeinbrüche von bis 80 zu Prozent.[563] Hinzu kommt: Das Abmahnen von Pornofilm-Dieben ist besonders lukrativ, weil sie, wenn beim Kopieren ertappt, die Befriedigung ihrer Lüste auf diesem Weg möglichst geheim halten wollen und deshalb häufig schnell zahlen. Die in der Auktion angebotenen Forderungen gehören nach Ansicht von Solmecke aber in eine andere Kategorie: Es waren, das schließt er aus der Höhe der Kostenrechnung, illegale User, die auch nach der zweiten Mahnung noch nicht bezahlt haben. Jedenfalls wirft die Millionen-Versteigerung ein Schlaglicht darauf, wie viel Geld in der Abmahnindustrie umgesetzt wird.

Nach einer gemeinsamen Umfrage vom Bundesverband der Musikindustrie, des Börsenvereins des Buchhandels und der Gesellschaft zur Verfolgung von Urheberrechtsverletzungen haben 2010 3,7 Millionen Bundesbürger illegal Medieninhalte heruntergeladen. Angesichts dieser Dimension ist es legitim, dass sich die betroffenen Branchen zur Wehr setzen. Nach Angaben des „Vereins gegen den Abmahnwahn" wurden 2009 rund 453 000 Abmahnungen, 2010 rund 575 000 Abmahnungen und 2011 über 218 000 mit einem Gesamtvolumen von über 165 Millionen Euro versandt. Die Abmahnungen sind also in jüngster Zeit stark zurückgegangen.

Den Markt beim Urheberschutz teilen sich nach den Beobachtungen des „Vereins gegen den Abmahnwahn" rund 50 Anwaltskanzleien. Die großen Drei sind: Waldorf-Frommer aus München, Urmann + Kollegen aus Regensburg sowie Rasch aus Hamburg. Ein lohnendes Geschäft: Zwischen 25 und 40 Prozent der Abgemahnten sollen zwischen 300 Euro und 3000 Euro (Schadensersatz und Rechtsanwaltsgebühr) sofort bezahlen.

Das Dilemma bei der Nutzung von urheberrechtlich geschützten Filmen, Musikstücken und Hörbüchern ist, dass ihr Kopieren und Anbieten in Tauschbörsen im Bewusstsein vieler Verbraucher, insbesondere jüngerer, zwar üblich, aber trotzdem rechtswidrig ist. Der leichte Zugang zu Musik, Film oder Bildern im Internet hat die Akzeptanz des Urheberrechts im Netz in Teilen der Bevölkerung schwinden lassen, was wiederum die Produzenten und Autoren nicht akzeptieren können.

Diesen Konflikt haben einige Kanzleien für ein neues Geschäftsmodell genutzt. Mit Hilfe einer besonderen Software durchsuchen Firmen, die für diesen Zweck gegründet worden sind, systematisch die Angebote von Tauschbörsen. Sie stellen Listen mit den Verbindungsdaten der verdächtigen Computer, den sog. IP-Adressen, zusammen, den Zeitpunkt der Registrierung und senden sie an den Provider und ein Gericht. Ob der Provider Namen und Adressen der verdächtigen Nutzer herausgeben muss, kann nur ein Gericht anordnen. Das Landgericht Köln hat seit Einführung des Auskunftsanspruches im September 2008 insgesamt in rund 25 000 Verfahren die notwendigen Angaben zur Verfügung gestellt. Die Telekom hat allein 2010 2,4 Millionen Adressen zur Verfolgung von Raubkopierern herausgegeben. Der Mammon hat nun einige Sozietäten dazu verführt, bei der Geltendmachung von Schadensersatz und Honoraren zu überziehen.

Beim Eintreiben von Forderungen sind etliche Anwälte durch überhöhte Honorar- und Schadensersatzforderungen unangenehm aufgefallen – auch verleitet durch eine sehr unterschiedliche Rechtsprechung. Für das Kopieren von sechs Fotos verlangte ein Anwalt zum Beispiel 1 800 Euro Schadensersatz und 1 192 Euro Anwaltshonorar, ein anderer forderte für die illegale Nutzung eines Liedes 2 000 Euro Schadensersatz.[564] Bei einzelnen Musikstücken schwankten die Streitwerte zwischen 150 Euro und 13 000 Euro, bei pornographischen Filmen zwischen 150 Euro und 1 500 Euro.[565] In Einzelfällen haben Gerichte Abmahngebühren heruntergesetzt: etwa das Landgericht Köln von 5 832 Euro auf 2 180 Euro.[566]

2013 hat der Gesetzgeber ein Maßnahmenpaket gegen unseriöse Geschäftspraktiken beschlossen: Massenabmahnungen aus Textbausteinen ohne individuelle Prüfung und durchschnittlich 700 Euro zu fordern, wird von den Betroffenen ***„als missbräuchlich empfunden"***, heißt es in der Begründung des Gesetzes: ***„Die hohen Forderungen lassen vermuten, dass die Abmahnung von Urheberechtsverletzungen im Internet teilweise der Erschließung einer neuen Einnahmequelle dient".***[567]

Das ist bereits der zweite Anlauf des Gesetzgebers in kurzer Abfolge, gegen Massenabmahnungen im Bagatellbereich einen Damm zu errichten. 2008 hatte er in § 97a Urheberrechtsgesetz festgelegt, dass Anwaltshonorare bei Abmahnungen auf 100 Euro zu begrenzen sind, freilich nur unter bestimmten Voraussetzungen. Die Rechtsprechung hat die allerdings so eng ausgelegt, dass die anwaltlichen Gebühren nur in Ausnahmefällen auf 100 Euro begrenzt wurden.[568] Diese Rechtsunsicherheit und das damit verbundene, „häufig nicht abschätzbare Kostenrisiko" haben nach Ansicht der Gesetzesmacher viele Betroffene davon abgehalten, den „Sachverhalt gerichtlich klären zu lassen" und sie stattdessen dazu verleitet, ‚Vergleichsangebote' anzunehmen. Deshalb hat die Bundesregierung im Gesetz über unseriöse Geschäftspraktiken erneut versucht, die Abmahngebühren für Anwälte zu senken und die Kosten für die teilweise viele Hundert Euro teuren Anwaltsschreiben zu deckeln. In der Regel wird der Streitwert der ersten urheberechtlichen Abmahnung von privaten Nutzern auf 1 000 Euro festgesetzt. Dadurch wird das Honorar eines Anwalts auf 155,30 Euro begrenzt.

Außerdem hat der Gesetzgeber bei Klagen gegen Verbraucher den ‚fliegenden Gerichtsstand' abgeschafft. Der Kläger kann sich nicht mehr den Gerichtsstand mit der für ihn günstigsten Rechtsprechung aussuchen, sondern muss den mutmaßlichen Kopierer an seinem Wohnsitz verklagen.

Der zweite Schwachpunkt: Die von Musikindustrie und Sozietäten eingesetzten IP-Adressen-Dedektive arbeiten keinesfalls so beweissicher wie angegeben.[569] Immer wieder tauchen Fälle auf, in denen Internetbenutzer unschuldig in ihre Fänge geraten. Abgemahnte Personen ohne Internetanschluss oder eine Rentnerin, die Songs des Rappers Bushido runtergeladen und in einer Tauschbörse angeboten haben soll. Die Betroffene: „Ich kann das gar nicht. Das machen Teenager, aber keine Omas".[570] Für den Computerfachmann und Gerichtsgutachter Holger Morgenstern ist das „ein dunkles Gebiet". Die von den Anti-Piraten-Ermittlern benutzte Methode der Beweissicherung ist seiner Meinung nach fehleranfällig: „Die Kombination von IP-Adressen und Zeitstempel sagen nur, dass die Person im Netz war. Was sie dort gemacht hat, ob sie in einer Tauschbörse war oder ob sie bei google etwas gesucht hat, geht daraus nicht hervor". Das bisher von den Anti-Piraten-Firmen genutzte System hat also tatsächlich nur einen beschränkten Beweiswert, den zu widerlegen vor Gericht aber fast unmöglich ist.

Es ist ein gut gehütetes Geheimnis der Branche, wie die Einnahmen aus den Massenabmahnungen zwischen den Rechteinhabern, der Anti-Piraten-Polizei und den Anwälten aufgeteilt werden. Ein Insider berichtete im ARD-Magazin Kontraste von einem Fall, in dem der Anwalt „50 Prozent von dem Ganzen" bekommen hat: „Unter schlechteren Konditionen arbeiten die Anwälte nicht".[571] Und nicht wenige sind überzeugt, dass der Spruch „Turn privacy into profit" stimmt, dass die Musikindustrie mit illegalen Downloads mehr verdient als mit legalen Verkäufen.[572]

Fazit: Das Inkasso von unbezahlten Forderungen und Abmahnungen bei Wettbewerbsverstößen und Urheberrechtsverletzungen sind legitime und notwendige Instrumente unserer Rechtsordnung. Bei Abo-Fallen und Masseninkasso, bei Abmahnungen im gewerblichen Rechtsschutz und Urheberrechtsschutz haben Anwälte ihre Stellung als Organ der Rechtspflege jedoch teilweise massenhaft missbraucht.

Dreimal in zehn Jahren – 2004, 2008 und 2013 – hat sich der Gesetzgeber dagegen gewehrt und den Schutz gegen missbräuchliche Abmahnungen ausgebaut: zunächst im Gesetz gegen den unlauteren Wettbewerb, dann im Gesetz zum Schutz des geistigen Eigentums und zuletzt im Gesetz gegen unseriöse Geschäftspraktiken. Alle drei Verschärfungen hatten dasselbe Ziel: den teilweise massenhaften Rechtsmissbrauch durch die Anwaltschaft beim Inkasso und Abmahnungen einzudämmen. Im Fadenkreuz standen dabei nicht die Grundforderungen, sondern „überzogene Anwaltshonorare".

Um der Anwaltschaft nicht allzu weh zu tun, spinnt der Gesetzgeber dabei aber weiter an der Legende, dass für den Missbrauch „schwarze Schafe" verantwortlich seien.[573] Das trifft sicher zu bei der Handvoll von Rechtsvertretern, die den Abo-Fallen-Ganoven zu Diensten waren. Die „Schwarze-Schafe-Theorie" erklärt dagegen nicht das Verhalten von Rechtskundlern, die in größerer Zahl beim Abmahnen von Wettbewerbs- und Urheberrechtsverstößen mitgemischt haben. Dass sich in diesen Geschäftsfeldern nicht hunderte oder tausende von Advokaten tummeln, war nicht zu erwarten, weil sie nur einer deutlich geringeren Zahl von Robenträgern Lohn und Brot versprechen. Im Übrigen widerlegt sich der Gesetzgeber mit seinen drei Gesetzesinitiativen gegen anwaltlichen Rechtsmissbrauch selbst: Ginge es nur um schwarze Schafe, hätten die Regierungen die Gesetzgebungsmaschine nicht dreimal anwerfen müssen.

Weniger zurückhaltend und treffender formulierte der Gesetzgeber denn auch in der Begründung des Entwurfes gegen unseriöse Geschäftspraktiken.

Mit ihm soll ***„Geschäftsmodellen Einhalt geboten werden, bei denen die massenhafte Abmahnung von Internetnutzern wegen Urheberrechtsverstößen zur Gewinnoptimierung betrieben wird und vorwiegend dazu dient, ... einen Anspruch auf Ersatz von Aufwendungen oder Kosten der Rechtsverfolgung entstehen zu lassen“.*** [574]

Zwischen Cleverness und Kriminalität: Berufskläger und ihre Anwälte

Thomas Höder ist Berufskläger und hat gelernt, wie er Vorstandsvorsitzende auf Hauptversammlungen in Verlegenheit bringen und sie dabei, noch besser, zu Fehlern verleiten kann. Er fragt zum Beispiel nach der Höhe einer Miete einer Immobilie in Spanien, ob sie über oder unter dem Marktpreis liegt und ob vor dem Abschluss des Mietvertrags ein Gutachten erstellt oder geschätzt wurde. Oder er erkundigt sich nach der Zahl der Toiletten auf jeder Etage der Hauptverwaltung. Oder er beschwert sich zusammen mit neun anderen Berufsklägern darüber, dass die Händetrockner auf der Toilette der Münchener Jahrhunderthalle so laut waren, dass die Ausführungen des Siemensvorstandes zur Abspaltung und zum Börsengang der Lichttochter Osram nicht überall in der Halle zu verstehen waren.[575]

Für Siemens verlief die Anfechtung des Hauptversammlungsbeschlusses, Osram an die Börse zu bringen, am Ende glimpflich. Höder und Kollegen nahmen ihre Klagen überraschend zurück, so dass der Börsengang nur um zwei Monate verzögert wurde. Hätten sie damit länger gewartet, wäre eine jener Notlagen entstanden, die Berufskläger und ihre Anwälte provozieren wollen, um Aktiengesellschaften in großem Stil abzuzocken. Der Deal: Rücknahme des Einspruches oder der Klage gegen Zahlung erklecklicher Summen.

Thomas Höder hat seit 2004 fast 60 börsennotierte Firmen verklagt – nicht aus eigenem Antrieb, sondern im Auftrag der Münchener Anwaltskanzlei Dr. Meier, Marzillier & Dr. Guntner. Er war ihr Strohmann. Die drei Advokaten haben ihn zum Geschäftsführer einer Ulpian GmbH gemacht. Laut Handelsregister ist ihr Geschäftszweck Unternehmensberatung, tatsächlich aber auch Prozessführung gegen Aktiengesellschaften. Die drei Kanzleipartner sind an der GmbH als stille Gesellschafter beteiligt, haben aber das Sagen: Sie wählen die Hauptversammlungen aus, auf denen attackiert werden soll, sie verfassen die Schriftsätze und verteilen das Geld: 75 Prozent für die drei Rechtskundler und 25 Prozent für den Strohmann. In Freude vereint sind Strohmann und Hintermänner, wenn mal wieder Geld von einer erpressten AG eingetroffen ist. Anwalt Mazillier an Höder: Wir stellen „gerade einen Zahlungseingang von 8 807,19 Euro“ fest. „Das werte ich mal als einen guten Start in den Tag“. Höder mit der geschäftsmäßigen Freude eine Kaufmanns: „Traumhafter Start in den Tag bzw. Feierabend. Ist der Betrag brutto oder netto?“

Die Beichte von Berufskläger Thomas Höder im ‚Handelsblatt‘ als Strohmann von Anwälten entlarvt eine bisher unbekannte Seite der Klageindustrie:

Anwaltskanzleien als Gründer und Motoren von Prozessführungsgesellschaften. Ihr Zweck ist es in erster Linie oder unter anderem, gegen Hauptversammlungsbeschlüsse von Aktiengesellschaften zu klagen. Niemand weiß bisher, ob die aufgeflogene Zusammenarbeit der Münchener Kanzlei mit einem Strohmann eine Ausnahme ist oder nicht. Obwohl es ein halbes Dutzend empirischer Studien über Berufskläger und ihre Anwälte gibt, ist über ihr Binnenverhältnis wenig bekannt. Das Bild, das die Studien entwerfen, ist einheitlich: Der Berufskläger – auch räuberischer Aktionär genannt – sitzt auf dem Fahrersitz, sein Rechtsvertreter ist sein Beifahrer. Diese Rollenverteilung geht davon aus, dass die Mehrzahl der Berufskläger keine Anwälte sind.

Wenn räuberische Aktionäre Advokaten für Klagen auswählen, tun sie das nach einem System: Sie beauftragen in der Regel nicht nur eine, sondern mehrere Kanzleien, meist aber nicht mehr als drei. Dahinter stecken vermutlich zwei Motive: Sie wollen durch den Anwaltswechsel nach außen signalisieren, dass sie nicht als Komplizen auftreten, sondern, ganz normal, Anwälte von Fall zu Fall beauftragen. Andererseits ist es wünschenswert, nur Advokaten zu beauftragen, die sich im komplizierten Aktienrecht auskennen. Berufskläger können ihre Rechtsvertreter deshalb nicht beliebig austauschen. Diese Camouflage ist jedoch durch einen Blick in den Bundesanzeiger, in dem Kläger und Klagevertreter von Anfechtungsklagen registriert sind, leicht zu enttarnten. Theisen und Raßhofer sind in ihrer empirischen Untersuchung zu dem Ergebnis gekommen, dass es eine „Kläger-Anwalts-Organisation" gibt.[576] Anwälte und Berufskläger sind meist Komplizen,freilich mit sehr unterschiedlichen Rollenverteilungen. Rechtsanwalt Bernd Nenninger hat drei Modelle ausgemacht:

- **Berufskläger, die Anwälte sind und im eigenen Namen klagen**
- **Berufskläger, die sich von Anwälten vertreten lassen**
- **Anwälte als Initiatoren oder Klagevertreter von Prozessfirmen**

In der ersten empirischen Studie zur Beschlusskontrolle im Aktienrecht aus dem Jahr 2000 waren von den sechs Top-Klägern 50 Prozent Rechtsanwälte, die als Profikläger im eigenen Namen auftraten.[577] In der zweiten Studie 2007 betrug der Anteil der Anwälte unter den Top-Ten-Berufsklägern nur noch 40 Prozent. In der Studie aus dem Jahr 2011 waren 35 Prozent aller Berufskläger Advokaten. Die Mehrheit waren Betriebs- und Volkswirte, es gab aber auch Journalisten und einen Spediteur. Hier agieren Anwälte in ihrer traditionellen Rolle als Rechtsberater und -vertreter. Eine dritte Gruppe von Anwälten klagt als Gesellschafter oder Aufsichtsrat von Prozessführungsgesellschaften.[578] Nach Meinung des Experten Bernd Nenninger gibt es für ihre Gründung einen „Haupt- und einen Nebengrund": „mehr Geld verdienen und das Haftungsrisiko begrenzen". Einmal „erhöht der Berufsopponent die Hebelkraft" seiner Anfechtungsklagen dadurch, dass neben ihm die „Prozessfirma, ein Gesellschafter und ein Geschäftsführer dieselben Anträge und mit identischen Schriftsätzen stellen, um dafür viermal Anwaltsgebühren zu kassieren". Zum anderen sind Anfechtungsklagen und anschließende Vergleiche „gefährlicher geworden, so dass es die Nerven beruhigt, wenn man nur mit der GmbH-Einlage haftet". Wegen dieser Vorteile ist die Zahl der Prozessführungsgesellschaften mittlerweile ebenso hoch wie die Zahl der Personen, die als Berufsopponenten klagen.

„Der Rechtsweg ist zu einem Instrument der Erpressung geworden".[579] Dieses vernichtende Urteil des FAZ-Redakteurs Joachim Jahn über Berufskläger bzw. ‚räuberische Aktionäre' und ihre Advokaten ist inzwischen Allgemeingut. Nach Einschätzung des Kölner Landgerichts bewegen sich Berufskläger und ihre Handlanger in „einer Grauzone zwischen Cleverness und Kriminalität".[580] Die ehemalige Justizministerin Brigitte Zypries spricht von „erpresserischen Verhaltensweisen" und von einem „fragwürdigen Geschäftsmodell", das den „Aktiengesellschaften in Deutschland schade".[581] Diese Keule öffentlicher Empörung traf bisher in erster Linie die Berufskläger. Die „Klageindustrie und ihre Anwälte" wurde gern formuliert.[582] ***Tatsächlich ist die Anwaltschaft Teil der Klageindustrie, sogar eine tragende Säule.*** Anwälte sind dort nicht nur in ihrer ***klassischen Nebenrolle als Klagevertreter***, sondern auch ***als Initiatoren, Hinter- und Frontmänner aktiv.***

Die Berufskläger verstehen sich gern als Robin Hood der Kleinanleger. Der Berufskläger Karl-Walter Freitag fühlt sich „zum Aussprechen von Wahrheiten verpflichtet".[583] „Als bekennender Bedenkenträger" will er nicht dem „Verband der Bockwurstaktionäre oder den Jubelpersern auf Hauptversammlungen angehören". Unbestreitbar ist, dass Berufskläger einen erheblichen Teil ihrer Prozesse gewinnen. Linklaters' Experte Hans Ulrich Wilsing, der auf der Gegenseite sitzt, meint, dass Berufskläger ein „Gespür für Schwachpunkte" entwickelt haben, dass sie „nicht nur räuberisch tätig sind, sondern auch eine gewisse Hygienefunktion haben". Enden juristische Auseinandersetzungen mit einem Urteil, kommen sie immerhin auf Erfolgsquoten von 30 Prozent.[584] Zudem achten sie darauf, dass möglichst andere Aktionäre von ihrem Vorgehen profitieren. Bei einer Verletzung von Informationspflichten sollen alle Aktionäre unterrichtet werden. Beim ‚squeeze-out' stellen sie sicher, dass alle herausgedrängten Aktionäre in den Genuss höherer Abfindungspreise kommen. Ein Berufskläger behauptet, dass er zwischen 2003 und 2007 Nachbesserungen im Wert von drei Milliarden Euro durchgesetzt habe, die an alle Aktionäre verteilt wurden.[585] Das kann zutreffen, ist in der Gesamtbilanz aber nicht mehr als weiße Salbe. Unter Experten und in der Öffentlichkeit besteht ein breiter Konsens, dass Berufskläger mehr als Räuber denn als Gendarm des Aktienrechts wirken.

Dabei ist ihnen fast jedes Mittel recht: Schreie und Schimpftiraden, um Vorstände zu provozieren und sie dadurch zu Fehlern zu verleiten. Berufsopponent Karsten Trippel bezeichnete den Vangurad-Vorstand auf einer Hauptversammlung als „Banditen", und sein Kollege Karl-Walter Freitag nahm den Vorstandsvorsitzenden der Commerzbank mit maliziösen Kommentaren ins Visier: „In Ihrer Selbsteinschätzung, Herr Blessing, sind Sie ihrem tatsächlichen Marktwert weit voraus" und „Sie kleben an ihren Unvermögen wie eine feuchte Nudel am Topf".[586] Da muss man schon ein dickes Fell haben, um nicht aus der Haut zu fahren. Der Höhepunkt der Geschmacklosigkeit: Ein „Sturz" von der Bühne, um sodann (vergeblich) eine Anfechtung der gefassten Beschlüsse damit zu begründen, man habe nach einem Notfallbesuch in der Klinik nur noch in einem Rollstuhl an der Versammlung teilnehmen können.[587]

Anfechtungs- und Nichtigkeitsklagen gegen Hauptversammlungsbeschlüsse bieten Profiklägern ein Droh- und Erpressungspotential, mit dem sie Vorstände schnell und effektiv in die Knie zwingen können. Zwei Damoklesschwerter hängen über den Hauptversammlungen: Gerichte können ihre Beschlüsse rückwirkend kassieren, und Eintragungen ins Handelsregister sind blockiert, solange Gerichtsverfahren schweben. Da solche Prozesse ein Jahr und länger dauern, können die Unternehmen manchmal wirtschaftlich notwendige oder sogar existenzielle Entscheidungen nicht treffen, was in einigen Fällen sogar die Insolvenz von Unternehmen befördert hat.[588] Die Attacken stützen sich auf eine ganze Palette von Anfechtungsgründen: Entlastungsbeschlüsse, Verletzungen von Informationspflichten, Verstöße beim Rede- und Fragerecht, Aufsichtsratswahlen, Satzungsänderungen, Umstrukturierungen und den Ausschluss von Minderheitsaktionären gegen ihren Willen aus einem Unternehmen (Squeeze Out).

In den wilden achtziger Jahren des vorigen Jahrhunderts erlebte die Klageindustrie ihre erste Konjunktur. 1987 schrammte der Kölner Berufskläger Karl-Walter Freitag knapp an einer Vorstrafe wegen Erpressung vorbei. Er hatte für den Verkauf einer Anfechtungsklage 1,5 Millionen DM für sich und angebliche Mitstreiter kassiert. Das Verfahren wurde gegen Zahlung einer Auflage eingestellt.[589]

In Mafia-Manier ging es weiter. 2003 übergab der Finanzchef einer Software-Firma in einem Frankfurter Flughafenhotel einen Scheck über 50 000 Euro an den Berufsopponenten Axel Sartingen, der dafür versprach, dass sein Klagepartner Peter Eck seine Widersprüche zurückzog. Das Treffen wirkte wie in einem schlechten Film und die Retourkutsche kam prompt. Die Firma stellte Strafanzeige bei der Frankfurter Staatsanwaltschaft gegen von Sartingen, seinen Partner Eck und zwei Rechtsanwälte. Die Frankfurter Ermittler dehnten die Ermittlungen aus und klagten acht Jahre später Eck, von Sartingen und Frank Scheunert wegen Erpressung und zwei Anwälte wegen Beihilfe in fünf Fällen an. Der Tatvorwurf betraf typische Fallkonstellationen: Anfechtungen von Hauptversammlungsbeschlüssen und Vergleiche über die Rücknahme von Klagen gegen Zahlungen von insgesamt 216 000 Euro. Die Beihilfe der Rechtsanwälte sahen die Ankläger im Verfassen von Schriftsätzen und Vergleichen. Das Gericht eröffnete das Verfahren jedoch nicht. Im November 2012 stellte es das Verfahren wegen geringer Schuld ein, gegen Eck freilich nur gegen eine Auflage von 17 500 Euro. Bei ihm allein hielt es aufgrund eines E-Mail-Verkehrs einen Vorsatz für nachweisbar. Eine Schlüsselrolle bei der Einstellung dürfte gespielt haben, dass sich das Verfahren über acht Jahre hingezogen hatte.

Einen neuen Anlauf, Berufskläger strafrechtlich zur Verantwortung zu ziehen, unternimmt seit 2012 die Essener Staatsanwaltschaft. Sie ermittelt gegen drei der prominentesten räuberischen Aktionäre – Klaus Zapf, Caterina Steeg und Jochen Knösel – wegen des Verdachts der Erpressung. Ihnen wird das klassische Modell vorgeworfen: Als Minderheitsaktionäre in einer Vielzahl von Fällen das Stimmrecht missbraucht und durch die Erhebung von Klagen notwendige

Entscheidungen der Unternehmen blockiert zu haben, um anschließend, meist durch Vergleiche, auf verwerfliche Weise Vermögensvorteile zu erlangen.

Weil direkte und offizielle Zahlungen hohe zivil-, aktien- und strafrechtliche Risiken bergen, haben die Berufskläger in verschiedenen Stufen eine besondere ‚Abrechnungshygiene' entwickelt.[590] Das Geld der Erpressten floss immer auf inoffiziellen Wegen an die Berufskläger.

In der ersten Phase erhielten Berufskläger ihr Geld aus der Privatschatulle von Großaktionären, als Honorar für fingierte oder überhöhte ‚Beraterverträge' oder als Preis für den Kauf teurer, aber sinnloser Gutachten. Die Allianz hat einmal fast eine Millionen Euro für ein Rechtsgutachten über die Unterschiede zwischen der deutschen Aktiengesellschaft und der europäischen Aktiengesellschaft (SE) bezahlt. Ulrich Noacks Kommentar: „Das teuerste Juraskript aller Zeiten".[591] In Phase zwei enthielten alle Vergleiche einen Passus, in dem beide Seiten betonen, dass für Klagerücknahmen keine „Sondervorteile" gewährt werden. Stattdessen werden die erpressten Summen über Rechtsanwaltsgebühren abgerechnet. Seitdem stecken alle Anwälte, die nur als Klagevertreter auftreten, ebenfalls mitten im Sumpf des massenhaften Rechtsmissbrauches. Dabei gibt es zwei Methoden: Bei gerichtlichen Vergleichen werden die Vergleichswerte künstlich hochgetrieben, und zwar in Höhen, die dem Streitgegenstand nicht mehr angemessen sind. Oder es wird sich außergerichtlich verglichen: Klagerücknahme gegen eine Vereinbarung über Prozesskosten mit überhöhten Streitwerten. Das zweite Modell kommt nach Beobachtungen von Rechtsanwalt Bernd Nenninger immer seltener vor, weil es „angreifbar" ist: „Der Einwand des Rechtsmissbrauches liegt zu nahe".

Weil die Vorstände bei Kapitalerhöhungen, Fusionen, Squeeze-Outs unter erheblichem wirtschaftlichen Druck stehen und keine Zeit haben, das Ende eines Prozesses in einem Jahr abzuwarten, sind sie bereit, für die Rücknahmen von Widersprüchen und Klagen in Vergleichen erhebliche Summen auf den Tisch zu legen: bei Hoechst um 250 000 Euro, Gerling zahlte 2007 an 39 Personen über 11 Millionen Euro, die IKB 2008 an jeden der zehn Anfechter 107 585 Euro und der Solarfirma Conergy je 71 963 für rund 20 Kläger.[592] FAZ-Redakteur Joachim Jahn schätzt, dass fünf bis zwölf Berufskläger durch ihren juristischen Widerstand gegen Hauptversammlungsbeschlüsse Millionäre geworden sind.

Im Zentrum der gerichtlichen Auseinandersetzungen zwischen Berufsklägern und Aktiengesellschaften stand schon früh der Einwand des Rechtsmissbrauches.[593] Ein in vielen Fällen zutreffendes Argument. Trotzdem drangen die Beklagten mit diesem Argument nur in 33 Prozent der Verfahren durch. Ein Signal für etliche Ökonomen und Rechtanwälte, auf den Zug der Profikläger aufzuspringen.

Als das deutlich wurde, erließ der Gesetzgeber zwei Gesetze, die nur ein Ziel hatten: Rechtsmissbrauch durch Berufskläger und ihre anwaltlichen Klagevertreter zu verhindern: 2005 das Gesetz zur Unternehmensintegrität und Modernisierung des Anfechtungsrechts (UMAG) und 2009 das Gesetz zur Umsetzung der Aktionärsrichtlinie (ARUG). In der Begründung nennt der Gesetzgeber diese Ziele ausdrücklich: Er wolle die „missbräuchliche Ausnutzung des Anfechtungsrechts unterbinden" und, fünf Jahre später, „zur weiteren Bekämpfung missbräuchlicher Anfechtungsklagen" sollen Schlüsselvorschriften „präzisiert" und „ Verfahren verkürzt" werden.[594]

Instanzgerichte hatten sich beim Einwand des Rechtsmissbrauches gegenüber Anfechtungsklagen zunächst zurückgehalten, obwohl der Bundesgerichtshof ihnen schon 1989 die Tür dafür geöffnet hatte.[595] Je deutlicher der Öffentlichkeit bewusst wurde, dass der Minderheitenschutz im Aktienrecht zu kommerziellen Zwecken missbraucht wird, desto mehr Gerichte fanden sich, das Treiben der Berufskläger wegen Rechtsmissbrauch zu blocken.[596] Sie entwickelten eine Liste von Indizien, die für einen Rechtsmissbrauch sprachen:

- **Bereitwilligkeit zum Abschluss eines Vergleiches,**
- **Vorbringen formaler Anfechtungsgründe,**
- **Anfechtende haben nur einen geringen Aktienbesitz,**
- **Kläger hat eine Reihe gleichartiger Verfahren geführt,**
- **Grob eigennützige Motive,**
- **Keine Rücksicht auf die Interessen anderer Aktionäre.**

In der Praxis hat diese Rechtsprechung nach einer Untersuchung des Instituts für Zivil- und Wirtschaftsrecht der Universität Frankfurt indes keine unmittelbaren Erfolge erzielt. Sie hat nur mittelbar gewirkt: Die Berufskläger versuchen noch stärker als früher, ihre juristischen Händel durch Vergleiche zu erledigen, und die Vorteile aus den Deals möglichst zu verstecken. Der Anteil der Erledigungen durch Vergleich ist nach den Frankfurter Untersuchungen zwischen 2000 und 2007 von 12 Prozent auf 57 Prozent gestiegen und liegt damit doppelt so hoch wie in normalen Zivilprozessen.[597] Zählt man den Anteil der Klagerücknahmen (18 Prozent) noch hinzu, kommt man auf einen 75-Prozent-Anteil nicht-streitiger Erledigungen. Einen ähnlich hohen Prozentsatz von Vergleichen haben auch Theisen/Raßhofer ermittelt: knapp 78 Prozent.[598]

Der Katalog der Maßnahmen des ersten Anti-Berufskläger-Gesetzes (UMAG) war beachtlich. Er sah unter anderem vor, dass Vergleiche mit allen Nebenbedingungen und Sondervorteilen im elektronischen Bundesanzeiger veröffentlichet werden müssen, um auf „missbräuchliche Klagen" und „Vergleiche" abschreckend zu wirken. Der Vorsitzende einer Hauptversammlung erhielt das Recht, das Rede- und Fragrecht zu begrenzen. Das war eine Reaktion auf die Taktik von Berufsklägern, durch lange Fragekataloge falsche oder unvollständige Antworten und Formfehler zu provozieren. Außerdem wurde ein Freigabeverfahren eingeführt, das der Aktiengesellschaft das Recht gibt, angefochtene Hauptversammlungsbeschlüsse in einem Eilverfahren unter bestimmen Voraussetzungen ins Handelsregister vor einer Entscheidung in der Hauptsache eintragen zu lassen. Dadurch sollte der Erpressungsdruck abgebaut und die negativen wirtschaftlichen Wirkungen von angefochtenen Beschlüssen gemildert werden.

Das Gesetz hatte einen positiven und zahlreiche negative Effekte. Die durch die Veröffentlichungspflichten im Bundesanzeiger geschaffene Transparenz ermöglichte eine Rechtstatsachenforschung, die ein wenig Licht ins Dunkel des

Profiklägerlagers warf. Auf der anderen Seite müssen die Veröffentlichungen andere Betriebs- und Volkswirte sowie Anwälte auf den Geschmack gebracht haben, in dieses Geschäft einzusteigen.[599] Nach einer zweiten Studie von Baums/Keinath/Gajek stieg nämlich die Zahl der Anfechtungsklagen gegen Hauptversammlungsbeschlüsse zwischen 2003 und 2006 nochmal um 70 Prozent. Die Zahl der Berufskläger kletterte im selben Zeitraum von acht auf vierzig.[600] Sie waren für 72 Prozent der erhoben Klagen verantwortlich. Das heißt: ein harter, zudem noch gewachsener Kern von Berufsopponenten mit und ohne Robe ignorierte die Rechtsprechung und ein neues Gesetz gegen die rechtsmissbräuchliche Nutzung von Anfechtungsklagen. Und hier rücken nun die Anwälte noch stärker in den Fokus – unabhängig davon, ob sie selbst geklagt oder einen Berufsopponenten beraten haben. Drei Umstände fallen auf. Erstens: Bei 92 Prozent der Vergleiche haben die Beklagten die Gerichtskosten und Anwaltshonorare übernommen.[601] Zweitens: Bei 57 Prozent der Fälle lagen die Vergleichswerte über dem zulässigen Wert von 500 000 Euro, in 26 Prozent der Fälle sogar über 6 Millionen Euro. Die höchsten Vergleichswerte lagen bei 30,8 bzw. 25,7 Millionen Euro.[602] Diese Summen sind nur mit Hilfskonstruktionen zu erzielen: mit ‚Vergleichsmehrwerten'. Da bei Abfindungen alle Aktionäre Anspruch auf denselben Aufschlag von, sagen wir, 2,50 Euro haben, kommt man bei über 10 000 Aktien auf einen Vergleichsmehrwert von über 25 Millionen. Und drittens: Den im Vergleich fixierten Betrag für Gerichtskosten und Anwaltshonorare erhält nicht der Kläger, sondern sein Anwalt, weil er ihm formell zusteht. Nach der zweiten Studie des Instituts für Zivil- und Wirtschaftsrecht der Universität Frankfurt 2007 erhielten die Anwälte im Durchschnitt 73 786,77 Euro.[603] In der dritten Studie 2011 war der Durchschnittsbetrag dann wieder auf 25 271,62 Euro gesunken.[604]

Was sind die Gründe für die weit überhöhten, zum Teil gesetzeswidrigen Vergleichswerte und die Auszahlung der gesamten Vergleichssumme an Anwälte? Es ist ein von allen Beteiligten gebilligtes Täuschungsmanöver mit dem Ziel, den Vorwurf des Rechtsmissbrauches zu unterlaufen. Solange Berufskläger keine Sondervorteile für die Rücknahme von Widersprüchen oder Anfechtungsklagen bekommen, entfällt der Vorwurf, formale Rechtspositionen zu finanziellen Zwecken zu entfremden. Dafür begehen die ***Rechtsanwälte zwei massive Berufsrechtsverstöße: Sie kassieren Geld unter dem Deckmantel eines Honorars, das zu einem großen Teil ihren Mandanten zusteht. Und sie teilen das Honorar mit einem Dritten, was ebenfalls verboten ist. Hier missachten Anwälte vorsätzlich und beharrlich das Berufsrecht, um rechtsmissbräuchliches Klagen zu vertuschen.***

Angesichts dieser Erkenntnisse ist es kein Wunder, dass sich der Gesetzgeber noch einmal an die Arbeit machte und die Reform reformierte. Die wichtigsten Bausteine: Aktionäre müssen künftig Aktien im Wert von mindestens 1 000 Euro besitzen, um im Freigabeverfahren gegen die Aktiengesellschaft klagen zu können. Damit sollte die Klagemacht von Kleinanlegern beschnitten werden. Über die Aufhebung der Registersperre entscheidet künftig nur noch eine Instanz – und zwar das Oberlandesgericht –, um die Prozessdauer zu verkürzen. Ziel war es, das Freigabeverfahren in ein echtes Eilverfahren umzuwandeln. Außerdem wurde die Klausel für die Interessenabwägung zu Lasten der Anfechtungskläger präzisiert und konkretisiert.

Jüngere empirische Studien stellen übereinstimmend fest, dass die Aktivitäten der Berufskläger zwischen 2009 und 2011 „massiv eingebrochen" sind.[605] In diesem Zeitraum sind die Klagen nach Bayer/Hoffmann/Sawada um mehr als die Hälfte gesunken. Der Berg von 563 Anfechtungsklagen im Jahr 2008 ist auf 61 im Jahr 2011 geschmolzen. Zum selben Ergebnis gelangt die dritte Studie des Frankfurter Instituts für Zivil- und Wirtschaftsrecht.[606]

Kaum gesunken ist dagegen nach allen empirischen Studien die Zahl der Berufskläger und ihrer Prozessfirmen. Sie sind nur wesentlich weniger aktiv.[607] Nach der dritten Frankfurter Studie aus dem Jahr 2011 soll der harte Kern der Berufskläger sich sogar vergrößert haben: von 32 auf 49 Personen.[608] Unverändert hoch sind nach wie vor die Vergleichsquote (72 Prozent) und die Vergleichswerte[609]. Bei 55 Prozent der Fälle liegen sie über dem bei Anfechtungsprozessen zulässigen Wert von 500 000 Euro.[610] Das lässt darauf schließen, dass Profikläger ihre Gewinne weiter in Anwaltshonoraren verstecken.

Es besteht Einigkeit darüber, dass der erhebliche Rückgang der Klagen auf das zweite Anti-Berufskläger-Gesetz, das ARUG, zurückzuführen ist. Das Freigabeverfahren sei schneller, der finanzielle Anreiz sei geringer und durch die Finanz- und Wirtschaftskrise seien Strukturbeschlüsse und squeeze-out Verfahren seltener geworden. Daneben hat aber auch ein Urteil des OLG Frankfurt aus dem Jahr 2009 eine Rolle gespielt, dass das Prozessrisiko für die Berufsopponenten und ihre Anwälte erheblich erhöht hat.[611] Es hat eine rechtsmissbräuchliche Anfechtungsklage des Top-ten-Berufsklägers Klaus Zapf als sittenwidrig erachtet und ihn zu Schadensersatz verurteilt. Auch wenn das Urteil einen ‚besonders schweren Fall' traf und deshalb nicht ohne weiteres auf andere Profikläger zu übertragen ist, war mit ihm ein Warnzeichen aufgestellt. Das galt auch für Anwälte, die im eigenen Namen oder als Klagevertreter auftraten. Denn bereits 1992 hatte der Bundesgerichtshof klargestellt, dass auch ein Anwalt sich schadensersatzpflichtig machen kann, wenn er bei sittenwidrigen Vergleichsverhandlungen mitwirkt, bei denen eine Aktiengesellschaft einem Berufskläger sein Anfechtungsrecht abkauft.[612]

Weitgehend ungeklärt ist bisher, wie Berufskläger und Rechtsanwälte im Binnenverhältnis abrechnen, wenn nach der Rollenverteilung der Löwenanteil des Geldes dem Berufsopponenten zusteht. Insider gehen davon aus, dass die Anwälte in der Regel zwischen 80 und 90 Prozent ihrer Honorare an ihre Auftraggeber weiterleiten.[613] Nur selten erreichen Zipfel dieser Geheimabkommen die Öffentlichkeit. Ein Beispiel: 2005 wollte der französische Pharmariese Sanofi-Aventis nach der Übernahme von Hoechst die verbliebenen Minderheitsaktionäre aus dem Unternehmen drängen.[614] Nach Anfechtung durch mehrere Berufskläger und einem Vergleich überwies Hoechst an einen Anwalt der Gruppe 250 000 Euro. Der leitete das Geld vereinbarungsgemäß weiter. „Herr Sartingen erhält also 197 212 Euro", schrieb der Jurist in einer E-Mail an Peter Eck mit dem Betreff „Abrechnung Hoechst".

Manchmal balgen sich Berufskläger und ihre Anwälte auch um die Anteile. „Soll Steiner echt 80 Prozent bekommen, oder sollen wir darüber noch mal reden“ schreibt Axel Sartingen an Peter Eck und Frank Scheunert. Klaus Steiner war der Anwalt der Berufskläger-Trios.[615] Laut Anklage der Frankfurter Staatsanwaltschaft sollen bei einem Vergleich mit der Firma Stelcon AG über 75 000 Euro die drei Berufskläger und die beiden Rechtsanwälte alle denselben Betrag bekommen haben, nämlich 15 000 Euro. Ein Indiz dafür, dass Berufskläger und Anwälte in diesem Fall auf Augenhöhe miteinander kooperiert haben. Lediglich dem Landgericht Köln ist es in einem allerdings nicht rechtskräftigen Urteil gelungen, in einem Schadensersatzprozess wegen sittenwidriger Schädigung einer Aktiengesellschaft ein Gebührenmodell mit Hilfe eines E-Mail-Verkehrs zwischen den Beteiligten offenzulegen.[616] Den hatte ein Zeuge im Internet veröffentlicht.

Nach Feststellung des Gerichts haben Peter Eck und mehrere Co-Kläger mit ihren Rechtsanwälten ein ‚Gebührenmodell‘ vereinbart, nach dem in einigen Fällen „bis zu 90% der Honorare der Rechtsanwälte“ der Nebenkläger an Eck abzuführen war. Manchmal sei das Geld auch nach dem „Schlüssel 80% zu 20% aufgeteilt“ worden. „Allein dieses Gebührenmodell“ ist nach Meinung der Kammer „für sich gesehen rechtswidrig“. Das hätten die Beteiligten auch erkannt. „Zur ‚Legalisierung‘ wurde vereinbart“, dass Eck „Scheinrechnungen an die beteiligten Rechtsanwälte erstellt, um den vereinbarten Honoraranteil abführen zu können“. Der Absatz des Urteils schließt mit einer Breitseite gegen alle Beteiligten: „Das Rechtsinstitut der Nebenintervention“ wurde von Eck „im kollusiven Zusammenwirken mit den Nebenintervenienten und Rechtsanwälten rechtsmissbräuchlich ausschließlich zu dem Zweck eingesetzt, risikolos Geld zu verdienen“. Eck hat diese Vorwürfe bestritten: Anwälte hätte nie Honorare an ihn abgetreten, und er hätte auch keine Scheinrechnungen gestellt.[617] Leider ist das Urteil nie rechtskräftig geworden, weil sich die Parteien vor einer Entscheidung des Oberlandesgerichts verglichen haben. Eck wusste wohl, warum.

Dass Anwälte als Berufskläger oder als Erfüllungsgehilfen von ihnen auftreten, ist wohl nur durch Geldnot oder Geldgier zu erklären. Zwar gibt es hier keine gesicherten empirischen Erkenntnisse. Aber Eindrücke, die Anwälte von AG-Vorständen und Wissenschaftlern gesammelt haben, legen solche Schlüsse nahe. Linklaters-Anwalt Hans Ulrich Wilsing: „Es sind zu 90 Prozent Kleinstkanzleien“. Walter Bayer hat bei seiner Untersuchung herausgefunden, dass die meisten juristischen Handlanger von Profiklägern „Einzelanwälte sind, oder aus kleinen Sozietäten kommen, Feld-, Wald- und Wiesen-Anwälte“. Nach Bayers Einschätzung tummeln sich unter den Anwälten der Berufskläger aber auch gute Juristen, wie Norbert Götz, der mit seiner Frau Christa ein Profikläger-Tandem bildet, und Prof. Klaus Steiner.

Resümee: Vor allem seit 2000 hat eine Gruppe von bis zu 40 Berufsklägern Anfechtungs- und Nichtigkeitsklagen gegen Beschlüsse von Hauptversammlungen missbräuchlich genutzt, um damit teilweise Millionen zu verdienen. Dabei waren Rechtsanwälte nicht nur in Nebenrollen als Klagevertreter, sondern auch in Hauptrollen aktiv: als Kläger im eigenen Namen und Gründer bzw. Gesellschafter von Prozessfirmen. ***Durch missbräuchliche Anfechtungsklagen auf Hauptversammlungen und die Abrechnung von Gewinnen unter dem Deckmantel von Anwaltshonoraren haben Advokaten jahrelang vorsätzlich gegen berufsethische und -rechtliche Pflichten gehandelt.***

Risiko Strafverteidiger

Barbara Dietl macht aus ihrem Herzen keine Mördergrube. Nach 35 Jahren als Strafverteidigerin bringt ihr Job „langsam keinen Spaß mehr. Die ganze Konkurrenz. Es kommen kaum noch interessante Mandate. Die werden von anderen abgesahnt". Aber sie muss weiterarbeiten. Von zwei niedrigen Renten, einer Lebensversicherung und einer kleinen Eigentumswohnung können ihr Mann und sie nicht leben. Und dabei haben sie schon alles getan, um die Unkosten der Kanzlei auf 20–30 Prozent des Umsatzes runterzuschrauben. Ein Anrufbeantworter und ihr Mann, der kopiert, die Ablage macht und die Bücher führt, ersetzen eine Sekretärin. Und ein Wartezimmer gibt es in der Berliner Souterrain-Kanzlei auch nicht, die an eine aufgeräumte Studentenbude erinnert.

Bis vor fünf Jahren kam sie mit ihrem Geschäftsmodell ganz gut über die Runden. 90 Prozent ihrer Mandanten hat sie in der Untersuchungshaftanstalt akquiriert. Sie hat sich bei der Staatsanwaltschaft Sprechscheine geholt und im Gefängnis ihre Visitenkarten verteilt. Vor allem bei Drogendealern hatte sie einen guten Ruf, weil sie es häufig schaffte, dass Mandanten vor der Verbüßung einer Gefängnisstrafe eine Therapie antreten konnten, die auf die Strafdauer angerechnet wurde. Sie hatte davon profitiert, dass Untersuchungshäftlinge vor der Reform des Untersuchungshaftrechtes 2010 mehr Zeit für ihre Anwaltswahl hatten, und sie sich später als Pflichtverteidigerin bestellen lassen konnte. 90 Prozent ihrer Mandate wurden so aus der Staatskasse finanziert.

Dieses Geschäftsmodell wurde mit dem Inkrafttreten der U-Haft-Reform zerschlagen. Nach ihr muss der Haftrichter für jeden Untersuchungshäftling unabhängig vom Tatvorwurf ***„unverzüglich"*** einen Anwalt bestellen. Wenn der Betroffene keinen Anwalt kennt, wählt der Richter ihn aus – in einem höchst unterschiedlichen und wenig transparenten Verfahren. Nach der Gesetzesänderung schmolz die Zahl der Pflichtverteidigungen für Dietl wie Schnee in der Sonne. Während sie zuvor auf 20 bis 25 Verfahren pro Monat kam, waren es nach der Reform nur noch zehn. Ihre bittere Bilanz: „In den letzten Jahren habe ich 50 Prozent meiner Mandate eingebüßt: durch das neue Gesetz, größere Konkurrenz und Mandantenklau". Sie weiß, dass in den letzten Jahren weniger Tatverdächtige in der Untersuchungshaft sitzen, und mehr Verteidiger um die Futtertröge streiten. Am schlimmsten aber ist, dass „ich meiner Mandate nicht mehr sicher bin". Ein Staatsanwalt hat ihr einmal die Gründe erklärt: „Ich kenne fünf bis sechs Anwälte, die jederzeit Kollegen aus ihren Mandaten kicken". Die Methode ist plump: falsche Versprechungen und Schlechtmachen des beauftragten Kollegen. Am Ende des Gesprächs seufzt die erfahrene Strafverteidigern: „Ich möchte heute nicht mehr anfangen. Die haben es verdammt schwer".

Schlaflose Nächte: die Sicherung des Existenzminimums

Wann Petra S. sich entschlossen hat, Strafverteidigerin zu werden, weiß sie nicht mehr. Der Boden dafür war vermutlich schon früh bereitet. Ein Onkel und ein Cousin waren Juristen, und bereits als Kind hat sie keine Folge der US-Anwaltsserie „Madlock" ausgelassen. Die Hamburgerin denkt, dass sie die für Verteidiger typische Mischung aus „helfen und gefordert sein" angezogen hat. Aber es gibt Momente, in denen sie verzweifelt und nicht weiß, ob sie weiter machen soll: „Der Kampf um die Mandanten und der Kampf mit ihnen wird zu mühsam". Statt gemeinsam an einem Strang zu ziehen, halten ihre Mandanten „Termine nicht ein, liefern Papiere nicht, sprechen Zeugen gegen ihren ausdrücklichen Wunsch an und zahlen nicht". Obwohl sie erlesen gekleidet ist, und ihr Arbeitszimmer Designertalent verrät, ist sie finanziell nicht auf Rosen gebettet. Sie hat ein Zimmer in einer Bürogemeinschaft gemietet. Eine Sekretärin kann sie sich nicht leisten. Sie muss überwiegend von Pflichtverteidigungen leben. Ihre Bilanz nach zehn Jahren Strafverteidigung fällt eher grau aus: „Den Beruf habe ich mir sorgenfreier vorgestellt. Bald bin ich vierzig und habe immer noch schlaflose Nächte".

Wie Petra S. geht es vielen Strafverteidigern wirtschaftlich schlecht. Auch wenn es darüber keine empirischen Erkenntnisse gibt, bestreitet diesen Befund niemand. „Es gibt eine Menge Verteidiger", so der Berliner Kollege Stefan König, „die wirtschaftlich kaum überleben". Dramatisch die Situation auch in Frankfurt. Oliver Wallasch: „Viele Verteidiger verdienen gerade das Existenzminimum, um 1 000 Euro im Monat". Bei Berliner Richtern klopfen alle paar Tage Advokaten an die Tür und bitten, bei Pflichtverteidigungen berücksichtig zu werden. „Bettelbesuche" heißen diese Visiten im Jargon. Die Anwälte hinterlassen Visitenkarten und versprechen im Falle einer Beiordnung: „Wenn sie mich nehmen, dann gibt es eine glatte Hauptverhandlung, keinen Ärger". Wirtschaftliche Sorgen drücken aber nicht nur die unteren 10 bis 20 Prozent der Einkommenspyramide. Nach Einschätzung des Hamburger Oberstaatsanwalts Wilhelm Möllers hat die „untere Hälfte zu kämpfen". Der Berliner Kammervorsitzende Olaf Arnoldi nimmt an, dass in der Hauptstadt „nur 50 bis 100 Strafverteidiger von ihrem Job gut leben können", wenn sie nicht zusätzlich in anderen Rechtsgebieten verdienen.

Das Geschäftsmodell Strafverteidiger hat trotz langer Tradition zwei besondere Herausforderungen zu bestehen: ein steigendes Angebot durch immer mehr Verteidiger bei gleichzeitig sinkender Nachfrage durch Straftäter. Dieser Konkurrenzdruck wird sich in den nächsten Jahren aus demoskopischen Gründen noch verschärfen. Die besonders stark kriminalitätsbelasteten Altersgruppen – Jugendliche und Jungerwachsene – schrumpfen. Diese Entwicklung wird auch die oberen Etagen der Einkommenspyramide hart treffen. Der Berliner Staatsanwalt Bernhard Mix meint schon heute zu spüren, dass bei den „Arrivierten der Druck, lukrative Mandate zu bekommen, größer ist als bei Jungen".

Niemand weiß, wie viele Anwälte ausschließlich oder hauptsächlich als Strafverteidiger ihr Geld verdienen. Fest steht nur, dass die Zahl der „Fachanwälte für Strafrecht" von 2000 bis 2012 von 702 auf 2755 gestiegen ist, ein Plus von 292 Prozent. Der Vorsitzende der AG Strafrecht beim Deutschen Anwaltverein Werner Leitner schätzt, dass bundesweit 5000 Robenträger „schwerpunktmäßig" verteidigen.

Während das Angebot an Rechtsrat größer geworden ist, ist die Nachfrage nach fast allen Indikatoren gesunken. Die Zahl der staatsanwaltlichen Ermittlungsverfahren ist von 2005 bis 2011 um 6,5 Prozent gefallen. Abnehmend auch die Tendenz bei Strafverfahren vor den Amtsgerichten. Zwischen 2000 und 2011 ging ihre Zahl um 7,6 Prozent zurück. Allein die Neuzugänge bei den Landgerichten sind zwischen 2000 und 2011 relativ konstant geblieben. Dagegen ist wiederum die Zahl der Berufungen zwischen 2004 und 2011 um gut 12 Prozent geringer geworden.

Ins Bild passt, dass auch die Zahl der Untersuchungsgefangenen und Gefangenen seit Jahren stetig abnimmt. Zwischen 2000 und 2011 ist die Zahl der Untersuchungsgefangenen bundesweit um 82 Prozent gesunken.[618] Dramatisch der Rückgang vor allem in Großstädten. Während früher in der Hamburger Untersuchungshaftanstalt 800 bis 900 Häftlingen saßen, sind es dort 2012 nur noch 300 bis 400. In Berlin fiel die Zahl von 1041 im Jahr 2000 auf 571 im Jahr 2012. Ähnlich der Trend bei den Strafgefangenen und Sicherheitsverwahrten. Ihre Zahl ist zwischen 2005 und 2012 um knapp 7 Prozent gefallen. Die Botschaft dieser Statistiken ist eindeutig: Die sinkende Nachfrage nach strafrechtlicher Beratung und Betreuung macht es für die Mehrzahl der Verteidiger zunehmend härter, den Lebensstandard bzw. das Existenzminimum zu halten.

Indikatoren für den wirtschaftlichen Erfolg eines Strafverteidigers sind neben der finanziellen Potenz der Beschuldigten drei Kennziffern: der Anteil von Honorarvereinbarungen, der Anteil der Pflichtverteidigungen mit Zuzahlungen und der Anteil der Rechnungen nach dem Rechtsanwaltsvergütungsgesetz (RVG).

Wer auf Pflichtverteidigungen angewiesen ist, kann davon nur leben, wenn er auf einen Apparat verzichtet und seine Akten im Wohnzimmer bearbeitet. Wer wie der Hamburger Strafverteidiger Gerhard Strate bei 90 Prozent seiner Mandate das Honorar frei vereinbart, ist ein gemachter Mann. Erfolgreich sind auch die Berliner Anwälte Stefan König oder Ulrike Zecher mit Anteilen von jeweils 75 Prozent Honorarverträgen. Zu kämpfen haben dagegen erfahrene Verteidiger wie Armin Golzem und Oliver Wallasch aus Frankfurt. Sie müssen sich mit 80 bzw. 50 Prozent Pflichtverteidigungen über Wasser halten. Letzterer hat es geschafft, durch die Beauftragung eines Callcenters mit dem Telefonservice und einem Diktiergerät mit Spracherkennungsfähigkeiten eine Sekretärin überflüssig zu machen und dadurch die Unkosten für die Kanzlei auf 25 Prozent des Umsatzes zu drücken. Seit Jahren träumt er davon, einmal einen Fall aus der gehobenen Wirtschaftskriminalität zu bekommen, um finanziell in die nächste Etage aufzusteigen. Bisher vergeblich. Mehr als eine wenig repräsentative Kanzlei in einer umfunktionierten 2 1/2-Zimmer-Wohnung im Frankfurter Westend, die er sich mit einer Kollegin teilt, kann er sich nicht leisten – trotz langjähriger Verteidigerpraxis.

Es gibt zwei berufsethische Grauzonen bei der Honorierung von Strafverteidigern, die Rückgrat erfordern: Zuzahlungen bei Pflichtverteidigungen durch die Mandanten und Barzahlungen mit und ohne Quittung. Beide Wege, Robenträger zu entlohnen, sind verbreitet.

Ein hoher Anteil von Zuzahlungen ist ein Indikator dafür, dass eine Kanzlei in der oberen Hälfte der Einkommenspyramide ihren Platz hat, allerdings nicht zum oberen Drittel gehört. Zuzahlungen dürfen ohne Abzug bis zur Höhe der Pflichtverteidigergebühren entgegengenommen werden. Bekommen sie mehr, müssen sie sich die Summe bei den Zahlungen aus der Staatskasse anrechnen lassen. Um das zu kontrollieren, müssen Pflichtverteidiger bei der Abrechnung ihrer Gebühren angeben, ob sie von ihren Mandanten bereits Geld bekommen haben.

Dass die Anwälte dabei ehrlich sind, erscheint höchst zweifelhaft. Nach einer Umfrage unter Rechtspflegern beim Amtsgericht Tiergarten geben im Schnitt nur ein Prozent der Pflichtverteidiger bei der Abrechnung an, dass sie bereits Vorschüsse oder andere Zuzahlungen von ihren Mandanten erhalten haben. Diese geringe Zahl steht im krassen Widerspruch zu den Angaben von Pflichtverteidigern über Zuzahlungen gegenüber dem Verfasser. Danach sind die bei einem bestimmten Kreis von Verteidigern verbreitet. Bei den Befragten variieren die Anteile von Zuzahlungen bei Pflichtverteidigungen zwischen 14 und 80 Prozent.

Noch seltener kommt es vor, dass Pflichtverteidiger bei Abrechnungen gegenüber der Staatskasse angeben, dass sie von Mandanten mehr Geld erhalten als vom Staat, beim Amtsgericht Tiergarten in 0,01 Prozent aller Fälle. Die anderen passen auf, dass sie nicht mehr angeben als sie dürfen, um Abzüge von der Staatsknete zu vermeiden. Der Rest ist Schweigen. Den Obolus bekommen Pflichtverteidiger nämlich von Mandanten meist bar überreicht. Nur durch Zufall erfahren Justizkassen von solchen zusätzlichen Barzahlungen, nämlich dann, wenn ein Verurteilter eine Rechnung über seinen Anteil an Gerichtskosten erhält, und er bei der Justizkasse nach den Gründen fragt, weil er seinen Anwalt doch schon bezahlt habe. Solche Schummeleien zu Lasten der Staatskasse fliegen freilich nur alle paar Jahre auf. Das kann an der Ehrlichkeit der Pflichtverteidiger liegen, aber auch an der fehlenden Kontrolle von Pflichtverteidigerrechnungen durch die Justizkasse.

Ein „dunkles Kapitel" nennt der Hamburger Strafverteidiger Johann Schwenn Barzahlungen. Wie sein Kollege Gerhard Strate akzeptiert auch er Euro-Scheine, achtet aber darauf, dass er sie nicht einmal in die Hand nimmt, als seien sie verseucht. Mandanten, die auf diese ungewöhnliche Art zahlen, müssen die Scheine seiner Sekretärin übergeben, die eine Quittung über den

Empfang ausstellt. Der Hamburger Strafverteidiger Andreas Thiel räumt offen ein, dass er ein Drittel aller Honorare bar bekommt. Doch Vorsicht bleibt geboten. Denn bei der Entgegennahme von Barem bewegen sich Verteidiger in einer berufsethischen und strafrechtlichen Gefahrenzone. Der Grund ist offensichtlich: Geld von Drogendealern, Zuhältern, Räubern, Einbrechern oder Betrügern ist vielfach illegal erworben. Kassiert ein Verteidiger Bargeld als Honorar, setzt er sich dem Verdacht aus, sich wegen Hehlerei, Strafvereitelung oder Geldwäsche strafbar zu machen. Bei gewissen Straftätern drängt sich ein solcher Verdacht geradezu auf, zum Beispiel bei Drogenkurieren und -dealern. Um diesen Anschein zu vermeiden, akzeptiert etwa der Berliner Verteidiger Stefan König – berufsethisch höchst verantwortungsvoll – keine Barzahlungen von Familien von Drogendealern.

Bei Barzahlungen lockt noch eine zweite berufsethische Versuchung: Sie ohne Quittung anzunehmen und unversteuert zu lassen. Erfahrene Straftäter locken damit häufig. Diesem Köder können nach den Erfahrungen von Gerhard Strate und Oliver Wallasch einige Kollegen nicht widerstehen: „Bar ohne Quittung ist Gang und Gäbe", weiß Wallasch. Als ein jugoslawischer Drogenhändler ihm so einen Deal anbot, antwortete er: „Du brauchst keine Quittung, aber ich". Auch die Berliner Verteidigerin Ulrike Zecher hört von Mandanten und aus Polizeiquellen immer wieder, dass Kollegen „Bares ohne Quittung nehmen" sollen.

Bis zur Jahrtausendwende haben Staatsanwaltschaften hin und wieder Ermittlungsverfahren gegen Strafverteidiger wegen Geldwäsche eingeleitet, wenn sie Bargeld angenommen hatten. Es kam zu Freisprüchen wie Verurteilungen.[619] Seit einem Urteil des Bundesverfassungsgerichts aus dem Jahre 2004 ist die Rechtslage jedoch klar. Strafverteidiger können Barzahlungen bedenken- und risikolos annehmen. Ein Überschreiten der von den Verfassungsrichtern gezogenen Strafbarkeitsgrenze – die „sichere Kenntnis" von der illegalen „Herkunft des Geldes" – ist in der Praxis nicht nachzuweisen. Hinter der Entscheidung des Zweiten Senats unter Vorsitz des Strafrechtsprofessors und späteren Strafverteidigers Winfried Hassemer standen drei Motive: Man wollte gute Verteidiger nicht auf die Pflichtverteidigung beschränken, ihnen bei Bargeldempfang keinen bösen Willen unterstellen und sie von dem Risiko befreien, bei jeder Annahme von Scheinen mit einem Bein im Gefängnis zu stehen. Ein Schlüsselsatz der Entscheidung: „Das Risiko, sich durch die Entgegennahme eines Honorars oder Honorarvorschusses im Rahmen eines Wahlmandats wegen Geldwäsche strafbar zu machen, gefährdet das Recht des Verteidigers, seine berufliche Leistung in angemessenem Umfang wirtschaftlich zu verwerten".[620]

In den Augen des Hamburger Verteidigers Klaus Hüser ist das Urteil des Bundesverfassungsgerichts ein „Persilschein" für die Annahme von Barem. Für Strafverteidiger wird es nach Ansicht seines Berliner Kollegen Stefan König erst dann gefährlich, wenn der Mandant das Geld „mit rauchendem Colt übergibt oder aus einer Taschen voll mit Euro-Scheinen nimmt". Selten fällt Ermittlern ein Brief wie der eines Chefs einer chinesischen Schleuserbande in die Hände, den sein Anwalt rausgeschmuggelt hatte. Er enthielt eine Anweisung, Zeugen zu beeinflussen. Dem Sinn nach schloss er mit dem Satz: „Gib meinem Anwalt 20 000 Euro aus meinem Anteil aus der Beute".

Soweit bekannt, hat die Justiz seit dem Urteil des Bundesverfassungsgerichts keine Verfahren wegen Geldwäsche mehr gegen Verteidiger wegen der Annahme von Bargeld eingeleitet, auch wenn sie formal keine „Ermittlungsimmunität" genießen.[621] Da jedoch keine Fälle vorkommen, in denen man „weißes Pulver auf den Scheinen sieht", wie der Vorsitzende einer Hamburger Wirtschaftsstrafkammer Marc Tully sarkastisch formuliert, sind die „Schleusen für Geldwäsche bei Anwaltshonoraren in der Praxis geöffnet".

Das Bundesverfassungsgericht hat Strafverteidigern bei der Geldwäsche eine „Sonderstellung" (Armin Golzem) eingeräumt. Es hat verfassungsrechtlich abgesegnet, dass Strafverteidiger zum Teil von Geld leben, dass aus Straftaten stammt. Noch deutlicher formuliert: ***Der Berufsstand finanziert sich mit höchstrichterlichem Segen partiell auf Wegen, die objektiv den Tatbestand der Geldwäsche erfüllen.*** Eine außerordentliche Privilegierung ökonomischer Erwägungen zu Lasten berufsethischer Verantwortung.

Fangprämien und Kassiber: Hauen und Stechen in der Untersuchungshaft

Saal 337 um 14:09 am 19. Oktober 2012: Die Große Strafkammer 3 des Hamburger Landgerichts verkündet nach fast zwei Jahren und 105 Verhandlungstagen ihr Urteil gegen zehn somalische Piraten, die den Hamburger Frachter ‚Taipan' überfallen hatten. Wegen erpresserischen Menschenraubes und bewaffneten Angriffs auf den Seeverkehr verurteilte das Gericht sie zu insgesamt zu 52,5 Jahren Gefängnis.[622]

Im ersten Piratenprozess seit 600 Jahren mitzumischen, war für Verteidiger ein lockendes Ziel. Um an die Mandate zu kommen, haben sie sich aus der gesamten Republik beworben – mit lauteren und unlauteren Mitteln. Freilich kaum Vertreter aus der ersten Garde.

Vor allen anderen hatte der Frankfurter Verteidiger Oliver Wallasch ein Mandat ergattert. Er fand die Idee attraktiv, beim „ersten Piratenverfahren" dabei zu sein: „Anwälte wollen neben der Arbeit an einem reizvollen Fall auch gern mal im Rampenlicht stehen. Das kann man nicht verhehlen". Zu diesem Zweck hatte er die von einer holländischen Fregatte aufgebrachten Somalier sogar schon in der Auslieferungshaft in den Niederlanden besucht. Mit Kollegen vor Ort und der Hamburger Strafverteidigervereinigung wollte er die Verteidigung organisieren und zu diesem Zweck eine Liste mit Verteidigern erstellen. Das gelang aber nur bedingt. Eine Dortmunder Kanzlei grätschte dazwischen. Ihr holländisches Büro wurde aktiv, als klar war, dass die Piraten nach Deutschland ausgeliefert würden. Rechtsanwalt Michael Budde empfand es als „große Herausforderung", bei „Angeklagten aus einem anderen Kulturkreis Vertrauen zu bilden". Auch der Hamburger Strafverteidiger Andreas Thiel und zwei Kollegen kamen schnell aus den Startblöcken und baten den Ermittlungsrichter, sie schon vor der Auslieferung der Piraten nach Deutschland zu bestellen. Thiels Motiv: „Ist mal ein anderes Verfahren, muss man anderes Gehirnschmalz aufwenden". Als noch fünf Mandate zu vergeben waren, begann zwischen weiteren 15 Verteidigern „ein bisschen Hauen und Stechen", wie Oliver Wallasch es ausdrückt. Einige beschränkten sich auf Bettelbriefe an die Staatsanwaltschaft. Ein Bonner Anwalt wollte mit seinen Erfahrungen als Verteidiger beim Internationalen Strafgerichtshof für das frühere Jugoslawien und beim Internationalen Strafgerichtshof in Den Haag punkten, ein Hamburger verwies auf seinen iranischen Hintergrund und seine Kenntnisse über den „kulturellen und sozialen Hintergrund" in „islamischen Ländern". Ein „Nigerianer und Rechtsanwalt aus Kiel", wie er sich selbst nannte, glaubte, aufgrund seiner Englischkenntnisse besser mit den Somaliern „kommunizieren" zu können. Weitere Qualitätsnachweise: „Ich war schon im Schleswig-Holstein-Magazin … zu sehen und die Kieler Nachrichten hat(!) neulich einen Bericht über mich gebracht". Eine Kollegin ging noch weiter und suchte drei Somalier sogar in der U-Haft auf. Sie gab vor, im Auftrag ihrer Familien zu kommen und forderte sie auf, Vollmachten zu unterschreiben, um schon bestellte Kollegen aus dem Verfahren zu kicken. Eine Unterschrift bekam sie zunächst. Am Ende misslang ihre Kaltakquise jedoch auf der ganzen Linie, nach wütenden Anrufen und Briefen der betroffenen Rechtsvertreter. Verteidiger Norbert John: „Die Kollegen haben versucht, sich gegenseitig auszutricksen. Jeder wollte einen Piraten abbekommen. Es gab Beschwerden an die Kammer".

Der bundesweite Wettlauf um die Piratenmandate ist ein Paradebeispiel für den Catch-as-Catch-can auf dem Verteidigermarkt – und zwar auf allen Etagen. Verteidiger Norbert John beobachtet an der Elbe „schlimme Auswüchse" und „Wild-West-Methoden". Für den Kölner Anwalt Olaf Klein sind „Strafverteidiger bunte Hunde, die fast alles machen, seitdem das Werbeverbot gefallen ist". Fast sprachlos eine Hamburger Vollzugsexpertin: „Der Konkurrenzkampf ist unangenehm. Die Anwälte machen sich gegenseitig schlecht, während die Gefangenen in einer Lebenskrise stecken. Für den Kampf gibt es keine Beschränkung mehr". Das Anwaltszimmer im Kriminalgericht Moabit heißt inzwischen „Haifischbecken".

Die Ellbogen ausfahren müssen hin und wieder selbst Spitzenverteidiger – und das manchmal vergeblich. Der renommierte Frankfurter Wirtschaftsstrafverteidiger Rainer Hamm ist schon zweimal aus Mandaten geworfen worden. Besonders schlecht in Erinnerung hat er den Anwalt Peter Michael Diestel, den letzten Innenminister der DDR.[623] Hamm hatte den ehemaligen Betriebsratsvorsitzenden Klaus Volkert in der VW-Affäre vertreten. Der meinte, dass er auch für das Zivilrecht noch einen Anwalt brauche. Hamm war einverstanden. Ein paar Tage später teilte Volkert dem Frankfurter Anwalt mit, dass er das gesamte Mandat auf Diestels Kanzlei übertragen habe: „Alles in einer Hand". Hamm willigt ein und schickte eine Abschlussrechnung. Statt Geld bekam er Post von der Kanzlei Diestel. Er wurde aufgefordert, die von Volkert bezahlten Honorare in Höhe von 44 000 Euro fast komplett zurückzuzahlen. Er warf Hamm „sittenwidriges Verhalten" vor. Er habe die Unerfahrenheit Volkerts ausgenutzt, als er einen Stundensatz von 400 Euro verlangt habe. Als sich Hamm weigerte, das

Geld zurückzuzahlen, wurde er verklagt. Hamms Kommentar: „Herr Diestel hat ganz erstaunliche Methoden. Solche Methoden habe ich noch nie vorher erlebt". Den Prozess hat Hamm dann auf der ganzen Linie gewonnen. Auch Top-Verteidiger Gerhard Strate hat sich gewundert, als er den Gerichtsakten entnahm, dass der Kollege Andrej Sarközi statt seiner Revision eingelegt hatte, ohne vorher informiert worden zu sein. Strate legte sein Mandat sofort nieder und schrieb ihm im feinen Florett: Dass Sie vorher keinen Kontakt zu mir aufgenommen haben, „ist keine Empfehlung".

Auch Staatsanwälte und Richter beobachten, dass das Ringen der Verteidiger um Klienten „deutlich härter" (Staatsanwalt Bernhard Mix) bzw. „heftiger" (Oberstaatsanwalt Sjors Kamstra) geworden ist. Für ihren Berliner Kollegen Ralph Knispel ist es sogar „unerträglich" geworden. Dabei hat Kamstra, Leiter einer Abteilung für organisierte Kriminalität beim Kriminalgericht Moabit, eine gefährliche Mechanik entdeckt: „Newcomer haben nur eine Chance, wenn sie gewisse Dinge mitmachen, die die Etablierten nicht machen. Aber wenn die Etablierten als Verteidiger etwa von türkischen und arabischen Großfamilien da bleiben wollen, wo sie sind, müssen sie das machen, was die Geldgeber wollen".

Der Hauptschauplatz des „brachialen Konkurrenzkampfes" (Kay Dieckmann, Vorsitzender der 24. Jugendkammer beim Kriminalgericht Moabit) ist trotz der Reform des Untersuchungshaftrechts weiter die U-Haftanstalt. Früher ging es in erster Linie um Erstmandate, in den letzten Jahren vermehrt auch um Mandatswechsel. Einen Kollegen aus einem Mandat zu drängen, galt – von Ausnahmen abgesehen – bis vor einigen Jahren als Tabu. Dieses ungeschriebene Gesetz wird heute auf breiter Front missachtet. Der Hamburger Verteidiger Norbert John: „Die Kollegen gehen in den Knast, um Mandanten abzuwerben". Eine Folge davon: Vollmachten werden häufiger widerrufen. Eine Hamburger Vollzugsexpertin schätzt, dass inzwischen in 20 Prozent „aller Fälle Vollmachten später wieder entzogen worden". Besonders häufig „werben sich Verteidiger gegenseitig die Mandate ab, wenn die Fälle in der Zeitung stehen", hat der Berliner Oberstaatsanwalt Ralph Knispel beobachtet. Ein Potsdamer Verteidiger wandert mit einem Album mit Zeitungsartikeln, in denen er genannt wird, unter dem Arm durch Untersuchungshaftanstalten, um potentielle Mandanten zu beeindrucken. ***Die verbreitete Praxis, Beschuldigte und Angeklagte aus bestehenden Mandatsverhältnissen abzuwerben, verstößt gegen das berufsrechtliche Verbot der Einzelfallwerbung.***

Wollen Verteidiger in der Untersuchungshaft Mandate akquirieren, müssen sie sich in den meisten Bundesländern noch Besuchsscheine bzw. Sprechscheine besorgen. Im Hamburg und in Berlin haben Verteidiger dagegen grundsätzlich freien Zugang zur Untersuchungshaft. In der Hansestadt wurden Besuchsscheine 2010 abgeschafft, dank der Rechtsanwaltslobby in der Hamburger Bürgerschaft, wie eine Vollzugsexpertin etwas säuerlich anmerkt. Glücklich ist sie mit dem freien Zugang der Anwälte zur U-Haftanstalt nicht. Ihn zu garantieren, ist personalintensiv und fördert die Abwerbung von Mandaten. Pro Woche wollen im Schnitt hundert Anwälte mit Inhaftierten sprechen, einige mit bis zu zehn Häftlingen.

In Frankfurt sind Sprechscheine nach dem Eindruck von Armin Golzem nur noch eine Formalität. Dort faxen Verteidiger Listen mit bis zu 25 Namen von U-Häftlingen an die Anstaltsleitung mit dem Anliegen, sie sprechen zu wollen. Im 10-Minuten-Takt werden dann Gespräche geführt. Ein Robenträger rühmt sich, ungekrönter König eines Stockwerks der JVA Weiterstadt zu sein: „Mir gehört der siebte Stock". Andere Bundesländer wie Nordrhein-Westfalen oder Bayern versuchen dagegen weiter, mit Hilfe von Besuchsscheinen die Zahl der Verteidigerbesuche zu drosseln und sie zu kontrollieren, um Auswüchse bei der Akquise zu stutzen. In Bielefeld gipfelte der Streit um eine verweigerte Besuchserlaubnis in einer gerichtlichen Auseinandersetzung. Das Urteil, das eine Besuchserlaubnis ablehnte, erlaubt einen erhellenden Blick auf das Bild, das Richter mittlerweile vom Werbeverhalten einiger Verteidiger haben.[624]

Der Anwalt wollte einen Gefangen besuchen, der bereits anwaltlich vertreten war. Beim ersten Besuchsantrag fehlte eine Begründung, beim zweiten tauchte ein angeblicher Auftrag der Eltern des Einsitzenden auf. Das Gericht stellte daraufhin ein paar Punkte klar. Erstens: Die Wahrnehmung von Besuchskontakten ist „primär ein Recht des Gefangenen" und kein Recht des Anwalts, um „auf diese Weise an ein Mandat zu gelangen". Zweitens: Aus jahrelangen Postkontrollen von Untersuchungsgefangenen sei dem Gericht bekannt, dass bei der Erteilung von Vollmachten oder beim Verteidigerwechsel in Einzelfällen Versprechen „ohne Tragfähigkeit" gemacht werden. Drittens: Es gäbe „Anhaltspunkte" dafür, dass „zumindest gelegentlich" Mandate begründet werden, bei denen gegen die berufsrechtlichen Verbote der Vereinbarung geringerer Gebühren bzw. des Versprechens von Vorteilen für die Vermittlung von Aufträgen verstoßen werde". Die Kammer sei nicht verpflichtet, „an derartigen Verstößen mitzuwirken". Unter dem Strich ist diese Begründung nichts anderes als eine in Urteilsform gegossene Unmuts- und Misstrauenserklärung gegenüber Werbepraktiken von Verteidigern in der Untersuchungshaft.

Die Werbekoffer der Anwälte enthalten vor allem sechs Instrumente: kostenloser Rechtsrat, falsche Versprechungen, Schlechtreden von Kollegen, hohe Vorschüsse, Fangprämien und Kassiber. Manchmal werden sie auch zusammen eingesetzt.

Besonders ärgerlich findet Nobert John, wenn Kollegen schlecht übereinander reden. Zu den Standardsprüchen gehören: „Der kann das nicht. Ich will nichts dafür haben, wir bringen die Sache in die Zeitung oder ich mache das als Pflichtverteidiger". Oder „Ich kann das besser. Ich hole sie raus". Häufig kommt noch der Spruch dazu: „Wir kennen den Richter oder Staatsanwalt". Um in den Markt zu kommen, gehen insbesondere junge Anwälte, wie ältere Rechtsberater Kay Dieckmann berichtet haben, mit den Honoraren runter: „Ich mach es billiger oder umsonst".

Die umgekehrte Masche wenden einige Erste-Klasse-Verteidiger an: Sie koppeln Versprechungen an hohe Vorschussforderungen, um ihren Wert zu unterstreichen. Staatsanwalt Bernhard Mix hat von einem Verteidiger den Spruch gehört: „Lege mir 20000 Euro auf den Tisch, dann hole ich Dich raus". Das Versprechen hat gezogen, um das Mandat zu bekommen, die in Aussicht gestellte

Freiheit erwies sich als heiße Luft. Auch sein Kollege Knispel begegnet hin und wieder „Heilsbringern und Wunderheilern“: „Unterschreib mal eine Vollmacht und dann bist Du bald draußen“. Für Staatsanwalt Knispel hat diese verbale Muskelprotzerei eine unangenehme Schattenseite: „Anwälte klagen, dass sich eine ehrliche und offene Art nicht mehr auszahlt“.

Großer Beliebtheit erfreuen sich bei der Mandatsakquise sog. Fangprämien. Verteidiger deponieren bei Gefangenen Vollmachten und Visitenkarten und versprechen ihnen, für die Vermittlung jedes Mandats Rabatt beim Honorar oder 20 bis 30 Euro auf das Gefängniskonto einzuzahlen. Die Anwälte bekommen dafür Namen von Häftlingen genannt, die sie ansprechen können. Das gab es in den siebziger und achtziger Jahren nicht. In der Hamburger Untersuchungshaftanstalt werden Visitenkarten weggenommen, wenn sie bei Zellinspektionen entdeckt werden. Einige Knackis unterstützen ihre Anwälte bei der Werbung auf besonders originelle Weise: Sie kritzeln an die Wände der Vorführzelle: „Anwalt E.: preiswert und gut“.

Eingeflochten in das Akquisenetz sind auch Vollzugs- und Justizbeamte sowie Dolmetscher. Alle erhalten Provisionen für das Makeln von Aufträgen, die zu zahlen Anwälten berufsrechtlich verboten ist. Bei einigen Robenträgern ist die Not so groß, dass sie ihre Visitenkarten sogar bei Richtern hinterlassen. Ein Kollege von Tobias Kaehne, Richter am Amtsgericht Moabit, konnte sich zeitweise vor Anfragen von Verteidigern kaum retten. Als jüngst wieder einer an seine Tür klopfte, ließ er ihn wissen: „Sie waren heute der Dritte und in dieser Woche der Zehnte“.

Ein von Gefangenen besonders geschätztes Werbeinstrument ist das Schmuggeln von Kassibern: von Briefen in der Verteidigerpost, Drogen, Handys und Sim-Karten. Ein heißes Eisen unter Verteidigern.

Besuche von Anwälten bei Gefangenen werden nicht überwacht. Bei ihnen dürfen sie Schriftstücke übergeben, deren Inhalt von den Vollzugsbediensteten nicht überprüft werden darf. Diese Regel schützt das Vertrauensverhältnis zwischen Anwalt und Inhaftierten, öffnet aber auch Tür und Tor zum Missbrauch. Gefangene haben nämlich ein starkes Interesse, Informationen an der Postkontrolle vorbeizuleiten: Liebesbriefe, die der Staatsanwalt nicht lesen soll, Versuche, Zeugen zu beeinflussen oder Anweisungen für die Teilung der Beute.

In der Hamburger U-Haftanstalt sitzt das Misstrauen gegenüber durchstechenden Anwälten inzwischen so tief, dass Häftlinge vor und nach jedem Verteidigergespräch durchsucht werden. Ein Ersatz dafür, dass Vollzugsbeamte Anwälte nicht durchsuchen dürfen. Wird vor einem Anwaltsgespräch ein Brief an eine Freundin gefunden, wird er weggenommen. Gerhard Strate: „Kassiber schmuggeln ist ein Kainsmal für den Berufsstand“.

Das „Rausbringen von Kassibern“ ist ein „echtes Werbeargument“, weiß ein Berliner Verteidiger. „Der bringt auch Kassiber raus“ verbreitet der Flurfunk in Windeseile. Er räumt ein, „zwei bis drei private Briefe schon mal mit rausgenommen zu haben, rein dagegen noch nie“. Oliver Wallasch wird „regelmäßig gebeten, etwas mit rauszunehmen“. Er ist da strikt. „Ich bin nicht die Deutsche Bundespost. Sie brauchen mich noch als Verteidiger. Wenn es auffliegt, kostet mich das mindestens 3000 Euro Buße". Und das kommt hin und wieder vor, etwa, wenn sich ein etwas unterbelichteter Gefangener beim Staatsanwalt verplappert: „Den Brief hat doch mein Verteidiger mitgenommen". Armin Golzem kennt einen Kollegen, der einen Brief auf Albanisch mitgenommen hat. Hätte er seinen Inhalt gekannt, hätte er es vielleicht nicht getan: Es war eine Anweisung an seine Familie, „wie sie mit vier Kilo Heroin umzugehen hat". Vieles läuft für Ulrike Zecher „über die menschliche Schiene. Eine Schokolade mitbringen und einen Brief an die Oma mitnehmen". Einige Kollegen handeln dann aus „Mitleid, um soziale Bezüge zu erhalten". Aber man sitzt „schnell in der Falle, weil man erpressbar ist: Sonst hast Du es doch immer gemacht". „Dadurch laufen wir Gefahr, unsere Privilegien zu verlieren", fürchtet Ulrike Zecher.

Durch den harten Wettbewerb bekommen nach Beobachtungen von Oberstaasanwalt Knispel auch „seriöse" „Anwälte ein Problem". „Wenn Anwälte keine Gefangenenpost mitnehmen, werden sie beschimpft, weil sie nichts rausschmuggeln, bis hin zum Entzug des Mandats". Und wenn Berufsanfänger Angebote zwischen 200 und 300 Euro in bar für das Mitnehmen von Briefen erhalten, muss der Angesprochene nach Einschätzung eines Hamburger Ermittlungsrichters „schon ein standing haben, dass er da nicht mitmacht. Das schaffen nicht alle".

Bekannt ist auch, dass einige Anwälte sogar Drogen in Knäste schmuggeln. Gegen den Berliner Verteidiger Detlev M. wurde wegen eines solchen Verdachts einmal ein Ermittlungsverfahren eingeleitet, das aber nicht in eine Verurteilung mündete. In der Untersuchungshaftanstalt Moabit sind nach seinem Leiter Wolfgang Fixson in fünf Jahren drei bis vier Anwälte beim Drogenschmuggel ertappt worden. Ein anderer Anwalt hat vorübergehend seine Zulassung verloren, nachdem er beim Schmuggeln von Haschisch in die JVA Tegel ertappt worden war. Er war nicht toll im Geschäft.

Das Einschleusen von Handys hat einen sehr hohen Werbewert. Hinter Mauern sind sie wesentlich teurer als in Freiheit. „ Im Gefängnis beträgt ihr Marktwert nach Wolfgang Fixson „zwischen 400 und 500 Euro. Sie sind billiger geworden, weil es mittlerweile viele in der U-Haft gibt". Staatsanwalt Ralph Knispel weiß von einem Anwalt, der einem Mandanten sein Handy überlassen hat. In einem anderen Fall hat ein Anwalt seinen Mandanten mit seinem Handy telefonieren lassen. Um das zu verhindern, müssen Verteidiger in Berlin ihre Handys vor Mandantenbesuchen abgeben. Im Hamburg wurde ein Rechtsvertreter erwischt, wie er in der Sprechzelle telefonierte und das Handy dann seinem Mandanten gab. Sein Name kam, so die Praxis an der Elbe, auf eine schwarze Liste. Die Folge: Er darf künftig nur noch in einer Zelle mit Trennscheibe mit seinem Mandanten reden, damit er nichts mehr durchstecken kann.

Ob das Schmuggeln von Kassibern zugenommen hat und wie häufig es passiert, ist seriös nicht zu sagen. Der Leiter der Untersuchungshaftanstalt Moabit Wolfgang Fixson hat „keine Erkenntnisse", „dass eine größerer Kreis von Anwälten korrupt ist". Aber ihn treibt die Sorge um, dass durch das „Überangebot von Anwälten die Hemmschwellen weiter sinken und die Anfälligkeit größer wird".

Wenn ein Anwalt erwischt wird, begeht er eine Ordnungswidrigkeit und der Vorgang landet in Berlin auf dem Tisch des Leitenden Oberstaatsanwalt

Manfred Schweitzer, zuständig für die Verfolgung von mittleren und schweren Berufsrechtsverstößen von Anwälten. Er registriert zwei bis drei Fälle von Kassiberschmuggel pro Jahr, ist aber überzeugt, „dass es häufiger passiert, als man denkt". Die letzten vier Fälle. Erstens: Ein Anwalt hat einen „Liebesbrief" mit rausgeschleust. Sanktion: ein Verweis und 2000 Euro Geldbuße. Zweitens: Bei einer polizeilichen Wohnungsdurchsuchung übergab eine Mutter Beamten zwei Briefe eines Untersuchungsgefangenen an ihre Tochter. In ihnen wies er sie an, wie sie ihre Aussage ändern sollte. Die Tochter war folgsam und hat ihre Aussage entsprechend gewechselt. Bei den Ermittlungen kam heraus, dass der Anwalt nicht nur zwei Briefe heraus, sondern auch zwei herein gebracht hatte. Der Anwalt erhielt ein zweijähriges Vertretungsverbot im Strafrecht, was ihn freilich nicht allzu hart getroffen haben dürfte, weil er nicht als Strafverteidiger tätig war. Außerdem wurde gegen ihn ein Ermittlungsverfahren wegen versuchter Strafvereitelung eingeleitet. Drittens: Ein Anwalt wurde beim Drogenschmuggel ertappt, nachdem ein Mandant den Anwalt verpfiffen hatte. Viertens: Bei einer Kontrolle in der Untersuchungshaftanstalt Moabit Anfang 2011 fiel Vollzugsbeamten auf, dass ein Anwalt eine Packung Jacobs-Kaffee mit in das Besprechungszimmer nehmen wollte. Was beabsichtigte er damit? Es wurde durchleuchtet, und die Kontrolleure entdeckten drei Handys nebst Sim-Karten im Kaffee. Er wurde von der Polizei abgeführt. Der Anwalt stammte aus Landsberg/Bayern. Zum Verhängnis wurde ihm, dass er ortsfremd war. Er wusste nicht, dass in Berlin im Unterschied zu anderen Städten die Unterlagen aller Anwälte kontrolliert werden, seitdem Mitglieder der Bewegung 2. Juni bei einem Anwaltsgespräch einmal geflohen waren. Der Anwaltsgerichtshof verhängte gegen den Schmuggler ein Vertretungsverbot von eineinhalb Jahren im Strafrecht.

Nach der Reform des Untersuchungshaftrechts hat sich die Einkommenslage bei allen Robenträgern, die ihre Pflichtverteidigungen vornehmlich in der U-Haft akquiriert haben, erheblich verschlechtert. Die Mehrzahl der Entscheidungen über eine Beiordnung fällt heute beim Ermittlungsrichter und nicht mehr in der U-Haft. Ein guter Ruf im Knast hilft nur noch wenig. Die Berliner Rechtsanwältin Evelyn Ascher hat dadurch 30 Prozent ihres Umsatzes verloren: „Das ist viel, wenn man nicht viel verdient". Umsatzeinbrüche in dieser Größenordnung mussten nach den Beobachtungen von Ex-Bundesrichter Armin Nack viele Verteidiger hinnehmen. „Ich weiß nicht mehr, wovon ich leben soll" klagten vereinzelt Strafverteidiger gegenüber Burkhard Burgmüller, Vorsitzender einer Kleinen Strafkammer in Berlin.

Seit der Gesetzesänderung stehen Ermittlungsrichter im Fokus beim Wettlauf um Mandate. Anwälte schreiben sie direkt an mit und ohne Lichtbild, oder wenden sich an den Dezernatsleiter mit der Bitte, ihre Interessenbekundungen in den Umlauf zu geben. Andere gehen „Klinkenputzen" und sprechen bei den Richtern persönlich vor.

In der Praxis hat das neue Untersuchungshaftrecht eine Menge Rechtsunsicherheit, Willkür und Qualitätsverluste bei der Verteidigung produziert. Es wird in den Bundesländern und durch jeden einzelnen Haftrichter sehr unterschiedlich gehandhabt. Für den Vorsitzenden der AG Strafrecht des DAV

Werner Leitner ist die Beiordnungspraxis von Pflichtverteidigern seit der Gesetzesänderung „vollkommen intransparent". Der Arbeitskreis hat deshalb eine empirische Untersuchung in Auftrag gegeben, um ein wenig Licht in die Kontroverse zwischen Ermittlungsrichtern und Verteidigern zu bringen.

Bei der Entscheidung über die Beiordnung hat ein Ermittlungsrichter gewöhnlich drei Alternativen. Die Hamburger Praxis. Erstens: Der Beschuldigte kennt einen Anwalt, der in der Regel auch bestellt wird. Zweitens: Der Beschuldigte kennt keinen Anwalt, möchte aber, weil in höchster Not, sofort einen Rechtsvertreter an seiner Seite, um ‚nicht einfahren zu müssen'. Dann kann der Richter den „Anwaltsnotdienst" anrufen und dabei auf einen Anwalt stoßen, der vom Strafrecht keine Ahnung hat. Oder er wählt einen Beistand mit Hilfe einer Anwaltsliste oder nach eigenen Kriterien. Drittens: Will sich ein Beschuldigter noch überlegen, welchen Anwalt er möchte, räumt der Ermittlungsrichter ihm durch extensive Auslegung des Wortes „unverzüglich" eine Woche Bedenkzeit in der Untersuchungshaft ein. Dort gibt es ebenfalls eine Anwaltsliste, Zellennachbarn können Tipps geben oder die Familie kümmert sich um die Wahl eines Rechtsvertreters.

Als Auswahlhilfe für die Beiordnung liegen bei allen Gerichten Pflichtverteidigerlisten. Als das neue Untersuchungshaftrecht in Kraft trat und klar wurde, dass hier neue Geldquellen für Anwälte anzuzapfen waren, begann überall in der Republik eine muntere Diskussion darüber, wer die Pflichtverteidigerlisten aufstellt und wer sich eintragen darf. Die Strafverteidigervereinigungen plädierten dafür, dass sich nur „qualifizierte" Anwälte darauf setzen lassen dürfen, am besten nur ihre Mitglieder. Die Kammern in München und Berlin dagegen lehnten Einschränkungen für eine Aufnahme in die Pflichterverteidigerliste ab, um alle zugelassenen Anwälte gleich zu behandeln und niemanden zu diskriminieren. Dabei denken die Kammerfunktionäre vor allem an Berufsanfänger. Die armen Mandanten: Pflichtverteidigungen als Fortbildungskurse. Entstanden ist durch die Kontroverse ein bunter Flickenteppich von Listen: von Kammern, von Strafverteidigern, gemischte Listen von beiden und Listen von allen Anwälten in den jeweiligen Kammerbezirken – mit Hunderten bis Tausenden von Namen. Auf der Homepage der AG Strafrecht des Deutschen Anwaltvereins (DAV) haben sich bundesweit 1 600 Anwälte zur Übernahme von Pflichtverteidigungen bereit erklärt. Das ist knapp die Hälfte aller bei der Arbeitsgemeinschaft registrierten Verteidiger. Viele Spitzenverteidiger wie Johann Schwenn und Gerhard Strate stehen mangels Interesse an Billigmandaten nicht auf der Liste. Andererseits haben sich in vielen Städten Anwälte ohne strafrechtliche Erfahrung eintragen lassen – eine Folge ihrer wirtschaftlichen Not.

Wie die Ermittlungsrichter mit diesen Listen umgehen, steht ihnen dank ihrer Unabhängigkeit frei. Oliver Wallasch hat den Eindruck, dass die vier Ermittlungsrichter in Frankfurt „die Liste abarbeiten. Die Kriterien kennen wird nicht". Er selbst ist mittlerweile dreimal beigeordnet worden, einmal bei einem Obdachlosen. Auch in Mecklenburg-Vorpommern orientieren sich die Haftrichter weitgehend an den Listen, schon um dem Standardvorwurf zu begegnen, sie würden nur ihre Lieblingsverteidiger mit Mandaten betrauen. Der

Berliner Verteidiger Stefan König beobachtet bei den Beiordnungen eine „gewisse Willkür“: „Einige Kollegen gehen leer aus. Andererseits kommen Anwälte zu Schwurgerichtssachen, wo Zweifel bestehen, ob die das überhaupt können“.

Aus diesem Grund sind für einen Hamburger Ermittlungsrichter die Listen auch nur „Entscheidungshilfen“. Wichtiger sind für ihn zwei andere Kriterien: Kompetenz und Sachlichkeit. Anwälte, „die keine Akten lesen, sich nicht um die Inhaftierten kümmern und rechtlich nichts auf dem Kasten haben“, wählt er nicht. Und „Krawallmacher und Querulanten“ haben beim ihm auch keine Chance: „Anwälte, die fehlende Sachkunde durch aggressives Verhalten überspielen, einen Riesenzirkus zu veranstalten, entspricht nicht dem Interesse des Mandanten“. So oder so ähnlich werden die Auswahlkriterien bei den meisten Haftrichtern sein – ohne es offen zu sagen.

Zusammenfassung: ***Die wirtschaftliche Not und die teilweise rücksichtslose Jagd nach Mandaten haben unter Strafverteidigern drei berufsrechtliche Fehlentwicklungen ausgelöst: die Kalt-Akquise, die Abwerbung aus bestehenden Mandatsverhältnissen und das Schmuggeln von Kassibern zu Werbezwecken.***

Befreiung, Verdrängung, Verklärung: das neue Verteidigerbild und seine Wurzeln in APO- und RAF-Prozessen

Als der Richter den angeklagten Fritz Teufel bat, beim Antworten aufzustehen, reagierte der mit dem inzwischen legendären Satz: „Wenn es denn der Wahrheitsfindung dient …“ Mit ihm traf er 1968 das obrigkeitsstaatliche Verständnis der Strafjustiz ins Herz. „Im Prozess gegen Teufel und Langhans haben sich die für Strafverfahren geltenden Rollenbilder als nicht spielbar erwiesen“, kommentierte die ZEIT den Auftritt der beiden Kommunarden im Gerichtssaal.[625] In den APO-Prozessen wurde der Konsens über Funktion und Legitimation des Strafverfahrens in Frage gestellt, in den Verfahren gegen Mitglieder der Rote-Armee-Fraktion (RAF) wurde er von den Verteidigern aufgekündigt.

In den Selbstverständnisdebatten von Strafverteidigern in Festschriften und auf Tagungen ist es üblich geworden, in den APO- und RAF-Prozessen die historischen Wurzeln eines ***„Strafverteidigers neuen Typs“*** zu feiern. Der Bonner Anwalt Hans Dahs beobachtet „eine Art ‚strafprozessuales Erwachen‘ der Gilde der Strafverteidiger“: „Der Autoritätsglaube war dahin, die prozessuale Behäbigkeit unwiederbringlich geschwunden, das Klima in den Gerichtsälen oft schneidend kalt“.[626] Der Hamburger Strafverteidiger Uwe Maeffert sieht in den „RAF-Prozessen in Stammheim die Geburtsstunde der Strafverteidigung“. Nur wenige Grautöne trüben das makellose Bild neuer Verteidigung. Dahs räumt „Erscheinungen im Strafverfahren ein, bei denen es schwerfällt, das Wort Sabotage zu unterdrücken“.[627] Der ehemalige Gudrun Ensslin-Verteidiger Otto Schily gesteht heute, dass die Anwälte in Stammheim „mitunter überzogen“ haben. In der „Rhetorik“ ist es bei Co-Verteidigern zu „Beschimpfungen gekommen, die die Grenze des Erträglichen überschritten“ haben. Und aus seiner heutigen Sicht gab es „Befangenheitsanträge ohne Ende, bei denen der eine oder andere zu viel war“.

Die APO- und RAF-Prozesse haben das Selbstverständnis der Strafverteidigung zweifellos verändert. Dabei sind die Impulse, die von der 68er-Bewegung ausgegangen sind, von jenen zu trennen, die aus den RAF-Verfahren stammen. Die antiautoritäre Bewegung wollte die Gesellschaft verändern, die Stadtguerilla wollte Staat und Gesellschaft in ihrer bisherigen Form zerstören.

In den APO-Verfahren haben sich die Anwälte vom obrigkeitsstaatlichen Berufsverständnis befreit und eine Professionalisierung eingeleitet. Den RAF-Prozessen eine ähnlich positive Wirkung zuzuschreiben und sie, wie heute verbreitet, zu verklären, kann nur, wer ihre garstige Wirklichkeit verdrängt: Sie ist das trübste Kapitel der deutschen Strafverteidigung. Vergessen wird, dass Rechtsanwälte beim Aufbau der RAF eine mitprägende Rolle gespielt haben. Vergessen wird, dass sich einige Verteidiger wie Horst Mahler, Klaus Croissant und Siegfried Haag dem sog. bewaffneten Kampf angeschlossen und die Robe durch den Kampfanzug ersetzt haben. Und vergessen wird, was der frühere Bundesanwalt Joachim Lampe nach über zehn Jahren Erfahrung in Terroristenprozessen notiert hat: „Das Selbstverständnis dieser Verteidiger, ihre Verteidigerziele und ihr Verhalten anderen Prozessbeteiligten gegenüber kollidierten mit dem herkömmlichen Verständnis prozessordnungsgemäßen Verhaltens ebenso mit dem Standesrecht, von Anstand und Kollegialität nicht zu sprechen“.[628]

Wer die Selbstverständnisdebatten in der Zunft der Strafverteidiger genauer analysiert, dem fällt zweierlei auf: Alle Konflikte, die heute das Verhältnis zwischen Bundesgerichtshof und Verteidigern trüben, sind zum ersten Mal in den APO- und RAF-Prozessen aufgetaucht. Und es erscheint fraglich, ob es ein neues Verteidigerbild gibt, hinter dem sich eine Mehrheit von Strafverteidigern versammeln kann.

Viele Verteidiger wurden in den sechziger und siebziger Jahren von denselben politischen und beruflichen Erfahrungen wie ihre Mandanten geprägt: Widerstand gegen autoritäre Universitätsstrukturen, gegen das Verdrängen und Leugnen von Nazi-Verbrechen, gegen braune Richter und Staatsanwälte in der Justiz, gegen den Vietnamkrieg und gegen Massenvernichtungswaffen. Damals begannen Verteidiger nach Rupert von Plottnitz ihre „eigene berufliche Rolle nicht nur und nicht vorranging als bloße anwaltliche Erwerbstätigkeit“ zu verstehen, sondern als Mittel und Möglichkeit, zu den von der APO und ihnen selbst angestrebten gesellschafts- und rechtspolitischen Veränderungen beizutragen“.[629] Zu diesem Selbstverständnis gehörte zum Beispiel bei einigen, das Tragen einer Robe als Relikt einer Justizobrigkeit abzulehnen, ein Konfliktherd, der bis heute glimmt. Und es wurde die Rolle des Anwalts als ‚Organ der Rechtspflege‘ in Frage gestellt. Mit ihm war der Verdacht verbunden, Verteidiger sollten, so von Plottnitz, „auf die Funktion eines möglichst störungsfreien justiziellen Verurteilungs- und Erledigungshelfers reduziert werden“.[630]

Die Politisierung der Strafverteidigung in der Protestbewegung verwandelte sich in den Terroristenverfahren in eine politische Verteidigung. Gesinnungsgenossen mutierten zu Kampfgenossen. Der grüne Bundestagsabgeordnete und frühere RAF-Anwalt Christian Ströbele pflegte den Top-Terroristen Andreas

Baader als Genosse anzureden, distanzlos und anbiedernd.[631] Damit nicht genug. Anwälte missbrauchten ihre besondere Stellung als Verteidiger, um Kassiber einzuschmuggeln, ein Infosystem für die RAF aufzubauen und zu betreiben sowie Kameras, Sprengstoff und Waffen in den Hochsicherheitstrakt in Stuttgart Stammheim einzuschmuggeln. Einige Anwälte wurden, nachdem sie dabei ertappt wurden, von der Verteidigung ausgeschlossen, andere wegen Unterstützung bzw. Mitgliedschaft in einer terroristischen Vereinigung verurteilt und mit Berufsverboten belegt.[632]

Auf die Missachtung vieler strafprozessrechtlichen Spielregeln durch einige RAF-Verteidiger reagierte der Staat zwischen 1974 und 1978 mit dem Erlass von vier sog. Terroristengesetzen. Sie hatten nach dem damaligen Bundesjustizminister Jochen Vogel ein Ziel: den „Missbrauch des Verteidigerverkehrs zur Begehung strafbarer Handlungen, zur Gefährdung der Sicherheit in den Anstalten" zu unterbinden.[633] Der politische Streit über diese Terroristengesetze war eine Ursache für organisatorische und ideologische Spaltung der Verteidigerzunft Mitte der siebziger Jahre. Linke und linksliberale Anwälte gründeten in mehreren Bundesländern Strafverteidigervereinigungen und veranstalteten Strafverteidigertage, weil sie sich bei ihrem Widerstand gegen Berufsverbote, Anti-Terrorgesetze und Ehrengerichtsbarkeit durch den Deutschen Anwaltverein (DAV) nicht mehr ausreichend unterstützt fühlten.[634] Umgekehrt gingen seine Vertreter auf Distanz zu den RAF-Verteidigern. Wir wollen eine „Grenze" gegenüber solchen Verteidigern ziehen, erläuterte der damalige Hauptgeschäftsführer des DAV Heinz Brangsch, „die sich zu Komplizen von Mandanten machen ... Wir können die Augen nicht davor verschließen, dass Schlagzeilen gemacht werden von einer kleinen Gruppe von Verteidigern, die ihre Berufstätigkeit mit einem Kampf gegen unsere staatliche Grundordnung ... verbinden".[635] Dieser Riss ist in der Verteidigerschaft ist bis heute nicht vernarbt und eine Ursache für ihr fragmentiertes Berufsbild, das sich auch in der Herausgabe zweier unterschiedlicher Zeitschriften widerspiegelt: ‚Strafverteidiger' und ‚Neue Zeitschrift für Strafrecht'.

Was zeichnet den „Strafverteidiger neuen Typs" aus? Eine weit akzeptierte Begriffsbestimmung gibt es nicht. Es finden sich jedoch Definitionsversuche, die vermutlich bei den meisten Anwälten aus den regionalen Strafverteidigervereinigungen Beifall finden und einen tiefen Einblick in die durch APO- und RAF-Prozesse ausgelösten Selbstverständniswandel erlauben.[636] Sie beginnen alle mit den positiv besetzten Begriffen „professionell" oder „engagiert". Weitere Merkmale sollen nach Meinung des renommierten Strafrechtslehrers Hanack und des angesehenen Verteidigers Sven Thomas unter anderem sein:

- **Nutzung der weiten und äußersten Möglichkeiten unserer Prozessordnung,**
- **Ausreizung der Instrumente, auch wenn der Verteidiger seinen Mandanten für schuldig hält,**
- **einseitige Interessenvertretung,**

- **Entwicklung von Verteidigungsstrategien, die auf die typischen Schwachstellen der Strafjustiz zielen,**
- **keine Verpflichtung gegenüber dem traditionellen Ziel des Strafverfahrens, der materiellen Wahrheit und Gerechtigkeit,**
- **keine Verpflichtung gegenüber der Funktionsfähigkeit der Strafrechtspflege,**
- **abgrundtiefe Skepsis gegenüber unserer Strafjustiz.**[637]

Bei diesem Kriterienkatalog fällt auf, dass Merkmale wie „Verantwortung gegenüber dem Rechtsstaat", der „Strafrechtspflege" oder dem „Gemeinwohl" im neuen Verteidigerbild nicht auftauchen. In Berlin beschließt der 35. Strafverteidigertag 2011: „Es ist politisch, menschlich und rechtlich nicht akzeptabel, die Rechte des Mandanten zugunsten der Funktionsfähigkeit der Justiz aufzugeben". Mit anderen Worten: Der neue Strafverteidigertyp hat sich von seiner gesetzlichen Funktion als ‚unabhängiges Organ der Rechtspflege' verabschiedet.[638] Der ehemalige Verfassungsrichter Winfried Hassemer hat eine „Entkleidung des Rechtsanwalts von der Organstellung" ausgemacht.[639] Der Strafverteidiger solle nicht mehr als „Organ der Rechtspflege", sondern nur als „Vertreter des Beschuldigten" auftreten. Auch der Vorsitzende des Hamburger Richtervereins und Strafkammervorsitzende Marc Tully nimmt einen „Paradigmenwechsel" wahr: „Die Jüngeren wollen teilweise raus aus der Stellung als „Organ der Rechtspflege" und „ausschließlich Interessenvertreter" sein. Eine Zuständigkeit für die ‚Funktionsfähigkeit der Rechtspflege' lehnen sie ab. Und daraus macht eine große Zahl auch keinen Hehl. Für Andreas Thiel ist der Begriff „Organ der Rechtspflege" ein „Phrase": „Ich war und bleibe immer einseitiger Interessenvertreter". Der Frankfurter Strafverteidiger Rainer Hamm misstraut dieser Funktionsbeschreibung, weil sie eine „amtsähnliche Stellung" unterstellt und in der Vergangenheit „zur Disziplinierung missbraucht worden ist". Der Begriff sei „untauglich zu bestimmen, was ein Strafverteidiger darf und was er nicht darf". Das ist eine ebenso gewagte wie fragwürdige These. Denn wer nur im Interesse seiner Mandanten handelt, lockert oder löst gar rechtliche wie ethische Bindungen gegenüber dem Rechtsstaat und der Strafrechtspflege. Das ist nach Beobachtungen von Tobias Kaehne, Richter am Amtsgericht Moabit, auch ein verstecktes Motiv all jener Verteidiger, die keine ‚Organe der Rechtspflege' mehr sein wollen: „Als Interessenvertreter wollen sie alle Privilegien eines Verteidigers genießen, ohne Verpflichtungen oder Verantwortung zu übernehmen". Diese Einstellung führt bei einigen dazu, dass sie sogar eine Verantwortung für bisher anerkannte Kernwerte des Strafprozesses ablehnen. „Wahrheitsfindung und Herstellung von Gerechtigkeit haben mein Handeln als Verteidigerin nicht zu bestimmen. Ich handle parteilich nur im Interesse meines Mandanten, das ist mein gesetzlicher Auftrag", bekennt Ulrike Zecher offen. Ähnlich ihr Hamburger Kollege Wolf-Dieter Reinhard: „Wenn ein Beschuldigter im Rahmen einer Verteidigung eine Tat gesteht oder leugnet, dann nehme ich diese Position hin, ohne ihre Wahrheit zu überprüfen". Seine Rechtfertigung: „Sonst wäre ich ein Verteidiger am Halsband der Justiz".

Dieses Selbstverständnis des neuen Strafverteidigers als einseitiger Interessenvertreter steht im Widerspruch zur Bundesrechtsanwaltsordnung, der Rechtsprechung des Bundesgerichtshofes, des Bundesverfassungsgerichts und der herrschenden Meinung im Schrifttum.[640] Sie alle schreiben dem Strafverteidiger eine ***Doppelrolle*** zu. Der Bundesgerichtshof: „Der Auftrag der Verteidigung liegt nicht ausschließlich im Interesse des Beschuldigten, sondern auch in einer am Rechtsgedanken ausgerichteten Strafrechtspflege".[641] Das Bundesverfassungsgericht: Der Verteidiger „ist ‚Organ der Rechtspflege' und dazu berufen, die Interessen seiner Mandanten wahrzunehmen. Sein berufliches Tätigwerden liegt im Interesse der Allgemeinheit an einer wirksamen und rechtsstaatlich geordneten Rechtspflege".[642] In diesem Rahmen fordert das Bundesverfassungsgericht Strafverteidiger ausdrücklich auf, neben der Rechtstreue ein „Berufsethos" zu entwickeln.[643] Worin dies besteht, lässt der höchste Gericht dann freilich offen. Im Schrifttum wird aus der Doppelrolle unter anderem gefolgert, dass Strafverteidiger der ***Wahrheit und Gerechtigkeit*** verpflichtet sind.[644] Für Beulke gehört die ***Wahrheitspflicht*** zu den „essentials" der Strafverteidigung. Wenn ein Verteidiger nur die Interessen seines Mandanten vertritt, macht er sich „im Extremfall" zu seinem „Spießgesellen".[645]

Es gibt bisher keine empirischen Untersuchungen über das Selbstverständnis von Strafverteidigern. Wer die Diskussionen auf Tagungen und in Zeitschriften verfolgt, könnte zu dem Schluss kommen, dass der neue Verteidigertyp die Zunft mittlerweile dominiert. Dem ist aber nicht so. Zu ihm bekennt sich ein besonders engagierter und artikulationsfähiger Teil der Berufsgruppe, der quantitativ relevant ist und die öffentliche Debatte prägt. Daneben gibt es aber eine große Zahl von Strafverteidigern, die sich weiterhin als ‚Organe der Rechtpflege' verstehen. Der Hamburger Oberstaatsanwalt Wilhelm Möllers schätzt, dass dieser Gruppe an der Elbe immer noch zwei Drittel zuzurechnen sind, was aber einige nicht daran hindert, „unsägliche Verschleppungs- und Beweisanträge zu stellen". Das andere Drittel versteht sich nach seiner Analyse als „reine Interessenvertreter", als „Partei, die im Staatsanwalt den Vertreter eines feindlichen Staates sieht, der einseitig ermittelt". Das heißt, mit dem Rollenverständnis ist noch nichts darüber gesagt, ob Robenträger in bestimmten Verfahren als ‚Konfliktverteidiger" auftreten oder nicht – eine weitere Hinterlassenschaft der APO- und RAF-Prozesse. Diese in politischen Verfahren entwickelte Verteidigungsstrategie wird inzwischen in allen Kriminalitätsbereichen praktiziert, freilich ohne ideologischen Überbau.

Unter einer Konfliktverteidigung wird eine Strategie verstanden, die formal zustehende Verfahrensrechte gezielt nutzt, um verfahrensfremde oder verfahrenswidrige Zwecke zu verfolgen, insbesondere um zu verhindern, das sachgerechte Entscheidungen in angemessener Zeit ergehen.[646] Im Zentrum steht ***der radikale Gebrauch bzw. Missbrauch von Verfahrensrechten.*** Zum Instrumentenkasten gehören Befangenheits- und Beweisanträge, das Fragerecht, Beanstanden der Verhandlungsleitung und Gegenvorstellungen. Ihre Nutzung kann das Ziel haben, einen Prozess zu sabotieren, in der Hoffnung, dass er platzt. Es kann eine Strategie sein, das Verfahren so lange zu verzögern, dass der Prozess mit einem Freispruch, einer milden Strafe oder einem Deal endet, weil eine Fortsetzung in keinem Verhältnis mehr zur Bedeutung des Tatvorwurfes und der zu erwartenden Strafe stehen würde. Außerdem kann eine Konfliktverteidigung den Zweck verfolgen, durch das Provozieren von Verfahrensfehlern Revisionsgründe zu sammeln.

In allen Konstellationen verlängert die Konfliktverteidigung die Dauer der Prozesse. Das ist der Hauptgrund dafür, dass sie der Strafjustiz wie ein Stachel im Fleisch sitzt: Sie verschärft die ohnehin schon drückende Arbeitslast von Staatsanwälten und Richtern. Der Berliner Kammervorsitzende Kay Dieckmann vermutet, dass die „Justiz kollabieren würde, wenn in mehr als fünf Prozent der Verfahren Konfliktverteidiger tätig wären".

Davon sind wir weit entfernt. Konfliktverteidigungen sind im Gerichtsalltag ein Randphänomen. Über 90 Prozent der Prozesse werden ohne größere Probleme abgewickelt, deren Urteile wiederum zu 90 Prozent rechtskräftig werden.[647] Offen ist hingegen, wie verbreitet Konfliktverteidigungen sind, und ob sie in den letzten Jahrzehnten zugenommen haben. Verlässliche empirische Erkenntnisse darüber gibt es nicht.[648] Trotzdem sind Staatsanwälte und Richter seit den neunziger Jahren mehrheitlich der Auffassung, dass die Konfliktverteidigung, wie Bundesrichter Thomas Fischer es ausdrückt, als „Problem ***wirklich*** ist" und die „Fähigkeit und Bereitschaft zu offenen Konflikten mit den Gerichten … in den vergangenen Jahrzehnten auch objektiv zugenommen haben".[649] Sibylle Umlauf, Landgerichtspräsidentin in Hamburg, meint hingegen, dass die Konfliktverteidigung „in den letzten zwanzig Jahren nicht stärker geworden ist".

Diese Einschätzung teilen die meisten Praktiker. Auch unter den Strafverteidigern ist die Erkenntnis gewachsen, dass die Konfliktverteidigung ein höchst zweischneidiges Schwert ist. Sie kann bei abgerungenen Deals zu beachtlichen Erfolgen führen, aber auch nach hinten losgehen.

Die teils dezidiert konfrontative, teils justizfeindliche Einstellung bei Konfliktverteidigern fehlt bei vier anderen Verteidigertypen, die das bunte Gesamtbild des Berufsstandes prägen: Handwerker, Dealer, Geständnisbegleiter und Betreuungsanwälte.

Die ***Handwerker*** verkörpern den traditionellen Verteidiger, der seine Werkzeuge, je nach Fall, mal konfrontativ mal kooperativ anwendet. Er versteht sich meist noch als ‚Organ der Rechtspflege', verteidigt Kiez-Größen ebenso wie Diebe oder Drogenhändler.

Mit der wachsenden Bereitschaft der Justiz zu verfahrenserledigenden Absprachen ist in den Augen von Rainer Hamm ein „neuer Verteidigertyp" entstanden: der ***Dealer.*** Die häufigen Kooperationsangebote der Justiz wirken sich für ihn negativ auf die Verteidigung aus: „Es gibt eine Art von Strafverteidigern, die eigentlich nur noch das können und sich mit zwei Jahren auf Bewährung zufrieden geben, statt um einen Freispruch zu kämpfen". Hamm sieht die Gefahr, dass das ausgehandelte Urteil „zum Regelfall wird und der Kampf um das richtige Urteil zur Ausnahme". Gegenüber dem Hamburger Verteidiger Wolf-Dieter Reinhard haben Richter und Strafverteidiger „zugegeben, dass sie die Akten noch nicht vollständig gelesen haben und schon versuchen, sich über ein Strafmaß zu einigen".

In der Strategie verwandt sind sog. ***„Geständnisbegleiter“*** oder „Verurteilungsbegleiter“. Das sind häufig Pflichtverteidiger mit einem guten Kontakt zur Justiz, den sie auch dadurch pflegen, dass sie sich in hohem Maße kooperativ zeigen. Sie schaffen nach Armin Golzem „drei bis vier Strafsachen am Tag und können dabei nicht vorbreitet sein und sind es auch nicht“. Sie rufen beim Richter an und fragen „Was machen wir morgen? Geständnis? Was soll dabei rauskommen?“ Über Ermittlungen und Beweiserhebung wird gar nicht mehr gesprochen. In einer empirischen Untersuchung von 221 Verteidigungen kommt Barton zu dem Ergebnis, dass Anwälte in 85 Prozent aller Verfahren überhaupt keine Beweisaktivitäten entfaltet haben.[650] Im Gegensatz zur öffentlichen Wahrnehmung prägt also eine eher passive Verteidigung den Strafjustizalltag.

Weit entfernt vom Bild des traditionellen Verteidigers haben sich sog. ***Betreuungsanwälte*** oder, wie sie im Jargon auch genannt werden, „Hähnchenträger“. Der Millionenerbe Alexander Falk soll die meiste Zeit seiner Untersuchungshaft im Sprechzimmer verbracht haben, zusammen mit seiner Frau, die ihn als Anwältin mit einer Untervollmacht besuchen durfte, aber auch mit einem Betreuungsanwalt, den er neben seinen richtigen Verteidigern angeheuert hatte. Er war zuständig für die psychische Betreuung und die Befriedigung der Alltagsbedürfnisse.[651] Nach Erfahrungen des Hamburger Anwalt Klaus Hüser sind das „zweitklassige Anwälte, die das aus finanziellen Gründen machen, aber nie im Prozess auftreten“.

Geboren wurde das Betreuungsmodell, etwas überraschend, in RAF-Prozessen. Dort gab es zwei Typen von Anwälten: die „Strategen“ und die „Dienstboten“. Letztere waren Kuriere, die Kleider oder Bücher vorbeibrachten, bei Bedarf die inhaftierten Terroristen unterhielten und politische Botschaften und Papiere austauschten.

Die APO- und RAF-Prozesse sind Wurzeln eines neuen Verteidigertyps, hinter dem nicht die Mehrheit, aber doch ein relevanter Teil der Zunft steht. Mit dem Abschied vom ‚Organ der Rechtspflege‘ und der Übertragung der Konfliktverteidigung von politischen auf allgemeine Strafverfahren haben die neuen Verteidiger aggressive Keime gepflanzt, die das Verhältnis zwischen Bundesgerichtshof und Teilen der Strafjustiz einerseits und der Strafverteidigung andererseits verdunkelt haben.

Verhärtete Fronten: Bundesgerichtshof contra Strafverteidiger

Nach der Strafprozessordnung beweisen Protokolle, ob die für die Hauptverhandlung vorgeschriebenen Förmlichkeiten eingehalten sind. Zu ihnen gehört, dass der Staatsanwalt den Anklagesatz verliest. Das zu notieren, hatte die Protokollführerin in einem Prozess vor dem Münchener Landgericht vergessen.[652] Auf dieses Versehen stützte ein Verteidiger eine Revision beim Bundesgerichtshof. Nachdem sie eingereicht war, korrigierten der Strafkammervorsitzende und die Urkundsbeamtin das Protokoll mit dem Satz. „Der Vertreter der Staatsanwaltschaft verlas den Anklagesatz". Diesen Vorgang bestätigten der Berichterstatter der Kammer und die stenographischen Aufzeichnungen der Urkundsbeamtin. Aus ihnen ergab sich, dass der Anklagesatz verlesen war und der Übertragungsfehler bei der Reinschrift passiert sein musste. Daran erinnerten sich alle bis auf den Verteidiger. Der eierte auf Nachfrage rum. Er könne sich nicht erinnern, allerdings vermute er, dass er sich „daran erinnern könnte, wenn die Anklageschrift nicht verlesen worden wäre, weil dies einen ungewöhnlichen Verfahrensablauf darstellte ...". Da der 1. Senat die Verfahrensrüge verwerfen wollte, sich daran aber durch die bisherige Rechtsprechung des Bundesgerichtshofes gehindert sah, musste der Große Senat entscheiden.[653] Und der fällte 2007 ein Urteil, das das Verhältnis zwischen Bundesgerichtshof und Strafverteidigung bis heute nachhaltig stört. Die Begründung ist eine Philippika gegen die gesamte Verteidigerzunft, gespeist aus Enttäuschung und Misstrauen.

In dem Urteil hat der Große Senat die Rechtsprechung des Bundesgerichtshofes geändert, um die Erfolgsaussichten „bewusst unwahrer Verfahrensrügen" zu begrenzen. Er hat bei Strafverteidigern eine ***„veränderte Einstellung" gegenüber der Wahrheit bei Protokollrügen*** und eine ***„Änderung des anwaltlichen Ethos"*** festgestellt.[654] In den fünfziger Jahren habe man in einer „wahrheitswidrig erhobenen Verfahrensrüge" überwiegend eine „standeswidrige Verfehlung" gesehen, die ein ehrengerichtliches Verfahren nach sich gezogen habe. Heute werde es hingegen als ‚anwaltlicher Kunstfehler' betrachtet, wenn sich ein Anwalt nicht eines Tricks bedient, nämlich einen anderen Kollegen die Revision begründen zu lassen, um nicht selbst die Unwahrheit sagen zu müssen. Diesen unseriösen Umweg, einen Dritten für sich lügen zu lassen, hatte auch der Verteidiger im anhängigen Verfahren gewählt. Eine Änderung des anwaltlichen Ethos erblickte der Große Senat in „bewusst unwahren Verfahrensrügen", die einen ***„Missbrauch prozessualer Rechte"*** darstellen, auch dann, wenn Anwälte ihn erst während des Revisionsverfahrens entdecken.

Auf diesen groben Klotz setzten die Verteidiger einen groben Keil. Es hagelte Kritik: „berüchtigtes Urteil", „völlig verfehlt", „erschreckend".[655] „Eine formale Argumentation als Ethikverlust zu denunzieren, geht am Recht vorbei", wetterte Strafverteidiger Alexander Ignor. Der Berliner Kollege Stefan König warf den Bundesrichtern „unverständliche Schulmeisterei" vor, sein Frankfurter Kollege Rainer Hamm attestierte ihrer Argumentation gar das „Niveau von Kantinengesprächen".[656] Ins Fadenkreuz der Richterschelte rückte die behauptete Änderung des anwaltlichen Ethos, womit in Wirklichkeit ihr Verlust gemeint war. Der Tenor: Für diese „sachfremde Erwägung" fehle jeder „belastbare Beleg".[657]

Der „Ethik-Keule" (Verteidiger Alexander Ignor) des Großen Senats waren einige höchstrichterliche Ohrfeigen für die Verteidigergilde vorausgegangen, einige folgten.

2005 stellte der 3. Strafsenat in einem obiter dictum fest. „Die Möglichkeiten der Strafjustiz müssen auf Dauer an ihre Grenzen stoßen, wenn die Verteidigung in Strafverfahren, wie der Senat zunehmend beobachtet, zwar formal korrekt und im Rahmen des Standesrechts geführt wird, sich aber dem traditionellen

Ziel des Strafprozesses, der ***Wahrheitsfindung,*** in einem ordnungsgemäßen Verfahren nicht mehr verpflichtet fühlt ...“[658]

Der Vortrag des Verteidigers im Prozess und in der Revision erhellt schlagartig, warum der Bundesgerichtshof an der Ehrlichkeit des Verteidigers zweifelte: seine „neue, phantasievolle Einlassung“ (Bundesrichter Wolfgang Pfister). Oder prägnanter und weniger vorsichtig formuliert: seine aus den Fingern gesogene dumme Räuberpistole.

Mit Beweisanträgen versuchte der Verteidiger, folgende Geschichte zu beweisen. Die Beute eines Raubüberfalls, die der Beschuldigte besaß, als er festgenommen wurde, sollte ihm von einem Unbekannten im Wald zugeworfen sein, und zwar in einem Augenblick, als er dort gerade ahnungslos seine Notdurft verrichtete. Mit diesem Verteidigungsvortrag zwang der Verteidiger das Gericht, zwölf Tage zu verhandeln. Und auf ihn stützte er auch eine 100seitge Revisionsschrift mit „zahlreichen, absolut fernliegenden Verfahrens- und Sachrügen“, wie der BGH fand. Angesichts eines solchen Sachverhalts wundert es nicht, wenn Bundesrichter dem Anwalt vorwerfen, die Grenzen ordentlicher Verteidigung überschritten zu haben: eine Verschwendung der knappen Ressource Strafjustiz mit Hilfe eines unwahren Vortrages.

Am weitesten wagte sich der BGH beim Verteidiger-Bashing bei einer Revision des Münchener Strafverteidigers und Fernsehstaatsanwalts Stephan Lucas vor. Ihn bezichtigte er offen der Lüge. „Mit Befremden“ muss der Senat zur Kenntnis nehmen, dass er „mit unwahrem Vorbringen konfrontiert wurde“.[659] Hier hatten die Bundesrichter, wie sich später herausstellte, weit überzogen, weil sie eine richterliche Grundtugend verletzt hatten, nämlich bei einer Konstellation Aussage gegen Aussage den Sachverhalt sorgfältig aufzuklären.

In seiner Revisionsschrift hatte Lucas nach einer Verurteilung seines Mandanten wegen Drogenhandels zu achteinhalb Jahren vorgetragen, dass seinem Mandanten in Deal-Gesprächen bei einem Geständnis eine Strafe von viereinhalb Jahren angeboten worden sei. Wenn die in Aussicht gestellte und die später tatsächlich verhängte Strafe weit auseinanderklaffen, kann daraus nach ständiger Rechtsprechung des Bundesgerichtshofes ein Revisionsgrund entstehen. Auf diese sog. „Sanktionsschere“ hatte sich Lucas bei seiner Revision berufen. Damit war er jedoch nicht durchgedrungen, weil die Bundesrichter einer dienstlichen Erklärung der urteilenden Richter mehr geglaubt hatten als den Behauptungen des Verteidigers. Die hatten nämlich erklärt, dass sie zu keiner Zeit „ein bestimmtes Strafmaß oder eine Strafobergrenze in Aussicht gestellt“ hätten.[660] In einem folgenden Strafverfahren gegen Lucas wegen Verdachts der Strafvereitelung stellte sich nämlich durch die Aussage einer an den Deal-Gesprächen beteiligten Staatsanwältin heraus, dass vermutlich nicht der widerborstige Verteidiger, sondern die ehrenwerten Richter die Unwahrheit gesagt hatten. Sie bestätigte, dass im Beratungszimmer sehr wohl über ein konkretes Strafmaß gesprochen worden sei. Lucas wurde freigesprochen.

Verständlich wird die Schmähung Lucas’ durch die Bundesrichter nur durch die Vorgeschichte der Revision. Der Verteidiger hatte durch eine Flut von Anträgen, Beanstandungen und Ablehnungsgesuchen die 3. Strafkammer des Augsburger Landgerichts zu einer Hauptverhandlungsdauer von einem Jahr gezwungen – bei einer alltäglichen Drogenanklage. Die Hauptverhandlung über einen „verhältnismäßig einfach gelagerten Sachverhalt" über 24 Verhandlungstage zu strecken, war nach Meinung des Bundesgerichtshofes nur durch das „Verhalten der Verteidigung" zu erklären.[661] Lucas hatte beispielsweise beantragt, einen bereits dreimal vernommenen Zeugen nochmals zu hören, weil er eine Aussage anders verstanden habe als die Staatsanwaltschaft. Diesen Antrag wiederholte er in Varianten noch viermal, und er lehnte das Gericht anschließend wegen Besorgnis der Befangenheit ab. Dass ein solches Vorgehen die Justiz nervt, ist nachvollziehbar, darf aber nicht dazu führen, dass sich Bundesgerichtshof und Staatsanwaltschaft in Augsburg so vergaloppieren, wie sie es getan haben.

Auch ohne diesen Fehlschuss bleibt das anwaltliche Sündenregister, das der Bundesgerichtshof zwischen 2005 und 2009 aufgestellt hat, lang und feindselig: Die in einer Befangenheitsrüge vorgebrachten Vorwürfe gegen die Verhandlungsführung seien „gänzlich haltlos" und kaum „anderen Zwecken dienend als der Provokation". Beschlüsse, die Revisionen verwerfen, klagen über „falschen" oder „grob unvollständigen oder unrichtigen" bzw. „unwahren" Vortrag. Außerdem kritisierten die Richter Formulierungen in Revisionsbegründungen als „stillos", „ungehörig" und als Verletzung des anwaltlichen Sachlichkeitsgebots.[662] Monika Harms, früher Vorsitzendes des 5. Strafsenats und Generalbundesanwältin, beobachtet unter Verteidigern einen „Verlust an Berufsethik": „Die Verantwortung für das Gesamtsystem Strafprozess ist verloren gegangen". Wenn man Verteidigern sagt, dass „sie sie sich nicht mehr als ‚Organ der Rechtspflege' verstehen, sind sie empört". Im Vordergrund stehen nach Harms' Analyse der Zwang, „im scharfen Wettbewerb Geld zu verdienen" und die „PR-Sucht, auffallen zu müssen": „Wer in den Schlagzeilen steht, ist ein guter Anwalt", denken viele Mandanten, aber auch Rechtsvertreter.

Wer das gute Dutzend Urteile verschiedener Senate mit Verteidigerschelten analysiert, dem fällt auf, dass sie sich auf zwei Vorwürfe konzentrieren: eine Verletzung der Wahrheitspflicht und eine Veränderung der Prozesskultur durch Konfliktverteidigungen – oder einer Kombination von beidem. „Relevanten Teilen der Anwaltschaft" wird, fasst der Ex-Bundesverfassungsrichter Winfried Hassemer die Urteile zusammen, „unverblümt Missbrauch und Lügen ins Gesangbuch" geschrieben. Ihnen wird „nicht mehr zugetraut oder zugebilligt, dass ich sich wie ein Organ der Rechtspflege benehmen".[663] Das ist eine zutreffende Diagnose des Bewusstseinswandels in den letzten vierzig Jahren in einem relevanten Teil der Strafverteidigerschaft. Einer der Protagonisten des neuen Verteidigertyps Stefan König gibt das auch offen zu: „In ihr Selbstverständnis haben sie ihn (den Organbegriff) nicht aufgenommen".

Zutreffend ist die Kritik der Verteidiger am Bundesgerichtshof insofern, als ihm für seine Thesen über ein gelockertes Verhältnis zur Wahrheit und ein gesunkenes Berufsethos empirische Nachweise fehlen. Das ist richtig, aber eine Schwäche, die mit Mitteln quantitativer Sozialforschung schwer zu beheben ist. Ob die Wahrheitspflicht verletzt wird oder Verfahrensrechte missbraucht werden, ist kaum zu messen oder statistisch zu fassen. Die Bundesrichter stützen sich auf Erfahrungen in der Praxis, die in diesem Kapitel zu einem erheblichen Teil bestätigt werden.

Dass die Fronten zwischen Bundesgerichtshof und Strafverteidigern mittlerweile verhärtet sind, liegt an drei Ursachen: ***einem verzerrten Blick des Bundesgerichtshofes auf den Alltag der Strafjustiz, einer unterschiedlich ausgeprägten Verantwortung für die Funktionsfähigkeit der Strafjustiz und einem Mangel an Selbstkritik und einem Übermaß an Selbstgerechtigkeit unter Strafverteidigern.***

Im Zeitalter des Deals bekommen die Bundesrichter nur besonders konfliktreiche Verfahren auf den Tisch. BGH-Revisionen sind Ausnahmen. Dadurch können die Richter leicht den Eindruck gewonnen haben, dass das Verhältnis zwischen Strafjustiz und Verteidigung spannungsreicher erscheint, als es über die gesamte Brandbreite tatsächlich ist. Was in ihrer Wahrnehmung gehäuft und systematisch auftritt, kommt möglicherweise gar nicht so häufig vor.

Der Bundesgerichtshof sorgt sich, dass die ohnehin arg beanspruchte Strafjustiz durch Konfliktverteidigungen ihren Aufgaben nicht mehr gerecht werden kann. Litaneiartig warnt das Gericht in den Verteidigerschelten, dass gewisse Strategien „zu einer Erschöpfung der Ressourcen der Strafjustiz führen, wenn diese selbst in einfach gelagerten Sachen mehrere Hauptverhandlungstage aufwenden muss, nur um Anträge der Verteidigung zu bescheiden, die allenfalls nach ihrer äußeren Gestalt, nicht aber nach ihrem tatsächlichen inhaltlichen Anliegen der Aufklärung des wahren Sachverhalts dienen“.[664]

In einer Rede während des Festaktes zum 50-jährigen Bestehen der Bundesrechtsanwaltskammer 2009 mischte sich die damalige Justizministerin Brigitte Zypries in den Disput zwischen Bundesgerichtshof und Strafverteidigern ein – und zwar wenig festlich. Verteidigern, „die ihre Revision auf bewusst unwahre Verfahrensrügen stützen“, hielt sie vor: „Wenn mitunter eine anwaltliche ‚Pflicht zur Unwahrheit‘ behauptet wird, wenn es denn dem Mandanten nützt, dann halte ich das für eine bedenkliche Fehlentwicklung“.[665] Das Bundesverfassungsgericht schrieb den Verteidigern ins Stammbuch: „Bei der Erhebung einer bewusst wahrheitswidrigen Verfahrensrüge handelt es sich um ein nicht den Zwecken des Strafverfahrens entsprechendes Verteidigerverhalten“.[666] Und für den Berliner Berufsrechtler Reinhard Singer sind die beharrliche Rechtfertigung unwahrer Protokollrügen und die scharfe Kritik am Bundesgerichtshof Beweise dafür, dass Verteidigern in einigen Bereichen „die Gewissheit über die beruflichen Pflichten verlorengegangen“ ist, und „mancher Anwalt eine sehr eigenwillige Interpretation der prozessualen Wahrheitspflicht für rechtens und ethisch einwandfrei“ hält.[667]

Wie kommt es, dass die Verteidigergilde die Kritik der Justizministerin, des Bundesverfassungsgerichts und eines angesehenen Hochschullehrers in der öffentlichen Debatte totschweigt? Wie kommt es, dass ein alltäglicher Prozess gegen einen Drogenhändler, der über ein Jahr währt, wie im Fall Lucas, ohne kritischen Kommentar bleibt? Wie kommt es, dass das im beinharten Konkurrenzkampf und in der wirtschaftlichen Not etlicher Verteidiger zerbröselnde Berufsethos in der öffentlichen Debatte der Verteidiger keine Rolle spielt, obwohl alle davon wissen? Haben sich die Verteidiger einmal gefragt, ob die Verteidigung einer unwahren Protokollrüge von einem Durchschnittsbürger nachvollzogen werden kann? Platt: Die Unwahrheit zu sagen rechtlich zu erlauben?

Die Strafverteidiger haben sich bisher nicht klargemacht, dass für den Durchschnittsbürger Wahrheit und Gerechtigkeit weiter im Zentrum des Strafverfahrens stehen. Typisch ist die Erwartung der Schwester von Jonny K., der auf dem Berliner Alexanderplatz von sechs Jugendlichen zu Tode geprügelt wurde: „Ich will, dass die Wahrheit rauskommt".[668] Und im NSU-Prozess sagt Gamze Kubasik, Tochter eines Ermordeten vorsichtig: „Ich habe das Gefühl, dass wir auf Gerechtigkeit hoffen können".[669]

Dass Verteidiger diese Fragen dezidiert anders beantworten als der Rest der Welt, erlaubt den Schluss, dass ein relevanter Teil des Berufsstandes teilweise in einer ***ethischen Parallelwelt*** lebt, die im Widerspruch zu einigen Grundwerten unseres Rechtsstaates steht. Das von der Judikatur gezeichnete Bild eines Strafverteidigers als „aggressiver Störenfried" hat nach Stefan Königs Analyse zu einem Einstellungswandel in der Öffentlichkeit geführt, mit der Folge, dass Verteidiger den „Wind der Öffentlichkeit" nicht mehr „im Rücken" haben, sondern er uns „ins Gesicht bläst".[670] Der Grund: ***Hinter dem Schlagabtausch zwischen Bundesgerichtshof und der Strafverteidigung steckt ein tiefer Dissens über die Rolle des Verteidigers als Organ der Rechtspflege und seine Mitverantwortung für die Funktionsfähigkeit der Rechtspflege und, damit zusammenhängend, über seine Verantwortung für Wahrheit und Gerechtigkeit.*** In seinen Urteilen mit Verteidigerschelte hat der Bundesgerichtshof eine Wende vollzogen. Während er jahrelang die „Justizförmigkeit der Verfahrens" betont hat, stellt er in diesen Urteilen die „materielle Gerechtigkeit" in den Vordergrund – um ein Gegengewicht gegen die Ausreizung von Verfahrensrechten durch die Verteidiger neuen Typs zu schaffen. In seiner Entscheidung zur unwahren Protokollrüge stellt der Große Senat ausdrücklich fest, dass die „Wahrheitspflicht" verlangt, der „materiellen Wahrheit" ***und*** der „formellen Wahrheit" bzw. „prozessualen Wahrheit" zu genügen.[671] ***Diese Renaissance der rechtsstaatlichen Grundwerte Wahrheit und Gerechtigkeit zu Lasten der Justizförmigkeit des Verfahrens ist eine Hauptursache für die Entfremdung von Strafjustiz und relevanten Teilen der Verteidigung.***

Im Strafjustizalltag, bei den Amts- und Landgerichten, scheint der Graben zwischen Staatsanwälten und Richtern und Anwälten nicht so tief wie beim Bundesgerichtshof. Dabei springt, von einigen Ausnahmen abgesehen, ein Kontrast zwischen der Eigenwahrnehmung der Anwälte und ihrer Fremdwahrnehmung durch Staatsanwälte und Richter ins Auge. Der Berliner Verteidiger Detlev Kolloge und seine Hamburger Kollegen Klaus Hüser, Gerhard Strate, Andreas Thiel und Norbert John bemerken „keine Klimaveränderung". Wesentlich dunkler sind die Eindrücke bei Staatsanwälten und Richtern vor allem in Großstädten, weniger in der Provinz. Für viele ist der Ton im Gerichtssaal „gereizter" (Staatsanwalt Frank Michael Heller, Berlin) und das „Klima rauher" (Jugendrichterin Kirsten Heisig, Berlin) geworden. Für Staatsanwalt Bernhard Mix hat die „Respektlosigkeit vor Gericht zugenommen". Sein Kollege Ralph Knispel hat erlebt, wie ein Anwalt in einem Schwurgerichtsverfahren den Vorsitzenden Richter angefahren hat: „Halten sie den Mund. Jetzt rede ich". Für den Hamburger Strafkammervorsitzenden Marc Tully ist der „BGH-Verdruss über die Strafverteidigung im Alltag spürbar". In einigen, allerdings wenigen Verfahren sei der „Grundkomment über den Anstand weggebrochen".

Werteverlust: Rechtsmissbrauch, Zeugenbeeinflussung und Verletzungen der Wahrheitspflicht

Hin und wieder fragen Mandanten die Berliner Strafverteidigerin Ulrike Zecher, ob es nicht eine Möglichkeit gäbe, das Ermittlungsverfahren intern zu lösen. Sie weiß dann, was damit gemeint ist, nämlich, ob sie das Problem nicht mit Geld für den Staatsanwalt oder Richter aus der Welt schaffen könne. Das lehnt sie ab, weiß aber aus eigener Erfahrung, dass Kollegen diese Korruptionsoption bei Mandanten aus dem Kosovo oder muslimischen Ländern nutzen, um sich neben dem Honorar einen zusätzlichen Obolus zu verdienen. Bei ihr hatte sich mal ein türkischer Mandant gemeldet, der seinem Anwalt das Mandat entzogen hatte und nun von ihr vertreten werden wollte. Er sei enttäuscht gewesen – ließ er wissen –, dass der Staatsanwalt weiter gegen ihn ermittelt habe, obwohl er seinem Anwalt auf dessen Rat hin eine beachtliche Summe gegeben hatte, um den Ermittler zu bestechen. Das Geld hatte der Anwalt für sich behalten. Ulrike Zecher, die auch Vorstandmitglied der Berliner Rechtsanwaltskammer ist, stellte ihn zur Rede. Er räumte das Bestechungsangebot ein und zahlte das Geld zurück. Verteidigerin Zecher hatte den Eindruck, dass er „systematisch" Bestechungsgelder fordert, um seine Honorare aufzubessern. Sie hätte seinen Fall gern angezeigt und vor die Kammer gebracht, sah sich daran aber durch die Schweigepflicht gehindert.

Auch Berliner Staatsanwälte kennen aus Ermittlungen Verteidiger, die bei Mandanten aus korrupten Ländern Geld für die Bestechung von Staatsanwälten und Richtern fordern, obwohl sie wissen, dass die in Deutschland unbestechlich sind. Besonders dreist empfand ein Ermittler die Forderung eines Anwaltes von einem Mandanten, ihm 3 000 Euro zu geben, um den Richter zu bestechen, damit sein Mandant früher freikommt. Zu dem Zeitpunkt wusste er schon, dass der U-Häftling auf jeden Fall entlassen wird.

Verteidiger, die aus Geldnot oder Geldgier zum Schein Bestehungsgelder verlangen, sind krasse Ausnahmefälle. Damit sind sie aber nicht zu den Akten zu legen. Die Ausnutzung kultureller Gewohnheiten in den Heimatländern und die Unkenntnis der Verhältnisse in Deutschland legen nur ein besonderes Ausmaß an moralischer Verkommenheit frei. Und das in einem Beruf, von dem die Strafverteidigerin Ute Döpfer aus Oberursel sagt, dass er am „meisten ethisch durchflutet" ist. Trotzdem erfreut sich das Thema Ethik unter den Strafverteidigern keiner großen Beliebtheit. Stefan König zum Beispiel hält „nichts von einer Ethik-Diskussion". Dahinter steckt vermutlich die Sorge, dass jede Ethik-Debatte am Ende auf eine Beschränkung beruflicher Freiheiten hinauslaufen könnte.

Die Selbstwahrnehmungen der Strafverteidiger von ihrem ethischen Pegelstand fallen recht unterschiedlich aus. Für angesehene Verteidiger wie Detlev

Kolloge und Wolf-Dieter Reinhard hat das „Berufsethos“ in den letzten Jahren „nicht gelitten“ oder es gibt „keinen Verfall“. Damit stehen sie ziemlich allein da. Nobert John beobachtet eine „Verrohung der Sitten“. Für Armin Golzem „beeinträchtigt der Konkurrenzkampf das Berufsethos“. In den Augen von Alexander Ignor ist das Berufsethos „gar ins Rutschen gekommen“: „Manche Kollegen segeln hart am Wind. Im Umgang mit Beweismitteln muss man Ethos haben“.

Die Fremdwahrnehmung durch Staatsanwälte und Richter fällt differenzierter aus als das Pauschalurteil der Bundesrichter. Für den Hamburger Oberstaatsanwalt Wilhem Möllers und seinen Berliner Kollegen Berhard Mix ist die ***„Mehrzahl der Verteidiger“ „integer“ bzw. „honorig“.*** Als Beleg führt Möllers an, das „Absprachen eingehalten werden“. Mix meint, dass die Mehrheit „nicht nur Geld verdienen und nicht ihre Eitelkeit befriedigen will“. Allerdings bedeutet das keinen Freispruch für den Rest. Mix hat den Eindruck, dass sich das Berufsethos durch den „Konkurrenzkampf verschelchtert“ hat. Die Verteidiger „plustern sich nach dem Vorbild der Fernseh-Shows auf, um die Angeklagten und ihre Familien zu beeindrucken“. Ein sehr dunkles Bild der Verteidigerzunft zeichnet ein Berliner Oberstaatsanwalt: „Im OK-Bereich und im Rockermilieu tun sich bei Anwälten,die Täter mit Geld und Drohpotential vertreten, Abgründe auf“. Noch harscher das Urteil des STERN über Verteidiger, die Mitglieder arabischer Großfamilien vertreten: „Sie integrieren die Clan-Mitglieder nicht in die Wertewelt des Rechtsstaates, sondern in seine Gesetzeslücken“.[672] Außerhalb dieses Bereiches steht nach Ansicht des Berliner Oberstaatsanwalts jedoch „der überwiegende Teil der Verteidiger auf der Seite des Rechts. Aber in den letzten zwei Jahren beobachten wir, dass immer mehr die Grenze des Zulässigen überschreiten. Selbst bisher als integer und zuverlässig eingestufte Anwälte machen mit“.

Wenn der heute 70-jährige Berliner Anwalt Peter Schöndienst sein Berufsverständnis mit dem der heutigen Generation vergleicht, fällt ihm ein Unterschied sofort auf: „Wir haben wie die Löwen gekämpft. Es ging weniger ums Geld“. Ähnlich sein gleichaltriger Kollege Klaus Hüser: „Wer Strafverteidiger wird, bei dem muss mehr mitschwingen, als Geld zu verdienen“: „Pflichtverteidigern, die in der Hauptverhandlung pennen, geht es nur ums Geld“. Für Sjors Kamstra ist „Geldgier“ eine der Hauptwurzeln für die sinkende Berufsmoral einiger Verteidiger. Indizien sind für ihn zum Beispiel „hohe Vorschüsse mit dem Versprechen, jemanden aus dem Knast zu holen“.

Insbesondere Verteidiger, die im Rocker und OK-Milieu aktiv sind, stehen unter hohem Druck, das zu machen, was ihre Mandanten von ihnen verlangen. Verweigern sie sich, senken die schnell die Daumen, weil der Nächste bereit steht, in die Lücke zu springen. In Berlin beobachten Staatsanwälte übereinstimmend, dass in diesem Bereich etablierte Anwälte moralisch fehlen, um den Ruf im Milieu und den Lebensstandard zu halten.

Für den Hamburger Kammervorsitzenden Marc Tully ist das „gewandelte Selbstverständnis“ bei den Verteidigern neuen Typs eine Ursache für unethisches Verhalten. Weil sie die „Einbindung in die Strafrechtspflege nicht mehr akzeptieren“ und die „Organstellung stört“, haben sie kein Problem damit, „die

Verurteilung ihres Mandanten auf jeden Fall zu verhindern" und nehmen dabei selbst „materielle Fehlurteile" in Kauf.

Da es unmöglich ist, jeden Einzelfall moralischen Fehlverhaltens beim Missbrauch von Verfahrensrechten zu schildern, soll sich die Ethikbilanz auf vier Bereiche beschränken: die Konfliktverteidigung, Verletzungen der Wahrheitspflicht, Zeugenbeeinflussung und die Ausrichtung der Verteidigung an der Gebührenordnung.

Die Konfliktverteidigung hat viele Gesichter und nach Jahn 40 bis 45 Waffen im Arsenal.[673] Neben den Verfahrensrechten gehört dazu auch die verbale Konfrontation mit der Justiz. Durch Attacken unter und über der Beleidigungsschwelle entsteht das „Feindbild" Strafjustiz. Was wiederum Staatsanwälte und Richter dazu verleitet, die Strafverteidigung zu ihrem Feindbild zu machen.

Die schärfste Waffe in den Händen von Konfliktverteidigern sind die Verfahrensrechte. Wann ihr legitimer Gebrauch in einen illegitimen Missbrauch umschlägt und sich ein ethischer Missbrauch in einen Rechtsmissbrauch verwandelt, lässt sich allgemein schwer bestimmen. Sie verläuft an der Grenze zwischen Recht und Moral. Unter dem Eindruck der RAF-Prozesse hat es Anfang der siebziger Jahre politische Bestrebungen gegeben, ein allgemeines Missbrauchsverbot in der Strafprozessordnung zu verankern. Sie scheiterten, weil die Missbrauchsklausel die Gefahr begründete, selbst missbräuchlich auf Prozesshandlungen angewendet zu werden, die nur lästig oder unbequem sind.[674] Dies hat der Bundesgerichtshof im Wege der Rechtsfortbildung nachgeholt und ein allgemeines Missbrauchsverbot bei Verfahrensrechten entwickelt, das Bundesverfassungsgericht gebilligt hat.[675] Damit haben Gerichte eine rechtliche Brandmauer gegen den als unethisch empfundenen, aber geduldeten Missbrauch von Verfahrensrechten durch Verteidiger errichtet. Anstoß gab ein besonders krasser Fall: In den ersten elf Monaten der Hauptverhandlung wurden rund 300 Beweisanträge gestellt, diese jedoch nach einem Geständnis zurückgenommen.[676] Nach dessen Widerruf deckte der Verteidiger die Strafkammer mit einer Fülle von Beweisanträgen ein und schloss sich ohne Kenntnis 8 500 weiteren Beweisanträgen eines Co-Verteidigers an. Nach gründlicher Prüfung von 106 Anträgen entschied die Kammer, den Rest wegen Rechtsmissbrauch abzulehnen. Diesen Weg segneten die Bundesrichter ab.

Zurückgegriffen wird auf die Instrumente der Konfliktverteidigung, insbesondere in der organisierten Kriminalität, der Drogenkriminalität, der Wirtschaftskriminalität und in Verfahren mit politischem Hintergrund. Gemeinsames Kennzeichen dieser Kriminalitätsbereiche mit Ausnahme der politischen Verfahren: Hier haben die Angeklagten häufig genug Geld, um hochkarätige Verteidiger zu bezahlen.

Über das verfügte auch Alexander Falk, der im November 2004 wegen Betruges und Bilanzfälschung angeklagt wurde. Der Erbe des gleichnamigen Stadtplan-Verlages wurde beschuldigt, beim Verkauf seines Internetunternehmens Ision Internet AG den Käufer mit geschönten Bilanzen hinters Licht geführt und es zu einem überhöhten Preis von 812 Millionen Euro verkauft zu haben. Der von der Anklage angenommene Schaden: 750 000 Millionen Euro.

Das Klima im Verfahren war früh vereist. Obwohl sich Falk auf Anraten seiner Anwälte selbst gestellt hatte, scheiterten mehrere Anträge auf Haftverschonung. Dazu hatte Falk allerdings selbst beigetragen. Noch vor der Hauptverhandlung tauchte ein Kassiber auf, in dem er offen von Fluchtabsichten sprach. Nach Ablehnung etlicher Haftverschonungsanträge kündigte ein Verteidiger eine Konfliktverteidigung an: „Sie werden sehen, was sie davon haben: ein anstrengendes Verfahren". Das wurde es dann auch: Es dauerte netto (ohne Unterbrechung wegen Krankheit) drei Jahre mit 157 Verhandlungstagen, 75 Zeugen, 786 Aktenordnern und über 3000 Dokumenten. Drei Viertel der Zeit wären nach Einschätzung des Vorsitzenden Richters Nikolaus Berger für die Sachaufklärung des komplexen Sachverhalts und zur Beantwortung rechtlicher Fragen in einem „juristischen Neuland" notwendig gewesen. Ein Viertel der Zeit ging nach seinem Eindruck auf das Konto der Verteidiger – vor allem aufgezehrt durch ein „theatralisches Vorspiel". Es führte dazu, dass die Beweisaufnahme erst nach vier bis fünf Monaten beginnen konnte. Überflüssige Zeit kostete auch eine Batterie von Beweisanträgen in der Schlussphase. 22 Befangenheitsanträge richteten sich allein gegen den Vorsitzenden Nikolaus Berger, für die er einen „Sonderband" einrichtete. Einige waren geschmacklos bis beleidigend. Eine verzögerte Abgabe einer dienstlichen Erklärung wegen einer Erkrankung zog Gerhard Strate mit der Beobachtung in Zweifel, dass er Berger „in eingehakter Begleitung durch eine Dame" in der Hamburger Innenstadt gesehen habe. Für Berger eine „hässliche Attacke, weil sie sich gegen ihn „persönlich" gerichtet habe. „Einen in der Sache haltlosen und in der Form maßlosen Angriff auf Staatsanwaltschaft und Gericht" sah Berger auch in einem Hinweis Strates in seiner Eröffnungsrede: „Ohne Parallelen strapazieren zu wollen" bemerkte dieser, „dass – rechtshistorisch gesehen – Anklagen ohne vorausgegangenes Ermittlungsverfahren (gemeint war ein Teil der Anklage gegen Falk wegen Beihilfe zur Steuerhinterziehung) zuletzt möglich waren in der deutschen Militärgerichtsbarkeit am Ende des zweiten Weltkrieges". Von diesem Hinweis distanzierten sich einige Co-Verteidiger spontan im Gerichtssaal. Ihm folgten immer wieder verbale Attacken gegen Berger – „Sie maßen sich einen Sachverstand an, den Sie nicht haben" – und „ Prozesserklärungen", die in den Augen Bergers „auf Provokation angelegt waren".

Strate verteidigt seine aggressive Konfrontationsstrategie mit „massiven Rechtsbrüchen" des Gerichts.[677] „In manchen Fällen ist die Strafjustiz so verrannt und ignorant, dass man ihr nicht vornehm begegnen kann. Kollegen, die der Konfrontation ausweichen, haben schon verloren, bevor das Urteil gesprochen ist".[678]

Ob dieses Kalkül hinter der rauhen Gangart aufgegangen ist, erscheint eher fraglich. Im Mai 2008 verurteilte die 20. Kammer des Hamburger Landgerichts Falk zu vier Jahren Gefängnis und seine vier Mitangeklagten zu Freiheitsstrafen zwischen zweieinhalb Jahren und acht Monaten wegen gemeinschaftlichen versuchten Betruges und Bilanzfälschung.[679]

Ein anderes Beispiel für Konfliktverteidigung: das Verfahren gegen die somalischen Piraten in Hamburg. Nach Ansicht der Hamburger Justizverwaltung ist für die lange Dauer und die hohen Kosten des Prozesses die Strategie der zwanzig Verteidigerinnen und Verteidiger mitverantwortlich. Das Verfahren dauerte 23 Monate, in denen an 105 Tagen verhandelt wurde. Es kostete, wie die Justizbehörde ermittelt hat, der Staatskasse insgesamt 3,4 Millionen Euro.[680] 940 000 Euro davon erhielt die Mannschaft der Verteidiger für Gebühren, Reisen und Dolmetscher. Es gab viele Faktoren, die das Verfahren zu einem Ungetüm machten: zehn Angeklagte, zwanzig Verteidiger, die Aufklärung eines Tatvorwurfes in Somalia, die Übersetzung jeder Zeugenaussage. In ihrer Analyse lastet die Justizbehörde die lange Verfahrensdauer aber auch „maßgeblich" den beteiligten Verteidigern an – durch eine „ausgiebige" Nutzung des Fragerechts, durch „aussichtslose" Ablehnungsanträge und „unzählige" „aussichtslose" Beweisanträge. Am Ende des Prozesses summierten sich die Anträge zu 218 Anlagen und 400 Seiten Hauptverhandlungsprotokoll. Die Behörde beklagte, dass die Anträge vor allem zum Schluss des Verfahrens gestellt wurden und dass „insgesamt fünf Mal in eine bereits geschlossene Beweisaufnahme" wieder eingetreten werden musste. Als Konsequenz aus diesem Verfahren hat die Hamburger Justizsenatorin Jana Schiedeck eine politische Initiative bei der Justizministerkonferenz gestartet, „den Verfahrensaufwand solcher Großverfahren in rechtsstaatlich angemessener Weise" zu begrenzen. Es kann gut sein, dass das Hamburger Piraten-Verfahren eines Tages zur Geburtsstunde einer neuen Vorschrift gegen den Missbrauch von Verteidigerrechten wird.

In die Kategorie Missbrauch von Verfahrensrechten gehört auch, dass Verteidiger in Verfahren gegen kriminelle Angehörige arabischer Großfamilien auf das Recht auf Auskunftsverweigerung wegen drohender Selbstbelastung zurückgreifen, um die Beweisführung der Strafverfolgungsorgane zu unterlaufen. Der häufigste Anwendungsfall: Nach der muslimischen Rechtstradition der Schlichtung einigen sich Täter- und Opferfamilie mit Hilfe eines Friedensrichters bzw. Streitschlichters untereinander.[681] Die Geschäftsgrundlage: Das Opfer ändert seine Aussage und entlastet den Täter gegen Zahlung eines Geldbetrages. Diese Absprachen in der Kulisse von Strafverfahren werden dann von einigen Verteidigern gewissenlos umgesetzt. Sie raten den Opfern, im Ermittlungsverfahren oder in der Hauptverhandlung die Aussage zu verweigern, weil sie sich damit selbst belasten würden. Die Zeugen geben damit vor, dass ihre erste, den Täter belastende Aussage vor der Polizei möglicherweise falsch war – obwohl es dafür meist keine Indizien gibt. Als Vollstrecker solcher Verständigungen wissen oder ahnen die Verteidiger, dass sie die Erforschung der Wahrheit im Strafverfahren sabotieren. „Mit diesem Rollenverständnis", moniert der Essener Kriminalhauptkommissar Ralf Menkhorst, verabschieden sich die Verteidiger von ihrem Auftrag als „Organ der Rechtspflege". Sie nutzen ihre juristischen Kenntnisse, so sein Vorwurf, ausschließlich „im Interesse der Beschuldigten, die sie auch bezahlen". Auch der Berliner OK-Abteilungsleiter Sjors Kamstra ärgert sich über diesen Verteidigertrick, der nach bisheriger Rechtsprechung zulässig ist. Eine Grundsatzentscheidung des Bundesgerichtshofes zu dieser mit der islamischen Paralleljustiz neu aufgetauchten Rechtsfrage gibt es jedoch noch nicht. Sie anzustreben würde sich nach Ansicht des renommierten Strafprozessrechtlers Werner Beulke lohnen.

Für ihn ist das ein ***Rechtsmissbrauch des Auskunftsverweigerungsrechtes*** wegen drohender Selbstbelastung. Würde dieses Recht wirklich so weit reichen, könnte sich – so seine Argumentation – „jeder Beschuldigte von seiner ersten Aussage distanzieren. Damit gäbe es praktisch keine Aussagepflicht mehr".

Nach dem Diskussionspapier des Präsidiums der Bundesrechtsanwaltskammer zur Berufsethik gilt für Anwälte das Lügeverbot.[682] Als Organ der Rechtspflege darf ein Anwalt nicht „bewusst falsch vortragen": „Die Pflicht zur Wahrheit verbietet das Zurechtbiegen eines Sachverhalts". Genau das tun Strafverteidiger, wenn mehrere Mittäter wegen einer Erpressung oder einem Mord angeklagt sind und Mandanten wünschen, dass einer der Beteiligten im Widerspruch zur Wahrheit die Verantwortung für die Tat übernimmt, weil er eine geringere Strafe zu erwarten hat als der Haupttäter. Dass passiert bei muslimischen Familien, insbesondere im Bereich der organisierten Kriminalität, bei Roma-Familien, in der Drogenkriminalität oder auch bei ganz normalen Delikten wie einem Betrug.

Es gibt Verteidiger, die solche Schuldverlagerungen einräumen. Stefan König: „Es kommt immer wieder vor, dass die Verantwortung verschoben wird, insbesondere bei Verteidigern der organisierten Kriminalität. Hier übernehmen die Familien die Regie". Klaus Hüser: „Schuldverlagerungen kommen nicht selten vor. Wenn ein Anwalt nicht mitmacht, wird er ausgewechselt. Für eine solche Manipulation werden bewusst schwache oder wirtschaftlich abhängige Robenträger ausgesucht". Es gibt aber auch Anwälte, die sich verweigern, wenn die Schuld ihre Mandanten treffen soll. „Da würde ich nicht mitmachen", legt sich Stefan König fest.

Staatsanwälte und Richter beobachten diese Schuldverlagerungen mit Sorge. „Es ist bekannt, dass bei Arabern und Vietnamesen die Jungen in der Hauptverhandlung die Schuld übernehmen", sagt der Berliner Staatsanwalt Bernhard Mix. Dass Anwälte dabei mitwirken, findet er „unethisch". „Problematisch" nennt es sein Richterkollege Tobias Kaehne, bringt aber Verständnis für die Not mancher Anwälte auf. „Wenn die Mandanten das wollen, bleibt ihm häufig keine andere Wahl".

Allerdings wissen manchmal auch die Anwälte nicht, wie sich die Tat wirklich zugetragen hat, welche Rolle welcher Mittäter gespielt hat. Für Staatsanwalt Knispel könnte die Übernahme der Tatverantwortung durch den jüngsten Bruder beim Ehrenmord von Hatun Sürücü ein solcher Fall sein. In der Anklageschrift hatte die Berliner Staatsanwaltschaft die drei Brüder Mutlu, Alpaslan und Ayhan Sürücü wegen gemeinschaftlichen Mordes an ihrer Schwester angeklagt. Nachdem alle drei eine Tatbeteiligung zunächst geleugnet hatten, übernahm am ersten Verhandlungstag der jüngste Bruder die alleinige Tatverantwortung, während seine beiden Brüder jegliche Schuld bestritten. Für alle drei verlasen ihre Verteidiger schriftliche Stellungnahmen. Die Jugendkammer verurteilte Ayhan zu neun Jahren und drei Monaten Haft, sprach die älteren Brüder hingegen frei. Nach Überzeugung von Ulrike Zecher, die die Hauptbelastungszeugin als Zeugenbeistand betreute, waren die „Freisprüche ein Fehlurteil".[683] Zu dieser Auffassung gelangte 2007 auch der Bundesgerichtshof. Er hob die Freisprüche auf, weil die Beweiswürdigung über die Verstrickung der beiden Brüder fehlerhaft sei. Die Freisprüche stehen in der Tat im Widerspruch zur muslimischen Tradition, die Ehrverletzung durch die Tochter Hatun durch das Tragen westlicher Kleidung als Familienangelegenheit zu betrachten und nach einem Beschluss des Familienrates zu sühnen. Nachdem sich die Türkei geweigert hatte, die beiden Brüder Mutlu und Alpaslan auszuliefern, stellte die Berliner Staatsanwaltschaft das Verfahren 2008 ein.

Der Fall Sürücü ist ein Paradebeispiel für die Ohnmacht der Justiz bei Schuldverlagerungen, wenn sich die Angeklagten einig sind, wer die Verantwortung für eine Tat übernimmt, und Anwälte diesen Willen umsetzen. Dafür gibt es ein inzwischen weithin praktiziertes Verfahren. Die Anwälte verlesen am ersten Tag der Hauptverhandlung eine schriftliche Erklärung eines Angeklagten, die sie vermutlich mit formuliert haben. Anschließend schweigen alle Angeklagten. Solche Formulierungshilfen sind nicht verboten, selbst dann nicht, wenn der Verteidiger an ihrer Richtigkeit zweifelt. [684] Trotzdem befinden sich Strafverteidiger hier in der Nähe zur Strafvereitelung, der Weg zur bewussten Unterstützung der Unwahrheit ist nicht weit. Auch wenn es wahrscheinlich nie zu Verurteilungen kommt, weil der Nachweis positiven Wissens von der Unwahrheit in der Praxis faktisch unmöglich sein wird, ist eine solches Verteidigerverhalten im Hinblick auf die Wahrheitspflicht ethisch höchst fragwürdig.

Solch kritische Fragen müssen sich auch die Anwälte gefallen lassen, die dem Schwerkriminellen Ali A. Ende 2011 zu einem Freispruch vom Vorwurf der gefährlichen Körperverletzung verholfen haben. Ihm hatte die Staatsanwaltschaft vorgeworfen, in Anwesenheit von drei Brüdern einen Schuldner mit dem Hammer auf Hände, Arme und Beine geschlagen zu haben, damit der geliehene 150 000 Euro zurückzahlt. Geschlagen habe nur Ali A., hatte das Opfer zunächst vor der Polizei ausgesagt. Weil der bereits mit 16 Vorstrafen belastet war, und er mit einer Freiheitsstrafe zwischen sechs und sieben Jahren rechnen musste, schaltete die Familie einen Schlichter ein. Er handelte mit der Opferfamilie einen Deal aus. In der Hauptverhandlung verweigerte daraufhin das Opfer seine Aussage und berief sich auf ein Auskunftsverweigerungsrecht wegen drohender Selbstbelastung. Gleichzeitig übernahm Alis Bruder Erhan A. die Verantwortung für die Tat: Er habe das Darlehen gegeben und das Opfer geschlagen. Ali sei gar nicht mit am Tatort gewesen. Erhan A. kam wie geplant mit einer Geldstrafe davon, während der Schwerkriminelle Ali A. freigesprochen wurde. Oberstaatsanwalt Bernhard Mix war frustriert: „Ich bin überzeugt, dass in diesem Verfahren gelogen wurde, dass sich die Balken biegen. Das führt zu der traurigen Erkenntnis, das mit rechtsstaatlichen Mitteln die Wahrheit nur schwer zu beweisen ist, wenn sich Täter und Opfer einig sind". Er hätte hinzufügen können: Und Verteidiger bei der Verfälschung der Wahrheit geholfen haben. Denn ein Anwalt hatte vermutlich bei der Formulierung von Erhans Geständnis geholfen, das mindestens in einem Punkt objektiv falsch war: Handy-Daten bewiesen, dass Ali A. sehr wohl am Tatort war. Und rechtskräftig festgestellt wurde im Nachhinein, dass das Opfer in seiner zweiten Aussage in der Hauptverhandlung gelogen hatte. Wegen erdrückender Beweise gestand er die Falschaussage im anschließenden Prozess und wurde wegen Falschaussage zu einem Jahr und neun Monaten verurteilt. Dass der Anwalt die Wahrheit mit verfälscht hatte, war für ihn kein Anlass zur Selbstkritik: Der Freispruch und die geringe Geldstrafe entsprächen der „formellen Wahrheit". Der Umgang mit der Wahrheit und seine Rechtsfertigung durch den Anwalt zeigen, wohin das Selbstverständnis eines Verteidigers führen kann, der sich nur als nur noch einseitiger Interessenvertreter versteht: ***der Abschied von der materiellen Wahrheit im Strafprozess.***

Es gibt aber auch Verteidiger, die ihre Wahrheitspflicht ernst nehmen. Petra S. hatte das Mandat eines Partners eines homosexuellen Paares übernommen, das wegen gemeinschaftlichen Betruges im Internet angeklagt war. Weil sein Partner erheblich mehr Vorstrafen auf dem Konto hatte, drängte sein Rechtsvertreter den weniger Belasteten, einen Teil der angeklagten Betrügereien zu übernehmen. Als sich die Hamburger Verteidigerin weigerte, dies zu tun, wurde sie aus dem Mandat geboxt und ein Anwalt bestellt, der besser in diese Verteidigungsstrategie passte. Ihr Mandant hat dann sich zur Verantwortungsverlagerung überreden lassen – aus Liebe zu seinem Partner.

Ebenso skrupellos im Umgang mit der Wahrheit sind Anwälte, wenn Ermittlungsverfahren monatelang laufen, und sie plötzlich neue Entlastungszeugen präsentieren, die bei der Tat anwesend gewesen sein sollen, oder Beschuldigten nach Monaten einfällt, dass sie in Notwehr gehandelt haben. Diese entlastenden Einlassungen sind meist unglaubwürdig. Der Grund: Die dann in der Regel vorgetragenen Sachverhalte sind so eng mit dem Tatgeschehen verknüpft, dass jeder professionell agierende Verteidiger sie in der ersten Einlassung hätte vorbringen müssen. Dass sie erst nach Monaten und häufig erst kurz vor der Hauptverhandlung in das Verfahren eingeführt werden, nährt den Verdacht, dass sie frei erfunden worden sind.[685]

Der Berliner Kammervorsitzende Kay Dieckmann nimmt beim Thema Wahrheitspflicht von Advokaten kein Blatt mehr vor den Mund. Er begegnet hin und wieder Verteidigern, die aktiv „verhindern, dass die Wahrheit herauskommt". Er liest immer wieder Beweisanträge, in denen merkwürdige „Alibi-Zeugen" und „obskure Entlastungszeugen" auftauchen, insbesondere aus dem türkisch-arabischen Milieu. Er bedauert, dass man Verteidigern den manipulativen Umgang mit der Wahrheit nie nachweisen kann. Zwar ist die Nennung eines zur Unwahrheit entschlossenen Zeugen unzulässig, bestehen hingegen nur Zweifel an seiner Wahrheitsliebe, darf der Verteidiger ihn benennen.[686] Da solche feinen Einstellungsunterschiede nie zu beweisen sind, hängt die Erforschung der Wahrheit im Strafprozess auch von der ethischen Verantwortung der Verteidiger gegenüber der Wahrheit ab. Und um die scheint es bei etlichen nicht gut bestellt zu sein.

Ein besonders dunkles Kapitel ist die Beeinflussung von Zeugen durch Verteidiger. Sie dürfen mit ihnen vor der Hauptverhandlung sprechen, haben dabei aber besondere Sorgfaltspflichten zu beachten. Verletzen sie diese, können sie sich wegen Strafvereitelung strafbar machen. Dazu kann zum Beispiel die Vereinbarung eines Erfolgshonorars für eine entlastende Aussage gehören.[687] Oder die Bestechung von Zeugen. Ein Berliner Anwalt hat nach über zwanzig Jahren das Verteidigen aufgegeben, weil er sich für ein Fehlurteil mitverantwortlich fühlte, dass durch einen bestochenen Zeugen zustande gekommen war. Den überraschenden Freispruch seines Mandanten hatte er zunächst auf sein gutes Plädoyer zurückgeführt. Ein halbes Jahr später beging der Freigesprochene jedoch einen Mord. Und noch später stellte sich heraus, dass er zu Unrecht freigesprochen worden war. Sein Co-Verteidiger hatte einen Polizisten für ein Alibi bestochen. Ohne diese Falschaussage hätte sein Mandant vermutlich vier Jahre bekommen und den Mord nicht begehen können. Das war für den Anwalt das Signal, mit dem Verteidigen aufzuhören: „Das ist nicht der richtige Beruf für mich. Dafür bin ich zu skrupulös".

Verteidiger Alexander Ignor beobachtet bei manchen Kollegen einen „lockeren Umgang mit Zeugen", weil sie bewusst oder unbewusst immer zuerst an die Interessen ihrer Mandanten denken: „Jede Befragung birgt die Gefahr der Beeinflussung". Hoch problematisch sind Treffen von Zeugen in einer Anwaltskanzlei vor der Hauptverhandlung. Wenn das herauskommt, ist die Standardausrede, dass man nur darüber geredet habe, wie man vor Gericht auftreten solle. Kommentar einer Kammer des Berliner Landgerichts in einem Urteil: Es bestünden „erhebliche Zweifel, ob der Zeuge A. den Inhalt des Treffens vollständig offengelegt hat". In einer Hauptverhandlung, erinnert sich Staatsanwalt Bernhard Mix, hat ein Zeuge „ehrlich und blöd" erzählt, dass sich das Opfer, sein Anwalt und alle deutschen Zeugen zuvor getroffen hätten, um über Akteninhalte und Fotos zu sprechen. Der Nebenklägervertreter war der Hausanwalt der Hells Angels, die in einen Konflikt mit arabischen Gruppen verstrickt waren. Das Gericht war, als es von dem Treffen hörte, „erheblich befremdet". Mix spöttisch: „Der Freispruch war das Verdienst des Nebenklagevertreters".

Insbesondere in der organisierten Kriminalität nutzen Beschuldigte ihre finanzielle Macht und ihr Drohpotential, um Zeugen in ihrem Sinne zu bearbeiten. Und dabei sind etliche Verteidiger inzwischen willfährige Helfer. Sie wählen Anwälte für Opfer und Zeugen aus, die dann teilweise auch von ihren Mandanten bezahlt werden. Das sei „nicht strafbar, aber unethisch" findet Staatsanwalt Frank Michael Heller.[688] In einem Rocker-Verfahren hat er erlebt, dass alle Zeugen anwaltliche Beistände hatten, und alle ihre Aussage wegen drohender Selbstbelastung verweigerten. Er beauftragte die Polizei, einmal nachzuhaken. Der erste Zeuge gab den Beamten jedoch einen Korb: Wenn sie Fragen hätten, sollten sie sich doch an Anwalt S. wenden. Das war der Verteidiger einer der beiden Angeklagten. Die anderen Zeugen sagten gar nichts, mit Verweis auf einen Anruf auf den ersten Zeugen, der sie vor dem Besuch der Polizei gewarnt hatte. Hier gab es also einen direkten Kontakt zwischen den Zeugen und dem Anwalt eines Angeklagten. Heller vermutet, dass sich alle Zeugen vorher getroffen und abgesprochen haben – mit einigen Euros als Belohnung.

Deutlich zugenommen hat das Verteidigen nach der Gebührenordnung. Nach der Rechtsprechung des Bundesverfassungsgerichts ist es Anwälten untersagt, die „Sachbehandlung an Gebühreninteressen" auszurichten.[689] Diese Pflicht ist rechtlich verbindlich. Da aber Motive rechtlich nicht zu kontrollieren sind, hängt ihre Erfüllung in der Praxis vom ethischen Selbstverständnis der Verteidiger ab. Und dieses hat durch die wirtschaftliche Lage vieler Verteidiger und das kommerzialisierte Denken in der „Marktgesellschaft" (Michael J. Sandel) erheblich an Steuerungskraft verloren. Ein Paradebeispiel: Seitdem es für einen Haftprüfungstermin eine eigene Gebühr gibt, ist die Zahl der Haftprüfungen sprunghaft gestiegen. Vor ihrer Einführung war es üblich, dass ein Anwalt nach einem Antrag auf Haftprüfung mit dem Haftrichter telefonierte und sich nach den Aussichten erkundigte. Und wenn die negativ waren, nahm er den Antrag zurück. Das passiert fast gar nicht mehr. Der Berliner Vorsitzende einer Jugendkammer Kay Diekmann schätzt, dass inzwischen in 90 Prozent aller Haftsachen Haftprüfungen durchgeführt werden. Ein Termin, für den drei Berufsrichter zusammengetrommelt werden müssen. Im Termin nimmt der Anwalt dann den Antrag zurück. Ohne finanziellen Schaden für ihn, denn die Gebühr ist mit dem Beginn der Haftprüfung verdient. Auch ein Hamburger Ermittlungsrichter erkennt diesen neuen Trend bei aussichtslosen Haftprüfungen: „Muss ich machen, dann bekomme ich noch ein paar Euro extra, und meinem Mandanten kann ich zeigen, wie ich für ihn kämpfe", hat ihm ein Verteidiger erläutert.

Ein anderer unseriöser Weg, mit der Gebührenordnung Geld zu verdienen, ist das Schinden von Verhandlungstagen. Fast alle Staatsanwälte und Richter kennen solche Streckungen aus der Praxis. Der Richter am Amtsgericht Moabit Tobias Kaehne erinnert sich an einen Strafbefehl, den er gegen eine drogenanhängige Schwarzfahrerin erlassen hatte. Trotz eines Geständnisses legte ihr Anwalt Einspruch mit der Begründung ein, dass seine Mandantin lieber eine Freiheitsstrafe ohne Bewährung hätte, um dann eine Therapie machen zu können. Wäre es dazu gekommen, hätte der Anwalt als Pflichtverteidiger beigeordnet werden müssen. Das lehnte Kaehne jedoch ab. Im Termin stellte sich dann heraus, dass die Mandantin mit der Geldstrafe ganz zufrieden war. Bei einigen alten Hasen beobachtet er Mini-Konfliktverteidigungen. „Was die alles auffahren, wenn es um 40 Tagessätze geht. Prozesse werden des Geldes wegen methodisch in die Länge gezogen". Das hat auch Staatsanwalt Frank Michael Heller wiederholt erlebt. In einem Verfahren hatte er sich gewundert, dass der Angeklagte trotz erdrückender Beweislage erst am vierten Verhandlungstag gestanden hatte. Der Verteidiger klärte ihn auf: „In das Aktenstudium habe ich viel Arbeit investiert. Wenn ich nicht drei oder vier Verhandlungstage mitnehmen kann, würde ich nicht auf meine Kosten kommen. Deshalb das Geständnis erst am vierten Tag". Der Hamburger Verteidiger Johann Schwenn kann sich an ein Verfahren erinnern, in dem aus drei Verhandlungstagen durch Beweisanträge 30 wurden.

Besonders verwerflich findet der Hamburger Oberstaatsanwalt Wilhelm Möllers solche Prozessstrategien, wenn Beschuldigte sie aus der privaten Schatulle bezahlen: „Es wird das große Besteck mit Befangenheits- und Besetzungsrügen rausgeholt. Und wenn die 50000 Euro aufgebraucht sind, wechselt der Anwalt die Strategie und rät zum Geständnis, statt es sofort zu tun". Raffiniert findet er Versuche, mit sog. Schiebeterminen mehr Euros rauszuschlagen. Verteidiger täuschen zu diesem Zweck Zeitnöte vor, zum Beispiel, dass man am Mittwoch oder Donnerstag nur zwei oder drei Stunden Luft hätte, mit der willkommenen Nebenfolge, durch kurze Termine mehr Termine zu provozieren, für die jedes Mal die Kasse klingelt.

Unethisch ist auch, Mandate zu übernehmen, die aussichtlos sind oder denen man nicht gewachsen ist. Nach Meinung des Frankfurter Oliver Wallasch fehlt „Kollegen oft der Mut, aus wirtschaftlichen Gründen ein Mandat abzulehnen". Unseriös sei es auch, das „Blaue vom Himmel zu versprechen. Sie kassieren 5 000 Euro, obwohl sie wissen, dass sie nichts reißen können". Er erinnert sich an Einwände gegen einen europäischen Haftbefehl, die ein Kollege erhoben hat, obwohl jeder kundige Thebaner weiß, dass die in über 90 Prozent aller Fälle erfolglos sind. Wallasch: „Manchmal muss man sagen, dass man nur die Verteidigung im ersuchenden Staat organisieren kann, mehr eben nicht. Das bringen die Kollegen häufig nicht über die Lippen".

Fazit: Die Mehrheit der Strafverteidiger orientiert sich weiter an einem ethischen Kompass. Es gibt aber eine starke Minderheit mit einem erheblichen Werteverfall.

Qualitätsgefälle: von Profis und Laienschauspielern

Der Frankfurter Verteidiger Rainer Hamm hat die Fähigkeit, differenziert und pointiert zu formulieren – auch über seine eigene Zunft. Einerseits sei die „Qualität besser geworden: Es gibt eine höhere Zahl von Anwälten, die Strafrecht professionell betreiben". Andererseits gäbe es eine „viel zu große Zahl von Anwälten, die alles machen und sich nicht auf dem Laufenden halten. Sie denken, Strafrecht kann man mit der linken Hand machen. Ihr Ziel: Schöffen zum Weinen zu bringen". Im Blick hat er dabei eine zunehmende Zahl an Juristen, die beide Examina mit ausreichend gemacht haben und ihr Geschäft mit Bordmitteln betreiben: „Laienschauspieler, die auch Strafverteidigung betreiben".

Derart nuancierte Eigenbilder der Zunft sind eher die Ausnahme. Die meisten sprechen pauschal von einem „in breitem Umfang höheren Niveau" der Verteidigung als in den achtziger Jahren (König), von „zunehmender Professionalisierung" (Kempf), von einem „guten Gesamteindruck" mit einer „Qualitätssteigerung" durch den Fachanwalt für Strafrecht (Strate).[690] Einen Qualitätsverlust in den letzten Jahren vermag keiner auszumachen. In starkem Kontrast steht die Wahrnehmung eines Bundestagsabgeordneten mit jahrelanger Verteidigererfahrung: „Es gibt viele schlechte Verteidigungen, die an Parteiverrat grenzen". Ähnlich negativ die Erfahrungen eines Münchener Revisionsspezialisten: „Das Niveau der Strafverteidigung ist mit Ausnahme einiger Topkanzleien erschütternd". Der Mehrheit der Kollegen stellt er kein gutes Zeugnis aus. Bei seiner Arbeit an Revisionen hat er festgestellt, dass zum Beispiel die Kenntnisse vom Beweisantragsrecht „düster" sind, und viele Kollegen nicht mitbekommen haben, dass Verfahrensfehler in der Hauptverhandlung „moniert werden müssen, sonst kann man keine Revision darauf stützen". Ein Beispiel: „Beim Lesen eines Urteils des Landgerichts Landshut über sexuellen Missbrauch kamen mir sofort erhebliche Zweifel an der Tatsachenfeststellung. Aber der Verteidiger hatte nichts gemacht, keine Anträge gestellt. Er war mit allem einverstanden und hatte nur plädiert". Das war „desaströs" und eine erfolgreiche Revision zu begründen dadurch fast aussichtslos.

Dass solche Schlechtverteidigungen alltäglich stattfinden, räumen Verteidiger bestenfalls hinter vorgehaltener Hand ein.[691] Im Gegensatz zu endlosen Selbstverständnisdebatten kommt das ungleich gewichtigere Thema Qualität der Verteidigung im öffentlichen Diskurs nicht vor – weder bei den Verteidigern noch bei den Berufsorganisationen.[692] Und das totzuschweigen fällt leicht. ***Eine Qualitätskontrolle von Strafverteidigungen gibt es faktisch nicht – weder durch die Berufsgerichtsbarkeit noch durch die Straf- und Ziviljustiz.*** [693] Was im Ermittlungsverfahren oder im Gerichtssaal von Verteidigern falsch gemacht wird, bleibt in der Regel im Dunkeln.

Der Vorsitzende des Hamburger Richtervereins und Kammervorsitzende Marc Tully findet, dass das „Gros der Verteidiger seinen Job ordentlich macht". Damit spricht er wohl für die Mehrheit der Staatsanwälte und Richter. Dann machen aber fast alle einen wichtigen Unterschied. Durch die Einführung des „Fachanwalts für Strafrecht" habe sich die Qualität der Verteidigung einerseits verbessert. Hinzu gekommen seien aber wachsende Qualitätsprobleme und -verluste beim Rest der Gilde. Die Hauptursachen: die schiere „Masse der Verteidiger" und das Vordringen von unerfahrenen Zivilrechtlern in den Verteidigermarkt. Staatsanwalt Mix: „Wir treffen häufiger auf Anwälte, die vom Strafrecht keine Ahnung haben".

Dem Berliner Staatsanwalt Ralph Knispel tun Beschuldigte „manchmal richtig leid", wenn er erkennt, dass ihre Anwälte „rechtlich und tatsächlich abwegige Anträge stellen" und er in Hauptverhandlungen mitbekommt, dass „strafprozessuale Grundkenntnisse fehlen". Ein Hamburger Ermittlungsrichter begegnet Robenträgern, die machen „juristische Riesenwellen an der Sache vorbei, haben die Akten nicht gelesen oder rotzen ihre Schriftsätze ins Diktiergerät". Für ihn werden viele Qualitätsmängel durch Überlastung verursacht: „Verteidiger haben keine Zeit mehr. Beschuldigte fühlen sich schlecht betreut". Der Kammervorsitzenden Marc Tully ist „angesichts der blanken Rechtsunkenntnis" manchmal „sprachlos": „Das ist so, als wenn Hausmeister plötzlich eine Hochspannungsleitung reparieren sollen". Einen schweren Beratungsfehler begehen für den BGH-Richter Nikolaus Berger alle Anwälte, die in einem Verfahren vor dem Landgericht ankündigen: „Richtig los geht es erst in der nächsten Instanz". Sein Kommentar: „Das ist eine Täuschung des Mandanten. Man muss in der Tatsacheninstanz kämpfen. In der Revision werden Urteil und Verfahren nur noch auf Rechtsfehler überprüft".

Unbestreitbar gibt es eine Vielzahl von seriösen und gut geschulten Verteidigern, die ein notwendiges Gegengewicht gegen die Macht, manchmal auch Übermacht des staatlichen Strafverfolgungsappartes bilden. Jeden Werktag verkünden deutsche Gerichte 3000 Strafurteile. Wie viele Justizirrtümer es darunter gibt, weiß niemand. Die Spannbreit der Schätzungen geht von sehr wenigen bis zur der Meinung des Richters am Bundesgerichtshof Ralf Eschelbach, der davon ausgeht, dass jedes vierte Strafurteil ein Fehlurteil sei.[694] Solche in der Tatsacheninstanz, in der Berufung oder in der Revision durch „wehrhafte Strafverteidiger" (Gisela Friedrichsen, SPIEGEL) zu verhindern oder zu beseitigen, schaffen versierte Verteidiger immer wieder. Ein Musterbespiel: Dem Hamburger Strafverteidiger Gerhard Strate gelang es, durch den Gewinn eines Wiederaufnahmeverfahrens Gustl Mollath nach sieben Jahren in der Psychiatrie die Freiheit wieder zu schenken. Daneben gibt es eine Schar von Verteidigern, die jenseits des Rampenlichts ihr Handwerk verstehen und sich hartnäckig und engagiert für ihre Mandanten einsetzen – als Garanten für die Einhaltung der Strafprozessordnung, als Kämpfer gegen richterliche Vorurteile und die Prangerwirkung der Medien. Sie sind, wie Verteidiger Oliver Wallasch sich versteht, „Fuersprecher" ihrer Mandanten im besten Sinne. Zuweilen müssen sie diese aber auch zur Wahrheit drängen, „um Schlimmeres zu verhindern", wie sein Hamburger Kollege Klaus Hüser weiß. Sie zum Beispiel bei „erdrückender Beweislast" zu einem Geständnis drängen, damit er statt einer lebenslänglichen eine zehnjährige Freiheitsstrafe erhält. Das ist gute Verteidigung, die, so Hüser, „meist Geheimnis zwischen Anwalt und Mandant bleibt, jenseits des großen Auftritts in der Hauptverhandlung".

Seit langem bekannt ist, dass Qualitätsprobleme besonders bei Pflichtverteidigern entstehen.[695] Unter ihnen gibt es viele kompetente und erfahrene Anwälte, denn es gibt nur wenige Verteidiger, die ausschließlich auf Honorarbasis arbeiten. Aber der Pool von Pflichtverteidigern ist zugleich ein Sammelbecken von schlechten und mittelmäßigen Juristen, von Berufsanfängern, wenig engagierten und bequemen Verteidigern und, jüngst vermehrt, Anwälten ohne Erfahrung als Strafverteidiger. Der Berliner Strafverteidiger Jörg Rehmsmeier hat mit zwei Kollegen verteidigt, von denen einer eine Alkoholfahne hatte und der andere ständig mit seinem Handy spielte. Akten hatte letzterer nicht mit dabei.[696]

Durch die beschriebene neue Beiordnungspraxis bei Untersuchungsgefangenen hat sich das Risiko für Beschuldigte erhöht, schlechte Verteidiger zugeteilt zu bekommen – weil die Ermittlungsrichter mehr nach formellen Kriterien auswählen als früher, und sich alle Anwälte auf die Pflichtverteidigerlisten setzen lassen können – unabhängig von ihrer Kompetenz. Eine Internetrecherche von Oliver Wallasch ergab, dass ein, in einem Totschlagverfahren beigeordneter Anwalt auch „Fachanwalt für Baurecht" war. Wallasch: „Viele Kollegen denken: Strafrecht mache ich mal mit. Der Aufwand ist nicht hoch". Der Hamburger Anwalt Andreas Thiel ist überzeugt, dass das „Niveau der Strafverteidigung durch die Beiordnungspraxis gesunken ist. Völlig unerfahrene Kollegen bekommen den Job. Früher wählten die Richter aus einem Kreis von 50 Verteidigern mit fünf Jahren Berufserfahrung einen, der wusste, wie man einen Beweisantrag schreibt. Das ist heute nicht mehr garantiert". Für den Verteidiger Oliver Wallasch muss der „Ermittlungsrichter daher ein stückweit auch zum Korrektiv für die Qualität der Strafverteidigung werden" – bei der Auswahl von Anwälten nach positiven wie negativen Erfahrungen. Dieser neuen Aufgabe stellt sich ein Hamburger Ermittlungsrichter. Er fühlt sich verpflichtet, die „Interessen der Beschuldigten in die Hand zu nehmen" und für die Auswahl kompetenter Verteidiger zu sorgen. Das heißt, „keine Pfeifen auszuwählen, die sich nicht kümmern und keine Akten lesen, aber auch keine Konfliktverteidiger, die nur ihr Steckenpferd reiten, mit der der Folge, dass ihre Mandanten länger in U-Haft sitzen".

Bei den Verteidigern gibt es ein riesiges Qualitätsgefälle. Der Vorsitzende der AG Strafrecht bei DAV Werner Leitner schätzt, dass bundesweit 1 000 bis 2 000 Verteidiger ein „hohen Standard" haben, darunter die Mehrheit der „Fachanwälte für Strafrecht. Zählt er die sog. Mischanwälte hinzu – Anwälte, die gelegentlich verteidigen –, kommt er auf 10 000 verteidigende Anwälte. Angesichts dieser Masse und der unterschiedlichen Intensität, mit der sie verteidigen, sind Kompetenzunterschiede natürlich. ***Die Verantwortung für die Auswahl eines kompetenten Anwalts liegt in erster Linie beim Mandanten, der dabei häufig überfordert ist, und beim Markt, der wegen Überangebots von Verteidigern keine Qualität sichert.***

Alle guten Strafverteidiger haben schon fatale Fehlleistungen von Kollegen erlebt. Detlev Kolloge zum Beispiel: Eine Mitarbeiterin eines Kollegen hatte sich in höchster Not an ihn gewandt, als ihr Freund drohte, wegen Vergewaltigung verurteilt zu werden. Fünf Tage waren bereits verhandelt. Als er die Kollegin nach dem Verteidigerwechsel anrief, kam ein Kind ans Telefon mit dem Satz „Mama kommt gleich". Hier wurden Anträge, so Kolloge, „am Küchentisch geschrieben". In knapper Zeit fand er heraus, dass das angebliche Opfer vor zwanzig Jahren schon einmal einen Mann mit derselben Geschichte beschuldigt hatte. Damals war der Betroffene verurteilt worden. Mit Hilfe eines Glaubwürdigkeitsgutachtens wurde der Freund der Mitarbeiterin freigesprochen. Ein weiteres Beispiel: In Frankfurt fragte eine Anwältin bei der Staatsanwaltschaft an, ob gegen zwei Personen Ermittlungsverfahren liefen und ob gegen sie Haftbefehle erlassen worden seien. Im Schreiben hatte sie vergessen zu sagen, dass sie die Mandate betreut, sie hatte keine Vollmachten beigelegt und nicht bemerkt, dass so mit der Frage nach zwei Personen gegen das Verbot der Mehrfachverteidigung verstoßen hatte.

Diese Kette von Schlechtverteidigungen lässt sich beliebig verlängern, weshalb ein Münchener Revisionsspezialist seit langem fordert, den ***Revisionsgrund der Schlechtverteidigung*** einzuführen. Damit war ihm bisher kein Erfolg beschieden, und die Aussichten dafür sind auch nicht rosig. Alle Versuche, für Schlechtverteidigung Richter verantwortlich zu machen, weil sie inkompetente Pflichtverteidiger bestellt haben, sind bisher beim Bundesgerichtshof gescheitert.[697] Nach ihm gibt es zwar eine Fürsorgepflicht des Gerichts, nur Anwälte auszuwählen, die sachgerecht und ordnungsgemäß verteidigen können, und eine Pflicht, bestellte Verteidiger abzulösen, wenn „klar erkennbar ist, dass sie nicht fähig" sind, den Angeklagten sachgerecht zu verteidigen".[698] Diese Beweishürden zu überspringen, ist aber ungemein schwer. Denn auf der anderen Seite macht der Bundesgerichthof deutlich, dass weder die Staatsanwaltschaft im Ermittlungsverfahren, noch später das Gericht grundsätzlich zu überwachen haben," ob ein – sei es ein gewählter, sei es ein bestellter – Verteidiger seine Pflichten ordnungsgemäß erfüllt". Für diese Position sprechen gewichtige verfassungsrechtliche Argumente – aus Sicht der

Verteidiger. Eine Qualitätskontrolle anwaltlicher Performance würde gegen das Gebot der Unabhängigkeit von Verteidigern gegenüber staatlichen Einflüssen verstoßen. Unsere Rechtsordnung nimmt daher eine lausige Verteidigung eher in Kauf als den Ausschluss von schlechten Verteidigern.[699] Leidtragende dieses freiheitlichen Verteidigerverständnisses sind jedoch die Beschuldigten. Sie tragen fast vollständig die Verantwortung für das ***Risiko Strafverteidiger.*** Und das ist angesichts des Qualitätsgefälles in der Zunft erheblich.

Beigeordnete Verteidiger wegen mangelhafter Leistungen zu entpflichten, kommt im Justizalltag daher nur in krassen Ausnahmefällen vor – bei Querulanten, Dummen und Faulen. Und Schadensersatz wegen Schlechtverteidigung erfolgreich zu fordern, gelingt fast nie. Im Gegensatz zu Ärzten, Architekten und Anwälten in Zivilsachen sind Strafverteidiger von einem Haftungsrisiko bisher mit wenigen Ausnahmen verschont geblieben.[700] In den letzten fünfzig Jahren sind zu dieser Frage nur ein halbes Dutzend Entscheidungen ergangen.[701] Die Gründe? Wahrscheinlich fehlt bei den meisten Beschuldigten das Bewusstsein dafür, dass sie einen Anwalt für eine fehlerhafte Verteidigung auf Schadensersatz verklagen können. Und der Nachweis einer Kausalität zwischen Verteidigerfehler und Verfahrensausgang ist in der Regel schwer zu führen.

Zusammenfassung: Die Wahl eines Verteidigers birgt wegen des enormen Qualitätsgefälles ein hohes Risiko für jeden Beschuldigten. Qualitätsverluste drohen insbesondere durch die neue Beiordnungspraxis bei der Pflichtverteidigung. Weil eine effektive Qualitätskontrolle der Verteidiger durch Berufs- und Zivilgerichte fehlt, sind Beschuldigte bei einer Schlechtverteidigung bisher weitgehend schutzlos.

Der Tanz ums goldene Kalb: Honorare und Gebühren

Ein wirtschaftlich sehr erfolgreicher Anwalt stirbt plötzlich und unerwartet im besten Alter von 50 Jahren, beginnt ein amerikanischer Anwaltswitz. Er kommt in den Himmel und beschwert sich bei Petrus, dass er schon sterben musste. Der tat überrascht: Was wollen Sie denn? Nach der Zahl der abgerechneten Stunden sind Sie doch über 80 Jahre alt. Diese Anspielung auf unkorrektes Abrechnen mit Stundenhonoraren trifft auch hierzulande den Nerv vieler Mandanten. Die Honorarabrechnungen von Wirtschaftskanzleien, Starverteidigern und Prominenten-Anwälten erregen wegen ihrer Höhe und Intransparenz immer häufiger Mandanten. Das dem Gemeinwohl verpflichtete ‚Organ der Rechtspflege' entpuppt sich unversehens als „ökonomisches Raubtier" (der amerikanische Soziologe Marc Galanter). „Überhöhte und falsche Rechnungen" kommen nach Michael Krenzler, Vizepräsident der Bundesrechtsanwaltskammer, vor allem im „Hochpreissegment der Anwaltschaft vor und schlagen daher unmittelbar auf ihr Ansehen durch". Bei den Anwaltsrechnungen fühlen sich aber nicht nur Dax-Unternehmen oder Mittelständler abgezockt, sondern auch scheidungswillige Eheleute und Angeklagte. Im Kammerbezirk Freiburg ist nach Krenzler die Zahl der Honorarbeschwerden in den letzten Jahren gestiegen. In einer Rechnung wollte ein Anwalt 30 Stunden an einem Tag abrechnen. In einem anderen Fall hatte ein Rechtsvertreter zwei Mandanten mit derselben Rechtsproblematik. Die dafür aufgewandte Arbeitszeit hat er, ethisch fragwürdig, zweimal abgerechnet, obwohl er bei den Schriftsätzen nur die Namen ausgetauscht hatte. In der Hamburger Rechtsanwaltskammer ist die „Höhe der Gebühr" inzwischen ein „Hauptstreitpunkt", bei den Münchener Kollegen spricht man von einem „problematischen Feld". An der Isar beschäftigen sich mittlerweile 85 Prozent aller Schlichtungen mit der Frage, ob richtig abgerechnet worden ist. Streit über Gebühren und Honorare sind zu einem zentralen Betätigungsfeld der Kammern geworden.

Bei der Mehrzahl der Konflikte zwischen Rechtsvertreten und Klienten stellt sich heraus, dass die Gebühren korrekt berechnet worden sind. Häufig werden sie von Mandanten aus Enttäuschung über verlorene Prozesse befeuert, oder sie haben die Berechnung nicht verstanden. Aber es gibt auch Rechnungen, die falsch oder überhöht sind. Der Vizepräsident der Bundesrechtsanwaltskammer Ekkehart Schäfer unterscheidet bei seinen Kollegen zwischen „ Meistern des Streitwertes" und „Meistern der Abrechnung". Die einen setzen den Streitwert in unverantwortlicher Weise hoch, die anderen haben immer nur schwierige Fälle zu behandeln – beide natürlich, um Kasse zu machen. Renate Jaeger, Schlichterin der Bundesrechtsanwaltskammer, hat „hohe Rechnungen gesehen und nicht begriffen, was der Anwalt überhaupt getan hat". Ein anderer Rechtsvertreter hat bei „hohen Streitwerten nur zwei Briefe geschrieben" und viel Geld dafür kassiert.

Zahlreiche Mandanten haben sich in den letzten Jahren gegen Honorarforderungen gewehrt und versucht, ihre Ansprüche gerichtlich durchzusetzen – bis zum Bundesgerichtshof. Die Gerichte haben etliche Rechnungen massiv gekürzt, weil sie anwaltliche Leistungen für nicht belegt oder künstlich aufgebläht hielten. In einigen Urteilen schimmern Abscheu und Empörung der Richter über geldgeile Advokaten und ihre Abrechnungstricks durch.

Missbrauchspotential für Honorar- und Gebührenschinderei eröffnen rechtlich oder wirtschaftlich aussichtslose Klagen auf Kosten von Mandanten, finanziert von Rechtsschutzversicherungen und der Staatskasse bei der Beratungs- und Prozesskostenhilfe. Benachteiligungspotential für Klienten bieten Stundenhonorare, weil sie zum Betrug einladen und vom Mandanten kaum kontrolliert werden können. Und bei Erfolgshonoraren ist ein Umgehungspotential entstanden, weil einige Anwälte sie trotz Verbotes vereinbaren, um ihre Einkommenschancen auf dem engen Markt zu verbessern.

Aussichtslose Klagen

Im April 2012 hat eine Große Strafkammer des Landgerichts Stralsund den Rechtsanwalt Hans-Jörg Schüler wegen Untreue zu neun Monaten mit Bewährung verurteilt.[702] Grund: Er habe eine „offensichtlich unbegründete Klage" gegen zwei ehemalige Vorstände der Sparkasse Hansestadt Stralsund (SHS) erhoben und dadurch ein Vermögensnachteil von 170 000 Euro für Gerichts- und Anwaltskosten durch den verlorenen Prozess verursacht. Damit hat die Strafkammer juristisches Neuland betreten. Das Erheben aussichtloser Klagen galt bislang als unethisch, bestenfalls als berufsrechtswidrig. Zum ersten Mal in der deutschen Anwaltsgeschichte hat ein Gericht eine aussichtslose Klage als strafwürdig erachtet.

Getroffen hat das noch nicht rechtskräftige Urteil einen bis dahin angesehenen Anwalt, der fast zehn Jahre Vizepräsident der Rechtsanwaltskammer Mecklenburg-Vorpommern und CDU-Abgeordneter in der Bürgerschaft der Hansestadt war. Erwischt hat es aber auch einen, der eine feste Größe im schwarzen Filz der Stadt war. Seine Kanzlei betrieb er zusammen mit Marianne Lastovka, der Ehefrau des langjährigen CDU-Oberbürgermeisters von Stralsund Harald Lastovka (1990–2008). Und der versorgte die Kanzlei regelmäßig mit Mandaten – in einer Doppelrolle als Bürgermeister der Stadt und als Verwaltungsratsvorsitzender der Stralsunder Sparkasse. Beim Geldhaus galt Hans-Jörg Schüler als „Haus- und Hof-Anwalt". Diese Amigo-Connection war auch für den Bürgermeister und Verwaltungsratsboss höchst einträglich. Denn von den Mandaten der Stadt und der Sparkasse, die er vergab, profitierte er mittelbar. Denn Anwalt Hans-Jörg Schüler und seine Frau teilten sich die Einkünfte der Kanzlei.

Zum Verhängnis wurde Hans-Jörg Schüler eine Schadensersatzklage gegen zwei ehemalige Vorstände der Sparkasse in Höhe von 18,7 Millionen Euro, die scheiterte. Beiden war fristlos gekündigt worden, weil sie sich der von Lastovka angestrebten, letztlich aber fehlgeschlagenen Privatisierung der Sparkasse widersetzt hatten. Sie sollte verkauft werden, auch weil ihre Risiko- und Ertragslage heikel war. In der gerichtlichen Auseinandersetzung hatte Hans-Jörg Schüler die beiden gefeuerten Vorstände im Auftrag der Sparkasse auf Schadensersatz verklagt. Dabei unterstellte die Große Strafkammer Hans-Jörg Schüler unlautere Motive: Es sei ihm in erster Linie um die hohen Gebühren gegangen, um seine „prekäre" wirtschaftliche Lage zu stabilisieren. Die war durch den Kauf von zwei großen Immobilien entstanden, bei dem er sich übernommen hatte. Der Anwalt hatte sein Konto überzogen, Kredite bekam er nur noch als „letztmalige Hilfe", beim Rating seiner privaten Kreditwürdigkeit kam er der Kategorie ‚Zahlungsausfall' nahe; und die Sparkasse hatte den Online Banking Vertrag für sein Geschäftskonto gekündigt. Einen Vorschuss in Höhe von 46 000 Euro für die Klagen nutzte er sofort, um fällige Kredite zu bedienen. Vor diesem Hintergrund war die Kammer überzeugt, dass Hans-Jörg Schüler zumindest bei zwei Schadenspositionen bewusst war, dass seine Klage aussichtlos war. Die Indizien: Er hatte keine gültige Vollmacht. Statt die beiden Vorstände nur auf die bei ihrer Versicherung abgedeckten Schadenssummen von fünf Millionen

DM zu verklagen, setzte er den gesamten Schaden ein, um den Streitwert hochzutreiben, obwohl keine Chance bestand, diesen Betrag jemals zu vollstrecken. Rechtliche Bedenken gegen eine persönliche Haftung der Vorstände in einem Gutachten der Wirtschaftsprüfungsgesellschaft Deloitte & Touche verschwieg er in der Klage. Eine angeblich bevorstehende Verjährung drohte nicht. Er habe ignoriert, dass die Verluste zwar durch Fehleinschätzungen der Vorstände im Wertpapiergeschäft entstanden seien, die dabei aber die üblichen Risikogrenzen nicht überschritten hätten.

Die Botschaft des Urteils ist klar: Es wollte ein Zeichen setzen gegen das unethische Erheben von aussichtlosen Klagen. Offenbar am falschen Objekt. Im März 2013 hob der Bundesgerichtshof das Urteil auf und verwies das Verfahren zur Neuverhandlung an das Landgericht Rostock.[703] Die Bundesrichter monierten,dass der Anwaltsvertrag in diesem Fall keine selbständige Pftlicht begründet habe, das Vermögen der Stralsunder Sparkasse zu betreuen. Außerdem habe das Landgericht weder einen Pflichtverstoß noch eine vorsätzliche Handlung belegt.

Die Aufhebung durch den BGH ändert jedoch nichts daran, dass unser Rechtssystem geradezu dazu einlädt, aussichtslose Klagen zu erheben. Bei einer Klage gewinnt ein Anwalt immer. Denn seine Gebühren bekommt er dafür, dass er tätig wird – egal, ob er den Prozess gewinnt oder verliert, ob er aussichtsreich war oder nicht. Und weil das so ist, sind die Advokaten leicht versucht zu sagen: Wir klagen. Und das erleichtern die Rechtsschutzversicherungen. Ein Richter am Amtsgericht Berlin-Mitte beobachtet, dass vor allem im Verkehrsrecht „aussichtslose Klagen erhoben werden, weil Rechtsschutzversicherungen sie finanzieren". Für den Hamburger Steuerrechtler Kai Greve ist eine „erschreckende Zahl von Anwälten gezwungen, aus rein wirtschaftlichen Gründen unsinnige Prozesse zu führen".

Stundenhonorare

Das Abrechnen nach Stunden ist in Verruf geraten, weil es betrügerisches Abrechnen fördert, zu Ineffizienz verleitet und zum Prozessieren anstiften kann. Trotzdem ist es als Abrechnungsmodell weithin akzeptiert. Nach einer Untersuchung des Nürnberger Instituts für Freie Berufe liegt der Anteil des Umsatzes aus Stundenhonoraren am Gesamtumsatz eines Anwaltes im Durchschnitt bei 29 Prozent.[704] Nach dem Vergütungsbarometer 2009 des Soldan Instituts haben 60 Prozent der Anwälte Stundenhonorare gelegentlich, häufig oder immer verwendet.[705] Trotz aller Kritik wird sich daran bis auf weiteres nichts ändern. Gewandelt hat sich dagegen die Einstellung der Mandanten gegenüber der Abrechnung nach Stunden. Statt die Rechnungen einfach zu akzeptieren oder sie nur zu überfliegen, gehen Mandanten sie vermehrt kritisch Punkt für Punkt durch. Einige Unternehmen sind sogar dazu übergegangen, die Überprüfung von Anwaltsrechnungen darauf spezialisierten Firmen zu übertragen – mit gutem Erfolg. Bei Stundenhonoraren habe zunächst die Lufthansa, dann später auch die Deutsche Bahn den US-Dienstleister Legalbill mit der Kontrolle von Anwaltsrechnungen beauftragt.[706] In der Anfangszeit sparte die Fluggesellschaft 20 bis 25 Prozent pro Rechnung. 2012 hatten sich die Einsparungen auf drei bis fünf Prozent eingependelt. Angesichts solcher Erfolge wundert es nicht, dass sich hier ein kleiner Markt von Spezialfirmen gebildet hat, die Anwaltsrechnungen prüfen.

Dass hier Skepsis angebracht ist, bestätigt die amerikanische Anwaltsforschung. 50 Prozent der Rechtsvertreter gehen davon aus, dass Mandanten bei der Liquidation von Stundenvergütungen gelegentlich oder häufig betrogen werden.[707] Auditoren, die sich auf die Überprüfungen anwaltlicher Rechnungen spezialisiert haben, entdeckten in fünf bis zehn Prozent aller Rechnungen Betrügereien und in weiteren 25 bis 35 Prozent zweifelhafte Vergütungspraktiken. Das entspricht im Großen und Ganzen der Selbsteinschätzung der Anwälte. 59 Prozent räumten in einer Umfrage ein, dass ein Arbeiten auf Stundenbasis regelmäßig oder gelegentlich dazu verleitet, nicht notwendige, aber abrechenbare Tätigkeiten zu entfalten. Eigentlich ist kein Grund ersichtlich, warum die deutschen Robenträger ehrlicher sein sollten als ihre amerikanischen Kollegen.

Der Bundesgerichtshof und einige Oberlandesgerichte haben den Anwälten bei ihren Rechnungen auf die Finger geklopft. Dabei war die Rechtsprechung bei der Höhe der Stundensätze großzügig, streng dagegen bei den Anforderungen an den Nachweis der Arbeitsschritte in den Zeitintervallen. Die müssen nach Urteilen des BGH „konkret und in nachprüfbarer Weise" dargelegt werde, um eine „unvertretbare Aufblähung der Arbeitszeit durch den Rechtsanwalt zu Lasten des Mandanten" zu verhindern.[708] Diese hohe Messlatte rissen der renommierte Frankfurter Strafverteidiger Eckart Hild und eine Co-Verteidigerin gleich mehrfach. Einem wegen Subventionsbetrug angeklagten Ehepaar hatte die Buchhaltung der Kanzlei Jones Day zunächst eine von Hild unterschriebene Rechnung über gut 811 000 Euro gestellt. Nach drei Prozessen musste er sich mit gut 125 000 Euro weniger begnügen.[709] Für einen Mann, der auch Vizepräsident der Frankfurter Rechtsanwaltskammer ist, ein miserables Zeugnis. Seinen Stundensatz von 987 DM bzw. der seiner Kollegin von 609 DM hielt der Bundesgerichtshof für gerade noch angemessen. Ein Gutachten für das Verfahren hatte, völlig stillos, die Rechtsanwaltskammer Frankfurt erstellt. Eine Reihe von Rechnungsposten hielten der BGH und das OLG Frankfurt hingegen nicht für ausreichend belegt. Peinlich die doppelte Anrechnung eines Fluges, die Rechnung für einen Mietwagen, den Hild gefahren haben sollte, obwohl er an dem fraglichen Tag in einer anderen Stadt weilte und den Schaden an einem Mietwagen, den sie auf die Mandanten abwälzen wollten, obwohl nur einer der beiden Verteidiger ihn verursacht haben konnte. Das ist in hohem Maße unseriös wie auch die Tatsache, dass er die Arbeit von zwei Referendaren gesondert abgerechnet hat. Die strich der Bundesgerichtshof mit der Begründung, dass mit ihnen kein Honorarvertrag abgeschlossen worden sei. Im Übrigen war nach Meinung der Bundesrichter wegen der „hohen Stundensätze" davon auszugehen, dass damit auch „Unterstützungsleistungen nachgeordneter juristischer Mitarbeiter (Referendare) abgegolten sind". Der Versuch, auch die Arbeit von Referendaren extra in Rechnung zu stellen, bringt Hilds Freiburger Kollegen Krenzler in Rage: „Was Hild mit den Referendaren gemacht hat, ist Betrug". Zu seiner Ehrenrettung sei erwähnt, dass die Verteidigung des Ehepaares erfolgreich war. Gegen beide wurde das Verfahren wegen geringer Schuld eingestellt.

Selbst wohlhabende Beschuldigte müssen manchmal Haus und Hof verkaufen, wenn sie in die Fänge geldgieriger Verteidiger geraten. In ihrer Not, häufig in Untersuchungshaft, unterzeichnen sie fast jede Honorarvereinbarung. Wie aus einem bösen Traum erwachen dann viele, wenn die Rechnungen auf den Tisch flattern. So auch Wettermoderator Jörg Kachelmann bei den Forderungen seines ersten Verteidigers Reinhard Birkenstock, bevor der Hamburger Spitzenverteidiger Johann Schwenn das Mandat übernahm. Birkenstock fordert fast 450 000 Euro auf der Basis eines Stundenhonorars von 450 Euro. Gut 287 000 Euro hatte Kachelmann bereits bezahlt. 37 000 Euro davon verlangt er jetzt zurück. Der Grund: er habe mit Birkenstock ein Pauschalvertrag in Höhe von 250 000 Euro abgeschlossen, mit dem alle Verteidigerleistungen abgegolten seien. Das sieht Birkenstock ganz anders. Die Viertel Million Euro sollten aus seiner Sicht nur die Hauptverhandlung vor dem Mannheimer Landgericht abdecken. Für ihre aufwendige Vorbereitung und die Arbeit für die Entlassung des Wetterfrosches aus der U-Haft fordert der Verteidiger jetzt noch satte 160 000 Euro. Die Wurzel des Honorarstreits, der inzwischen bereits in zweiter Instanz vor dem Oberlandesgericht Köln ausgefochten wird, ist typisch: Unklarheiten bei der Vereinbarung. Um das Geld für seine Verteidigung aufbringen zu können, hat Kachelmann bereits ein Haus in Kanada und eine Wohnung in Hiddensee versilbern müssen.

Entrüstung statt richterliche Zurückhaltung verrät ein Urteil des OLG Düsseldorf.[710] Es hat Ansprüche aus einer Zeithonorarvereinbarung sogar als „sittenwidrig" angesehen, weil der Anwalt seinen „Aufwand in grober Weise eigensüchtig" aufgeblasen habe und dadurch zu einem „Honorar gelangt" sei, das „in einem auffälligen Missverhältnis zur Dienstleistung" gestanden habe. Ein Dorn im Auge waren dem Senat die vom Anwalt eingesetzten hohen Streitwerte. Einen Streitwert setzte das Gericht von 600 000 DM auf 10 000 Euro runter, einen anderen von 90 000 DM auf ebenfalls 10 000 Euro. In einem Komplex hatte der Anwalt aufgrund eines „unrichtigen Stundensatzes" und einer „sittenwidrigen Aufblähung des Sachverhalts" das 15-fache der gesetzlichen Vergütung gefordert, ohne die Tätigkeiten näher zu bezeichnen. Für eine einfache Rechtsfrage – Gibt es einen Rechtsanspruch eines Gesellschafters gegen einen Notar auf Einsicht in die Unterlagen einer Gesellschaft? – hatte er 31 Stunden abgerechnet. Den Job hatte ein Junganwalt ohne Praxis gemacht. Der Senat: „Es drängt sich der Schluss auf", dass der Rechnungssteller „seinen angestellten Anwalt in unzulässiger Weise erst am umstrittenen Mandat das notwendige Fachwissen auf Kosten" des Mandanten „verschafft hat". Im Insider-Jargon heißt das Verfahren: „Earning by learning". Höhepunkt der Geldschneiderei: 50 Minuten für das Recherchieren einer Faxnummer, was eigentlich Aufgabe einer Bürokraft ist, die in den Stundensatz bereits eingerechnet ist.

Vor Gericht ausgefochtene Gebührenkriege zwischen Mandanten und Anwälten sind bisher Ausnahmen und doch kein Zufall. Im rauhen wirtschaftlichen Umfeld ist die Berechnung von Gebühren und Honoraren zu einem Konfliktherd geworden. Dass vielfach falsch und überhöht abgerechnet wird, ist in der Anwaltschaft bekannt. Nur wenige sind wie Anwalt Niko Härtung auch bereit, es offen zuzugeben: „Mich wundert, dass es so selten zum Streit über Rechnungen kommt".

Erfolgshonorare

Erfolgshonorare sind nach der Bundesrechtsanwaltsordnung und dem Rechtsanwaltsvergütungsgesetz grundsätzlich verboten. Das heißt aber nicht, dass es sie nicht gibt. Einige Paragraphenkundler legen die Ausnahmen großzügig aus oder ignorieren das Verbot einfach – wenn der Mammon lockt. Dieser Versuchung konnte anscheinend auch der Kölner Rechtsanwalt Andreas Ringstmeier nicht widerstehen, als er der Quelle-Erbin und Ex-Milliardärin Madelaine Schickedanz im Juli 2009 eine „Vergütungsvereinbarung" für einen Schadensersatzprozess gegen die früheren Gesellschafter des Bankhauses Sal. Oppenheim und dem Troisdorfer Investor Josef Esch anbot.[711] In dem Vertrag offerierte er die Dienste seiner Kanzlei für einen „moderaten Stundensatz von 350 bis 450 Euro", „der als Anreiz durch ein erfolgsorientiertes Bonussystem ergänzt wird". Weiter heißt es: „Ein honorarwürdiger Erfolg wäre es, wenn Ihnen durch einen Vergleich mit den wesentlichen Gläubigern Sicherheit dahingehend gewährt würde, dass Sie Ihr Elternhaus und ein gesichertes Auskommen behalten könnten". 500 000 Euro Bonus sollten fällig werden, wenn Schickedanz am Ende des Streits mindestens 10 Millionen Euro Vermögen bleiben, eine Million Euro, wenn 30 Millionen übrig bleiben. Die Bedeutung dieser Zahlungsvereinbarung spielte Ringstmeier gegenüber dem SPIEGEL herunter. Sie sei am Anfang des Mandats geschlossen worden, habe mit dem späteren Prozessverlauf aber nichts mehr zu tun gehabt.

Solche Fälle hatte das Bundesverfassungsgericht gewiss nicht im Sinn, als es 2006 das absolute Verbot von Erfolgshonoraren, weil unverhältnismäßig, für verfassungswidrig erklärte, aber einige Ausnahmen zuließ.[712] Mit ihnen wollte er Klägern den Zugang zum Recht erleichtern, die wegen ihrer Einkommensverhältnisse keine Prozesskosten- oder Beratungshilfe beanspruchen können, aber aufgrund ihrer wirtschaftlichen Lage das Kostenrisiko scheuen und nur mit Hilfe eines Erfolgshonorars zu ihrem Recht kommen können. Obwohl die Verfassungsrichter dem Gesetzgeber die Möglichkeit eröffneten, das Erfolgshonorar ohne Einschränkungen freizugeben, beschränkte der sich auf das verfassungsrechtliche Minimum. Nach dieser sog. kleinen Lösung darf ein Erfolgshonorar nur vereinbart werden, „wenn der Auftraggeber auf Grund seiner wirtschaftlichen Verhältnisse bei verständiger Betrachtung ohne die Vereinbarung eines Erfolgshonorars von der Rechtsverfolgung abgehalten würde". Gedacht hat der Gesetzgeber dabei an bedürftige Privatpersonen, nicht eine an Ex-Milliardärin.

Nach Untersuchungen des Soldan Instituts hat die Vergütungspraxis der Anwaltschaft durch die Freigabe des Erfolgshonorares zu „keinem spürbaren Wandel geführt".[713] Der Anteil der Rechtsanwälte, die Erfolgshonorare häufig nutzen, liegt unter einem Prozent. Zwar haben 62 Prozent aller Anwälte schon mal eines der verschiedenen, am Prozesserfolg orientierten Vergütungsmodelle genutzt, aber drei Viertel nur selten. Das hat zwei Ursachen. Einmal haben sich schon zur Zeit des uneingeschränkten Verbots bereits elf Prozent der Anwälte nicht an dieses gehalten.[714] Zum anderen nistet in ihren Köpfen eine tiefe Skepsis gegenüber dem Erfolgshonorar. Knapp ein Drittel der Rechtsvertreter fürchtet nach einer Untersuchung des Instituts für Freie Berufe, dass der Erfolg vor Gericht nicht garantiert sei; solche Mandate seien für den Anwalt mit große Risiken verbunden und würden den Druck auf ihn erhöhen. Rund ein Viertel sehen die anwaltliche Unabhängigkeit und die Seriosität des Berufsstandes gefährdet. Ein Fünftel meint, dass Erfolgshonorare in ihren verschiedenen Spielarten zu unsicher und nicht leistungsgerecht seien sowie zu Einkommenseinbußen führen können.[715]

Damit ist die Diskussion um die Zukunft des Erfolgshonorars aber keinesfalls beendet. Alle empirischen Untersuchungen kommen nämlich zu dem Ergebnis, das Interesse und Nutzung des Erfolgshonorars von der Klientel der Kanzleien abhängen. Während Kanzleien mit privater Klientel das Vergütungsmodell fast gar nicht anwenden, vereinbaren acht Prozent der Kanzleien mit fast ausschließlich werblicher Klientel es gelegentlich und sechs Prozent häufig.[716] Bei ihnen ist der Druck im Kessel mittlerweile so groß, dass sie sich um das Verbot des Erfolgshonorars nicht kümmern oder es durch extensive Auslegung der Ausnahmen umgehen. Es ist deshalb auch kein Wunder, dass eine starke Minderheit in der Berufsgruppe von 30 Prozent eine vollständige Aufhebung des Verbots fordert.[717] Dazu gehören vor allem viele Anlegeranwälte. Eine von ihnen, die Berlinerin Bettina Schleicher, würde zum Beispiel „gern auf Erfolgsbasis" arbeiten. Dafür wird sich aber in absehbarer Zeit weder eine Mehrheit in der Politik noch in der Anwaltschaft finden. Die fürchtet nämlich, dass eine völlige Freigabe des Erfolgshonorars den ohnehin starken Wettbewerb verschärfen und unseriöse Praktiken fördern würde. Kurzum: Die Amerikanisierung des deutschen Anwaltsmarktes würde einen weiteren Schub bekommen.

Ein Weg, das Verbot eines Erfolgshonorars zu umgehen, ist die Prozessfinanzierung. Der einzige Unterschied: Statt eines Anwalts übernimmt ein Unternehmen das Kostenrisiko eines Rechtsstreites. Im Juli 2012 hat das Oberlandesgericht München der Münchener Kanzlei Marseiller, Dr. Meier & Dr. Gunters untersagt, sich als stille Gesellschafter an einer Prozessfinanzierungsgesellschaft zu beteiligen, um ein Erfolgshonorar einzustreichen.[718] Die Richter sahen in der stillen Beteiligung eine „unzulässige Umgehung" des Verbots. Das diene dem Schutz der anwaltlichen Unabhängigkeit und dem Ansehen der Rechtsanwaltschaft und solle verhindern, dass wirtschaftliche Motive des Rechtskundlers das Führen eines Mandats bestimmen. Die Finanzierungsfirma sei, so die Münchner Richter, nur zum Schein zwischengeschaltet worden. Es war bereits das zweite Mal, dass die Kanzlei Marseiller, Dr. Meier und Dr. Gunters bei einem Scheingeschäft ertappt wurde – neben dem Einsatz eines Strohmanns als Berufskläger gegen Hauptversammlungsbeschlüsse von Aktiengesellschaften.[719]

Werner A. Meier, Mitinhaber der Kanzlei, ist der Meinung, dass diese Art der Prozessfinanzierung nach der Lockerung des Verbots von Erfolgshonoraren zulässig gewesen sei.[720] Die Kanzleianwälte hätten sich nicht aktiv an der Geschäftsführung beteiligt. Ob die Firma einen Rechtsstreit finanziere, hätte ihr Geschäftsführer allein und eigenständig entschieden.

Dass die Prozessfinanzierung leicht zu einem Spiel mit dem Feuer werden kann, zeigt, dass der Marktführer Allianz Prozessfinanz im Oktober 2011 angekündigt hat, das Geschäft aufzugeben. Noch riskanter ist es, sich auf Prozessfinanzierer ohne Rechtsschutzversicherungen im Rücken einzulassen, wie die Zahlungsunfähigkeit der Benner Holding im Zusammenhang mit Prozessen gegen den früheren Finanzdienstleister AWD signalisiert.[721]

Beratungs- und Prozesskostenhilfe

Seit Jahren kämpfen die Bundesländer gegen Kostensteigerungen bei der Beratungs- und Prozesskostenhilfe, die sich mittlerweile auf 500 Millionen Euro im Jahr belaufen. Die empirische Munition für die jüngste Attacke liefern zwei Gutachten der Landesrechnungshöfe Baden-Württemberg zur Prozesskostenhilfe und Nordrhein-Westfalen zu Beratungshilfe.

Zwischen 1981 und 2006 ist die Zahl der Anträge auf Beratungshilfe laut Landesrechnungshof NRW bundesweit um rund 640 Prozent gestiegen.[722] In Euro bedeutet das eine Erhöhung von 1,6 Millionen Euro auf rund 62,9 Millionen Euro, eine Steigerungsrate von über 3 850 Prozent. Fünf Ursachen sind nach Ansicht der Rechnungsprüfer für diesen Anstieg verantwortlich[723]

- **die aufgrund der schlechten Wirtschaftslage wachsende Zahl von Anspruchsberechtigten,**
- **ein ausgeprägtes Anspruchsdenken in gewissen Kreisen,**
- **eine Erhöhung der Rechtsanwaltsvergütung 2004,**
- **die Tätigkeit von Anwälten bei Privatinsolvenzen, und**
- **ein veränderter Markt für rechtsanwaltliche Dienstleistungen. Für eine zunehmende Zahl von Rechtsanwälten haben Beratungshilfemandate existenziellen Stellenwert erlangt.**

In die Kategorie Anspruchsdenken mit anwaltlicher Unterstützung gehört sicher ein Antragsteller, der zwischen Mai 2005 bis 2007 insgesamt 34 Anträge auf Beratungshilfe stellte. Für 27 Anträge zahlte die Landeskasse 2 395,85 Euro.[724]

In die Kategorie juristischer Tricks gehören zehn Anträge einer Anwältin auf Beratungshilfe für eine Person in zehn unterschiedlichen Fällen. Nach einer Zwischenverfügung des Gerichts nahm sie neun Anträge zurück. Nicht etwa endgültig. Weil sie gelernt hatte, wie man es rechtlich geschickter macht, stellt sie alle Anträge später neu – diesmal aber getrennt. 1 045 Euro brachte ihr das Manöver.

Die Stichprobe des Landesrechnungshofes NRW förderte außerdem zutage, dass „in erheblicher Zahl von Fällen“ anwaltlicher Beratungshilfe als „allgemeine Lebenshilfe“ gebilligt worden war.[725] Einige Beispiele aus dem Bericht des Rechnungshofes:

- **Anfrage des Anwalts bei der Versicherung, ob eine Versicherungssumme ausgezahlt werden könnte. Nach dem Nein der Versicherung teilte er der Mandantin mit, dass er ihr nicht helfen könne,**
- **Die Auszahlung einer Kapitalversicherungssumme war auf dem Konto der Mandantin nicht eingegangen. Die Aufgabe des Anwaltes erschöpfte sich in der Suche, wohin der der Beitrag überwiesen worden war,**
- **Ein Beratungsthema waren „alltägliche Eheprobleme". Das Ergebnis des anwaltlichen Engagements war, dass sich die Schwester nicht mehr in die Ehe einmischen soll und die Eheleute sich untereinander absprechen sollen.**

Außerdem stellte der Landesrechnungshof in einer „beträchtlichen Zahl von Fällen" fest, dass die Beratungshilfe nach der „rechtlichen Bedeutung, der Regelungsbedürftigkeit und dem finanziellen Hintergrund" in „keinem Verhältnis zu den durch die Beratungshilfe verursachten Kosten stehen". Amtsgerichte berichten, dass ein „gewisser Kreis von Rechtsuchenden fast schon gewohnheitsmäßig Beratungshilfeleistungen" für Probleme beansprucht, „für die kein verständiger Bürger, der die Kosten der Rechtsverfolgung selbst zu tragen hat", einen Anwalt einschalten würde.[726] Das führen die Prüfer nicht nur auf „unreflektiertes Anspruchsdenken", sondern auch auf den Sprachgebrauch von Anwälten zurück, die die Beratungshilfe gern als „Gutschein für kostenlose Rechtsberatung" bezeichnen.

Für eine einfache Beratung bekommen die Anwälte nicht viel Geld: 30 Euro. Mit einem Trick, zum Beispiel dem Schreiben eines einzigen Briefes, können sie Betrag auf 70 Euro hochschrauben, weil sie den Mandanten dann nicht nur ***beraten,*** sondern auch ***vertreten*** haben. Solche gebührensteigernden Aktivitäten zu entfalten, fiel den Anwälten offenbar leicht. Als Ausnahme geplant, hat sie sich nach den Feststellungen der Prüfer zum Regelfall entwickelt. In 80 Prozent aller Fälle kassieren die Anwälte 70 Euro. Das Fazit des Rechnungshofes: ***„Die bloße Beratung des Rechtssuchenden findet in Umkehr des gesetzlichen Gedankens nur noch in Ausnahmefällen statt".***[727]

Wie schon bei den Hartz IV-Fällen ist Prüfern auch bei familienrechtlichen und zivilrechtlichen Angelegenheiten aufgefallen, dass Anwälte den vom Rechtsuchenden vorgetragenen Sachverhalt ohne rechtliche Not in mehrere eigenständige Sachverhalte aufteilen, um Gebühren zu schinden, zum Beispiel legte bei unterhaltsrechtlichen Fragen oder bei der Rüge von Wohnungsmängeln eine Anwältin zweimal dasselbe Schreiben an den Vermieter vor.[728]

Bei der Vertretung in Ehescheidungsverfahren haben der Landesrechtshof Baden-Württemberg wie die Bundesregierung festgestellt, dass Bedürftige häufiger anwaltlich vertreten sind als Bemittelte. Die Stuttgarter Prüfer stellten fest, dass in Eheverfahren Parteien ohne Prozesskostenhilfe nur zu 64 Prozent anwaltlich vertreten waren, bei Parteien mit Prozesskostenhilfe hingegen zu 98 Prozent: „Die höhere Anwaltsquote führt zu Mehrausgaben des Landes von sechs Millionen Euro", haben die Prüfer ausgerechnet.[729] Zu ähnlichen Relationen gelangte der Bund: 45 Prozent anwaltliche Beiordnungen bei Scheidungsgegnern ohne staatliche Unterstützung, knapp 86 Prozent, wenn der Staat die Kosten übernahm. Das Fazit der Bundesregierung in der Gesetzesbegründung: „Hier dient die Gewährung von Verfahrenskostenhilfe also nicht mehr der Gleichstellung von Bemittelten und Unbemittelten, sondern führt zu einer Überversorgung“ letzterer.[730] Die Verantwortung dafür trägt der Gesetzgeber mit einer großzügigen Gewährung von Prozesskostenhilfe für Scheidungswillige. Die soll es künftig nicht mehr als Regelfall geben, sondern von der Schwierigkeit der Sach- und Rechtslage abhängen.

Um einen weiteren Kostenanstieg zu verhindern, hat der Gesetzgeber im Juli 2013 die Beratungs- und Prozesskostenhilfe reformiert. Ein Ziel der Gesetzesänderungen war, dem Missbrauch von Beratungs- und Prozesskostenhilfe effektiver zu begegnen. Das soll einmal durch eine leicht erhöhte Beratungshilfegebühr von zehn auf 15 Euro erreicht werden. Zum anderen soll Beratungs- und Prozesskostenhilfe künftig ***wegen Mutwilligkeit versagt werden können, wenn ein bemittelter Rechtsuchender von der Beratung oder Vertretung durch einen Anwalt auf eigene Kosten absehen würde.***[731] Diese Verschärfung der Gesetzeslage geht in erster Linie auf das Konto der Anwaltschaft, die in der Vergangenheit ohne Rücksicht auf die Staatskasse Bagatellbeträge eingeklagt oder formale Rechtspositionen missbraucht hat, um Gebühren zu kassieren. Es ist ein weiteres Beispiel dafür, dass der Gesetzgeber aktiv werden musste, um verbreiteten Rechtsmissbrauch in der Anwaltschaft einzudämmen.

Die Anwaltschaft, insbesondere der Deutsche Anwaltverein, läuft seit Jahren Sturm gegen die Sparbemühungen der Länder bei der Beratungs- und Prozesskostenhilfe. Im Fadenkreuz der Kritik steht die neue Möglichkeit, Beratungs- und Prozesskostenhilfe bei mutwilligen Klagen zu versagen. In einer gemeinsamen Stellungnahme fordern Bundesrechtsanwaltskammer und Deutscher Anwaltverein, dass diese Hürde nicht dazu führen darf, dass „Bagatellforderungen“ und wirtschaftlich aussichtslose „Forderungen“ nicht mehr durchgesetzt werden dürfen.[732] Genau das soll verhindert werden, weil Anwälte ihre Rechte hier massenhaft missbraucht haben. Bemittelte würden in solchen Fällen nie klagen und wären deshalb beim Zugang zum Recht gegenüber Einkommensschwachen benachteiligt. Eine verantwortliche Haltung gegenüber der Rechtspflege wäre, wenn Bemittelte wie Nicht-Bemittelte nicht klagen würden. Dazu können sich beide Berufsorganisationen jedoch nicht durchringen, weil für sie die Interessen ihrer Mitglieder Vorrang vor dem Gemeinwohl haben. Das ist kein Wunder. Denn für das untere Fünftel der anwaltlichen Einkommenspyramide ist die bisherige großzügige Gewährung von Prozesskostenhilfe existentiell, insbesondere für Rechtsvertreter im Familien-, Arbeits- und Sozialrecht. Nach der Rechtspflegestatistik des Statistischen Bundesamtes wurden bei Familiengerichten 2010 in 475 339 Verfahren, bei Arbeitsgerichten in 65 391 und bei Sozialgerichten in 60 743 Verfahren Prozesskostenhilfen gewährt.[733] Die Reform wird vor allem die Anwälte treffen, deren Geschäftsmodelle wesentlich von der Beratungs- und Prozesskostenhilfe abhängen. Zum Beispiel Hartz IV-Anwälte und Rechtskundler, die sich auf Verbraucherinsolvenzen spezialisiert haben. Der

Landesrechnungshof Nordrhein-Westfalen hat fünf Anwälte ausgemacht, die 2006 mit außergerichtlichen Schuldenbereinigungen über 70 000 Euro erhalten haben.[734]

Überwiegend erfolglos: Rechtsmittel

Im Herbst 2011 beschwerte sich die Vorsitzende Richterin A. am Hamburger Landgericht in einer internen Mail an Staatsanwältin B. bitterlich über die „Verteidigungstaktik" von Rechtsanwalt Michael Bahnen. Die lasse sich „nach ihrem Rechtsempfinden kaum noch mit dem Gebaren eines Organs der Rechtspflege in Einklang bringen". Der Sachverhalt: Wiederholt hätten sich Mandanten von Herrn Bahnen vor dem Amtsgericht als geständig gezeigt, um „eine niedrigere Strafe zu erlangen". Dies geschehe durch pauschale Erklärungen des Verteidigers, wobei tunlichst vermieden werde, dass das Geständnis in einem richterlichen Protokoll festgehalten werde. Trotz der Geständnisse werde in allen Verfahren Berufung eingelegt und den Vorsitzenden in Gesprächen „weitere Geständigkeit des Angeklagten signalisiert". Werden dann wegen des zu erwartenden Geständnisses keine Zeugen geladen, „wird im Termin überraschend mitgeteilt, dass der Angeklagte sich nicht mehr äußern werde". Dadurch erhofft sich der Verteidiger für Fälle minderen Gewichts eine Einstellung (§ 154 Abs.2 StPO), weil das Gericht weitere Verhandlungstage sparen will, oder der Verteidiger will „weitere Termine schinden" … Für die Angeklagten ist diese Verteidigungstaktik risikolos. Zwar haben sie bei einer Verwerfung der Berufung die Kosten zu tragen, was sie aber meist nicht hart trifft, weil sie ohnehin kein Geld haben. Und mit härteren Strafen wegen des ausgebliebenen Geständnisses müssen die Angeklagten auch nicht rechnen, weil die Staatsanwaltschaft wegen des erwarteten Geständnisses keine Berufung eingelegt hat (Verschlechterungsverbot). Die Mail der Vorsitzenden Richterin schließt mit dem Eingeständnis, dass dieses Vorgehen „rechtlich" „kaum zu beanstanden" sei, aber auch mit zwei Empfehlungen: Bei Rechtsanwalt Bahnen solle man künftig auf „verlesbare Geständnisse" drängen, und die Staatsanwaltschaft möge bei ihm künftig auch in Berufung gehen, um seinen Mandanten das Risiko einer höheren Strafe auszusetzen.

Diese Vorschläge unterstützte die Vorsitzende Richterin C. in einer Mail an die Staatsanwältin B., nachdem sie mit Verteidiger Bahnen in zwei Verfahren dieselben Erfahrungen gesammelt hatte. Bei ihr hatte er in beiden Verfahren Revisionen eingelegt, wobei er eine allerdings wieder zurücknahm.

Die beiden Richterinnen werfen Rechtsanwalt Bahnen nicht vor, ausschließlich im eigenen Gebühreninteresse zu handeln. Dass es dem Anwalt aber auch um seinen eigenen Interessen geht,liegt nahe,wenn er den Eindruck erweckt,(gegührenpflichtige) „Termine zu schinden". Als Organ der Rechtspflege darf ein Anwalt nicht „aus Gewinnstreben zu Prozessen raten oder die

Sachbehandlung an Gebühreninteressen ausrichten".[735] Durch diesen Grundsatz sollen „rechtsunkundige" Mandanten vor dem Verlust von Prozessen geschützt werden.[736] Und die „Funktionsfähigkeit der Rechtspflege" soll durch Vermeidung von aussichtslosen Prozessen erhalten bleiben. In seiner Entscheidung über die Zulässigkeit eines besonderen Anwaltspools beim Bundesgerichtshof in Zivilsachen hat das Bundesverfassungsgericht ausdrücklich betont, dass die Filterfunktion von Anwälten, aussichtslose Rechtsmittel abzulehnen, ein „wichtiges Gemeinwohlziel" ist.[737] In den Worten Greißingens: „Die konflikt- und prozessvermeidende Tätigkeit des Rechtsanwalts ist ein Teilaspekt der Rechtspflege".[738]

Diesen Teil ihrer Rollenbeschreibung werden viele Anwälte nicht gern hören oder sogar ablehnen. Sie sind der Auffassung, dass die Rechtspflege eine unbeschränkte Ressource ist, die sie unbeschränkt nutzen können. Typisch das Selbstverständnis des renommierten Anwalts Rüdiger Zuck. Er meint, dass es „viele gute Gründe" gibt, auch „aussichtslose Prozesse" zu führen: „Selbst eine Chance von 0,1 % ist noch eine Chance, der letzte Strohhalm hat Gewicht" – um Klarheit zu schaffen und eine Antwort auf eine „gefühlte Ungerechtigkeit" zu bekommen.[739] Eine solch einseitige Betonung von Mandanteninteressen taugt für einen Anwalt auch als Vorwand, um hinter ihm eigene finanzielle Interessen bei Berufungen und Revisionen zu verstecken.

Für das Einlegen von Rechtsmitteln gibt es viele Motive. Da ist zunächst der Kampf ums Recht, die Unzufriedenheit mit den Urteilen in erster oder zweiter Instanz. Da ist das taktische Ziel des Zeitgewinns. Mandanten wollen die Rechtskraft eines Urteils verhindern, um eine Vollstreckung von Forderungen zu verhindern oder länger in U-Haft statt in Strafhaft zu bleiben oder den Strafantritt hinauszuzögern. Dahinter können geschäftliche wie persönliche Motive stehen, aber auch taktische, um die Position eines Angeklagten in der Berufungsinstanz (im Jargon der Strafverteidiger „Rabattinstanz") zu verbessern, etwa durch zwischenzeitliche Wiedergutmachung des Schadens. Im Folgenden wollen wir uns auf zwei Fragestellungen beschränken: auf den legitimen bzw. illegitimen Umgang mit Rechtsmitteln und ihre Qualität.

Berufungen

Fast alle Staatsanwälte und Richter in Großstädten wie Berlin oder Hamburg begegnen ab und zu Anwälten, die auf eine höchst dubiose Art und Weise von Berufung und Revision Gebrauch machen. Im Strafrecht sind es meist Pflichtverteidiger, die sich mit Beiordnungen über Wasser halten müssen. Zu ihrem Repertoire gehört, alle möglichen Rechtsmittel auszuschöpfen. In Hamburg berichtet der Vorsitzende einer Kleinen Strafkammer von einem Verteidiger, den er bereits bei der Abstimmung der Termine auf die Aussichtslosigkeit der Berufung aufmerksam gemacht hatte. Der ließ sich jedoch mit einem Hinweis auf den Wunsch des Mandanten nicht beirren, entsprach die Berufung doch auch seinen ökonomischen Interessen, Geld für die Berufung und einen weiteren Verhandlungstag einzunehmen. Gelegentlich – so die Beobachtung des

Kammervorsitzenden – wird die Berufung dann nach Aufruf der Sache und der Feststellung der Präsenz (also ohne Verhandlung, aber nach dem ‚Verdienen' der Terminsgebühr) zurückgenommen. Burkhard Burgmüller, Vorsitzender einer Kleinen Strafkammer in Berlin, schätzt, dass das bei ihm in 10 bis 15 Prozent aller Berufungen nach einer Vorerörterung der geringen Erfolgsaussichten bzw. einer kurzen Verhandlung ohne volle Beweisausschöpfung passiert. Häufig garniert der Verteidiger einen solchen Rückzug mit der ‚Entschuldigung', man habe die Sache vorher nicht mit dem Mandanten hinreichend besprechen können oder mit der Ausrede: „Ich dachte, da kann man was machen". In anderen Fällen wird sogar das Geständnis widerrufen, so dass das Gericht wieder in die Beweisaufnahme einsteigen muss. Da der Mandant durch das Verschlechterungsverbot geschützt ist, nützt eine solche Taktik nach Auffassung des Hamburger Oberstaatsanwalts Wilhelm Möllers „nur dem Verteidiger". Ein Pflichtverteidiger verdient mit der Einlegung der Berufung 216 Euro, für jeden Verhandlungstag noch mal 216 Euro, auch wenn er die Berufung nach wenigen Minuten zurücknimmt. Bei Wahlverteidigern bewegen sich die Beträge zwischen 100 Euro und 470 Euro. Um diese Beträge kassieren zu können, reicht es zum Beispiel, einmal mit dem Mandanten zu telefonieren und einen Satz zu schreiben: „Ich lege Berufung ein". Ein besonders krasser Fall aus Berlin: Nach einem Geständnis hatte das Amtsgericht den Angeklagten dem Antrag der Anwältin entsprechend zu einer Freiheitstrafe mit Bewährung verurteilt. Darauf legte die Anwältin Berufung ein, worauf der Angeklagte, wieder wie von seiner Verteidigerin gewünscht, zu einer Geldstrafe verurteilt wurde. Trotz des Geständnisses ging die Anwältin in die Revision. Kommentar einer Richterin: „Die hat keine Ahnung und braucht Geld".

Nun ist klar, dass es viele Angeklagte gibt, die bis zuletzt an einen Freispruch oder ein milderes Urteil glauben und Verteidiger drängen, in der nächsten Instanz weiter zu kämpfen. Nach dem Hamburger Oberstaatsanwalt Wilhelm Möllers „treiben aber auch einige Verteidiger ihre Mandanten ins Rechtsmittel". Das findet sein Berliner Kollege Manfred Schweitzer, wenn sie aussichtlos sind, „berufsethisch fragwürdig".

Der Berliner Richter am Amtsgericht Moabit Tobias Kaehne und der Vorsitzende einer Kleinen Strafkammer in Berlin Burkhard Burgmüller berichten sogar von Fällen, in den die Angeklagten gar nicht wussten, dass ihre Verteidiger Berufung eingelegt hatten. „Stammkunden", so Kaehne, „plaudern aus dem Nähkästchen" und „dann kann man sich seinen Teil denken". Burgmüller hat einen zu einer Geldstrafe verurteilten Schwarzfahrer in der Berufungsverhandlung erlebt, der erstaunt berichtet: „Ich weiß gar nicht, warum ich hier stehe. Ich wollte gar nicht in Berufung gehen". Sein Verteidiger war beim Termin nicht erschienen, weil sein Mandant nicht bezahlt hatte, und er als Wahlverteidiger keinen Anspruch auf Geld aus der Justizkasse hatte. Solche Fälle, so Burgmüller, passieren „nicht häufig, aber gelegentlich".

Einige Verteidiger wie der Hamburger Andreas Thiel räumen diese Unsitte einiger Kollegen offen ein: „Rechtsmittel werden eingelegt, um Gebühren zu schinden". Das bestätigt auch sein Kollege Klaus Hüser: „Es gibt eine gewisse

Praxis, Rechtsmittel einzulegen und sie zurückzunehmen, wenn die Gebühren verdient sind. Einige rühmen sich dafür, andere schweigen".

Die Schlüsselfrage auch hier: Wie verbreitet ist Missbrauch von aussichtlosen Berufungen aus wirtschaftlichen Motiven? Es ist sicher kein Massenphänomen, nach Einschätzungen aller Praktiker sind es aber auch mehr als Einzelfälle. Der Berliner Oberstaatsanwalt Kollege Manfred Schweitzer spricht von einer „kleinen Gruppe". Der Richter am Amtsgericht Tobias Kaehne beobachtet eine „kleine hartnäckige Minderheit, deren Namen immer wieder auftauchen". Für den Berliner Kammervorsitzenden Burgmüller hat der Missbrauch der Berufung hingegen eine viel größere Dimension. Er „schätzt, dass 30 Prozent aller Berufungen eingelegt werden, nur um Gebühren zu kassieren".

Bei Berufungen im Zivilrecht spielen Rechtsschutzversicherungen eine Schlüsselrolle. Der Potsdamer Anwalt Ulrich Jung-Lindemann hat den Eindruck, dass „viele Berufungen nur eingelegt werden, weil die Mandanten eine Rechtsschutzversicherung haben", auch wenn sie „überflüssig sind". Der Berliner Fachanwalt für Versicherungsrecht Oliver Kröger schätzt, dass „bei fast 100 Prozent der Berufungen Rechtsschutzversicherungen die Kosten tragen". „75 bis 90 Prozent der erstinstanzlichen Urteile sind seiner Auffassung „nach gut begründet". Wenn trotzdem Berufung eingelegt wird, ist das häufig Gebührenschneiderei". Eine Masche wie im Strafrecht ist, die Berufung in der Hauptverhandlung zurückzunehmen, weil das Geld bereits verdient ist.

„Substanzlosen" bzw. „aussichtslosen" Berufungen hatte der Gesetzgeber bereits 2001 bei der Reform der Zivilprozessordnung (ZPO) den Kampf angesagt – unter anderem mit dem Ziel, sie schneller zu erledigen.[740] Empirische Forschung hatte ergeben, dass das Rechtsmittel in aussichtlosen Fällen auch dazu benutzt wurde, Verfahren aus sachfremden Erwägungen zu Lasten des Gegners in die Länge zu ziehen, um Zeit zu gewinnen. Obwohl nur 20 Prozent aller Berufungen erfolgreich waren, und 30 Prozent aller Berufungen zurückgenommen wurden, dauerten Berufungsverfahren im Schnitt länger als Prozesse in erster Instanz. Deshalb hat der Gesetzgeber im Zuge der Reform ein neues Verfahren entwickelt, um „substanzlose Berufungen" schneller und einfacher zu erledigen: Ist die Berufung ohne Erfolgsaussicht und ohne grundsätzliche Bedeutung, kann das Berufungsgericht einstimmig ohne mündliche Verhandlung durch einen sog. Zurückweisungsbeschluss entscheiden, der unanfechtbar ist (§ 522 Absatz 2 ZPO). Nach der Begründung des Gesetzes sollte Anwälten ausdrücklich ein finanzieller Anreiz für Berufungen genommen werden: Durch den Wegfall der mündlichen Verhandlung sollten „Verhandlungsgebühren" vermieden werden.[741]

Berufsorganisationen und Anwaltslobby im Bundestag lehnten dieses neue Instrument als „unzumutbare Rechtswegverkürzung" ab, obwohl Anwalt und Mandant eine Möglichkeit zur Stellungnahme erhielten, wenn das Berufungsgericht die Berufung wegen Aussichtslosigkeit zurückweisen wollte.[742] Über solche Pläne des Gerichts Mandanten zu unterrichten, war für Anwälte keine angenehme Aufgabe. Denn die erfuhren dadurch ja, dass das Gericht die rechtlichen Ausführungen ihres Anwaltes als substanzlos ansah.

Unbestreitbar ist, dass die ZPO-Reform gegriffen hat. Seit ihrem Inkrafttreten ist die Zahl der Berufungen stark rückläufig. Zwischen 2001 und 2011 sank sie um gut 53 Prozent.

Trotzdem änderte der Gesetzgeber 2011 die Zivilprozessordnung in diesem Punkt wieder. Vier Gründe spielten dabei eine Rolle. Bei einigen Bürgern war der Eindruck entstanden, dass mit ihnen bei dieser Erledigungsform „kurzer Prozess" gemacht wurde.[743] Die Oberlandesgerichte hatten, zweitens, vom Zurückweisungsbeschluss sehr unterschiedlich Gebrauch gemacht, von 5,2 Prozent in Bremen bis zu 27,1 in Mecklenburg-Vorpommern. Das führte zu einer massiven Ungleichbehandlung der Bürger beim Zugang zum Recht. Außerdem waren, drittens, 18,3 Prozent der Nichtzulassungsbeschwerden ***gegen Urteile*** von Berufungsgerichten beim Bundesgerichtshof erfolgreich. Das ließ den Schluss zu, dass die Karlsruher Richter das Vorliegen von Zulassungsgründen doch häufig anders beurteilen als die Berufungsgerichte. Und schließlich hatte das Bundesverfassungsgericht die neue Erledigungsform für aussichtslose Berufungen 2008 für verfassungswidrig erklärt, weil sie das Grundrecht des Bürgers auf effektiven Rechtsschutz verletze. Daraufhin verschärfte der Gesetzgeber die Voraussetzungen für Zurückweisungsbeschlüsse und ließ auch ihre Anfechtung unter bestimmten Kautelen zu. Die Anfang 2012 in Kraft getretene Neufassung wirkte sich unmittelbar auf die Zahl der Neueingänge auf den Bundesgerichthof aus. Sie stieg 2012 um 25 Prozent.

Das Ringen um eine effektive und schnelle Erledigung aussichtsloser Berufungen ist ein weiteres Bespiel für den unethischen Missbrauch formaler Rechte durch Rechtsvertreter, der erst durch den Gesetzgeber gebremst werden konnte. Nach einer empirischen Untersuchung im Auftrag des Bundesjustizministeriums haben sie das auf breiter Front getan. Dieser Missbrauch geht also nicht auf das Konto der berühmten schwarzen Schafe.[744]

Revisionen beim Bundesgerichtshof

„Es gibt nur wenige Verteidiger, die Revisionen schreiben können. Ich kann es nicht besonders gut", bekennt der Frankfurter Verteidiger Oliver Wallasch freimütig. Das ist eine selbstkritische Einschätzung, die nur wenigen Strafverteidigern eigen ist. Sie täte Not. Denn strafrechtliche Revisionen stehen unter dem Generalverdacht besonders schmerzhafter Qualitätsdefizite. Nur wenige Verteidiger, so der Vorwurf, beherrschen die Kunst der Revisionsbegründung in schriftlicher wie mündlicher Form. Nach Schätzung von Gerhard Altvater, Leiter der Revisionsabteilung bei der Bundesanwaltschaft, sind 85 bis 90 Prozent der Revisionen erfolglos. Diese trostlose Bilanz entmutigt Verteidiger und Mandanten aber anscheinend nicht. Denn die Zahl der Revisionen ist, von einigen kleinen Schwankungen abgesehen, von 2005 bis 2012 kontinuierlich gestiegen: um gut sechs Prozent.

Wer die verschiedenen Formen der Revisionsrügen durchleuchtet, dem wird schnell klar, wo die Verteidiger an ihre juristischen Grenzen stoßen, wo sie bequem oder faul sind und wo sie gewinnen.

Da ist zunächst die Verfahrensrüge, mit der Mängel im Strafverfahren moniert werden. Maximal zehn Prozent aller Revisionsrügen stützen sich nach Einschätzung von Bundesanwalt Altvater auf solche Fehler – allein oder zusammen mit behaupteten Verletzungen des materiellen Strafrechts. Die Verfahrensrüge ist in hohem Maße formalisiert und „überfordert“ nach Beobachtungen des Bundesrichters Bertram Schmitt „viele Verteidiger“. Die Erfolgsquote von Verfahrungsrügen ist nach Einschätzung von Thomas Fischer, dem Vorsitzenden des 2. Senats, „auf nahe Null gesunken, auf höchstens zwei Prozent“. Sie liegt damit noch unter der Erfolgsquote von Verfassungsbeschwerden.[745]

Da ist weiter die Sachrüge, die in zwei Formen praktiziert wird: als sog. allgemeine Sachrüge, die aus einem Satz besteht. „Ich rüge die Verletzung materiellen Rechts“ oder einer Sachrüge mit ausführlicher Begründung. Diese erste Option ist eine Verlockung für Verteidiger. Sie können nämlich, so der Hamburger Robenträger Klaus Hüser, die Pflichtverteidigergebühr in „40 Sekunden durch das Schreiben eines Satzes in gleicher Höhe verdienen wie in 40 Stunden mit einem soliden juristischen Schriftsatz“. Nach unserem Gebührensystem verdient ein Anwalt mit der Einlegung einer Revision unabhängig von seinem Aufwand sein Geld. Der Wahlverteidiger erhält zwischen 100 und 930 Euro, wenn er kein besonderes Honorar vereinbart hat, und der Pflichtverteidiger 412 Euro. Die Bundesrichter Nikolaus Berger und Bertram Schmitt sowie Bundesanwalt Altvater schätzen übereinstimmend, dass 30 bis 40 Prozent aller Revisionen aus nur einem Satz bestehen. Das bedeutet zweierlei: Die Anwälte sparen die Arbeit und überlassen den Bundesrichtern die juristische Überprüfung der Instanzurteile, zu der sie nach dem Amtsermittlungsgrundsatz verpflichtet sind. Sie verdienen ihr Geld im Schlaf. Das führt bei Bundesanwalt Altvater zu dem Verdacht, dass „pekuniäre Interessen“ oder taktische Erwägungen bei Ein-Satz-Revisionen „eine Rolle spielen“. Altvater spitz: „Durch den Verzicht auf eine Begründung geben sie zu erkennen, dass sie an dem Urteil nichts auszusetzen haben“. Ohne richterliche Zurückhaltung muss man es deutlicher formulieren: Hier wird das Rechtsmittel Revision massenhaft aus wirtschaftlichen Gründen missbraucht. Ein Hamburger Strafrichter bringt es auf den Punkt: „Sechs Worte bringen ein paar hundert Euro“.

Eine Analyse der Hamburger Justizbehörde des Verteidigerverhaltens beim Piratenprozess hat ergeben, dass neun Verteidiger ihre Revision zurückgenommen haben. Mindestens fünf haben anschließend zwischen 514 Euro und 947 Euro kassiert, obwohl sie dafür kaum Arbeit aufgewendet haben. Auch hier drängt sich der Verdacht auf, dass sie dieses Rechtsmittel nur genutzt haben, um Gebühren zu schinden.

Bei den Sachrevisionen mit Begründung gibt es ein erschreckendes Qualitätsgefälle. Nach Beobachtungen der Mehrheit der Bundesrichter und Bundesanwälte ist die Qualität der Revisionen in den letzten 20 Jahren gestiegen. Bundesanwalt Altvater: „Verteidiger sind aus ihrer früheren Schmuddelecke herausgetreten. Mittlerweile interessieren sich auch ‚anständige‘ Anwälte für das Strafrecht. Fortbildungsprogramme von Strafverteidigervereinigungen und die Einführung des ‚Fachanwalts für Strafrecht' haben sicher zu diesen positiven Entwicklung beigetragen". Während früher bundesweit nur ein „Dutzend Kanzleien" Revision einlegen konnten, sind es nach Einschätzung von Bundesrichter Schmitt mittlerweile 30 bis 40. Und auch die breite Masse hat nach seiner Meinung dazu gelernt. Trotzdem erkennt Schmitt „noch häufig Defizite", die lediglich „gemildert" seien. Sein Senatskollege Berger entdeckt in nur 1/10 der Revisionsbegründungen rechtliche Substanz". Und der Vorsitzende des 2. Senats Thomas Fischer hat auf dem Strafverteidigertag 2011 vor Hunderten von Robenträgern aus seinem Herzen keine Mördergrube gemacht: „Etliche Revisionsanträge sind so schlecht, dass sie nicht einmal das Papier wert sind, auf dem sie stehen": „Auf zwanzig Seiten gelingt es einigen Verteidigern nicht, einen einzigen Fehler oder Widerspruch zu benennen. Wahrscheinlich bei einer Flasche Rotwein lustlos runterdiktiert". Im Gegenzug werfen Anwälte dem Bundesgerichtshof zufällige und willkürliche Entscheidungen vor.

Im Zentrum der Qualitätsdiskussion über strafrechtliche Revisionen stehen die hohen Misserfolgsquoten und die Verwerfungen durch Beschlüsse als „offensichtlich unbegründet", wenn der Senat einen entsprechenden Antrag der Bundesanwaltschaft einstimmig billigt (§ 349 Abs.2 StPO). Gut 70 Prozent aller Revisionen werden auf die diesem Wege zurückgewiesen. Für die einen sind sie Indikatoren für fehlende Verteidigerqualität, für andere nicht.[746] Die Wahrheit liegt dazwischen: Ein Teil der Verantwortung liegt beim Bundesgerichtshof, ein anderer bei der schlechten Revisionskompetenz vieler Anwälte und ein dritter wohl bei der verbesserten Qualität der Urteile der Tatsacheninstanzen.

Nach Bundesanwalt Altvater sind die Sachverhalte in Strafverfahren inzwischen besser ausermittelt und die Urteile von Land- und Oberlandesgerichten professioneller verfasst als früher. Da ist es natürlich schwerer, Rechtsfehler zu entdecken und aufzuspießen.

Richtig ist zudem, dass die Verwerfungspraxis des Bundesgerichtshofes stark ergebnisorientiert ist, ein Faktor, der mit der Qualität von Revisionen nichts zu tun hat. „Der BGH orientiert sich am Ergebnis, nicht mehr daran, ob Rechtsverstöße vorliegen", meint ein Berliner Strafverteidiger. Ein Indiz dafür, dass es den Bundesrichtern vorrangig auf die „Plausibilität" von Ergebnissen ankommt, sieht der Hamburger Kollege Klaus-Ulrich Ventzke in einer Formulierung, wie ein „ansonsten fehlerfreies Urteil".[747] Der steigende Arbeitsanfall zwingt die Senate zu einer solchen ökonomischen Bewältigung der Aktenberge. Und manche Mandanten drängen ihre Verteidiger aus unterschiedlichsten Motiven dazu, selbst aussichtslose Revisionen einzulegen. Alle diese Faktoren spielen eine Rolle, ändern aber nichts daran, dass die mangelnde Qualität der Revisionen für die geringe Erfolgsquote von 10 bis 15 Prozent hauptverantwortlich ist.

Für diese These spricht, dass die Staatsanwaltschaft ihre Revisionen beim BGH wesentlich häufiger gewinnt, nämlich zu 54 Prozent ganz oder teilweise.[748] Die Verfolger sind hier also den Verteidigern juristisch um Längen voraus. Ein Münchener Revisionsspezialist bestätigt die schlechte Noten der BGH-Richter: „Die Meinung der BGH-Richter, dass die meisten Revisionen nichts taugen, ist mehr als richtig". Dafür gibt es Belege zu Hauf. So verweisen BGH-Beschlüsse darauf, dass der Verteidiger einschlägige Urteile des Bundesgerichtshofes nicht kennt,[749] oder sie zweifeln, ob eine Argumentation eines Verteidigers sich „noch im Rahmen rationalen strafjuristischen Denkens hält".[750] Manchmal können die Richter gar nicht erkennen, was die Verteidiger überhaupt wollen, weil die „überaus wortreiche, aber wenig strukturierte und fast wie ein Kollage zusammengestellte Revisionsbegründung" Rätsel aufgibt.[751] Als ein Verteidiger gar meinte, dass die Zurückweisung einer Verfahrensrüge durch die Bundesanwaltschaft sein Grundrecht auf freie Berufsausübung verletze, verweigerten die Richter eine Antwort: Der Senat geht davon aus, „dass er eine Bescheidung nicht erwartet".[752]

Das Gros der Revisionen verwirft der Bundesgerichtshof mit einem Zweizeiler als „offensichtlich unbegründet". Das Merkmal „offensichtlich" spielt nach Bundesrichter Berger in der Praxis indes keine Rolle mehr. Es wird in Beschlüssen nicht mehr benutzt, um das Renommee der Verteidiger nicht unnötig zu beschädigen. Für Mandanten, meist juristische Laien, klingt das „offensichtlich unbegründet" nämlich leicht wie eine Ohrfeige für ihren Anwalt, ein Nichtskönner eben. Es gibt aber auch Senate, die keine Rücksicht auf solche Empfindlichkeiten nehmen. Unter dem Stichwort „Ergänzend bemerkt der Senat" verleihen der 1., der 3. und der 5. Senat hin und wieder ihrem Verdruss über schlechte Revisionen wortstark Ausdruck. In den sog. Schwänzen von Verwerfungsbeschlüssen stellen sie Anwälte an den Pranger – bar jeder richterlichen Zurückhaltung.[753] Ihre Vorwürfe lassen sich unter bestimmten Schlagworten bündeln

- **Prozessverschleppung,**
- **schlechtes Handwerk,**
- **unwahre Tatsachenbehauptungen,**
- **mangelnde Sorgfalt und**
- **falscher Ton**

Eine Verschleppungsabsicht nehmen die Bundesrichter bei Beweisanträgen an, die ein „Verständnis von Strafverteidigung" offenbaren, das „sich dem traditionellen Ziel der Wahrheitsfindung in einem ordnungsgemäßen Verfahren nicht mehr verpflichtet fühlt".[754] Denselben Vorwurf erhob der 3. Senat gegen einen Verteidiger nach Beweisanträgen, die im Kern unterstellten, dass ein Zeuge, ein Richter und ein Sachverständiger die Unwahrheit gesagt hatten.[755] In einem anderen Fall verteidigt der 3. Senat eine Fristsetzung für Beweisanträge, weil die Verteidigung an einer straffen Prozessführung „offensichtlich kein Interesse hat". Zuvor hatte der Verteidiger mit 30 bis 40 weiteren Beweisanträgen gedroht. [756]

Nach der Rechtsprechung des Bundesgerichtshofes können Verfahrensfehler in der Revision nur gerügt werden, wenn Verteidiger dem Vorgehen des Gerichts in der Hauptverhandlung rechtzeitig widersprochen haben. Die Ausweitung dieser sog. Präklusionsklausel ist nach Ansicht eines Münchener Revisionsspezialisten „eine Notwehr des BGH auf schlechte Revisionen". Deshalb nutzen die Bundesrichter sie in der Praxis auch regelmäßig. Argumente, warum der Verteidiger den Widerspruch im Prozess nicht rechtzeitig erheben konnte, qualifiziert der 5. Senat manchmal als „völlig fernliegend" ab.[757]

Besonders angefasst sind die BGH-Richter, wenn sie meinen, Anwälte bei Unwahrheiten ertappt zu haben. Den 1. Senat „befremdet, dass die Rügen durchgehend auf unwahrem Tatsachenvortrag gestützt sind".[758] Von einer Rüge, dass das Urteil nicht innerhalb der gesetzlichen Frist zugestellt sei, behauptet der 5. Senat, dass sie „wider besseres Wissen vorgebracht" ist. Denn das schriftliche Urteil sei dem Verteidiger fristgerecht zugestellt worden.[759] Und als ein Verteidiger behauptet, dass er eine Zeugenaussage nicht mitbekommen habe, weil er erkennbar eingeschlafen sei, konterte der 1. Senat mit dienstlichen Erklärungen eines Richter und einer Staatsanwältin, nach denen er in der fraglichen Zeit „intensiv von seinem Fragerecht Gebrauch gemacht habe".[760]

Fassungslos reagieren die Senate, wenn Verteidiger ihre Revisionsrügen auf Sacherhalte stützen, die sie mit einem Blick in die Akten als falsch hätten erkennen können.[761] Oder wenn ein Anwalt bemängelt, dass ihm ein Schreiben vorenthalten wird, obwohl es in der Hauptverhandlung verlesen und ihm anschließend ausgehändigt wurde.[762] Oder ein Verteidiger legt Revision ein, obwohl er nach der Urteilsverkündigung „wirksam auf Rechtsmittel verzichtet" hatte.[763] Oder er beanstandet eine Freiheitsstrafe von drei Jahren und drei Monaten als in „keiner Weise verhältnismäßig", obwohl er dieses Strafmaß bei der Absprache selbst beantragt hat.[764]

Verstimmt sind Bundesrichter ferner, wenn Verteidiger in Revisionsbegründungen Richtern in Vorinstanzen „himmelschreiende Befangenheit", „Rechtsblindheit" oder „willkürliche und bösartige Unterstellungen" anlasten.[765] Oder wenn Anwälte in Stellungnahmen zu Antragsschriften der Bundesanwälte ihnen eine „spontan kantinenähnlich erscheinende Befassung mit der Revision" oder eine „surreale" oder ... vorurteilsbeladene Wahrnehmung" ankreiden.[766] Das finden die betroffenen Senate „stillos und ungehörig" oder „inakzeptabel". Die Verletzung des „guten Tons" und „Taktgefühls" schade dem Ansehen des Anwaltsstandes.

Die Revision im Strafrecht ist bisher eine relativ stumpfe Waffe. Sie wird häufig auch in aussichtslosen Fällen genutzt. Bei einem relevanten Teil der Strafverteidiger steht das Interesse an leicht verdienten Gebühren und nicht der Kampf ums Recht im Vordergrund. Der hohe Anteil von Revisionen ohne jede Begründung lässt darauf und auf mangelndes Engagement schließen. Und trotz aller Qualitätsfortschritte beherrscht nur eine Minderheit von Verteidigern die Kunst der Revision. Das aber in hervorragender Weise.

Diese deprimierende Bilanz steht im krassen Gegensatz zur Revision in Zivilsachen. Dadurch, dass hier das gesamte Revisionsgeschäft in den Händen von bis zu 40 beim Bundesgerichtshof zugelassenen Anwälten liegt, ist eine Mindestqualität bei der juristischen Arbeit gesichert. Diese kleine Elite von Anwälten hat nach der BGH-Anwältin Brunhilde Ackermann eine „Filterfunktion": Sie soll aussichtlose Klagen verhindern und dadurch den BGH vor überflüssigen Prozessen und Kosten schützen. Sie schätzt, dass sie 30 Prozent aller Anfragen per Telefon, Fax oder Mail vor gerichtlichen Schritten erledigt. Ein weiterer, schwer zu quantifizierender Teil der Anfragen scheitert bei der Prüfung der Zulässigkeit der Revision und der inhaltlichen Prüfung der Prozesschancen und erreicht den Bundesgerichtshof nie. Ihr Kollege Norbert Gross schätzt den Teil der wegen Aussichtslosigkeit nicht weiter verfolgten Klagewünsche auf zwischen 25 und 30 Prozent. Auf jeden Fall bleiben dem Bundesgerichtshof in Zivilsachen mindestens ein Drittel aller Klagen erspart, mit denen sich ihren Kollegen im Strafrecht herumplagen müssen. Kaum überraschend sind Zivilrechtsanwälte auch erfolgreicher als ihre Kollegen im Strafrecht. Zwar haben sie bei Nichtzulassungsbeschwerden nur knapp zehn Prozent der Verfahren gewonnen, bei Revisionen aber beachtliche 77 Prozent.

Offensichtlich unbegründete Verfassungsbeschwerden

Juristisch sind offensichtlich unbegründete Verfassungsbeschwerden bedeutungslos und in der Regel auch nicht von öffentlichem Interesse. Trotzdem edelt sie das Bundesverfassungsgericht hin und wieder mit Pressemitteilungen unter Schlagzeilen wie „Verhängung einer Missbrauchsgebühr gegen einen Anwalt". 2010 hat das Bundesverfassungsgericht mit Pressemitteilungen zu diesem Thema eine richtige Kampagne gestartet, in der Hoffnung, dass die Neue Juristische Wochenschrift (NJW) oder Tageszeitungen sie aufgreifen und durch mehr Publizität des Phänomens abschreckend auf Anwälte und ihre Mandanten wirken. Das Kalkül ging nicht auf, weil Redakteure die öffentlichen Nadelstiche gegen unseriöse und unprofessionelle Advokaten ignorierten.

Die Massierung der Presserklärungen zu missbräuchlichen Verfassungsbeschwerden von Anwälten war ein hilfloser Versuch des höchsten deutschen Gerichts, die seit Jahren anschwellende Klageflut einzudämmen. Allein zwischen 2000 bis 2012 ist die Zahl der Verfassungsbeschwerden um 23 Prozent gestiegen, obwohl die geringe Erfolgsquote der Prozesse mit nur ein bis zwei Prozent eigentlich entmutigen müsste. Nach Schätzungen des ehemaligen Verfassungsrichters und jetzigen Präsidenten des Bundesfinanzhofes Rudolf Mellinghoff sind jährlich 2 000 bis 2 500 Verfassungsbeschwerden von vorherein aussichtslos. Das heißt, dass das Gericht bis zu einem Drittel seiner Zeit sparen könnte, wenn Bürger und Anwälte von der Verfassungsbeschwerde verantwortungsvoller Gebrauch machen würden. Die geht für die Lösung der großen verfassungsrechtlichen Streitfragen verloren und „verzögert" den „Grundrechtsschutz" anderer Bürger, wie das Gericht in den Missbrauchsbeschlüssen immer wieder hervorhebt. Die Folge: Jeder Verfassungsrichter hat rund 400 Verfassungsbeschwerden pro anno verantwortlich zu bearbeiten.

Das Bundesverfassungsgericht ist als Bürgergericht konzipiert. Der Zugang zu ihm ist kosten- und anwaltsfrei. Deshalb können sich hier Querulanten austoben, deren Beschwerden in Sammelakten abgeheftet werden. Bürger können ihren Frust ausleben, wenn sie mit der Entscheidung einer Behörde oder eines Gerichts unzufrieden sind, sofern sie nur behaupten, durch Hoheitsakte in ihren Grundrechten verletzt zu sein, und sie vorher den Rechtsweg ausgeschöpft haben. Dabei greifen sie häufig auf professionellen Beistand zurück. 2011 haben sich knapp 48 Prozent aller Beschwerdeführer anwaltlich vertreten lassen, 2012 nur 42 Prozent. Darunter hoch kompetente Anwälte und Professoren wie zum Beispiel in Prozessen gegen den Euro oder die Währungsunion, aber auch viele Feld-Wald-und-Wiesen-Anwälte.

Letztere fallen den Verfassungsrichtern seit Jahren bei den zahllosen „offensichtlich unbegründeten" Verfassungsbeschwerden auf, die sie als Betroffene oder im Auftrag von Mandanten eingereicht haben. Nach Ansicht des Verfassungsrichters Michael Gerhardt erfüllen sie als Organe der Rechtspflege ihre „Filterfunktion" nicht, nämlich aussichtlose Verfassungsbeschwerden zu verhindern: Von ihnen müsste man eigentlich eine „verantwortungsvolle Prozessführung erwarten". Weil das Gericht dabei regelmäßig enttäuscht wird, verhängen die beiden Senate Missbrauchsgebühren für aussichtslose Verfassungsbeschwerden vor allem gegen Anwälte – zwischen 300 Euro und 1 600 Euro.

Ein Vergleich der aussichtlosen Verfassungsbeschwerden, die von Anwälten begründet werden, mit denen von Laien zeigt, dass beide Gruppen die Rolle des Bundesverfassungsgerichts auf dieselbe Art missverstehen, nämlich als „Bundes-Amtsgericht" (Wolfgang Janisch, SZ) – obwohl es die Volljuristen eigentlich besser wissen sollten. Eine Auswahl: Anwälte entdecken einen verfassungsrechtlichen Hintergrund beim Verlust ihrer Zulassung; in der Entscheidung eines Landessozialgerichts, dass ein Anwalt die Kosten für ein Gutachten, das er selbst in Auftrag gegeben hat, bezahlen muss; im Verlust eines Führerscheins, den ein Anwalt mit einem 1100-Seiten Schriftsatz zu verhindern sucht; in Ostrenten, die ein Rechtskundler für die größte Massenenteignung der deutschen Geschichte hält.[767] Überdies kreiden die Verfassungsrichter Rechtsvertretern Anfängerfehler an: Sie hätten die Fristen für eine Verfassungsbeschwerde versäumt; die Beschwerden seien unvollständig, unklar oder falsch vorgetragen; es fehle eine rechtliche Begründung; sie hätten sich nicht mit der Rechtsprechung des Bundesverfassungsgerichts auseinandergesetzt; sie hätten die Erfolgsaussichten nicht geprüft; oder sie hätten – eine zentrale Voraussetzung für eine Verfassungsbeschwerde – den Rechtsweg nicht vorher ausgeschöpft.

Weil für den Präsidenten des Gerichts Andreas Voßkuhle die Grenzen der Belastbarkeit erreicht sind, will er einen neuen Damm gegen die Flut aussichtloser Verfassungsbeschwerden errichten: mit einer sog. Mutwilligkeitsgebühr. Sie soll die Missbrauchsgebühr ersetzen, die keine abschreckende Wirkung entfaltet hat. Sie wurde nur punktuell und selten verhängt. Zwischen 2005 und 2012 schwankt die Zahl zwischen 13 und 21. Die Beträge taten nicht weh oder konnten nicht bezahlt werden. Und, am gravierendsten, sie wurden erst verhängt, wenn die Verfassungsbeschwerden bereits bearbeitet waren. Die Mutwilligkeitsgebühr soll dagegen präventiv wirken. Bei vermutlich aussichtslosen Verfassungsbeschwerden soll ein Rechtspfleger entscheiden, ob das Gericht nur gegen eine Gebühr weiter arbeiten wird. Sie soll zwischen 50 und 5 000 Euro liegen soll. Bestätigt ein Richter diese Entscheidung, wird die Beschwerde nur weiter geprüft, wenn der Beschwerdeführer die Gebühr bezahlt hat. Trotz intensiver Lobbyarbeit Voßkuhles hat sich in Berlin bisher noch keine Partei gefunden, die diesen Vorschlag unterstützt.

Wer die Presserklärungen zur Missbrauchsgebühr analysiert und berücksichtigt, dass zwischen 40 und 50 Prozent aller Beschwerdeführer anwaltlich vertreten sind, muss zu dem Schluss kommen, dass Anwälte einen erheblichen Teil aussichtsloser Beschwerden zu verantworten haben. Aus den Beschlüssen des Karlsruher Gerichts, die Verfassungsbeschwerden als offensichtlich unzulässig oder unbegründet zurückgewiesen haben, ergeben sich zwei aus anderen Rechtsbereichen bekannte Defizite bei Advokaten: ***ein Mangel an Verantwortung gegenüber der Rechtspflege und ein bestürzend unprofessioneller Umgang mit dem Instrument der Verfassungsbeschwerde.*** Im Unterschied zu anderen Rechtsgebieten hat der Gesetzgeber hier die Gefahr des Rechtmissbrauches früh erkannt und schon 1951 eine Missbrauchsgebühr eingeführt, die in der Praxis freilich nie gewirkt hat.

Berufsgerichtsbarkeit: Routine ohne Problembewusstsein

Wer die Homepage der Bundesrechtsanwaltskammer aufsucht, den begrüßt ein Satz des Bundesverfassungsrichters Reinhard Gaier: „Ein effizienter Rechtsstaat ist ohne anwaltliche Selbstverwaltung nicht denkbar". Die Wahl dieses Zitates ist kein Zufall. Für die Anwaltschaft ist Selbstverwaltung das Privileg eines freien und unabhängigen Berufs, das sich über Jahrzehnte als Erfolgsmodell bewährt hat. Sie wird hymnisch gefeiert, manchmal so pathetisch und laut, dass zwischen den Sätzen die Angst durchschimmert, dass man sich ihrer nicht sicher ist.

Ein Kernbereich der Selbstverwaltung ist die Berufsaufsicht. Sie entscheidet darüber, wie die Berufsordnung in der Praxis gelebt wird. Erachtet der Kammervorstand einen Verstoß gegen das Berufsrecht als leicht, kann er ihn selbst sanktionieren, mit einem „belehrenden Hinweis" oder einer „Rüge". Wiegt er schwerer oder ist ein Sachverhalt aufzuklären, übergibt er den Fall der Generalsstaatsanwaltschaft im Kammerbezirk. Die entscheidet dann, ob sie den Anwalt vor dem Anwaltsgericht anschuldigt oder nicht. Diese Anwaltsgerichte sind unabhängig und mit drei Anwälten besetzt. Sie können Warnungen und Verweise aussprechen bzw. Geldbußen bis zu 25 000 Euro verhängen. Außerdem können sie Vertretungsverbote von einem bis fünf Jahren in bestimmten Rechtsgebieten anordnen sowie Rechtsvertreter aus der Anwaltschaft ausschließen. Über Berufungen oder Beschwerden gegen Entscheidungen des Anwaltsgerichts und über Rügen der Kammern entscheidet der Anwaltsgerichtshof in der Besetzung von drei anwaltlichen Richtern und zwei Berufsrichtern. Dritte Instanz in Disziplinarsachen ist der Anwaltssenat des Bundesgerichtshofes.

Im Bewusstsein der Anwaltschaft scheinen Berufsrecht und Berufsgerichtsbarkeit nur eine Nebenrolle zu spielen. Nach dem Berufsrechtsbarometer 2011 des Soldan-Instituts halten 72 Prozent aller Anwälte ihre berufsrechtlichen Kenntnisse für „nicht angemessen".[768] Das heißt: Fast drei Viertel aller Advokaten beraten und vertreten Mandanten, ohne nach eigener Eischätzung genau zu wissen, welche Berufspflichten sie dabei zu beachten haben. Da wird ein wenig verständlich, was eigentlich unverständlich ist, nämlich die Behauptung Kirsten Weilands, Vorsitzende der 1. Kammer beim Anwaltsgericht Düsseldorf: „Vielen (Anwälten) ist die Existenz des Anwaltsgerichts völlig unbekannt".[769]

Keine Sittenpolizei: die Zuschauerrolle der Rechtsanwaltskammern

Nach der Bundesrechtsanwaltsordnung (BRAO) können die Rechtsanwaltskammern nach eigenem Ermessen entscheiden, ob sie gegen Berufsrechtsverletzungen vorgehen oder nicht. Von zwei Ausnahmen abgesehen, ist es jedoch verpönt, aus eigener Initiative nach Verstößen zu schauen oder bei offensichtlichen Verletzungen Verfahren einzuleiten. „Wir sind keine berufsrechtliche Sittenpolizei" beschreibt der Hammer Kammerpräsident Dieter Finzel sein Selbstverständnis von der Berufsaufsicht. Ähnlich der Schweriner Kammerboss Axel Schöwe: „Wir sind keine Polizei. Wir sind auf Output von außen angewiesen". Über diese selbst auferlegte Beschränkung besteht bei den Kammern ein Konsens. Von ihm weichen sie nur unter zwei Voraussetzungen ab: wenn die wirtschaftlichen Interessen des Berufsstandes durch Konkurrenten von außen bedroht sind und bei berufsrechtlichen Bagatellverstößen, deren Ahndung niemandem weh tut und auf breite Zustimmung stößt.

Um die Verteidigung der eigenen Fleischtöpfe ging es zum Beispiel, als die Dekra zu Werbezwecken einen zertifizierten Testamentsvollstrecker einführen wollte. Darin sahen die Kammern einen Angriff auf das Erfolgsmodell Fachanwaltschaft, den sie mit einer Klage erfolgreich abwehrten. Und als die Hamburger Sparkasse zusammen mit der ÖRAG Rechtsschutzversicherung ihren Kunden eine Rechtsservice anbot, hatte auch sie schnell eine Klage am Hals, die die Hamburger Kammer ebenfalls gewann.

Und die Berufsaufsicht wird tätig, wenn sich Anwälte bei der Selbstdarstellung in der Öffentlichkeit auf unseriöse Weise Wettbewerbsvorteile verschaffen wollen. Die Berliner Kammer überprüft zum Beispiel das Branchenfernsprechbuch und Zeitungsanzeigen, ob Anwälte zu Unrecht Fachanwaltsbezeichnungen führen oder nicht angezeigte Nebentätigkeiten ausüben. Sie werden aktiv, wenn in einer Ladenkanzlei die Akten offen im Fenster liegen. 2010 stammten immerhin 16 Prozent der Beschwerden aus dem eigenen Hause. Die Münchner Kammer interessiert, ob auf Homepages keine falschen Eindrücke erweckt werden oder ob das Impressum stimmt. Auch nicht korrekte Briefköpfe werden abgemahnt. Das war es dann aber auch schon. Im Übrigen heißt Berufsaufsicht nach dem Selbstverständnis aller Kammern, sich zurückzulehnen und darauf zu warten, bis Beschwerden gegen Mitglieder im Briefkasten stecken.

Und das passiert regelmäßig. Nach Schätzungen der Kammern in Freiburg und Mecklenburg-Vorpommern stammen 60 bis 70 Prozent der Beschwerden von Mandanten und 30 bis 40 von Anwälten im beruflichen Kleinkrieg. Über etwas genauere Zahlen verfügt die Berliner Kammer für das Jahr 2010: Beschwerden, die zu Rügen geführt haben, kamen zu 43 Prozent von Mandanten, zu knapp 20 Prozent von Behörden und Gerichten, zu 18 Prozent von Anwälten. Die Themen ihrer Eingaben sind überwiegend im Abschnitt „Alter Anwaltsmarkt“ abgehandelt.[770]

Diese Zuschauerrolle der anwaltlichen Berufsaufsicht empört viele, die mit Anwälten regelmäßig zu tun haben. Wenn Anwälte Stapel von Visitenkarten zu Werbezecken im Knast deponieren, dann ist das berufsrechtswidrig. Eine Hamburger Vollzugsexpertin ist davon überzeugt, dass die Kammer davon weiß, aber trotzdem nichts tut. Als ein Anwalt in der Besucherzelle der Untersuchungshaftanstalt sein Handy seinem Mandanten überließ, damit der telefonieren kann, wurde das unterbunden und die Kammer informiert. Danach hat die Vollzugsexpertin nie wieder etwas von dem Vorgang gehört, während das Gericht den Anwalt entpflichtet hat. Der Leiter der Berliner U-Haft Wolfgang Fixson klagt gewöhnlich einmal im Jahr bei der Kammer sein Leid. Seit Jahren fordert er ein „härteres Vorgehen“ gegen Verteidiger, unter anderem Vertretungs- und Berufsverbote durch die Anwaltsgerichte. Als Antwort bekommt er Briefe, die er als „Du-Du-Schreiben empfindet“: „Da kommt der Vollzugsmann, der nervt“. Umso erstaunlicher wirkt die Aussage der Kammerpräsidentin Irene Schmid, dass die Kammer nur „selten von einem konkreten und nachweisbaren Fall des Missbrauchs erfährt“. Die Münchner Kammer weiß von den verluderten Sitten beim Kampf der Verteidiger um die Mandate, meint aber gleichfalls, wegen Beweisschwierigkeiten nichts unternehmen zu können. Völlig desillusioniert ist Oliver Wallasch von den Frankfurter Berufswächtern. 2004 war er einmal Opfer einer Kaltakquise und hat sich deshalb bei der Kammer beschwert und eine Strafanzeige gestellt. Das Verfahren wurde von der Staatsanwaltschaft eingestellt. Wallasch mit Galgenhumor: „In der Kammer lachen sie darüber, obwohl Abwerben standeswidrig ist. Niemanden interessiert das mehr. Ich kenne mehrere hoffnungslose Fälle, bei denen die Personalakten immer dicker werden. Es wird hingenommen. Die Kammern sind Teil des Sumpfes“. Diesen Ausdruck würde der Hauptgeschäftsführer der Frankfurter Kammer Rudolf Lauda sicher zurückweisen. Ihm seien in jüngster Zeit keine „besondere Klagen“ oder „knallharten Fälle“ bekannt geworden. Im Übrigen regen ihn Stapel von Vollmachten in der Untersuchungshaft nicht auf, weil es die „schon seit zwanzig Jahren gibt“. Und dann gibt er offen zu, dass die Kammer an dem Ellbogen-Kampf in der U-Haft nichts ändern will: „Auf dem engen Markt der Verteidiger trifft es jeden mal“. Und das Verbot der Einzelfallwerbung? „Der Mandant hat die freie Anwaltswahl. Wenn jemand kommt und sagt, ich bin Wirtschaftstrafverteidiger und kann das besser, ist das in Ordnung. Gewerbetreibende machen so etwas auch“. Aus diesen Äußerungen wird klar, dass die Kammer zumindest den Wettbewerb in der U-Haft duldet – unabhängig davon, was das Berufsrecht vorschreibt. Der Vergleich Laudas von Anwälten mit Gewerbetreibenden zeigt zudem, dass die Grenze zwischen beiden auf dem Verteidigermarkt in Teilen aufgehoben ist, und das Verbot der Einzelfallwerbung hier nur noch auf dem Papier steht.

Simone Simon, Geschäftsführerin des Jobcenters Leipzig „wundert sich, dass die Kammern nichts tun, um Hartz IV-Anwälten wie Scot Möbius das

Handwerk zu legen. Dafür muss der Steuerzahler aufkommen". Frustriert sind auch andere Leiter von Jobcentern bei ihrem Clinch mit Hartz IV-Anwälten. Geschäftsführerin Ingrid Richter des Jobcenters Unstrut-Hainich-Kreis hat nach drei Jahren immer noch keine Antwort auf ihre Beschwerde gegen den Hartz IV-Rekordhalter Scot Möbius von der Rechtsanwaltskammer Thüringen bekommen. Eine rücksichtslose, durch kein Argument zu rechtfertigende Missachtung von Beschwerdeführern.

Nach der übereinstimmenden Einschätzung der Anwälte Gerhart Baum, Julius Reiter und Udo Brinkmöller haben die Kammern beim Hauen und Stechen unter Anlegeranwälten versagt. Sie haben tatenlos zugesehen. Der Vorkämpfer gegen Massenabmahnungen im gewerblichen Rechtsschutz Axel Gronen hat die Kammern beim Widerstand gegen die Abmahnwellen im gewerblichen Rechtsschutz „als träge und nicht hilfreich empfunden". Nach Carsten Föhlisch, Justitiar von Trusted Shops, haben sich die Kammern „mit Anzeigen wegen Rechtsmissbrauchs schwer getan". Gronen wie Föhlisch haben, obwohl seit Jahren im Kampf gegen Abmahnungen tätig, nie von Sanktionen gegen Rechtsvertreter wegen Rechtsmissbrauches gehört. Dieselbe Klage wird laut über die Passivität der Kammern bei Urheberechtsverletzungen. Karl Nikolaus Pfeiffer, Direktor des Instituts für Medienrecht der Universität Köln, ist „überrascht", „dass sich die Rechtsanwaltskammern so wenig um das Abmahnwesen gekümmert haben".

Obwohl Berufsrechtsverstöße bei Berufsklägern gegen Aktiengesellschaften auf der Hand liegen – Missbrauch von Anwaltshonoraren als Mantel für versteckte Gewinne Dritter und verbotene Teilung der Gebühren – haben Rechtsanwaltskammern, soweit ersichtlich, nie etwas gegen die massenhafte Zweckentfremdung von Einsprüchen und Klagen durch Anwälte unternommen.

Enttäuscht sind auch Tausende von Abo-Fallen-Opfern, die bei den Kammern in München, Hamburg und Oldenburg ihrem Ärger Luft gemacht haben – ohne Ergebnis. Alle haben die Beschwerden an die Generalstaatsanwaltschaften weitergeleitet, weil die Abo-Fallen-Anwälte lange Zeit in einer rechtlichen Grauzone operiert haben, und die Unschuldsvermutung auch für sie gelte. Solange die Abzock-Anwälte nicht verurteilt seien, müssen die Kammern dem Geschäftsgebaren „murrend, aber machtlos" zusehen, wie die Oldenburger Kammer es formuliert hat.

Keine Messlatte für Zufriedenheit: die Beschwerdestatistik

Nach den Beschwerdestatistiken der Rechtsanwaltskammern sind Petenten – Mandanten, Anwälte, Staatsanwälte, Richter und Beamte – Ende 2012 nicht unzufriedener mit Advokaten als vor zehn Jahren. In den Kammern in München, Düsseldorf, Berlin, Mecklenburg-Vorpommern und Freiburg sind die Zahlen der Beschwerden konstant geblieben. In der bayrischen Hauptstadt pendeln sie um die 3 000, am Rhein um 1 700, an der Spree um 1 300, in Schwerin knapp unter 400, im Breisgau um 300. An der Elbe ist die Zahl der Proteste sogar um 200 gesunken und bewegt sich in den letzten Jahren um 600. Da in diesen Bezirken im selben Zeitraum die Zahl der Kammermitglieder gestiegen ist, kann man zu dem Schluss kommen, dass die Menge der Eingaben sogar relativ gesunken ist. Also kein Grund zur Beunruhigung? Für den Freiburger Kammerpräsident Michael Krenzler zum Beispiel. Er sieht in den Zahlenketten ein „gutes Zeichen". Auch seine Berliner Kollegin Irene Schmid stimmen sie froh. Sie liest aus ihnen sogar ab, dass die „Zufriedenheit mit dem beruflichen Verhalten der Berliner Anwaltschaft weiter gestiegen ist".[771] Das ist ein Schönreden, für das die tatsächliche Entwicklung keinen Anlass bietet. Einmal tauchen in den Beschwerdestatistiken die Fälle nicht mehr auf, in denen statt Beschwerde- Vermittlungsverfahren durchgeführt werden. Das passiert seit September 2009 bei Konflikten über Gebührenrechnungen und Schlechtberatungen. Die Münchener Kammer feiert mittlerweile 300 Vermittlungsverfahren jährlich. Zum anderen ist die Frage zu stellen, ob 1 258 Beschwerden im Jahr 2010 bei 12 000 Anwälten in Berlin wirklich von Zufriedenheit zeugen.

Bedeutsamer aber ist, dass alle positiven Interpretationen der Beschwerdestatistik den Unterschied, in kriminologischer Terminologie, zwischen Hell- und Dunkelfeld ignorieren. Lapidar und auf den Punkt stellt Graf von Westphalen fest: „Die Dunkelziffer anwaltlicher Pflichtverletzungen ist mit Sicherheit sehr hoch".[772]

Aufgrund des Wissensgefälles zwischen Anwälten und Mandanten merken viele Rechtssuchende gar nicht, wenn ihre Rechtsbeistände berufsrechtliche Pflichten verletzen. Oder sie wissen nicht, dass sie sich bei den Kammern über ihre Robenträger beschweren können – wie ein Ehepaar, das den Frankfurter Strafverteidiger Hild wegen eines zu hohen Honorars erfolgreich verklagt hat. Andere Rechtsuchende scheuen Konflikte mit ihren Rechtsvertretern.

Bei der zweitgrößten Gruppe von Beschwerdeführern, den Anwälten, fehlt häufig die Bereitschaft, formell gegen das Verhalten von Kollegen bei der Berufssausicht zu protestieren. Der Hamburger Strafverteidiger Norbert John hat noch nie eine Eingabe gemacht, „weil es nicht meine Art ist". Klaus Hüser hat mal eine geschrieben, als ein Anwalt ihm fünfmal nicht geantwortet hatte: „Grundsätzlich tut man das nicht. Man gerät in den Ruf eines Nestbeschmutzers". Der Frankfurter Strafverteidiger Rainer Hamm hat in Jahrzehnten eine Beschwerde geschrieben, in seiner Erinnerung aber nie eine Antwort bekommen. Diese Stimmen sind Ausdruck einer verbreiteten und tief sitzenden Skepsis gegenüber der Disziplinargerichtsbarkeit an der Basis der Anwaltschaft. Der gemeinsame Tenor: Beschwerden machen Arbeit, bereiten Ärger und bringen am Ende nichts. Die Hamburger Verteidigerin Petra S. hat sich noch nie an die Kammer gewandt, weil die „nicht hilft". Der Frankfurter Verteidiger Wallasch will sich nicht mehr bei den Aufsehern beschweren, weil es ohnehin zwecklos ist.

Der stellv. Geschäftsführer des Jobcenters Oberspreewald-Lausitz Hans-Jörg Milinski hat nach seiner Beschwerde gegen einen Hartz IV-Massenkläger nach einem Jahr einen negativen Bescheid bekommen. Der war rechtlich in Ordnung. Und hier liegt eine dritte Wurzel für die stagnierende Zahl von Beschwerden: die Liberalisierung des Berufsrechts. Vieles, was früher in der Werbung oder bei verbalen Prügeln auf Kollegen, Richter oder Beamte berufsrechtswidrig war, ist heute zulässig. „Engagiertes Verteidigen" hat nach Beobachtungen des Berliner Strafkammervorsitzenden Kay Dieckmann keine berufsrechtlichen Folgen mehr. Pointiert Rechtsanwalt Udo Vetter: „Anwälte können heute fast alles machen, bis auf Gelder veruntreuen". Allgemeiner und grundsätzlicher äußert sich der Anwalt und Berufsrechtskommentator Kleine-Cosack: „Das Berufsrecht hat nur noch geringe Bedeutung. Die entscheidenden Verbote stehen im Strafrecht". Wenn Berufsaufseher als zahnlos kritisiert werden, dann liegt ein Teil der Verantwortung dafür nicht bei ihnen, sondern beim Bundesverfassungsgericht und beim Gesetzgeber. Es wäre ein Wunder, wenn die geschrumpfte rechtliche Reichweite der Kammern die Beschwerdebereitschaft von Anwälten, aber auch Dritten nicht vermindert hätte.

Nimmt man die mangelhafte Beschwerdefähigkeit vieler Rechtsuchender und die Beschwerdeunlust von Rechtsvertretern hinzu, muss man zu dem Schluss kommen, dass die ***Beschwerdestatistik geringe bis gar keine Aussagekraft über die Zufriedenheit der Rechtsgemeinschaft mit der Anwaltschaft hat.***

Auf eingefahrenen Gleisen: die Kammern als Verwalter des Status quo

Eigentlich ist der Fall klar: Eine Gerichtskasse in Düsseldorf hat einem Anwalt aufgrund eines Buchungsfehlers nicht 141,52 Euro, sondern 14 151,00 Euro überwiesen. Der weigert sich aus unerfindlichen Gründen, das Geld zurückzuzahlen. Für den Laien nicht minder verblüffend: Die zuständige Rechtsanwaltskammer kann der Kasse auch nicht helfen, den bockigen Anwalt zur Rückzahlung zu bewegen. Unehrlichkeit ist keine Berufsrechtsverletzung. Das ist juristisch korrekt, aber den Kassenwarten schwer verständlich zu machen. Ähnlich werden vermutlich Tausende von Mandanten empfinden, wenn sie sich vergeblich über ihre Anwälte beschweren. Rund 80 Prozent aller 2244 Beschwerden im Jahr 2010 haben die Münchener Aufseher als unzulässig oder unbegründet zurückgewiesen. Das Scheitern hat viele Gründe: Bei manchen Eingaben weiß die Berufsaufsicht gar nicht, was die Beschwerdeführer wollen. Häufiger monieren sie jedoch gar keine Berufsrechtsverstöße, sondern Kommunikationspannen oder Honorarstreitigkeiten.

Auf den Spitzenplätzen bei den Beschwerdegründen standen in den Jahren 2009 bis 2012 in München Beanstandungen über die Untätigkeit bzw. Nichtunterrichtung durch einen Anwalt, Unsachlichkeit, unzulässige Werbung, Umgehung des Gegenanwalts, Interessenkollisionen sowie unzulässige Zurückhaltung von Fremdgeldern. Bei den Aufsehern an Elbe 2010/2011 eine etwas andere Rangliste: auf den vorderen Plätzen der nicht korrekte Umgang mit Fremdgeldern, Umgehung des Gegenanwalts, Unsachlichkeit und Verstöße gegen das Verbot widerstreitende Interessen.

Erstaunlich ist, dass bis zur Anfrage des Verfassers 2011 keine Kammer eine Statistik über die Häufigkeit von Beschwerdegründen geführt hat. Sie hatten offenbar kein Interesse zu erfahren, wo die Brennpunkte der Unzufriedenheit und der Konflikte liegen und ob sie sich verschieben. Die fast unglaubliche Erklärung des stellvertretenden Vorsitzenden der Bundesrechtsanwaltskammer Ekkehart Schäfer: ***„Die Kammern haben aus Selbstschutz keine Statistik geführt"***. Eine Vogel-Strauß-Politik also. Und noch heute führen viele Kammern inhaltlich völlig substanzlose Statistiken, die eher Tätigkeitsnachweisen als dem Erkenntnisgewinn dienen. So etwa verschleiert die Statistik über die Dauer von Beschwerdeverfahren mehr, als sie preisgibt. Unterschieden wird dort nur zwischen Verfahren, die kürzer oder länger als sechs Monate dauern, aber nicht, ob sie länger als ein oder zwei oder fünf Jahre dauern. Eine solche verfeinerte und ehrliche Statistik würde rechtsstaatswidrige Zustände offen legen.[773]

In der Beschwerdepraxis von Rechtsuchenden hat sich in den letzten Jahren wenig verändert. Die seit langem bekannten Wunden wie Untätigkeit, Nichtinformation von Mandanten und Unsachlichkeit sind nicht geheilt. Großkanzleien spielen bei der Berufsaufsicht keine Rolle – mit Ausnahme einiger Interessenkollisionen trotz eines angeblich professionellen Konfliktmanagements. Bei den neuen Geschäftsmodellen sind nur Anwälte ins Fadenkreuz geraten, die mit Abo-Fallen gemeinsame Sache gemacht haben – und das gleich tausendfach. Im Folgenden soll sich auf drei Problemzonen beschränkt werden. Die Zunahme des unkorrekten Umgangs mit Fremdgeldern, die Passivität der Kammern gegenüber dem Rechtsmissbrauch bei neuen Geschäftsmodellen und die neue Sensibilität von Mandanten für Qualitätsverluste und Kosten bei der Rechtsberatung.

Ein „echtes Problem" ist nach Strafverteidiger Alexander Ignor der eigennützige Umgang mit Fremdgeldern auf Anderkonten von Mandanten. Nach Erfahrungen den BRAK-Vizepräsident Ekkehart Schäfer kommt die Unterschlagung von Mandantengeldern „glücklicherweise nur vereinzelt, aber leider immer wieder vor". Der Münchener Oberstaatsanwalt Walter Horn, bei der Generalstaatsanwaltschaft zuständig für Berufsrechtsverstöße, spricht von einer „Achillesverse" des Berufsstandes.

Nach der Bundesrechtsanwaltsordnung müssen Fremdgelder „unverzüglich" an die Berechtigten weitergeleitet werden. Manchmal sind Anwälte nur nachlässig oder renitent und verstoßen dann lediglich gegen das Berufsrecht. Manchmal geben Anwälte die Gelder der Mandanten erst nach mehreren Mahnungen, Beschwerden, Klagen oder einstweiligen Verfügungen heraus. Nutzen Anwälte das fremde Geld für sich, begehen sie eine Straftat: Untreue. Die Grenzen zwischen nachlässigem Umgang mit Fremdgeldern und strafbarem Abzweigen in die eigene Kasse sind fließend. Obwohl der unkorrekte Umgang mit Fremdgeld zu den ‚Todsünden' des Berufsstandes gehört, zählt er bei den Kammern in München und Hamburg zu den häufigsten Beschwerdegründen. Bei der Münchener Kammer lagen die Anteile zwischen 2009 und 2012 zwischen vier und zwölf Prozent, in absoluten Zahlen zwischen 17 und 67 Beschwerden. Ähnlich die Anteile in Hamburg. Sie pendelten 2009 zwischen 2011 zwischen neun und 15 Prozent, in absoluten Zahlen zwischen 22 und 40. Der ehemalige Düsseldorfer Anwaltsrichter Klaus Steffen: „Bei einer vielfach verschlechterten wirtschaftlichen Lage scheint die Versuchung zu wachsen, mit dem Fremdgeld zu jonglieren". In etlichen Fällen kann vom kurzfristigen Stopfen von Löchern jedoch keine Rede sein. Urteile von Anwaltsgerichten in Bayern, Berlin und Hamburg lassen überdies vermuten, dass ***Untreue im Zusammenhang mit der Unterschlagung von Mandantengeldern die am häufigsten begangene Straftat von Anwälten ist.*** Zwei Beispiele:

Der Berliner Rechtanwalt und Notar Gordon K. plünderte zwei Jahre Anderkonten und veruntreute dabei insgesamt 3,7 Millionen Euro, um Darlehen aus Immobiliengeschäften zu begleichen.[774] Durch „Größenwahn und gnadenlose Selbstüberschätzung" sei er „in einer finanzielle Misere geraten", räumte er vor Gericht reumütig ein. Das verurteilte ihn zu viereinhalb Jahren Gefängnis. Seine Kanzlei ist geschlossen, die Anwaltszulassung hat er zurückgegeben, und den Notartitel hat er verloren.

Auch beim Dortmunder Anwalt Dr. G. scheint Rechtstreue nicht einmal in Resten überlebt zu haben. Er hatte Mandantengelder in Höhe von 100 000 Euro auf private Konten umgeleitet. Ihm zeigte der Dortmunder Amtsrichter Ulrich Esken die rote Karte. Zwei Jahre ohne Bewährung wegen Untreue und Betrug bekam er wegen der Höhe des Schadens und seiner Unbelehrbarkeit: „Als Organ der Rechtspflege genießen wir alle ein besonderes Vertrauen. Und wer dieses Vertrauen missbraucht, muss auch besonders mit den Konsequenzen rechnen".[775]

Die Spanne der veruntreuten Fremdgeldbeträge ist breit – zwischen 3 000 und 60 000 Euro. Der Versuchung können vor allem ältere Anwälte nicht widerstehen. Sie sind in wirtschaftliche Notlagen geraten, müssen von 238 Euro Rente leben oder Kredite für Immobilien abbezahlen, die über die Hälfte ihres Nettoeinkommens von 1 500 Euro aufzehren.[776] Der geschäftsführende Vorsitzende des Anwaltsgerichts Düsseldorf F. Manfred Koch: Es sind nicht die „jungen Kollegen, die aufgrund des Konkurrenzdruckes besonders durch Unregelmäßigkeiten auffallen, sondern gerade ältere Kollegen, die bei sinkenden Umsätzen glauben, sich nur durch rechtswidrige Maßnahmen ‚über Wasser halten' zu können.[777]

In den letzten zwanzig Jahren hat sich die Berufsaufsicht der Kammern fast nur auf ausgetretenen Pfaden bewegt. Eine rühmliche Ausnahme macht die Rechtsanwaltskammer Hamm. Sie hat mit dem Vorgehen gegen Dumping-Löhne von Anwälten und gegen das Masseninkasso auf zwei neue Phänomene des Anwaltsmarktes reagiert und dadurch zwei für die Anwaltschaft klärende Urteile provoziert.[778] Das schwerste Versäumnis der Kammern: Sie haben nichts gegen den Rechtsmissbrauch von Anwälten in diversen Rechtsfeldern unternommen. Der Konkurrenzdruck und die wirtschaftliche Not in Teilen der Anwaltschaft haben relevante Bereiche des Berufsstandes dazu verführt, mit formellen Rechtspositionen Schindluder zu treiben, um sie als Geldquellen zu nutzen oder neue Geschäftsmodelle zu entwickeln.

Die Rechtsanwaltskammern durften Rechtsmissbrauch über gewisse Zeiträume als berufsethisches Fehlverhalten ohne Relevanz für die Berufsgerichtsbarkeit verstehen. Es gab aber immer Zeitpunkte, in denen Qualität und Quantität des Missbrauches formeller Rechte es möglich bzw. notwendig machten, dem Treiben der Anwälte Einhalt zu gebieten. Allerdings, das gilt es einzuräumen, gab es nur wenige, die dieses Säumnis angemahnt haben – und das ausschließlich im Zusammenhang mit Strafverfahren. Unter Hinweis auf das PKK-Verfahren in Düsseldorf und dem Stuttgarter Rechtsextremistenprozess in den neunziger Jahren merkte der Braunschweiger OLG-Präsident Heinrich Kintzi an, dass bisher „keine standesrechtlichen Entscheidungen bekannt geworden seien", die dem ‚erschreckenden Rechtsmissbrauch' wirksam begegnen könnten".[779] Auf dem 60. Deutschen Juristentag sprach sich 1994 eine Mehrheit dafür aus, dem „Missbrauch des Beweisantragsrechts ... (auch) durch ein effektives Berufsrecht entgegenzutreten".[780] Viele Jahre später regte Wolfgang Pfister, Richter am 3. Strafsenat des Bundesgerichtshofes an, dass sich Standesgerichte des „Problems des Missbrauches" annehmen sollten:Er könne ... „aus der Praxis berichten, dass die Standesgerichte hier oftmals trotz Kenntnis einzelner nicht tätig werden, so dass sich unter manchen Richtern die Einstellung verbreitet habe, dass es von vornherein überflüssig sei, einzelne Fälle an Standesgerichte heranzutragen" .[781] Alexander Ignor fordert Kammern auf, „Grenzüberschreitungen von Anwälten in Fällen „eindeutigen Rechtsmissbrauchs" „zu tadeln", zum Beispiel „bei Prozesssabotage und schikanösem Verhalten gegenüber anderen Prozessbeteiligten".[782] Alle diese Anregungen und Forderungen sind ohne Echo geblieben.

Statt der Berufsaufsicht haben Rechtsprechung und Gesetzgeber wiederholt auf Fehlentwicklungen und Auswüchse in der Anwaltschaft reagiert. Der Gesetzgeber hat in den letzten zwölf Jahren neun Gesetze mit dem Ziel erlassen oder verändert, auch Rechtsmissbrauch durch Anwälte zu bekämpfen:

- **Zurückweisung substanzloser Berufungen ohne mündliche Verhandlung, um finanzielle Anreize für Berufungen wegzunehmen (ZPO-Reform, 2001),**
- **Gesetz gegen unlauteren Wettbewerb wegen überzogener Anwaltshonorare (2004),**
- **Gesetz zur Unternehmensintegrität und Modernisierung gegen „missbräuchliche Nutzung des Anfechtungsrechts" durch Berufskläger (UMAG, 2005),**
- **Gesetz zur Umsetzung der Aktienrichtlinien zur Bekämpfung „missbräuchlicher Anfechtungsklagen" durch Berufskläger (ARUG, 2008)**
- **Gesetz zur Begrenzung von Anwaltshonoraren bei Abmahnungen im Bagatellbereich auf 100 Euro (2008),**
- **Verkürzung des Zeitraums für Überprüfungsklagen gegen Hartz IV-Bescheide von vier auf ein Jahr „zur Entlastung von Jobcentern und Sozialgerichten" (2011),**
- **Gesetz gegen unseriöse Geschäftspraktiken gegen Massenabmahnungen bei Urheberechtsverletzungen, unter anderem Begrenzung der Anwaltsgebühr auf 155,30 Euro bei Erstverstößen (2013),**
- **Einführung eines Buttons „zahlungspflichtig bestellen", um Verbraucher vor dem „massiven und einschüchternden Druck von Rechtsanwälten und Inkassounternehmen" zu schützen (2013),**
- **Verhinderung mutwilliger Klagen bei Beratungs- und Prozesskostenhilfe (2013).**

Die Rechtsprechung hat auf das Instrument des Rechtsmissbrauches in folgenden Bereichen zurückgegriffen:

- **Der Große Senat des Bundesgerichtshofes erklärt unwahre Protokollrügen im Strafverfahren für rechtsmissbräuchlich und unzulässig,**
- **Der Bundesgerichtshof billigt Fristen für das Stellen von Beweisanträgen, um Prozessverschleppung zu verhindern,**
- **Der Bundesgerichtshof verschärft Anforderungen an Verfahrensrügen, um sie häufiger als unzulässig verwerfen zu können,**
- **Das Bundessozialgericht erklärt das Einklagen von 20 Cent zu einem Missbrauch sozialer Rechte zu Lasten der Funktionsfähigkeit der Rechtspflege,**
- **Das Bundesverfassungsgericht verhängt Missbrauchsgebühren gegen Anwälte bei offensichtlich unbegründeten Verfassungsbeschwerden.**

Für die Kammern hätte es durchaus Möglichkeiten gegeben, gegen Rechtsmissbrauch vorzugehen, und zwar nach dem Vorbild der Hammer Berufsaufsicht und des Anwaltsgerichtshofes Nordrhein-Westfalen beim Masseninkasso.[783] Sie haben die Generalklausel des § 43 BRAO – die Pflicht, den Beruf „gewissenhaft" auszuüben – genutzt, um im massenhaften Inkasso von Forderungen ohne Prüfung des Einzelfalls eine Berufspflichtverletzung zu sehen. Das Urteil des Anwaltsgerichtshofes ging davon aus, dass im Berufsrecht „zahlreiche Lücken bei der Normierung beruflicher Pflichten" beststehen, die in Ausnahmefällen über die Generalklausel geschlossen werden können. Jede juristisch innovative Kammer hätte auf die Idee kommen können, im Missbrauch formeller Rechte eine Berufsrechtsverletzung zu sehen, um die Frage dann höchstrichterlich klären zu lassen.

Einen guten Mittelplatz auf der Beschwerde-Rangliste nehmen bei der Münchener Kammer Eingaben über Schlechtberatung durch Rechtsanwälte und Schadensersatzansprüche gegen sie ein: 75 waren es 2011. Das Pech der Petenten: Mit ihren Beanstandungen waren sie bei den Kammern an die falsche Adresse geraten. Schlechte Beratung eines Rechtsuchenden ist nach bisheriger Lesart keine Berufsrechtsverletzung, ebenso wenig wie zu hohe Honorare. Solche Eingaben sind unzulässig, und der Beschwerdeführer wird auf den Zivilrechtsweg verwiesen – mit allen Kostenrisiken. Das führt zu teilweise absurden und für die Öffentlichkeit nicht nachvollziehbaren Ergebnissen.[784] Ein Beispiel:

Ein Berliner Strafverteidiger hatte eine Beschwerde gegen die Rechnung eines Kollegen über 86 000 Euro eingelegt. Der Vorwurf: eine „unvertretbare und realitätsferne Aufblähung der Arbeitszeit zu Lasten seiner Mandantin und des Rechtsschutzversicherers". Die beiden Anwälte hatten mit 100 anderen Verteidigern über 100 Ärzte in einem Verfahren wegen Abrechnungsbetrug zu vertreten. Dafür hatte die Rechtsschutzversicherung einen Topf zu Verfügung gestellt. Es bestand die Gefahr, dass einige Kollegen von der Rechtschutzversicherung kein Geld mehr erhielten, unter anderem, weil ein Kollege nämliche 86 000 Euro für die Arbeit von zwei Monaten kassiert hatte. Andere Verteidiger hatten für vergleichbare Tätigkeiten – das Vertreten einer Randfigur – zwischen

900 und 2000 Euro liquidiert. Die Höhe des Stundenhonorars – 300 Euro – fand der Beschwerdeführer nicht anstößig. Im Fokus seines Ärgers stand der behauptete Zeitaufwand: 40 Stunden Aktenstudium und 15 Stunden Besprechung mit der Mandantin, bevor der Anwalt überhaupt Akteneinsicht bekommen hatte. Außerdem „Recherchen" zu und „Einarbeiten" in Themen, die in den Augen des Beschwerdeführers auf eine „bezahlte Fortbildung in medizinrechtlichen Fragen" hinausliefen. Er hatte den Verdacht, dass der Kollege „gegenüber seiner Mandantin einen Arbeitsaufwand behauptet hat, der tatsächlich nicht angefallen ist bzw. offensichtlich nicht erforderlich war". Diese Batterie von Vorwürfen ließ die Berliner Kammer jedoch kalt. Sie weigerte sich, den Vorwurf falscher Abrechnung überhaupt zu prüfen, weil wir das „nicht können" und das Verhalten unserer Mitglieder nur „berufsrechtlich" überwachen. Diese Begründung machte den Beschwerdeführer „ratlos".

Irgendwann dämmerte der geschröpften Ärztin, dass sie zu viel Honorar bezahlt haben könnte. Sie verklagte die Rechtsschutzversicherung und ihren Anwalt auf Rückzahlung ihres Vorschusses von 60000 Euro. Das Verfahren endete mit einem Vergleich: 15000 Euro musste die Rechtsschutzversicherung bezahlen, 15000 Euro ihr Anwalt. Damit hatte letzterer zumindest indirekt eingestanden, dass er bei seiner Rechnung heftig überzogen hatte.

Der Umgang der Kammern mit Beschwerden erinnert an das Wort: Der Berg kreiste und gebar eine Maus. Das Beispiel München: Von den 441 Beschwerdeverfahren, die die Kammer ernsthaft geprüft hat, wurden 227 eingestellt. 164 gab sie an die Generalstaatsanwaltschaft zur weiteren Bearbeitung ab, 76 Anwälten erteilte sie eine Rüge und bei 33 Rechtsvertretern wurde die Zulassung widerrufen. Das ist ein Erledigungsmuster, was in der Struktur bei den Kammern in Hamburg, Hamm und Berlin ähnlich anzutreffen ist. Lediglich in Bayern fallen die Sanktionen schärfer aus. Bei der Berufsaufsicht verhalten sich die Kammern in den Augen der Berufsrechtsexperten Wolfgang Hartung und Markus Hartung heute wie vor 20 Jahren: als ***„Bewahrer des Status quo".*** Reformen gab es nur in Trippelschritten: die Einrichtung einer Schlichtungsstelle bei der Bundesrechtsanwaltskammer und eine eher bescheidene Unterrichtung von Beschwerdeführern über den Fortgang von berufsrechtlichen Verfahren.

Mitverantwortlich für diesen Stillstand ist der Deutsche Anwaltverein, der Meilenschritte bei der Veränderung des Berufsrechts blockiert: die Sanktionierung einer allgemeinen Fortbildungspflicht, eine Reform der Verleihung von Fachanwaltstiteln und einen Ethik-Kodex.

Folgen der Verschwiegenheit: Entscheidungen ohne Transparenz

„Ehrenstrafen gegen einen Rechtsanwalt gehen nur ihn und den Stand an".[785] Dieser Satz, der den obrigkeitsstaatlichen Geist des 19. Jahrhundert atmet, galt bis vor zehn Jahren uneingeschränkt. Die von der Bundesrechtsanwaltsordnung verordnete absolute Verschwiegenheitspflicht hat die Kammern lange

Zeit verführt, sich gegenüber Anfragen von außen abzuschotten. Sie haben sich Jahre geweigert, Mandanten, die einen Schadensersatzanspruch wegen Schlechtleistung eines Rechtsanwaltes geltend machen wollten, den Namen des Haftpflichtversicherers zu nennen. Die Kammern haben es abgelehnt, den Finanzbehörden steuerrechtlich relevante Sachverhalte über ihre Mitglieder mitzuteilen.[786] All diese Abschottungsversuche scheiterten am Ende – an einem Urteil des Bundesfinanzhofes oder am Gesetzgeber. ***Die Kammern haben die Verschwiegenheitspflicht, die Mandanten schützen soll, dazu genutzt, sich einen für die Öffentlichkeit nicht einsehbaren Binnenraum zu schaffen.***

Bis zu einer Gesetzesänderung im September 2009 hatten Mandanten und Anwälte keinen Anspruch zu erfahren, was Kammern und Anwaltsgerichte mit ihren Eingaben gemacht haben. Bis dahin wurden Petenten mit einer Formel abgespeist, die auf eine Nichtinformation hinausläuft: „Das berufsrechtlich Erforderliche wurde veranlasst". Eine fast unvorstellbare Ignoranz eines Berufsstandes in einer Staats- und Gesellschaftsordnung, in der Öffentlichkeit ein konstitutives Prinzip ist. Schließlich gelangte die Selbstverwaltung selbst zur Einsicht, dass die Interessenabwägung zwischen vertraulicher Behandlung anwaltlicher Belange und dem legitimen Informationsinteresse der Petenten neu justiert werden muss. Auf Anregung der Bundesrechtsanwaltskammer bestimmte der Gesetzgeber, dass Beschwerdeführer über den Ausgang des Verfahrens zu unterrichten seien und das Ergebnis kurz zu begründen sei.

Kaum stand der neue Informationsanspruch im Gesetz, erhob sich lautstarker Protest, nicht über das Ob, sondern das Wann der Unterrichtung. Die Hammer Kammer fand zum Beispiel, dass die neue Regelung „nicht dem berechtigten Interesse der betroffenen Kollegen an der Vermeidung einer Vorverurteilung Rechnung" trug.[787] Warum? Wenn der Kammervorstand einen Fall an die Generalstaatsanwaltschaft abgibt oder ein betroffener Anwalt gegen eine Rüge ein Rechtsmittel einlegt, ist das Verfahren zwar für die Kammer, aber nicht für den Advokaten abgeschlossen. Da eine Rüge aufgehoben oder ein Rechtsvertreter vom Anwaltsgericht ‚freigesprochen' werden kann, plädierten die Hammer Berufsaufseher dafür, Beschwerdeführer erst zu unterrichten, wenn das Verfahren rechtskräftig abgeschlossen ist. Dagegen trat der Hamburger Vorstand dafür ein, Petenten vor Rechtskraft zu informieren.

Da der Wortlaut der neuen Vorschrift in diesem Punkt nicht klar ist, entwickelten sich in den Kammern unterschiedliche Vorstellungen von Transparenz. Der Berufsrechtsausschuss der Bundesrechtsanwaltskammer schlug ein zweistufiges Verfahren vor. Eine erste Unterrichtung plus kurze Begründung nach der Entscheidung der Kammer – Sanktion oder Abgabe des Falles an die Generalstaatsanwaltschaft – und eine zweite nach Abschluss des anwaltsgerichtlichen Verfahrens. Die Mehrheit des Anwaltsparlaments lehnte diesen vernünftigen Vorschlag jedoch ab. Die Folge: Jede Kammer informiert jetzt nach eigenem Gutdünken.

Ein Vorreiter in Sachen Transparenz ist der Kammerbezirk München in einem anderen Gebiet: Auf Anregung des ehemaligen Präsidenten des Anwaltsgerichtshofes Klaus Bauer hat die Kammer wichtige Urteile der Anwaltsgerichte und des Anwaltsgerichtshofs in anonymisierter Form ins Netz gestellt. Jeder

Rechtsuchende und jeder Advokat kann dort nachlesen, welche Berufsrechtsverstöße Anwälte begehen und wie die Disziplinargerichtsbarkeit mit ihnen umgeht. Das ist bedeutsam, weil Verhandlungen vor den Berufsgerichten bisher nicht öffentlich sind.

Lasch und Langsam: Anwaltsgerichte und Anwaltsgerichtshöfe

Der Fall ist nicht außergewöhnlich und doch hässlich: Ein Rechtsanwalt hatte sich über ein Jahr geweigert, 1800 Euro Fremdgeld an eine Gläubigerin auszuzahlen.[788] Erst nach einer gerichtlichen Verurteilung bequemte er sich, das eigentlich Selbstverständliche zu tun und das ihm nicht gehörende Geld zu überweisen. Parallel hatte sich die Gläubigerin bei der Kammer beschwert. Die machte ähnlich betrübliche Erfahrungen mit ihm. Fünf Schreiben des Vorstandes mit der Bitte um Stellungnahme beantwortete er nicht. Erst nach Androhung und Festsetzung von Zwangsgeldern reagierte er. Außerdem hatte er seinen Kanzleisitz während des Aufsichtsverfahrens von Berlin nach Brandenburg verlegt, ohne es der Kammer zu melden. Eine weitere Verletzung des Berufsrechts. Das Anwaltsgericht erteilte ihm einen Verweis und verurteilte ihn zu einer Geldbuße von 3000 Euro. Verfahren und Maßnahme offenbaren zwei Schwächen der Anwaltsgerichtsbarkeit: Die Sanktionen sind häufig zu milde, um nachhaltig zu wirken, und die Verfahren dauern zu lange. Hier lagen zwischen der Beschwerde und dem Urteil der Anwaltsrichter gut vier Jahre. Und 3000 Euro sind für eine Verletzung einer anwaltlichen Kernpflicht – dem korrekten Umgang mit Mandantengeldern – sehr wenig, zumal er über lange Zeit auch noch jede Kooperation mit der Kammer verweigert hatte.

Die Länge anwaltlicher Verfahren hat mehrere Ursachen. Die Verantwortung dafür liegt bei den Kammern, aber auch bei den Generalstaatsanwaltschaften, die über Anschuldigungen vor den Anwaltsgerichten entscheiden, und beim System der Zusammenarbeit.

Die zuständigen Abteilungen bei den Generalstaatsanwaltschaften sind Flaschenhälse im Disziplinarverfahren. Die bekommen nicht nur die Beschwerden von den Kammern, sondern auch Verfahren von Strafgerichten, wenn die Beschuldigten Anwälte sind. Sie müssen prüfen, ob die Anwälte gegen das Berufsrecht verstoßen haben und, nach strafrechtlichen Verurteilungen, ob noch eine zusätzliche berufsrechtliche Sanktion zu verhängen ist (der sog. berufsrechtliche Überhang). Bejahen Staatsanwälte dies, klagen sie die Robenträger vor dem Anwaltsgericht an.

Berufsrechtsverstöße herauszufiltern, macht den Staatsanwälten viel Arbeit. 40 bis 50 Prozent der Verfahren stellen Schweitzer und seine Leute sofort ein. 2012 haben sie bei 1000 Verfahren gerade mal 40 Rechtsvertreter angeschuldigt. In Hamburg stellen seine Kollegen 80 bis 90 Prozent aller Verfahren ein, in München 70 Prozent. „Aufgrund dieser Belastung“, klagt die Münchener Berufsrechtsreferentin Brigitte Doppler, „verzögern sich die Verfahren teilweise erheblich".[789] Und die Berliner Kammerpräsidentin Irene Schmid moniert, dass „manche Verfahren zu lange dauern". In der Hamburger Kammer hält man die Effizienz der staatsanwaltlichen Berufsaufsicht für gering.

Was Schweitzer in den Akten mit Anwälten als Beschuldigten oder Verurteilten von der Strafjustiz bekommt, ist das „pure Leben": „Autofahren unter Alkoholeinfluss, Unfallflucht, Gewalttaten, private Streitigkeiten und eheliche Gewalt". Für seinen Münchener Kollegen Walter Horn ist es auch die „ganze Palette": Bei ihm kommen noch dazu falsche Verdächtigungen, Untreue, Betrug, Kinderpornographie bis hin zum Mord" dazu. Das ist wenig schmeichelhaft für ‚Organe der Rechtspflege'.

Interessant ist, dass die Staatsanwaltschaften mit diesen Straftaten „außerhalb des Berufes" sehr unterschiedlich umgehen. Sie sind nach der Bundesrechtsanwaltsordnung nur unter besonderen Voraussetzungen zu ahnden, nämlich wenn sie „nach den Umständen des Einzelfalles in besonderem Maße geeignet" sind, „Achtung und Vertrauen der Rechtsuchenden in einer für die Ausübung der Anwaltstätigkeit bedeutsamen Weise zu beeinträchtigen" (§ 113 Abs. 2 BRAO). In Hamburg schuldigen die Staatsanwälte solche Fälle nur in „großen Ausnahmen" an, in Berlin faktisch gar nicht. Der Leitenden Oberstaasanwalt Schweitzer kann sich in den letzten drei Jahren an keinen Fall erinnern. Ganz anders die Verfolger in München. Für sie ist das Bild der Anwaltschaft in der Öffentlichkeit ein schützenwertes Gut. 10 bis 15 Prozent aller Anschuldigungsschriften, schätzt Abteilungsleiter Walter Horn, werfen Anwälten ein Verhalten außerhalb des Berufes vor. So erhielt zum Beispiel ein „Fachanwalt für Strafrecht" ein befristetes Vertretungsverbot, nachdem er in einem Laden einen anderen Kunden mit einer beringten Faust ins Gesicht geschlagen hatte. Solche Ausraster im privaten Bereich mit Ausstrahlung in die Öffentlichkeit wollen Staatsanwälte und Anwaltsrichter in Bayern nicht dulden.

Verheerend auf die Dauer anwaltlicher Disziplinarverfahren wirken sich parallel laufende Strafverfahren aus. Nach der Bundesrechtsanwaltsordnung müssen berufsrechtliche Verfahren ausgesetzt werden, wenn strafrechtliche Ermittlungen ins Haus stehen, wenn eine Strafanzeige gestellt oder ein Ermittlungsverfahren eingeleitet ist. Weil die Berufsaufsicht in solchen Fällen auf das Ende der Strafverfahren warten muss, können Jahre ins Land ziehen, bevor die Anwaltsgerichte entscheiden. In Bayern gibt es Verfahren, in denen zwischen der Berufsrechtsverletzung und dem letztinstanzlichen Urteil des Anwaltsgerichtshofes fünf und acht Jahre lagen.[790] In Düsseldorf betrug die Zeitspanne einmal sogar neun Jahre.[791] Während sich die Anwälte darüber freuen, dass sie Jahre ohne Sanktion bleiben, sind so lange Verfahren gegenüber der Rechtsgemeinschaft unverantwortlich. In dieser Zeit können sie nämlich an Rechtsvertreter mit charakterlichen und ethischen Defiziten geraten, deren Rat eher schadet als nützt. Jahrelange Disziplinarverfahren sind rechtsstaatswidrig.

Obwohl die Zahl der Anwälte wächst und die Berufsethik in etlichen Bereichen erodiert, geht die Zahl der Anschuldigungen vor Anwaltsgerichten in Berlin, Hamburg und Düsseldorf zurück, ausgenommen Verstöße, die mit der wirtschaftlichen Lage von Anwälten zusammenhängen. In München dagegen steigen sie.

Die Gründe für den Rückgang kennt keiner. Johann Schwenn, Geschäftsleitender Vorsitzender des Hamburgischen Anwaltsgerichts, hat den Eindruck, dass die Gerichte „die richtigen Fälle nicht" bekommen. Das trifft zu. Das liegt einmal am entkernten Berufsrecht, mit dem nur die traditionellen Berufsrechtsverletzungen zu ahnden sind. Eine zweite Ursache ist der Verzicht der Kammern auf eigene Initiativen beim Aufspießen von Fehlentwicklungen, eine dritte ihre fehlende Ermittlungskompetenz. Das erklärt, warum Anwaltsgerichte 2010 im Verhältnis zu den Mitgliederzahlen der Kammern nur sehr wenige Neuzugänge registrierten: München 77 (Mitglieder 19 492), Berlin 45 (Mitglieder 12 811) und Hamburg 17 (Mitglieder 9 200). Daraus kann man zwei Schlüsse ziehen: die Anwälte arbeiten störungs- und beanstandungsfrei oder Berufsrecht und -aufsicht erfassen weite Bereiche der anwaltlichen Berufswirklichkeit nicht mehr.

Drei Gruppen von Advokaten haben sich vor den Anwaltsgerichten zu verantworten. Den einen, wirtschaftlich meist schlecht Gestellten, wächst der Arbeitsalltag über den Kopf. In der Not überschreiten sie Grenzen und verstricken sich nach ersten Fehlern immer tiefer. „Die Fälle sind nicht spektakulär, sondern meist ernüchternd. Wirklich kriminelle Energie ist selten", beschreibt sie Kirsten Weiland, Richterin am Düsseldorfer Amtsgericht.[792] Eine zweite Gruppe begeht Straftaten von Gewicht: Untreue, Abrechnungsbetrug, Zeugenbeeinflussung und, als Ordnungswidrigkeit, Kassiberschmuggel. Und schließlich sind da, drittens, die Wiederholungstäter mit längeren Listen von Berufsrechtsverstößen.

In der Regel sanktionieren die Anwaltsgericht milde. Das Hamburgische Anwaltsgericht billigte 2010 in knapp einem Drittel der Fälle Kammerrügen, in vier Fällen wurden Verweise mit Geldbußen zwischen 1 500 Euro und 5 000 Euro verhängt und in vier weiteren Fällen wurden die Verfahren wegen geringer Schuld gegen Zahlungen zwischen 300 Euro und 2 500 Euro eingestellt. Das Münchener Anwaltsgericht sanktioniert etwas härter. Zwar hat es 2010 auch fast die Hälfte der 77 Verfahren eingestellt, häufig mit Auflagen. Aber neben 21 Verweisen mit Geldbußen über 2 000 Euro hat es neun Vertretungsverbote verhängt und einen Anwalt ausgeschlossen.

Selbst bei nicht ordnungsgemäßem Umgang mit Fremdgeldern nehmen die Anwaltsrichter in der Regel Rücksicht auf ihre Kollegen. Das Anwaltsgericht Berlin verhängte einen Verweis und eine Geldbuße von nur 500 Euro für schlampige Erledigung von Aufträgen, verzögerte Antworten, unkorrekten Umgang mit Fremdgeldern und Nichtbeantworten von Kammeranfragen.[793] Warum, zeigen einige Urteilsbegründungen. Der erste Satz lautet meist vollmundig: „Die Pflicht, Mandantengelder nicht für eigene Zwecke zu verwenden, gehört zu den anwaltlichen Kernpflichten ... Ein Verstoß dagegen hat regelmäßig den Ausschluss aus der Anwaltschaft zu Folge".[794] Aber dann finden die Anwaltsrichter immer Gründe, warum Ausnahmen zu machen sind. Die Richter verhängen dann nur noch Verweise plus Geldbußen, zwischen 1 000 oder 8 000 Euro. Oder sie ordnen befristete Vertretungsverbote von ein bis fünf Jahren für Rechtsgebiete an, in denen der Anwalt seine Berufspflicht verletzt hat, im Betreuungsrecht ,im Steuerecht, im Zivil- und Sozialrecht oder im Gesellschafts- und Strafrecht.[795]

Vorausgegangen sind solchen Vertretungsverboten meist Verurteilungen wegen Untreue oder Betrug oder eine Serie von Berufsrechtsverstößen.

Die partiellen Vertretungsverbote sind zweischneidige Schwerter. Typisch und skandalös ist ein Urteil des Bayerischen Anwaltsgerichtshofes aus dem Jahr 2009. Gegen den betroffenen Rechtsvertreter waren zuvor schon zwei Vertretungsverbote verhängt worden, von einem und fünf Jahren. Offenbar ohne den betroffenen Anwalt nachhaltig zu beeindrucken. Zunächst stellt das Urteil fest, dass im Verhalten des Angeklagten ein „Maß an Unzuverlässigkeit zum Ausdruck" kommt, „dass beträchtliche Zweifel an der charakterlichen Eignung für den Anwaltsberuf rechtfertigt".[796] Trotz dieser Erkenntnis fanden die Richter wieder Milderungsgründe – Geständnis, Schadensausgleich, Gespräch mit dem Geschädigten –, um ihn nicht aus der Anwaltschaft auszuschließen, weil dies seine wirtschaftliche Existenz vernichtet hätte. Das dritte Vertretungsverbot für drei Jahre im Zivilrecht einschließlich Familienrecht wurde dann so zugeschnitten, dass der Rechtsberater rund „70 Prozent seiner Umsätze erhalten konnte". Ein Ausschluss aus der Anwaltschaft wäre die einzig angemessene Sanktion gewesen.

Partielle Vertretungsverbote haben zwei Ziele: Ausschlüsse aus der Anwaltschaft zu vermeiden und die wirtschaftliche Existenz in geringerem Umfange zu erhalten. Sie beruhen einmal auf der falschen Fiktion, dass sich Charaktermängel von Anwälten nur in bestimmten Rechtsgebieten auswirken, in anderen hingegen nicht. Wer Fremdgelder mitgehen lässt, dem ist egal, ob sie aus Mandaten im Familien- oder im Verkehrsrecht stammen. Schlimmer aber noch ist, dass die Anwaltsgerichte fast nie die Gefahren berücksichtigen, die von straffällig gewordenen Anwälten für Rechtsuchende und Rechtspflege ausgehen. Die Erlaubnis für einen Advokaten, in bestimmten Rechtsgebieten weiter zu praktizieren, obwohl er sich in anderen bereits disqualifiziert hat, gefährdet die Rechtsgemeinschaft.

Die Sanktionspraxis der Disziplinargerichte ist in der Regel so milde, dass sie Übeltäter nicht nachhaltig beeindruckt. Den Urteilen merkt man an, dass sie vom Verständnis für die wirtschaftlichen Nöte der Kollegen und berufsständischer Solidarität geprägt sind. Das ist angesichts der anwaltlichen Dominanz unter den Richtern der Anwaltsgerichtsbarkeit auch kein Wunder. ***Die Urteile der Anwaltsgerichte stellen die Interessen der Anwaltschaft in den Vordergrund und vernachlässigen die Gefahren, die von unzuverlässigen und gewissenlosen Anwälten für die Rechtsgemeinschaft und die Rechtspflege ausgehen.***

Außerdem profitieren Anwälte davon, dass die Verhandlungen vor den Anwaltsgerichten nicht öffentlich sind. Ihre Urteile beklagen zwar regelmäßig, wie sehr unbeantwortete Briefe, Beleidigungen eines Kollegen oder unkorrekter Umgang mit Fremdgeldern dem Ansehen der Anwaltschaft schaden. Das ist eine Fiktion. Bis auf den betroffenen Anwalt, die Kammer und partiell der Beschwerdeführer erfährt niemand etwas vom Verfahren und seinem Ausgang. Der Ruf der Berufsrechtssünder bleibt in der Öffentlichkeit untadelig.

Es gibt eine, allerdings nur Insidern bekannte Ausnahme von der Geheimhaltungspflicht. Verhängen Anwaltsgerichte Berufs- oder Vertretungsverbote, werden sie zur Kontrolle und zum Schutz von Rechtsuchenden in das zentrale Anwaltsregister eingetragen. Es ist für jedermann im Netz einsehbar ist – und trotzdem fast ohne Wirkung, weil in der Öffentlichkeit unbekannt.

Ob und bei wem die Sanktionen der Berufsgerichtsbarkeit wirken, ist umstritten. Kammern und Anwaltsgerichte halten sie, wenig überraschend, für effektiv. Michael Krenzler, Präsident der Freiburger Kammer, glaubt an eine „steuernde Wirkung", für seinen Mecklenburger Kollege Axel Schöwe haben die Verfahren einen „Stellenwert, Anwälte fühlen sich in ihrer Ehre angegriffen".

An der Anwaltsbasis hält dagegen nur eine Minderheit die Berufsgerichtsbarkeit für wirksam. Der Hamburger Verteidiger Wolf-Dieter Reinhard schreibt ihre eine „stabilisierende Wirkung" zu, sein Kollege Klaus Hüser erkennt eine „Wirkung unter der Strafbarkeitsschwelle". Die Mehrheit hält die Anwaltsgerichtsbarkeit mit der Berliner Anwältin Beate Harms-Ziegler indes für ein „stumpfes Schwert". Für ihren Frankfurter Kollegen Oliver Wallasch ist sie ein „zahnloser Tiger": „In Frankfurt passiert nichts". Im Fokus der Kritik steht die „Rüge", der mit Abstand häufigsten Sanktion. Einige heften sie, völlig unbeeindruckt, wie „Trophäen an die Wand" (Corinna Budras, FAZ). Die Hamburger Verteidigerin Petra S. kennt in der Hansestadt einen Kollegen, der sich „dauernd im Ton vergreift" und nach ihrer Schätzung schon zehn Verfahren am Hals hatte: „Der lacht nur darüber. Das sind nicht meine Eltern". Dem Berliner Arbeitsrechtlicher Ilja Selenkewitsch, der in Massenbriefen Junganwälten in Großkanzleien seine Dienste angeboten hatte, wäre eine „Rüge egal gewesen". Im Gegenteil, wäre es zu einer Verhandlung vor dem Anwaltsgericht gekommen, hätte „man das Thema noch richtig ausschlachten können". Mirko Jurk vom Jobcenter Friedrichshain-Kreuzberg hat beobachtet, dass die Rüge eines Anwaltes, der Flyer in Briefkästen in der Nachbarschaft des Jobcenters verteilt hatte, ohne Effekt blieb: „Der wirtschaftliche Nutzen der Werbeaktion war für ihn ungleich größer. Da lässt man sich schon mal auf die Finger klopfen".

Skepsis gegenüber der Disziplinargerichtsbarkeit dominiert auch bei Staatsanwälten. Der frühere Frankfurter Generalstaatsanwalt Hans Christoph Schaefer hielt das Standesrecht schon in den neunziger Jahren für „enttäuschend wirkungslos".[797] Der Berliner Oberstaatsanwalt Manfred Schweitzer meint, dass sie die „Spitzen schon erwischen, aber öffentlicher Druck entsteht nicht". Er „möchte gern daran glauben, dass die Kombination aus Verweis und Geldbuße Wirkung erzielt". Sein Hamburger Kollege Wilhelm Möllers ist da viel skeptischer: „Die Berufsgerichtsbarkeit hat nur geringen Einfluss. Sie wirkt nur in Teilen der Anwaltschaft erzieherisch". Die Hauptursache dafür sieht er in der Tatsache, dass die Verfahren als „Geheimverfahren" abgewickelt werden. Das ist in der Tat neben der geringen Höhe der Sanktionen der zweite Schwachpunkt der Anwaltsgerichtsbarkeit: Wegen des abgeschotteten Verfahrens muss kein Anwalt fürchten, dass sein Ruf durch eine Geldbuße wegen falscher Verdächtigung oder einer Zweckentfremdung von Fremdgeld beschädigt wird. Das Renommee eines Anwalts ist für den wirtschaftlichen Erfolg bekanntlich ebenso wichtig wie die Qualität seiner Arbeit.

Die absolute Schweigepflicht des Kammervorstandes über anwaltliche Disziplinarverfahren verbietet auch jede Information Dritter oder der Öffentlichkeit.

Wozu das führen kann, zeigt ein typischer Fall: Während des Prozesses gegen den Hamburger Stadtplan-Erben Falk hatte ein Anwalt einen Kassiber aus der Untersuchungshaft geschmuggelt, in dem Falk, damals in Untersuchungshaft, über Fluchtpläne räsonierte. Die FAX-Kopie wurde bei einer Durchsuchung in Südafrika entdeckt, das Original in der Kanzlei eines Hamburger Anwalts, der Falk in der Untersuchungshaft besucht hatte. Darüber wurde sogar in der Presse berichtet. Eine Anfrage bei der Hamburger Staatsanwaltschaft, ob und wie der Anwalt dafür sanktioniert wurde, blieb wegen der Schweigepflicht ohne Antwort. Die Justizbehörde an der Elbe lies immerhin wissen, dass das Verfahren eingestellt worden sei, verweigerte indes jede Auskunft über die Gründe. Höchst mysteriös, denn die Beweiskette, die zum Kassiberanwalt führte, war geschlossen. Wer hatte da geschlampt? Hatte die Berufsgerichtsbarkeit die Ordnungswidrigkeit etwa verjähren lassen? Die Öffentlichkeit erfährt davon nichts. Aristoteles würde fragen: Wer,außer den Wächtern,wacht über die Wächter? Niemand!

Außerhalb der Anwaltsgerichtsbarkeit fordern viele ein härteres Vorgehen der Berufsgerichtsbarkeit. Die ehemalige Bundesjustizministerin Brigitte Zypries legte den Kammern nahe, „mit ihren Kollegen strenger ins Gericht zu gehen". Der Leiter der Justizvollzugsanstalt Moabit Fixson kritisiert, dass die „Sanktionen zu milde sind". Selbst unter den Anwälten gibt es einsame Rufer nach härterem Vorgehen wie Michael Streck, immerhin einmal Präsident des Deutschen Anwaltvereins. Er bemängelt, dass die Sanktion „partielles Arbeitsverbot" und „Ausschließung aus der Anwaltschaft" „höchst selten eingesetzt" werden.[798]

Auf den ersten Blick scheinen die Einschätzungen von Anwaltsfunktionären einerseits und Anwaltsbasis, Staatsanwälten, Vollzugsleitern und Politikern andererseits unversöhnbar. Das stimmt indes nur zum Teil. Es gibt sicher eine Gruppe in der Anwaltschaft, bei denen Kammerverfahren und Sanktionen erzieherisch oder abschreckend wirken. Hier ist das Bewusstsein, als Organ der Rechtspflege besondere Pflichten gegenüber dem Rechtsstaat zu haben, ganz oder teilweise intakt. Es gibt aber auch eine relevante Gruppe, deren Verantwortungsgefühl für Mandanten, den Berufsstand und die Rechtspflege sich ganz oder teilweise aufgelöst hat. Sie sind durch die milden Sanktionen nicht zu beindrucken. ***Eine Berufsgerichtsbarkeit, die einen relevanten Teil der Anwälte nicht erreicht, verfehlt aber ihr Ziel.***

Die neue Hoffnung: Schlichtungsstellen

Vorsichtig optimistisch schließt Renate Jaeger, ehemalige Richterin am Bundesverfassungsgericht, ihren Tätigkeitsbericht 2012 für die „Schlichtungsstelle der Rechtsanwaltschaft": Unsere Bilanz ist „durchweg positiv ... Wir sind stolz auf unsere hohen Erledigungsquoten und freuen uns über die Anerkennung unserer Arbeit".[799] Noch schöner wäre es natürlich gewesen, wenn die Bilanz auch auf eine eindrucksvolle Schlichtungsquote verweisen könnte. Denn die ist mit 102 Schlichtungen von 1 088 Erledigungen seit Ende 2011 keinesfalls eindrucksvoll – freilich mit stark steigender Tendenz.

Mit der Einrichtung einer Schlichtungsstelle bei der Bundesrechtsanwaltskammer, die am 1. Januar 2011 ihre Arbeit aufgenommen hat, haben die Kammern große Hoffnungen verknüpft. Den Aufsehern war es unangenehm, bei angeblichen oder tatsächlichen Beratungsfehlern oder Streit über Gebühren auf den Zivilrechtsweg verweisen zu müssen. Nach dem Vorbild von Ombudseinrichtungen bei Banken, Versicherungen und Ärzten wurde deshalb auf Anregung der Bundesrechtsanwaltskammer die Berliner Schlichtungsstelle ins Leben gerufen. Sie soll bei allen vermögensrechtlichen Konflikten zwischen Rechtsanwälten und ihren Mandanten bis zu einem Streitwert von 15 000 Euro vermitteln. In 40 Prozent der Verfahren geht es nur um die Höhe des Honorars, in den anderen um eine Kombination von Beratungsfehlern und zu hohen Gebühren.

Die Berliner Schlichtungsstelle und die regionalen Schlichtungsstellen bei den Kammern markieren eine Wende im Rollenverständnis der Kammern. Sie engagieren sich aktiv im Verbraucherschutz und vollziehen damit den Funktionswandel der Anwaltschaft zum Dienstleistungsberuf nach. „Die Schlichtungsstelle darf nicht scheitern", beschwört Harmut Scharmer, Geschäftsführer der Hamburger Kammer, ihre Zukunft. Im Hinterkopf allerdings zwei weniger edle Motive: Die Schlichtung vermeidet die „öffentliche„Auseinandersetzung um anwaltliche Schlechtleistung gerade vor denjenigen Gerichten, vor denen die Kollegen regelmäßig selbst auftreten". Durch die Schlichtungsstelle, so die Hamburger Kammer, könne deshalb „erheblicher Schaden vom Ansehen der Anwaltschaft und der jeweils betroffenen Kollegen abgewendet werden".[800] Und die Anwälte erwarten, dass die vom Bundesjustizministerium gewünschte Vertrauensschadensversicherung überflüssig wird. Geschätztes Einsparvolumen für die Anwaltschaft: 40 bis 50 Millionen Euro. [801]

Aufgrund einer erheblichen Personalstockung ist es den Berliner Vermittlern gelungen, 2012 mehr Verfahren zu erledigen, als neue hinzugekommen sind. Dadurch konnte der Altbestand der Beschwerden abgebaut und die Bearbeitungszeit der Beschwerden erheblich verkürzt werden. „Nur eine schnelle Schlichtung kann befrieden", weiß Renate Jaeger. Und auf der Habenseite steht, dass es der Schlichtungsstelle bei „kleinen Schlechtleistungen" – bei Schadenssummen bis zu 2 000 Euro – tatsächlich gelingt, Konflikte zu lösen. Dass dabei häufig harte Bretter zu bohren sind, zeigt eine andere Zahl: Knapp 47 Prozent aller Schlichtungsvorschläge werden von Mandanten oder Anwälten abgelehnt.

80 Beschwerden pro Monat im Jahr 2012 sind entgegen dem Präsidenten des Deutschen Anwaltvereins Wolfgang Ewer kein „wichtiger Beitrag zum konsensualen Interessenausgleich zwischen Rechtsanwälten und „ihren Mandanten", sondern ein Tropfen auf dem heißen Stein.[802] Allein bei der Münchener Kammer, mit 20 129 Mitgliedern die größte, gehen pro Monat durchschnittlich viermal so viele Beschwerden ein wie in Berlin. Die Hamburger Kammermitteilungen beklagen zu Recht, dass die Schlichtungsstelle „noch viel zu selten in Anspruch genommen wird".[803] Während die Zahl der Neueingänge 2012 noch stetig stieg, stagniert sie im ersten Halbjahr 2013. Bei der regionalen Verteilung der Beschwerden fällt auf, dass die Berliner Petenten sich am weitaus häufigsten über ihre Robenträger beklagen. 289 Mandanten an der Spree haben die Beratung

ihrer Rechtsvertreter bemängelt, nur 140 aus dem Kammerbezirk München, obwohl dort über 6500 Advokaten mehr tätig sind als in Berlin. Kein gutes Zeichen für die Berliner Paragraphenkundler.

Sehr hoch ist auch noch die Zurückweisungsquote von Beschwerden: 60 Prozent im Jahr 2012. Einen großen Teil haben die Beschwerdeführer zu verantworten, weil ein Mandatsverhältnis zum Anwalt fehlt, sie sich unklar ausdrücken, sich rechtlich irren oder nicht die erforderlichen Beweismittel beibringen können. Andere Ablehnungen sind aber dem schmalen Zuständigkeitsbereich der Kammer und ihrer beschränkten Aufklärungsmöglichkeiten zuzuschreiben. Wenn vorher ein Gericht oder eine Anwaltskammer mit dem Fall befasst war, ein straf- oder berufsrechtliches Verfahren läuft, die Beschwerde offensichtlich aussichtlos ist, oder die Schlichtungsstelle für eine Konfliktlösung Beweis erheben müsste, in all diesen Fällen kann die Beschwerde zurückgewiesen werden. Vor allem die letzte Zulässigkeitshürde stößt bei Mandanten auf blankes Unverständnis: Zeugen dürfen nicht gehört werden, und für ein Gespräch einer Schlichterin in Unna oder Regensburg werden keine Reisekosten erstattet. Der Hintergrund: Das Schlichtungsverfahren ist nur schriftlich, weil es billig sein muss. Drei Euro hat jeder Anwalt pro Jahr für die Schlichtungsstelle zu zahlen. Mehr meinen die Kammern ihren Mitgliedern nicht zumuten zu können. Diesen Zustand findet Renate Jaeger unbefriedigend. Sie ist überzeugt, dass sie „komplizierte Fälle nur mündlich lösen kann" und Urkunden dafür nicht reichen.

Auf die Frage nach der Qualität des Rechtsrates antwortet sie diplomatisch: „Es gibt gute und schlechte Anwälte". Negativ aufgefallen sind ihr Anleger- und Numerus Clausus-Anwälte, bei denen die „Mehrung ihrer Einkünfte im Vordergrund steht und nicht die Interessen ihrer Mandanten". Außerdem hat sie entdeckt, dass es offenbar neuerdings Anwälte ohne Büro gibt. Sie betreuen ihre Klienten nur am Telefon.

Ist die Schlichtungsstelle bei der Bundesrechtsanwaltskammer eine Erfolgsgeschichte oder ein Alibi? „Vielleicht auch Alibi", meint Renate Jaeger. Sie hat dabei aber „kein schlechtes Gewissen". Als Anhängerin des Grundsatzes „Schlichten statt Richten" ist sie überzeugt, mit der Schlichtungsstelle den Verbraucherschutz zu stärken und die Rechtskultur zu verfeinern. In den zwei Jahren hat sie nämlich entdeckt, dass die Unzufriedenheit unter den Rechtsuchenden verbreiteter ist als vermutet: „Es schlummern eine Menge Konflikte, die nicht artikuliert werden". Nach ihrer Einschätzung beschwert sich nur eine „minimale Zahl" von Verärgerten. Gegen den eigenen Anwalt vorzugehen, erfordert einen „Rollenwechsel" und „charakterliche Stärke". Jaeger schätzt, dass „sich bisher 95 Prozent der Unzufriedenen nicht beschweren". Warum dieser hohe Prozentsatz? Die Akten, die bei mir auf dem Tisch landen, beschäftigen sich mit „typischen Konflikten" und nicht mit „Einzelfällen": „Und nach den Erfahrungen meines Arbeitslebens kommen die häufig vor".

Diese große Schar von Enttäuschten und bisher Passiven möchte Jaeger ermuntern, sich künftig an die Schlichtungsstelle zu wenden. Dazu braucht diese ihrer Auffassung nach mehr Publizität und ihre Handlungsmöglichkeiten müssen erweitert werden. Auf mittlere Sicht müssen die hohen Zugangshürden teilweise abgebaut werden, und die Schlichter müssen das Recht bekommen, Beweise für die Vorbereitung von Schlichtungsvorschlägen zu erheben.

Ohne zusätzliche finanzielle Mittel wird das nicht gehen. Und ob die Berliner Schlichtungsstelle sie bekommt, wird auch davon abhängen, in welchem Umfang die regionalen Kammern ihre eigenen Schlichtungsabteilungen ausbauen ober nicht. Die Münchener Kammer hat zum Beispiel das berufspolitische Ziel, zehn Prozent aller Konflikte zwischen Mandanten und Anwälten über Vermittlungen zu lösen. 2012 sind bei der Kammer 287 Vermittlungsanträge eingegangen. Von den 169 durchgeführten Vermittlungen sind beachtliche 40 Prozent erfolgreich beendet worden. In Hamburg ist im selben Jahr in 137 Fällen vermittelt oder ein Vergleichsvorschlag unterbreitet worden. Im Fokus des Frustes standen überall zu hohe Honorarrechnungen.

Die Vermittlung bei Konflikten zwischen Mandanten und Anwälten und Rechtsvertretern untereinander ist eine wichtige Ergänzung und zugleich Modernisierung der berufsrechtlichen Aufsicht. Von der Rolle, die Ombudsmänner/-frauen in anderen Berufszweigen spielen, sind die Vermittlungsaktivitäten der Kammern im Bund und in den Ländern aber noch weit entfernt.

Fazit und Ausblick

Seit 400 Jahren der erste Piratenprozess im Hamburger Landgericht gegen zehn somalische Angeklagte. Von den 20 Pflichtverteidigern tragen die meisten unter der Robe Straßenkleidung, Jeans, Pullover und nur selten eine Krawatte. In den Verhandlungspausen, wenn die Verteidiger ihre Amtstracht ablegen, könnten sie als Gruppe von HSV- oder Dortmund-Anhägern durchgehen, freilich ohne vereinsfarbene Schals und Mützen. Unter den Richtern des Kriminalgerichts Moabit macht seit einigen Jahren ein böses Wort die Runde: „Die Robe ist notwendig, damit man die Anwälte von den Verbrechern unterscheiden kann".

Die schwarze Amtstracht wird nicht mehr von allen Anwälten in allen Gerichtszweigen getragen – teils in Einklang, teils in Widerspruch zur gesetzlichen Kleiderordnung. In Rechtsanwaltskammern und vor Gerichten wird darüber gestritten, vor welchen Gerichten das schwarze Gewand noch zu tragen ist und wo nicht – oder ob überhaupt. Es ist zugleich ein Streit über die Identität der Berufsgruppe. Für den Berliner Rechtsanwalt Udo Grönheit ist klar, dass „unsere Identität und unserer Zusammenhalt" als Berufsgruppe nicht in der Robe zu finden ist.[804] Ulrich Schellenberg, Vorsitzender des Berliner Anwaltvereins, ist dagegen überzeugt, dass die Robe noch immer ein „Zeichen des Zusammengehörigkeitsgefühls, der innerlichen Zustimmung zu den inhaltlichen Grundwerten und der gemeinsamen Wertschätzung innerhalb der Anwaltschaft" ist.[805] Während sich der Berliner Advokat Heinrich Wilhelm Dankert wünscht, in seiner Robe beerdigt zu werden, hat sich sein Kollege Grönheit, freilich mit etwas Wehmut, bereits Gedanken gemacht, was er mit seiner Berufstracht machen würde, wenn der Robenzwang eines Tages fallen würde: Ich würde sie „als Decke beim anwaltlichen Mittagsschlaf auf der Bürocouch" nutzen.[806]

Modernes Berufsbild: Organ der Rechtspflege, Interessenvertreter und Unternehmer

Im Juli 2011 entschied die Berliner Rechtanwaltskammer nach zweijähriger Prüfungszeit mit 18 zu 5 Stimmen, am Robenzwang vor bestimmten Gerichten festzuhalten. Für die Mehrheit gehört die Robe noch zum Berufsbild, für eine starke Minderheit nicht mehr. Das ist die symbolische Botschaft des Robenstreits: Ein Berufsbild mit einem von gemeinsamen Überzeugungen geprägten Berufsverständnis existiert nicht mehr. Der Rahmen ist zerbrochen, die Scheiben sind zersplittert.

Die Ursachen für die Erosion des Berufsbildes liegen in tiefgreifenden gesellschaftlichen Veränderungen, im Strukturwandel und der Vermassung des Berufes.

Wir leben in einer pluralistischen Gesellschaft und die Anwaltschaft ist eine Berufsgruppe aus ihrem Schoß. Durch den unbeschränkten Zugang zum Jurastudium und zur Anwaltschaft ist die Advokatur so plural, so heterogen oder so segmentiert wie die Gesamtgesellschaft. In ihm spiegelt sich das gesamte politische Spektrum wider: von einer rechten Verteidigerin im NSU-Verfahren bis zu Linksanwälten, die ihre justizfeindliche Einstellung in Konfliktverteidigungen austoben, von geldgierigen Anlegeranwälten bis zu idealistischen Rechtsvertretern in Ausländer- und Asylverfahren. Ja, sogar die multikulturelle Gesellschaft bildet sich neuerdings in Kanzleien ab, die Anwälte mit Migrationshintergrund für Mandanten aus ihrem Kulturkreis betreiben. An der Front hier vor allem Rechtskundler mit türkischen Wurzeln. Die Erwartungen dieser verschiedenen Gruppen an ihren Beruf liegen weit auseinander: Einige wollen vor allem reich werden, andere ihr Auskommen haben. Einige wollen politischen Gesinnungsgenossen helfen, andere ihren Landsleuten. Und dann gibt es da noch eine starke, vermutlich die stärkste Gruppe, die Geld verdienen und dem Recht dienen will.

Die Auflösung des Berufsbildes wurde durch die Liberalsierung des Berufsrechts, die Deregulierung auf Druck der EU und die Kommerzialisierung im Kielwasser des marktliberalen Zeitgeistes verstärkt und beschleunigt. Quaas erkennt „als Preis der Liberalisierung" ein „diffus gewordenes Anwaltsbild". Und Hassemer entdeckt, dass die „Freiheit von Knechtschaft" auch eine Kehrseite hat: „den Verlust von Konturen der anwaltlichen Profession".[807]

Destruktiv auf das Berufsbild wirkte sich auch die Differenzierung und Spezialisierung innerhalb der Anwaltschaft aus. Hommerich und Kilian gehen davon aus, dass mit „zunehmendem Differenzierungsgrad auch die jeweiligen Interessenlagen der einzelnen Anwälte und ihrer Kanzleien auseinanderdriften".[808] Interessenunterschiede ergeben sich dabei nicht nur aus wirtschaftlich unterschiedlichen Lagen, sondern auch aus fachlichen Motiven. Mit zwanzig Fachanwaltschaften und weiteren Spezialsierungen wurden Abgrenzungstendenzen vertieft. Auf den einzelnen Rechtsmärkten wird schwerpunktmäßig nicht mehr über das allgemeine Berufsverständnis diskutiert, sondern über die wissenschaftlichen und anwendungspraktischen Fragen der jeweiligen Rechtsgebiete. Hartz IV-Anwälte haben weder wirtschaftlich noch fachspezifisch Berührungspunkte mit Partnern einer Großkanzlei. Asylanwälte und Insolvenzverwalter, Syndikusanwälte und Strafverteidiger, Arbeitsrechtlicher und Inkassoanwälte leben in getrennten Arbeitswelten. Für Wirtschaftskanzleien steht die außergerichtliche Beratung im Vordergrund, für Strafrechtler, Verwaltungsrechtler und Sozialrechtler spielt die Kontrolle staatlicher Macht im Gerichtssaal noch eine Schlüsselrolle. Auf den Punkt Kardinal Lehmann: „Durch die wachsende Spezialisierung" wird die „Verpflichtung auf ‚Grundwerte' der Berufsethik immer schwieriger".[809]

Am gravierendsten für die Auflösung des Berufsbildes ist jedoch, dass der Begriff ‚Organ der Rechtspflege' seine Leitbildfunktion in weiten Teilen der Berufsgruppe verloren hat. Mit ihm können viele Anwälte kaum noch „etwas anfangen": eine „inhaltlose Worthülse".[810] Es ist Mode geworden, ihn in der Mottenkiste der Geschichte unter den Stichworten „nichtssagend", „ewig gestrig" oder „Leerformel standesideologischen Inhalts" abzulegen".[811] Dabei ist völlig unklar, wie stark die Gruppe jener Robenträger ist, die dem Begriff die Todesmesse bereits gelesen haben. Empirische Untersuchungen zu dieser Frage gibt es nicht. Aus den über 100 geführten Interviews ergibt sich jedoch, dass sich vermutlich noch eine Mehrheit hinter der Rollendefinition ‚Organ der Rechtspflege' versammeln kann. Ähnlich die Einschätzung der Schlichterin bei der Bundesrechtsanwaltskammer Renate Jaeger. „Bei vielen ist das Verantwortungsbewusstsein gegenüber dem Rechtsstaat noch da. Sie fühlen sich dem Großen und Ganzen verpflichtet". Für den Vizepräsidenten der Bundesrechtsanwaltskammer Ekkehart Schäfer ist ‚Organ der Rechtspflege' ein „Schlagwort, das wir hochhalten wollen. Recht ist keine Ware, Rechtsanwälte sind keine Rechtskaufleute". Der ehemalige Vorsitzende des Deutschen Anwaltsvereins Harmut Kilger sieht in dem Begriff eine Aufforderung, „Verantwortung für das Ergebnis" anwaltlichen Handelns „zu übernehmen", indem man „Mandate auch einmal ablehnt" oder „auf Mandanten im Sinne von Wahrheit und Gerechtigkeit einwirkt": „Wenn ich weiß, dass jemand Straftäter ist, dann kann ich ihn nicht verteidigen" oder wenn jemand „das Sozialamt hintergeht, weil er seine Mutter nicht unterhalten will, dann kann ich ihn nicht angemessen vertreten". Auch unter den Strafverteidigern finden sich etliche wie Klaus Hüser, Norbert John oder Detlev Kolloge, die der Organstellung des Anwaltes noch etwas Positives abgewinnen.

Ein relevanter Teil der Advokatur hat sich jedoch von dem Begriff verabschiedet. In der Welt der Großkanzleien, der mittelständischen Wirtschaftskanzleien und Boutiqen hat er fast jede Bedeutung verloren. Linklaters-Partner Jan Endler und Noerr-Partner Thorsten Reinhard verstehen sich als „Unternehmensberater". Für den Linklaters-Mann ist ‚Organ der Rechtspflege' kein Begriff mehr, „über den wir uns definieren". Im Bewusstsein des Berliner Rechtsvertreters Niko Härting stammt der Ausdruck „aus einer anderen Zeit". Er versteht sich als „Unternehmer". Ähnlich sein hauptstädtischer Kollege Benedikt Bräutigam: Er begreift sich als „kaufmännisch strukturierter Dienstleister": „Wir sind noch Freiberufler, aber auf dem Wege zum Gewerbe". Kaum noch Anhänger findet der Organbegriff unter den Strafverteidigern neuen Typs. Ein Berliner Strafverteidiger: „Ich bin nicht dazu da, das reibungslose Funktionieren der Strafrechtspflege zu garantieren". Aber auch Berufsanfänger wie Michael N. verbinden mit der Organrolle nichts mehr: „Ich will mich für eine Seite einsetzen, damit die Recht bekommt". Noch drastischer drückt es der Hamburger Generalist Matthias Öhler aus: „Ich bin Dienstleister auf dem Sektor Recht – wie Würstchen oder Schuhe verkaufen".

Dass die Funktion ‚Organ der Rechtspflege' aus dem Bewusstsein eines relevanten Teils der Anwaltschaft verschwunden ist, ist ein schmerzhafter Verlust für unsere Rechtskultur. Er speist sich aus mehreren Quellen. Der Begriff signalisiert eine Staatsnähe, die anwaltliche Unabhängigkeit gefährdet; das Rollenverständnis als einseitiger Interessenvertreter; das wachsende Bewusstsein, Unternehmer in einem Dienstleistungsberuf zu sein; und eine Kommerzialisierung der Anwaltschaft, die die Grenzen zum Gewerbe verwischt.

In relevanten Teilen der Advokatur ist das Berufsverständnis als Organ der Rechtspflege durch das Berufsverständnis als ***einseitige*** Interessenvertreter ersetzt worden. Und das im doppelten Sinne: als Wahrnehmen eigener wirtschaftlicher Interessen und als einseitiges Wahrnehmen der Interessen ihrer Mandanten. In schnöder Offenheit der Gleiss Lutz-Anwalt Jobst-Hubertus Bauer: „Ich bin einseitiger Interessenvertreter – es ist nicht mein Job, für Gerechtigkeit zu sorgen".[812]

Wie könnte ein modernes und realitätsgerechtes Berufsbild aussehen? Der Hamburger Oberstaatsanwalt Wilhelm Möllers weist die Richtung in zwei Sätzen: „Der Anwalt muss in erster Linie Kaufmann sein, denn er muss davon leben. Dann kommt das Mandat und dann seine Stellung als Organ der Rechtspflege".

Jeder Entwurf eines neuen Berufsbildes hat davon auszugehen, dass der Anwalt nach der Bundesrechtsanwaltsordnung „unabhängiges Organ der Rechtspflege" ist, dessen Tätigkeit nach der Berufsordnung der „Verwirklichung des Rechtsstaates" dient. Das ist bis auf weiteres der verbindliche rechtliche Rahmen für die Anwaltschaft. Sie sollte froh sein, dass der Anwalt nach dem Gesetz mehr ist als ein bezahlter Vertreter fremder Interessen. Denn die Organschaft ist das „kostbare Alleinstellungsmerkmal" (Winfried Hassemer) der Anwaltschaft als freier Beruf. Es garantiert einige Sonderrechte wie Verschwiegenheit und Unabhängigkeit und markiert die letzte Abgrenzungslinie zum Gewerbe.

Zum Anwaltsbild gehört sicher das Wahrnehmen von Mandanteninteressen oder, wie die Berufsordnung formuliert, die „Teilhabe des Bürgers am Recht" zu gewährleisten. Mit der Doppelrolle als Interessevertreter und Organ der Rechtspflege lassen es die meisten Berufsbilddefinitionen bewenden, zum Beispiel das Thesen-Papier des Präsidiums der Bundesrechtsanwaltskammer. Damit klammert es Geschäftsmodelle aus, die sich allein an wirtschaftlichen Kriterien wie Umsatz und Gewinn orientieren: Großkanzleien, Boutiquen und die Mehrzahl mittlerer Wirtschaftskanzleien. Jedes Berufsbild, das diese Geschäftsmodelle ausspart, ist anachronistisch. Der Anwalt als Unternehmer muss die dritte Säule eines modernen Berufsbildes sein. Claudia Schieblon: „Anwälte sind heute Unternehmer. Sie arbeiten heute als juristische Dienstleister für ihre Mandanten und führen einen Betrieb, der sich nach den Bedingungen am Markt ausrichtet, Spezialisierungen herausstellt, aktives Marketing betreibt und nach innen professionell gemanagt wird".[813] Je größer eine Kanzlei ist, desto stärker wird sie nach den Maßstäben eines Wirtschaftsunternehmens geführt. Die Einsicht in die Notwendigkeit, unternehmerisch zu denken und zu handeln, ist in der Advokatur inzwischen „präsent".[814] Nach einer Umfrage des Nürnberger Instituts für Freie Berufe spielt „unternehmerisches Denken im Vergleich zu … juristischen Kenntnissen und Fähigkeiten" bei 37 Prozent eine „wesentliche" bzw. eine „etwas größere Rolle" als früher. In die Zukunft projiziert erwarten dies sogar 79 Prozent der Anwälte.[815] Über drei Viertel alle Rechtsvertreter meinen also, dass ihre unternehmerischen Fähigkeiten künftig wichtiger sein werden als ihre rechtlichen Kenntnisse und Fertigkeiten.

Jedes moderne Berufsbild hat sich daher an drei Eckpfeilern zu orientieren: ***Organ der Rechtspflege, Interessenvertreter und Unternehmer.***[816] Damit sind mehrere Dinge klargestellt. Der Anwalt bleibt dem Rechtsstaatsprinzip, den Grundwerten der Wahrheit und Gerechtigkeit und der Funktionsfähigkeit der Rechtspflege verpflichtet. Er darf als Unternehmer eines Dienstleistungsberufes Gewinn machen. Ja, er darf dieses Unternehmensziel sogar in den Vordergrund rücken, solange er dies nicht auf Kosten der Rechtspflege und der Staatskasse tut. Es gibt keinen Grund, warum Großkanzleien bei der außergerichtlichen Rechtsberatung nicht mehrere hundert Millionen Umsatz pro anno machen dürfen. Anderseits stößt die Gewinnerzielungsabsicht im forensischen Bereich auf Grenzen. Zum Beispiel, wenn Rechtsvertreter aus wirtschaftlichen Gründen aussichtslose Klagen erheben, Streitwerte hochtreiben, um höhere Gebühren zu generieren oder eine Beweisaufnahme im Strafprozess verlängern, um zusätzliche Verhandlungstage abzurechnen. Aus diesen Schranken ist allerdings nicht zu schließen ist, dass die „Interessen des Mandanten“ oder der „Rechtspflege“ im Zweifel“ Vorrang vor den „wirtschaftlichen Interessen“ des Anwalts haben, wie die Thesen des BRAK-Papieres vorschlagen. Zwischen den Eckpunkten des neuen Berufsbildes - Organ der Rechtspflege, Interessenvertreter, Unternehmer - gibt es kein Rangverhältnis. Sie stehen gleichberechtigt nebeneinander. Der Teilmarkt der Großkanzleien darf allein von Umsatz und Rendite bestimmt werden. Im Gegensatz dazu stehen Teilmärkte, die von der Gebührenordnung dominiert werden. Auf ihnen wird die Jagd nach Profiten durch staatliche Regeln und die Interessen der anderen Partei bzw. die ihres Anwaltes begrenzt.

Gegen das ethische Vakuum: Kodex statt Kasuistik

Auf die Frage, wie es um die anwaltliche Berufsethik bestellt sei, schießt eine Salve von Sätzen aus Jörn Diercks Mund: „Berufsethik ist kaum noch vorhanden. Das ist eine Katastrophe. Es wird viel mehr gelogen. Früher logen nur die Mandanten, heute lügen auch die Anwälte. Zum Beispiel, wenn sie abstreiten, Schreiben oder Zahlungen erhalten zu haben. Ein großes Ärgernis“. Und nachdem sich der Göttinger Anwalt einmal in Rage geredet hatte, folgt Vorwurf auf Vorwurf: „Das Wort Kollege gibt es nicht mehr. Früher wollten Leute Anwalt werden, heute wollen die Anwälte reich werden“. Ins selbe Horn stößt Hans-Jörg Milinski, stellvertretender Leiter des Jobcenters Oberspreewald-Lausitz und leidgeprüftes Opfer eines Hartz IV-Massenklägers: „Gibt es denn noch eine anwaltliche Berufsethik? Mittlerweile kann man doch alles machen“. Eine Berliner Kanzleichefin stellt sich manchmal die Frage: „Tanze ich mit dem Teufel oder nicht? Mit weniger Skrupel könnte ich das Fünffache verdienen. Ich bin von unseriösen Kollegen umzingelt“. Das sind sicher zugespitzte Einzelmeinungen, aber trotzdem symptomatisch.

Verstöße gegen Berufsrecht und -ethik durch die Schwarze-Schafe-Theorie zu erklären, um den Vorwürfen die Stoßkraft zu nehmen, ist bei Abo-Fallen-Anwälten legitim.[817] Bei allen anderen Geschäftsmodellen des neuen Marktes, die auf rechtlichen wie ethischen Rechtsmissbrauch aufbauen, taugt dieses Erklärungsmuster nicht.[818] Insbesondere nicht für Anleger- und Hartz IV-Anwälte.[819]

Zu gravierenden Missständen und Fehlentwicklungen ist es auch im alten Markt gekommen, vor allem bei Strafverteidigern.[820] Auch bei ihnen verfängt das Erklärungsmuster der Schwarze-Schafe-Theorie nicht. Kintzi: Beim „Missbrauch prozessualer Rechte" handelt es sich leider nicht nur um „exzeptionelle Einzelfälle" und wenige ‚schwarze Schafe',wie sie jeder Berufsstand aufweist.[821] ***In keinem Bereich gibt es jedoch Indizien dafür, dass eine Mehrheit der Advokaten Berufsrecht oder Berufsethik verletzt.*** Es finden sich aber genug Anhaltspunkte dafür, dass dies in relevanten Gruppen passiert, dass es Herden von schwarzen, grauen und gescheckten Schafen gibt.

Recht und Ethik sind keine getrennten Kategorien, sondern überlappen sich teilweise. Berufsethik ergänzt das Berufsrecht. Sie kann sich unter bestimmten Voraussetzungen durch Rechtsprechung oder Gesetzgebung in Recht verwandeln.

In folgenden Problemzonen hat die Steuerungskraft von Berufsrecht erheblich nachgelassen:

- **Das Verhältnis der Anwaltschaft zur Wahrheitspflicht ist gelockert und wird massenhaft verletzt,**
- **Beim Telefonieren in der Öffentlichkeit, beim Plaudern unter Anwaltskollegen und im privaten Bereich wird häufig gegen die Verschwiegenheitspflicht verstoßen,**
- **Die Unabhängigkeit der Advokatur ist aufgrund des harten Wettbewerbs, der Geldgier und der Geldnot vieler Anwälte eingeschränkt. Besonders gefährdet sind Großkanzleien, Strafverteidiger, Berufsanfänger und Anwälte, die weniger als 1 500 Euro monatlich verdienen,**
- **Die Pflicht von Anwälten, ihren Beruf „gewissenhaft" auszuüben, wird vielfach verletzt. Beschwerden über Untätigkeit und schleppende Mandatsbearbeitung, unbeantwortete Nachfragen und Nichterreichbarkeit führen regelmäßig die Beschwerdestatistiken an,**
- **Die Sprache in der Advokatur ist in beispielloser Weise verroht. Weder in der Wirtschaft noch in der Verwaltung kommt es zu vergleichbaren verbalen Verirrungen und Ausrutschern,**
- **Die gesetzlich verbotenen direkten Kontaktaufnahmen von Anwälten zu gegnerischen Parteien haben zugenommen – im Zuge abnehmender Fairness und Kollegialität im Konkurrenzkampf,**
- **Der unkorrekte, häufig strafbare Umgang mit Fremdgeld**

Eine Palette berufsethischer Missstände und Fehlentwicklungen:

- **Das Erheben aussichtloser Klagen und das Einlegen aussichtsloser Rechtsmittel, um Gebühren zu kassieren, insbesondere bei rechtsschutzversicherten Klienten,**
- **Das Einklagen von Bagatellbeträgen bei Rechtsschutzversicherten und Prozesskostenhilfeberechtigten,**

- **Das Aufblähen des Zeitaufwandes beim Abrechnen des Stundenhonorars durch unnötige Mehrarbeitet, überflüssigen Personaleinsatz und das Anlernen von Berufsanfängern,**
- **Das Heraufsetzen von Streitwerten, um höhere Gebühren zu erzielen,**
- **Die Wahl des Gerichtsortes, um der gegnerischen Partei die Verteidigung ihrer Rechte zu erschweren,**
- **Das Masseninkasso von Forderungen ohne Prüfung des Einzelfalls,**
- **Die Ausrichtung der Prozesstaktik an der Gebührenordnung oder den Vermögensverhältnissen der Rechtsuchenden.**

Diese Missstände und Fehlentwicklungen in der Advokatur haben fünf Hauptursachen:

- **Dem liberalisierten Berufsrecht fehlt die Balance zwischen Freiheit und Verantwortung,**
- **Dem Bewusstseinswandel vom Organ der Rechtspflege zum einseitigen Interessenvertreter,**
- **der scharfe Konkurrenzkampf durch das Überangebot an Rechtsrat auf dem Anwaltsmarkt,**
- **Geldnot im unteren Drittel und Geldgier im oberen Drittel der Einkommenspyramide,**
- **Kommerzialisierung des Berufsstandes in der Marktgesellschaft.**

Durch Liberalisierung und Deregulierung des Berufsrechts ist für Rechtsanwalt Niko Härting ein „ethisches Vakuum" entstanden. Auch der Anwaltsforscher Matthias Kilian diagnostiziert ein „Vakuum", weil er Deregulierung im Bereich der freien Berufe für einen problematischen Ansatz hält.[822] Trotzdem will die Anwaltschaft mehrheitlich keinen Millimeter Freiheitsgewinn preisgeben. Der Hamburger Kammerpräsident Otmar Kury, einer der Wortführer dieser Strömung, feiert die jetzige Rechtslage als „goldene Zeit des Berufsrechts", eine „minimalistische Lösung", die im „Kernbereich griffig" ist. Für Ekkehart Schäfer, Vizepräsident der Bundesrechtsanwaltskammer, darf dagegen „auf der Fahrt in die Berufsfreiheit die Verantwortung nicht vergessen werden". Nach Ansicht Hellwigs gehört das Axiom Karl Poppers, dass Freiheit ohne Verantwortung nicht denkbar ist, zum „anwaltlichen Berufsethos", dessen sich viele Anwälte aber nicht mehr bewusst sind.[823]

Wenn sich Anwälte nur als einseitige Interessenvertreter ihrer Klienten verstehen, besteht die Gefahr, dass ethische Hemmschwellen sinken, weil das Gemeinwohl aus dem Blick gerät. Ein Anwalt, der sich als ‚Organ der Rechtspflege' begreift, fühlt sich dagegen mitverantwortlich für rechtsstaatliche Werte wie Wahrheit und Gerechtigkeit oder die Funktionsfähigkeit der Justiz. In idealistisch zugespitzter Form der Präsident der Bundesrechtsanwaltskammer Filges: „Unser Beruf ist kein eigennütziger Beruf, er ist ein dienender Beruf, und damit Moral und Ethik verpflichtet".[824]

Es gibt eine Menge Indizien dafür, dass sich die schlechten Startchancen von Berufsanfängern, die im Vergleich zu der in den neunziger Jahren gesunkenen Kaufkraft in den unteren zwei Dritteln der Einkommenspyramide und die Probleme der über 50-jährigen, im Geschäft zu bleiben, zerstörerisch auf Berufsrecht und Berufsethik auswirken. Alle Abo-Fallen-Anwälte waren entweder arbeitslos oder hatten als Berufsanfänger Mühe, Mandanten zu finden. Das hohe Niveau von teils unkorrektem, teils strafbarem Umgang mit Fremdgeld hängt fast immer mit Schulden oder geringen Einkünften zusammen. Neue Geschäftsmodelle am Rande und außerhalb von rechtlichen und ethischen Grenzen wurden erfunden, weil der alte Markt nicht mehr genügend Chancen eröffnete: Hartz IV-Anwälte, Abmahnanwälte, Inkassoanwälte und Berufskläger im Aktienrecht. Nach Ansicht des Justitiars von Trusted Shops Carsten Föhlisch ist ein Teil „des Abmahnunwesens auf die hohe Zahl von Anwälten zurückzuführen, die nach leicht verdientem Geld suchen". In „notleidenden Anwälten" sieht auch Hildegard Reppelmund, Referentin für Wettbewerbsrecht beim Industrie- und Handelskammertag (DIHK), eine Wurzel von Massenabmahnungen.

Etwas Linderung für die angespannte wirtschaftliche Lage weiter Teile der Anwaltschaft hat das im August 2013 in Kraft getretene Kostenrechtmodernisierungsgesetz gebracht. Nach Berechnungen des Bundesjustizministeriums bringt es eine Anpassung der Gebühren von 19 Prozent. Real ist das nicht viel. Seit 2004, der letzten Erhöhung der Gebühren, ist die Kaufkraft um gut 13 Prozent gesunken, so dass die Erhöhung der Gebühren den Anwälten real nur sechs Prozent bringen wird. Das ist über eine Strecke von fast zehn Jahren nicht viel – keine signifikante Verbesserung der finanziellen Lage des Berufsstandes.

Im oberen Drittel der Einkommenspyramide stechen exzessiv hohe Stundensätze sowie überhöhte und zum Teil betrügerische Rechnungen hervor. Selbst Präsidiumsmitglieder von Kammern fallen durch unseriöse Geschäftspraktiken auf. Der Vizepräsident der Frankfurter Kammer Ekkehart Hild hat, rechtskräftig festgestellt, von zwei Mandanten über 125 000 Euro Honorar zu viel kassiert.[825] Vize ist er heute immer noch. Der Stralsunder Rechtsanwalt Hans-Jörg Schüler, lange Jahre im Präsidium der Schweriner Kammer, wurde sogar wegen Untreue zu neun Monaten mit Bewährung verurteilt, weil eine Strafkammer in einer aussichtslosen Klage ein strafbares Verhalten sah.[826] Ein Urteil, das der BGH allerdings aufgehoben hat. Anwälte, die als Berufskläger im eigenen Namen klagen, schaffen es mit der Gründung von sog. Prozessfirmen, die Gebühren zu vervierfachen, obwohl sie nur einen Schriftsatz verfassen.[827]

Die negativen Folgen dieser strukturellen und bewusstseinsmäßigen Veränderungen werden potenziert durch das Überangebot von Advokaten auf dem Anwaltsmarkt. Hier funktioniert das Gesetz von Angebot und Nachfrage nur noch bedingt.

Markt und Marktdenken, ursprünglich nur Organisationsprinzipen für die Produktion und Verteilung von Gütern, haben inzwischen alle Lebensbereiche durchdrungen.[828] Die „Marktwirtschaft" hat sich, wie Michael J. Sandel analysiert, in eine „Marktgesellschaft" verwandelt und dabei auch Bereiche erfasst, die zunächst jenseits von Konsum und Mehrwert lagen. Dazu gehört auch das

Recht. Durch die fast schrankenlose Werbefreiheit und Möglichkeit, rechtliche Beratung zu versteigern, wurde Rechtsrat auch in Deutschland zur Ware. Auf die abschüssige Bahn geriet dieser Prozess, seitdem Selbstregulierungskräfte des Marktes bei der Anwaltschaft versagen. Trotz uneinheitlicher Entwicklung auf der Nachfrageseite – teils steigend, teils stagnierend, teils sinkend – stieg das Angebot an Rechtsrat kontinuierlich, wie die Zulassungszahlen zur Anwaltschaft ausweisen. Dadurch wurden zwei Marktgesellschaften immanente, destruktive Tendenzen verschärft: Zum einen die Aushöhlung moralischer Grenzen der Märkte und die Verkümmerung von Gemeinwohl-Aspekten wie Altruismus, Gemeinsinn und Solidarität.[829] Zum anderen die Potenzierung von „Kommerzialisierungseffekten", wie es in der Wirtschaftswissenschaft heißt.[830]

Ökonomen gehen davon aus, dass „Marktanreize und Marktmethoden die Einstellungen der Menschen verändern und andere Werte verdrängen" können.[831] Sozialpsychologen haben diesen Erklärungsansatz vertieft und herausgefunden, dass Menschen mit extrinsischer Motivation (Geld oder andere materielle Belohnung) gegenüber kommerziellen Anreizen anfälliger sind als Menschen mit intrinsischer Motivation. Bei ihnen wirkt der „zersetzende Effekt des Geldes" (Michael J. Sandel) schneller und nachhaltiger.

Nach empirischen Untersuchungen ist mehr als die Hälfte der Anwälte bei der Berufswahl extrinsisch motiviert. Rund zwei Drittel hatten wegen schlechter Examensnoten keine Alternative bei der Berufsentscheidung. Trotz dieser Not können sie die Robe aus innerer Überzeugung übergestreift haben. 41 Prozent gaben als Motiv an, Menschen helfen zu wollen und 39 Prozent waren vom dem Anwaltsberuf fasziniert.[832] Bei einer knappen Majorität dominieren indes extrinsische Motive: Unabhängigkeit (41 Prozent), Angebot einer Kanzlei (27 Prozent), Verdienstchancen (24 Prozent), keine Stelle in der Justiz (20 Prozent) oder der Wirtschaft gefunden (7 Prozent). Bei den Männern hat ein Drittel den Anwaltsberuf gewählt, um Geld zu verdienen. Hinzu kommt: Bei Juristen mit schlechten Noten ist die Motivation, Anwalt zu werden, am geringsten.[833] Das heißt, dass bei gut der Hälfte der Berufsgruppe wegen extrinsischer Motivation eine besondere Gefahr besteht, dass sich die Kommerzialisierung des Berufes in der Marktgesellschaft negativ auf das Berufsethos auswirkt.

Die Thesen des amerikanischen Philosophen Sandel glauben die deutschen Neuro-Ökonomen Armin Falk und Nora Szech 2012 mit einem Experiment bestätigt zu haben. Vor die Alternative gestellt, selbst Geld zu verdienen oder einer Labormaus das Leben zu schenken, waren 45 Prozent der Probanden bei einer individuellen Entscheidung bereit, für zehn Euro eine Maus zu töten, als Marktteilnehmer bei Verhandlungen waren es deutlich mehr: 75 Prozent.[834] Für Armin Falk spricht dieser Befund dafür, dass „Märkte zu einer Erosion von moralischen Werten führen".

Diese Erkenntnisse wurden auf funktionierenden Märkten mit einem gesunden Verhältnis von Angebot und Nachfrage gewonnen. Die zerstörerischen Wirkungen des Marktes auf die Moral müssen sich vervielfältigen, wenn ein Markt wie der Anwaltsmarkt wegen des Überangebots nicht mehr oder zumindest nicht gut funktioniert. Hier muss härter gekämpft werden, weil der

Wettbewerb schärfer ist – zum Beispiel durch niedrigere Preise oder moralische Grenzverletzungen. Für die „Diffusion der Verantwortung" (Falk) und die moralische Entlastung von Markteilnehmern spielt dabei eine Rolle, dass sich immer ein anderer Mitbewerber – in diesem Fall ein anderer Anwalt – findet, der einen Auftrag übernehmen würde, wenn ein Marktteilnehmer ihn wegen moralischer Skrupel ablehnt. Diese Erklärungsmuster finden wir häufig bei Strafverteidigern, die Gefangenenpost schmuggeln oder bei Hartz IV-Anwälten, die Bagatellbeträge einklagen. Wenn sie überlegen, ob sie ein Mandat aus rechtlichen oder moralischen Gründen ablehnen sollen, haben sie im Hinterkopf, dass der nächste Kollege schon darauf wartet, in die Bresche zu springen. „Wenn einem das Wasser bis zum Halse steht, wächst die Gefahr, nicht mehr integer zu sein", weiß Alexander Ignor: „Man muss vom Mandanten wirtschaftlich unabhängig sein, um den Ansinnen der Mandanten widerstehen zu können".

Es gibt in weiten Teilen der Advokatur das dumpfe Gefühl, dass es um das Berufsethos nicht gut bestellt ist. Die dadurch ausgelöste Diskussion über einen neuen Ethik-Kodex steckt trotzdem in einer Sackgasse – mit einem absurden Ergebnis. Statt aus ihr, wie beabsichtigt, ein neues Berufsbild wachsen zu lassen, hat sie den Dissens in der Anwaltschaft vertieft. Damit ist, so Hommerich, die Gefahr „weiterer Segmentierung und im Ergebnis ein Zerfall der Profession eine langfristig absehbare Folge".[835]

Es gibt zahlreiche, überwiegend hilflose Versuche, Instrumente und Quellen zur Stabilisierung der Anwaltsmoral zu verorten: in einer besseren „Ausbildung", im „Format und Charakter" (Reinhard Singer), in den drei anwaltlichen Grundwerten Unabhängigkeit, Verschwiegenheit und der Freiheit von Interessenkollision (Hellwig).[836] Oder im vom Bundesverfassungsgericht wiederholt formulierten Tugendkatalog: Anwälte müssen sich durch „Integrität", „Zuverlässigkeit", „Kompetenz", „Professionalität" oder „Gradlinigkeit" auszeichnen.[837] Dies sind Tugenden oder Charaktereigenschaften, die von einem Bankkaufmann, Journalisten, Wirtschaftsingenieur oder Beamten idealerweise auch zu erwarten sind. Sie sind aber nicht anwaltstypisch und daher untauglich, die anwaltliche Berufsethik zu festigen. Die von Hellwig ins Zentrum gerückten drei Grundwerde erfassen nur einen schmalen Ausschnitt aus dem anwaltlichen Wertehorizont. Alle diese Versuche haben überdies nur ein Ziel: Ersatz für die mehrheitlich verteufelten Ethik-Richtlinien anzubieten. Sie haben nur zwei Nachteile: Sie sind individualistisch und gehen nicht auf die besondere Stellung der Advokatur in unserem Rechtsstaat ein.

Ein gewisses Gewicht im berufspolitischen Diskurs hat allein das Modell des permanenten ethischen Diskurses des Deutschen Anwaltvereins. Sie soll nach Michael Streck, Vorsitzender des DAV-Ausschusses „anwaltliche Berufsethik", das „Problembewusstsein" mehr „prägen" und „schärfen" als ein „Kodex".[838] Zu diesem Zweck hat der Deutsche Anwaltverein im Januar 2012 im Anwaltsblatt eine Rubrik unter dem Titel „Was würden Sie tun?" eingeführt. Hier soll in jeder Ausgabe ein Fall vorgestellt werden, der eine Diskussion „über ethische Fragen auslösen könnte". Warum der DAV die Diskussion auf diesem Wege fortführen will, verrät ein Positionspapier des DAV-Ausschusses für den Anwaltstag

2013 – im negativen wie positiven Sinne. Zunächst stellt es in erfreulicher Klarheit fest, dass neben dem Berufsrecht eine „Berufsethik existiert", die auch die „Auslegung" des Rechtes bestimmt. Entlarvend dann aber, dass die Fortsetzung der Debatte auch extrinsisch motiviert ist, nämlich zur Befriedigung der Öffentlichkeit: „Wenn der Präsident des DAV gefragt wird, ob sich der DAV mit der anwaltlichen Berufsethik befasst, muss er Ja sagen können; ein Nein wäre unverständlich". Die Rubrik im Hausblatt ist also auch ein Alibi – um gegenüber der Öffentlichkeit den Schein zu wahren, dass die ethische Sauberkeit für die Anwaltschaft ein ernsthaftes Anliegen ist.

Schlimmer aber noch ist, dass der DAV-Ausschuss „Berufsethik" gar nicht verstanden hat, was Ethik und damit auch Berufsethik philosophisch zu leisten haben. Ethik hat immer einen universalen Geltungsanspruch – für alle Bürger oder alle Angehörigen einer Berufsgruppe. „Es ist geradezu die Funktion des Gesetzes, im ***Recht*** wie in der ***Moral***, für Einstimmigkeit unter vorliegenden Fällen zu sorgen ... Die Ethik ... gibt Gesetze ... für die Maximen von Handlungen", heißt es bei Immanuel Kant.[839] Die Leistung der Kantschen Ethik, so die Hamburger Philosophin Birgit Recki," besteht darin, ***„allgemein gültige Regeln zu begründen".*** Nach ihrer Auffassung betreiben die Ethik-Experten des DAV lediglich „ethische Kasuistik", ohne verstanden zu haben, dass eine solche ethische Regeln voraussetzt. Wie bei der Rechtsanwendung kann man auch in der Ethik Einzelfälle nur beurteilen, wenn es allgemeine ethische Vorschriften gibt, nach denen man sie beurteilt. Reckis Vorwurf an die Berufsorganisation: Sie versucht „Ethik durch Kasuistik" zu ersetzen. Die permanente Ethik-Diskussion ist in ihren Augen nur eine „apologetische Veranstaltung", um einen allgemein gültigen Verhaltenskodex unterhalb der Schwelle des Rechts zu vermeiden. Die Einzelfall-Debatte führt also nicht weiter. Was ist also dann zu tun?

Notwendig ist zunächst eine ehrliche und tabufreie Bestandsaufnahme der Missstände und Fehlentwicklungen und eine öffentliche Diskussion darüber. Solange Kammern und Deutscher Anwaltverein Ausmaß und Brisanz durch die Schwarze-Schafe- und Kein-Beleg-Theorie relativieren, wird es keinen Fortschritt geben. Nur wenige legen bisher die Finger in diese Wunde. Für den DAV-Berufsrechtsexperten Niko Härting ist bisher eine „unehrliche Diskussion" geführt worden: „Wir müssen über Missstände reden. Wir beobachten Dinge bei Kollegen, die wir nicht gut finden". Der ehemalige DAV-Präsident Hartmut Kilger: „Missbrauch muss klar benannt werden".

Dann ist daran zu denken, die Bundesrechtsanwaltsordnung durch eine Vorschrift zu ergänzen, Missbrauch formeller Rechtspositionen verbietet. Ihr Nachteil wäre, dass sie selbst missbrauchsanfällig wäre.

Letztlich wird die Anwaltschaft nicht darum herumkommen, das ethische Fundament des Berufsstandes neu zu sichern, wenn sie den „Zusammenhalt der gesamten Profession auch in Zukunft wahren will" (Hommerich).[840] „Die Anwaltschaft benötigt einen Grundkonsens, der die verschiedenen Gruppen innerhalb der Anwaltschaft miteinander verbindet", erkennt der Präsident der Bundesrechtsanwaltskammer Axel Filges zutreffend.[841] Mit der ethischen Erörterung von manchmal abstrusen Einzelfällen gelingt das sicher nicht. Das entkernte Berufsrecht schafft es außerdem nicht mehr, die besondere Zuverlässigkeit und das Vertrauen in die Advokatur zu sichern. Diese Sorge treibt auch Matthias Kilian um. Er plädiert dafür, ‚soft law' in Form von ethischen Richtlinien, ‚Leitbildern' oder einer Charta von „best practice-Regeln" zu entwerfen, um dem Laien in einer Welt der Expertensysteme … das notwendige Gerüst" zu geben , „um trotz Wissensasymmetrie Vertrauen entwickeln zu können".[842] Er möchte durch ein Regelwerk, dessen Einhaltung freiwillig ist, das Vertrauen in das „Expertensystem Rechtsanwalt" verteidigen. Zu diesem Zweck sollte die Diskussion über einen Ethik-Kodex nach seiner Meinung neu belebt werden.[843] Angesichts des universellen Anspruchs von Berufsethik ist die Formulierung eines neuen Grundkonsenses alternativlos. Stürner***: „Berufsethik geht unter, wenn sie nicht gelebt wird; sie kann sich aber auch nicht behaupten, wenn sie nicht mehr formuliert und formulierbar ist".***[844]

Es ist in hohem Maße irritierend, wenn sich Unternehmen und Banken freiwillig „professional governance-Regeln" unterwerfen, die Anwaltschaft aber nicht. Warum kann sich die Deutsche Bank mit ihren 100 000 Mitarbeitern einem Werte-Kodex unter dem Titel „Unserer Werte und Überzeugungen" geben, die Advokatur aber nicht? Warum können sich die Steuerberater ein Leitbild geben, die Rechtsberater nicht? Welche Gründe könnten eine solche Außenseiterposition rechtfertigen? Hat die Advokatur nicht bemerkt, dass die Hochzeit der Liberalisierung und Deregulierung vorüber ist, und der Gemeinwohl-Gedanke eine Renaissance feiert?[845]

Hinzu kommt, dass der Widerstand der Funktionärsriege im DAV und bei der Mehrheit der regionalen Rechtsanwaltskammern im Widerspruch zur anwaltlichen Basis steht. Nach dem Berufsrechtsbarometer 2011 des Soldan-Institutes befürworten 77 Prozent der Anwälte berufsethische Regeln.[846] An der Basis gibt es offenbar ein ausgeprägtes Bedürfnis nach ethischer Orientierung, das in den oberen Etagen der Funktionärshierarchie nicht wahrgenommen oder ignoriert wird.

Das Diskussionspapier des Präsidiums der Bundesrechtsanwaltskammer ist eine gute Ausgangsbasis für einen Neustart der Ethik-Diskussion. Wenn es dafür keine Mehrheit geben sollte, bietet sich als Kompromiss ein vom Berliner Berufsrechtsexperten Reinhard Singer vorgeschlagenes Modell an: Rechtsanwälte können sich dem Ehrenkodex des Diskussionspapiers oder noch zu schreibenden Leitlinien freiwillig unterwerfen. Das wäre ein gutes Werbemittel, das zugleich der Sauberkeit in der Anwaltschaft dient. Zu diesem Zweck soll nach Singers Vorstellungen jeder, der den Kodex unterschrieben hat und trotzdem gegen ihn verstößt, wegen irreführender Werbung in Anspruch genommen werden können. Das wäre nur die zweitbeste Lösung, aber besser als keine.

Offiziell bemühen sich Bundesrechtsanwaltskammer und Deutscher Anwaltverein in einem gemeinsamen Ausschuss weiter um die Berufsethik. Mit welchem Ziel bleibt unklar. ***Der Anwaltschaft fehlen bisher Wille und Kraft zu einer ethischen Standortbestimmung.*** Das wird ihrem Ansehen mittel- und langfristig weiter schaden.

Qualitätsmängel bei der Rechtsberatung: Gefahr für Bürger, Anwaltschaft und Rechtspflege

„Anwälte, die nicht in einer Sozietät Erfahrungen gesammelt haben, sind normalerweise nicht für den Beruf ausgebildet". Die Tragweite dieser Feststellung von Hans-Jürgen Rabe, Vorsitzender des DAV-Ausschusses „Aus- und Fortbildung", sollte jeder Rechtsuchende verinnerlichen. Beauftragt er einen Berufsanfänger, der sich als Einzelanwalt in Rostock oder Gelsenkirchen niedergelassen hat, verfügt der nach Rabes Einschätzung in der Regel nicht über die notwendige Qualität, um sachgerecht zu beraten. Vorsicht Rechtsanwalt!

Diese Mängel der Juristenausbildung für den Anwaltsberuf kritisiert der Deutsche Anwaltverein seit 30 Jahren, am deutlichsten 2004 in einem Reformvorschlag, der eine besonderen Ausbildung zum Anwaltsberuf nach dem ersten Staatsexamen fordert (Spartenmodell).[847] In ihm stehen Sätze, die das rechtsuchende Publikum in hohem Maße beunruhigen müssen: „Das Einströmen von jährlich mehreren tausend zunächst noch nicht qualifizierten Berufsanfängern in die Anwaltschaft macht die Qualitätserwartung des Publikums unkalkulierbar und unterminiert den Ruf des gesamten Anwaltsstandes". Oder: Durch die „große Zahl unqualifizierter Berufsanfänger" könne die Anwaltschaft „die ihr im Rechtsstaat zugedachte Rolle bei der Vermittlung von Recht gegenüber dem Bürger nicht mehr wahrnehmen". Außerdem räumt der Vorschlag ein, dass die Rechtsgemeinschaft von diesen Qualitätsmängeln nicht viel mit bekommt: „Diesen Defiziten ist das rechtsuchende Publikum im allgemeinen hilflos ausgesetzt, weil es in unserer komplizierten Rechtsordnung die Qualität der anwaltlichen Leistung meist nicht selbst beurteilen kann".

Da seit 2004 nur an Stellschrauben der Juristenausbildung gedreht wurde, und der Zustrom in den Anwaltsberuf anhält – wenn auch in den letzten Jahren im geringerem Umfang –, ist diese massive Kritik des DAV nach wie vor aktuell.

Mit den Berufsanfängern thematisiert der Entwurf jedoch nur eine Randzone im Qualitätsspektrum anwaltlicher Rechtsberatung. Eine zweite Randzone sind die Kanzleien der über 50-jährigen Einzelanwälte. Der Kern des Qualitätsproblems wurzelt jedoch in der Mitte des Berufsstandes. Er zieht sehr gute und gute Juristen an, ist aber für schlechte Juristen der letzte Ausweg. Wenn der ehemalige DAV-Präsident Hartmut Kilger schätzt, dass bei rund einem Drittel aller Advokaten das Risiko besteht, qualitativ schlecht beraten zu werden, muss die Rechtsgemeinschaft alarmiert sein.[848] Die größten Gefahren bestehen nach Erkenntnissen von Berufshaftpflichtversicherungen bei Einzelanwälten, die als Generalisten tätig sind, und Anwälten, die aus wirtschaftlicher Not in fremden Rechtsgebieten wildern. In diesen Zonen ist ein Schlechtberatungspotential gewachsen, das die Funktionsfähigkeit der Advokatur in unserem Rechtsstaat infrage stellt.

An diesem Befund ändert auch die Einführung von nunmehr zwanzig Fachanwaltschaften nichts. Sie haben – das gilt es zu betonen – die Qualität der Rechtsberatung auf breiter Front verbessert, allerdings nicht auf ein Niveau gehoben, das der Titel nahelegt. Der Begriff Fachanwalt suggeriert, dass sein Kompetenzniveau mit dem von Fachärzten vergleichbar ist. Das ist eine Irreführung des Publikums. Die Fachanwaltstitel werden in einem Verfahren verliehen, die keine Qualitätsprüfung ist und folglich auch keine hohen Qualitätsstandards sichern kann.

Die Verantwortung für die Qualitätsmängel in der Anwaltschaft liegt ausschließlich bei der Politik. Seit Jahrzehnten verteidigt sie beharrlich die Ausbildung zum Einheitsjuristen mit dem Ziel, sich zum Richteramt zu qualifizieren. Matthias Kilian hat die Modelle der Juristenausbildung in Europa untersucht und ist dabei zu dem Schluss gekommen, dass Deutschland bei der Anwaltsausbildung einen „Sonderweg" eingeschlagen hat: durch einen unbeschränkten Zugang zum Studium und einen unbeschränkten Zugang zur post-universitären Weiterbildung ohne Spezialisierungsoption.[849]

Fast überall im europäischen Ausland kann nur ein geringer Teil der interessierten Abiturienten ein rechtswissenschaftliches Studium aufnehmen. Dadurch, dass teilweise nur fünf bis zwanzig Prozent der Bewerber einen Studienplatz erhalten, findet zwangsläufig eine Bestenauslese statt, eine Auswahl der Intelligentesten und Interessiertesten. Die deutsche Politik hat das genaue Gegenteil getan. Durch anfänglichen Verzicht und später einen niedrigen Numerus Clausus hat sie die Türen zum Jurastudium weit geöffnet. Über diese bildungspolitische Weichenstellung zu Lasten der Juristen empört sich der ehemalige Präsident des Deutschen Anwaltvereins Michael Streck noch heute: „Es war der politische Wille, die Abiturienten, die anderswo nicht unterkamen, aber Akademiker werden wollten, Jurist oder Lehrer werden zu lassen. Sorgsam pflegte man dieses Ziel. Kein wirkungsvoller Numerus Clausus, keine ‚aussiebende' Zwischenprüfung, kein letztlich durchgreifendes Hindernis auf dem Weg zum Examen".[850]

Stärker als jedes andere europäische Land verzichtet das deutsche Ausbildungssystem zudem auf Zugangshürden zum Anwaltsberuf. Matthias Kilian: „Das deutsche Konzept einer post-universitären Einheitsausbildung ist europaweit singulär".[851] Anders als in Deutschland ist der Einstieg in den Anwaltsberuf nach der juristischen Grundausbildung in anderen Ländern nicht die Regel, sondern die Ausnahme. In vielen Ländern ist vor der Aufnahme einer berufsspezifischen Ausbildung eine Eingangsprüfung und während der Schulung eine Zwischenprüfung zu bestehen. Das gilt insbesondere für Spartenausbildungen, die Juristen für das Richteramt, die Verwaltung oder eben für die Anwaltschaft weiter qualifizieren sollen. In welchem Umfange dies geschieht, hängt unter anderem von der Ausbildungsbereitschaft der jeweiligen Berufszweige ab.

In fast allen europäischen Ländern dauert die anwaltsspezifische Ausbildung zwei bis drei Jahre, in Deutschland formell neun bis zehn Monate. Die tatsächliche Ausbildungszeit ist jedoch meist kürzer, weil viele Referendare die Anwaltsstation ganz oder teilweise zur Vorbereitung auf das zweite juristische Staatsexamen nutzen (im Jargon „Tauchstation").Diese halbherzige Vorbereitung auf den Anwaltsberuf hat zur Folge, dass Deutschland das einzige Land in Europa ist, in dem Anwälte eine Robe überstreifen können, ohne Kenntnisse im Berufsrecht nachweisen zu müssen.[852]

Da eine Qualitätskontrolle anwaltlicher Arbeit durch Gerichte kaum und durch Kammern gar nicht stattfindet, ist die anwaltliche Kompetenz nur durch eine Reform der Anwaltsausbildung zu sichern und zu verbessern. Diese Ziele sind nur durch höhere Zugangshürden zum Jurastudium und durch eine anwaltsspezifische Ausbildung zu erreichen.

Diese Vorschläge sind so alt, dass sie Patina angesetzt, an Dringlichkeit aber nicht verloren haben – Interesse des Gemeinwohls. Den Anwaltsberuf weiter als „Auffangbecken für alle werden lassen, die sonst keinen universitären Ausbildungsplatz gefunden haben" (DAV-Entwurf), widerspricht dem Interesse der Rechtsgemeinschaft, der Funktionsfähigkeit der Rechtspflege und des Rechtsstaats. Und es widerspricht den Interessen zahlloser Juristen, die sich jahrelang für einen Beruf ausbilden lassen, der ihnen mangels Markt und Kompetenz Steine statt Brot gibt.

Geheimjustiz mit beschränkter Wirkung: Die Anwaltsgerichtsbarkeit muss umgebaut werden

Die Rostocker Rechtsanwältin Doris Geiersberger ist „stolz auf die Anwaltsgerichtsbarkeit" und deshalb auch gern Präsidentin des Anwaltsgerichtshofes Mecklenburg-Vorpommern. Ehrenamtlich versteht sich, weil ihr das Ansehen der Advokatur ein Anliegen ist. Ein lobenswerter Idealismus. Aber auch für die richtige Sache?

Für die Anwaltschaft ist die Berufsgerichtsbarkeit als Teil der Selbstverwaltung ein kostbares und schützenswertes Privileg, ein „Erfolgsmodell", wie Axel C. Filges, Präsident der Bundesrechtsanwaltskammer, gern betont.[853] Für Johann Schwenn, Geschäftsführender Vorsitzender des Hamburgischen Anwaltsgerichts, ist das derzeitige „Mischsystem aus anwaltlicher Selbstkontrolle und staatlicher Mitwirkung alternativlos". Hinzu kommt, dass das Bundesverfassungsgericht der Berufsgerichtsbarkeit in mehreren Entscheidungen seinen verfassungsrechtlichen Segen erteilt hat.[854] Es gibt nur wenige Stimmen, die an dieser Sonderjustiz herummäkeln, an dem „unübersichtlichen" Verfahren oder dem „geringen Sanktionspotential", und noch weniger Stimmen, die es infrage stellen.[855] Zu ihnen gehört immerhin ein ehemaliger DAV-Präsident, nämlich Michael Streck: „Die Selbstkontrolle" der „Berufsausübung durch Berufsangehörige lädt zum Angriff geradezu ein. Welch Krähe pickt der anderen schon ein Auge aus, sagt der Kölner".[856] Trotz dieser augenfälligen Strukturschwäche gibt es bisher nur einen Anwalt, der die Sondergerichtsbarkeit abschaffen will. Kleine-Cosack schlägt vor, sie in die Verwaltungsgerichtsbarkeit einzugliedern.[857]

Nach der Auffassung von Rechtsuchenden, Verbraucherschützern, Staatsanwälten, Richtern und Anwälten dient die Berufsgerichtsgerichtsbarkeit vorwiegend den Interessen der Anwaltschaft, nicht aber der Allgemeinheit. Die Berufsaufsicht in ihrer bisherigen Form ist ***intransparent und ineffizient.*** Und die Verfahren dauern in Einzelfällen rechtsstaatswidrig lange. Die Schwachpunkte:

- **Die Zuschauerrolle der Kammern führt zu einer selektiven Berufsaufsicht und findet dadurch in weiten Bereichen nicht statt,**
- **Der Beschwerdeführer ist nur Objekt des Aufsichtsverfahrens,**
- **Das Geheimverfahren ist unvereinbar mit dem Gebot demokratischer Transparenz,**
- **Kollegialität verhindert eine angemessene Sanktionierung von Berufsrechtsverstößen, und als**
- **Sondergerichtsbarkeit ist sie öffentlicher Kontrolle fast ganz entzogen.**

Nach den Thesen der Rechtsanwaltskammern zur anwaltlichen Selbstverwaltung hat die Berufsaufsicht „Integrität und Qualität" des einzelnen Rechtsanwalts zu fördern. Dadurch soll sie gleichzeitig den „Interessen der gesamten Anwaltschaft", der „Rechtsuchenden" und einer „funktionstüchtigen Rechtspflege dienen". Das hört sich theoretisch gut an, ist praktisch aber nicht zu verwirklichen. Denn diese Aufgabenbeschreibung verdeckt unversöhnbare Zielkonflikte: die Kammern als Herr und Hüter des Berufsrechts, als Berater der Mitglieder und als Vertreter der Rechtsuchenden. Wie kann ein Kammervorstand Anwälte an einem Tag beraten und am nächsten Tag rügen? Wie kann er Service- und Aufsichtsbehörde zugleich sein?

Bisher haben Kammern und Anwaltsgerichte Konflikte im Zweifel zugunsten der Anwälte entschieden, stand kollegiale Rücksicht höher als Akzeptanz bei den Bürgern. Der Hamburger Rechtsanwalt Matthias Öhler: „Den Dienstleistungscharakter des Anwaltsberufs haben die Kammern nicht begriffen". Von Sitzungen des Anwaltsparlaments nahm Hellwig den Eindruck mit, dass dort „vor allem dem Schutz von Kollegen und dem eigenen Schutz vor Wettbewerb das Wort geredet" wurde statt … dem „öffentlichen Interesse" zu dienen.[858] Ein Ausfluss dieser Grundhaltung ist die überwiegend passive Rolle der Kammern bei der Verfolgung von Berufsrechtsverletzungen. Genügt ein nur reaktives Selbstverständnis für eine Berufsaufsicht? Da hat die früher für das Anwaltsrecht zuständige ehemalige Bundesverfassungsrichterin Renate Jaeger Zweifel: „Wenn die Kammern keine Polizeiaufgaben wahrnehmen und selbst bei hohem Anfangsverdacht nicht ermitteln wollen, stellt sich die Frage, ob sie mit der Berufsaufsicht nicht überfordert sind?" Allerdings, das muss fairerweise erwähnt werden, sind den Kammern durch das entkernte Berufsrecht auch häufig die Hände gebunden.

Um die Berufsaufsicht effektiver zu gestalten und Missstände und Fehlentwicklungen besser erkennen zu können, ist zuerst zu empfehlen, die Beschwerdestatistik zu verfeinern – und zwar bundesweit für alle Kammern nach denselben Kriterien. Die Kontrolle durch Bauchgefühl ist durch eine Statistik über Beschwerdegründe zu ersetzen. Die bisher von den Kammern geführten Erledigungsstatistiken haben als Spiegel für die Unzufriedenheit von Mandanten und innerhalb der Berufsgruppe nur geringe Aussagekraft.

Das Interesse von Beschwerdeführern haben die Kammern bisher stiefmütterlich behandelt. Ein Beispiel aus jüngster Zeit: Im Anwaltsparlament hat eine

Mehrheit dafür votiert, die Bundesrechtsanwaltsordnung bei der Unterrichtung von Beschwerdeführern über den Gang des Verfahrens restriktiv auszulegen. Erst mit der Einrichtung von Schlichtungsstellen bei den regionalen Kammern und der Bundesrechtsanwaltskammer hat die Advokatur wertvolle neue Akzente zugunsten der Mandanten gesetzt.[859]

Im Widerspruch zu den Grundsätzen eines fairen Verfahrens steht die Rechtsstellung des Beschwerdeführers im berufsrechtlichen Verfahren. Er ist nur Objekt. Hat der Beschwerdeführer seine Petition abgeschickt, nimmt er am Verfahren nicht mehr teil. „Er steht dumm vor der Tür und weiß von nichts“, beschreibt der Berufsrechtsexperte Wolfgang Hartung sein Schicksal. Er kann gegen die Kammer nicht klagen, weil nach bisheriger Rechtsprechung des Bundesverwaltungsgerichts und der Anwaltsgerichte die „berufsrechtliche Aufsicht der Rechtsanwaltskammer nicht der Wahrung individueller Belange, sondern dem öffentliche Interesse“ dient.[860] In der Praxis versuchen fast alle Kammern diese Stellung minderen Rechts mit einem juristischen Trick zu lindern. Aufsichtsverfahren beginnen in der Regel mit der Aufforderung der Kammer an den betroffenen Anwalt, Stellung zu nehmen.[861] In diesen formularmäßigen Anschreiben steht meist ein Hinweis, dass beabsichtigt sei, dem Beschwerdeführer eine Kopie seiner Stellungnahme zuzuleiten. Falls das Kammermitglied damit nicht einverstanden sei, müsse er in seiner Stellungnahme darauf hinweisen bzw. widersprechen. Schweigen werde als Zustimmung gewertet. Nach einer Kammerumfrage von Hartung widersprechen nur wenige Anwälte, so dass der Beschwerdeführer in der Praxis über die Sicht des Anwalts informiert wird. Auch die neue Pflicht der Kammern, ihn über den Fortgang des Verfahrens ins Bild zu setzen, mindert die Folgen des geltenden Rechts. Das sind aber nur kosmetische Korrekturen. Im Kern bleibt der Beschwerdeführer unbeteiligt an einem Verfahren, das er angestoßen hat. Der Beschwerdeführer hat kein Recht, an der mündlichen Verhandlung vor dem Anwaltsgericht und dem Anwaltsgerichtshof teilzunehmen und keinen Anspruch, über den Ausgang des Verfahrens unterrichtet zu werden.

Keine Informationen gibt es auch über Verhandlungen vor den Anwaltsgerichten, die grundsätzlich nicht öffentlich sind. Die Öffentlichkeit kann auf Antrag der Staatsanwaltschaft hergestellt werden, auf Antrag des betroffenen Anwalts muss dies geschehen. Daraus ergibt sich, dass das Prinzip der Nichtöffentlichkeit in erster Linie dem Schutz des Anwalts und erst in zweiter Linie dem Schutz des Beschwerdeführers gilt.[862] In über zwanzig Jahren als Vorsitzender des Anwaltsgerichts Düsseldorf hat Klaus Steffen nur zwei Verfahren erlebt, in denen Anwälte eine öffentliche Verhandlung beantragt hatten. In beiden Fällen hatten sie Freunde bzw. Journalisten alarmiert, um das Forum des Gerichts für PR-Zwecke zu nutzen.

Heute empfindet Steffen dieses Anwaltsprivileg – und dabei glaubt er sich mit den meisten Anwaltsrichtern einig – als „alten Zopf“. Er ist in der Tat ein Anachronismus. Die Intransparenz dient nur den Interessen der Anwaltschaft. Der Erfolg eines Rechtskundlers hängt von seiner Arbeit und seinem Ruf ab. „Je weniger rauskommt“, weiß der in der Szene kundige Anwalt und Berufsrechtskommentator Wolfgang Hartung, „desto mehr kann ich mich daneben benehmen“. Und den Kammern kommt diese Geheimniskrämerei nach seiner Auffassung auch entgegen, weil „Transparenz mehr Arbeit macht“. Die Geheimjustiz hat den Vorteil, dass alle Missstände und Fehlentwicklungen im Berufsstand, aber auch Sanktionen der Berufsrechtssünder im Verborgenen bleiben. Sie schaden weder dem Ansehen des betroffenen Anwalts noch dem des Berufsstandes.

Das Prinzip der nicht öffentlichen Hauptverhandlung hat seine Wurzel im 19. Jahrhundert, in der 1879 in Kraft getretenen Rechtsanwaltsordnung. Damals war das Ehrengericht keine selbständige Einrichtung, sondern eine Abteilung des Kammervorstandes, die zur Verschwiegenheit verpflichtet war.[863] Da Anwalt wie Anwaltschaft von ihr profitierten, hatten beide ein vitales Interesse am Erhalt dieser Schweigemauer. Und die Politik hat sich nicht gekümmert.

Dass diese Intransparenz überholt ist, zeigen Widersprüche mit dem Öffentlichkeitsprinzip in anderen Gerichtszweigen. Begeht ein Anwalt eine Straftat, veruntreut er zum Beispiel Mandantengelder, wird darüber in der Strafjustiz öffentlich verhandelt. Wird danach über eine berufsrechtliche Sanktion entschieden, ist die Öffentlichkeit ausgeschlossen. Warum? Seit 2009 verhandeln die Anwaltsgerichte verwaltungsrechtliche Streitigkeiten – Rücknahme oder Widerruf einer Zulassung oder Verweigerung einer Fachanwaltsbezeichnung – öffentlich, weil die Verwaltungsgerichtsordnung das bestimmt (§ 55 VwGO). Als Präsidentin des Anwaltsgerichtshofes Mecklenburg-Vorpommern kann es Doris Geiersberger passieren, dass sie an einem Morgen einen Fall öffentlich und einen anderen nicht öffentlich verhandeln muss. Warum wird über eine Rüge unter Ausschluss der Öffentlichkeit gerungen, über den Widerruf einer Zulassung hingegen mit Öffentlichkeit? Sachgerechte Gründe dafür gibt es nicht.

Deshalb mehren sich die Stimmen, die den Schutzzweck von Verschwiegenheitspflicht und nicht öffentliche Verhandlungen verändern wollen: weg vom Interesse des Anwalts hin zum Interesse des Mandanten und Beschwerdeführers.[864] Die ehemalige Bundesverfassungsrichterin und Leiterin der Schlichtungsstelle Renate Jaeger: „Die Verschwiegenheit dient dem Schutz des Mandanten, aber nicht dem Schutz des Anwalts vor Kritik“. Ähnlich der Berufsrechtler Reinhard Singer: „Der Schutz des Mandanten darf nicht auf den Schutz des Anwalts ausgedehnt werden“.

Das Gemeinwohl fordert, dass die Anwaltsgerichtsbarkeit als Teil der Selbstverwaltung demokratisch legitimiert und transparent ist. In ihren Thesen zur Selbstverwaltung fordern die Kammern ausdrücklich, dass diese auch „für Staat und Gesellschaft transparent sein“ muss. Diesem Anspruch genügen die Kammern nicht. Transparenz ist Voraussetzung für öffentliche Kontrolle. Und die findet bei der Advokatur bisher nicht statt. Deshalb bleiben zum Beispiel Missstände wie die jahrelange Dauer von Aufsichtsverfahren oder die häufige Zweckentfremdung von Fremdgeldern verborgen.

Dass die Sanktion der Disziplinargerichtsbarkeit weithin als zu milde und wirkungslos empfunden wird, ist kein Wunder. In beiden Instanzen der Anwaltsgerichtsbarkeit haben Anwälte als Richter die Mehrheit. Hier sind die Voraussetzungen richterlicher Unabhängigkeit nicht gegeben – tatsächlich wie vom äußeren Schein her.[865] „Bei bestimmten Selbstreinigungsprozessen in einem Beruf ist Kollegialität eine große Hürde“, weiß Renate Jaeger aus langjähriger Berufserfahrung.

Erzieherische und abschreckende Wirkung kann die Berufsgerichtsbarkeit nur nach einem Totalumbau entfalten.[866] Sie sollte an folgenden Punkten verändert werden:

- **Der Beschwerdeführer erhält eine dem Nebenkläger im Strafprozess vergleichbare Stellung,**
- **Über die Öffentlichkeit des Aufsichtsverfahrens entscheidet nicht mehr der Rechtsanwalts, sondern der Beschwerdeführer,**
- **Die Presse erhält einen Auskunftsanspruch gegen die Kammern nachdem Vorbild der Landespressegesetze gegenüber der Staatsanwaltschaft,**
- **Im Informationsfreiheitsgesetz werden Kammern den Bundes- und Landesbehörden gleichgestellt,**
- **Die Anwaltsgerichtsbarkeit wird abgeschafft und in die ordentliche Gerichtsbarkeit integriert.**

Modernem Verbraucherschutzdenken entspricht, dem Beschwerdeführer – Mandant oder Anwalt – eine aktive Rolle während des Aufsichtsverfahrens zuzuweisen. Der Berliner Berufsrechtsexperte Reinhard Singer schlägt daher vor, Beschwerdeführern die Stellung eines Nebenklägers nach dem Vorbild der Strafprozessordnung einzuräumen, von der aus er seine persönlichen Interessen im berufsrechtlichen Verfahren wahrnehmen kann.

Disziplinargerichtsbarkeiten verhandeln Berufsrechtsverstöße traditionell in nicht öffentlicher Verhandlung – bei Beamten, Richtern, Steuerberatern, Architekten oder Apothekern. Sie haben zwei Aufgaben: die Integrität und Funktionsfähigkeit innerhalb des Berufsstandes zu gewährleisten (Innenwirkung) und das Ansehen des Berufsstandes in der Öffentlichkeit zu wahren (Außenwirkung). Letzteres tut man am effektivsten, wenn die Sünden und Missetaten in den eigenen Reihen nicht bekannt werden. Deshalb hat auch kein Beruf bisher ein Interesse gehabt, das Nichtöffentlichkeitsprinzip bei Disziplinargerichten infrage zu stellen. Bei den Steuerberatern etwa mit der kühnen These, dass für das Motiv der Öffentlichkeit im Strafverfahren – die Kontrolle der Strafrechtspflege durch die Öffentlichkeit – „im berufsgerichtlichen Verfahren kein Bedarf besteht“.[867] Warum nicht? Ist die Berufshygiene ohne Interesse für die Öffentlichkeit? Für die Anwaltschaft, um die es hier nur geht, ist die Frage mit einem eindeutigen ‚Ja‘ zu beantworten. Der Anwalt erfüllt als ‚Organ der Rechtspflege‘ eine zentrale Rolle bei der Verwirklichung des Rechtsstaates und ist dadurch dem Gemeinwohl verpflichtet. Ob dieser Berufsstand seinen Aufgaben in unserer Verfassungs- und Gesellschaftsordnung gerecht wird, ist von hohem öffentlichem Interesse. Deshalb benötigen Kammern und Anwaltsgerichtsbarkeit ein neues Verständnis von Transparenz. Sie brauchen einen „Paradigmenwechsel“.[868] Die zentrale Bedeutung der Öffentlichkeit in der Demokratie erfordert eine Ausweitung der Informationsrechte der Rechtsgemeinschaft gegenüber der Anwaltschaft – um einen nicht ganz unberechtigten Verdacht aus der Welt schaffen: dass nämlich die bisherige Intransparenz von anwaltlicher Selbstverwaltung und Gerichtsbarkeit „nicht den Allgemeininteressen, sondern nur den Eigeninteressen der Anwaltschaft" dient.[869] Zu diesem Zweck sollten Verhandlungen vor der Anwaltsgerichtsbarkeit künftig öffentlich durchgeführt werden – es sein denn, der Beschwerdeführer widerspricht. In den Landespressegesetzen sollte ein Informationsanspruch der Presse begründet werden, der seine Grenzen findet an Geheimhaltungsvorschriften, laufenden Verfahren oder schutzwürdigen Interessen der Beschwerdeführer. Im Informationsfreiheitsgesetz sollten Rechtsanwaltskammern Behörden gleichgestellt werden.[870]

Die Wirkungen dieser Reformen würden verpuffen, wenn die Struktur der Anwaltsgerichtsbarkeit in ihrer jetzigen Form erhalten bliebe. Eine vergleichbare besondere Berufsgerichtsbarkeit gibt es bei anderen Berufen nicht, ein Relikt des 19. Jahrhunderts. Als einzige Berufsgerichtsbarkeit ist sie nicht in die allgemeine Gerichtsbarkeit integriert – sei es nun in die Straf- oder in die Verwaltungsgerichtsbarkeit. Bei den Patentanwälten und Notaren entscheiden die Kammern bzw. Senate für Patentanwaltssachen der Landgerichte, der Oberlandesgerichte und des Bundesgerichtshofes bzw. die Notarsenate der Oberlandesgerichte und des Bundesgerichtshofes. Die Disziplinargerichtsbarkeit für Steuerberater und Wirtschaftsprüfer, Architekten und Heilberufe wird seit Jahren von der Strafjustiz wahrgenommen, von Strafkammern mit einem Berufsrichter als Vorsitzenden und Beisitzern aus den jeweiligen Berufsgruppen. ***Die Zeit ist reif, dass die Anwaltschaft ihren Sonderstatus verliert und die Strafjustiz die Funktionen der Anwaltsgerichtsbarkeit übernimmt.***[871] Dafür sprechen mehrere Gründe: der Verdacht, dass die Anwaltsgerichte eine Sondergerichtsbarkeit im Interesse der Anwaltschaft bilden, wäre beseitigt; die richterliche Unabhängigkeit wäre besser garantiert; die praktischen Erfahrungen mit der Wahrnehmung der Disziplinargerichtsbarkeit durch die Strafjustiz sind gut; und die Tatsache, dass Staatsanwaltschaften bei den Oberlandesgerichten bei Berufsrechtsverstößen von Anwälten ermitteln und sie gegebenenfalls anschuldigen, spricht mehr dafür, die Anwaltsgerichtsbarkeit in die Strafgerichtsbarkeit als in die Verwaltungsgerichtsbarkeit einzubauen.

Mit diesen Reformvorschlägen könnte der Umbau der Anwaltsgerichtsbarkeit gelingen, muss er aber nicht. Erfolg kann er nur haben, wenn auch der Unterbau –die anwaltliche Selbstverwaltung – modernisiert wird. Sie wird hierzulande nicht infrage gestellt. Eine Überlebensgarantie hat sie freilich auch nicht. In England und Wales ist die anwaltliche Berufsaufsicht seit 2007 eine staatliche Aufgabe, weil die Selbstverwaltungskörperschaften „Law Society" und „Bar Council" nach Ansicht der Regierung ihren Aufgaben nicht mehr gerecht wurden. Die Mängelliste des Clementi-Reports hört sich vertraut an: Die Selbstverwaltung sei „altmodisch, unflexibel, zu komplex und nicht genügend transparent".[872] Eine Schwerpunkt der Kritik war die Unzufriedenheit von Rechtsuchenden: „Da ist die Frage, ob eine Struktur, die Beschwerden gegen Anwälte von Anwälten beantworten lässt, Vertrauen bei Verbrauchern schaffen kann". In engem Zusammenhang damit steht ein zweiter Befund des Clementi-

Reports: Die Verbraucher haben sich mehr über das schlechte Management der Kanzleien – die Dauer der Beratung und die hohen Kosten – erregt als über schlechten Rechtsrat. Die Folge war, dass die britische Regierung 2007 die anwaltliche Selbstverwaltung entmachtete und sie in Teilen einer unabhängigen Regierungsstelle übertrug: der „Solicitors Regulation Authority". Die Behandlung von Mandantenbeschwerden wurde der Selbstverwaltung ganz entzogen und einer besonderen Stelle übertragen: dem „Office for Legal Complaints". Lediglich die Aufsicht und Sanktionierung von Berufsrechtsverstößen verblieb der Selbstverwaltung.

Die Frage, ob der deutschen Selbstverwaltung ein ähnliches Schicksal droht, ist nicht aktuell – noch nicht. Aber es gibt Alarmzeichen. Zur Bewältigung der Finanzkrise hat die Troika – EU, Europäische Zentralbank und Internationaler Währungsfonds – damit begonnen, Finanzhilfen unter anderem von einer Neuordnung der Anwaltschaft abhängig zu machen, zum Beispiel in Irland durch die Forderung, die Überwachung der Berufsausübung einer Aufsichtsbehörde zu übertragen, die mehrheitlich von Nicht-Anwälten besetzt wird. Eine ähnlich Initiative gibt es in den Niederlanden ohne EU-Druck. Der Blick über die Grenzen lehrt also, dass die Ruhe an dieser Front in Deutschland trügerisch sein kann. Marcella Prunhaber-Glaser, Präsidentin des Rates der Anwaltschaften in Europa, warnt denn auch davor, dass der „Bazillus" der staatlichen Oberaufsicht über eine strukturell unabhängige Anwaltschaft im europäischen Binnenmarkt die „Gefahr der Ansteckung und Ausweitung" birgt.[873] Als erste und bisher einzige prominente Stimme weist die ehemalige Justizministerin Brigitte Zypries auf einen „Widerspruch" hin, der auch im Clementi-Report eine Rolle gespielt hat: „Zwar wollen die Kammern mehr Selbstverwaltung, nehmen ihre Aufgabe aber nicht ernst genug, machen zum Beispiel viel zu wenig Eigenkontrolle". Es sei unverständlich, dass „die Kammern nichts gegen Abmahnanwälte gemacht haben". Sie fordert von der Berufsaufsicht „mehr Wahrheit und mehr Klarheit".

Gesund kann die deutsche Selbstverwaltung nur bleiben, wenn sie neue Akzente setzt: die Scheuklappen einer Standesorganisation ablegt und sich für die Interessen der Mandanten und der Allgemeinheit öffnet. Sie ist als organisatorische Ergänzung zur Unabhängigkeit der Anwaltschaft kostbar und grundsätzlich jedem anderem Verwaltungssystem vorzuziehen. In ihrer jetzigen Form – als Verwalterin des Status quo – wird sie ihren Aufgaben allerdings nicht gerecht. Noch hat sie Zeit zur Selbstbesinnung und Einkehr. Es kann aber auch sein, dass ihre Zeit in einigen Jahren abläuft und dann eine staatliche Einrichtung einen Teil ihrer Aufgaben übernehmen muss – zum Beispiel die Bearbeitung von Beschwerden von Mandanten über Rechtsanwälte, wie in England.

Danksagung

Wer anderthalb Jahre durch Deutschland reist, um mit Rechtsanwälten über ihre Rolle im Rechtsstaat, ihr Selbstverständnis, ihre Rechte und Pflichten und ihre wirtschaftliche Situation zu sprechen, erlebt einen vielstimmigen, häufig dissonanten Chor. Ihn zu verstehen und zu interpretieren brauchte ich immer wieder Hilfe. Bundesrechtsanwaltskammer und Deutscher Anwaltverein waren dabei über die gesamte Wegstrecke wertvolle Wegweiser. Dafür möchte ich mich bedanken. Diese Unterstützung war nicht selbstverständlich, mussten beide Berufsorganisationen doch davon ausgehen, dass ein langjähriger PANORAMA-Leiter ein eher kritisches Buch über die Advokatur schreibt.

Der Deutsche Anwaltverein war mit Material, vor allem aber mit der Vermittlung von kompetenten Gesprächspartnern behilflich, in der Regel Vorsitzende von Arbeitsgemeinschaften. Besonderen Dank schulde ich Niko Härting und Markus Hartung, beide Mitglieder in den Ausschüssen für Berufsrecht und Berufsethik. Sie haben wiederholt geduldig und freundlich bei der Ausleuchtung unbekannter Terrains geholfen.

Bei der Bundesrechtsanwaltskammer entpuppten sich Vizepräsident Ekkehart Schäfer und der Berufsrechtsreferent Christian Dahns als kundige und willige Förderer des Projekts. Bei den regionalen Kammern waren es die Münchener und die Hamburger Aufseher, die mit Statistiken, insbesondere aber mit berufsrechtlicher Expertise das Buch vorangebracht haben. Wertvolle Stützen waren an der Isar die Berufsrechtsreferentin Brigitte Doppler und an der Elbe der Hauptgeschäftsführer Harmut Scharmer.

Erwähnt werden soll allerdings, dass diese Unterstützung auch Grenzen hatte. Anträge auf Einsicht in Beschwerdeakten zu Forschungszwecken haben die Kammern in München, Hamm und Mecklenburg-Vorpommern wegen des Verschwiegenheitsgebots abgelehnt. Diese negative Entscheidung war rechtlich vertretbar, eine positive wäre es aber ebenso gewesen. Damit erweist sich die Anwaltsgerichtsbarkeit als weniger transparent als etwa die Strafgerichtsbarkeit in Berlin, Bremen und Nordrhein-Westfalen. Sie hat mir vor drei Jahren Einsicht in Strafakten gewährt, um das Wirken von islamischen Streitschlichtern im Hintergrund von Strafverfahren zu untersuchen. Die Intransparenz der anwaltlichen Selbstverwaltung war ein Schlüsselerlebnis bei den Recherchen zu diesem Buch.

Völlig überrascht war ich von der Bereitschaft und dem Interesse von etlichen Anwälten, über ihren Beruf zu reden. Bei vielen schien sogar ein echtes Bedürfnis zu bestehen, mit einem Außenstehenden über Sorgen und Probleme zu sprechen und dabei mit Fragen konfrontiert zu sein, die sie sich teilweise noch nicht gestellt hatten. Über 95 Prozent von allen Angesprochenen waren willens, sich auf zum Teil lange Hintergrundgespräche einzulassen – und haben dafür

Zeit und Geld geopfert. Dafür Dank! Da ich häufig wusste oder ahnte, wie viel meine Gesprächspartner normalerweise pro Stunde kosten, hatte ich im Hinterkopf manchmal eine Stoppuhr, die mir ein schlechtes Gewissen bereitete. Einige beendeten das Gespräch auch scherzhaft mit dem Satz, dass die Rechnung nächste Woche kommen würde.

Das Buch zu schreiben ist einmal mehr auf Kosten meiner Frau Uta gegangen. Sie hat einen über weite Strecken abwesenden Ehemann mit Verständnis und Langmut ertragen, und mir am Ende beim Lesen des Manuskriptes auch noch wertvolle Hinweise gegeben. Auch ihr sei aus tiefem Herzen gedankt.

Anmerkungen

[1] *Böhm*, Editorial, Düsseldorfer Anwaltsblatt, (1) 2007, 2: Heute arbeiten in China rund 250 000 Anwälte in 17 000 Kanzleien.
[2] *Böhm*, Editorial, Düsseldorfer Anwaltsblatt, (1) 2007, 2.
[3] Vgl. hierzu *Wesel*, Risiko Rechtsanwalt, S. 57, 59.
[4] *Finzel*, Editorial, Kammerreport Hamm (5) 2010, 3.
[5] Die bayerische Staatsministerin Beate Merk schon 2005: „Das überkommene Berufsbild hat sich in den letzten zehn Jahren dramatisch gewandelt, umgestaltet und vor allem aufgesplittet. Das homogene Bild des typischen Anwalts wurde abgelöst durch ein Mosaik verschiedenster Ausformungen anwaltlicher Tätigkeit". RAK München, Mitteilungen (IV) 2005, 5.
[6] RAK München, Mitteilungen (II)/2010, 5.
[7] Vgl. zur Gründung der Strafverteidigervereinigungen S. 212 ***http://strafverteidigervereinigungen.org/information.htm; http://www.strafverteidiger-hamburg.net/verein.html*** und zur Gegengründung der Arbeitsgemeinschaft Strafrecht im DAV Jungfer, Die Gründungsgeschichte der Arbeitsgemeinschaft Strafrecht des Deutschen Anwaltvereins, in: Strafverteidigung im Rechtsstaat, 25 Jahre Arbeitsgemeinschaft Strafrecht des Deutschen Anwaltvereins, Baden-Baden, 2009.
[8] Der Bundesverband der Unternehmensjuristen führt keine Statistik über die Zulassung ihrer Mitglieder als Anwalt. Die Rechtsanwaltskammer Köln registriert jedoch bei allen Neuzulassungen, ob einer Syndikustätigkeit nachgegangen wird. Im Jahr 2012 waren das immerhin 24,1 Prozent. Die Hälfte davon arbeitet in Rechtsabteilungen, der Rest in anderen Abteilungen. Im zwölfköpfigen Präsidium sind alle Mitglieder als Anwälte zugelassen. Vgl. zur Statistik Tim Proll-Gerwe, unternehmensjurist (1) 2013, 23.
[9] *Busse*, Deutsche Anwälte, S. 641.
[10] *Hellwig*, AnwBl 2011, 77 (81).
[11] *Filges*, BRAK-Mitt. 2011, 1.
[12] *Filges*, BRAK-Mitt. 2012, 1.
[13] *Ewer*, RAK München, Mitteilungen (IV) 2009, 9.
[14] *Ewer*, AnwBl (10) 2009, 657 (661).
[15] *Busse*, Deutsche Anwälte, S. 641.
[16] BGHSt, 51, 298 ff.
[17] *Zypries*, BRAK-Mitt. 2009, 199 (200).
[18] *Hellwig*, AnwBl 2009, 465 (468).
[19] Allensbacher Berufsprestige-Skala 2011.
[20] *Forsa*, Bürgerbefragung öffentlicher Dienst 2013, S. 20.
[21] *Filges/Ewer* BRAK-Mitt. 2011, 169.
[22] *Schons*, AnwBl 2012, 221.
[23] *Fricke*, Die Anwaltschaft im Prozess der Normgebung, in: Anwälte und ihre Geschichte, S. 805 (806).
[24] Der SPIEGEL, Nr. 13/2013 vom 25. März 2013, S. 80.
[25] Zitiert nach *Schiltz*, Vanderbilt Law Review 52 (1999), 871 (872).
[26] *Schellenberg*, Berliner Anwaltsblatt (12) 2009, 441 (443).
[27] *Christian Z.* ist nicht der richtige, sondern ein für den Gesprächspartner erfundener Name. Wo im Buch nur Vorname und ein Buchstabe des Nachnamen auftauchen, sind das Phantasienamen, um die Identität der Personen zu schützen.

28 Vgl. hierzu *Hommerich/Kilian*, Fachanwälte, S. 48.
29 *Kilian/Dreske*, Statistisches Jahrbuch der Anwaltschaft 2011/2012, S. 19.
30 *Kilian/Dreske*, Statistisches Jahrbuch der Anwaltschaft 2011/2012, S. 19.
31 *Kilian/Dreske*, Statistisches Jahrbuch der Anwaltschaft 2011/2012, S. 38.
32 *Ewer*, Mitteilungen IV, 2009, 9.
33 ***http://www.nc-werte.info/studiengang/rechtswissenschaft***.
34 Ähnlich *Streck*, Beruf: AnwaltAnwältin, S. 71, der von einem „Überflussbecken der Anwaltsprofession" spricht.
35 Vorschläge des Deutschen Anwaltverein zur Reform des juristischen Vorbereitungsdienstes vom 21. September 2004, S. 28.
36 *Willich/Buck/Heine/Sommer*, Studienanfänger im Wintersemester 2009/2010, HIS: Forum Hochschule 2011, 58.
37 Interview mit Jantina Nord im Deutschlandfunk am 11.7.2013 ***http://www.radio.de/dfl/sendungen/campus/2174610/***.
38 O-Ton aus dem Interview mit Jantina Nord, aaO.
39 *Christian Birnbaum*, SZ vom 21/22. Januar 2012, Beruf und Karriere.
40 Vorschläge des Deutschen Anwaltvereins zur Reform des juristischen Vorbereitungsdienstes vom 21. September 2004, S. 17.
41 *Busse*, Deutsche Anwälte, S. 563: „Mehr als 75 %, vermutlich sogar mehr als 80 %, werden Anwalt bzw. müssen mangels anderer Möglichkeiten Anwalt werden".
42 Internetauftritt des DAV, Stichwort Einstiegsgehälter, ***http://anwaltsblatt.anwaltverein.de/einstiegsgehaelter.html***, so auch *Busse*, Deutsche Anwälte, S. 563 und 648.
43 *Samini/Liedtke*, Berliner Anwaltsblatt 2010, 197.
44 Vorschläge des Deutschen Anwaltvereins zur Reform des juristischen Vorbereitungsdienstes vom 21. September 2004, S. 18.
45 Absolventen des zweiten Staatsexamens mit der Note ausreichend können außerhalb juristischer Berufe natürlich sehr erfolgreich sein, etwa als Vorstandsassistent oder im Management einer Filmproduktion.
46 Zitiert nach *Dommer*, AnwBl 2012, 251 (252).
47 *Oberländer/Eggert/Kreider*, Der Wandel im anwaltlichen Berufsbild, S. 47.
48 *Oberländer/Eggert/Kreider*, Der Wandel im anwaltlichen Berufsbild, S. 48.
49 Vgl. hierzu die Seiten 82, 152 ff. und 202 ff.
50 *Doppler*, BRAK-Mitt. 2011, 226 (228).
51 Vgl. zu den verschiedenen Facetten dieser Praxis *Doppler*, BRAK-Mitt. 2011, 226 (228).
52 *Hartung/Weberstaedt*, AnwBl 2011, 607 (608).
53 *Hartung/Weberstaedt*, AnwBl 2011, 607.
54 Mündliche Angaben des Vorsitzenden des Vorstandes des Versorgungswerkes *Christian Grabow* gegenüber dem Verfasser.
55 Statistisches Amt Mecklenburg-Vorpommern, Verdienste und Arbeitszeiten 2010. Der Tabelle sind auch alle folgenden Zahlen entnommen.
56 Von Frau *Eggert* dem Verfasser zugänglich gemachtes Material, das nicht in der gedruckten Fassung enthalten ist.
57 *Eggert*, BRAK-Mitt. 2013, 154 (157).
58 Nicht gedrucktes Material der Umfrage.
59 *Eggert*, BRAK-Mitt. 2013, 154 (157).
60 Nicht gedrucktes Material der Umfrage.
61 *Eggert*, BRAK-Mitt. 2013, 154 (158).
62 Auskunft von Frau *Eggert* gegenüber dem Verfasser vom 8.8.2013.
63 *Purrucker*, zitiert nach FAZ vom 16.2.2012.
64 *Kilian*, Die Vergütung des Rechtsanwalts, in: Anwälte und ihre Geschichte, S. 701 (717 f.). Kritisch auch *Wolf*, in: *Gaier/Wolf/Göcken*, Anwaltliches Berufsrecht, Einleitung, Nr. 115 ff.

Er warnt vor dem Scheitern des Modells der Quersubventionierung und den Folgen eines ruinösen Wettbewerbs: „Erforderlich ist, dass über das anwaltliche Berufsrecht das alleinige individuelle Erfolgsstreben kanalisiert und sanktioniert wird. Ein am reinen Marktparadigma orientierter Rechtsdienstleistungsmarkt vermag diese, mit der Quersubventionierung verfolgten und verfassungsrechtlich gebotenen Sicherung des Zugangs zum Recht in rechtlich komplexen Fällen mit niedrigem Streitwert nicht zu leisten".

[65] *Oberländer/Eggert/Nafts/Kreider*, Berufseinstieg und Berufserfolg junger Rechtsanwältinnen und Rechtsanwälte, S. 72.

[66] *Löhnig*, Die ZEIT vom 5. Mai 2011, S. 82.

[67] *Oberländer/Eggert/Nafts/Kreider*, Berufseinstieg und Berufserfolg junger Rechtsanwältinnen und Rechtsanwälte 2010; *Hommerich/Kilian*, Die Berufssituation junger Rechtsanwältinnen und Anwälte, Eine empirische Untersuchung des Zulassungsjahrganges 2003, Bonn, 2006.

[68] *Oberländer/Eggert/Nafts/Kreider*, aaO., S. 66.

[69] *Oberländer/Eggert/Nafts/Kreider*, aaO., S. 111 f.

[70] *Oberländer/Eggert/Nafts/Kreider*, aaO., S. 114.

[71] *Scharmer*, Hamburger Abendblatt vom 21/22. Januar 2012, S. 53.

[72] *Oberländer/Eggert/Nafts/Kreider*, aaO., S. 114.

[73] Anwaltsgerichtshof NRW BRAK-Mitt. 2008, 76 und BGH BRAK-Mitt. 2010, 132.

[74] *Beckmann*, AnwBl 2009, 102; Forum AdVoice 1/09, S. 54 f.; *Frank Eimers*, KammerReport Hamm (4) 2010, 8 ff.

[75] *Beckmann*, AnwBl 2009, 102.

[76] *Samini/Liedtke*, Berliner Anwaltsblatt 2010, 197 (198).

[77] Berichte der Bundesagentur für Arbeit über den Arbeitsmarkt für Akademikerinnen und Akademiker 2009, 2010 und 2011, Kapitel Juristen.

[78] Bundesagentur für Arbeit, Der Arbeitsmarkt für Akademikerinnen und Akademiker 2011, S. 54 f.

[79] Kammerreport Hamm, (4) 2006, 10.

[80] *Hommerich/Kilian/Dreske*, Statistisches Jahrbuch der Anwaltschaft 2009/2010, S. 115.

[81] Wirtschaftswoche vom 4.4.2011, S. 118.

[82] BVerfG, BRAK-Mitt. 2009, 172.

[83] Die folgenden Informationen sind zum überwiegenden Teil Artikel in der SZ vom 30. November 2012, S. 2 und dem Tagesspiegel vom 2. Dezember 2012, S. 22 entnommen.

[84] Bei dieser Insolvenz geht es nicht um Zehntausende von geprellten deutschen Kleinanlegern, die Zertifikate gekauft hatten. Die haben sie von der holländischen Tochter der Bank erworben. Hier handelt sich um die Insolvenz der Frankfurter Filiale von Lehman Brothers, deren Gläubiger Großanleger waren.

[85] *Lembeck/Kerkhoff*, JUVE (01) 2013, 58 f.

[86] Zitiert nach der Tagesspiegel vom 2. Dezember 2012, S. 1.

[87] Leutheusser-Schnarrenberger auf dem 63. Anwaltstag, AnwBl 2012, 581.

[88] Jahresbericht der Berliner Rechtsanwaltskammer 2005, S. 12.

[89] Jahresbericht der Berliner Rechtsanwaltskammer 2005, S. 13.

[90] *Kleine-Cosack*, Kommentar, Bundesrechtsanwaltsordnung, § 2 Rdnr. 4.

[91] *Busse*, Deutsche Anwälte, S. 649.

[92] *Koch*, KammerMitteilungen RAK Düsseldorf 2012, 31 (32).

[93] *Oberländer/Eggert/Nafts/Kreider*, Berufseinstieg und Berufserfolg junger Rechtsanwältinnen und Rechtsanwälte 2010, S. 139.

[94] *Busse*, Deutsche Anwälte, S. 647 und BRAK-Mitt. 2010, 190 (192).

[95] *Purrucker*, FAZ 16.2.2012.

[96] *Oberländer/Eggert/Nafts/Kreider*, Berufseinstieg und Berufserfolg junger Rechtsanwältinnen und Rechtsanwälte 2010, S. 139.

[97] *Henssler*, AnwBl 2008, 721 ff.

[98] *Henssler*, AnwBl 2008, 721 (724, 727).

[99] Diskussionspapier des BRAK-Präsidiums, BRAK-Mitt. 2011, 58.

[100] Bundesrechtsanwaltskammer, BRAK-Mitt. 2011, 58 ff.

[101] DAV-Beschluss, zitiert nach Stellungnahme des Deutschen Anwaltvereins durch den Ausschuss Anwaltliche Berufsethik, S. 3.

[102] Geschäftsbericht 2011, (2) 2012, S. 4.

[103] *Hassemer*, AnwBl 2008, 413 (415, 420).

[104] Vgl. zu dieser Kette von Urteilen *Quaas*, Standesregeln für den Rechtsanwalt-Aufbau und Abbau, in: Anwälte und ihre Geschichte, S. 753 (758 f.).

[105] Vgl zu dieser Entwicklung *Kilian* NJW 2011, 3413 (3414) und *Ewer* AnwBl 2009, 657.

[106] BVerfG BRAK-Mitt. 2000, 137; BRAK-Mitt.2003, 19; NJW 2008, 838 und 1298.

[107] BVerfG NJW 2008, 838 (839).

[108] BVerfG NJW 2008, 1298 (1299).

[109] BVerfG NJW 2003, 2520: „Das in erster Linie durch persönliche und eigenverantwortliche Dienstleistung charakterisierte Verhältnis zum Mandanten".

[110] BVerfG NJW 2004 (1305, 1307) mit Hinweisen auf ältere Urteile.

[111] BVerfGE 63, 266 (283 f. und 284 f.) und BVerfGE 76, 171 (192). Ebenso Kirchberg, BRAK-Mitt. 2009, 95.

[112] BVerfG BRAK-Mitt. (4), 2009, 172 (173) Vgl. zu dieser Entwicklung Kirchberg, BRAK-Mitt. 2009, 95 (96).

[113] Nach Mayen sind weitere Elemente der freien Advokatur die „Herauslösung des Anwaltsberufs aus beamtenähnlichen Bindungen, insbesondere aus der Disziplinargewalt der Gerichte", „die Funktionsausrichtung des Rechtsanwalts auf die Belange der Rechtspflege im Interesse des Rechtsuchenden und des Allgemeinwohls" und die „Freigabe des Berufes für alle, die über die erforderliche Qualifikation verfügen", Mayen, Die Freiheit der Advokatur im Spiegel des Verfassungsrechts, in: Anwälte und ihre Geschichte, S. 789 (794).

[114] Vgl. hierzu *Mann*, AnwBl 2010, 551.

[115] *Mann*, AnwBl 2010, 551 (552).

[116] BT-Drucksache 3/120 S. 49.

[117] BVerfGE 76, 196 (208).

[118] *Jaeger*, NJW 2004, 1 (3).

[119] BVerfGE 110, 1 (31).

[120] BVerfG NJW 2007, 979 (980).

[121] *Hartung*, AnwBl 2009, 704 und *Stürner/Bormann*, NJW 2004, 1481 (1483).

[122] BVerfGE 110, 1 (31 ff.).

[123] *Ewer*, Editorial, AnwBl (7) 2009, I.

[124] Thesenpapier der Bundesrechtsanwaltsordnung, Rechtsanwaltskammer Berlin, Geschäftsbericht 2008; *Finzel*, KammerReport Hamm, 2011, 2. „Wer sich als Kaufmann geriert, darf sich nicht wundern, dass er wie ein Kaufmann behandelt wird. Zur Gewerbesteuer ist es kein weiter Weg mehr".

[125] *Henssler*, AnwBl 2008, 721 (723). „Ein entmythologisiertes Verständnis der Freiberuflichkeit muss als Ausgangspunkt die Erkenntnis wählen, dass der Angehörige des Freien Berufes stärker als andere Erwerbstätige einem ethischen Postulat unterliegt, so dass er sich bei seiner Berufsausübung nicht primär von Erwerbsaussichten leiten lassen darf".

[126] Bates v. State Bar of Arizona, 433 U. S. 350 (371 f.).

[127] Vgl. allgemein zu dieser Zäsur *Wolf*, Juracon-Jahrbuch 2009/2010, S. 28 (29): „Die Entwicklung unterstreicht, dass die Expansion der Anwaltschaft in der Zwischenzeit nicht mehr durch einen gleichzeitig wachsenden Rechtsdienstleitungsmarkt aufgefangen wird". *Böhm*, Düsseldorfer Anwaltsblatt, 2007/1, S. 2 „Das Nachfrageverhalten wächst

lange nicht mehr in der Schnelligkeit und fachlich in dem Ausmaß, in dem sich der Anwaltsmarkt vergrößert".

128 Vgl. zur Tendenz zur Spezialsierung *Wolf*, Juracon-Jahrbuch 2009/2010, S. 28 f.

129 *Hommerich/Kilian*, AnwBl 2008, 623 (624).

130 Vgl. zur Entwicklung auch *Kilian/Dreske*, Statistisches Jahrbuch der Anwaltschaft 2011/2012, S. 74.

131 *Eggert*, KammerReport Hamm 2010, 21 (23).

132 *Hommerich/Kilian*, AnwBl 2008, 623 (624).

133 FAZ vom 11. Juni 2008, S. 19.

134 *Kilian*, AnwBl 2013, 511.

135 *Graf von Westphalen*, AnwBl 2005, 681 (685).

136 Vgl. S. 90.

137 *Hartung*, AnwBl 2012, 231 (236).

138 *Hommerich/Kilian*, AnwBl 2009, 298.

139 *Hommerich/Kilian*, AnwBl 2009, 298.

140 Nach einer Umfrage des Instituts für Freie Berufe sind 59 Prozent der Auffassung, dass beratende Tätigkeit in ihrer Kanzlei eine immer größere Rolle spielt, *Eggert*, BRAK 2010, 14 (17). Hierzu auch *Busse*, Deutsche Anwälte, S. 532: „Nur eine Ausdehnung der traditionellen Tätigkeitsfelder, insbesondere der verstärkte Einstieg in die außergerichtliche Rechtsberatung und Streiterledigung, konnte Abhilfe schaffen ... Das vom Einzelanwalt als Prozessanwalt geprägte Anwaltsbild der BRAO 1959 wurde zunehmend von anderen Berufsausübungsformen und -inhalten überlagert". Vgl. zu weiteren Studien S. 533 f.

141 *Wasilewski*, BRAK-Mitt. 1990, 5.

142 Vorschläge des Deutschen Anwaltvereins zur Reform des Vorbereitungsdienstes vom 21. September 2004, S. 18.

143 Die Zahlen im Folgenden sind dem Statistischen Bundesamt, Fachserie 10, Reihe 2.7, 2010 entnommen.

144 Statistisches Bundesamt, Justiz auf einem Blick, 2011.

145 Vorschläge des Deutschen Anwaltvereins zur Reform des Vorbereitungsdienstes vom 21. September 2004, S. 23.

146 *Busse*, Deutsche Anwälte, S. 560: Nach dem Eindruck vieler sind „zunehmend unzureichende Leistungen zu beobachten, die auf mangelnde Fortbildung hindeuten".

147 *Kleine-Cosack*, Kommentar, Bundesrechtsanwaltsordnung, § 2 Rn. 8.

148 *Aust-Dodenhoff*, BRAK-Mitt. 2004, 67 (68).

149 ***http://www.fachseminare-von-fuerstenberg.de/mitteilungen_ordner/in-9-praesenztage.***

150 *Scharmer*, in: *Hartung*, Berufs- und Fachanwaltsordnung, § 2 FAO Rn. 16.

151 Zum Beispiel BGH NJW 2005, 1711 (1712).

152 *Hommerich/Kilian*, Fachanwälte, S. 71.

153 *Hommerich/Kilian*, Mandanten und ihre Anwälte, S. 196.

154 Vgl. S. 4 f.

155 Vgl. S. 267, 276.

156 *Chab*, ZAP 2005, 471 (472).

157 BVerfG NJW 2007, 979 (980).

158 BRAK-Mitt. 2011, 58 (61).

159 BRAK-Mitt. 2011, 58 (61).

160 BRAK-Mitt. 2011, 58 (61).

161 *Kleine-Cosack*, Bundesrechtsanwaltsordnung, Kommentar, § 43a, Rn. 67: „ Jeder Richter – und selbstkritische Rechtsanwälte – ... wissen, dass es mit der Wahrheitsliebe der Advokaten in der Wirklichkeit nicht so bestellt ist, wie es von deren Seite in schönstem Selbstbetrug behauptet wird. Das Fehlen einschlägiger Judikatur verdeutlicht nicht nur, dass es sich mehr um ein theoretisches Problem handelt. In der Regel kommt eine

berufsgerichtliche Ahndung nicht in Betracht, weil die Lügen der Rechtsanwälte nicht entdeckt werden".

162 BRAK-Mitt. 2011, 170.

163 AnwBl 2010, 87.

164 BayAGH vom 3. März 2010, Az.: II-17/9.

165 BayAGH vom 11.7.2005/19.7.2005, Az.: II-3/05.

166 Jahresbericht 2011 der Rechtsanwaltskammer Düsseldorf, KammerMitteilungen 2012, 4 (15), 2011, 4 (15).

167 *Kleine-Cosack*, Bundesrechtsanwaltsordnung, Kommentar, § 43a, Rn. 68.

168 BGH NJW 2005, 2086 (2089).

169 BRAK-Mitt. 2011, 25.

170 *Jaeger*, NJW 2004, 1492 (1496).

171 *Streck*, Beruf: AnwaltAnwältin, S. 20.

172 *Streck*, Beruf: AnwaltAnwältin, S. 21.

173 Ähnliche Kritik bei *Streck*, Beruf: AnwaltAnwältin, S. 20.

174 *Graf von Westphalen*, AnwBl 2005, 681 (685): „Kein Arzt würde mit seinen Patienten Werbung treiben, kein seriöser Banker dürfte es tun".

175 Vgl. hierzu *Keller*, BRAK-Mitt. 2011, 170 (172) und *Härting*, AnwBl (1) 2011, 50 ff.

176 Vgl. hierzu *Leutheusser-Schnarrenberger*, AnwBl 2012, 477; DAV-Symposion AnwBl 2012, 538 und *Spatscheck*, AnwBl 2012, 478 ff.

177 Vgl. hierzu insbesondere zum E-Mail-Verkehr *Brisch*, KammerMitteilungen RAK Düsseldorf 2012, 141.

178 Gutachten liegt dem Verfasser vor.

179 *Sauerbrey*, Der Tagesspiegel vom 22. Juli 2011, S. 3.

180 ***http://ruhrbarone.de/duisburgs-wertloser-heuking-bericht;http://www.mbi-mh.de/2012/02/09/frau-dr-jasper-der-lange-schatten-der-mulheimer-e.***

181 ***http://www.op-online.de/nachrichten/deutschland/loveparade-gutachten-entlastet-polizei.***

182 ***http://www.derwesten.de/staedte/duisburg/loveparade/loveparade-gutachten-soll-polizei.***

183 ***http://rp-online.de/niederrhein-nord/duisburg/nachrichten/der-ermittlungsbericht.***

184 BRAK-Mitt. 2011, 58 (59).

185 *Redeker*, AnwBl 1996, 503 (508): Die Unabhängigkeit ist „primär eine Unabhängigkeit gegenüber dem Staat ... Sie ist aber auch eine Unabhängigkeit gegenüber dem Klienten, hier freilich schwer zu definieren und vielleicht mit dem Begriff der betreuenden Distanz am ehesten ausgedrückt".

186 In der Regel wird nur zwischen staatlicher, wirtschaftlicher und persönlicher Unabhängigkeit unterschieden, so etwa das Diskussionspapier des BRAK-Präsidiums, BRAK-Mitt. 2011, 59; unscharf *Busse*, Deutsche Anwälte, S. 550, der zwischen staatlicher und gesellschaftlicher Unabhängigkeit differenziert. Wie hier *Streck*, Beruf: AnwaltAnwältin, S. 23.

187 *Busse*, Deutsche Anwälte, 551.

188 Zum Beispiel *Jaeger*, NJW 2004, 1 (5); *von Westphalen*, AnwBl 2005, 681 (683); *Stürner/Bormann*, NJW 2004, 1481 (1482).

189 *Stürner/Bormann*, NJW 2004, 1481 (1482).

190 *Ewer*, AnwBl 2010, 657 (659): „Verliert die Freiheit mehr und mehr zugunsten der Ökonomisierung an Gewicht, so droht im gleichen Maße auch die Unabhängigkeit Schaden zu nehmen".

191 Naiv sind immer wieder auftauchende Forderungen zur Sicherung der Unabhängigkeit, keinem Mandanten mehr als fünf Prozent des eigenen Umsatzes zubilligen oder dafür zu sorgen, dass die Praxis immer mit so viele Kleinmandanten beschäftigt ist, dass der Verlust an Großmandaten zwar Lücken reißt, aber die Existenz nicht bedroht wird. Die

Konkurrenz auf dem Anwaltsmarlt ist inzwischen so scharf, dass sich das keine Kanzlei leisten kann. Außerdem würde es schwerfallen, einem langjährigen Mandanten mitzuteilen, dass er ihn nun nicht mehr beraten kann, weil seine Aufträge mehr als fünf Prozent des Umsatzes ausmachen. Vgl. zu dieser Diskussion *Streck*, Beruf: AnwaltAnwältin, S. 25 f. und *Busse*, Deutsche Anwälte, S. 551.

192 Badische Zeitung vom 7. März 2012.

193 *Rieble*, myops 16/2012, S. 46 (50).

194 E-Mail vom 22. Nov. 2012, 19:18 Uhr, S. 3.

195 Bericht der Landesregierung für den Untersuchungsausschuss vom 25. Januar 2012, S. 7.

196 Protokoll Untersuchungsausschuss, 5. Sitzung vom 20. April 2010, S. 7.

197 *Rieble*, myops, 16/2012, S. 46 (53).

198 Gutachten des Landesrechnungshofes, S. 16.

199 *Rieble*, myops, 16/2012, S. 46 (50).

200 Gutachten Landesrechnungshof, S. 58.

201 Bericht der Landesregierung an den Untersuchungsausschuss vom 25. Januar 2012, S. 11, Gutachten des Landesrechnungshofes, S. 53.

202 Protokoll, Untersuchungsausschuss, 5. Sitzung vom 20. April, S. 72.

203 Protokoll, Untersuchungsausschuss, 5. Sitzung vom 20. April, S. 13.

204 Protokoll, Untersuchungsausschuss, 5. Sitzung vom 20. April, S. 10. Der Inhalt dieses Telefonats ist bis heute streitig, *Notheis* kann sich nicht erinnern, Protokoll, Untersuchungsausschuss, 4. Sitzung vom 30. März 201, S. 27.

205 Protokoll, Untersuchungsausschuss, 5. Sitzung 20. April 2012, S. 155 *Notheis*: „Wir haben in der Situation konkret selbst keine Mitbewerber gesehen".

206 Protokoll, Untersuchungsausschuss, 5. Sitzung vom 20. April 2012, S. 34 und 85.

207 Protokoll, Untersuchungsausschuss, 5. Sitzung vom 20. April 2012, S. 71.

208 Protokoll, Untersuchungsausschuss, 4. Sitzung vom 30. März 2012, S. 154.

209 Protokoll, Untersuchungsausschuss, 5. Sitzung vom 20. April 2010, S. 11.

210 Protokoll, Untersuchungsausschuss, 5. Sitzung vom 20. April 2010, S. 11.

211 Protokoll, Untersuchungsausschuss, 3. Sitzung vom 9. März 2012, S. 15.

212 Protokoll, Untersuchungsausschuss, 4. Sitzung vom 30. März 2012, S. 27 und 30.

213 Protokoll, Untersuchungsausschuss, 5. Sitzung vom 20. April 2010, S. 79.

214 Cacante, Untersuchungsausschuss, 5. Sitzung vom 20. April 2012, S. 136.

215 *Rieble*, mypos 16/2012, S. 46 (59).

216 *Westphalen*, AnwBl 2005, 681 (683).

217 *König*, Berliner AnwBl 2011, 167 f.

218 *Streck*, Beruf: AnwaltAnwälin, S. 83.

219 BRAK-Mitt. 2001, S. 59.

220 *Streck*, Beruf: AnwaltAnwältin, S. 83.

221 Vgl. S. 275.

222 Dieser Distanzverlust kann in Extremfällen zur psychischen Abhängigkeit führen. Zum Beispiel im Fall der Anwältin Isolde Oechsle-Misfeld, die ihrem Mandanten (dem Berufskiller Werner Pinzner) Briefe, Kokain und schließlich eine Pistole in die Besucherzelle schmuggelte. Die Waffe nutzte Pinzner für einen Doppelselbstmord an seiner Frau und sich und für die Ermordung des Staatsanwalts Klaus Bisky. ***http://www.spiegel/print/d-13529066.html und d-13488305html.***

223 Beschwerde vom 1. März 2011.

224 *Kleine-Cosack*, Bundesrechtsanwaltsordnung, Kommentar, § 43 Rn. 15. Häufig kommen zahlreiche Versäumnisse in einem Fall zusammen, weil sie sich gegenseitig auslösen. Aus einem Urteil des Bayerischen Anwaltsgerichtshofes vom 13. Februar 2007, Az: BayAGH II – 15/06, S. 4: „Der Anwalt hat seine Berufspflichten verletzt, indem er bei der Bearbeitung von Mandatssachen grundlos untätig geblieben ist, sich durch die Erteilung

bewusst unrichtiger Auskünfte an den Mandanten unsachlich verhalten, nicht spätestens mit der Beendigung des Mandats gegenüber dem Mandanten über Honorarvorschüsse oder Fremdgelder unverzüglich abgerechnet, fremde Gelder nicht unverzüglich an den Empfangsberechtigten weitergeleitet und in Aufsichts- und Beschwerdesachen dem Vorstand der Rechtsanwaltskammer keine Auskunft gegeben hat".

225 Jahresbericht der Berliner Kammer 2006.

226 BVerfGE 15, 226 (234), NJW 2003, 2521, NJW 2004, 1307.

227 Beschwerde vom 1.3.2011.

228 Die Jahresberichte 2010 und 2011 der RAK Düsseldorf in den KammerMitteilungen 2011, 16 und 2012, 15.

229 *Staehle*, RAK München, Mitteilungen (IV) 2008, 1.

230 *Staehle*, RAK München, Mitteilungen (IV) 2008, 1.

231 BVerfGE 76, 171 (193).

232 BVerfGE 76, 171 (192).

233 BVerfGE 76, 171 (191).

234 Jahresbericht 2005, 11.

235 BayAGH 3. November 2009, Az.: II-12/09.

236 RAK München Mitteilungen (IV) 2008, 1 und AnwG Köln BRAK-Mitt. 2011, 213.

237 LG Köln, BRAK-Mitt. 2012, 94 ff.

238 RAK München Mitteilungen (IV) 2007, 17 und Mitteilungen (IV) 2008, 1.

239 Niedersächsischer AGH BRAK-Mitt. 2012, 34 f.

240 Niedersächsischer AGH BRAK-Mitt. 2012, 34 (36).

241 *Kleine-Cosack*, Bundesrechtsanwaltsordnung, Kommentar, § 43a, Rn. 82.

242 AnwG Hamburg I 32/99 EV 64/97 vom 15. Juli 1999.

243 BayAGH 15. April 2005, Az.: II-1/5.

244 BayAGH 26. Oktober 2004, Az.: II-10/04.

245 *Wilke*, BRAKMagazin (2) 2012, 6.

246 *Staehle*, RAK München, Mitteilungen (IV) 2008, 1.

247 BRAK-Mitt. 2011, 58 (61).

248 Beschwerde an die RAK München vom 1. Juni 2010.

249 BVerfG NJW 2001, 3325 ff., RAK München, Mitteilungen (IV) 2007 S. 16 und Mitteilungen (II) 2008, 18.

250 RAK Berlin Jahresbericht 2006, S. 15: „Leider haben auch die Beschwerden wegen der Umgehung des Gegenanwalts … nicht abgenommen".

251 Jahresbericht 2011, KammerMitteilungen RAK Düsseldorf 2012, 15.

252 Jahresbericht 2005, S. 14.

253 AGH Nordrhein-Westfalen 1.10.2010 – 2 AGH 43/10; BRAK-Mitt. 2011, 156.

254 AGH Nordrhein-Westfalen 1.10.2010 – 2 AGH 43/10 S. 5.

255 BayAGH II 1. April 2003 Az.: -3/03.

256 *Deckenbrock* spricht davon, dass die Praxis „erheblich verunsichert" ist: „In vielen Fällen ist unklar, wann ein Verbot tatsächlich greift. Noch zweifelhafter ist zumeist, welche Konsequenzen ein Verstoß hat", AnwBl (4) 2010, 221.

257 *Offermann-Burckart*, Anwaltsrecht in der Praxis, S. 217.

258 BGH 23. April 2012, AnwZ(Brfg) 35/11, S. 6.

259 *Offermann-Burckart*, Anwaltsrecht in der Praxis, S. 221 ff.

260 *Kilian*, AnwBl 2012, 495.

261 *Kilian*, AnwBl 2012, 495 (496).

262 Der Spiegel, Nr.25 vom 20.6.2011, S. 66.

263 BRAK-Mitt. 2011, 58 (59 f.).

264 BRAK-Mitt. 2011, 58 (60).

265 Beschwerde von Rechtsanwalt Strate an die Kammer vom 2.5.2004.

266 Bescheid der Frankfurter Kammer vom 24. Juni 2005.

267 *Offermann-Burckart*, Anwaltsrecht in der Praxis, S. 214.

268 Alle drei Fälle sind übernommen aus *Offermann-Burckart*, Anwaltsrecht in der Praxis, S. 214.

269 *Koch*, Geschäftsführender Vorsitzender des Anwaltsgerichts Düsseldorf, KammerMitteilungen 2012, 32: „In Anbetracht der immer größer werdenden anwaltlichen Beratungseinheiten wird es immer schwieriger, das Verbot der Vertretung widerstreitender Interessen durch die Angehörigen solcher Berufsausübungsgesellschaften einzuhalten. Solange klar und eindeutig sichergestellt ist, dass die widerstreitenden Tätigkeiten nicht vermengt werden oder die eine von der anderen profitiert, meine ich persönlich, dass dies erlaubt werden sollte". In der Tendenz wohl ähnlich BGH 23. April 2012 Anzw (Brfg) 35/11.

270 *Offermann-Burckart*, AnwBl 2009, 729 (742).

271 BVerfG NJW 2001, 3324; *Stürner/Bormann*, NJW 2004, 1481 (1488).

272 Vgl. zu dieser Entwicklung *Hartung*, Vom anwaltlichen Werbeverbot zum anwaltlichen Werberecht, in: Festschrift für Heussen, S. 9 ff.

273 *Christiansen*, AnwBl 2012, 59 (60).

274 Vgl. konkreter S. 202 ff.

275 *Christiansen*, AnwBl 2012, 59 (62).

276 *Busse*, Deutsche Anwälte, S. 573 und 574: Der „Klärungsprozess" ist bis heute nicht abgeschlossen.

277 *Stürner/Bormann*, NJW 2004, 1481 (1488).

278 *Hommerich/Kilian*, Berufsrechtsbarometer 2009, NJW 2010, 31 (33).

279 *Kleine-Cosack*, AnwBl 2010, 537 (542).

280 Jahresbericht der Rechtsanwaltskammer Düsseldorf im Jahresbericht 2011. „Zahlreiche Anfragen betreffen jedes Jahr die Gestaltung von Briefbögen, Kanzleischildern, Homepages, Mandantenrundschreiben etc". und Geschäftsbericht 2008 der Rechtsanwaltskammer Berlin, S. 11.

281 *Dahns*, BRAK-Mitt. 2011, 106.

282 *Rott*, AnwBl 2012, 131 (132).

283 So auch *Huff*, AnwBl 2012, 135.

284 NJW 2004, 2656.

285 *Offermann-Burckart*, Fachanwalt werden und bleiben, S. 11 Rn. 27.

286 RAK München, Mitteilungen (IV) 2008, S. 9.

287 *Offermann-Burckart*, Fachanwalt werden und bleiben, S. 11 und 14 Rn. 28 und 38.

288 *Offermann-Burckart*, Fachanwalt werden und bleiben, S. 14 Rn. 38 und RAK München Mitteileingen (IV) 2006, 11.

289 Niedersächsischer AGH BRAK-Mitt. 2004, 85; LG Freiburg Kammerreport Hamburg, (5) 10, S. 12; LG Berlin zum feinen Unterschied zwischen „Experten-Kanzlei" und „Spezialkanzlei" AnwBL 2011, 145, LG München BRAK. Mitt. 2010, 100 zum „Spezialist für Erbrecht"; OLG Nürnberg BRAK-Mitt. 2007, 128 zu „Versicherungsspezialist". OLG Bremen zu „Erster Fachanwalt für Erbrecht", RAK München, Mitteilungen (III)2007, 6.

290 AnwBl 2011, 145.

291 AnwBl 2012, 367.

292 Vielleicht hätte das Bundesverfassungsgericht heute anders geurteilt und ein Gemeinwohlinteresse bejaht. Der Beschwerdeführer war im Bereich des Verkehrsrecht ausgewiesen, aber es gab damals noch keinen Fachanwalt für Verkehrsrecht, NJW 2004, 2656 (2659).

293 *Hommerich/Kilian*, AnwBl 2010, 355 (356).

294 *Hommerich/Kilian*, AnwBl 2010, 428 (429).

295 *Hommerich/Kilian*, AnwBl 2010, 428 (429).

296 *Jahn*, AnwBl 2005, 744 (745).

[297] Vgl. S. 15, 152 ff., 202 ff.

[298] BRAK-Mitt. 2003, 25 ff.

[299] Vgl. hierzu in jüngerer Zeit AGH München AnwBl 2008, 372 und *Wendt*, AnwBl 2012, 110 (111 f.).

[300] BGH BRAK-Mitt. 2003, 25 (27).

[301] *Offermann-Burckart*, BRAK-Mitt. 2003, 28.

[302] Zitiert nach *Scharmer*, in: *Hartung*, Berufs-und Fachanwaltsordnung, § 7 FAO, Rn. 8.

[303] BGH BRAK-Mitt. 1997, 128; BGH BRAK-Mitt. 1997, 255.

[304] *Kilian*, AnwBl 2013, 511.

[305] *Hommerich/Kilian*, Fachanwälte, S. 195 f.

[306] Vgl. S. 15 f., 152 f., 202 ff.

[307] *Ewer*, AnwBl 2012, 125 (126); auch *Kleine-Cosack*, Bundesrechtsanwaltsordnung, § 2 FAO Anhang I 2 Rn. 4 ist der Auffassung, dass „weder der rechtspolitische Bedarf für eine grundlegende Änderung nachgewiesen noch ein überzeugendes Konzept vorgelegt worden ist".

[308] *Stobbe*, in: *Henssler/Prütting*, Bundesrechtsanwaltsordnung, FAO § 1 Rn. 8.

[309] *Hommerich/Kilian*, Fachanwälte, S. 147 f.

[310] *Busse*, Deutsche Anwälte, S. 587 spricht von „erheblichen Mängeln".

[311] *Busse*, Deutsche Anwälte, S. 587: „Das Niveau der Lehrgänge und damit auch das der Antragsteller unterscheidet sich stark. Etwaigen Tendenzen, selbst unzureichende Leistungen im eigenen wirtschaftlichen Interesse durchzuwinken, ist kein Riegel vorgeschoben".

[312] *Scharmer*, in; *Hartung*, Berufs- und Fachanwaltsordnung, § 5 FAO Rn. 18 Klausuren ebenso wie Fachlehrgänge können ein „außerordentlich unterschiedliches Niveau" haben.

[313] *Offermann-Burckart*, AnwBl 2012, 114 (118).

[314] *Offermann-Burckart*, Fachanwalt werden und bleiben, S. 89.

[315] *Mihm*, Protokoll der S. 5/4 am 25/26. Juni 2010, S. 18.

[316] *Groppler*, Protokoll der S. 5/4 am 25/25. Juni 2010, S. 20.

[317] *Offermann-Burckart*, Protokoll der VS. 5/4 am 25/26. Juni 2010, S. 9 f.

[318] *Offermann-Burckart*, Protokoll der VS. 5/4 am 25/26. Juni 2010, S. S. 9.

[319] *Groppler*, Protokoll der Satzungsversammlung 5/4 am 25/26. 2010, S. 20.

[320] *Offermann-Burckart*, Fachanwalt werden und bleiben, S. 89.

[321] BGH-RR NJW 1995, 1424.

[322] *Offermann-Burckart*, Fachanwalt werden und bleiben, S. 109 ff.

[323] Vgl. hierzu *Kleine-Cosack*, Bundesrechtsanwaltsordnung, FAO, Anhang I 2, Rn. 9 bis 18.

[324] Vgl. zur Rechtsprechung *Offermann-Burckart*, Fachanwalt werden und bleiben, S. 113 ff.

[325] *Wendt*, AnwBl 2012, 110.

[326] AnwBl (3) 2012, M 80.

[327] *Hommerich/Kilian*, Fachanwälte, S. 152.

[328] Zum Beispiel BGH BRAK-Mitt. 2003, 25 (26 f.) und *Offermann-Burckart*, Fachanwalt werden und bleiben, S. 112.

[329] Vgl. zur Rechtsprechung *Scharmer*, in: *Hartung*, Berufs- und Fachanwaltsordnung, FAO § 7 Rn. 8 ff.

[330] Vgl. zur jüngeren Rechtsprechung *Ollig*, AnwBl 2010, 354.

[331] *Hommerich/Kilian*, Fachanwälte, S. 156 f.

[332] *Wendt*, AnwBl 2011, 574 f.

[333] Noch kritischer *Kleine-Cosack*, Bundesrechtsanwaltsordnung, Anhang I 2 Rn. 2 Bei der Bezeichnung Fachanwalt handelt sich um die „schlichte förmliche Feststellung vorhandener besonderer Kenntnisse und Erfahrungen ohne echte Prüfung der Kammern".

[334] Zitiert nach *Scharmer*, in: *Hartung*, Berufs- und Fachanwaltsordnung, FAO, Einführung, Rdnr. 64.

[335] So zum Beispiel der frühere Präsident des DAV *Harmut Kilger*, AnwBl 2008, 744 und der

amtierende Präsident *Wolfgang Ewer*, AnwBl 2012, 125 (126): „Zwar mag es in singulären Fällen Unregelmäßigkeiten gegeben haben. Indessen dürften es sich nach meiner Bewertung um Ausnahmen und nicht um systemische Mängel gehandelt haben".

336 Zitiert nach dem Hamburger Kammerreport (3) 2011, S. 22.

337 KammerMitteilungen RAK Düsseldorf 2012, 4 (17 f.).

338 *Offermann-Burckart*, Fachanwalt werden und bleiben, S. 304.

339 Jahresbericht 2007, S. 8.

340 Vgl. zu diesem Glaubwürdigkeitsproblem *Offermann-Burckart*, Fachanwalt werden und blieben, S. 318.

341 Bescheid der Kammer vom 13. Februar 1991.

342 Beschluss des Ehrengerichtshofes vom 25. März 1992 Az.: I Zu 4/91.

343 BVerfG NJW 1993, 317 (318).

344 *Kilger*, AnwBl 1999, 651.

345 *Klaiß*, RAK München, Mitteilungen (I) 2009, 9.

346 Jahresberichte 2009 und 2010 S. 11 und S. 12.

347 Jahresbericht 2011, S. 11.

348 Jahresberichte 2009, 2010 und 2011, S. 13, 6 und 5.

349 Süddeutsche Zeitung vom 6./7. Oktober 2012, S. 25.

350 Statistische Angaben hierzu bei *Busse*, Deutsche Anwälte, S. 549.

351 Vgl. die Zusammenfassung der Rechtsprechung bei *Klaiß*, RAK München, Mitteillungen (I) 2009, S. 9.

352 BVerfG NJW 1993, 317 (321).

353 BVerfG NJW 1993, 317 (319).

354 Vgl. hierzu die Rechtsprechungsübersichten bei *Klaiß*, RAK München, Mitteilungen (I)2009, S. 9 und 11 f sowie *Quaas*, BRAK-Mitt. 2012, 46 (49).

355 Vgl. hierzu auch BGH vom 14. Mai 2009 AnZ(B) 119/08, S. 10.

356 *Kleine-Cosack*, Kommentar, Bundesrechtsanwaltsordnung, § 7, Rn. 61.

357 Zitiert nach *Dommer*, AnwBl 2012, 251 (252) und *van Bühren* BRAK Magazin 2/2012, 3.

358 Zitiert nach *Dommer*, AnwBl 2012, 251 (252).

359 Zitiert nach *Dommer*, AnwBl 2012, 251 (252).

360 *Creutz*, BRAKMagazin (1) 2012, 4.

361 *Hommerich/Kilian*, Rechtsschutzversicherungen und Anwaltschaft, S. 38.

362 *Hommerich/Kilian*, Rechtsschutzversicherungen und Anwaltschaft, S. 31 und *Kilian/Terrriuolo*, AnwBl 2012, 226 (228).

363 *Busse*, Deutsche Anwälte, S. 619.

364 *Kilian/Terriuolo*, AnwBl 2012, 226 (228).

365 *Oberländer/Eggert*, BRAK-Mitt-2009, 2 (3).

366 *Schons*, AnwBl 12/2010, 861 (863): „Tatsächlich wird man feststellen müssen, dass die Anwaltschaft nicht ohne die Rechtsschutzversicherungswirtschaft kann und umgekehrt".

367 *Kuchelmeister*, AnwBl 3/2012, 254 (256).

368 *Kilian/Terriuolo*, AnwBl 2012, 226 (227).

369 Mitteilungen der RAK München (I) 2005, S. 10.

370 *Schons*, AnwBl 2010, 861.

371 *Schons*, AnwBl 2010, 861 (863); ebenso *Samimi/Liedtke*, Berliner Anwaltsblatt 5/2011, 153.

372 *Dieter Finzel*, Präsident der Hammer Rechtsanwaltskammer ist der Auffassung, dass die Geschäftsbedingungen der HUK Coburg „das Recht des Mandanten auf freie Anwaltswahl beeinträchtigen", KammerReport Hamm 4/2012, 4.

373 BGH vom 4.12.2013 Az: ZR 215/12.

374 *Kilian/Terriuolo*, AnwBl 2010, 226 (229).

375 *Hommerich/Kilian*, Rechtsschutzversicherungen und Anwaltschaft, S. 132.

376 *Hommerich/Kilian*, Rechtsschutzversicherungen und Anwaltschaft, S. 132.

[377] *Oberländer/Eggert*, BRAK-Mitt. 2009, 2 (3).
[378] *Hommerich/Kilian*, Rechtschutzversicherungen und Anwaltschaft, S. 114; *Monika Maria Risch*, Vorsitzende der Arbeitsgemeinschaft Versicherungsrecht im DAV, kommt auf Gebührenabschläge von mindestens 25 Prozent. In OWi-Verfahren müssen die Anwälte ihrer Erfahrung nach auf mehrere hundert Euro verzichten.
[379] Vgl. hierzu *Dommer*, AnwBl 12/2011, 924 (925).
[380] *Samimi*, Berliner Anwaltsblatt 5/2010, 161.
[381] *Oberländer/Eggert*, BRAK-Mitt. (1) 2009, 2 (3).
[382] *Oberländer/Eggert*, BRAG-Mitt .(1) 2009, 2 (3).
[383] *Van Bühren*, BRAKMagazin (2) 2012, 3 und KammerForum (4) 2009, 97.
[384] *Van Bühren*, BRAKMagazin (2) 2012, 3.
[385] *Busse*, Deutsche Anwälte, S. 275.
[386] *Jagodzinski/Raiser/Riehl*, Rechtsschutzversicherung und Rechtsverfolgung, S. 16 ff.; veraltet und methodisch umstritten ist die Studie von *Blankenburg/Fiedler*, Die Rechtschutzversicherungen und der steigende Geschäftsanfall der Gerichte, Tübingen, 1981.
[387] *Jagodzinski/Raiser/Riehl*, ebenda, S. 57.
[388] *Jagodzinski/Raiser/Riehl*, ebenda, S. 104.
[389] *Jagodzinski/Raiser/Riehl*, ebenda, S. 105.
[390] *Jagodzinski/Raiser/Riehl*, ebenda, S. 132, 140 und 141.
[391] *Jagodzinski/Raiser/Riehl*, ebenda, S. 105.
[392] BGHZ 8. Mai 2013 Az: ZR 84/12.
[393] Vgl. S. 131 f.
[394] *Von Westphalen*, AnwBl 2005, 681 (683).
[395] *Filges*, Hamburger Kammerreport 2007, 2.
[396] *Streck*, Beruf: AnwaltAnwältin, S. 65.
[397] *Barth*, JUVE (10) 2011, 63.
[398] *Hartung/Weberstaedt*, AnwBl 2011, 607 (608).
[399] *Barth*, JUVE 12/2009, 35.
[400] JUVE Handbuch 2012/13, S. 53/54 (Einlage).
[401] Vgl. hierzu im Einzelnen *Barth*, JUVE 10/2012, 46 (48).
[402] Zitiert nach *Hartung/Weberstaedt*, Click4Legal – How Deutsche Bank Manages its Suppliers of Legal Services,www.bucerius-clp.de, S. 3.
[403] *Jatzkowski*, JUVE 2/2012, 36 (38).
[404] Vgl. hierzu auch weiter *Jatzkowski/Jung*, JUVE 11/2010, 59 ff.
[405] *Votsmeier*, JUVE 6/2012, 59 f.
[406] Vgl. Hierzu auch JUVE Handbuch 2012/2013, S. 33.
[407] *Oldermann*, JUVE 2/2012, 73 (75).
[408] Gespräch in JUVE 9/2009, 35.
[409] *Hartung*, Karrierewege und Partnerwerdung, in: *Schieblon* (Hrsg.) Kanzleimanagement in der Praxis, S. 113 (114 Rn. 5).
[410] ***http://www.azur-online.de/top-arbeitgeber/top-50/Clifford-chance und cms-hasche-sigle.***
[411] ***http://www.azur-online.de/top-arbeitgeber/top-50/noerr und baker-mckenzie.***
[412] *Hartung*, Karrierewege und Partnerwerdung, in: *Schieblohn* (Hrsg.) Kanzleimanagement in der Praxis, S. 113 (116 Rn. 10).
[413] Brief liegt Verfasser vor.
[414] *Jatzkowski*, JUVE 8/2011, 6.
[415] *Brünger*, JUVE 8/2011, 43 (44).
[416] ***www.azur-online.de/toparbeitgeber/top-50.***
[417] *Brünger* JUVE 8/2011, 43 (44).

418 Das Urteil BGH AnwBl (12) 2011, 953 hat der arbeitsrechtlichen Unzulässigkeit von 14–16 Stunden nichts zu tun. Es verringert lediglich das Vergütungsrisiko für Überstunden.

419 JUVE 6/2011, 8.

420 JUVE 2/2013, 6.

421 *Klos/Parzinger*, Azur 100, Toparbeitger 2011.

422 www.azur-online.de/Toparbeitgeber/top50.

423 Expertengespräch in JUVE (9) 2009, 36.

424 *Hartung*, Karrierewege und Partnerwerdung, in *Schieblon*, (Hrsg.) Kanzleimanagement in der Praxis, S. 113 (137 Rn. 95).

425 Vgl. hierzu Wikipedia und SPIEGEL ONLINE ***http://www.spiegel.de/karriere/berufsstart/genration-y-die*** gewinn.

426 Zitiert nach SPIEGEL Online ***http://www.spiegel.de/karriere/berufsstart/generation-y-die-gewinn.***

427 *Nohlen*, JUVE 11/2012, 36 (40).

428 ***http://www.azur-online.de.***

429 An dieser Umfrage nahmen 3267 Associates, 661 Bewerber, 290 Arbeitgeber teil, ***http://www.azur-online.de.***

430 Aufschlussreich die Analyse von *John Lucy*, Direktor für Human Ressoursces bei der Londoner Kanzlei Berwin Leighton Paisner: „Einen Anwalt zu rekrutieren und auszubilden kostet insgesamt etwa 250 000 Pfund. Bis sich diese Investition rentiert hat, vergehen oft zwei bis drei Jahre". Die Folge: „Es werden weniger Trainees eingestellt, da es länger dauert, bis diese die investierte Summe wieder reinholen. Das wiederum bedeutet, dass der Kampf um die größten Talente noch heißer wird, weil alle Kanzleien die Spitzenabsolventen brauchen". *Brünger/Griffiths*, JUVE 5/2011, 39 (42).

431 *Nünemann/Parzinger*, JUVE 1/2013, 53.

432 *Schiltz*, Vanderbilt Law Review 52 (1999), 871 (887).

433 Zitiert nach Der Tagesspiegel vom 13. August 2012, 21.

434 *Barth/Kerhoff/Neumann*, JUVE 1/2012, 37 (38).

435 *Parzinger*, JUVE 6/2012, 37 (38).

436 *Parzinger*, JUVE 6/2012, 37 (38).

437 Vgl. hierzu *Parzinger*, JUVE 6/2012, 37 (39).

438 SZ vom 11./12./13.Juni 2001, Beruf und Karriere.

439 *Nünemann/Parzinger*, JUVE 1/2013, 53 (57).

440 JUVE 9/09, 34.

441 *Jatzkowski*, JUVE (2)2012, 32 (34).

442 Die Präsidentin des Sozialgerichts Berlin *Sabine Schudoma*: „Es gibt immer noch Vorschriften, deren Anwendung so kompliziert ist, dass der Streit geradezu vorprogrammiert ist". ***http://www.berlin.de/sen/justiz/gerichte/sg/presse/archiv/20130110.1700.380046.html.***

443 ***http://www.handelsblatt.com/poltik/deutschland//zum-ersten-mal-weniger-klagen-geg ….***

444 Antwort der Bundesregierung auf eine Kleine Anfrage der Partei die LINKE, BT-Drucksache 17/9355, S. 5. Bei den Widersprüchen zeichnet sich eine vergleichbar positive Entwicklung noch nicht ab. Die Stattgaben verharren seit 2007 relativ stabil bei rund 36 Prozent, freilich auch hier mit minimalen Verbesserungen.

445 FAZ vom 1.6.2011, Seite Steuern und Recht.

446 ***http;//juris.bundessozialgericht.de/cgi-bin/rechtsprechung/documnet.py/Gericht=bsg&.***

447 BT-Drucksache 17/3404, S. 114.

448 127. Kammer des Sozialgerichts Berlin 27.1.2011, Az.: S. 127 S. 9411/10 E), S. 3.

449 173. Kammer des Sozialgerichts 12.5.2011, Az.: S. 173 AS. 34673/09), S. 3.

450 197. Kammer des Sozialgerichts 5. Juli 2011, Az.: S. 197 AS. 7509/11).

451 197. Kammer des Sozialgerichts Berlin 5. Juli 2011, Az:. S. 197 AS. 7509/11, S. 2.
452 164. Kammer des Sozialgerichts Berlin 10. Sept. 2010, Az.: S. 164 S. 7005/10 E, S. 3.
453 ***http://www.handelsblatt.com/politik/deutschland/hartz-iv-leistungen-bundessozialgericht.***
454 Zitiert nach Lausitzer Rundschau vom 30. Januar 2013.
455 ***http://www.nnz-online.de/news/news_lang.php?ArtNr=85891.***
456 *Habschick/Evers*, Anforderungen an Finanzvermittler – mehr Qualität, bessere Entscheidungen, S. 12.
457 Die ZEIT vom 15. Dezember 2011, S. 44.
458 Der Spiegel Nr.27/2012, S. 79.
459 SZ vom 28. September 2011, S. 32.
460 Handelsblatt vom 20. Oktober 2008, S. 12.
461 Wirtschaftswoche vom 20. April 2009, S. 118.
462 ***http://www.manager-magazin.de/finanzen/geldanlage/0,2828,680341-3,00.html.***
463 Handelsblatt vom 8. Oktober 2008, S. 12.
464 Landgericht Frankfurt 29.11.2010 (Az.: 2-19 O 24/10) und Oberlandesgericht Frankfurt 13.4.2011 (Az 17 U 250/10).
465 Vgl. hierzu unter anderem OLG Hamburg 2.6.2005, BeckRS 2005 07580; OLG München BRAK-Mitt. 3/2012, 134 und KG BRAK-Mitt. 6/2010, 274.
466 Landgericht Hamburg vom 14.11.2007.
467 LG Düsseldorf 2.9.2009, Az: 12 O 237/09.
468 Landgericht Ellwangen, 8. Dezember 2008, Az.: 20 91/07.
469 Generalstaatsanwaltschaft Hamm vom 2.2.2012, Az.: 6 EV 17/07.
470 ***http://www.dr-stoll-kollegen.de/aktuelle-faelle/solar-millenium-ag?gclid=CP3d-tk-.***
471 Zitiert nach Wirtschaftswoche vom 26. Januar 2009, S. 83.
472 ***http://www.bankundkapitalmarkt.de/unternehmen/1848-altaktionäre-der-hypo-real-e.***
473 Der Tagesspiegel vom 29. September 2011, S. 19 und die SZ vom selben Tage S. 23.
474 Zitiert nach Der Tagespiegel vom 18. Mai 2012.
475 BGH XI ZR 178/10.
476 Vgl. zum Scheitern der Göttinger Gruppe und der Prozessgeschichte Wikipedia ***http://de.wikipedia.org/wiki/G%C3%B6ttinger_Gruppe.***
477 ***http://de.wikipedia.org/wiki/G%C%B6ttinger_Gruppe.***
478 *Gückel*, Göttinger Tageblatt 17. Dezember 2009, S. 10.
479 Vgl. zum Beispiel OLG Düsseldorf 10. Mai 2012, Az.: I-6 U 28/11, ***http://www.juris.de/jportal/portal/t/1i2d/page/jurisw.psml?doc.hl=1&doc.id=JURE12.***
480 Vgl. zu den abgewiesenen Klagen *J. Gückel*, Göttinger Tageblatt vom 27. August 2010, S. 9 und 6. April 2011, S. 9.
481 Vgl. hierzu *J. Gückel* im Göttinger Tageblatt vom 23. Juli 2009, S. 9, vom. 17. Dezember 2009, S. 10, vom 27. August 2010, S. 9 und 6. April 2011, S. 9.
482 Wirtschaftswoche vom 13. April 2013, S. 3 f.
483 Vgl. hierzu im Einzelnen S. 110.
484 ***http///www.ndr.de/info/programm/sendungen/reportage/awd209.html.***
485 Landgericht Köln 4.9.2012 Az: 21 O 478/11; Landgericht Dortmund 17.4.2012 Az: 25 O 579/11 und Landgericht Flensburg 14.2.2013 Az.: 7 O 115/11.
486 Landgericht Flensburg 14.2.2013, Az.: 7 O 115/11, S. 5.
487 Hannoversche Allgemeine Zeitung vom 15. Dezember 2012, S. 15.
488 Handelsblatt vom 6. Janaur 2006, S. 6.
489 ***http://www.zeit.de/2006/47/Opfer.***
490 So wollte zum Beispiel Edward Fagan Siemens und Thyssen-Krupp nach dem Eschede Unglück vor einem US-Gericht verklagen, Die Welt vom 27. November 2002, S. 11.
491 Die Welt vom 14. Mai 2002, S. 7 und AnwBl (12) 2005, 749.

[492] Berliner Zeitung vom 2. Mai 2002, S. 6.

[493] Financial Times vom 23. April 2002, S. 11, Berliner Zeitung vom 26.10.2001 (S. 10) und FAZ 2. März 2004, S. 11.

[494] FAZ vom 3. September 2002, S. 9.

[495] *Schmid*, AnwBl (12) 2005, 749 (Flugschau-Katastrophe in Ramstein, ICE-Unfall in Eschede, Skizug-Unfall in Kaprun, Crossair-Absturz in Bassendorf, Anschlag auf Djerba, Amoklauf in Erfurt, Flugzeugzusammenstoß über dem Bodensee).

[496] Der Tagesspiegel vom 3. Juni 2009, S. 4.

[497] *Hellwig*, AnwBl 2008, 644 (651).

[498] Zu Costa Concordia SZ vom 12. März 2012, S. 10 und den Kohleschäden Der SPIEGEL vom 18. Februar 2013, S. 62 ff.

[499] ***http://www.nnn.de/nachrichten/mecklenburg-u-vorpommern/artikeldetail/artikel/der.***

[500] *Barton/Flotho*, Opferanwälte im Strafverfahren, S. 110.

[501] Statistisches Bundesamt, Strafgerichte, Fachserie 10, Reihe 2.3.

[502] Statistisches Bundesamt, Strafgerichte, Fachserie 10, Reihe 2.3.

[503] ***http://www.opferanwalt-online.de.***

[504] ***http://dunkelziffer.de/hilfe/opferanwalt.html.***

[505] ***http://niemöller-marty.de/der-opferanwalt.html.***

[506] *Barton*, StraFo 5/2011, 161 (165).

[507] *Barton/Flotho*, Opferanwälte im Strafverfahren, S. 108.

[508] *Barton/Flotho*, ebenda, S. 87.

[509] *Barton/Flotho*, ebenda, S. 130.

[510] *Barton* StraFo 5/2011, 161.

[511] *Barton*, ***http://m.stuttgarter-zeitung.de/inhalt.winnenden-prozess-unter-dem-druck-der-opferan.***

[512] *Tolmein*, ***http://m.stuttgarter-zeitung.de/inhalt.winnenden-prozess-unter-dem-druck-der-opferan.***

[513] *Schwenn*, Die Nebenklage aus der Sicht eines Verteidigers, in: Verfahrensgerechtigkeit und Zeugenbeweis, hrsg. von *Barton*, S. 107 (115).

[514] *Schwenn*, StV 12/2010, 705 (706).

[515] *Schwenn*, StV 12/2010, 705 (708).

[516] *Barton*, StraFo 5/2011, 161 (165).

[517] Vgl. hierzu ***http;//www.abendblatt.de/wirtschaft/article475866/Billiganwaelte und Wikipedia unter dem Stichwort Juraxx.***

[518] ***http://www.spiegel.de/karriere/berufsstart/spezialanwaelte-die-welt-der-winkel-advok …***

[519] Finanztest (2) 2008, S. 20.

[520] *Brügmann*, SZ vom 14. Juni 2012, S. 6.

[521] Mail von Prof. *Benno Heussen* an *Michael Friedmann* vom 25. Februar 2013.

[522] ***http://www.vzbv.de/8264.htm.*** Die 2011 durchgeführte Studie der Bundeszentrale für Verbraucherschutz ist nicht repräsentativ.

[523] Gesetz gegen unseriöse Geschäftspraktiken BT-Drucksache 17/13057. S. 12 f.

[524] Gesetz gegen unseriöse Geschäftspraktiken BT-Drucksache 17/13057, S. 10.

[525] ***http://beck-online.beck.de/default.aspx?printmanager=print&VPATH=bibdata%2Tent …*** Das Urteil ist zum Teil heftig kritisiert worden, unter anderem von *Kleine-Cosack*, NJW 2011, 2251 und *Wedel*, AnwBl 2011, 753.

[526] BGH 9. Juni 2008, Az: AnwSt(R) 5/05.

[527] Pressemitteilung vom 19. August 2011.

[528] Einstellungsbescheid vom 18. Februar 2010 Az.: 323 Js 39616/08.

[529] Einstellungsbescheid vom 18. Februar 2010, S. 11 f.

[530] Einstellungsbescheid vom 18. Februar 2010, S. 12.

531 NJW-RR 1/2010, 68 (69).

532 Vgl. hierzu Financial Times vom 18. Januar 2011, S. 20, Landgericht Mannheim, Kammerreport Hamburg 1/20 2010, S. 8; Landgericht Göttingen ***http://heise.de/newsticker/meldzung/Abofallen-Betreiber-zu-Haftstrafebn-verurteilt*** … AG Schwandorf NJW-RR 2011, 1628. Allein die 12. Zivilkammer des Landgerichts Osnabrück hat in jüngster Zeit die Inkassotätigkeit von Olaf Tank als rechtmäßig angesehen, weil eine betrügerische Absicht fehlt, Neue Osnabrücker Zeitung vom 11. Dezember 2013 ***hppt://www.noz.de/socialmediabar/print/435374.***

533 SZ vom 22. März 2012, S. 10, Urteil des Landegerichts Hamburg vom 21. März 2012, S. 8.

534 Urteil des Landgerichts Hamburg vom 21. März 2012, S. 113.

535 Urteil des Landgerichts Hamburg vom 21. März 2012, S. 111.

536 Anklageschrift vom 29. März 2012 Az.: 4 Js 4156/10.

537 *Thoma-Adofo*, Tote Ratten für den Tankwart, MaJessTic, 2012.

538 Ebenda, S. 65.

539 Ebenda, S. 82.

540 Ebenda, S. 84.

541 Ebenda, S. 93.

542 Ebenda, S. 116.

543 Ebenda, S. 153.

544 Ebenda, S. 313.

545 Ebenda, S. 331. AG Marburg NJW-RR 2010, 68.

546 Ob die noch wieder anläuft, ist schwer zu sagen. Auf jeden Fall hat die Osnabrücker Polizei schon mal vor einem Nachfolger von Abmahnanwalt Tank gewarnt, ***http://www.zdnet.de/41562443/polizei-osnabrück-warnt-vor-nachfolger-bonabmahn.***

547 LG Bückeburg vom 22.4.2008, Az.: 2 O 62/08 ***http://juris.de/jportal/portal/t/1opt/page/jurisw.psml?action=co.***

548 Umfrage „Shop-Abmahnungen im Internet, April 2007, S. 3.

549 Ebenda, S. 16.

550 Ebenda, S. 3.

551 Ebenda, S. 3.

552 Anfrage der SPD-Fraktion und Antwort der Bundesregierung BT-Drucksache 17/1585, S. 2.

553 ***http://www.shopbetreiber-blog.de/2008/12/11/lg-bonn-gericht-sagt-abmahnerenden-ka.***

554 Amtsgericht Bergisch-Gladbach vom 28. Janaur 2010, ***http://beck-online. beck. dedefault. aspx?pr.***

555 ***http://www.shopbetreiber-blog.de/2007/12/12/fliegender- gerichtsstand-was-kostet-ein.***

556 ***http://www.shobetreiber-blog.de/2009/02/02/massenabmahner-e-tail-gmbh-unterlieg*** … .

557 ***http://www.shopbetreiber-blog.de/2008/04/07/professor-hoeren-spass-an-massenabma.***

558 ***http://www.shopbetreiber-blog.de/2007/08/21/olg-duesseldorf-kuerzt-abmahnkosten-v.***

559 ***http://www.shopbetreiber-blog.de/2009/02/02/massenabmahner-e-tail-gmbh-unterlieg.***

560 ***http://www.shopbetreiber-blog.de/2009/02/02/massenabmahner-e-teil-gmbh-unterlieg.***

561 Kammergericht vom 25. Januar 2008, Az.: 5W 371/07.

562 ***http://www.heise.de/newsticker/meldung/Abmankanzlei-versteigert-90-Millionen-Eu.***

563 Zitiert nach Financial Times Deutschland vom 22. April 2008, S. 33.

564 ***http://www.heise.de/newsticker/meldung/Gericht-begrenzt-Abmahn-Entgelt-fuer-eBay.***

565 *Solmecke*, Vortrag bei der DSRI Herbstakademie 2008, hrsg. von *Taeger/Wiebe*, 207–220. Filsharing-Technische Hintergründe der Rückverfolgung und Abmahnpraxis, S. 10.

566 ***http://www.wbs-law.de/abmahnung-filesharing/lg-koeln-urteile-in-zwei-rasch-klagen-*** …

567 BT-Drucksache 17/13057, S. 12.

568 Unter anderem das Amtsgericht Frankfurt und das Oberlandesgericht Brandenburg. Vgl. hierzu *Kreutzer*, Verbraucherschutz im Urheberecht, S. 83.

569 ***http://www.heise.de/ct/artikel/schwierige-Gegenwehr-1069835.html.***

570 ARD-Magazin Kontraste vom 21. Juli 2011.

571 Kontraste vom 21. Juli 2011.

572 Vgl. hierzu *Bleich*, c't 2010, 154 (155).

573 So zum Beispiel die Presseerklärung des Bundesjustizministeriums vom 13.3.2013. „Wenige schwarze Schafe schaden dem Ruf einer ganzen Branche".

574 BT-Drucksache 17/13057, S. 12.

575 Die Informationen dieses Abschnittes sind im Wesentlichen einem Artikel von *Fabian Gartmann* im Handelsblatt vom 25. Februar 2013 entnommen.

576 *Theissen/Raßhofer*, Der Aufsichtsrat (8-9)2007, 107 (109).

577 *Baums/Vogel/Tacheva*, ZIP (38)2000, 1649 (1651).

578 Nach einer Sonderauswertung von *Baums/Drinhausen/Keinath* für den Verfasser haben 2010 19 Anwälte drei und mehr Klagen im eigenen Namen erhoben: als Kläger, Nebenintervenient oder als Gesellschafter bzw. Aufsichtsräte von Prozessführungsgesellschaften. Als Gesellschafter bzw. Aufsichtsräte waren neben Dimke tätig Arno Lampmann (Aufsichtsrat der GASTRO Beteiligungs AG), Robert Abt (Knightsbridge Vermögens- und Beteiligungs GmbH) und Oliver Beyer (Knightsbridge Vermögens- und Beteiligungs GmbH).

579 *Jahn*, AnwBl (11)2008, 749.

580 Zitiert nach Wirtschaftswoche vom 30. Mai 2009, S. 91.

581 Zitiert nach *Jahn*, Erste Schritte gegen Schmier-, Schweige- und Schutzgelder, in: Festschrift für Hopt, S. 2029 (2037) und FAZ vom 1. Oktober 2008, S. 27.

582 *Jahn*, Erste Schritte gegen Schmier-, Schweige- und Schutzgelder, in: Festschrift für Hopt, S. 2029.

583 Zitiert nach Finanz.net vom 8. Juni 2011.

584 *Baums/Vogel/Tacheva*, ZIP 38 (2000), 1649 (1653).

585 Interview mit *Frank Scheunert*, in: HV Magazin 2/2008, 27.

586 Finanz.net vom 8. Juni 2011.

587 *Jahn*, FAZ vom 29. Juni 2007, S. 15.

588 Das soll unter anderem Fall gewesen sein beim fränkischen Holzbauunternehmen Pfleiderer und dem Solarhersteller Q-Cells, deren Sanierung vor Gericht scheiterte. Welt-online vom 3. April 2012.

589 *Jahn*, BB (1) 2005, 5 (6).

590 *Ehmann*, ZIP (13) 2008, 584 (585).

591 ***http://notizen.duslaw.eu/das-teuerste-juraskript-aller-zeiten-allianz-erlautert-die-se/.***

592 Vgl. zu Gerling Noack ***http://notizen.duslaw.eu/gerling-ag-zahlt-uber-11-mio-e-an-anfechtungsklager-fur-ver.*** und Wirtschaftswoche vom 30. Mai 2009, S. 91.

593 *Baums/Vogel/Tacheva*, ZIP (38) 2000, 1649 (1655).

594 BT-Drucksache 15/5092, S. 0 und BT-Drucksache 16/11642, S. 2.

595 BGHZ 107, 296.

596 BGHZ 107, 296; BGH ZIP (19) 1992, 1391; OLG Köln ZIP (15) 1988, 967; LG Frankfurt AG (22) 2007, 824, OLG Stuttgart AG (6) 2001 315; OLG Celle ZIP (24) 2010, 1198; OLG Hamburg NZG (6) 2011, 232.

597 *Baums/Vogel/Tacheva*, ZIP (39) 2000, 1649 (1653) und *Baums/Keinath/Gajek* ZPI (35) 2007, 1629 (1643).

598 *Theisen/Raßhofer*, Der Aufsichtsrat 2007, 107 (109).

599 *Jahn*, Der Versuch die Klageindustrie „einzudämmen, ist kläglich gescheitert. Noch mehr Berufsopponenten sind seither auf den Geschmack gekommen", AnwBl (11) 2008, 749.

600 *Baums/Keinath/Gajek*, ZIP (35) 2007, 1629 (1636).

601 *Baums/Keinath/Gajek*, ZIP (35) 2007, 1629 (1645).

602 *Baums/Keinath/Gajek*, ZIP (35) 2007, 1629 (1646).

603 *Baums/Keinath/Gajek*, ZIP (35) 2007, 1626 (1647).

604 *Baums/Drinhausen/Keinath*, Anfechtungsklagen undFreigabeverfahren, Eine empirische Studie, Working Papers Series No.130, S. 91.

605 *Bayer/Hoffmann/Sawada*, Anfechtungsklagen und Freigaben(Zusammenfassung), S. 10.

606 *Baums/Drinhausen/Keinath*, Anfechtungsklagen und Freigabeverfahren, S. 107: seit Inkrafttreten des ARUG ist die Anzahl der Beschlussmängelklagen signifikant zurückgegangen" und S. 108: „Die Anzahl der durch gerichtlichen Beschluss beendeten Freigabeverfahren hat sich seit Inkrafttreten des ARUG nahezu halbiert".

607 So insbesondere *Bayer/Hoffmann/Sawade*, Anfechtungsklagen und Freigabeverfahren, S. 10 ff.

608 *Baums/Drinhausen/Keinath*, Anfechtungsklagen und Freigabeverfahren, S. 106.

609 *Baums/Drinhausen/Keinath*, Anfechtungsklagen und Freigabeverfahren, S. 107.

610 *Baums/Drinhausen/Keinath*, Anfechtungsklagen und Freigabeverfahren, S. 86.

611 OLG Frankfurt ZIP (6) 2009, 271.

612 BGH ZIP (15) 1992, 1081.

613 FAZ vom 17. Juni 2007.

614 Vgl. hierzu SPIEGEL vom 17. Juni 2006, S. 75.

615 FAZ vom 1. Oktober 2007, S. 18.

616 LK Köln 27. November 2009 Az.: 82 O 192/09.

617 Wirtschaftswoche vom 11. April 2011.

618 SZ vom 2/3. Juni 2012, S. 7.

619 Vgl. hierzu *Beulke/Ruhmannseder*, Die Strafbarkeit des Verteidigers, S. 137 ff., OLG Hamburg NStZ 2000, 311 und BGH NJW 2001, 2891.

620 BVerfG NJW 2004, 1305 (1308).

621 *Beulke/Ruhmannseder*, Die Strafbarkeit des Verteidigers, S. 141.

622 Hamburger Abendblatt vom 20/21. Oktober 2012, S. 12.

623 Vgl. zum Sachverhalt SZ vom 23. November 2006, S. 7.

624 Landgericht Bielefeld 7. Dezember 2009 Az.: 3 KLs 58/09 (AK 16/19).

625 Die ZEIT vom 5.4.1968.

626 *Dahs*, NJW 1994, 909; *Busse*, Deutsche Anwälte, S. 261.

627 *Dahs*, NJW 1994, 909.

628 *Lampe*, Verteidigung in den RAF-Prozessen – Die Sicht des Anklägers, in: Die Anwälte und ihre Geschichte, S. 431.

629 *Plottnitz, Rupert von*, Verteidigung in den RAF-Prozessen – Die Sicht des Verteidigers, in: Die Anwälte und ihre Geschichte, S. 459 (460).

630 *Plottnitz, Rupert von*, Verteidigung in den RAF-Prozesses – Die Sicht des Verteidigers, in: Die Anwälte und ihre Geschichte, S. 459 (460).

631 Vgl. der SPIEGEL Nr. 38 2012, S. 43.

632 Vgl. hierzu ausführlich *Lampe*, Verteidigung in den RAF-Prozessen – Die Sicht des Anklägers, in: Die Anwälte und ihre Geschichte, S. 431 ff. 1977 belastete das RAF-Mitglied Volker Speitel die Verteidiger der Terrorgruppe bei der Bundesanwaltschaft erheblich: „Kassiber geschmuggelt haben sie alle", ebenda, S. 432.

633 Der SPIEGEL von 16. Dezmber 1974, Nr. 51, S. 25.

634 ***http://www.strafverteidigervereinigungen.org/information.htm.***

635 ***http://www.strafverteidigervereinigungen.org/information.htm.***

636 Die Hamburger Arbeitsgemeinschaft für Strafverteidigerinnen und Strafverteidiger beruft sich zum Beispiel auf die Definition von *Hanack*, ***http://www.strafverteidiger-hamburg.net/verein.html.***

637 In diesen Spiegelstrichen sind die Definitionen von *Hanack* StV 1987, 500 (501) und *Thomas* StV 2010, 428 (429) zusammengefasst.

638 Der Berliner Strafverteidiger *Stefan König* bestätigt diesen Befund:"In ihr Selbstverständnis haben sie ihn(den Organbegriff) nicht aufgenommen", StV 2010, 410 (411).

639 *Hassemer*, AnwBl 6/2008, 413 (416).

640 Im Schrifttum zum Bespiel *Beulke*, Strafprozeßrecht, S. 94: Der Verteidiger ist „Beistand und Organ der Rechtspflege … Trotz ihrer Parteilichkeit dient die Verteidigung zumindest auch öffentlichen Interessen" und *Barton*, Mindeststandards der Strafverteidigung, S. 51: „Der Verteidiger erfüllt nicht nur Funktionen im alleinigen Interesse des Beschuldigten, sonder auch der Allgemeinheit, nämlich für die Rechtspflege und Gerechtigkeit".

641 So unter anderem BGHSt 38, 114 f.

642 BVerfG NJW 2004, 1305 (1307).

643 BVerfG NJW 2004, 1305 (1311).

644 Zum Beispiel *Pfister*, Rechtsmissbrauch im Strafprozeß, 2. Karsruher Stafrechtsdialog, S. 76: Als „unabhängiges Organ der Rechtspflege" hat der Verteidiger eine „auf Wahrheit und verpflichtete Stellung".

645 *Beulke*, Strafprozeßrecht, S. 96.

646 BGHSt 38, 111(113); OLG Hamburg NStZ 1998, 586 und *Senge*, Gedanken zur Konfliktverteidigung, in: Festschrift für *Nehm*, S. 339 (340).

647 *Kintzi*, DRiZ 1994, 325 (327).

648 *Barton*, StV (12) 1996, 690 (693).

649 *Fischer*, StV (8) 2010, 423 (425).

650 *Barton* StV (9) 1984, 394 (395).

651 Vgl. S. 224 ff.

652 Vgl. Sachverhalt BGH NJW 2007, 2419.

653 BGH NJW 2007, 2419.

654 BGH NJW 2007; 2419 (2422 f.).

655 *Knauer/Wolf*, BRAK-Mitt. (4) 2007, 142 (146); *Hellwig*, AnwBl 2009, 465 (470).

656 Hamm NJW 2007, 3166 (3170).

657 Der Münchener Kammerpräsident *Hansjörg Staehle* auf der Kammerversammlung vom 8. April 2011, Mitteilungenn 2/2011, S. 6 und *Rosenthal*, AnwBl 2010, 561 (564) *König*, StV(8) 2010, 410 (412): „Die Phillipika des BGH leidet … an dem Mangel nachvollziehbarer Empirie".

658 BGH NStZ 2005, 341.

659 BGH Strafverteidiger-Forum 2009, 158.

660 BGH Strafverteidiger-Forum 2009, 158.

661 BGH Strafverteidiger-Forum 2009, 158.

662 Fundstellen zu den entsprechenden Urteile sind bei *Pfister* StV 9/2009, 550 (554) zu finden.

663 *Hassemer*, AnwBl 6/2008, 413 (419).

664 BGH NJW 2009, 168 (169).

665 BRAK-Mitt. 2009, 200.

666 BVerfGE 122, 248 (281). Die abweichende Meinung von vier Verfassungsrichtern bezog sich nur auf die Frage, ob der Große Senat bei seinem Urteil die Grenzen zulässiger Rechtsfortbildung überschritten hatte oder nicht. Zur Frage des Verteidigerverhaltens hat sie nicht Stellung genommen.

667 *Singer*, AnwBl 2009, 393 (395).

668 Der Tagesspiegel vom 14. Mai 2013, S. 6.

669 SZ vom 17. Mai 2013, S. 5.

670 *König*, StV 2010, 410 (413).

671 BGHSt NJW 2007, 2419 (2422).

672 Der STERN vom 21. November 2013, S. 80 (86).

673 Vgl. hierzu *Jahn*, Konfliktverteidigung und Inquisitionsmaxime, Baden-Baden, 1998.

674 Vgl. hierzu *Pfister*, Rechtsmissbrauch im Strafprozess, in: 2. Karslruher Stafrechtsdialog, S. 75 (76).

675 *Senge*, Gedanken zu Konfliktverteidigung, S. 339, BGHSt 38, 111 und BVerfG NJW 2010, 592 zu Fristsetzungen bei Beweisanträgen.

676 BGHSt 38, 111.

677 Hamburger Abendblatt, 7. Januar 2005, S. 14.

678 ***http://www.karrierefuehrer.de/manager/gerhard-strate.html.***

679 ***http://www.juve.de/nachrichten/verfahren/2008/05/wie-erwartet-alexander-falk-zu-haf.***

680 Bericht über den Aufwand des Hamburger Taipan-Piratenverfahrens vom 13. April 2013, S. 5 f., 11 und 22.

681 Vgl. zu diesem Komplex *Wagner*, Richter ohne Gesetz, S. 185 und 218.

682 BRAK-Mitt. 2011, 58 (61).

683 *Deiss/Goll*, Ehrenmord, S. 167.

684 *Dahs*, Handbuch des Strafverteidigers, S. 40 f.

685 Vgl. zu solchen Notwehrkonstruktionen *Wagner*, Richter ohne Gesetz, S. 12, 165 und zu Überraschungszeugen S. 148.

686 *Beulke/Ruhmannseder*, Die Strafbarkeit des Verteidigers, S. 73.

687 BGHSt 46, 53.

688 Vgl. hierzu *Wagner*, Richter ohne Gesetz, S. 145. Hier wurde dem Hauptbelastungszeugen 10 000 Euro und die Finanzierung eines Anwalts angeboten.

689 BVerfGE 76, 171 (208 mit weiteren Verweisen).

690 *König*, StV 2010, 410 (413); *Kempf*, AnwBl 2010, 381.

691 *Gaede*, Schlechtverteidigung – Tabu und Präklusion zum Schutz vor dem Recht auf wirksame Verteidigung?: Schlechtverteidigung „kommt alltäglich vor". Weder Richter, noch Staatsanwälte oder Rechtsanwälte scheinen besonders gewillt, Verteidigungsausfälle und entscheidende Verteidigungsfehler als ernstes Rechtsproblem wahrzunehmen. ***http://www.hrr-strafrecht.de/hrr/archiv/07-11/index.php?sz=6.***

692 Vgl. hierzu *Gaede*, aaO., S. 402. *Barton*, Mindeststandards der Strafverteidigung, S. 31: „Die Verhaltensweise von Verteidigern und ihren Standesorganisationen, die hinter vorgehaltener Hand schon manch unzulängliche Dienstleistung eines Kollegen beklagen, ansonsten aber vor Beschäftigung mit dem Thema warnen, erscheint verfehlt".

693 So auch *Barton*, Mindeststandards der Strafverteidigung, S. 31.

694 Vgl hierzu im einzelnen *Darnstädt*, Der Richter und seine Opfer, S. 14.

695 *Barton*, Mindeststandards der Strafverteidigung, S. 99 ff.

696 Beispiele bei *Barton*, Mindeststandards der Strafverteidigung, S. 25.

697 BGHSt 15. August 2007, Az.: 1 StR 341/07.

698 BGHSt 15. August 2007, Az.: 1 StR 341/07, S. 4 und 6.

699 KG Berlin StraFo 2009, 66: Ein Gericht hat nicht zu prüfen, „ob das Vorgehen des Verteidigers sachlich im wohlverstandenen Interesse des Angeklagten liegt. Der Pflichtverteidiger ist in der Art und Weise der Führung der Verteidigung ebenso frei wie der gewählte Verteidiger. Als ein neben dem Gericht und der Staatsanwaltschaft gleichberechtigtes Organ der Rechtspflege untersteht er grundsätzlich nicht der Kontrolle und Bewertung seiner Tätigkeit durch das Gericht"(67).

700 *Zwiehoff*, StV 1999, 555. „Die Gruppe der Strafverteidiger bleibt bis heute von einem Haftungsrisiko verschont". *Barton* StV 1991, 322 (326): „Im Bereich der Strafverteidigung droht … praktisch kaum ein Haftungsrisiko".

701 Zum Beispiel OLG Nürnberg StV 1997, 481 und KG NJW 2005, 1284.

702 Landgericht Stralsund 25. April 2012 Az.: 23 KLs 41/09.

703 BGH 5. März 2013 Az.: 3 StR 438/12.

[704] *Oberländer/Eggert*, BRAK-Mitt. 2009, 2(3).
[705] *Hommerich/Kilian*, Vergütungsbarometer 2009, S. 26.
[706] Vgl. hierzu *Oldermann*, JUVE (2)2012, 73.
[707] Die Umfrageergebnisse sind entnommen *Kilian*, AnwBl 2010, 544.
[708] BGH AnwBl 2010, 362 (369).
[709] OLG Frankfurt 12.1.2011 Az.: 4 U 3/08 ***http://www.lareda.hessenrecht.hessen.de/jportal/portal/t/s15/page/bslaredaprod.psml?*** ...
[710] OLG Düsseldorf 29.6.2006 Az.: -I-24 U 196/04 ***http://www.brak-mitteilungen.de/brak/brak/brak?SCD_cYLU_0_volltext_volltext&fro..app***.
[711] Der Fall ist entnommen dem SPIEGEL, Nr.1/2013, S. 11.
[712] BVerfG NJW 2007, 979.
[713] *Kilian*, AnwBl 2012, 148 (150).
[714] *Kilian*, AnwBl 2012, 148 (150).
[715] *Oberländer*, BRAK-Mitt. 2009, 4 (7).
[716] *Kilian*, AnwBl 2012, 148 (149).
[717] *Oberländer*, BRAK 2009, 4 (8).
[718] OLG München Az.: 23 U 4635/11 und FAZ vom 4. Juli 2012, S. 17.
[719] Vgl. S. 188.
[720] FAZ 4. Juli 2012 S. 17.
[721] Vgl. S. 161 ff.
[722] Landesrechnungshof Nordrhein-Westfalen vom 19.2.2008 Prüfung der Auslagen in Rechtssachen, hier: Gebühren und Auslagen der Rechtsanwälte in Zivilsachen im Übrigen(Beratungshilfe), S. 11.
[723] Landesrechnungshof, aaO., S. 13.
[724] Landesrechnungshof, aaO., S. 30.
[725] Landesrechnungshof, aaO., S. 33.
[726] Landesrechnungshof, aaO., S. 34.
[727] Landesrechnungshof, aaO., S. 24.
[728] Landesrechnungshof, aaO., S. 35.
[729] Landtag Baden-Württemberg, LT-Drucksache 13, 4610, S. 11.
[730] Gesetzentwurf der Bundesregierung, BT-Drucksache 17/11472, S. 25.
[731] BT-Drucksache 17/11472, S. 1, 24 und 25 f.
[732] BRAK-Mitt. 2012, 165, 167.
[733] Gesetzentwurf der Bundesregierung, BT-Drucksache 17/11472, S. 17.
[734] Landesrechnungshof, aaO., S. 19 f.
[735] Zum Beispiel BVerfG 76, 171 (208).
[736] BVerfG NJW 1996, 3267.
[737] BVerfG 27. Februar 2008, Rn. 18 ***http://www.bundesverfassungsgericht.de/entscheidungen/rk20080227_1bvr129507.html***.
[738] *Greißinger*, Die Beratungshilfe – ein sozialer Beitrag der Anwaltschaft, in: Die Anwälte und ihre Geschichte, S. 671 (672).
[739] *Zuck*, ZRP 2012, 61 (62).
[740] BT-Drucksache 14/4722, S. 57 f., 60.
[741] BT-Drucksache 14/4722, S. 64.
[742] BRAK-Mitt. 2011, 19.
[743] Vgl. hierzu *Lindner*, AnwBl 2011, 943 und BT-Drucksache 17/4431, S. 3.
[744] *Rimmelspacher*, Rechtstatsächliche Untersuchung zur Funktion und Ausgestaltung des Berufungsverfahrens im Zivilporzess, 2000.
[745] Ebenso der Vorsitzende des 1. Senats *Armin Nack* NJW 1997, 153 und Auskunft gegenüber dem Verfasser.
[746] Vgl zu dieser Kontroverse *Barton*, Mindeststandards der Strafverteidigung, S. 251 f.

747 BGH Az.: 5 StR 460/08 HRRS. 2009 Nr.1060, Rn. 20 f. und 5 StR 466/09, HRRS. 2010 Nr.101.

748 *Barton*, Von Störchen, Fröschen und Mücken, in 1.Karlsruher Strafrechtsdialog, S. 82.

749 Beschluss des BGH 5. August 2009 Az.: 1 StR 346/09. „Ergänzend bemerkt der Senat: Wegen der Abfassung der Urteilsgründe wird auf BGH NStZ 1998, 51 hingewiesen".

750 BGH 14. Dezember 2006 Az.: 3 StR 425/06, S. 2 ff.

751 BGH 23. April 2013 Az.: 5 StR 145/13, S. 4.

752 BGH 31. August 2006 Az.: 3 StR 237/06, S. 3 f.

753 Vgl hierzu *Ventzke*, Verteidigung am revisionsrechtlichen Pranger?, in: Festschrift für Fezer, S. 477 ff.

754 BGH 25. Januar 2005 Az.: 3 StR 445/04, S. 8.

755 BGH 21.8.2007, Az.: 3 StR 238/07, S. 6.

756 BGH 19. Juni 2007 Az.: 3 StR 149/07, S. 3 und 5.

757 BGH 15. Oktober 2009 Az.: 5 StR 373/09.

758 BGH 10. Januar 2008 Az.: 1 StR 617/07, S. 2.

759 BGH 11. Oktober 2005 Az.: 5 StR 391/05 S. 2.

760 BGH 8. Februar 2006 Az.: 1 StR 13/06, S. 3.

761 BGH 28. August 2007 Az.: 1 StR 402//07, S. 2f.

762 BGH 13. Juli 2011 Az.: 4 Str 162/11.

763 BGH 26. Juli 2011 Az.: 1 StR 320/11, S. 1.

764 BGH 19. Februar 2008 Az.: 1 StR 653/07, S. 7.

765 BGH 30. März 2004 Az.: 3 1 StR 98/04, S. 3.

766 BGH 29. August 2006 Az.: 3 StR 302/06, S. 2.

767 Vgl. hierzu *Janisch* SZ vom 20. März 2012 S. 7.

768 *Kilian*, NJW 2011, 3413 (3419).

769 In ‚Wortwechsel' KammerMitteilungen RAK Düsseldorf (3) 2011, 239 (242).

770 Vgl. S. 72 ff.

771 Berliner Anwaltsblatt (1–2) 2011, 29.

772 *Von Westphalen*, AnwBl 2005, 681 (685).

773 Vgl. S. 270 f.

774 Der Tagesspiegel vom 23. Nov. 2012, S. 12.

775 ***http://www.derwesten.de/staedte/dortmund/gericht/-schickt-rechtsanwalt-ins-Gefägnis.***

776 BGH vom 10.10.2011 – AnzwG(Brfg) 10/10 und BayAGH II – 3/09 vom 28. April 2009.

777 *Koch*, KammerMitteilungen RAK Düsseldorf 1/2012, 32.

778 Vgl S. 23 f. und 174 f.

779 *Kintzi*, DRiZ 1994, 325.

780 Beschlüsse des 60. DJT, 1994, Bd II/2,M 250 und die Diskussion bei *Fahl*, Rechtsmissbrauch im Strafprozess, S. 69 ff.

781 Diskussionsbericht über den 2. Karlsruher Stafrechtsdialog, S. 94.

782 *Ignor*, BRAK-Mitt. 2009, 202 (207).Vgl auch *Hellwig*, AnwBl 2009, 465 (470), der dazu auffordert, „Grundsätze gegen Missbrauch zu verteidigen".

783 AGH NRW BRAK-Mitt. 2011, 151 ff. auch zum Streit, ob § 43 nur eine Transportnorm oder auch Eingriffsnorm ist.

784 Vgl. S. 47.

785 Zitiert nach *Lauda*, Bundesrechtsanwaltsordnung, hrsg., von *Gaier/Wolf/Göcken*, Anwaltliches Berufsrecht, § 76 Rn. 20.

786 *Hellwig*, NJW 2005, 1217 (1224); Münchner Kammer Mitteilungen II/2007, 21.

787 KammerReport Hamm 2/2011, Jahresbericht 2010, S. 12.

788 Urteil vom 19. Mai 2010 1 AnwG 43/08 (EV 119/08).

789 BRAK-Mitt. 2011, 227.

790 BayAGH II vom 15.1.2007 13/06; BayAGH II vom 26.10.2010 17/2010; BayAGH II vom 30.3.2004 – 10/01.

791 Anwaltsgericht Düsseldorf 14. Dezember 2009 Az.: 3 EV 97/02.

792 *Weiland*, KammerMitteilungen RAK Düsseldorf 3/2011, 240.

793 Urteil vom 15. April 2010 Az.: 1 AnwG 43/09.

794 BayAGH 16.10.2010 Az.: II-17/10.

795 BayAGH 16.10.2010 Az.: II-17/10 ; Anwaltsgericht Düsseldorf 14. Dezember 2009 – 3 EV 97/02 und Anwaltsgericht Berlin vom 2. März 2011 Az.: 1 AnwG 30/10.

796 BayAGH 3. November 2011 Az.: II-8/09, S. 9; noch krasser ein Fall, in dem ein Anwalt 2006, 2008 und 2009 in 58 Fällen verschiedene Rechtsschutzversicherungen betrogen hat. Statt von der Anwaltschaft ausgeschlossen zu werden, kam er mit einem dreijährigen Vertretungsverbot im Straf- und Ordnungswidrigkeitenrecht davon. BRAK-Mitt. 2013, 129.

797 *Schaefer* NJW 1995, 1723 (1724).

798 *Streck*, Beruf: AnwaltAnwältin, S. 34.

799 Tätigkeitsbericht 2012, S. 74.

800 Geschäftsbericht 2009, Kammerreport (2) 2010, 3.

801 In diesem Sinne *Kury*, Hamburger Kammerreport (2) 2013, 9 und *Finzel*, KammerReport Hamm (3) 2011, 4.

802 *Ewer*, Grußwort im Tätigkeitsbericht 2012, S. 8.

803 Geschäftsbericht 2012, S. 9, Kammerreport (2)2013, S. 9.

804 *Grönheit*, Berliner Anwaltsblatt 2011, 187 (188).

805 *Schellenberg*, Berliner Anwaltsblatt 2009, 441 (444).

806 *Grönheit*, Berliner Anwaltsballt 2011, 187 (189).

807 *Quaas*, Standesregeln für den Rechtsanwalt-Aufbau und Abbau, in: Anwälte und ihre Geschichte, S. 753 (758) und *Hassemer*, AnwBl 2008, 413 (420).

808 *Hommerich/Kilian*, AnwBl 2008, 623 (624).

809 *Lehmann*, BRAK-Mitt. 2009, 194 (197).

810 *Quaas*, Standesregeln für den Rechtsanwalt-Aufbau und Abbau, in: Anwälte und ihre Geschichte, S. 753 (758) *Stürner/Bormann* NJW 2004, 1481 (1483).

811 Hinweise zu diesen Verdikten bei *Jaeger* NJW 2004, 1 (6).

812 Zitiert nach FAZ vom 11. Mai 2005, Nr.108, S. 23.

813 *Schieblon*, Kanzleimanagement in der Praxis, S. 19.

814 *Eggert*, KammerReport Hamm 2010, 21 (27).

815 *Eggert*, KammerReport Hamm 2010, 21 (27 f.).

816 Auch für *Hellwig* ist Frage, ob der Rechtsanwalt „Organ der Rechtspflege" oder „Kaufmann" nicht im Sinne eines strengen Entweder – Oder, sonder differenziert zu beantworten, AnwBl (10)2008, 644 (648). Ebenso Bundesjustizministerin *Leutheusser-Schnarrenberger*, die auf 63. Anwaltstag „Gemeinwohlorientierung", „Wahrnehmung von Mandanteninteressen" und „eigene, ökonomische Interessen" nebeneinander gestellt hat, AnwBl 2012, 581(582); Ebenso *Ignor*. „Mandantenwohl, Gemeinwohl und eigenem Wohl" NJW 2011, 1537(1543).

817 Vgl. S. 175, 181.

818 Vgl. die Seiten 181, 184.

819 Vgl. die Seiten 134 und 149.

820 Vgl. hierzu die Seiten 222 ff.

821 *Kintzi*, DRiZ 1994, 325.

822 *Kilian*, AnwBl (10) 2013, 688 (690).

823 *Hellwig*, AnwBl (10) 2008, 644 (652).

824 *Filges*, BRAK-Mitt. 2009, 200 (202).

825 Vgl. S. 240.

826 Vgl. S. 238 f.

[827] Vgl. S. 188 ff.
[828] *Sandel*, Was man für Geld nicht kaufen kann, S. 1212 f., 18.
[829] *Sandel*, aaO., S. 162.
[830] *Sandel*, aaO., S. 150 ff.
[831] *Sandel*, aaO., S. 151.
[832] *Oberländer/Eggert/Nafts/Kreider*, Berufseinsteig und Berufserfolg junger Rechtsanwältinnen und Rechtsanwälte, S. 64 f.
[833] Vgl. hierzu S. 24.
[834] *Falk/Szech*, Morals and Marktes, Science 340 (2013), 707 ff. und ZEIT online vom 23.5.2013, ***www.zeit.de/2013/21/wirtschaft-markt-moral-experiment/komplettansicht?print=true.***
[835] *Hommerich*, AnwBl (8+9) 2008, 623 (624).
[836] *Singer* AnwBl 2009, 393 (401) *Hellwig* AnwBl (10)2008, 644 (650) und AnwBl (7)2009, 465 (472).
[837] BVerfG 15, 226 (234) „Integrität und „Zuverlässigkeit", BVerfG 87, 287 „Kompetenz" und Integrität", NJW 2003, 2520 (2521) „Integrität, Professionalität, Zuverlässigkeit" sowie „Gradlinigkeit".
[838] *Streck*, AnwBl 2012, S. 71.
[839] *Kant*, Die Metaphysik der Sitten, Bd. VIII, S. 519.
[840] *Hommerich*, AnwBl (8+9) 2009, 623 (624).
[841] *Filges*, NJW 2010, 2619 (2620).
[842] *Kilian*, AnwBl 2013, 688 (690).
[843] So in jüngster Zeit auch *Kilian*, der es allerdings aus taktischen Gründen vorzieht, in diesem Zusammenhang von Leitbildern und best practice-Regeln zu sprechen, AnwBl 2013, 688 (690 f.).
[844] *Stürner*, AnwBl 2009, 848 (852).
[845] Auf diesen Widerspruch macht auch *Kilian* aufmerksam NJW 2011, 3413 (3418).
[846] *Killian*, NJW 2011, 3413 (3419).
[847] Vorschläge des DAV zur Reform der Juristenausbildung (Spartenausbildungsmodell), insbesondere S. 23 und 24. Nach dem DAV ist dieses Papier nicht mehr aktuell. Tatsächlich ist sie 2013 aktueller als je zuvor, weil sich die Lage eher verschlimmert als verbessert hat.
[848] Vgl. zum Hintergrund dieser Schätzung S. 14.
[849] Eine Zusammenfassung der Ergebnisse findet sich in BRAK-Mitt. 2012, 59 ff.
[850] *Streck*, Beruf: AnwaltAnwältin, S. 70.
[851] *Kilian*, BRAK-Mitt. 2012, 59 (60).
[852] *Kilian*, BRAK Mitt. 2012, 59 (61). *ders.* NJW 2011, 3413 (3419).
[853] *Filges*, NJW 2010, 2619 (2620).
[854] BVerfGE 48, 300 und 26, 186.
[855] *Koch/Kilian*, Anwaltliches Berufsrecht, S. 287 Rdnr. 59 und *Quaas*, Standesregeln für den Rechtsanwalt, in: Anwälte und ihre Geschichte, Deutscher Anwaltverein (Hrsg.) S. 753 (762); *Kleine-Cosack*, Bundesrechtsanwaltsordnung, Kommentar, Vorbem. zu §§ 92: „Rechtspolitisch ist die Anwaltsgerichtsbarkeit problematisch, u.a. angesichts der partiellen Ausgliederung aus der allgemeinen Gerichtsbarkeit, ihrerer fehlenden Permanenz, der geringen Zahlen von Verfahren trotz gestiegener Anwaltszahlen sowie der mangelnden Professionalität der – idR. nicht im Berufsrecht geschulten Richter wie auch das Fehlen einer Beteiligung von Verwaltungsrechtlern in Zulassungsverfahren".
[856] *Streck*, Beruf: AnwaltAnwältin, S. 55.
[857] *Kleine-Cosack*, AnwBl 2009, 619, *Deckenbrock*, in: *Henssler/Prütting*, Bundesrechtsanwaltsordnung, Kommentar, Vor § 112a Rn. 5, ablehnend *Dittmann*, in: *Henssler/Prütting*, Bundesrechtsanwaltsordnung, Kommentar, Vor 92 Rn. 19.
[858] *Hellwig*, NJW 2005, 1207 (1223).
[859] Vgl. S. 275.

[860] VG Köln mit weiteren Hinweisen auf die allerdings sehr alte Rechtsprechung des Bundesverwaltungsgerichts BRAK-Mitt. 2012, 180.

[861] Vgl hierzu *Hartung*, AnwBl 2013, 582

[862] Das ist hM. *Johnigk*, in: *Gaier/Wolf/Göcken*, Anwaltliches Berufsrecht, § 135, Rn. 2 und Dittmann, in: *Henssler/Prütting*, Bundesrechtsanwaltsordnung, Kommentar, § 135 Rn. 2.

[863] Morisse, AnwBl (12) 2011, S. 890 f.

[864] In diesem Sinne auch *Johnigk*, in: *Gaier/Wolf/Göcken*, Anwaltliches Berufsrecht, § 135 BRAO Rn. 3 f.

[865] *Kleine-Cosack*, AnwBl 2010, 537 (538).

[866] Auch die Rechtsanwaltskammern haben eine kleine Reformdiskussionen begonnen, unter anderem darüber, ob die Kammern das Recht erhalten sollen, selbst zu ermitteln, aber die Kammern neben Rügen auch Geldbußen verhängen dürfen und der Katalog der Maßnahmen verfeinert werden soll, etwa durch ein Vertretungsverbot auf Bewährung. Vgl. hierzu *Doppler*, BRAK-Mitt. 2011, 226 (227) und den Geschäftsbericht 2012 der Hamburger Kammerreport (2) 2013, 5 . Fahrt hat diese Diskussion allerdings nicht aufgenommen. Im Übrigen beschränkt sie sich auf das Drehen von kleinen Stellschrauben.

[867] *Meng*, Der Steuerberater 1986, 289 (297).

[868] Ebenso, aber noch vorsichtiger der Geschäftsführer der Frankfurter Anwaltskammer *Lauda*, in: *Gaier/Wolf/Göcken*, Anwaltliches Berufsrecht, § 76 Rn. 1. Nach ihm stehen die Kammern vor einem „Paradigmenwechsel".

[869] *Lauda*, in: *Gaier/Wolf/Göcken*, Anwaltliches Berufsrecht, § 76 Rn. 1.

[870] Ebenso *Lauda*, in: *Gaier/Wolf/Göcken*, Anwaltliches Berufsrecht, § 76 Rn. 1.

[871] *Kleine-Cosack*, AnwBl (8+9) 2010, 537 (538). Dagegen Dittmann, in: *Henssler/Prütting*, Bundesrechtsanwaltsordnung, Kommentar, Vor § 92 Rn. 19.

[872] *Sir David Clementi*, Review of the regulatory framework for legal services in England und Wales, Final report, 2004, S. 1.

[873] *Prunbauer-Glaser*, in: Tätigkeitsbericht 2012 der Schlichtungsstelle der Rechtsanwaltschaft, S. 12 (16)

Literaturverzeichnis

Aust, Stefan, Der Baader Meinhof Komplex,1.Auflage, Hamburg, 2008

Aust-Dodenhoff, Karin, Vor-und Nachteile von Fachanwaltschaften aus richterlicher Sicht, BRAK-Mitt. 2004, 67

Barth, Ulrike, Souffleure der Macht, JUVE (12)2009, 35

Barth, Ulrike, Im Käufermarkt, JUVE (10)2011, 63

Barth, Ulrike, Krise in den Köpfen, JUVE (10)2012, 46

Barth, Ulrike/Hall, Anja/Nohlen, Meike, Gestörtes Gleichgewicht, JUVE (2)2011, 26

Barth, Ulrike/Kerkhoff, Parissa/Neumann, Antje ,Quotenfrauen und Machomänner, JUVE (1)2012, 37

Barton, Stephan, Schadensersatzpflicht des Verteidigers bei fehlerhafter Revisionsbegründung, StV 1991, 322

Barton, Stephan, Mindeststandards der Strafverteidigung, Die strafprozessuale Fremdkontrolle der Verteidigung und weitere Aspekte der Gewährleistung von Verteidigerqualität, Baden-Baden, 1994

Barton, Stephan, Verteidigungs-Aktivitäten im Justizalltag, StV 1984, 394

Barton, Stephan, Rechtstatsachen zur Dauer von Strafverfahren und zu deren Gründen, StV 1996, 690

Barton, Stephan, Von Störchen, Fröschen und Mücken,1.Karlsruher Strafrechtsdialog, Köln-München, 2007, 77

Barton, Stephan/Flotho, Christian, Opferanwälte im Strafverfahren, in: Schriftenreihe deutscher Strafverteidiger, Bd.34, Baden-Baden, 2010

Barton, Stephan, Nebenklagevertretung im Strafverfahren, Empirische Fakten und praktische Konsequenzen, StraFo 2011, 161

Baums, Theodor/Vogel, Hans-Gert/Tacheva, Maja, Rechtstatsachen zur Beschlusskontrolle im Aktienrecht, ZIP 2000, 1649

Baums, Theodor/Keinath, Astrid/Gajek, Daniel, Fortschritte bei Klagen gegen Hauptversammlungsbeschlüsse? Eine empirische Studie, ZIP 2007, 1629

Baums, Theodor/Drinhausen, Florian/Keinath, Astrid,Anfechtungsklagen und Freigabeverfahren, Eine empirische Studie, Institute für Law und Finance, Working Paper Series No.130, 11, 2011

Bayer, Wolfgang/Hoffmann, Tobias/Sawada, Tobias, Anfechtungsklagen und Freigabeverfahren, Eine wissenschaftliche Studie im Auftrag des Bundesjustizministeriums, Zusammenfassung, 2012

Beckmann, Paul-Werner, Mindestlohn für Anwälte?, AnwBl 2009, 102

Beulke, Werner, Stafprozeßrecht, 10. Aufl., Heidelberg, 2008

Beulke, Werner/Ruhmannseder, Felix, Die Strafbarkeit des Verteidigers, Eine systematische Darstellung der Beistandspflicht und ihrer Grenzen, Heidelberg, 2010

Brünger, Silke/Griffiths, Aled, Die Mehrwert-Formel, JUVE (5)2011, 39

Brünger/Silke, Brisante Werbepost, JUVE (8)2011, 42

Bühren, Hubert W. van, Rechtsschutzversicherungen – Selbstbedienungsladen für Rechtsanwälte?, Kammerforum, Rechtsanwaltskammer Köln, (4)2009, 97

Bühren, Hubert W. van, Rechtsschutzversicherungen – Partner der Anwaltschaft?, BRAKMagazin (2)2012, 3

Bundesrechtsanwaltskammer, Diskussionspapier des BRAK-Präsidiums zur Berufsethik der Deutschen Rechtsanwältinnen und Rechtsanwälte, BRAK-Mitt. 2011, 58

Busse, Felix, Deutsche Anwälte, Geschichte der deutschen Anwaltschaft 1945-2009, Bonn, 2010

Busse, Felix, Einige Bemerkungen zur Nachkriegsgeschichte der deutschen Anwaltschaft, BRAK-Mitt. 2010, 190

Chab, Bertin, Der Schadenfall in der anwaltlichen Berufshaftpflichtversicherung, ZAP 2005, 471

Christiansen, Frank, Stopp, Kanzlei!, AnwBl 2012, 59

Creutz, Marcus, Zerrüttetes Verhältnis, Anwälte und Rechtsschutzversicherer liegen im Clinch, BRAKMagazin (1)2012, 4

Dalwigk, von Reinhard, Der Kampf gegen „räuberische" Aktionäre – eine Zwischenbilanz, in: Festschrift für Volker Beuthien zum 75.Geburtstag, Von der Sache zum Recht, München, 2009

Dahns, Christian, Ein Blick zurück auf wichtige berufsrechtliche Entscheidungen des Jahres 2010, Teil 1, BRAK-Mitt. 2011, 106

Dahs, Hans, Handbuch des Strafverteidigers, 7. Auflage, Köln, 2005

Dahs, Hans, Stumpf gewordene StPO?, NJW 1994, 909

Darnstädt, Thomas, Der Richter und sein Opfer, Wenn die Justiz sich irrt, München, 2013

Deckenbrock, Christian, Tätigkeitsverbote des Anwalts: Rechtsfolgen beim Verstoß, AnwBl 2010, 221

Deiss, Matthias/Goll, Jo, Ehrenmord, Ein deutsches Schicksal, Hamburg, 2011

Deutscher Anwaltverein (Hrsg.), Anwälte und ihre Geschichte, Tübingen, 2011

Dölling, Dieter/Feltes, Thomas/Dittmann, Jörg/Laue, Christian/Förnig, Ulla, Die Dauer von Strafverfahren vor dem Landgericht, Eine empirische Analyse zur Rechtswirklichkeit von Strafverfahren in der Bundesrepublik Deutschland, hrsg. Bundeministerium der Justiz, Köln, 2000

Dommer, Martin, Knatsch mit Rechtsschutzversicherungen: Das Kreuz mit Anwalts Liebling, AnwBl 2011, 924

Dommer, Martin, Lotsen im Rechtsschutzfall, AnwBl 2012, 251

Doppler, Brigitte, Bericht über die 7. Berufsrechtskonferenz am 20.5.2011 in Dortmund, BRAK-Mitt. 2011, 226

Eggert, Kerstin, Umsatz- und Einkommensentwicklung der Rechtsanwälte 1993 bis 2010, BRAK-Mitt. 2013, 154

Eggert, Kerstin/Oberländer, Willi, Das Meinungsbild der Anwaltschaft zum Erfolgshonorar, BRAK-Mitt.2009, 4

Eggert, Kerstin, Der Wandel im anwaltlichen Berufsbild – eine empirische Untersuchung, KammerReport Hamm 2010, 21 und BRAK-Mitt. 2010, 14

Ehmann, Erik, Sanktion gegen missbräuchliche Anfechtungsklagen „räuberischer Aktionäre“: Rückforderung der Rechtsanwaltsgebühren, ZIP 2008, 584

Eimers, Frank, Mindestlohn für Rechtsanwälte, KammerReport Hamm (4) 2010, 8

Ewer, Wolfgang, Anwaltliche Unabhängigkeit zwischen Interessenvertretung und Gemeinwohlorientierung, AnwBl 2009, 657

Ewer, Wolfgang, Mitteilungen der Münchener Rechtsanwaltskammer, (IV) 2009, 9

Ewer, Wolfgang, Fachanwaltsordnung 2016 – Qualität sichern ohne die Hürden zu erhöhen, AnwBl 2012, 125

Fahl, Christian ‚Rechtsmissbrauch im Strafprozeß, Heidelberg, 2003

Falk, Armin/Szech, Nora, Morals and Markets, Science (340)2013, 707

Filges, Axel C., Die Zukunft des anwaltlichen Berufsrechts, NJW 2010, 2619

Filges, Axel C., Es wird Zeit, BRAK-Mitt. 2011, 1

Filges, Axel C., Wettbewerb oder Ethik? Oder beides? BRAK-Mitt. 2011, 105

Filges Axel C./Ewer, Wolfgang, Anwaltliche Expertise ins Verfassungsgericht, BRAK-Mitt. 2011, 169

Filges Axel C., Kontinuität und Konzentration, BRAK-Mitt. 2012, 1

Fischer, Thomas, Konfliktverteidigung, Missbrauch von Verteidigerrechten und Beweisantragsrecht, StV 2010, 423

Gaede, Karsten, Schlechtverteidigung-Tabus und Präklusionen zum Schutz vor dem Recht auf wirksame Verteidigung? www.hrr-strafrecht.de

Gaier, Reinhard/ Wolf, Christian/Göcken, Stephan, Anwaltliches Berufsrecht, 3. Auflage, Köln, 2011

Gaier, Reinhard, Berufsrechtliche Perspektiven der Anwaltstätigkeit unter verfassungsrechtlichen Gesichtspunkten, BRAK-Mitt. 2006, 2

Gätje, Olaf, Das <<Info>>System der RAF von 1973 bis 1977 in sprachwissenschaftlicher Perspektive, in: Die RAF und der linke Terrorismus, Hrsg. Wolfgang Kraushaar, Bd.1, Hamburg, 2006

Greißinger, Georg, Die Beratungshilfe – ein sozialer Beitrag der Anwaltschaft, in: Anwälte und ihre Geschichte, hrsg. vom Deutschen Anwaltverein, Tübingen, 2011, 671

Grönheit, Udo, Leben mit Robe, Berliner Anwaltsblatt 2011, 187

Hamm, Rainer, Der Verteidiger als Garant der Einhaltung von strafprozessualen Verfahrensregeln?, StV 2010, 418

Hamm, Rainer, Verkümmerung der Form durch Große Senate oder: die Pilatusfrage zum Hauptverhandlungsprotokoll, NJW 2007, 3166

Hanack, Ernst-Walter, Vereinbarungen im Strafprozess, ein besseres Mittel zur Bewältigung von Großverfahren, StV 1987, 500

Hartung, Markus/Weberstaedt, Jakob, Marktentwicklung bei großen wirtschaftsberatenden Kanzleien in Deutschland, Neues Kosten-Nutzen-Bewusstsein bei den Mandanten, AnwBl 2011, 607

Hartung, Markus/Weberstaedt, Jakob, Click4Legal – How Deutsche Bank Manages its Suppliers of Legal Services, www.bucerius-clp.de

Hartung, Markus, Anwälte und Fremdkapital, AnwBl 2009, 704

Hartung, Markus, Rechtsrat ist (keine) Ware!, AnwBl 2012, 231

Hartung, Markus, Karrierewege und Partnerwerdung, in: Schieblohn (Hrsg.), Kanzleimanagement in der Praxis, 2. Auflage, S. 113

Hartung, Wolfgang, Vom anwaltlichen Werbeverbot zum anwaltlichen Werberecht, in: Festschrift für Benno Heussen, Der moderne Anwalt, hrsg. von Jochen Schneider, Köln, 2009

Hartung ,Wolfgang, Das Aufsichtsverfahren der Anwaltskammer und die Verschwiegenheitspflicht (§ 76 BRAO), AnwBl 2013, 582

Hartung, Wolfgang, Berufs- und Fachanwaltsordnung, Kommentar, 5. Auflage, München, 2012

Hassemer, Winfried, Die Anwaltschaft und die Freiheit, AnwBl 2008, 413

Hassemer, Winfried, 30 Jahre Strafverteidiger, StV 2010, 394

Hellwig, Hans-Jürgen, Perspektiven der deutschen Anwaltschaft in Europa, NJW 2005, 1217

Hellwig, Hans-Jürgen, Das Konzept des anwaltlichen Berufsbildes, AnwBl 2008, 644

Hellwig, Hans-Jürgen, Anwaltsethos – Lehren aus der Finanzkrise, AnwBl 2009, 465

Hellwig, Hans-Jürgen, Anwaltliches Berufsrecht und Europa, AnwBl 2011, 77

Henssler, Martin, Die Anwaltschaft zwischen Berufsethos und Kommerz, AnwBl 2008, 721

Henssler, Martin/Prütting, Hanns, Bundesrechtsanwaltsordnung, Kommentar, 3. Auflage, München 2010

Hommerich, Christoph/Kilian, Matthias, Die Berufssituation junger Rechtsanwältinnen und Rechtsanwälte, Bonn, 2003

Hommerich, Christoph/Kilian, Matthias, Mandanten und ihre Anwälte, Ergebnisse einer Bevölkerungsumfrage zur Inanspruchnahme und Bewertung von Rechtsdienstleistungen, Soldan Institut für Anwaltmanagement, Bonn, 2007

Hommerich, Christoph/Kilian, Matthias, Brennpunkte anwaltlichen Berufsrechts, Das Soldan Berufsrechtsbarometer 2007, NJW 2007, 2308

Hommerich, Christoph/Kilian, Matthias, Strukturwandel der Anwaltschaft, AnwBl 2008, 623

Hommerich, Christoph/Kilian, Matthias, Einzelanwälte – die schweigende Mehrheit, AnwBl 2009, 298

Hommerich, Christoph/Kilian, Matthias, Brennpunkte des anwaltlichen Berufsrechts, Das Berufsrechtsbarometer 2009 des Soldan Instituts, NJW 2009, 31
Hommerich, Christoph/Kilian, Matthias, Vergütungsbarometer 2009, Bonn, 2009
Hommerich, Christoph/Kilian, Matthias, Strukturwandel und wirtschaftliche Situation der Anwaltschaft, AnwBl 2010, 277
Hommerich, Christoph/Kilian, Matthias, Rechtsschutzversicherungen und die Anwaltschaft, Eine empirische Analyse, Bonn, 2010
Hommerich, Christoph/Kilian, Matthias/Dreske, Rene, Statistisches Jahrbuch der Anwaltschaft 2009/2010 , Bonn, 2010 und 2012
Hommerich, Christoph/Kilian, Matthias, Welche Werbemittel nutzen Anwälte? AnwBl 2010, 355 und Welche Werbemittel halten Anwälte für wirksam? AnwBl 2010, 428
Hommerich, Christoph/Kilian, Matthias, Fachanwälte, Bonn, 2011

Ignor, Alexander, Gedanken zur Berufsethik des Rechtsanwalts, BRAK-Mitt. 2009, 202
Ignor, Alexander, Die Ethikdiskussion in der Anwaltschaft, NJW 2011,1537

Jaeger, Renate, Rechtsanwälte als Organ der Rechtspflege – Notwendig oder überflüssig? Bürde oder Schutz?, NJW 2004, 1
Jaeger, Renate, Künftige Stellung der Rechtsanwälte im System der Rechtspflege und in der Gesellschaft, NJW 2004, 1492
Jagodzinski, Wolfgang/Raiser, Thomas/Riehl, Jürgen, Rechtsschutzversicherung und Rechtsverfolgung, Köln, 1994
Jahn, Joachim, Wenn der Rechtsweg der Erpressung dient, AnwBl 2008, 749
Jahn, Joachim, Ein bisschen Charme und Gelassenheit helfen, AnwBl 2005, 744
Jahn, Joachim, UMAG – Aus für „räuberische Aktionäre“ oder neues Erpressungsmodell?, BB 2005, 5
Jahn, Joachim, Erste Schritte gegen Schmier-, Schweige- und Schutzgelder, in: Festschrift für Klaus J. Hopt, Tübingen, 2011, S. 2029
Jahn, Joachim , Wenn der Rechtsweg der Erpressung dient, AnwBl 2008, 749
Jahn, Matthias, Konfliktverteidigung und Inquisitionsmaxime, Schriftenreihe Deutsche Strafverteidiger eV., Bd.16, Baden-Baden, 1998
Jatzkowski, Astrid, Kommentar, JUVE (8)2011, 6
Jatzkowski, Astrid, Zügel angezogen, JUVE (2)2012, 32
Jatzkowski, Astrid/Jung, Marcus, Deal im Kasten, JUVE (11)2010, 59

Kant, Immanuel, Die Metaphysik der Sitten, Band VIII, hrsg. Wilhelm Weischedel, Frankfurt, 1968
Keller, Johannes, Ein Blick zurück auf wichtige berufsrechtliche Entscheidungen des Jahres 2010, Teil 2, BRAK-Mitt. 2011, 170
Kempf, Eberhard, Das(neue?) Berufsbild des Strafverteidigers, AnwBl 2010, 381
Kilger, Harmut, Zweitberuf – oder was?, AnwBl 1999, 651
Kilger, Harmut, Fachanwaltssystem reformieren?, AnwBl 2008, 74

Kilian, Matthias, Die Vergütung des Rechtsanwalts, in: Anwälte und ihre Geschichte, Deutscher Anwaltverein(Hrsg.), 701
Kilian, Matthias, Zukunft der freien Berufe, AnwBl 2010, 544
Kilian, Matthias, Die Verwendung von Erfolgshonorarvereinbarungen durch die Anwaltschaft, AnwBl 2012, 148
Kilian, Matthias, Brennpunkte des anwaltlichen Berufsrechts, Das Berufsrechtsbarometer 2011 des Soldan Instituts, NJW 2011, 3413
Kilian, Matthias, Mandatsablehnungen wegen drohender Vertretung widerstreitender Interessen, AnwBl 2012, 495
Kilian, Matthias, Die deutsche Juristenausbildung – wo steht sie im europäischen Vergleich?, BRAK-Mitt. 2012, 59
Kilian, Matthias, Die Bedeutung der Prozesskostenhilfe in der anwaltlichen Praxis, AnwBl 2012, 330
Kilian, Matthias, „Berufsethische Regeln" – ein Modell für die deutsche Anwaltschaft?, AnwBl 2013, 688
Kilian, Matthias/Dreske, Rene, Statistisches Jahrbuch der Anwaltshaft 2011/2012, Bonn, 2012
Kilian, Matthias/Terriuolo, Giannina, Anwälte, Rechtschutzversicherungen, Mandaten – die Wirklichkeit, AnwBl 2012, 226
Kintzi, Heinrich, Möglichkeiten der Vereinfachung und Beschleunigung de lege ferenda, DRiZ 1994, 325
Kirchberg, Christian, Grundgesetz und Anwaltschaft, BRAK-Mitt. 2009, 95
Klaiß, Dorothee, Rechtsanwalt im Zweitberuf, RAK München, Mitteilungen (1)2009, 9
Kleine-Cosack, Michael, Bundesrechtsanwaltsordnung, Kommentar, 6. Auflage, München, 2009
Kleine-Cosack, Michael, Sonderstatus des Freiberuflers auf dem Prüfstand, AnwBl 2010, 537
Kleine-Cosack, Michael, Zulässigkeit des Masseninkassos durch Anwälte, NJW 2011, 2251
Kleine-Cosack, Michael, Novellierung des berufsrechtlichen Verfahrensrechts, AnwBl 2009, 619
Klos, Mathieu/Parzinger, Norbert, Mein Supp' ess ich nicht!, Azur 100, Top-Arbeitgeber 2011, 23
Knauer, Christoph /Wolf, Christian, 20 Jahre „Bastille-Entscheidungen" des Bundesverfassungsgerichts, BRAK-Mitt. 2007, 142
Koch, Ludwig/Kilian, Matthias, Anwaltliches Berufsrecht, München, 2007
König, Stefan, Das geänderte Berufsverständnis der Strafverteidigung, StV 2010, 410
König, Stefan, Bericht aus der Insiderperspektive, Rezension von Felix Busse „Deutsche Anwälte" – Geschichte der deutschen Anwaltschaft 1945-2009, Berliner Anwaltsblatt 2011, 165
Kuchelmeister, Karin, Bekommt der Verbraucher was er will ? AnwBl 2012, 254
Kury, Otmar, Ethikdiskussion der Anwaltschaft: Eine Mahnung zur Vorsicht, Hamburger Kammerreport (4)2011, 4

Lampe, Joachim, Verteidigung in den RAF-Prozessen – Die Sicht des Anklägers, in: Anwälte und ihre Geschichte, Deutscher Anwaltverein(Hrsg.), S. 431
Lehmann, Karl Kardinal, Recht und Ethik – Ihr Verhältnis im Berufsbild des Anwalts, BRAK-Mitt. 2009, 194
Leutheusser-Schnarrenberger, Sabine, Regelungsbedarf bei Cloud Computing, AnwBl 2012, 477
Lindner, Richard, Stärkung der Rechtsmittelkontrolle: Reform des § 522 Abs. 2 und 3 ZPO, AnwBl 2011, 943

Mann, Thomas, Was bleibt heute vom freien Beruf? Die Zukunft der Freien Berufe zwischen Deregulierung und Neuordnung, AnwBl 2010, 551
Mayen, Thomas, Die Freiheit der Advokatur im Spiegel des Verfassungsrechts, in: Anwälte und ihre Geschichte, Deutscher Anwaltverein(Hrsg.), S. 789
Meng, Dietrich, Die Berufsgerichtsbarkeit der Steuerberater, Der Steuerberater 1986, 289
Morisse, Heiko, Welch Fortschritt: Von der Ehrengerichtsbarkeit zur Anwaltsgerichtsbarkeit, AnwBl 2011, 890

Nack, Armin, Aufhebungspraxis der Straftaten des BGH -1993 bis 1995, NJW 1997, 153
Nohlen, Meike, (Keine) Zeit für Urlaub, JUVE (11) 2012, 36
Nünemann, Christin/Parzinger, Norbert, Ich will alles – und zwar jetzt !, JUVE (1)2013, 53

Oberländer, Willi/Eggert, Kerstin, Drei Jahre Rechtsanwaltsvergütungsgesetz, BRAK-Mitt. 2009, 2
Oberländer, Willi/Eggert, Kerstin/Nafts, Valentina/Kreider, Irina, Berufseinstieg und Berufserfolg junger Rechtsanwältinnen und Rechtsanwälte, Ergebnisse der Folgestudie im Auftrag der Selbsthilfe der Rechtsanwälte e.V,. Bürnberg, 2010
Oberländer, Willi/Eggert, Kerstin/Kreider, Irina, Der Wandel im anwaltlichen Berufsbild, Nürnberg, 2010
Offermann-Burckart, Susanne, Urteilsanmerkung, BRAK-Mitt.2003, 28
Offermann-Burckart, Susanne, Interessenkollision – Was jeder Anwalt wissen sollte, AnwBl 2008, 446
Offermann-Burckart, Susanne, Interessenkollision – jeder Fall ist anders, AnwBl 2009, 729
Offermann-Burckart, Susanne, Anwaltsrecht in der Praxis, Berufsrecht-Kanzlei-Vergütung, München, 2010
Offermann-Burckart, Susanne, Fachanwalt werden und bleiben, 3. Auflage, Köln, 2012
Offermann-Burkhart, Susanne, Fachanwaltsordnung 2016, Wo stehen wir zu Beginn der 5.Satzungsversammlung?, AnwBl 2012, 114
Oldermann, Geertje, Ungeliebte Zahlenspiele, JUVE (2)2012, 73

Ollig, Monika, Wann darf die Rechtsanwaltskammer zu einem Fachgespräch laden?, AnwBl 2010, 354

Parzinger, Norbert, Fortschritt Fehlanzeige, JUVE (6)2012, 37
Pfister, Wolfgang, Rechtsmissbrauch im Strafprozess, 2. Karlsruher Strafrechtsdialog, S. 74
Plottnitz, Rupert von, Verteidigung in RAF-Prozessen – die Sicht des Verteidigers, in: Anwälte und ihre Geschichte, hrsg. vom Deutschen Anwaltverein, S. 45
Proll-Gerwe, Tim, Seit 135 Jahren Anwalt zweiter Klasse, unternehmensjurist, (1)2013, 23
Prunbauer-Glaser, Marcella, Europa im Griff der Krise – ein starker Rechtsstaat? – nur mit starker Anwaltschaft!, in: Tätigkeitsbericht 2012 der Schlichtungsstelle der Rechtsanwaltschaft, S. 12

Quaas, Michael, Standesregeln für den Rechtsanwalt – Aufbau und Abbau, Anwälte und ihre Geschichte, Deutscher Anwaltverein, S. 753
Quaas, Michael, Die Rechtsprechung des Senats für Anwaltssachen beim Bundesgerichtshof, BRAK-Mitt. 2012, 46

Rieß, Peter, Der Ausschluss des Strafverteidigers in der Rechtswirklichkeit, NStZ 1981, 328
Rieble, Volker, Anwaltsolymp, myops (16)2012, 46
Rimmelspacher, Bruno, Rechtstatsächliche Untersuchung zur Funktion und Ausgestaltung des Berufungsverfahrens im Zivilprozess, im Auftrag des Bundesjustizministeriums, 2000
Rosenthal, Michael, Die Mängel im Strafprozess lassen sich nicht beschleunigen, AnwBl 2010, 561
Rott, Eberhard, Neue Sprossen in der Qualifikationsleiter? Ein klares ‚Ja, aber', AnwBl 2012, 131

Samimi, Gregor, Aktuelle Fragen des Rechtsschutzversicherungs- und Vergütungsrechts, Berliner Anwaltsblatt (5)2010, 161
Samimi, Gregor/Liedtke, Cornelia, Nur für Idealisten – die neue Armut der Anwälte, Berliner Anwaltsblatt 2010, 197
Samimi, Gregor/Liedtke ,Cornelia, Berliner Anwaltsblatt 2011, 153
Sandel, Michael J., Was man für Geld nicht kaufen kann, Die moralischen Grenzen des Marktes, Berlin, 2012
Schaefer, Christoph, Alarmzeichen für die Strafverteidiger, NJW 1995, 1723
Schellenberg, Ulrich, Die Anwaltschaft auf der Suche nach sich selbst, Berliner Anwaltsblatt, 2009, 441
Schmeilzel, Bernhard, Rechtsschutz ist nicht Anwalts Liebling, Berliner Anwaltsblatt 2009, 345
Schmid, Ronald, Sag mir, wo die Millionen sind! Wo sind sie geblieben?, AnwBl 2005, 749

Schieblon, Claudia, Die Entwicklung der Kanzleien, Kanzleimanagement in der Praxis, Führung und Kanzleimanagement für Kanzleien und Wirtschaftsprüfer, hrsg. von Claudia Schieblon, Wiesbaden, 2011

Schiltz, Patrick J., On Being a Happy, Healthy, and Ethical Member on an Unhappy, Unhealthy, and Unethical Profession, Vanderbilt Law Review 52(1999), 871

Schons, Herbert P., Rechtsschutzversicherer – Partner, Kontrolleur oder des Anwalts Konkurrent?, AnwBl 2010, 861

Schons, Herbert P., Die freie Wahl des Anwalts – Vorzug der Rechtsschutzversicherung, Ist das Verhältnis zwischen Anwaltschaft und Versicherer schon zerrüttet?, AnwBl 2012, 221

Schwenn, Johann, Die Nebenklage aus der Sicht eines Verteidigers, in: Verfahrensgerechtigkeit und Zeugenbeweis, Fairness für Opfer und Beschuldigte, S. 107, hrsg. von Stephan Baton, 1. Auflage, Baden-Baden, 2002

Schwenn, Johann, Fehlurteile und ihre Ursachen – die Wiederaufnahme im Verfahren wegen sexuellen Missbrauchs, StV 2010, 705

Senge, Lothar, Gedanken zur Konfliktverteidigung, in: Strafrecht und Justizgewährung, in: Festschrift für Kay Nehm zum 65. Geburtstag, Berlin, 2006

Seibert, Ulrich, Das UMAG, Eine Rechtsfolgenanalyse, NZG 2007, 841

Singer, Reinhard, Zwischen Berufsethos und Kommerz: Eine Frage der Ehre!?, AnwBl 2009, 393

Solmecke, Christian, Vortrag bei der DSRI Herbstakademie 2008, Filsharing-Technische Hintergründe der Rückverfolgung und Abmahnpraxis, S. 207–220, hrsg. von *Taeger/Wiebe*

Spatscheck, Rainer, Outsourcing trotz Anwaltsgeheimnis: Nationale Lösung, AnwBl 2012, 478

Steffen, Klaus, Das Anwaltsgericht bei der Rechtsanwaltskammer Düsseldorf – ein Rückblick, KammerMitteilungen RAK Düsseldorf (3)2011, 243

Streck, Michael, Beruf: AnwaltAnwältin, 2. Auflage, München, 2011

Streck, Michael, DAV-Ausschuss Anwaltliche Berufsethik, AnwBl 2012, 71

Stürner, Rolf, Das Berufsethos des Insolvenzverwalters in der modernen Marktgesellschaft, AnwBl 2009, 848

Stürner, Rolf/Bormann, Jens, Der Anwalt – vom freien Beruf zum dienstleistenden Gewerbe?, NJW 2004, 1481

Theisen, Manuel R./Raßhofer, Martin, Anfechtungsklagen unter der Lupe, Der Aufsichtsrat (8-9)2007, 107

Thoma-Adofo, Manuela, Tote Ratten für den Tankwart, München, 2012

Thomas, Sven, 'Konfliktverteidigung', Missbrauch von Verteidigerrechten und das Beweisantragrecht, Strafverteidiger (8)2010, 428

Ventzke, Klaus Ulrich, Verteidigung am revisionsrechtlichen Pranger?, in: Festschrift für Gerhard Fezer, hrsg. von Edda Weßlau und Wolfgang Wahles, Berlin, 2008, S. 477

Vetter, Jochen, Modifikation der aktienrechtlichen Anfechtungsklage, AG 2008, 177
Votsmeier, Volker, Einer wird gewinnen, JUVE 2012, 59

Wagner, Joachim, Richter ohne Gesetz, Islamische Paralleljustiz gefährdet unseren Rechtsstaat, Berlin, 2012
Wasilewski, Rainer, Streitverhütung durch Rechtsanwälte – Zusammenfassender Bericht einer Untersuchung, BRAK-Mitt. 1990, 5
Wedel, Thomas, Massenhaftes Inkasso: Inkasso-plus RVG-Gebühr – geht das wirklich nicht?, AnwBl 2001, 753
Weiland, Kirsten, Wortwechsel, KammerMitteilungen RAK Düsseldorf (3)2011, 242
Wendt, Philipp, Fachanwalt: Wenn die Kammer nach dem Antrag trödelt, AnwBl 2010, 518
Wendt, Philipp, Erste Erfahrungen mit der materiellen Fachprüfung, AnwBl 2011, 574
Wendt, Philipp, Die Fachanwaltsordnung in der Praxis, Warum Anwältinnen im Fachanwaltssystem benachteiligt werden, AnwBl 2012, 10
Wesel, Uwe, Risiko Rechtsanwalt, München, 2003
Westphalen, Friedrich Graf von, Droht die Spaltung der Anwaltschaft?, Anwaltschaft zwischen Globalisierungsdruck und Beharrung, AnwBl 2005, 681
Willich, Julia/Buck, Daniel/Heine, Christoph/Sommer, Dieter, Studienanfänger im Wintersemester 2009/2010, HIS:Forum Hochschule, 2011,58
Wilke, Katja, Sag niemals Winkeladvokat, BRAKMagazin (2)2012, 6
Wolf, Thomas, Strukturwandel der deutschen Anwaltschaft, in: JURAcon-Jahrbuch 2009/2010, S. 28

Zuck, Rüdiger, Die Kommerzialisierung der Anwaltschaft schreitet voran, ZRP 2012, 61
Zwiehoff, Gabriele, Haftung des Strafverteidigers, StV 1999, 555
Zypries, Brigitte, Rede beim Festakt 50 Jahre Bundesrechtsanwaltskammer am 10. September 2009, BRAK-Mitt. 2009, 199

Buchanzeigen